KNODEKER 1972

PUBLIÉ SOUS LA DIRECTION
DE LA
SECTION HISTORIQUE DE L'ÉTAT-MAJOR DE L'ARMÉE

LA
CAMPAGNE DE 1794
À
L'ARMÉE DU NORD

Ire Partie : ORGANISATION

TOME SECOND
Cavalerie — Artillerie — Aérostation — Génie

> Une nouvelle campagne va s'ouvrir; c'est ici le combat à mort de la tyrannie; sa tombe est ouverte et l'attend.
> (*Le Comité du Salut public aux Représentants du peuple chargés de l'organisation de la cavalerie*, 29 pluviôse an II.)

PAR

H. COUTANCEAU
COLONEL COMMANDANT LE 3e RÉGIMENT DU GÉNIE

PARIS
LIBRAIRIE MILITAIRE R. CHAPELOT ET Cie
IMPRIMEURS-ÉDITEURS
30, Rue et Passage Dauphine, 30

1905
Tous droits réservés.

LA
CAMPAGNE DE 1794
À
L'ARMÉE DU NORD

PRÉFACE

Dans le tome Ier du présent ouvrage, l'auteur s'est efforcé de démontrer que les succès de la campagne de 1794 avaient eu, comme cause complexe, l'énergie indomptable du Comité de Salut public (1), la vigueur du commandement, le nombre, l'encadrement des demi-brigades, l'aguerrissement des volontaires par deux années de lutte incessante, la valeur de notre système de places fortes, le mauvais point d'attaque choisi par l'ennemi, enfin la défection de la Prusse.

Le tome II passe en revue l'organisation des armes autres que celle de l'infanterie.

---

(1) On a déjà montré dans le tome Ier, page LXIII, que Saint-Just, déclarant la guerre à outrance, avait voulu se retirer jusque dans les Pyrénées et même envahir de là l'Espagne.

L'extrait suivant du rapport de Girola à Thugut, daté de Gênes, le 24 mai 1794, donne une nouvelle preuve de cette volonté immuable de lutter jusqu'à la dernière extrémité :

« .....Barère..... a dit que..... si les choses continuaient à aller toujours de mal en pis, le meilleur parti serait de prendre pour otage le Roi (le Dauphin?) avec sa sœur et de se retirer dans une contrée méridionale de la France, entre l'Auvergne, Rouergue, Velay, Cévennes et Gévaudan, avec des troupes choisies; cette région étant de tous côtés tout entourée de montagnes, capable par nature de servir de boulevard contre une agression quelconque et où l'on ne pourrait manquer, tant du dedans comme du dehors, de recevoir toutes les provisions nécessaires..... » (*Document communiqué à l'auteur par* M. *le capitaine* G. *Fabry.*)

L'étude de la cavalerie montre que, quels qu'aient été les efforts déployés par le Comité de Salut public, il ne put arriver à improviser une cavalerie digne de ce nom. Il faut donc en conclure que cette arme doit être entretenue, dès le temps de paix, sur son pied de guerre, et que l'instruction des cavaliers, plus lente à faire que celle des fantassins, exige soit qu'ils fassent plus de service en temps de paix que l'infanterie, comme cela se pratique en Allemagne, soit qu'on cherche à y multiplier le nombre des rengagés, comme on s'y efforce en France.

L'exposé de l'artillerie a signalé un point encore obscur de l'histoire de cette arme : l'Assemblée nationale a créé l'artillerie volante, c'est-à-dire celle dont les servants étaient *à cheval;* mais, sous l'influence d'Éblé, dont le Comité approuvait le Mémoire le 7 pluviôse, cette artillerie à cheval était transformée en *artillerie légère* (1). Quelle était exactement la différence entre ces deux organisations? Quels furent les motifs qu'invoqua Éblé pour cette transformation? Aucun document n'a pu permettre d'élucider ce problème. Tout ce que l'on peut savoir, c'est que, vers la fin de 1794, une compagnie d'artillerie *légère* contenait encore un mélange de chevaux d'escadron, en majeure partie, et de *deux* wursts; la faible proportion de ces chariots paraît due à une simple raison d'économie, si l'on en croit d'Urtubie (2). En s'appuyant sur cette assertion, il semble qu'on puisse conclure que, sur l'initiative d'Éblé et pour économiser des chevaux d'escadron, le Comité de Salut public avait voulu organiser des compagnies d'artillerie *à wursts* et non *à cheval.*

En ce qui concerne le matériel, les études de 1794,

---

(1) Voir page 167.
(2) Voir page 275.

celles de la Commission de l'an X et l'avis de Napoléon lui-même permettent de conclure sans hésiter à la nécessité d'avoir, dans toute armée, des artilleries de campagne de deux calibres : l'un, léger, destiné à agir contre les troupes ; l'autre, lourd, ayant pour fonction essentielle de briser les obstacles. La question de l'*obusier*, que l'on croit inventer aujourd'hui, a donc existé de tout temps et été résolue par l'affirmative.

Ce n'est pas, du reste, le seul exemple que nous puissions citer d'heureuses solutions militaires dues à nos glorieux ancêtres et tombées en désuétude entre les mains débiles de nos devanciers : faut-il rappeler le système d'artillerie de Grobert, qui, comprenant bien avant les Allemands l'utilité d'une artillerie lourde d'armée, avait imaginé de transporter en campagne des pièces de 16 sur affût-fardier. C'est encore Grobert qui avait imaginé la suppression de l'avant-train par l'adoption de l'affût à banquette, afin d'alléger la pièce d'un poids mort et de lui permettre de faire le demi-tour dans un rayon beaucoup moindre.

La simplification des calibres et leur réduction à deux termes extrêmes ; l'invention de l'artillerie lourde d'armée ; l'allégement du matériel, sont les seules manifestations très nettes qui nous soient parvenues du mouvement d'idées intensif qui animait en 1794 la technique de l'artillerie. A côté d'elles, les documents conservés jusqu'à nous font entrevoir tout un ordre d'idées non moins intéressant. Nombreux sont les arrêtés du Comité de Salut public qui parlent de la Commission nationale d'expériences de Meudon où l'on étudiait la forme la plus rationnelle à donner aux obus, la suppression du vent de la pièce, le chargement par la culasse, la surface hélicoïdale de l'âme destinée à assurer la stabilité du projectile sur sa trajectoire, la chemise ou la ceinture dont il fallait l'entourer pour le guider dans l'âme.

Enfin, si l'on sort du domaine de la technique pour entrer dans celui de la tactique générale, les documents de 1794, comme ceux de la Commission de l'an X et les notes dictées à Sainte-Hélène par Napoléon ne laissent, aucun doute sur la nécessité, en temps de guerre, de deux artilleries, l'une divisionnaire, l'autre de réserve, appelée, depuis 1870, artillerie de corps. En dehors, en effet, de l'artillerie à cheval ou légère qui marchait, stationnait et combattait avec la cavalerie ; en dehors de l'artillerie de bataillon qui opérait avec l'infanterie, il existait au parc divisionnaire une artillerie *de position* qui servait au commandant de la division à exercer une action décisive sur la lutte. Or, les divisions d'alors jouaient le même rôle que les corps d'armée d'aujourd'hui.

Quant à l'artillerie de bataillon, dont on a reparlé à propos des nouvelles pièces de 75, elle semble avoir été condamnée par les généraux qui avaient fait la guerre de la Révolution ; mais nous ne voulons pas entrer dans le vif de la question, car elle sera traitée spécialement par la Section historique de l'État-Major de l'Armée.

Cette question, comme beaucoup d'autres, a été résolue avant que nous ne l'ayons inventée. Nous en trouvons un nouvel exemple dans celle de la fusion de l'artillerie et du génie, qu'on a cru découvrir en 1896, alors qu'elle avait pris naissance au XVIIe siècle, qu'elle a été appliquée sans succès de 1755 à 1758, que l'Assemblée nationale n'a pas osé la trancher en 1790 et qu'elle a fait l'objet de nombreux mémoires, de cette époque à 1866.

Quelle qu'en soit d'ailleurs la conclusion, il semble qu'on puisse au point de vue rationnel la proscrire, eu égard à la nécessité, qu'imposent de plus en plus les progrès scientifiques, de diviser le travail : déjà cette considération n'avait pas échappé à l'Assemblée de 1790 ; de nos jours, la guerre de Mandchourie ne vient-elle pas aussi de montrer quel vaste champ s'offre à chacune des deux armes sœurs, pour qu'on ne veuille pas les réunir mais les spécialiser de plus en plus.

C'est dans cet ordre d'idées que le Comité de Salut public affectait plus particulièrement les troupes du génie, créées par lui, à la défense des places plutôt qu'aux travaux de fortification passagère courante. Les places fortes jouaient alors un rôle prépondérant, surtout dans la frontière du Nord, et il était tout naturel d'en confier les travaux techniques à des troupes techniques, mises à la disposition des ingénieurs militaires.

Quant aux travaux de campagne, inopinément nécessités par la tactique journalière, les divisions, à l'exemple de celle de Desjardin, les confiaient aux plus vigoureux parmi les soldats d'infanterie qu'ils groupaient en compagnie à l'avant-garde des colonnes. On pourrait sans doute entrer aujourd'hui dans cette voie en réservant aux bataillons du génie des corps d'armée les seuls travaux réellement techniques tels que l'organisation des positions sérieusement fortifiées, des points d'appui conquis et de celles de repli, des communications de toutes sortes, sapes, passages de cours d'eau, ponts, chemins de fer, télégraphie, travaux de mines importants. Il semble qu'un courant se dessine dans ce sens, non seulement dans l'organisation actuelle des compagnies d'infanterie, mais même dans l'esprit des officiers du génie, car tout récemment un général de cette arme écrivait lui-même : « La fortification du champ de bataille devra pouvoir être exécutée rapidement et par une troupe quelconque (1). »

Si de la fortification passagère on passe à la permanente, on y retrouve la création des commandements

---

(1) *De la fortification de campagne*, par le général Dupommier, page 6. Paris, Berger-Levrault, 1903.

supérieurs de groupes de places fortes, que nous n'avons réédités qu'en 1883, et la classification des places fortes en trois catégories que l'on paraît avoir aujourd'hui adoptées dans toutes les puissances.

Dans cette nomenclature des spécialités que doit conserver le génie, nous n'avons pas énuméré l'aérostation, parce qu'en 1794 elle ne dépendait ni du génie ni de l'artillerie, et était l'œuvre géniale de Meusnier et de Guyton de Morveau aidé de Coutelle et de Conté. Tous les principes que nous appliquons actuellement avaient été posés par Meusnier, à qui il ne manquait que les moteurs légers d'aujourd'hui; les aérostats cylindriques eux-mêmes avaient été inventés par Guyton pour transporter plus facilement les ballons d'un point à un autre. Au point de vue tactique, un précieux enseignement se tire de la bataille de Fleurus que faillit perdre Jourdan, mal renseigné par son aérostat: c'est la nécessité, pour le commandant d'armée, d'être relié téléphoniquement au ballon afin d'avoir le renseignement qui lui est donné au moment même où se produit le fait, qui peut ne plus être vrai quelques instants plus tard.

Nous terminerons par une dernière remarque : Napoléon a écrit dans ses *Commentaires* que « l'infanterie d'une armée étant représentée par un, la cavalerie sera un quart, l'artillerie un huitième, le génie un quarantième ». Or si l'on prend les chiffres auxquels voulait arriver le Comité de Salut public, on sait qu'il créa 196 demi-brigades d'infanterie de ligne et qu'à la fin de 1794 il y en avait trente-neuf autres d'appellations diverses (légères, provisoires, etc.); soit un total de 235 demi-brigades dont l'effectif théorique devait être de 3,201 hommes, ce qui faisait pour l'infanterie un total de 752,235 hommes; la cavalerie devait compter, par la loi du 21 nivôse, 20,416 hommes de cavalerie lourde et 76,140 de légère, soit un total de 96,556 hommes, ce qui ne constituait que le huitième de l'infanterie; l'artillerie disposait de 20 compagnies à 55 hommes, soit 1100 hommes, plus 235 compagnies de canonniers volontaires à 50 hommes, soit 11,750 hommes; enfin 54 compagnies d'artillerie légère à 84 hommes, soit 4,536 hommes; ce qui fait un total de 17,386 hommes, et représente le quarantième environ de l'infanterie; enfin le génie avait 12 bataillons de sapeurs-mineurs à 1600 hommes, soit 49,200 hommes, ou le quarantième encore. La proportion de cavalerie et d'artillerie préconisée par Napoléon est donc plus forte; et de fait on s'étonne, à la lecture des campagnes de la Révolution, d'y trouver l'emploi si faible de l'artillerie en campagne. Alors que Napoléon usera de plus en plus de l'artillerie en grandes masses et semble être là, comme en grande tactique, le précurseur des armées contemporaines, les divisions de la Révolution n'utilisent que quelques pièces de position en dehors de l'artillerie de bataillon.

Les analogies que l'on relève entre l'organisation actuelle et celle de 1794 s'étendent non seulement aux troupes combattantes et aux services de l'avant, mais encore à ceux de l'arrière. Dans le tome Ier, nous avons démontré que le quartier général se scindait en deux groupes, l'un chargé exclusivement des opérations, l'autre des renseignements et du fonctionnement des services. Le tome II indique pour la cavalerie les mêmes échelons qu'aujourd'hui : dépôts de chevaux malades, dépôts généraux d'armes, dépôts de remonte et haras. L'artillerie se ravitaille sur des parcs de divisions jouant le même rôle que ceux des corps d'armée; puis sur des parcs intermédiaires qui sont les équivalents de ceux de l'artillerie des étapes; enfin, sur le grand parc de l'armée qui réunit les attributions des réserves de station-magasin et d'arsenal. Le génie n'a pas de parc, car il est affecté en principe aux places fortes. Enfin, les aérostiers marchent, comme aujourd'hui, avec le quartier général de l'armée; s'ils n'ont pas les voitures actuelles, ils n'en franchissent pas moins les obstacles de même façon, et l'énergie que leur insufflent le génie de Guyton de Morveau et l'ardeur de Coutelle leur font porter l'aérostat à bras d'hommes dans une marche de 35 kilomètres exécutée dans les conditions les plus défavorables.

Telles sont, en un bien pâle résumé, toutes les découvertes que, dans l'exaltation de son patriotisme outragé par l'invasion étrangère, avait enfantées la féconde énergie de nos glorieux ancêtres. Que d'amers regrets ne doivent-ils pas avoir, quels remords ne doivent pas accabler ceux qui, dépositaires d'un pareil patrimoine, en ont été assez oublieux pour en voir les trésors dérobés par l'étranger, employés plus tard au détriment de la patrie, et pour en être enfin réduits à accepter comme découvertes exotiques celles qu'avait engendrées le fulgurant génie de la Révolution française.

H. C.

Avril 1905.

LA
CAMPAGNE DE 1794
A
L'ARMÉE DU NORD

(17 Pluviôse-8 Messidor — An II)

VI. — La cavalerie.

La levée des hommes. — La réquisition, l'achat et la prise des chevaux. — L'organisation de la cavalerie. — La constitution des dépôts. — La conservation des effectifs : dépôts de chevaux malades, mise au vert, haras. — Rendement pratique des lois de la Convention et des arrêtés du Comité de Salut public.

Formations antérieures à la levée de 30,000 hommes. — La cavalerie comptait en janvier 1791, 24 régiments de cavalerie proprement dite, 2 de carabiniers, 18 de dragons, 6 de hussards et 12 de chasseurs à cheval (1).

L'engouement qui se manifesta dès le début de 1792

---

(1) A la suite des troubles de Nancy, le nombre des régiments de cavalerie, qui était de 24, fut réduit à 23 par le licenciement de « Mestre-de-Camp », qui fut décidé le 7 décembre 1790. Le 27, il fut remplacé par un « régiment de nouvelle levée » qui prit à la suite du « Royal-Guyenne » le n° 24 sur le tableau de concordance de l'article 1er du « règlement du 1er janvier 1791 sur la formation, les appointements et la solde de la cavalerie ».

Les régiments de cavalerie et de dragons étaient à 3 escadrons; ceux de hussards et de chasseurs à cheval, à 4. Chaque escadron comprenait

pour les troupes légères, devait avoir sur la cavalerie la même influence que sur l'infanterie.

Le 2 septembre, l'Assemblée, « ne voulant négliger aucun moyen d'augmenter le nombre et la bonne espèce des troupes légères, si utiles pour protéger le développement et l'action régulière des forces nationales », autorisait le Ministre de la guerre à traiter avec les sieurs Louis Ruttau, citoyen de Paris, et Louis Dumon, citoyen de Lille, pour la création, par chacun d'eux, d'un corps de 400 « hussards de la Liberté » à raison de 800 livres par « hussard reçu et jugé propre au service par le commissaire chargé de suivre la formation, engagé pour la durée de la guerre, habillé, armé, monté et équipé homme et cheval (1) ».

Le 9, « considérant que la formation des compagnies

---

2 compagnies de 4 officiers et de 67 hommes. Chaque régiment de cavalerie ou de dragons comprenait 439 hommes et 420 chevaux, y compris ceux de l'état-major; chaque régiment de hussards ou de chasseurs à cheval était à l'effectif de 580 hommes et 556 chevaux, dont ceux de l'état-major.

(1) Chacun de ces corps devait comprendre 4 escadrons et 8 compagnies. La compagnie, divisée en 2 pelotons et 4 sections, comptait 3 officiers et 57 hommes. Les officiers devaient être « nommés par les « hussards, à l'exception de l'état-major et des capitaines qui, pour « cette fois seulement, seraient nommés par le pouvoir exécutif ». (Article 5 du décret du 2 septembre 1792.)

Cette dernière prescription donna lieu à l'incident suivant :

Le 29 frimaire an II, Poultier prit la parole en ces termes au sujet de ce régiment : « Le 2 septembre 1792, l'Assemblée nationale décréta qu'il serait créé deux corps de troupes à cheval sous la dénomination de hussards de la Liberté.

« Dumouriez licencia les trois premières compagnies; ce licenciement paraît n'avoir eu pour motif que le refus fait par elles de reconnaître le colonel Morgan nommé par Dumouriez. Ce refus était justifié par le décret de formation du 2 septembre (article 5)....., le citoyen Morgan....., remplaçant le citoyen Dumon..... Ces trois compagnies ont donc été licenciées par un ordre arbitraire de Dumouriez.

« La résistance du régiment à l'exécution du décret du 3 mai (qui

franches, tant à pied qu'à cheval, déjà décrétée, est la manière la plus régulière et la plus prompte de former l'espèce de troupes proposées », l'Assemblée décida la levée, par le sieur Andrieux, de compagnies de chasseurs à cheval sous la dénomination de « hussards braconniers », au même prix que précédemment.

Sur le rapport de Dubois-Crancé, fait au nom du Comité de la guerre, il fut décrété, le 23 novembre, que « la troupe légère à cheval, de 200 hommes, levée par le citoyen Boyer serait portée au complet d'un régiment de hussards, et qu'il en serait créé un autre, sur la demande faite par le citoyen Benoît-Lamothe ». Chacun de ces régiments, à l'effectif total de 36 officiers et de 688 hommes, entraînait une dépense de première mise de 823,384 francs, devait être formé, organisé et soldé comme les autres régiments des hussards de ligne, et prendre rang avec eux suivant la date de sa création.

On a vu précédemment que les troupes prévues pour l'occupation du camp de Paris, par le décret du 19 août 1792, comprenaient des compagnies de cavalerie nationale ; comme ces dernières « ne pouvaient être utilement employées dans les armées sans recevoir une nouvelle organisation analogue à celle des troupes destinées à servir en ligne », il en fut créé le 6 décembre trois régiments de chasseurs à cheval, dont la composition devait être la même que celle des autres régiments sur le pied de guerre ; ils devaient prendre dans leur arme le numéro que leur assignait la date de leur formation, et entre eux, celui que leur donnerait le sort.

---

annulait ce licenciement) était excitée par le colonel Morgan ; ce colonel..... vient enfin d'être destitué par le Comité de Salut public...... Le Comité de la guerre vous propose de..... décréter qu'en vertu du décret du 3 mai les officiers, sous-officiers et soldats de ces trois compagnies reprendront leur corps et le grade qu'ils occupaient. »

Ce projet de décret est adopté.

Le même jour, « la légion franche à cheval, formée provisoirement en vertu du décret du 7 septembre 1792 (1), sous la dénomination de « légion des Américains » devait être « définitivement organisée à l'instar des régiments de chasseurs à cheval ».

Le décret du 28 janvier 1793 prescrivit la formation, par la voie du sort, « d'une division de cavalerie de trois régiments » réunie à l'École militaire ; « les 705 hommes qui ne devaient pas être de la première formation devaient provisoirement s'organiser en compagnies, rester en dépôt à l'École militaire et continuer à y faire leur service comme par le passé, jusqu'à ce qu'ils se fussent portés au complet », et eussent pu former une nouvelle division. Il ne semble pas que celle-ci ait jamais vu le jour.

Sur ces entrefaites parut, le 7 février, le rapport de Dubois-Crancé sur l'organisation de l'armée.

---

(1) Ce décret n'a pas été retrouvé dans la *Collection des Lois* existant à la Bibliothèque du ministère. On trouve seulement, au *Moniteur*, à la date du 16 mai 1793, la trace d'une compagnie de la « légion des Américains », qui ne semble pas avoir fait partie de la « légion *à cheval* des Américains » transformée en chasseurs à cheval par décret du 6 décembre 1792. Le 16 mai 1793, le conventionnel Serre, au nom du Comité de la guerre, faisait connaître que cette compagnie, composée d'hommes de couleur, avait fait la guerre dans la Belgique avec un courage et une discipline au-dessus de tout éloge..... (Ayant) reçu l'ordre d'embarquer pour les colonies, elle en demande la révocation ; ils craignent que leur dévouement au maintien de la liberté, à la défense de leur patrie adoptive, n'ait servi qu'à les replonger dans les fers.....

« Votre Comité de la guerre, continuait Serre, vous propose le décret suivant : « Sur le rapport de son Comité de la guerre, la Convention
« nationale décrète : que le Ministre de la guerre emploiera ailleurs
« que dans les colonies la 1re compagnie des chasseurs de la légion
« dite des Américains du Midi. En conséquence, l'ordre que le Ministre
« a donné pour le transport de cette compagnie dans l'île de Saint-
« Domingue demeure révoqué. »

Le projet de décret du Comité fut adopté.

« La cavalerie française, disait-il, doit être portée à 55,000 hommes effectifs ; mais cette arme est composée de plusieurs éléments essentiels. Elle consiste : 1° en 24 régiments de cavalerie proprement dite (1), 2 régiments de carabiniers et 3 régiments de cavalerie nationale formés à Paris à l'École militaire ; total 29 régiments (1). Le Comité vous propose de porter à 4 escadrons ceux de ces régiments qui n'en ont que trois ; qui, au complet de 170 hommes chacun, en 2 compagnies, formeront 116 escadrons formant une masse de 19,720 hommes. La République entretient 18 régiments de dragons à 3 escadrons chacun. Votre Comité vous propose de les porter à 4 escadrons de chacun 170 hommes. Total 72 escadrons et 12,240 hommes.

« La cavalerie légère est composée de 12 régiments de chasseurs et 8 régiments de hussards (2) ; ils sont organisés à 4 escadrons. Ces corps ont servi, la dernière campagne, avec la plus grande distinction, et tous les généraux en demandent l'augmentation. Votre Comité vous propose de les porter à 6 escadrons ; 120 escadrons légers à 170 hommes en donneront 20,400.

« La cavalerie des légions créées par différents décrets, monterait à environ 10,000 hommes si elles étaient complètes, mais elles ne le sont pas. Votre Comité vous propose d'ordonner que ces légions se composent en

---

(1) Dubois-Crancé se reportait au tableau du 1ᵉʳ janvier 1791. On verra plus loin qu'il n'y avait que 23 régiments de cavalerie à la date du 28 janvier 1793. Le chiffre était donc de 28 régiments, et non de 29, le 7 février, date à laquelle parlait Dubois-Crancé.

(2) Dubois-Crancé ne tenait pas compte, pour les chasseurs, des créations effectuées depuis 1791 : au 7 février 1793, il y avait 13 régiments de chasseurs, d'après le tableau, publié plus loin, du 4 juin 1793. Par contre, s'il comptait 8 régiments de hussards, il fallait qu'il tînt compte de toutes les formations du 1ᵉʳ janvier 1791 et des deux régiments du 23 novembre 1792. (Voir plus loin le tableau du 4 juin 1793.)

8 nouveaux régiments de chasseurs, et de fondre leur infanterie dans les bataillons légers : c'est un moyen de simplifier.

« Total de toute espèce de cavalerie, 62,360 hommes.

« Enfin, l'appel fait de la gendarmerie des départements vous a fourni un corps de cavalerie de 7,020 hommes. »

Conformément aux conclusions de ce discours, la loi du 21 février 1793 portait organisation de 29 régiments de cavalerie, dont 2 de carabiniers ; 18 régiments de dragons à 4 escadrons de 170 hommes ; 12 régiments de chasseurs et 8 de hussards à 6 escadrons au même complet de guerre. En raison de cette augmentation de 2 escadrons, chaque régiment de chasseurs ou hussards était pourvu d'un lieutenant-colonel de plus. Enfin, il devait être formé « de la cavalerie de toutes les légions, ainsi que des corps francs à cheval, 8 nouveaux régiments de chasseurs à cheval (titre III, art. 3) ».

A ces augmentations vinrent encore s'ajouter le 24 février celle du « corps de cavalerie, rassemblé à Angers par le général Ligonier, d'après les ordres de Servan » et devant désormais former le 19e régiment de dragons. Par décret du 27, « le 4e escadron résultant du nouveau plan d'organisation militaire, pouvait être recruté parmi les citoyens qui formaient alors à Angers un corps de volontaires à cheval ». Le 20e dragons eut pour noyau, le 1er mars, les troupes à cheval levées dans le département de Jemappes. Le 26, le corps de 1050 « éclaireurs » commandé à Nancy par le colonel Fabre-Fonds, donna naissance au 9e régiment de hussards (1), et l'excédent en dut être incorporé dans les divers corps de troupes légères les plus à proximité. Un décret du 5 mars réunit les compagnies franches dites *hussards de*

---

(1) 8e, d'après le tableau du 4 juin 1793.

la Mort et de *l'Égalité*, levées en vertu du décret du 12 juin 1792 par Kellerman et Dumouriez, aux hussards de la légion de l'armée du Midi, dite *légion des Alpes*, et aux « cent et tant chasseurs à cheval de la légion dite *Rosenthal* », pour former le 13ᵉ chasseurs à cheval (1). Le Ministre devait organiser et compléter les 6 escadrons de ce 13ᵉ régiment de chasseurs (1), de la manière indiquée par le décret d'organisation de l'armée en date du 21 février 1793. Deux jours après, le 7 mars, la Convention, sur la proposition du général en chef de l'armée des Côtes, décrétait qu'il serait levé dans le plus court délai, par le Ministre de la guerre, 2 nouveaux régiments de chasseurs à cheval, sous les nᵒˢ 21 et 22 (2) : l'un deux devait l'être « dans les départements du Morbihan, des Côtes-du-Nord, du Finistère, d'Ile-et-Vilaine et de la Loire-Inférieure ; l'autre dans ceux de la Manche, de l'Orne, de l'Eure, du Calvados et de la Seine-Inférieure. Pouvaient être admis individuellement à ces formations, les dragons et volontaires à cheval de Lorient, Brest, Nantes, Pontivy, Caen, Rouen, Dieppe et autres villes des départements composant les ci-devant provinces de Bretagne et de Normandie ».

Sur la pétition des hussards noirs du Nord, la Convention les admettait, le 13, à la solde de la République au prix de 25 sous par jour et les reconnaissait comme troupes nationales (3) ; enfin le 25, « le corps de hussards connu dans l'armée de la Belgique sous le nom d'*hussards de la Liberté*, était compris dans le nombre d'hussards sous le numéro 10 » (4). Pour terminer cette longue

---

(1) Comme il y avait déjà 13 régiments de chasseurs à cheval depuis le 5 décembre 1792, cette nouvelle formation devait donner naissance au 14ᵉ et non au 13ᵉ régiment de chasseurs. C'est bien, du reste, ce qu'indique le tableau du 4 juin 1793.
(2) C'étaient nᵒˢ 15 et 16 qu'il eût fallu dire.
(3) Ils formèrent le 10ᵉ hussards (tableau du 4 juin 1793).
(4) 9ᵉ et non 10ᵉ, d'après le tableau du 4 juin 1793.

nomenclature, on dira encore que le 9 mai les chasseurs belges servirent à former les 17ᵉ et 18ᵉ chasseurs à cheval, et que le 30 il fut décidé que « les 2 escadrons de cavalerie légère du Calvados, formés par le décret du 8 octobre 1792, seraient réunis au 1ᵉʳ régiment d'hussards connu sous le nom de *Bercheny*. Le Ministre de la guerre était chargé d'opérer cette réunion, de faire organiser et compléter ce corps dans le plus bref délai ».

De toutes ces formations, il résultait qu'à la fin de mai 1793, la cavalerie française comprenait 2 régiments de carabiniers, 26 régiments de cavalerie, dont 3 formés par la division de cavalerie nationale, prélevée le 28 janvier 1793 sur les cavaliers de l'École militaire; 20 régiments de dragons; 18 régiments de chasseurs à cheval, plus 3 formés à l'École militaire le 19 août 1792 et 10 régiments de hussards.

Mais, si l'on consulte le tableau publié le 4 juin 1793, on constate que les chiffres sont les suivants : 2 régiments de carabiniers; 26 régiments de cavalerie; 20 régiments de dragons; 18 régiments de chasseurs à cheval et 10 régiments de hussards. On ne peut expliquer ces divergences que par la non-exécution du décret du 6 décembre créant 3 régiments de chasseurs à cheval au moyen des compagnies de cavalerie nationale formées le 19 août pour le camp de Paris.

Sous réserve de cette explication, la nomenclature et l'origine des divers régiments de la cavalerie française, au début de juin 1793, sont résumées par le tableau qui va suivre, extrait du décret du 4 juin 1793.

Numéros des régiments.	Anciennes dénominations.	Dates de leur création.
	Cavalerie.	
1	De carabiniers	»
2	Idem	»
1	Colonel-Général	»

Numéros des régiments.	Anciennes dénominations.	Dates de leur création.
2	Royal............................	»
3	Commissaire-Général..............	»
4	La Reine........................	»
5	Royal-Pologne...................	»
6	Du Roy..........................	»
7	Royal-Étranger..................	»
8	Cuirassiers.....................	»
9	Artois..........................	»
10	Royal-Cravattes................	»
11	Royal-Roussillon...............	»
12	Dauphin........................	»
13	Orléans........................	»
14	Royal-Piémont..................	»
15	Royal-Lorraine (1).............	A la place de Royal-Allemand qui a émigré.
16	Royal-Bourgogne................	»
17	Berry..........................	»
18	Royal-Normandie................	»
19	Royal-Champagne................	»
20	Royal-Picardie.................	»
21	Royal-Navarre..................	»
22	Royal-Guyenne..................	»
23	Mestre-de-Camp.................	Créé en 1791.
24	....	Créés à l'Ecole militaire.
25	....	
26	....	

Hussards.

| 1 | Bercheny et Calvados (2)........ | » |
| 2 | Chamborant..................... | » |

(1) Dans le « Règlement du 1ᵉʳ janvier 1791 sur la formation, les appointements et la solde de la cavalerie », le *Royal-Allemand* portait le n° 15 et le *Royal-Lorraine* le n° 16. Le *Royal-Allemand* ayant émigré, tous les numéros des régiments, à partir du *Royal-Lorraine* inclusivement, furent diminués d'une unité et leur nombre fut réduit de 24 à 23. C'est ce qui explique la différence existant entre le tableau du 1ᵉʳ janvier 1791 et celui du 4 juin 1793.

(2) Le 18 avril 1793, le Comité de Salut public arrête « d'écrire au

Numéros des régiments.	Anciennes dénominations.	Dates de leur création.
3	Esterhazy......................	»
4	Colonel-Général (1)............	Au lieu de Saxe qui a émigré.
5	Lauzun.........................	»
6	....	23 novembre 1792
7	....	Idem.
8	Éclaireurs.....................	26 février 1793.
9	Hussards de la Liberté.........	25 mars.
10	Hussards noirs du département du Nord.....................	» (2)

Dragons.

1	Royal..........................	»
2	Condé..........................	»
3	Bourbon........................	»
4	Conti..........................	»
5	Colonel-Général................	»
6	La Reine.......................	»

Comité militaire pour l'inviter de présenter incessamment à la Convention nationale un projet de décret pour supprimer le n° 1 du régiment des hussards dits de Berchény et réunir les hussards de ce régiment à l'escadron du Calvados, pour en former un régiment qui portera le numéro suivant des régiments existants ». Une partie seulement de cet arrêté, celle qui prescrivait la réunion, fut mise en vigueur.

Cette réunion ne se fit pas sans soulever des protestations. Le 14 juin 1793, Hentz et Laporte, représentants du peuple à l'armée des Ardennes, mandaient au Comité de Salut public que le 1er régiment de hussards se plaignait beaucoup d'être incorporé dans le régiment des chasseurs du Calvados; qu'il ne demandait qu'à se remonter et à réparer ses fautes : on sait que ces dernières consistaient surtout, aux yeux de la Convention, dans le concours prêté à Dumouriez lors de sa défection.

(1) *Saxe*, à qui fut attribué le n° 4 par le règlement du 1er janvier 1791, ayant émigré, *Lauzun*, qui avait le n° 5, prit le n° 4; et, au lieu des six régiments indiqués par le tableau du 1er janvier 1791, celui du 4 juin 1793 n'en mentionne plus que cinq.

(2) Cette date, omise par le décret du 4 juin 1793, est celle du 13 mars 1793.

Numéros des régiments.	Anciennes dénominations.	Dates de leur création.
7	Dauphin	»
8	Penthièvre	»
9	Lorraine	»
10	Mestre-de-Camp-Général	»
11	Angoulême	»
12	Artois	»
13	Monsieur	»
14	Chartres	»
15	Noailles	»
16	Orléans	»
17	Schomberg	»
18	Du Roi	»
19	Volontaires d'Angers	Le 24 février.
20	De Jemappes	Le 1er mars (1).

Chasseurs.

1	Alsace	»
2	Évêchés	»
3	Flandre	»
4	Franche-Comté	»
5	Hainaut	»
6	Languedoc	»
7	Picardie	»
8	Guyenne	»
9	Lorraine	»
10	Bretagne	»

(1) Le 15 juillet 1793 parut le décret « relatif à l'organisation des troupes tant à pied qu'à cheval, levées dans le département de Jemappes » : « La Convention nationale, sur les demandes du Ministre de la guerre, relatives aux troupes tant à pied qu'à cheval, levées dans le département de Jemappes, l'autorise à appliquer sur-le-champ à ces corps l'article 3 du titre III et l'article 4 du titre Ier de la loi du 21 février dernier sur l'organisation de l'armée. »

Par un décret du 30 août 1793, la Convention autorisait le Ministre de la guerre à faire payer le montant des engagements dû aux hommes enrôlés tant dans le département de Jemappes que dans d'autres lieux pour la formation du 20e régiment de dragons..... » (*Moniteur universel.*)

Numéros des régiments.	Anciennes dénominations.	Dates de leur création.
11	Normandie......................	»
12	Champagne......................	»
13	Légion américaine...............	6 décembre 1792.
14	Chasseurs des Alpes.............	5 mars 1793.
15	Chasseurs des Côtes.............	7 mars.
16	*Idem*........................	*Idem.*
17	Chasseurs belges (1)............	9 mai.
18	*Idem*........................	*Idem.*

La cavalerie française comprenait donc, en 1793, des régiments de cavalerie proprement dite, des hussards, des chasseurs et des dragons. Ce n'est pas que l'existence de la cavalerie n'ait pas été fortement discutée.

---

(1) Le 17ᵉ chasseurs avait déjà suscité les plaintes de Duquesnoy, qui, le 16 pluviôse (4 février), demandait la dissolution ou l'épuration de trois corps de chasseurs dont deux, portant le n° 17, étaient cantonnés à Arras et dont le 3ᵉ, n° 13, ci-devant de Saint-Georges, était cantonné à Lille (Aulard, tome X, page 686).

Le 11 ventôse (1ᵉʳ mars), le Comité de Salut public arrêtait que « les deux corps de cavalerie belge et liégeois, commandés ci-devant par de Neck et Rens et destinés à composer le 17ᵉ régiment des chasseurs à cheval, seraient réformés et recréés ensuite »; on devait en exclure « tous ceux qui sont nés sur le territoire occupé par les ennemis, ceux qui auraient déserté d'autres corps français, les charrois ou tout autre service militaire, ainsi que ceux qui seraient reconnus suspects »; ils devaient être « désarmés et employés comme pionniers sous bonne et sûre garde ». Les chevaux des hommes supprimés devaient compléter les autres corps de troupes légères. Les hommes et chevaux non supprimés formeraient le noyau du 17ᵉ chasseurs à cheval, à moins que Pichegru ne s'en servît pour compléter les anciens cadres. Pichegru, d'accord avec Richard et Choudieu, n'adopta ni l'une ni l'autre des solutions. « Nous avons été d'avis, écrivaient les représentants le 23 ventôse, qu'il fallait supprimer entièrement ce corps et distribuer ses chevaux à nos braves régiments ». Cependant le corps fut enfin licencié et incorporé dans les anciens cadres.

L'exécution des dispositions qui précèdent est mise en lumière par les documents qui suivent.

Le 19 germinal (8 avril) le représentant du peuple Bollet, chargé de

Un mémoire de 1793 s'exprime ainsi à son sujet : « La cavalerie proprement dite, par la manière dont nous faisons actuellement la guerre, est rarement dans le cas de se rendre utile. Destinée à combattre en masse et à culbuter par son choc des escadrons, elle ne peut guère être employée que dans les batailles rangées ; on en livre rarement.

« La pesanteur de ses chevaux, de son équipement, la rend peu susceptible d'une autre destination. Le préjugé où elle est de sa gravité, de son poids, l'habitue à une

---

l'organisation de la cavalerie à l'armée du Nord, adresse de Douai, au Comité de Salut public, l'arrêté pris par lui pour le licenciement du 17ᵉ chasseurs et son incorporation dans les anciens cadres. Sur 1600 hommes (1100 chevaux) et 100 officiers, il est resté, après épuration, 30 officiers et 600 hommes, dont 100 hors d'état de servir en cavalerie et à verser dans l'infanterie. Sur les 30 officiers, seuls reconnus nés Français, 13 seulement sont munis de brevets; et sur ces 13, deux sont suspendus pour avoir touché deux fois la gratification de campagne. Les autres, soit 11, sont mis à la suite des régiments de dragons et ne partiront d'Arras qu'après disparition complète de ces hommes.

Quant aux 70 officiers étrangers, ils eurent plus tard la faculté de bénéficier, à la rigueur, de l'arrêté suivant, du 23 prairial (11 juin) :

Le Comité de Salut public arrête :

« Les officiers, sous-officiers et soldats belges, liégeois et bataves qui ont eu ordre de se retirer des armées par mesure de sûreté générale pourront être employés dans les armées de la République en qualité de volontaires seulement, excepté dans celles du Nord, des Ardennes et de la Moselle, et lorsqu'ils auront d'ailleurs justifié de leur bonne conduite et de leur civisme. »

Voici comment Pichegru rend compte de l'exécution de l'arrêté de Bollet :

Pichegru, général en chef de l'armée du Nord, au citoyen Bouchotte, ministre de la guerre.

Au quartier général de Réunion-sur-Oise, le 21 germinal (10 avril).

« Le licenciement du 17ᵉ régiment de chasseurs, citoyen Ministre, s'est opéré le 17 du courant très tranquillement, en vertu d'un arrêté

lenteur nuisible à la promptitude des expéditions auxquelles on pourrait la destiner. »

L'auteur proposait en conséquence de l'incorporer dans les dragons et de former de cet amalgame 20 régiments de 5 escadrons dont un de dépôt ; il n'y aurait plus eu ni cavalerie, ni dragons, mais des chevau-légers.

Un autre mémoire du 16 juin 1793 (1) faisait ressortir les avantages que retiraient nos ennemis de leurs troupes légères : « Plusieurs généraux, manquant de pareilles troupes à leur opposer, ont essayé d'employer contre elles la cavalerie..... ne songeant pas sans doute *aux poids beaucoup trop considérables* dont se trouvent accablés les chevaux de la cavalerie.

« Il serait donc à désirer que les généraux qui emploient la cavalerie, sans bien connaître cette arme, voulussent observer que le cheval d'un cavalier porte plus de 300 livres et souvent 360, lorsqu'il a du fourrage pour deux jours (2).

---

du représentant Bollet. On a fait passer dans d'autres corps de troupes à cheval tous les hommes qui, n'étant pas étrangers ou déserteurs des corps de la République, avaient la taille requise ; tous ceux qui ont fait partie de la cavalerie belge et liégeoise, ceux nés sur le territoire envahi par l'ennemi et ceux déserteurs des différents corps de la République, ont été renfermés dans la citadelle d'Arras, pour être ensuite conduits dans l'intérieur et y être employés aux travaux publics. Je viens de recevoir à ce sujet des réclamations de plusieurs officiers de ce régiment qui se récrient contre ces dispositions, ayant déserté des troupes des puissances coalisées avant qu'elles fussent en guerre avec la République française, et sollicitent leur liberté. Je te prie de me faire connaître tes intentions à cet égard. »

Pichegru rend compte ensuite des succès de Daendels sous Lille, sur la rive gauche.

(1) *Mémoire* dû au général de brigade Beaurevoir et daté de Haguenau, le 16 juin 1793.

(2) *Note du Mémoire* : « Le calcul de ce poids est plutôt affaibli qu'exagéré, comme il est facile de s'en convaincre, et il ne sera contesté par aucun officier de cavalerie. »

« Il faut encore se ressouvenir que les cavaliers privés du mousqueton, qu'on leur a pris pour armer l'infanterie (1), n'ont plus que des pistolets courts et tout à fait insuffisants pour se défendre contre les troupes légères armées de carabines qui les entourent, les harcèlent et les approchent sans crainte et sans danger..... »

Aussi l'auteur proposait-il d'attacher à chaque régiment de cavalerie une compagnie de 50 carabiniers, choisis sur les cavaliers les plus adroits et les plus courageux et montés sur les chevaux les plus petits du régiment : « Lorsque le régiment serait en bataille, cette troupe, divisée en deux pelotons, se placerait à 20 pas en arrière de la droite et de la gauche. Elle se porterait au besoin devant le front en tirailleurs ou pour masquer un mouvement. Elle chercherait à déborder l'ennemi dans les charges ou serait placée en réserve pour faciliter le ralliement.

« Dans les marches, elle éclairerait le flanc des colonnes et ferait l'avant-garde. Cette compagnie serait alors exercée à mettre pied à terre pour défendre un poste, et cette manœuvre serait essentiellement utile en beaucoup d'occasions, par exemple, lorsqu'un régiment, abandonné par l'infanterie, est obligé de se retirer par des ravins, des chemins creux, des défilés dans les bois.

---

(1) *Loi du 2 septembre* 1792, *relative à la suppression provisoire des mousquetons de la cavalerie.* — L'Assemblée nationale, considérant qu'il importe..... d'user de toutes nos ressources pour armer de suite les citoyens qui se consacrent à la défense de la patrie....., décrète ce qui suit :

Art. 1er. — L'Assemblée nationale supprime provisoirement les mousquetons de la cavalerie.

Art. 3. — Ces mousquetons seront mis à la disposition du Ministre de la guerre, qui les emploiera de la manière la plus utile et notamment pour l'armement du camp de Soissons.

Alors 24 hommes bien postés arrêteraient sans peine toutes les troupes à cheval, les seules qui peuvent suivre et atteindre la cavalerie.....

« Cette manœuvre serait encore essentielle à employer, lorsqu'un régiment cantonne momentanément dans des villages, près des bois par où l'ennemi pourrait arriver sans être aperçu. Ce côté du village serait parfaitement garanti d'un coup de main par quelques barricades défendues par un petit poste de cavaliers à pied..... »

On remarquera que cette idée du général de Beaurevoir avait beaucoup d'analogie avec celle des éclaireurs dont parle Napoléon dans ses *Commentaires* (1).

La levée de 30,000 *hommes montés, équipés et armés.* — Quelques-unes des nouvelles créations, mentionnées plus haut, étaient postérieures au 10 mars. Or, d'après le décret portant cette date, la transformation de la cavalerie des légions et corps francs en cavalerie légère, prévue par l'article 3 du titre III de la loi du 21 février 1793, avait été ajournée, et tous les corps existants devaient être conservés et complétés. Dans la cavalerie, comme dans l'infanterie, on n'avait donc pas observé ces prescriptions, et l'on s'était au contraire attaché à grouper des corps à effectifs variables pour en consti-

---

(1) « La cavalerie d'une armée..... doit se diviser en quatre espèces : .....les éclaireurs, composés d'hommes de 5 pieds ayant des chevaux de 4 pieds 6 pouces..... Les éclaireurs sont attachés à l'infanterie parce que la petitesse de leurs chevaux les rendra peu propres aux charges de cavalerie..... Au moment d'entrer en campagne, chaque régiment d'infanterie fournirait une compagnie de 120 éclaireurs tout organisée pour être incorporée dans les régiments de grosse cavalerie, à raison d'un dixième pour les cuirassiers..... Ils feraient le service des tirailleurs, ils battraient la campagne.....
(*Commentaires de Napoléon.* Tome VI, *Notes sur l'art de la guerre*, page 34).

tuer des bataillons légers ou des régiments de chasseurs.

Au point de vue pratique, cette solution ne présentait aucun inconvénient, car elle tendait à cette simplification que réclamait Dubois-Crancé en diminuant le nombre des formations disparates et à effectif insuffisant; mais elle ne permettait guère d'atteindre l'effectif de plus de 60,000 hommes prévu par le célèbre conventionnel. En effet, contrairement à son rapport, les régiments réguliers comprenaient 44 régiments à 439 hommes et 18 régiments à 580, soit 29,756 hommes, en supposant, contrairement à la réalité, que les effectifs fussent complets. Si, dans cette même hypothèse, on ajoute à ce chiffre les formations nouvelles obtenues au besoin par la fusion des corps francs, soit 4 régiments à 439 hommes et 10 régiments à 580, on arrive à un total général de 37,312 hommes. Or, d'après le rapport même de Dubois-Crancé, le total de la cavalerie devait être de 62,360 hommes; il fallait donc, pour atteindre l'effectif cherché, lever un contingent de 25,000. Ce fut bien, en effet, le déficit qu'avait prévu le Comité de Salut public. Dès le 10 avril 1793, il avait « chargé Delmas de se concerter avec le Ministre de la guerre sur les moyens d'avoir incessamment une augmentation de 25,000 hommes de cavalerie ». De son côté, Delacroix lisait, le 16, au Comité de Salut public, un projet de décret pour la levée de ces 25,000 hommes. Ce projet, discuté et adopté par le Comité et défendu par Delacroix devant la Convention, donna sans doute lieu au décret du même jour qui fixa toutefois la levée à 30,000 au lieu de 25,000.

Pour que le déficit fût comblé, il fallait tout d'abord que le chiffre total des corps de troupes à cheval ne fût plus sujet à varier; c'est ce que spécifia d'une façon toute particulière l'article 1er de la loi, qui fixa le 1er juin comme date limite de ces variations. Les 30,000 hommes à « lever » dans les départements devaient être montés, équipés et armés. Pour faciliter cette opération, les départements pouvaient en prélever les frais sur leurs impositions; les citoyens ayant déjà servi dans les troupes à cheval, étaient invités à reprendre du service avec promesse d'ajouter aux droits déjà acquis ceux qui résulteraient de ce nouvel engagement; enfin, tout citoyen qui « se présenterait monté, armé et équipé, recevrait le prix de son cheval, de son équipement et de son armement, qui lui seraient laissés à la fin de la guerre; et si, avant cette époque, il venait à perdre son cheval, il lui en serait fourni aux frais de la République ». Le Ministre devait fixer, de concert avec l'administration de chaque département, le lieu de rassemblement des hommes et chevaux et y envoyer des agents chargés de les inspecter et de les recevoir. Un compte rendu hebdomadaire devait être adressé au Ministre par les administrateurs départementaux sur les progrès de la levée.

Cinq jours après le décret du 16 avril, le citoyen Turquin, entrepreneur de l'École de natation à Paris, remettait à la Convention un « projet concernant l'établissement d'une cavalerie en temps de guerre ». « Il existe », disait-il, « en France, 44,000 municipalités. On suppose que dans chacune de ces municipalités il y aurait, l'une dans l'autre, quatre fermes, ce qui fait en total 176,000 fermiers. On n'ignore pas que la majeure partie de ces fermiers n'ait pour sa monture un bon cheval bien équipé en selle, harnais, pistolets, manteau, porte-manteau; et, comme ces fermiers font partie de la garde nationale, ils ont des fusils et des sabres.....

« Que l'on suppose même, si l'on veut, que dans ces 176,000 fermiers, il n'y en ait qu'un quart qui ait un cheval de monture tout équipé, comme on vient de dire, il résulterait toujours que, dans cette hypothèse, l'on trouverait sur-le-champ, 44,000 chevaux tout prêts pour monter le même nombre d'hommes..... »

Bien que l'article 8 du décret du 16 avril 1793 prescrivît au Comité de la guerre de lui présenter sous trois jours le projet de répartition des 30,000 hommes sur les départements, ce ne fut que le 27 mai que le Comité de Salut public chargea Delmas de lui soumettre le 28 « un mode d'organisation pour exécuter la loi »; bien que le 14 juin, Hentz et Laporte, représentants du peuple à l'armée des Ardennes, se plaignissent encore du manque de chevaux, ce ne fut que le 27 que Poultier fit, au nom du Comité de Salut public, adopter les dispositions suivantes : Les 30,000 hommes devaient être pris dans les départements jusqu'à concurrence du dixième du contingent en infanterie qu'ils avaient fourni par la loi du 24 février sur le recrutement ; le Comité de la guerre devait adresser des instructions aux corps administratifs sur les moyens de lever, habiller, équiper, monter et encadrer ces 30,000 hommes ; enfin le Ministre de la guerre devait, dans les 48 heures, rendre compte du recensement général des chevaux de luxe et des chevaux d'émigrés mis en réquisition dans les divers départements, de l'emploi qu'il en avait fait et des instructions qu'il donnait aux corps administratifs pour les affecter à la cavalerie.

Pour faciliter cette remonte et pour en garantir la qualité, le même jour les représentants du peuple à l'armée du Nord, « réunis en bureau central à Arras, envoyaient l'extrait d'un arrêté qu'ils avaient pris concernant la remonte de la cavalerie, et par lequel les chevaux réformés à l'avenir seraient marqués ; et qu'à cet effet on leur fendrait l'oreille droite en long d'un pouce et demi, afin d'éviter les dilapidations énormes qui se commettaient dans cette partie ».

Les entrepreneurs cherchaient en effet tous les moyens de bénéficier de la pénurie des chevaux; c'est ainsi que trois jours après le vote du 27 juin, un citoyen Fontaine offrait au Comité de Salut public de faire lui-même la fourniture des 30,000 chevaux et le Comité chargeait le représentant du peuple Dornier (1) d'examiner cette proposition (2). Il est probable que celle-ci n'eut pas de suite, car ce fut le décret du 22 juillet 1793 qui notifia aux corps administratifs « l'Instruction pour la levée, l'habillement, l'équipement, les moyens de monter et la division dans les armées des 30,000 hommes de cavalerie dont la levée est ordonnée. »

Aux termes de cette instruction, les 30,000 hommes étaient répartis entre les onze armées de la République, à raison de 4,855 pour l'armée du Nord, 3,915 pour celle des Ardennes et 2,300 pour celle de la Moselle. Les départements sur lesquels devait porter cette levée et les lieux où elle devait être rassemblée étaient indiqués par le tableau ci-après (3) :

---

(1) « Dornier, député à la Convention nationale par le département de la Saône », avait offert le 7 juin au Comité de Salut public « de donner à la République 50 pièces de canon de fonte coulée du calibre de 4 ou de 8, et de les faire rendre dans un port du Rhône en lui payant la main d'œuvre et les frais de voiture seulement. »

(2) Il y avait lieu, en effet, de se méfier des fournitures des entrepreneurs, voire même de la régie : le 21 août, Calès et Massieu, représentants à l'armée des Ardennes, se plaignaient de la mauvaise qualité des chevaux envoyés par le Ministre au 11ᵉ régiment de chasseurs. « Si la régie de l'achat des chevaux continue encore quelques mois, la République aura dépensé des sommes immenses et elle n'aura plus de cavalerie ».

(3) Au lieu de cette répartition par armée, Houchard proposait un rassemblement de cette cavalerie en vingt cantonnements, chacun surveillé par six officiers, pourvu de dix instructeurs, et tous inspectés par un officier général. Il affectait à la « cavalerie pesante » les villes de Versailles, Chantilly, Soissons, Beauvais et Troyes; aux dragons, celles de Vitry, Saint-Dizier, Reims, Amiens et Château-Thierry; aux chasseurs à cheval, celles de Metz, Pont-à-Mousson, Verdun, Châlons et Rethel-Mazarin; aux hussards, celles de Nancy, Lunéville, Commercy, Toul et Épinal. (Projet pour la nouvelle cavalerie présenté au Ministre de la guerre par le citoyen Houchard, ancien militaire.)

ARMÉES.	DÉPARTEMENTS	CONTINGENT à FOURNIR.	LIEUX de RASSEMBLEMENT.
Nord	Nord.	645	Amiens et Abbeville.
	Aisne.	575	
	Pas-de-Calais.	595	
	Oise.	445	
	Paris.	790	
	Seine-et-Oise.	475	
	Seine-et-Marne.	375	
	Eure-et-Loir.	395	
	Eure.	560	
	TOTAL.	4,855	
Ardennes	Ardennes.	400	Troyes.
	Meuse.	340	
	Marne.	365	
	Aube.	370	
	Yonne.	330	
	Loiret.	380	
	Cher.	300	
	Loir-et-Cher.	240	
	Nièvre.	300	
	Indre.	350	
	Indre-et-Loire.	340	
	Allier.	300	
	TOTAL.	3,915	
Moselle	Moselle.	400	Lunéville et Commercy.
	Meurthe.	295	
	Vosges.	155	
	Haute-Marne.	430	
	Côte-d'Or.	420	
	Saône-et-Loire.	600	
	TOTAL.	2,300	

L'instruction prescrivait ensuite aux directoires des départements, affectés à chaque armée, de réunir tous les chevaux de luxe en un, deux ou trois endroits au plus par département, suivant le nombre des chevaux et l'abondance des fourrages. De son côté, le général d'armée intéressé devait envoyer en ces points des cadres inférieurs qui, avec l'aide de maréchaux experts, classeraient les chevaux par catégories (cavalerie, dragons, hussards, etc.), en dresseraient un état qu'ils enverraient au chef-lieu du département central, à deux officiers (un capitaine et un lieutenant), également désignés par le général d'armée. Ces derniers adresseraient alors un état par département au Ministre, qui en ferait dresser un état général, assurerait la répartition par armée en comblant au besoin le déficit d'une armée par l'excédent d'une autre, et grouperait enfin les ressources aux lieux de rassemblement désignés à l'avance. Il réunirait d'ailleurs en ces derniers les selles, brides et autres objets nécessaires aux chevaux.

Dès qu'ils auraient reçu l'instruction, les directoires des départements feraient la répartition du contingent indiqué entre les districts et communes à raison de 1/10 de celui qui avait été fourni par la levée de 300,000 hommes.; le mode de désignation serait le même que celui de la loi du 24 février 1793; les hommes demandés devaient être sains et robustes, avoir 18 ans au moins et 40 ans au plus et au moins la taille de 5 pieds 2 pouces pieds nus. Les objets de linge et chaussures étaient fournis par les communes ; de son côté, le Ministre devait faire affluer l'habillement et l'armement nécessaires dans les lieux de rassemblement où il appartenait aux directoires de districts de faire conduire les recrues, même au moyen d'un ou deux commissaires si leur nombre dépassait 60 ; et aux généraux de les faire prendre par des cadres chargés de les conduire à leurs régiments respectifs.

La mise en vigueur de ces dispositions était d'autant

plus urgente que de toutes parts on se plaignait du manque de cavalerie. « La cavalerie est nulle ; il faut pousser la levée décrétée » écrivent le 31 mai les représentants du peuple. « L'armée, écrivait le 10 juillet Carnot, alors représentant du peuple à l'armée du Nord, serait bientôt invincible si on lui fournissait ce qui lui manque pour la mettre en état d'agir. Mais rien n'arrive ; l'ennemi a 37,000 hommes de cavalerie et nous n'en avons point ; on ne nous donne ni chevaux ni équipages de cavalerie, hussards ou dragons, ni armes pour ces troupes. » Le 14, les commissaires de la Convention à l'armée du Nord se plaignaient de la lenteur que l'on mettait à équiper la cavalerie : « il ne faut, disaient-ils, rien épargner pour la mettre sur un pied respectable. » Le 27, Carnot réclamait de Bergues « des fusils, des sabres, des chevaux et de la poudre » ; le même jour, de Cambrai, Levasseur (de la Sarthe) se plaignait de ce que l'ancienne cavalerie ne fût pas montée (1), et surtout de braves hussards de Chamborant (2), tandis que tous les nouveaux corps ne manquaient de rien. Le 30, Levasseur et Delbret envoyaient de Cambrai des états d'inspection des 2ᵉ, 6ᵉ et 8ᵉ hussards « suffisants pour donner une idée du dénûment où on a laissé ces corps ». Le 13 août, Bentabole signalera de Lille, qu' « un autre objet essentiel est la cavalerie qui nous manque (3) ». Le 15 enfin, les

---

(1) La même pénurie est encore dénoncée, le 20 septembre, de Cambrai, par Laurent.

(2) On retrouve encore la même plainte le 15 août ; Bentabole et Levasseur s'en font l'écho auprès du Comité de Salut public : « Il en est de même, disent-ils, des remontes et de leurs dépôts, puisqu'on n'a pas trouvé le moyen de remonter le régiment de Chamborant qui est à Soissons et qui aurait rendu les plus grands services à cette frontière. Il faut tout faire pour nous procurer de la cavalerie, dont le dénûment a causé une grande partie de nos malheurs. » (Aulard. Tome V, page 561.)

(3) Le 21 septembre, Bentabole et Levasseur écrivent encore d'Arras

représentants du peuple à l'armée du Nord, Collombel et Letourneur arrêtaient qu' « attendu la pénurie des chevaux, il était ordonné à tous les généraux d'armée ou de division, lorsqu'ils se verraient forcés à un mouvement rétrograde, de faire retirer tous les chevaux de selle qui se trouveraient sur le pays que leurs troupes doivent quitter..... ».

La Convention venait à peine d'édicter l'instruction du 22 juillet qu'elle reçut des nouvelles de l'armée des Pyrénées-Orientales.

Par un rapport daté le 18 juillet de Perpignan, le général Deflers, commandant cette armée, rendant compte au Ministre de la « glorieuse journée du 17 » ajoutait : « J'ose avancer que j'aurais chassé l'ennemi au loin et pris son camp, si j'eusse eu des forces suffisantes ; mais, dénué de cavalerie, je devais garder la position la plus avantageuse à l'infanterie et ne pas hasarder impunément les forces que la République m'a confiées..... ».

« Le général de l'armée des Pyrénées, s'écria Jeanbon Saint-André, se plaint de manquer de cavalerie. Il y a dans tous les départements du Midi des compagnies de cavaliers nationaux volontaires. Je demande que la Convention décrète, comme mesure de salut public, que toutes les gardes nationales à cheval sont en réquisition, et qu'elles se rendront sur-le-champ dans les lieux de rassemblement qui leur seront indiqués. »

« Pour que les cavaliers nationaux, ajouta Cambon, n'allèguent pas le prétexte de n'avoir pas tous des chevaux en propriété, je demande qu'on leur donne des chevaux de luxe, et qu'il leur soit ordonné de se

---

qu'il est nécessaire de former une nouvelle cavalerie. Le lendemain, Bentabole dira encore qu'il faut songer à « former enfin une cavalerie ». (Aulard. Tome VI, 593.)

rendre sur-le-champ aux lieux de rassemblement qui leur seront indiqués par le Ministre. »

Adoptant cette proposition, la Convention décréta le 25 juillet que toutes les gardes nationales à cheval, dans toute l'étendue de la République seraient en état de réquisition, et que du moment de la réception du présent décret, les généraux et les représentants du peuple seraient autorisés, et les corps administratifs et municipalités tenus à les faire marcher vers les armées dont la cavalerie ne serait pas jugée suffisante, sans qu'aucun des cavaliers nationaux pût donner de démission ou refuser de se rendre sur-le-champ au poste qui lui serait indiqué.

Les corps administratifs étaient autorisés à fournir aux cavaliers non montés, les chevaux de luxe et les objets d'équipement qui seraient jugés nécessaires (1), et ils justifieraient de cette nécessité par un procès-verbal de la municipalité du lieu de leur résidence.

Le Ministre de la guerre devait enfin désigner à chaque département, l'armée vers laquelle marcheraient les cavaliers nationaux et donner des ordres pour les incorporer dans les cadres existants ou en former de nouveaux dans la supposition que les anciens se trouvassent remplis.

Un autre appoint fut apporté à la cavalerie par les gardes nationales à cheval dites « dragons de la Manche ».

Les journées des 31 mai et 2 juin 1793 avaient en effet

---

(1) Cette mesure ne paraissait pas avoir été suivie d'effet le 15 août, si l'on en croit la lettre suivante écrite par Bentabole et Levasseur à cette date au Comité de Salut public : « La saisie des chevaux de luxe et leur rassemblement paraissent avoir été négligés dans les départements; les objets nécessaires à leur équipement manquent généralement..... »
Bollet reviendra encore sur le même sujet le 29 brumaire.

allumé l'insurrection dans la Normandie. Le 13 juin, le département de l'Eure avait donné le premier le signal, en s'assemblant et en décidant qu'une force armée de 4,000 hommes marcherait sur Paris ; en même temps il adressait un appel aux départements voisins.

Ces mesures amenèrent l'envoi, par la commune de Vernon, d'une députation qui vint, le 18, dénoncer à la Convention le district d'Evreux, menaçant « de faire marcher des troupes contre les communes qui ont refusé d'adhérer aux arrêtés du département de l'Eure ».

Lindet demanda alors que le « Ministre de la guerre fut autorisé à retirer d'Evreux le corps de dragons, corps qui paraît être totalement à la disposition des administrateurs contre-révolutionnaires ».

La Convention rendit en conséquence un décret prescrivant, entre autres mesures, que « les dragons de la Manche et chasseurs actuellement en la même ville ou en détachement dans l'étendue du département de l'Eure, se rendissent sans délai à Versailles, pour s'organiser conformément à la loi..... ».

Comme conséquence de ce décret, la Convention décida le 16 août que le corps de cavalerie levé dans les départements du Calvados, de l'Eure, de l'Orne, de la Manche et de la Seine-Inférieure, sous la dénomination de « dragons de la Manche », serait incorporé dans les différents régiments de cavalerie et troupes légères de la République.

Le Ministre de la guerre devait se concerter avec le Comité de la guerre de la Convention pour opérer cette incorporation (1), et pour arrêter les moyens de rappeler ceux des dragons de la Manche qui s'étaient retirés chez

---

(1) Le 24 août, le Comité de Salut public arrêtait que le Ministre de la guerre donnerait sur-le-champ les ordres nécessaires pour faire partir sans délai et successivement les divers escadrons qui devaient former le

eux au lieu de se rendre à Versailles, en exécution du décret du 18 juin 1793.

Cependant l'exécution de la loi du 25 juillet, en ce qui concerne les chevaux de luxe, ne paraissait pas donner tout ce qu'on était en droit d'en attendre. Bien que le 4 août, le Comité de Salut public eût prescrit au Ministre de la guerre de faire un tri dans les chevaux d'artillerie et de charroi pour en extraire des chevaux d'escadrons ; bien qu'il eût arrêté le 28 que l'on emploierait à l'intérieur aux transports et charrois des armées « la plus grande quantité de bœufs possible » et qu'il « serait pris parmi les chevaux remplacés par les bœufs, ceux qui seraient propres au service de la cavalerie, des dragons, des chasseurs et des hussards », il ne semble pas qu'on eût trouvé encore les chevaux de luxe nécessaires à la monte des cavaliers, car le 29 août, la discussion reprit sur cette question à la Convention nationale.

Après d'ardentes propositions sur les mesures à prendre pour sauver la patrie, Billaud-Varennes demanda que « pour diminuer le nombre des officiers et des états-majors, on augmentât d'un escadron chaque régiment de cavalerie. Il réclama l'exécution du décret qui mettait les chevaux de luxe à la disposition de la République ».

« Les agioteurs d'hommes et de chevaux, dit Duhem, font sur les frontières le trafic de chevaux. Ce sont eux qui s'emparent des chevaux de luxe et les font payer à la République le double de leur prix ».

« J'annonce, répliqua Jeanbon Saint-André, que le Comité de Salut public s'occupe avec activité de la cavalerie, que les dragons de la Manche sont partis pour l'armée du Nord, que les braves hussards de Chamborant seront bientôt remontés ».

---

corps des dragons de la Manche, pour se porter à l'armée du Nord et être incorporés par escadrons dans des corps de cavalerie d'ancienne formation. » (Aulard. Tome VI, page 86.)

Gaston demanda que « tous les citoyens qui ont des chevaux, en fissent la déclaration sous peine de mort ».

« Le Comité des marchés, dit Lacroix, a promis de réunir 40,000 chevaux, mais il ne suffit pas de remettre ces chevaux à 40,000 hommes ; il faut les exercer... il faut donc laisser au Ministre le soin de ne les faire partir que lorsqu'ils seront en état de combattre. »

Dornier ajouta qu' « il existait dans les dépôts plus de 16,000 chevaux exercés et prêts à servir ; mais les agents de la guerre, dit-il, n'en font pas usage, et l'administration des charrois fait de nouveaux achats très dispendieux et très inutiles. »

Lacroix. — « Je demande sur-le-champ la répression de ces abus, car les 30,000 hommes de cavalerie dont vous avez décrété la levée au mois d'avril dernier ne pourront agir qu'à la fin du mois de septembre. »

Thuriot. — « Je demande que ceux qui ont des renseignements sur les dépôts de chevaux les communiquent au Comité de Salut public qui s'en occupe depuis huit jours. »

Enfin, Lacroix et Gaston proposèrent que « chaque commune dressât l'état des chevaux qui se trouvent dans son arrondissement. »

De ces propositions diverses résultèrent les deux décrets ci-après du 29 août (1) :

1° Tout citoyen qui a des chevaux de luxe, de selle, ou des chevaux de trait non employés à l'agriculture, sera tenu d'en faire la déclaration devant la municipalité.

---

(1) Ce décret, du 29 août 1793, avait été précédé d'un arrêté du Comité de Salut public, en date du 3 août :

« Le Comité de Salut public autorise le Ministre de la guerre à lever 3,400 hommes de cavalerie, savoir :

1020 dans le département de Paris ; 340 dans le département de Seine-et-Oise ; 340 dans le département de Seine-et-Marne ; 310 dans le département de la Seine-Inférieure ; 310 dans le département du

La municipalité les fera visiter, estimer et marquer au cou; il en sera fait un état qui sera adressé aux districts, qui les feront parvenir au Conseil exécutif par l'intermédiaire des départements. Le Conseil exécutif en fera dresser un tableau général par chaque département de la République.

2° Toutes les troupes à cheval qui auraient été levées dans la République et qui ne seraient pas encore organisées seront, sans aucun délai, envoyées aux armées pour être incorporées aux corps anciens, et le Ministre rendra compte des mesures qu'il aura prises pour l'exécution du présent décret.

Ces réquisitions de chevaux ou de cavaliers étaient d'ailleurs indépendantes des opérations régulières de remonte, car le 12 septembre le Comité de Salut public autorisait encore le Ministre de la guerre à faire de nouveaux marchés de chevaux pour la remonte des troupes à cheval.

Loiret; 340 dans le département de l'Oise; 340 dans le département de la Somme.

Il sera donné 250 francs de gratification à chaque cavalier.

Chaque cavalier aura la taille et les qualités nécessaires pour ce genre de service.

Chaque escadron sera de 170 hommes et sera amalgamé dans les cadres des troupes à cheval.

Le Conseil nommera les chefs d'escadron et deux capitaines par escadron. Les officiers et sous-officiers seront au choix du soldat.

Les chevaux de luxe sont à la réquisition du Ministre de la guerre pour la formation de ces escadrons.

Les corps administratifs pourvoiront, sous l'inspection du Ministre de la guerre, à l'équipement et habillement des cavaliers.

Les contingents se réuniront dans le chef-lieu du département. Le Ministre de la guerre y fera tenir les selles, équipements de cheval et armes nécessaires.

Les escadrons, à mesure de leur formation, se mettront en marche sur les routes disposées à cet effet. »

Lorsque le Comité de Salut public connut le décret du 29 août, il rapporta son arrêté du 3 par celui du 4 septembre 1793, qui motivait cette annulation par ce fait que « les dernières mesures décrétées par la Convention nationale sur l'augmentation de la cavalerie remplissent les vues du Comité ».

Pour faciliter encore l'organisation de la cavalerie, la Convention décréta le 26ᵉ jour du premier mois de l'an II qu' « à dater du jour de la publication du présent décret, nul militaire, de quelque grade qu'il fût, ne pourrait, jusqu'à ce qu'il en eût été autrement ordonné par la Convention, conserver un plus grand nombre de chevaux que celui attribué à son grade par la loi du 23 de ce mois, concernant la distribution des rations (1). »

Dans le même but d'atteindre par tous les moyens le complément cherché de la cavalerie, le Comité de Salut public prit encore l'arrêté du 29 nivôse (18 janvier) qui interdisait de prendre dans les corps de troupes à cheval les ouvriers à mettre en réquisition permanente « pour les travaux et établissements publics des ports militaires ».

Toutes ces mesures ne semblent pas avoir encore produit le complément recherché. Du reste, le 23 août avait paru la loi sur la réquisition qui dotait assez richement les corps de l'infanterie pour qu'on pût y effectuer des prélèvements au profit des troupes à cheval.

---

(1) Cette loi donnait le tarif des rations par catégories, le nombre de rations auxquelles avait droit chaque grade. Elle prévoyait la possibilité de remédier à la pénurie des fourrages par diminution ou substitution de denrées. Enfin, elle spécifiait que les rations ne seraient « délivrées que pour les chevaux dont l'existence serait constatée par des revues faites dans les formes prescrites ». Cette dernière prescription paraît devoir son origine à la lettre écrite de Lille, le 3 mai 1793, par les représentants du peuple à l'armée du Nord Duhem, Gasparin et Lesage-Senault : « ..... Les officiers, disaient-ils, n'ont pas de chevaux, même pour eux. Lorsqu'ils arrivent, autant et plus fatigués que leurs troupes, ils ne peuvent veiller aux distributions et à l'exécution de tous les points de service, et il se fait des gaspillages horribles que rien ne peut réprimer. Il conviendrait, en faisant faire le décompte des places de fourrages dues jusqu'à ce jour aux officiers, à raison de leur grade, de décréter qu'à l'avenir il n'y aura plus de pareils décomptes et qu'on n'aura de fourrages que pour les chevaux qui passeront réellement la revue..... »

Les archives contiennent du reste plus d'un mémoire appelant l'attention sur la possibilité de faire concourir les bataillons de volontaires au complément des troupes à cheval. « Tous les citoyens en état de porter les armes servant dans les bataillons de volontaires nationaux, la cavalerie ne peut se compléter, si on ne lui procure le même avantage qu'à l'artillerie, en l'autorisant à se recruter dans les bataillons..... » « On propose », disait un mémoire antérieur, « de se rapprocher de la proportion qui doit exister dans une armée bien organisée entre l'infanterie et la cavalerie, en prenant dans les bataillons de ligne une partie des hommes nécessaires aux troupes à cheval. Ce moyen a été employé par l'Assemblée nationale pour compléter l'artillerie..... »

Ces propositions, antérieures à la loi du 23 août, et les ressources qu'elle procurait, semblent avoir été la genèse du décret du 3 brumaire an II. Aux termes de celui-ci, le complet de 170 hommes par escadron serait obtenu, soit au moyen des militaires en activité de service dans l'infanterie qui en feraient la demande à leur conseil d'administration, soit de tout autre citoyen de bonne volonté (1) même astreint à la loi du 23 août 1793. Chacun de ces candidats devait du reste être sain et robuste, être âgé de 18 à 45 ans, avoir la taille minima

---

(1) Sedan, 16 ventôse (6 mars).

Le citoyen Michel Nicaise, natif de Sommeton, district de Vitry-sur-Marne, âgé de 27 ans, taille de 5 pieds 6 pouces, ayant déclaré vouloir servir la République dans le 4ᵉ régiment de hussards, le commissaire ordonnateur de l'armée des Ardennes est autorisé à lui expédier une route pour se rendre à Châlons, lieu où se trouve le dépôt de ce régiment, et à lui faire délivrer la subsistance en route, conformément à la loi.

GILLET.

de 5 pieds 3 pouces et présenter sa demande dans le délai de deux mois après la promulgation du décret (1).

L'exécution de ce dernier fit passer, à la division Souham, 770 fantassins dans la cavalerie.

8 pluviôse (27 janvier).

Le général Souham aux agents secondaires.

Je vous adresse, Citoyens, copie d'un arrêté des représentants du peuple Bollet et Vidalin, que vous êtes chargés d'exécuter. Je vous adjoins, conformément à cet arrêté, un officier de cavalerie, le citoyen Rigaut, chef d'escadron au 20ᵉ régiment de cavalerie. Je fais mettre à l'ordre que les conseils d'administration des demi-brigades, qui ont reçu des jeunes gens de la première réquisition et des bataillons de réquisition, vous envoient l'état des jeunes gens incorporés ou à incorporer qui se destinent à entrer dans la cavalerie. Vous en ferez le choix avec le citoyen Rigaut et leur donnerez une route, conformément à l'arrêté. Les citoyens qui sortiront de leurs bataillons pour le complet de la cavalerie devront laisser, conformément à l'article 14 du décret du 3 brumaire, les armes et équipement à l'usage exclusif de l'infanterie. Quant à l'habillement, il sera remis au magasin du dépôt de la cavalerie, lorsqu'on leur donnera l'uniforme de la cavalerie. S'il se présentait, pour entrer dans la cavalerie, des citoyens qui voulussent s'équiper et se monter à leurs frais, les représentants du peuple m'écrivent qu'il serait essentiel de les préférer, pourvu qu'ils réunissent les conditions prescrites par la loi et par leur arrêté. J'espère que vous

---

(1) Cette mesure donna lieu à une nouvelle cause de désertion, dont Bollet rendit compte, le 19 frimaire, au Comité de Salut public. « Il a trouvé », dit-il, « des militaires des bataillons d'ancienne ou de nouvelle levée qui se faisaient inscrire, d'après le décret du 3 brumaire, pour les régiments de cavalerie et s'en retournaient dans leurs foyers en attendant (disent-ils) qu'on leur donnât des ordres pour se rendre au dépôt des régiments dans lesquels ils doivent servir; et que ceux de nouvelle levée suivaient aussi cette même marche, en attendant qu'on les incorpore dans les anciens bataillons. Il transmet l'arrêté qu'il a pris pour faire arrêter cette désertion et invite le Comité de Salut public à le faire approuver par la Convention. » (Aulard. Tome IX, page 286.)

mettrez la plus grande activité dans l'exécution de cette opération importante. Vous me rendrez compte soigneusement de ses progrès.

Le général Souham au citoyen Rigaut, chef d'escadron.

8 pluviôse (27 janvier).

Ne connaissant aucun officier de cavalerie qui puisse mieux que toi remplir les vues de l'arrêté ci-joint, j'espère que tu voudras bien te charger de son exécution, conjointement avec les agents secondaires nommés pour l'incorporation des bataillons de première réquisition. Tu te concerteras à cet effet avec eux. Ils doivent recevoir, des conseils d'administration, l'état des jeunes gens à incorporer qui se présenteront pour entrer dans la cavalerie. Tu en feras le choix conformément à la loi, et les agents secondaires les feront partir. Tu me rendras compte des progrès de cette opération et diras aux agents d'y mettre toute l'exactitude nécessaire.

Le général de division Souham aux représentants du peuple Bollet et Vidalin, chargés du complément de la cavalerie.

Marquette, près Lille, 24 pluviôse (12 février).

Je vous rends compte, Citoyens, que tous les hommes de première réquisition que vous m'avez ordonné de tirer de la division que je commande, pour entrer dans la cavalerie, sont partis, et que cette opération est terminée.

Ils sont partis de la manière suivante :

	17 PLUVIÔSE.	18 PLUVIÔSE.	20 PLUVIÔSE.	23 PLUVIÔSE.	TOTAUX.
Cavalerie.............	115	74	108	26	320
Dragons.............	30	»	»	»	30
Chasseurs...........	36	44	97	83	260
Hussards.............	54	16	84	6	160
TOTAUX.....	235	134	289	115	770

L'incorporation s'avance un peu par l'arrivée de quelques bataillons de première réquisition, mais elle va encore cependant bien lentement.

A l'armée des Ardennes, le délai de deux mois, fixé par le décret du 3 brumaire aux passages de l'infanterie dans la cavalerie, avait été dépassé par les volontaires, bien qu'il eût été spécifié à l'ordre.

Tharreau au citoyen Pflieger, représentant du peuple.

22 pluviôse (10 février).

J'ai reçu ta lettre, datée du 19 pluviôse. Le général Charbonnié étant venu prendre le commandement en chef de cette armée, je la lui ai envoyée (1) pour qu'il satisfasse aux diverses demandes que tu me fais.

Quant aux grenadiers sortis de leurs bataillons et que tu dis affluer dans les dépôts des régiments de cavalerie, je n'ai jamais donné aucun ordre pour les y faire passer. J'ai fait mettre, au contraire, sur l'ordre général que la loi ayant fixé un délai de deux mois pour l'enregistrement des soldats des troupes à pied pour la cavalerie, et ce délai étant expiré, tout enregistrement devait être suspendu, à moins d'un ordre contraire de toi ou du Ministre.....

En conformité de ces dispositions, et pour remédier à l'abus signalé par Pflieger, le général commandant l'armée des Ardennes mit à l'ordre du 23 pluviôse les prescriptions suivantes :

AU NOM DE LA RÉPUBLIQUE.

En conformité de la lettre du représentant du peuple Pflieger, en date du 19 pluviôse, qui annonce que tous les régiments de cavalerie

---

(1) Elle avait été aussi adressée en copie à l'agent supérieur Poulet, chargé de l'incorporation :

Tharreau au citoyen Poulet, agent supérieur du Conseil exécutif.

22 pluviôse (10 février).

Tu trouveras ci-joint la copie d'une lettre du représentant du peuple Pflieger, relativement aux hommes des anciens bataillons que l'on envoie dans les dépôts de cavalerie. Tu voudras bien en prendre connaissance et en suivre les dispositions.

qui composent cette armée sont au grand complet, il est ordonné aux citoyens Nicolas Guillaume, Pierre Lerreux, Pierre Igier et Nicolas Remy-Didier de retourner dans le 26ᵉ bataillon d'infanterie légère, actuellement en garnison à Givet, jusqu'à ce que le Ministre ait donné de nouveaux ordres pour les incorporer dans les corps qu'ils ont choisis. En attendant, ils rentreront dans leurs compagnies respectives et il leur sera délivré une route à cet effet par le commissaire des guerres.

L'adjoint aux adjudants généraux,

ROUYER.

Cette « route » était l'objet d'un modèle spécial destiné à éviter toute erreur ou supercherie.

Tharreau au Commissaire ordonnateur en chef.

25 pluviôse (13 février).

Les représentants du peuple se plaignent de ce que la loi qui permet aux troupes de la première réquisition de s'enrôler dans les troupes à cheval est mal exécutée et que les commissaires des guerres délivrent des routes à des soldats des anciens bataillons, en infraction de la loi. Pour réprimer de pareils abus, je te fais passer le modèle de route (1) que vient de m'adresser l'agent supérieur du Conseil exécutif Poulet. Tu en donneras connaissance à tes subordonnés et tu leur ordonneras de n'en point délivrer qui ne soit conforme à celui ci-joint.

Enfin, *à l'armée de la Moselle,* ni la loi du 16 avril, ni l'instruction du 22 juillet, ni le décret du 3 brumaire n'avaient suffi à assurer le complément des troupes à cheval, puisque le 24 ventôse Gillet appelait encore

---

(1) *Tharreau au citoyen Poulet, agent supérieur du Conseil exécutif, à Rethel.*

25 pluviôse (13 février).

On a mis à l'ordre général la loi et l'instruction relatives aux réquisitionnaires à encadrer dans les corps de troupes à cheval et à envoyer à leurs dépôts respectifs. Je fais passer au Commissaire ordonnateur en chef le modèle de route que tu m'envoies, en l'engageant à en appeler à ses subordonnés pour s'y conformer exactement.....

l'attention du Comité de Salut public sur la nécessité de compléter au plus tôt la cavalerie.

Metz, 24 ventôse (14 mars).

. . . .
Je vous réitère, Citoyens collègues, mes observations sur la nécessité de compléter et d'organiser la cavalerie de cette armée. Cela est d'autant plus urgent qu'elle va se trouver considérablement affaiblie par le départ de deux régiments de cavalerie et du 3e régiment de hussards.

Si vous ne croyez pas devoir faire remplacer Faure sur-le-champ ou le renvoyer lui-même, je vous propose, quoique je sois très surchargé de travail, de m'autoriser à commettre des officiers instruits pour faire cette organisation ; je vous offre de surveiller leurs opérations et d'y donner tous les soins possibles.

Vous jugerez si ce moyen peut remplir les vues de la Convention nationale ; quant à moi, je ne puis lui faire offre que de mon zèle.

En résumé, après avoir établi, lors de la discussion de la loi d'organisation, la situation de la cavalerie au 21 février 1793 et le déficit qu'elle présentait ; après y avoir ajouté les formations nouvelles qui, malgré cette loi, avaient été créées postérieurement au 10 mars, et avoir évalué le déficit total qui en résultait, la Convention avait cherché à le combler en décrétant, le 16 avril, une levée de 30,000 hommes *montés* par achats de la remonte et surtout par réquisition. Pour arriver à ce complément, elle avait fait rassembler les gardes nationales à cheval des départements et les avait fait verser dans les troupes légères à cheval ; elle avait fait appel aux troupes d'infanterie et aux bataillons de réquisition ; enfin elle avait employé des moyens accessoires tels que ceux de veiller à ce que les officiers montés n'aient que leur complet réglementaire ou que la réquisition permanente pour certains services publics ne frappât aucun des hommes incorporés dans la cavalerie. Et si ces mesures paraissent avoir réalisé le complet cherché, le 23 ou 24 pluviôse, aux armées du Nord et des Ardennes, elles semblent n'avoir pas encore abouti un mois plus tard à l'armée de la Moselle.

a) Levée des chevaux. — Remonte par achats à l'intérieur ou à l'étranger. — Jusqu'ici il n'a été parlé qu'accessoirement des moyens de remonter les 30,000 hommes levés par la loi du 16 avril 1793. Ces contingents devaient être fournis montés, équipés et armés, et les communes étaient autorisées à requérir à cet effet les chevaux de luxe. De même le système des remontes par l'État continuait à fonctionner.

A ces moyens, la Convention ajouta encore les achats à l'étranger. Le 3 août, en effet, le Comité de Salut public mettait à la disposition du Ministre de la guerre 800,000 livres *en numéraire* pour cet objet (1). L'opération était centralisée par l'entrepreneur général de la remonte de l'armée, qui chargeait des agents voisins de la frontière de faire entrer les chevaux de l'étranger sur le territoire de la République (1). Le 16, Jeanbon Saint-André et Prieur (de la Marne) signalaient les achats de chevaux qu'on pourrait faire *avec du numéraire*, dans le Luxembourg, le duché de Bouillon et la Suisse. Le 29, le Comité mettait encore 300,000 livres *en numéraire* à la disposition des administrations du département de la Côte-d'Or pour « extraire de la Suisse la plus grande quantité de chevaux de cavaliers, dragons, chasseurs et hussards qu'il serait possible, en payant *le prix du numéraire*, sans qu'il pût cependant excéder 500 livres par cheval ». Le 2 brumaire (23 octobre), le Comité consacrait encore 400,000 livres en numéraire à l'achat de chevaux à l'étranger « jusqu'à concurrence de 20,000 chevaux dont il s'agit dans l'arrêté du 3 août » (2). Le 10 germinal (30 mars), Massieu mandait encore de Sedan

---

(1) Aulard. Tome V, pages 461 et 535.
(2) Aulard. Tome VII, page 583.

que, si le Comité de Salut public autorisait le payement en numéraire de chevaux achetés en pays ennemi, « d'ici à peu de jours, on en enlèverait plus de trois cents ». Le 18 (7 avril), il faisait enfin part des mesures prises par lui pour se procurer des chevaux en territoire ennemi (1).

Afin d'encourager ces opérations, la Convention avait eu recours le 16 avril 1793 au procédé classique de supprimer « les droits perçus, à l'entrée dans la République, sur les chevaux venant de l'étranger ».

Enfin, en dehors de ces moyens accessoires, la Convention adopta l'essentiel, la réquisition.

b) Réquisition des chevaux pour la cavalerie. — Dès le 12 août 1792, l'Assemblée avait mis à la disposition de la nation les 600 chevaux provenant de la ci-devant Garde du roi, casernés à l'École militaire; le 15, sur la proposition de Choudieu, les directoires des départements et des districts, et les conseils généraux des municipalités, étaient invités à adresser l'état des chevaux et mulets appartenant aux émigrés, afin qu'ils fussent employés sans retard à la formation du camp sous les murs de Paris; le 27, sur la réclamation de certaines communes qui demandaient à se débarrasser de ces chevaux, dont le rassemblement leur occasionnait des dépenses d'entretien, l'Assemblée décida qu'ils seraient envoyés à destination, et que les frais de garde, de nourriture et de transport qu'ils auraient occasionnés seraient imputés sur les fonds de la guerre; le 29 était décrété l'emploi de 160 d'entre eux pour monter deux compagnies légères de 80 hommes chacune.

---

(1) Ces chevaux devaient, d'ailleurs, depuis leur entrée sur le territoire de la République jusqu'à leur lieu de rassemblement, être nourris en foin dans les localités de passage, soit par les aubergistes, soit par les municipalités, sauf remboursement par les conducteurs des chevaux. (Arrêté du 9 floréal [28 avril]. — Aulard. Tome XIII, page 116.)

En dehors de cette ressource, on chercha à utiliser les chevaux amenés par les déserteurs étrangers, dont l'acquisition et l'emploi furent l'objet des décrets des 13 avril 1793 et 16 frimaire an II (1).

A ces dispositions succédèrent celles dont on a déjà fait l'exposé et qui concernaient soit la levée de corps particuliers, soit celle des 30,000 hommes de cavalerie, soit la réquisition de tous les chevaux de luxe. D'un autre côté, en décrétant le 1er août 1793 une revue générale des chevaux, chariots, harnais, etc., la Convention avait spécifié que « les commissaires de guerre auraient soin d'indiquer sur leurs revues les chevaux propres aux remontes pour la cavalerie et les troupes légères » ; la loi du 23, sur la levée en masse, avait décidé que « les chevaux de selle seraient requis pour compléter les corps de cavalerie » ; le 14 septembre, la Convention avait étendu cette mesure à tous les mulets, à l'exception de ceux qui servaient à l'agriculture ; le 15, elle décrétait que « les représentants du peuple », envoyés dans les départements en vertu de la loi du 23 août, « seraient spécialement chargés de faire mettre à exécution l'article de cette loi en réquisitionnant les chevaux propres au service de la République ; et le Ministre de l'intérieur ferait parvenir sous trois jours au Comité de Salut public les noms des lieux où ces chevaux, mis en réquisition, devraient être déposés pour le service de chaque armée ». Pour conserver ces dépôts dans le meilleur

---

(1)   *Ordre du 28-29 pluviôse.*

Le général en chef réitère les défenses déjà faites plusieurs fois à tout militaire et autres personnes quelconques de s'emparer des chevaux ni des armes des déserteurs ennemis, ou même de les acheter, sous peine d'être punis et même de perdre la somme qu'ils auraient déboursée. Ces déserteurs doivent être conduits avec leurs chevaux et leurs armes à l'officier général qui est chargé de les interroger, de recevoir leurs armes et de faire livrer leurs chevaux.....

état, la Convention chargea, le 29, les directoires de départements et de districts et les municipalités de surveiller ces établissements et d'en dénoncer les abus.

Mais toutes ces mesures étaient insuffisantes, ou les effets en étaient trop peu précisés. On en trouve la preuve dans la séance du 29 août, où l'un affirme qu'il y a 16,000 chevaux dans les dépôts de la République, tandis qu'un autre demande que ceux qui ont des renseignements sur cette question veuillent bien les communiquer au Comité de Salut public « qui s'en occupait depuis huit jours ». C'est sans doute à la suite de cette étude d'ensemble qu'intervint le décret du 17 vendémiaire, prescrivant « une levée extraordinaire de chevaux pour le service de la cavalerie sur tous les cantons et arrondissements de la République ayant une juridiction de paix particulière. Le minimum à fournir par chaque canton et par chaque arrondissement était de six chevaux ». Toutefois les représentants du peuple pouvaient en requérir un plus grand nombre, si les localités le permettaient. Les chevaux devaient être pourvus de l'équipage complet de l'arme à laquelle ils étaient affectés, avoir au moins 5 ans et un minimum de taille de 6 pouces mesurés sous potence pour les hussards, 7 pour les dragons, 8 et au-dessus pour la cavalerie. Les municipalités étaient chargées, sauf indemnité de gré à gré ou à dire d'experts (1), non seulement de cette levée,

---

(1) Comme le décret du 17 vendémiaire ne précisait pas le taux de cette indemnité, Vidalin demanda, le 24 et le 1er brumaire, que l'on rendît un décret fixant à un certain prix les chevaux de hussards, de dragons et de cavalerie. Bollet proposa de même, le 25 brumaire, qu'on nommât des experts, d'une probité reconnue, pour reviser certaines estimations excessives.

Ce fut peut-être là l'origine du décret du 24 nivôse : « Considérant que dans certaines communes l'estimation des chevaux a été portée à un prix excessif et voulant mettre un terme à la « cupidité de certains vendeurs » ; considérant, d'autre part, qu'il n'est accordé que

mais aussi de la fourniture de l'armement et de l'équipement des chevaux, ainsi que d'une lame de 30 pouces, de deux pistolets et d'une paire de bottes par cheval. Les municipalités des chefs-lieux de cantons et arrondissements ayant juges de paix devaient adresser sans délai au Ministre de la guerre et au représentant du peuple qui serait dans la division un procès-verbal contenant l'âge, la taille et le signalement des chevaux qu'elles auraient fournis. Afin d'assurer et d'accélérer l'exécution de la levée, le territoire de la République

---

800 livres à l'officier de cavalerie qui perd un cheval dans une action », ce décret décida que le prix ne dépasserait pas 1000 livres pour le cheval taille de cavalier; 900 livres taille de dragons; 800 livres taille de chasseurs ou hussards. « Les citoyens qui, en vertu de la loi du 17 vendémiaire, ont livré des chevaux pour le service de la République au-dessus de ces prix sont tenus d'en rétablir sur-le-champ l'excédent dans les caisses de districts.... »

Autre décret du 24 nivôse. — « Les chevaux qui ne seront point reçus resteront à la charge du fournisseur; tout fonctionnaire qui donnera pour eux des bons de fourrages, tous préposés de vivres qui leur fourniraient des rations seront personnellement responsables desdites fournitures et destitués de leur emploi. »

Pour se conformer à la fixation des prix par le décret du 24 nivôse, Massieu demandait des instructions au sujet de ceux que réclamaient certains fournisseurs étrangers.

Au Comité de Salut public.

Sedan, 6 ventôse (24 février).

Je dois, citoyens Collègues, vous informer qu'il existe à Sedan un dépôt de chevaux composé de ceux qu'on prend sur l'ennemi dans les différentes excursions de nos garnisons ou de nos avant-postes, et de ceux que les représentants du peuple près l'armée des Ardennes ont achetés jusqu'à ce jour à des marchands qui ont des passes dans le pays de Luxembourg et en ramènent autant qu'ils peuvent en trouver. Cette mesure..... a procuré jusqu'ici plus de 6,000 chevaux aux armées du Nord et des Ardennes, et présente le double avantage d'en priver l'ennemi; il le sent si bien que plusieurs de ces marchands ont été

était partagé en 20 divisions, qui avaient chacune un chef-lieu pour le rassemblement des chevaux : la première comprenait le Pas-de-Calais, la Somme, le Nord et avait pour chef-lieu Abbeville ; la deuxième, l'Aisne et Soissons ; la troisième, les Ardennes, la Meuse, la Marne et Châlons-sur-Marne ; la quatrième, la Moselle, la Meurthe, les Vosges, la Haute-Marne et Nancy, etc. Un représentant du peuple était nommé pour chacune des 20 divisions et chargé de la prompte exécution de cette levée extraordinaire ; il avait des pouvoirs illimités et la faculté de choisir les agents nécessaires (1). Ces représentants étaient Vidalin à Abbeville, Bollet à Soissons, Duroy à Châlons-sur-Marne, Faure à Nancy.

---

condamnés les uns aux fers, quelques autres même à la mort dans le pays autrichien. Mais presque aucun des chevaux qu'ils amènent ne peut être livré au prix fixé par la loi pour les différentes armes de cavalerie.

Les instances journalières que me fait notre collègue Pfleger pour lui envoyer d'ici des chevaux à l'effet de compléter les différents corps de cavalerie, dragons, chasseurs et hussards qu'il organise à Châlons, Reims et Verdun, ne m'ont pas permis de suspendre la signature des ordonnances de garantie qu'on me demande pour la fourniture de ces chevaux.

D'un côté je suis sûr qu'une commission de citoyens de cette ville, connaisseurs de chevaux et d'une probité reconnue....., les obtient au juste prix....; d'un autre côté, je n'ose plus longtemps ratifier par ma signature des payements qui dépassent les dispositions de la loi.

Je prends donc le parti de vous soumettre ces observations.....

Je suspens en ce moment les payements d'une douzaine de chevaux qui arrivent du Luxembourg et qui coûteront l'un dans l'autre environ 1200 livres.

Salut et fraternité.

MASSIEU,
représentant du peuple près l'armée des Ardennes.

(1) *Décret du 14 nivôse.*

Les principaux agents ou commissaires nommés par les représentants du peuple chargés de la levée extraordinaire des chevaux continueront

Les chevaux, accompagnés d'un conducteur par groupe de 6 (1), devaient être rendus aux lieux de rassemble-

---

leurs fonctions jusqu'à ce que les opérations de la levée soient terminées. La Convention approuve, à cet effet, les mesures prises par les représentants dans les différentes divisions militaires de la République.

Dans les chefs-lieux de dépôts où les commissaires particuliers n'auront pas été proposés par les représentants du peuple, les corps administratifs sont chargés de la surveillance des dépôts.

(1) On peut se faire une idée de la manière dont ces détachements voyageaient d'étape en étape par l'arrêté du Comité de Salut public du 13 floréal :

« Le Comité de Salut public, considérant qu'il est important que toutes les municipalités de lieux où le service des étapes est monté soient prévenues assez à temps du passage des corps de troupes, détachements, convois militaires ou chevaux de remonte pour que les subsistances et logements leur soient assurés, arrête :

« Art. 1er. — Il ne sera expédié aucun ordre de route pour la marche par étape des corps de troupes, détachements, convois et chevaux de remonte, que chacune des municipalités ne soit prévenue au moins trois jours à l'avance de l'arrivée et de la force desdits corps de troupes, détachements, convois et chevaux de remonte, afin que les préparatifs pour l'étape et le logement soient déterminés en conséquence.

« Art. 2. — Dans les cas où l'urgence du mouvement ne permettra pas d'en donner avis trois jours à l'avance, alors l'agent chargé de l'exécution du mouvement prendra les mesures convenables pour que les premiers gîtes soient prévenus au moins vingt-quatre heures à l'avance.

« Art. 3. — Lorsqu'une marche quelconque aura été déterminée et les avis de passage donnés en conséquence, si des circonstances majeures s'opposaient à ce que cette marche eût lieu, alors les contre-ordres seraient expédiés le plus promptement possible ; et, au besoin, il serait envoyé un courrier ou un exprès pour arrêter à temps les préparatifs d'étapes dans les différents gîtes où ces préparatifs auraient pu avoir été faits.

« Art. 4. — Les agents civils et militaires sont tenus de faire connaître au Comité ceux qui viendraient à s'écarter des dispositions contenues dans le présent arrêté. »

Le général, en conséquence, ordonne à tous les chefs de corps de ne faire partir aucun détachement, convoi ou chevaux de remonte sans avoir rempli les dispositions contenues dans le présent arrêté.

(Extrait du registre d'ordres de la division Dubois, ordre du 5 prairial.)

ment le 11 brumaire; les représentants en feraient la revue au fur et à mesure de leur arrivée et en enverraient de suite l'état au Comité de Salut public et au Ministre de la guerre; enfin, à partir de la même date, leur nourriture en avoine devait être prévue pour un an aux chefs-lieux des districts.

Le 6 brumaire, un décret mettait à la disposition du Ministre les chevaux dont la levée avait été ordonnée le 17 vendémiaire. Le Ministre devait donner les ordres nécessaires pour qu'au fur et à mesure de l'arrivée des chevaux dans les chefs-lieux de division, désignés par la loi du 17 vendémiaire, ils fussent encadrés dans les diverses armes et distribués entre les armées en proportion de leurs besoins respectifs.

Dès le 25 vendémiaire, Bollet adressait, de Saint-Quentin au Comité de Salut public, la copie de la réquisition qu'il avait faite au département de l'Aisne pour la levée extraordinaire des chevaux; le 7 brumaire, il faisait un envoi analogue de Soissons pour le département du Nord : « Vous verrez, écrivait-il, que cette levée serait beaucoup plus forte, si la moitié de ce département n'était pas au pouvoir de l'ennemi ». Le 8, il réclamait du Comité de Salut public quelques explications de détail sur la loi du 17 vendémiaire et demandait notamment si les chevaux à fournir devaient avoir en arrivant à Soissons « manteau et porte-manteau ». Le 23, Bollet se plaignait de la pénurie des fourrages et demandait s'ils devaient être fournis aux chevaux de réquisition par les magasins de l'État ou par les municipalités. Le 26, enfin, il adressait l'état général des chevaux, équipements et armements produits par sa réquisition, ainsi qu'un arrêté pris par lui, le 16, pour encadrer cette réquisition. Enfin, bien que, dès le 4 août, le Comité de Salut public eût fait passer les chevaux de luxe des charrois dans la cavalerie, le même inconvénient subsistait encore, et Bollet le signalait le 29 brumaire. « La presque totalité des chevaux de sa réquisition ayant été levée chez des laboureurs parmi ceux destinés à la culture des terres, la plupart, quoique excellents chevaux en général, ne sont propres que pour l'artillerie et les relais. Il se trouve présentement », ajoutait-il, « dans la partie des relais militaires, dans les charrois et l'artillerie, quantité de chevaux provenant de la première réquisition sur les chevaux de luxe qui sont infiniment plus propres à la cavalerie qu'au trait ». Bollet demandait en conséquence à être autorisé à faire cet échange et réclamait la généralisation de cette mesure.

De son côté, Vidalin avait mandé d'Abbeville, le 1er, qu'il aurait 800 à 900 chevaux, mais qu'il aurait de la peine à les nourrir; mais le 20, ce chiffre était réduit par lui à 600, défalcation faite des non-valeurs. Dans ces deux lettres, il affirmait d'ailleurs l'impossibilité de faire livrer à la fois par le même propriétaire le cheval ainsi que l'équipement et l'armement qui lui convenaient.

Il ne semble pas que ces représentants se soient toujours exclusivement renfermés dans les limites de leur mission, car la Convention leur rappela cette nécessité par son décret du 8 brumaire.

c) *Chevaux pris sur l'ennemi.* — En dehors des achats à l'étranger et de la réquisition générale, le commandement avait encore recours à tous les chevaux qui provenaient de prises ou d'abandon par les déserteurs étrangers, et qui étaient remboursés à dire d'experts.

Les Représentants du peuple près l'armée du Nord,
Considérant que la loi du 16 frimaire porte : « Art. 1er : Que les chevaux qui seront amenés par les déserteurs étrangers seront payés suivant l'estimation qui en sera faite suivant la loi du 13 avril dernier (1) »;

---

(1) Loi du 13 avril 1793 relative à l'estimation et au payement des chevaux amenés par les déserteurs étrangers.
Loi du 16 frimaire an II relative à l'emploi des chevaux amenés par

Considérant qu'il est juste de faire jouir des mêmes avantages les défenseurs de la République qui, au péril de leur vie, enlèvent des chevaux à l'ennemi ;

Arrêtent qu'aussitôt la publication du présent arrêté, les chevaux qui seront enlevés à l'ennemi dans les combats seront estimés de la même manière que ceux des déserteurs étrangers, par des experts nommés par les municipalités des lieux conformément à la loi du 16 frimaire, et le prix en sera remboursé d'après l'estimation, sans cependant que le prix puisse excéder le maximum fixé par l'article 1er de la loi du 24 nivôse.

A Réunion-sur-Oise, le 29 ventôse, l'an 2e de la République une et indivisible.

Pierre RICHARD, CHOUDIEU.

Le 14 floréal, Bollet adressait au Comité de Salut public la copie d'un arrêté qu'il avait pris relativement aux chevaux, effets d'équipement et armement enlevés à l'ennemi. « Cet arrêté, dit-il, était d'autant plus essentiel, qu'il existait dans ces prises un gaspillage qui coûtait infiniment à la République et qui ne lui était nullement profitable. J'espère que, par les dispositions de cet arrêté, les chevaux, effets d'équipement et armement qui seront pris sur l'ennemi seront entièrement pour le service de nos armées et qu'il ne sera payé par la République que ce qui tournera à son profit et lui sera utile..... »

Les chevaux pris sur l'ennemi étaient tout d'abord conduits au quartier général.

13 floréal (2 mai).

Ordre au 12e régiment de dragons.

Il est ordonné au commandant du 12e régiment de dragons de s'assurer, avant son départ pour Saint-Quentin, de la quantité de chevaux

---

les déserteurs étrangers. Ces chevaux devaient être affectés à la remonte de l'armée et la loi interdisait à tout militaire de les acheter directement aux déserteurs étrangers.

pris sur l'ennemi dans l'affaire d'hier 12, existant dans son régiment, et de les faire conduire sans aucun délai au quartier général pour être statué, conformément à l'arrêté du représentant du peuple, ce qu'il appartiendra.

Général DUBOIS.

13 floréal (2 mai).

Charbonnié au général Jacob.

J'apprends, Citoyen Général, qu'à la retraite les chasseurs à cheval ont pris six chevaux. Tu voudras bien les envoyer de suite à mon quartier général, et je te prie d'en agir de même à l'avenir pour toutes les prises qui pourront être faites, devant en rendre compte sur-le-champ au Comité de Salut public.....

Les chevaux étaient ensuite estimés par un commissaire des guerres résidant au quartier général.

Au quartier général d'Avesnes, 14 floréal (3 mai).

Tous les chevaux et voitures pris à l'ennemi seront amenés au quartier général de la division pour y être estimés suivant la loi.

17 floréal (6 mai).

Charbonnié au général Rostollan.

Mon cher Camarade, le payement des deux chevaux pris sur l'ennemi par les hussards du 2° régiment, que tu réclames, est très juste; mais auparavant il convient que l'estimation en soit faite par le commissaire des guerres. Il faut donc que ces deux chevaux, dont le général Jacob garde l'un et ton adjoint Véronique l'autre, soient estimés. Après qu'il m'en aura été envoyé le procès-verbal d'estimation, le payeur leur remettra le prix qui doit leur revenir.

Lorsque les chevaux étaient amenés par des déserteurs, ils étaient dirigés sur une localité spéciale, Mézières, par exemple, pour l'armée des Ardennes, où un commissaire des guerres spécialement désigné estimait les chevaux et d'où il renvoyait les déserteurs étrangers à l'intérieur, conformément à la loi du 12 frimaire.

20 ventôse (9 mai).

AU NOM DE LA RÉPUBLIQUE,

Le citoyen Blin, commissaire des guerres de l'armée des Ardennes, employé à Mézières, est nommé et établi pour recevoir et donner la destination aux déserteurs étrangers, voulue par la loi du 12 frimaire.....

CHARBONNIÉ.

Charbonnié au Commandant temporaire, à Vedette.

14 floréal (3 mai).

Tu voudras bien, Citoyen, faire conduire de suite les déserteurs des troupes ennemies, au fur et à mesure qu'ils arriveront, au commissaire des guerres Blin, à Mézières. Tu inviteras les commissaires des guerres à faire estimer leurs chevaux aussitôt leur arrivée, pour le montant leur en être remis, et qu'ils n'éprouvent aucun retard à l'avenir. Tu feras aussi partir les prisonniers ennemis aussitôt leur arrivée.

BARBIER.

Au Commissaire ordonnateur en chef.

15 floréal (4 mai).

Je te préviens, Citoyen, que les déserteurs ennemis, venus se ranger sous les drapeaux de la liberté, doivent partir demain matin pour aller à Mézières prendre leur désignation chez le commissaire des guerres Blin. Je t'invite à leur faire donner dans le jour ce qu'il leur revient dans le jour.

BARBIER.

A l'armée de la Sambre (1), l'estimation était encore faite par un commissaire des guerres.

Au camp devant Charleroi, 25 prairial (13 juin).

Les Représentants du peuple près les armées du Nord, de la Moselle et des Ardennes, autorisent l'un des commissaires des guerres auprès des deux divisions de l'armée des Ardennes, qui sera désigné par le

---

(1) Le titre officiel de cette armée était exactement : armées du Nord, des Ardennes et de la Moselle réunies sur la Sambre.

général Marceau, à faire estimer les chevaux de déserteurs ou pris sur l'ennemi pour les envoyer dans les dépôts de la République.

Signé : L.-B. GUYTON, GILLET, SAINT-JUST.

L'estimation faite, le remboursement prescrit par l'arrêté du 29 ventôse était effectué par les commissaires des guerres au moyen d'états mensuels.

Arlon, 29 germinal (18 avril).

Au bas d'un certificat du commissaire des guerres Lagrange, constatant la remise à lui faite le 18 nivôse par les chasseurs du 1er régiment, de 13 voitures et de 62 chevaux pris sur l'ennemi, mais qu'il n'eut pas le temps de faire estimer, certificat visé par le général en chef avec invitation aux représentants du peuple d'accorder une gratification aux chasseurs, le représentant Gillet a mis la décision suivante :

« Le présent certificat m'ayant été représenté, attendu le retard que mes collègues Lacoste et Baudot ont mis à se rendre à Longwy, et considérant que les chasseurs attendent depuis longtemps une gratification qui leur fut promise dans le temps et qui n'a été différée que parce que le commissaire des guerres, trop occupé alors des mouvements de l'armée, ne put faire constater la valeur de ces chevaux, j'autorise le commissaire des guerres faisant les fonctions d'ordonnateur près le corps d'armée employé à Arlon, à faire payer aux chasseurs du 1er régiment, par le payeur de la guerre, la somme de 10,000 livres à titre de gratification. »

Ordre du quartier général de Marchienne-au-Pont, du 5-6 messidor.

« ..... Le commissaire des guerres Gomain est occupé dans ce moment de la rédaction du tableau général du produit des contributions pour l'armée et des divers procès-verbaux de prises de chevaux enlevés de vive force à l'ennemi depuis le 1er floréal jusqu'à l'époque du 4 messidor. Aussitôt que ce travail sera fini, on l'annoncera à l'ordre général de l'armée pour que le payement puisse en être fait aussitôt.

Au quartier général de Jumet, 10 messidor.

Copie de l'ordre du quartier général de Marchienne-au-Pont, du 8 au 9 messidor.

Tous les procès-verbaux d'estimation des chevaux pris sur l'ennemi de vive force, étant maintenant dressés, les militaires qui ont à prétendre le prix des dits chevaux s'adresseront au citoyen Gomain, commissaire des guerres, qui leur en procurera le payement.

Certifié conforme au registre.

L'adjudant général,
COULANGE.

En dehors de la besogne purement administrative qui incombait aux commissaires des guerres, il y en avait une militaire et technique qui consistait à classer les chevaux dans l'arme à laquelle ils étaient le plus propres. Cette mission était dévolue à un officier.

Marchienne-au-Pont, 1er messidor (19 juin).

Au général Ernouf, chef de l'état-major.

Tu voudras bien, Citoyen, nommer un officier auquel sera confiée la surveillance des chevaux de déserteurs et de prise sur l'ennemi, pour qu'il en fasse les répartitions que nous en ordonnerons soit aux corps de cavalerie, soit aux officiers et autres que nous jugerons en avoir besoin.

La partie administrative regardera toujours le commissaire des guerres Gomain, mais il ne peut pas entrer dans les détails de distribution et renverra les chevaux une fois reçus et constatés existants, à l'officier que tu désigneras pour que celui-ci en demeure chargé, et le commissaire suivra pour remise envers l'officier la même marche qu'il suit envers les administrations de l'armée auxquelles il transmet les différentes natures de réquisitions qui lui sont adressées.

Tu enverras cet officier au commissaire pour prendre langue et renseignement.

Signé : GILLET, L.-B. GUYTON.

L'estimation et la répartition par armes une fois faite, les chevaux ne pouvaient être délivrés contre remboursement aux parties prenantes que sur un ordre du représentant du peuple à l'armée.

Les Représentants du peuple envoyés près l'armée du Nord autorisent le citoyen Moreau, général de brigade, à prendre deux chevaux au dépôt de la République parmi ceux des déserteurs et prisonniers, qu'il payera au maximum. Le citoyen Moreau est également autorisé à échanger un cheval mis hors de service dans les dernières expéditions.

P. Choudieu, Richard.

A la même armée, Liébert écrivait au général Bonnaud :

Sainghin, 22 floréal (11 mai).

A l'instant je reçois ta lettre, mon Camarade, et j'y réponds. Quant aux chevaux de prise, il paraît que le représentant Bollet s'est arrangé avec les représentants Richard et Choudieu, puisqu'ils ne sont délivrés que d'après leurs ordres.

A l'armée de la Sambre, on trouve encore l'autorisation suivante :

Le citoyen Debenne est autorisé à avoir un cheval jusqu'à l'époque où il sera en état de faire son service à pied, lequel lui sera livré du dépôt des chevaux pris sur l'ennemi, au prix de l'estimation.

Nalinnes, 19 prairial, l'an II de la République une et indivisible.

Les représentants du peuple près les armées de la Moselle, du Nord et des Ardennes.
L.-B. Guyton, Gillet.

Les deux documents qui suivent prouvent enfin que les représentants du peuple avaient seuls qualité pour autoriser la délivrance aux parties prenantes des chevaux acquis par désertion ou par prise.

3 messidor (21 juin).
Liébert au représentant du peuple Richard.

Je désirerais avoir, Citoyen Représentant, la note des généraux qui t'ont demandé des chevaux; je crois que cette note t'a été remise à Ypres.

Je crois devoir choisir les deux plus beaux pour le général en chef, quoiqu'il n'en ait pas demandé.

On travaille à l'estimation et aux signalements; le classement ne pourra commencer que demain. On m'a dit que tu avais envoyé chercher des chevaux à l'église des Carmes; afin que personne ne puisse se servir de ton nom, je te serai obligé, lorsque tu en auras besoin, de m'écrire ou de m'envoyer ton secrétaire. Je donnerai moi-même l'ordre, et de cette manière on ne pourra pas me répondre lorsque je m'informerai d'un cheval : *le représentant l'a demandé.*

3 messidor (21 juin).

Liébert au général en chef Pichegru.

. . . .

Le représentant Richard m'a chargé, par un arrêté, de distribuer les chevaux de prise et de déserteurs aux différents officiers généraux et autres, ainsi que de faire classer ceux propres aux différentes armes. La maladie du représentant Choudieu a mis beaucoup de retard dans ce travail que je viens de commencer, et me met dans le moment actuel dans la presque impossibilité de changer mon état-major pour le porter à Menin. . . . .

Je t'envoie les deux plus beaux chevaux, quoique tu n'en aies pas demandé.

J'attends ta réponse. Bonsoir.

Des formalités analogues à celles qui viennent d'être expliquées pour les chevaux de déserteurs étrangers étaient prises pour ceux qui provenaient des prisonniers. On échangeait bien ces derniers, mais non les chevaux et leur harnachement.

4 messidor (22 juin).

Liébert au commissaire des guerres Bermann, à Lille.

La commission chargée de l'échange des prisonniers de guerre, Citoyen, vient de recevoir une lettre du général Leclaire par laquelle il la prévient que les prisonniers de guerre hessois, ainsi que leurs chevaux, sont encore à Saint-Omer. Je te charge de donner les ordres les plus précis pour qu'ils soient transférés dans l'intérieur, et tu veilleras à ce qu'ils aient des voitures pour transporter leurs équipages. Quant aux chevaux tu les feras venir ici le plus tôt possible; les selles, brides, etc. . . . . , y seront de même amenés. Je compte sur toi pour faire mettre à exécution, dans le plus court délai, tout ce dont je te charge.

Une très nette démarcation était du reste établie entre les chevaux de troupe et ceux d'officiers ; toute substitution était interdite. Enfin, les échanges de chevaux, comme les livraisons, ne pouvaient être faits sans l'autorisation du représentant du peuple.

Arrêté des représentants du peuple près l'armée du Nord Saint-Just et Lebas, daté de Cousolre, le 26 floréal an II.

Jusqu'à nouvel ordre, les chevaux d'escadron pris sur l'ennemi seront employés sur-le-champ à remonter seulement les cavaliers dont les chevaux auront été tués; les conseils d'administration adresseront leurs demandes au général en chef, sans l'approbation duquel on ne pourra disposer des chevaux.

Le commissaire ordonnateur se fera rendre compte par le conseil d'administration.

Saint-Just, Le Bas.

Ordre du 3-4 prairial (22-23 mai).

Les Représentants du peuple près l'armée du Nord, instruits des abus qui ont eu lieu dans la distribution des chevaux du dépôt à Lille, arrêtent ce qui suit :

Art. 1er. — Il ne sera désormais délivré aucun cheval soit aux corps, soit aux officiers, sans un ordre signé du représentant du peuple.

Art. 2. — Il ne sera également fait aucun échange des chevaux tant pour les officiers que pour les corps sans un ordre signé des représentants du peuple (1).

Art. 3. — A mesure que les chevaux arriveront au dépôt, ils seront divisés suivant les différentes armes auxquelles ils seront propres et marqués dans les vingt-quatre heures.

Art. 4. — Les chevaux propres au service des officiers seront mis dans une écurie particulière qui sera établie à cet effet.

---

(1) Sur la demande du citoyen Barry, lieutenant au 6e régiment de cavalerie, et le certificat du conseil d'administration de ce corps.

Les Représentants du peuple pour les armées du Nord, de la Moselle et des Ardennes réunies sur la Sambre, arrêtent qu'il sera délivré au citoyen Barry, des dépôts de remonte du régiment, un cheval d'escadron, payable sur le pied de 1000 livres au moyen d'une retenue sur ses appointements, à raison d'un quart par mois.

Au quartier général, à Marchienne-au-Pont, le 25 prairial, l'an II de la République une et indivisible.

Gillet, L.-B. Guyton.

Art. 5. — Chaque cheval aura un numéro à mesure qu'il entrera dans l'écurie; et ce numéro ne pourra être changé, à peine de destitution, de la part des préposés.

Art. 6. — Nul cheval ne pourra être délivré à un officier quelconque, à moins que son ordre ne porte la désignation du cheval ou de son numéro.

Art. 7. — Les chevaux qui seront destinés pour les corps pourront être distribués sur un ordre pur et simple des représentants du peuple portant la quantité à délivrer.

Art. 8. — Les chevaux propres au service des charrois et de l'artillerie seront remis aux agents de la commission des transports militaires, sans qu'il soit nécessaire d'un ordre des représentants du peuple.

Art. 9. — Les chevaux blessés ou hors d'état de servir seront mis dans les prairies jusqu'à leur rétablissement.

Art. 10. — Il ne sera délivré aucune selle, bride ou autres effets d'équipement sans un ordre des représentants du peuple.

Art. 11. — Il sera dressé, chaque décade, un état tant des chevaux qui auront été délivrés que de ceux qui resteront au dépôt ou qui seront arrivés dans la décade. Les armes seront distinguées ainsi que les chevaux propres au service des officiers : cet état sera remis aux représentants du peuple.

Comme il s'agissait avant tout de renforcer les effectifs, il fallait réduire les chevaux de luxe au strict nécessaire; aussi, à toutes les précautions déjà prises, les représentants ajoutèrent-ils l'obligation, pour les officiers, d'avoir le visa du chef de l'état-major avant de venir se remonter.

Au camp sous Charleroi, 25 prairial (13 juin).

Les Représentants du peuple près les armées du Nord, de la Moselle et des Ardennes, arrêtent que les chevaux de déserteurs, ou pris sur l'ennemi, seront employés à la remonte des cavaliers, dragons, chasseurs ou hussards qui auront perdu leurs chevaux à la guerre.

Il n'en sera accordé aux officiers que dans un besoin urgent, certifié par le chef de l'état-major.

Les commandants des troupes à cheval remettront, en conséquence, dans trois jours, au chef de l'état-major, l'état des chevaux tués ou hors de service qu'il est nécessaire de remplacer, afin qu'il y soit pourvu le plus promptement possible.

Et à l'avenir, aussitôt qu'il manquera un cheval dans leur régiment, ils auront soin d'en informer le chef de l'état-major qui donnera sur-le-champ les ordres nécessaires pour le remplacement.

Le présent arrêté sera mis à l'ordre général de l'armée.

GILLET, L.-B. GUYTON, SAINT-JUST.

Organisation des troupes à cheval. — Après avoir exposé toutes les mesures prises pour lever hommes et chevaux, il reste à indiquer les dispositions qui eurent pour objet de rassembler ces deux éléments, d'en former des unités constituées à effectif toujours maintenu au complet au moyen d'un ravitaillement continu sur les dépôts, et d'assurer la conservation des effectifs.

Le 27 brumaire, du reste, la Convention, ayant obtenu d'une part tous les cavaliers qui lui étaient nécessaires par la levée de 30,000 hommes et par la loi de réquisition, de l'autre tous les chevaux par celle du 17 vendémiaire, n'eut plus qu'à s'occuper de fondre ces éléments, et de les organiser. Aussi décida-t-elle, le 27 brumaire, que la mission relative à la loi du 17 vendémiaire cesserait le 10 frimaire. Elle affecta spécialement à chaque armée un représentant chargé de surveiller l'exécution des lois des 3 et 6 brumaire sur le complément et l'emploi des troupes à cheval, et à qui les chefs d'état-major et les commissaires des guerres devraient remettre en 48 heures l'état exact des hommes et chevaux existants. Ces représentants furent Bollet pour l'armée du Nord, Pflieger pour l'armée des Ardennes, Vidalin à l'armée intermédiaire. Mais le 12 ventôse, Vidalin passait à celle des Ardennes et Pflieger à celle de la Moselle en remplacement de Faure (1).

---

(1) *Décret du 27 brumaire an II (17 novembre 1793)*.

Art. 2. — Un représentant du peuple sera envoyé près de chaque armée ; il sera uniquement chargé de surveiller l'exécution des lois des

Leur mission du 27 brumaire fut d'ailleurs complétée par le paragraphe final de la loi du 21 nivôse.

L'organisation des troupes à cheval fut, en effet, réglée par le décret du 21 nivôse qui fut la loi des cadres de la cavalerie. Aux termes de ce décret, il

---

3 et 6 du présent mois concernant l'enregistrement des militaires et autres citoyens pour le service des troupes à cheval, et l'encadrement des chevaux dans les différentes armes auxquelles ils seront propres.

Art. 5. — Ils veilleront à ce que l'inscription ordonnée par la loi du 3 de ce mois se fasse promptement et à ce que les citoyens inscrits rejoignent avec le plus de célérité possible les corps auxquels ils seront destinés; ils accéderont, autant que faire se pourra, à toutes les demandes des citoyens inscrits qui désireront de préférence entrer dans tel ou tel corps; ils se concerteront avec les commissaires des guerres pour la fourniture des étapes et pour prévenir les engorgements sur les routes.

Art. 6. — Ils veilleront à ce que la remonte des différents corps de troupes à cheval soit complétée le plus tôt possible, soit avec les chevaux existants dans les différents dépôts de remonte de la République, soit avec ceux dont la levée est ordonnée par la loi du mois dernier; ils prendront à cet effet, par eux-mêmes, toutes les mesures ou adresseront au Ministre de la guerre toutes les réquisitions qu'ils jugeront propres à accélérer l'opération.

Art. 9. — Bollet se rendra à l'armée du Nord, Pflieger à l'armée des Ardennes, Faure à l'armée de la Moselle....., Vidalin à l'armée intermédiaire.

Voir Aulard, 12 *ventôse*, tome XI, pages 495 et 623. Le 12 ventôse un arrêté du Comité de Salut public nommait Pflieger à l'armée de la Moselle « pour la formation de la cavalerie »; le 19, il n'était pas encore à son poste, car Gillet écrivait ce jour-là de Metz : « Personne ne s'occupe de la cavalerie de l'armée de la Moselle. Faure, qui en est chargé, est à Paris ». Et Gillet invitait le Comité de Salut public à envoyer sans délai un représentant pour s'occuper de cette partie intéressante.

Le 17 floréal (6 mai), le Comité de Salut public décidait, du reste, que Bollet et Vidalin rentreraient sans délai au sein de la Convention nationale.

devait y avoir : 29 régiments de cavalerie à quatre escadrons de deux compagnies chacun, formant un total de 20,416 hommes; 20 régiments de dragons, 23 de chasseurs et 11 de hussards à six escadrons de deux compagnies, montant au total de 76,140 hommes de cavalerie légère (1).

L'état-major d'un régiment de cavalerie comprenait : 1 chef de brigade, 2 chefs d'escadrons, 1 quartier-maître trésorier, 1 chirurgien-major, 1 aide-chirurgien, 1 artiste vétérinaire, 1 sellier, 1 armurier-éperonnier, 1 tailleur, 1 bottier et 1 culottier ; à chaque compagnie de cavalerie il y avait : 1 capitaine, 1 lieutenant, 1 sous-lieutenant, 1 maréchal des logis en chef, 2 maréchaux des logis, 1 brigadier fourrier, 4 brigadiers, 1 trompette et 74 cavaliers dont 1 maréchal ferrant ; en tout : 86 cavaliers pour une compagnie, et 704 hommes pour un régiment.

L'état-major d'un régiment de cavalerie légère ne différait de celui de la cavalerie qu'en ce qu'il comptait en plus 1 chef d'escadron et 3 adjudants, l'effectif d'une compagnie avait en plus 2 maréchaux des logis, 4 brigadiers, 1 trompette, 22 cavaliers; soit en tout : 116 cavaliers pour une compagnie et 1,410 hommes pour un régiment.

Tout détachement, composé de deux escadrons, devait

---

21 pluviôse (9 février).

(1) Le Comité de Salut public, sur la proposition de Garrau, représentant du peuple près l'armée des Pyrénées occidentales et l'avis du Comité de la guerre, arrête que le régiment de hussards et celui de chasseurs, levés et organisés par les soins des représentants du peuple près l'armée des Pyrénées occidentales, formeront provisoirement l'un le 12º régiment de hussards, l'autre le 24º régiment de chasseurs à cheval, et qu'il sera proposé à la Commission nationale de confirmer le présent arrêté lorsque l'organisation de la cavalerie aura été entièrement effectuée conformément à la loi du 21 nivôse.

être commandé par un chef d'escadrons ; ceux d'un escadron, par le plus ancien des deux capitaines.

Dans chaque régiment de cavalerie, il y avait 2 étendards et dans chaque régiment de cavalerie légère 3 guidons portés par les deux ou trois plus anciens maréchaux des logis en chef.

Tous les hommes étaient montés, sauf les selliers, armuriers, tailleurs, bottiers et culottiers.

Pour porter ces régiments à 172 ou 232 hommes par escadron le décret du 21 nivôse, levant l'interdiction de celui du 10 mars, décidait que les troupes à cheval des légions et corps francs seraient incorporées soit dans la cavalerie, soit dans la cavalerie légère (1). L'incorpo-

---

(1) *Arrêté du Comité de Salut public du 26 nivôse.*

« Le Comité de Salut public arrête que le corps de cavalerie créé par le représentant du peuple Garnier (de Saintes), sous la dénomination de dragons de la Montagne, sera incorporé sans délai dans les anciens corps de troupes à cheval. »

L'arrêté qui suit constate de même le versement de la légion de la Nièvre dans le 4ᵉ de hussards.

« Les Représentants du peuple près les armées de la Moselle, du Nord et des Ardennes réunies sur la Sambre.

Sur les questions proposées par le Conseil d'administration du 4ᵉ régiment de hussards, arrêtent ce qui suit :

La ci-devant légion de la Nièvre ayant été incorporée dans le 4ᵉ régiment de hussards et faisant aujourd'hui partie de ce régiment, les officiers et sous-officiers de cette légion doivent concourir à l'avancement conformément à la loi sur l'organisation de la cavalerie ;

Un arrêté des représentants du peuple près l'armée de la Moselle porte que les citoyens sachant lire et écrire en allemand sont susceptibles d'avancement, quoiqu'ils ne sachent pas le français.

Cet arrêté n'a point été révoqué par la Convention nationale, il doit être par conséquent considéré comme loi provisoire et exécuté dans le 4ᵉ régiment de hussards.

Au quartier général de l'armée à Nalinnes, le 20 prairial l'an 2ᵉ de la République une et indivisible. »

L.-B. GUYTON, GILLET.

ration devait se faire par escadron ou compagnie lorsqu'il manquait des escadrons ou compagnies dans les anciens cadres, et individuellement dans tous les autres cas. Les déficits existant encore après cette opération devaient être comblés par les levées d'hommes et chevaux faites pour la cavalerie par les précédents décrets. Les citoyens armés et équipés par les sociétés populaires devaient être répartis entre les 83 régiments de cavalerie. Les officiers et sous-officiers en excédent après cette incorporation étaient mis à la suite de chaque escadron pour y faire le service à titre d'adjoints, et devaient alterner, pour les vacances à remplir, avec les officiers nommés par avancement.

Les représentants du peuple chargés de l'encadrement des chevaux de nouvelle levée devaient l'être également de l'incorporation et de toutes les opérations nécessaires pour compléter tous les cadres. Afin de ne pas les entraver, un arrêté du 29 nivôse décida que « les réquisitions d'ouvriers dans les corps militaires, pour être employés aux travaux et établissements publics ne pourraient regarder désormais les troupes à cheval ».

En outre, comme la loi du 21 nivôse avait ordonné le versement, dans les corps existants de toute la cavalerie des légions et corps francs, la répartition par armée prévue le 22 juillet 1793 ne pouvait plus être maintenue: aussi la Convention décrétait-elle le 6 pluviôse que la levée des 30,000 hommes serait mise à la disposition du Ministre de la guerre qui les ferait « répartir sans délai dans les divers cadres de troupes à cheval suivant l'arme à laquelle ils seraient jugés propres et sans avoir égard à la destination qu'ils avaient reçue pour telle ou telle armée par l'instruction du 22 juillet 1793 ».

Enfin, dans le but « d'accélérer l'organisation des troupes à cheval »; eu égard aux occupations multiples des représentants chargés de cette mission « qui avaient à s'occuper de l'incorporation de plusieurs corps, de l'encadrement des chevaux destinés au service des différentes armes, de l'organisation des régiments conservés aux termes de la loi du 21 nivôse, et des moyens d'utiliser, par une réunion sage et bien entendue, les hommes, les chevaux, et les effets d'habillement et d'équipement qui se trouvent dispersés » ; le décret du 11 pluviôse, constatant que les représentants du peuple ne pourraient « parvenir à ce résultat que par une méthode rigoureuse et uniforme », leur notifia une instruction spéciale à leur mission.

Après avoir installé ses bureaux au point le plus central de l'armée, et s'être fait assister de deux officiers d'une capacité reconnue, servant l'un dans la cavalerie ou les dragons, l'autre dans les chasseurs à cheval ou les hussards, le représentant du peuple prendrait connaissance : 1° de l'effectif en hommes, chevaux et effets d'habillement, d'équipement et d'armement de tous les corps de troupes à cheval dont les dépôts se trouveraient dans l'armée près de laquelle il résiderait; au cas ou ces corps auraient quelques escadrons détachés à une autre armée, le représentant du peuple réclamerait les renseignements à son collègue ; 2° du droit des corps à être incorporés, soit par escadrons ou compagnies, soit individuellement aux termes de la loi du 21 nivôse ; 3° du nombre d'hommes, de chevaux et d'effets, existant soit dans les lieux de rassemblement, soit dans les chefs-lieux de division, soit dans les dépôts généraux de l'armée, qui n'auraient encore reçu aucune destination particulière, et de l'espèce d'arme à laquelle ils seraient propres. Au moyen de ces données, le représentant du peuple devait arrêter son projet d'incorporation, d'organisation et de « complétement », et le communiquer avec ses observations au Ministre et au Comité de la guerre. Après l'envoi de ce travail, chaque représentant, accompagné d'un des deux officiers qui l'y auraient aidé et d'un commissaire des guerres, irait passer la revue numérique de toutes les troupes à cheval qui se trouveraient dans l'armée, afin de vérifier les détails de son opération et d'en faire la preuve. Le second officier, laissé dans les bureaux, tiendrait le représentant au courant des nouveaux moyens de « complétement » parvenus à sa connaissance en hommes, chevaux, habillement, équipement et armement, lesquels seraient sans délai envoyés de préférence aux escadrons de campagne.

Tenant compte des résultats de cette revue, notamment en ce qui concerne les dépôts appartenant à une armée tandis que leurs escadrons sont dans une autre, et les déficits à combler définitivement, les représentants du peuple devaient regagner leurs bureaux pour y rectifier leurs premières dispositions, et communiquer aussitôt ce nouveau travail au Ministre et au Comité de la guerre, afin qu'il fût pourvu, d'après les observations des représentants et les états de revue par eux envoyés, aux besoins définitifs de tous les régiments de cavalerie et de cavalerie légère.

Indépendamment de cette revue numérique, il devait être fait, à l'époque qui serait fixée par la Convention nationale, une revue générale et définitive, dont les motifs seraient énoncés dans l'instruction particulière que le Comité présenterait incessamment.

A l'armée des Ardennes, Charbonnié faisait tout d'abord inspecter ses dépôts par un adjudant général, au double point de vue de l'instruction et des ressources qu'ils pourraient fournir.

27 pluviôse (15 février).

Il est ordonné au citoyen Rouyer, adjoint aux adjudants généraux, de partir de suite pour se rendre aux différents dépôts de cavalerie de toutes armes établis pour le complétement des corps. Il s'assurera de l'état et du nombre de chevaux qui y existent; il vérifiera les progrès que les hommes ont pu faire dans l'instruction; il dressera le tableau de ceux qui peuvent rejoindre les escadrons de guerre, en distinguant les époques. Il aura soin de recommander la plus grande diligence dans la confection de l'habillement et équipement dont il fera note, il prendra un état exact de l'armement et s'informera aux commandants des mesures qui ont été prises pour le compléter. Il désignera les chevaux instruits et bons à monter ; ceux qu'il est nécessaire de mettre quelque temps au manège. Il s'assurera enfin de la situation de tout genre des différents dépôts et des moyens qui sont pris pour pourvoir aux objets manquants et au complétement en hommes et en chevaux d'après la dernière loi.

Puis, conformément à l'instruction du 11 pluviôse, Tharreau s'empressait de faire parvenir aux représentants du peuple désignés à cet effet, les « revues » des corps de cavalerie de l'armée des Ardennes.

Circulaire du 2 germinal, de Tharreau à tous les généraux de division et aux généraux Lorge et Michaud.

... Tu recevras aussi des modèles de l'état de revue que tu feras remplir par les corps de cavalerie qui sont dans ta division en se conformant à l'instruction qui y est jointe.

Après les revues faites et que les états t'auront été remis, tu les enverras par un courrier au représentant du peuple Vidalin à Châlons-sur-Marne.

Le général en chef t'engage à poursuivre avec célérité l'exécution de ces opérations qui demeurent sous ta responsabilité.

Tharreau.

A l'armée du Nord, ce fut seulement le 11-12 ventôse que l'ordre général invita les conseils d'administration à fournir au plus tôt au représentant du peuple Bollet la situation lui permettant de savoir exactement l'existant et le déficit en personnel et en matériel de chaque corps ou portion de corps stationnée dans l'arrondissement de l'armée.

Ordre général du 11-12 ventôse. — Lettre de l'adjoint au Ministre de la guerre Jourdeuil au Chef de l'état-major de l'armée du Nord.

« L'article 10 de l'instruction rédigée en conformité des lois relatives à l'incorporation, à l'organisation et au complétement des troupes à cheval, dont je t'adresse un exemplaire, te démontrera que tu peux être requis par le représentant du peuple chargé d'en faire exécuter les dispositions, de lui fournir des états de situation des corps qui se trouvent dans l'armée à laquelle tu es attaché. Le bien du service exige que tu procures, à ce représentant du peuple, non seulement ces renseignements mais tous ceux qu'il te demandera.

Je joins à ma lettre une certaine quantité de modèles d'états de situation. Tu voudras bien, de chacun d'eux, faire remettre un exemplaire à tous les conseils d'administration de corps ou portions de corps qui se trouvent dans cette armée. Tu voudras bien en même temps leur prescrire d'en faire l'envoi à ce représentant aussitôt qu'ils seront remplis.

Le Ministre ne doute pas que tu mettras dans l'envoi de ces états le plus de célérité possible. Cette célérité est d'ailleurs indispensable et doit nécessairement contribuer aux succès d'une opération qui tend à donner aux corps de troupes à cheval de la République une force alarmante pour ses ennemis.

JOURDEUIL ».

On fait passer aux généraux de division et commandants de place un exemplaire du décret de la Convention du 11ᵉ jour pluviôse dernier concernant l'organisation de la cavalerie ; on leur fait aussi passer différents états y relatifs qu'ils feront distribuer aux conseils d'administration des corps ou portions des corps de cavalerie qui se trouvent sous leur commandement. Il leur est ordonné de s'y conformer en tous points et de faire passer dans le plus bref délai à Douay aux représentants du peuple Vidalin et Bollet, chargés de cette organisation, ces états après les avoir fait remplir exactement. Ils seront responsables de la plus petite négligence dans cet envoi.

A l'armée de la Moselle, Pfliéger transmet le 22 germinal, de Nancy, au Comité de Salut public onze cahiers ou résultats de l'inspection qu'il a faite des différents corps de cavalerie de l'armée de la Moselle, en conformité de la loi du 21 nivôse et de l'instruction du 11 pluviôse : il a réformé beaucoup d'hommes qui n'avaient pas les qualités propres au service des troupes à cheval ; il a préféré la qualité à la quantité ; il part au premier jour pour l'armée et va travailler à l'incorporation des corps qui, n'ayant pas de numéro dans l'armée, ne doivent point subsister ; il invite le Comité à donner des ordres à la Commission des armes ou au Ministre de la guerre afin qu'on renvoie les armes qu'il a demandées.

Constitution des dépôts des régiments. — En dehors des recommandations qui étaient faites pour compléter le personnel et le matériel, le décret du 11 pluviôse insistait sur la nécessité de rassembler tous les détachements épars et de tirer tout le parti possible des dépôts généraux.

Cette disposition n'était que l'application d'un arrêté pris par le Comité de Salut public et tendant à créer par armée quatre dépôts généraux d'armes savoir : un pour la cavalerie ; le deuxième pour les dragons ; le troisième pour les chasseurs et le quatrième pour les hussards. On remarquera que cet arrêté, du 28 août 1793, contient pour les arrondissements d'armes et pour les inspecteurs d'arrondissements des prescriptions analogues à celles de l'arrêté de Bollet et Vidalin en date du 27 pluviôse, qui sera donné plus loin.

28 août 1793.

Considérant que la difficulté de mettre les troupes à cheval de la République dans l'état imposant où elles devraient être, provient particulièrement de la séparation des différents dépôts des troupes de la même arme qui, les uns ont des chevaux sans selles, d'autres des selles sans chevaux, les uns des sabres sans pistolets, d'autres divers objets d'équipement qui manquent à d'autres; et que le seul moyen de prévenir tous les inconvénients est de mettre dans un magasin général les divers objets pour les distribuer à chaque régiment à mesure des besoins, et de manière que l'équipement soit porté au complet le plus tôt possible, arrête ce qui suit :

1° Le Ministre de la guerre déterminera dans la huitaine pour chaque armée de la République quatre arrondissements principaux où seront réunis tous les dépôts particuliers de chaque arme des troupes à cheval (1);

---

(1) « Il est probable que cette disposition n'était elle-même que la répétition de la proposition faite le 5 août 1793 par les représentants

2° L'inspecteur chargé de la surveillance de chacun de ces quatre dépôts par armée (1) veillera à ce que la distribution des chevaux, armes et autres effets d'équipement se fasse de manière que chaque régiment soit porté au complet le plus tôt possible ;

3° Tous les chevaux propres à chaque arme et destinés au service de la cavalerie seront réunis aux mêmes arrondissements principaux suivant la nature du service auquel ils seront propres;

4° Il sera attaché à chaque dépôt deux commissaires qui surveilleront tant l'exécution du présent arrêté que tous les agents préposés à la nourriture et entretien des chevaux.

Le 16 pluviôse (4 février) le Comité de Salut public arrêtait le traitement des inspecteurs et commissaires chargés de la surveillance des dépôts généraux des troupes à cheval de chaque armée à 5,000 livres pour les premiers et à 4,000 pour les autres.

Pour se conformer du reste au décret du 11 pluviôse, Bollet et Vidalin arrêtèrent, le 27, les mesures propres à assurer le rapprochement des dépôts de la portion mobile et à y établir une véritable surveillance. Plus d'une des prescriptions de ces représentants rappelle celles de l'arrêté du 28 août 1793, qui décidait notamment la création d'un arrondissement par arme pour chaque armée et celle d'un inspecteur par arrondissement.

27 pluviôse (15 février).

Nous, Représentants du peuple près l'armée du Nord, chargés du complétement de la cavalerie et de l'inspection et surveillance sur les

---

Charles Cochon, Delbrel et Le Tourneur au Comité de Salut public, et tendant à la formation de dépôts généraux de cavalerie. » (AF_II, 233. — Aulard, V, 482, 5 août.)

(1) Le 18 septembre 1793, le Comité de Salut public écrivait aux représentants du peuple à l'armée du Nord : « Nous vous envoyons l'état des emplacements désignés par le Ministre de la guerre pour les dépôts des troupes à cheval des armées de la République. Votre surveillance contribuera efficacement à la perfection de ces établissements. »

régiments de cavalerie de toutes armes attachés à l'armée du Nord, considérant que d'après le décret du 21 nivôse sur l'organisation de la cavalerie de la République, et l'instruction provisoire sur l'exécution de ce décret en date du 11 de ce mois, il est instant de réunir dans les départements dépendant de l'armée du Nord les dépôts des régiments de cavalerie de toutes armes attachés à l'armée du Nord, d'établir une surveillance générale pour tous les dépôts et une particulière pour les dépôts de chaque arme ; que c'est par une surveillance générale et secondaire que l'on parviendra à établir un ordre uniforme dans ces dépôts et une activité instructive qui puisse procurer à la patrie des cavaliers en état de se défendre (1), arrêtons en conséquence les dispositions suivantes :

1° Les dépôts de cavalerie de toutes armes seront placés dans l'étendue des départements dépendant de l'armée du Nord, savoir :

Les dépôts de cavalerie à Beauvais et à Amiens ;
Les dépôts de dragons à Compiègne et à Noyon ;
Les dépôts de chasseurs à Soissons, Villers-Cotterets et Braisne ;
Les dépôts d'hussards à Laon, Chauny et Anisy.

Il pourra, selon les localités, être placé des dépôts dans les communes près les chefs-lieux ci-dessus désignés, ayant soin de rassembler près des mêmes lieux les dépôts de la même arme.....;

2° Il y aura un inspecteur général pour tous les dépôts de cavalerie de l'armée du Nord et quatre inspecteurs particuliers attachés aux quatre dépôts généraux de chaque arme ;

. . . .

7° Les inspecteurs particuliers (2) seront spécialement sous les ordres de l'inspecteur général.....

L'inspecteur général (3) correspondra directement avec le Comité de

---

(1) Ordre du 4 au 5 germinal (24 au 25 mars).

Le général en chef est prévenu que, dans les dépôts de troupes à cheval il existe des officiers, sous-officiers et cavaliers etc., dont l'instruction est suffisante pour être employés dans les escadrons en campagne et en même temps insuffisante pour l'instruction nécessaire dans ces dépôts. Il rend responsables les chefs de corps de cet abus et leur enjoint de rappeler dans les escadrons en campagne ceux propres à ce genre de service en les faisant remplacer par des anciens de tout grade plus propres à l'instruction.

(2) Grade de chef d'escadrons, de capitaine ou de lieutenant.

(3) Grade de général de division, afin de ne pouvoir relever que du général en chef de l'armée.

Salut public, le Comité de la guerre, et le représentant du peuple à l'armée du Nord......

8° L'inspecteur général fera sa résidence à Compiègne et est tenu de visiter les dépôts tous les deux mois ;

9° Les inspecteurs particuliers résideront, savoir : celui pour la cavalerie à Beauvais; celui pour les dragons à Compiègne (1); celui pour les chasseurs à Soissons, et celui pour les hussards à Laon.

Ils seront tenus de visiter tous les quinze jours les dépôts qui ne seront point dans les chefs-lieux de leur résidence.

. . . .

VIDALIN, BOLLET.

---

(1)　　　　　　　　　　　13 floréal (2 mai).

Nous, Représentant du peuple près l'armée du Nord, chargé de l'organisation de la cavalerie, considérant combien il est instant de procéder à l'incorporation des compagnies de cavalerie de Bergues, Dune-Libre et chasseurs de Versailles et qu'à cet effet nous avons mandé à Douay le citoyen Capitain, pour conduire ces différents corps au lieu de leur incorporation.....

Chargeons le citoyen Capitain, chef de brigade, inspecteur des dépôts de dragons : 1° de faire remplacer (par le général en chef de l'armée du Nord après s'être concerté avec lui), à Bouchain les chasseurs de Versailles et de conduire à Bapaume cette cavalerie ; ..... (par le général Parent à Arras, après s'être concerté avec lui), la cavalerie de Bergues ; et, aussitôt ce remplacement, de conduire de Bapaume à Compiègne les chasseurs de Versailles et les cavaliers de Bergues pour être incorporés dans les différents régiments de dragons désignés par notre arrêté du 20 germinal et 6 floréal conformément aux dispositions de cet arrêté ; et d'envoyer des ordres au dépôt des chasseurs de Versailles, qui sont à Reims, et au détachement à Maubeuge, pour se rendre à Compiègne à l'effet d'y être incorporés ;

2° De se concerter avec le général Clarenthal pour faire rendre à Compiègne les cavaliers de Dune-Libre, qui sont à Vervins, pour y être incorporés dans le 12e régiment de dragons, conformément aux dispositions de notre arrêté du 3 floréal, en invitant préalablement le général qui commande la division dans laquelle Vervins est compris de faire remplacer s'il y a lieu cette cavalerie.

. . . .

BOLLET.

Comme complément de cet arrêté, les mêmes représentants firent le même jour une grande instruction très détaillée permettant aux inspecteurs d'assurer le casernement, le classement des chevaux, l'habillement de l'homme, le harnachement et l'équipement du cheval, la conservation des effectifs, etc.

Si les mesures qui précèdent ne s'étaient pas justifiées d'elles-mêmes, elles auraient trouvé leur raison d'être dans les observations que présentait Souham le 25 et le 28 pluviôse :

« La cavalerie que je commande, mandait-il, le 25, à Pichegru, a bien besoin d'être complétée et réparée. Outre leurs besoins, plusieurs régiments sont disséminés dans plusieurs divisions, ce qui fait beaucoup de tort et empêche aux (sic) chefs de les surveiller. Le 9e régiment de hussards, dont j'ai la plus grande partie, a un détachement à Caen, un autre à Châlons et un autre de 70 hommes à Bouchain. Si tu pouvais les faire rejoindre, tu rendrais un grand service au régiment et à la division que je commande. »

Le général de division Souham au Comité de Salut public.

Au quartier général de Marquette, 28 pluviôse (16 février).

Je vous envoie, Citoyens, le procès-verbal d'une revue que j'ai fait passer au 9e régiment de hussards.

. . . .

Le bien public exigerait que ce régiment pût être rassemblé ; il pourrait mieux s'instruire et coûterait moins à la République, d'équipement, etc. Si les détachements de ce régiment, et principalement l'escadron qui est actuellement à Caen, pouvaient être réunis ici, le nombre de la cavalerie de la division que je commande serait augmenté, et j'aurais beaucoup plus de moyens d'agir avec succès lorsque je recevrais l'ordre, si désiré, de voler à la victoire avec les braves républicains que je commande.

Salut et fraternité.

SOUHAM.

Dans le même esprit, Pichegru signalait encore (1) la présence à l'armée du Nord de « beaucoup de régiments de cavalerie qui avaient des détachements et des dépôts dans d'autres armées ; de ce nombre, ajoutait-il, est le 9e de hussards qui a un détachement à Caen et un à Châlons ; pour le bien du service, il serait à désirer que ces détachements fussent rapprochés de leurs corps respectifs ».

Dans le même but, Bollet, revenant le 8 germinal (28 mars) sur son arrêté du 27 pluviôse, présentait au Comité de Salut public des observations sur l'éloignement des dépôts en général et sur l'utilité de leur assigner un nouvel emplacement qui ne fût ni trop près ni trop loin de l'armée.

Le lendemain il signalait la nécessité d'affecter à l'armée du Nord le dépôt du 2e dragons à Compiègne au lieu de le laisser à l'armée de l'Ouest, dont il était éloigné de plus de 100 lieues.

Le Représentant du peuple près l'armée du Nord, chargé de l'organisation de la cavalerie, aux Membres de la Convention nationale composant le Comité de Salut public.

Douai, 9 germinal (29 mars).

Je vous envoie, Citoyens, copie de la lettre par moi écrite le 14 ventôse au Ministre de la guerre, ainsi que de trois autres adressées par Jourdeuil, adjoint à ce Ministre, la première au représentant du peuple près l'armée de l'Ouest, la seconde au général Clarenthal, inspecteur général des dépôts de cavalerie, et la troisième à moi. Vous verrez par ces différentes lettres, et d'abord par la première, la proposition que j'ai faite au Ministre de laisser pour l'armée du Nord les hommes et les chevaux du 2e régiment de dragons qui se trouvent au dépôt de Compiègne. J'insiste auprès de vous sur cet objet avec d'autant plus de raison que vous sentirez aisément que les hommes et les chevaux de ce régiment qui sont au dépôt de Compiègne seront d'un secours et d'une

---

(1) Pichegru à Jourdeuil, adjoint au Ministre de la guerre, de Réunion-sur-Oise, le 6 ventôse.

utilité beaucoup plus immédiate à l'armée du Nord, qui a infiniment besoin de cavalerie, qu'à l'armée de l'Ouest, qui, étant éloignée de plus de cent lieues de Compiègne, ne recevrait les détachements envoyés par intervalles du dépôt établi dans cette commune que hors d'état, par les fatigues d'une longue route, de rendre un service prompt et efficace à l'armée de l'Ouest.

Je vous engage, Citoyens, à vouloir fixer votre attention sur ce principal motif, et sur ceux développés plus au long dans ma lettre au Ministre de la guerre, et à me faire parvenir le plus tôt possible la décision que vous aurez prise à ce sujet.

Salut et fraternité.

BOLLET.

Pour satisfaire aux justes observations de Pichegru et de Bollet, Jourdeuil avait sans doute donné les instructions nécessaires, et consulté notamment le chef de l'état-major de l'armée des Ardennes sur la possibilité de rapprocher le dépôt du 5e de hussards de sa portion mobile située sur le territoire de l'armée du Nord.

Au citoyen Jourdeuil, adjoint au Ministre de la guerre.

24 germinal (13 avril).

Le général en chef s'est abouché, Citoyen, avec le représentant du peuple Massieu pour conférer sur la demande du général Pichegru qui exprime la nécessité qu'il y a que le dépôt du 5e régiment d'hussards se rapproche des escadrons de guerre qui sont à l'armée du Nord. Ils n'ont trouvé l'un et l'autre aucun inconvénient à cette mesure, et ils me chargent de te prévenir que le Ministre peut ordonner le mouvement sans préjudicier à la chose publique.

THARREAU.

Le 9 floréal (28 avril), Bollet insistait encore auprès du Comité de Salut public sur la nécessité d'avoir des dépôts moins éloignés de leurs corps et lui énumérait les avantages qui en résulteraient. Comme les 1er et 2e carabiniers avaient été envoyés depuis le 16 ventôse (6 mars) l'un à Cambrai et l'autre à Lille, Bollet conjurait le Comité de Salut public de transférer leurs dépôts de Nancy à Abbeville.

Le Comité de Salut public continuait, d'ailleurs, de

son côté les premières mesures qu'il avait prises dès le 28 août 1793, par ses arrêtés des 25 germinal; 11 et 16 floréal ; 2 et 29 prairial ; 6 messidor.

Le 25 germinal, il décide que « le Ministre de la guerre donnera des ordres pour que les dépôts des régiments des troupes à cheval, qui ont eu ordre de passer de l'armée de la Moselle à celle du Nord, et notamment les carabiniers (1), rejoignent sans délai leurs corps respectifs ».

Le 11 floréal, il était arrêté que « toutes les parties du 21ᵉ régiment de cavalerie seraient réunies à l'armée du Nord ».

Le 16, le Comité de Salut public approuve le rapport du 13 de la Commission de l'organisation et du mouvement, proposant, d'après Vidalin (2), de licencier le 18ᵉ de chasseurs, dont le dépôt, mal administré et composé, n'est affecté à aucune armée; d'incorporer dans les corps à cheval de l'armée de la Moselle les escadrons de ce régiment qui s'y trouvent, et de faire passer aux dépôts généraux de l'armée de la Moselle ce qui restera de disponible en hommes et en chevaux.

Le 21, la Commission de l'organisation et du mouvement fait remarquer qu'un escadron du 14ᵉ régiment de chasseurs est à l'armée du Nord, et le régiment est à celle d'Italie. D'autre part, le 19ᵉ régiment de chasseurs

---

(1) Cette prescription avait donc devancé la lettre de Bollet datée du 9 floréal.

(2) Le 26 avril (7 floréal), en effet, Vidalin écrivait de Châlons aux membres du Comité de Salut public que le dépôt du 18ᵉ régiment de chasseurs à cheval, quoique ayant ses escadrons de guerre à l'armée de la Moselle, n'était affecté à aucune armée. Abandonné de tous, il était dans le plus grand délabrement. L'ayant fait venir à Châlons, Vidalin avait pu se convaincre de l'incapacité de ses cadres. Il proposait en conséquence de le licencier, de renforcer les escadrons de guerre avec les éléments disponibles et épurés du dépôt et de les incorporer dans l'armée de la Moselle.

a son dépôt à Reims, même armée du Nord, et ses escadrons de campagne sont à quatre armées différentes, dont un à Marseille, armée d'Italie.

Sur la proposition de Bollet et le rapport conforme de la Commission de l'organisation et du mouvement, « le Comité de Salut public arrête le 2 prairial que l'escadron du 14e régiment de chasseurs à cheval qui est à l'armée du Nord sera incorporé dans le 19e régiment de la même arme, et que l'escadron du 19e régiment, qui est à Marseille, sera incorporé dans le 14e régiment aussi des chasseurs ».

Le 29 prairial, « le Comité de Salut public arrête que tous les détachements de troupes à cheval (excepté la gendarmerie) dont les corps ne sont pas dans la même armée, rejoindront sur-le-champ leurs corps respectifs ».

Le 6 messidor, « le Comité de Salut public invite la Commission de l'organisation et du mouvement des armées de terre à donner les ordres nécessaires pour la réunion complète: du 14e régiment de cavalerie à l'armée du Rhin; des 3e et 16e régiments de chasseurs à cheval à l'armée du Nord; du 16e régiment de dragons à l'armée des côtes de Brest; du 12e régiment de chasseurs à cheval à l'armée d'Italie, et aussi pour l'échange entre les armées du Rhin et des Alpes des 5e régiment de cavalerie et 4e de dragons ».

Il résulte, en effet, d'un rapport du 5 messidor, de la dite commission, que le 14e régiment de cavalerie avait 702 hommes à l'armée de l'Ouest, 118 au Rhin et 127 au dépôt de Colmar; que le 3e de chasseurs avait 113 hommes à l'armée de l'Ouest, 70 à Laon et 498 au dépôt de Braisne (armée du Nord); que le 16e chasseurs avait 778 hommes à l'armée de l'Ouest, 400 à celle du Nord; que le 16e de dragons avait 1,389 hommes à l'armée de l'Ouest, 72 à l'armée du Rhin et un escadron à Saint-Domingue.

La Commission faisait remarquer encore que la grosse cavalerie (5ᵉ de cavalerie) était plus utile « dans la ci-devant Alsace qu'aux Alpes ».

Enfin les représentants du peuple joignaient leurs efforts à ceux du gouvernement et du commandement pour arriver à placer les dépôts d'une façon rationnelle par rapport aux portions mobiles qu'ils étaient chargés d'alimenter.

Au Comité de Salut public.

Marchienne-au-Pont, 6 messidor (26 juin).

Nous venons d'apprendre, Citoyens Collègues, qu'on a réuni tous les dépôts de cavalerie de l'armée de la Moselle et qu'on en a formé un corps qui, dans ce moment, est employé aux divisions de droite. Nous nous empressons de vous inviter à faire cesser sur-le-champ une mesure qui tend à détruire absolument nos corps de cavalerie. Tous les jours ces corps font des pertes qui ne peuvent se réparer que par les dépôts; si on les prive de cette ressource, les régiments s'anéantiront successivement. Notre collègue Pfliéger nous a fait espérer pour la fin du mois dernier près de 800 hommes pour les corps qui sont employés à l'armée; nous attendions ce renfort avec impatience parce qu'il est nécessaire; cependant s'il faut de la cavalerie aux divisions de droite, nous préférons y envoyer un régiment entier qui rendra beaucoup plus de services qu'un ramas indigeste de différents corps. Nous vous prions de prendre sur cet objet la plus prompte détermination.

GILLET, SAINT-JUST.

Presqu'au moment même où Saint-Just et Gillet préconisaient la répartition rationnelle des dépôts, la Commission de l'organisation et du mouvement des armées de terre paraît avoir ordonné à tous les généraux en chef cette mesure, conforme à l'arrêté du 29 prairial.

Liébert à la Commission de l'organisation et du mouvement.

7 messidor (25 juin).

J'ai reçu, Citoyens, avec votre lettre du 2 de ce mois, l'état des détachements des troupes à cheval qui doivent quitter l'armée du Nord pour se réunir à leurs corps respectifs dans d'autres armées. Je me conformerai à ce qui est prescrit dans cette lettre.

En résumé, et en exécution des arrêtés du Comité de Salut public des 28 août 1793 et 16 pluviôse, du décret du 21 nivôse et de l'instruction du 11 pluviôse, enfin de l'arrêté des représentants du peuple, Vidalin et Bollet, daté du 27, l'arrondissement territorial d'une armée, comprenant un certain nombre de départements groupés en divisions militaires, devait contenir quatre dépôts généraux dans chacun desquels seraient réunis ceux des régiments de cavalerie appartenant à la même subdivision d'arme.

La seule exception faite à cette règle fut l'arrêté du 8 floréal par lequel le Comité de Salut public autorisait Vidalin à substituer au dépôt général de Châlons ceux qui seraient installés dans tous les chefs-lieux de district de la Marne, de la Meuse et des Ardennes. Cette disposition n'avait du reste d'autre cause que la difficulté, signalée le 18 germinal par Vidalin, « de trouver des chevaux dans les départements près des armées ».

Conservation des effectifs. — Les hommes et chevaux une fois levés, les troupes organisées, les effectifs de guerre maintenus au complet à l'aide des dépôts placés à proximité; il fallait encore veiller à la conservation des effectifs pour ne pas épuiser trop rapidement ces réserves. On y parvenait en réprimant sévèrement les abus susceptibles de les ruiner ; en établissant des dépôts de chevaux malades ; en évitant la propagation des maladies contagieuses ; en assurant, par la mise au vert, le rétablissement des chevaux fatigués ; en veillant avec soin à certains détails tels que la ferrure ; enfin, en préparant la reconstitution de la race chevaline au moyen de haras.

Toutes ces mesures furent l'objet de nombreuses prescriptions du commandement ou du Comité de Salut public.

a) *Répression des abus.* — On a déjà montré (1) que, pour assurer la conservation des chevaux, Liébert avait mis à l'ordre l'interdiction à tout officier ou fonctionnaire *en campagne* de se servir de chevaux auxquels il n'avait pas droit. *A l'intérieur*, la même disposition était prise en ce qui concerne *les dépôts*.

Sedan, 14 ventôse (4 mars).

AU NOM DU PEUPLE FRANÇAIS,

Les Représentants près l'armée des Ardennes, informés que des fonctionnaires publics se sont permis de disposer pour leur usage particulier des chevaux de la nation destinés au service de l'armée existant dans les dépôts, et voulant réprimer un abus aussi préjudiciable aux intérêts de la République, arrêtent :

Art. 1er. — Les chevaux de la République existant dans les différents dépôts ne pourront être employés sous quelque prétexte que ce soit à aucun service autre que celui des armées auquel ils sont destinés, sans une permission expresse et par écrit des Représentants du peuple.

Art. 2. — Il est expressément défendu à tout officier commissaire des guerres, gardien des dépôts ou autres fonctionnaires publics, de disposer de ces chevaux pour leur usage ou de souffrir qu'ils soient employés à un autre service que celui de la République sous peine de destitution et d'être poursuivi suivant la rigueur de la loi.

Art. 3. — Le présent arrêté sera adressé au Commissaire ordonnateur en chef de l'armée qui est chargé de le notifier à tous les directeurs des dépôts de remonte et d'en surveiller l'exécution.

Dans le même but de conservation, il était formellement interdit aux officiers ou fonctionnaires de requérir des chevaux en pays ennemi pour les approprier ensuite à leur usage personnel.

---

(1) *Campagne de 1794 à l'armée du Nord.* Première partie, tome I, pages 105, 107 et 109.

Copie de l'ordre du quartier général de Montigny-les-Tigneu, du 30 prairial au 1ᵉʳ messidor. — Les Représentants du peuple près les armées du Nord, de la Moselle et des Ardennes au général de division Ernouf, chef de l'état-major de l'armée.

Au quartier général de Lernnes, le 1ᵉʳ messidor (19 juin).

On nous dénonce, Citoyen Général, un abus d'un genre très grave. Des commissaires des guerres, des employés aux charrois, des vivandiers, des officiers même se permettent, dit-on, de faire des réquisitions dans le pays ennemi au nom de la République ou des généraux d'armée pour obtenir des chevaux qu'ils appliquent ensuite à leur usage......
. . . .

Voici un arrêté qui enjoint à ceux qui pourraient avoir de ces chevaux de les remettre dans les vingt-quatre heures.

GILLET, GUYTON et SAINT-JUST.

A Montigny-les-Tigneu, le 29 prairial l'an 2ᵉ de la République une et indivisible (17 juin).

Les Représentants du peuple près les armées du Nord, de la Moselle et des Ardennes.

Informés que plusieurs personnes attachées à l'armée se sont permis de mettre en réquisition au nom de la République des chevaux qu'elles se sont appropriés ensuite pour leur usage.

Arrêtent que tout individu possesseur de ces chevaux sera tenu de les remettre dans les vingt-quatre heures au quartier général des armées réunies sur la Sambre à peine d'être puni comme coupable de pillage.

GILLET, GUYTON et SAINT-JUST.

En dehors de ces réquisitions, il y avait encore à réprimer l'appropriation arbitraire des chevaux de déserteurs ou pris sur l'ennemi. Cette interdiction fit l'objet de nombreux arrêtés. A ceux de Richard et Choudieu et de Bollet à l'armée du Nord, que l'on a déjà cités (1), on peut ajouter ceux de Choudieu et de Laurent à cette même armée et celui de Massieu, à l'armée des Ardennes. En lisant les textes et rapprochant les

---

(1) *Campagne de 1794 à l'armée du Nord.* Première partie, tome I, page 109.

dates de ces arrêtés, en y joignant l'ordre de Jourdan, du 3-4 messidor, on peut se rendre compte de la persistance de l'abus et des nombreuses interdictions qu'il nécessita. On en conclura aussi à l'existence d'un dépôt de ces chevaux à Givet pour l'armée des Ardennes et à Lille pour l'aile gauche de l'armée du Nord.

Arrêté du Représentant du peuple Massieu.

Givet, le 17 floréal (6 mai).

Le Représentant du peuple près de l'armée des Ardennes, informé que, malgré les lois et les défenses réitérées mises à l'ordre de l'armée, beaucoup d'officiers se permettent de s'approprier de leur autorité privée des chevaux de déserteurs ou pris sur l'ennemi.

Déclare que tout officier qui sera convaincu de s'être emparé d'un cheval de déserteur ou pris sur l'ennemi, même après l'avoir estimé ou payé, perdra ledit cheval et le prix de l'estimation conformément à la loi du 16 ventôse ; et que quiconque sera convaincu d'avoir récidivé en s'appropriant un desdits chevaux, sera destitué à l'instant et traduit devant le tribunal militaire pour y être jugé comme dilapidateur d'effets appartenant à la République.

Il est ordonné au Commissaire ordonnateur en chef, aux Commissaires des guerres chargés de disposer desdits chevaux pour l'usage de la République, de tenir la main à l'exécution du présent arrêté, et de veiller à ce que les chevaux, après avoir été estimés en leur présence, soient sur-le-champ conduits à Givet, dans le dépôt destiné à les recevoir, pour être ensuite répartis et délivrés d'après les ordres du Représentant du peuple Vidalin, chargé de la remonte par la Convention nationale, à nos défenseurs et aux différents services de l'armée.

Le présent arrêté sera mis à l'ordre de l'armée.

MASSIEU.

Lille, le 13 prairial, an 2ᵉ de la République, une et indivisible (1ᵉʳ juin).

Les Représentants du peuple envoyés près de l'armée du Nord, voulant arrêter le cours des nombreuses dilapidations qui ont lieu dans le dépôt des chevaux établi à Lille, arrêtent ce qui suit :

Art. 1ᵉʳ. — Tous les employés du dépôt, inspecteurs, sous-inspecteurs ou autres, cesseront dans le jour les fonctions qui leur ont été attribuées.

Art. 2. — La Commission établie pour la surveillance du dépôt est supprimée.

Art. 3. — Le citoyen Herman, Commissaire des guerres, est chargé de l'inspection du dépôt et de tout ce qui concerne la comptabilité.

Art. 4. — Il sera nommé un inspecteur du dépôt et un maréchal-expert chargés du classement des chevaux à leur entrée et à leur sortie, lesquels seront nommés par les Représentants du peuple.

Art. 5. — Le Commissaire des guerres choisira un commis qui sera chargé d'enregistrer les chevaux à leur entrée et à leur sortie et d'en rédiger procès-verbal. Il pourra, si les besoins l'exigent, lui adjoindre un second commis pour les écritures.

Art. 6. — Le Commissaire des guerres fera tenir un registre d'entrée des chevaux sur lequel sera inscrit le nom du déserteur ou de celui qui aura fait la prise, avec le signalement et le prix de l'estimation conformément à la Loi et aux arrêtés des Représentants du peuple. Il sera tenu un pareil registre de sortie sur lequel sera inscrit l'ordre en vertu duquel les chevaux seront délivrés et qui sera signé par celui qui les recevra.

Art. 7. — Le Commissaire des guerres fera tenir également des registres de recettes et dépenses relatives tant au dépôt qu'au prix des chevaux.

Art. 8. — Il sera aussi tenu un registre des procès-verbaux de délivrance de selles, brides, harnais et autres effets de prise qui auront été versés dans les magasins de la République.

Art. 9. — Il sera attaché au dépôt le nombre de palefreniers qui sera jugé nécessaire à raison d'un palefrenier par douze chevaux ; ceux qui sont actuellement employés continueront de l'être, à l'exception de ceux qui seront convaincus d'avoir participé aux malversations qui ont eu lieu dans le dépôt.

Art. 10. — Les palefreniers reconnaîtront pour leur chef le citoyen Dervaux et lui obéiront en tout ce qui concerne leur service. Il sera chargé de donner les ordres, tant pour les gardes de jour que celles de nuit. Il surveillera la distribution des fourrages et leur consommation, et rendra compte au Commissaire des guerres et aux Représentants du peuple, des dilapidations qui pourraient avoir lieu.

Art. 11. — Il sera rendu compte, chaque jour, au Commissaire des guerres, de ce qui aura été fait dans le dépôt.

Art. 12. — Le Commissaire des guerres rendra chaque décade, un compte général aux Représentants du peuple, conformément à l'arrêté du 30 floréal.

Pierre CHOUDIEU.

Maubeuge, 8 messidor, an 2 (26 juin 1794).

Laurent, représentant du peuple envoyé près l'armée du Nord.

Sur les demandes multipliées des officiers et des divers agents et employés de l'armée à l'effet d'obtenir dans les dépôts des chevaux pour leur service, et attendu les nombreux abus que pourrait entraîner une trop grande facilité à les accorder, arrête ce qui suit :

Les lois et arrêtés qui ordonnent la remise des chevaux de prise et de déserteurs dans les dépôts seront exécutés dans toute leur force.

Ces chevaux seront estimés ainsi que leur équipage à leur arrivée au dépôt pour le prix en être payé sans retard soit aux déserteurs, soit à ceux qui en combattant les auront pris sur l'ennemi.

Les Commissaires des guerres chargés des dépôts enverront aux Représentants du peuple l'état des chevaux y existant et de ceux qui y entreront par la suite, avec l'indication de leur espèce, leur signalement, leur valeur estimative et leur distinction, en chevaux de déserteurs ou de prises.

Les généraux et autres officiers de l'armée, non plus que les Commissaires des guerres et agents quelconques des administrations militaires, dont le service exige qu'ils soient montés, ne pourront quel que soit leur grade ou emploi, obtenir des chevaux dans les dépôts, sans y être expressément autorisés par les Représentants du peuple.

L'estimation desdits chevaux à leur entrée au dépôt ne pourra servir de base à leur payement par ceux à qui ils seront délivrés, il en sera toujours fait une nouvelle estimation.

Ceux à qui il aura été délivré des chevaux au dépôt les représenteront à toute réquisition, ils se muniront en conséquence d'un certificat des Commissaires des guerres contenant leur signalement pour en constater l'identité au besoin.

Lesdits chevaux ainsi délivrés ne pourront être vendus, cédés ni échangés sans autorisation des Représentants du peuple, à peine de destitution et arrestation contre ceux qui en auront disposé ou qui auront éludé cette défense de quelque manière que ce soit.

Copie de l'ordre du quartier général de Marchienne-au-Pont,
du 3 au 4 messidor.

Au quartier général de Fontaine-l'Évêque, le 4 messidor (22 juin).

L'aide de camp du général Lefebvre vient d'être destitué par ordre des Représentants du peuple pour avoir gardé le cheval d'un déserteur autrichien malgré les défenses qui ont été faites à cet égard (1).

---

(1) *Copie de l'ordre du quartier général de Marchienne-au-Pont,*
du 6 au 7 messidor.

Au quartier général de Jumet, le 7 messidor (25 juin).

C'est par erreur qu'on avait rendu compte que l'aide de camp du

Il est très expressément défendu de vendre aucun cheval soit de prise ou de déserteur ni d'en disposer d'aucune manière que ce soit. Tous les chevaux pris sur l'ennemi ou de déserteurs doivent être conduits au quartier général de l'armée, remis au Commissaire des guerres chargé de cette partie, estimés et payés à qui appartient, et ensuite déterminés pour les corps à cheval ou autres services de la République. Quiconque ne se conformera pas à cet ordre sera regardé comme suspect, jugé et puni comme tel.

Certains officiers étaient assez oublieux de leur dignité pour échanger, moyennant une soulte, leurs montures contre celles des hommes de troupe. Cet abus qui « constituait un vol manifeste à la République » fit l'objet de sévères prescriptions.

8 germinal (28 mars).

Goupilleau de Fontenay, Représentant du peuple chargé de l'embrigadement de l'infanterie de l'armée du Nord, informé que plusieurs officiers de cavalerie et de cavalerie légère se permettent de changer leurs chevaux avec ceux des cavaliers, dragons, chasseurs et hussards ; que ces échanges toujours onéreux à la République se font à prix d'argent pour compenser la valeur des chevaux ;

Considérant que c'est un vol manifeste fait à la République : en ce cas, les chevaux donnés en échange par les officiers sont toujours d'une valeur inférieure à ceux qu'ils reçoivent des cavaliers, dragons, chasseurs et hussards ; arrête :

Art. 1er. — Tous officiers qui échangeront leurs chevaux avec ceux des cavaliers, dragons, chasseurs et hussards ou de tous autres individus montés aux frais de la République seront livrés aux tribunaux et punis comme voleurs des deniers et effets appartenant à la nation.

Art. 2. — Les cavaliers, dragons, chasseurs et hussards qui vendront ou échangeront leurs chevaux à prix d'argent ou gratuitement seront punis des mêmes peines.

---

général Lefebvre avait gardé le cheval d'un déserteur autrichien. Les Représentants sont instruits que ce n'est pas lui qui a gardé le cheval. En conséquence, l'aide de camp du général Lefebvre restera dans son emploi et continuera ses fonctions comme par le passé. L'ordre qui avait été donné à cet égard, le 3 de ce mois, sera regardé comme non avenu.

Art. 3. — Les chefs de corps seront tenus de veiller à l'exécution du présent arrêté sous peine de suspension ou de réclusion.

Fait au cantonnement de Bohain, le 8 germinal an II de la République, une et indivisible,

Goupilleau de Fontenay.

b) *Dépôts de chevaux malades.* — Les chevaux de selle que l'on croyait susceptibles d'être réformés étaient naturellement renvoyés des escadrons ou compagnies actives aux dépôts où l'on examinait s'il y avait lieu de les vendre ou de les faire passer au service des charrois.

Au citoyen Guille, capitaine de gendarmerie à Roc-Libre.

16 ventôse (6 mars).

Je te renvoie les deux procès-verbaux que tu m'as réclamés par ta lettre du 13, qui constatent la réforme de deux chevaux de la compagnie; comme ils n'y peuvent plus faire un service actif, tu voudras bien les envoyer de suite ici, au dépôt qui y est établi, où l'on verra s'ils doivent être vendus ou employés au service des charrois des armées.

Charbonnié.

Quant aux chevaux malades ou blessés, on les évacuait parfois sur les dépôts des régiments (1); mais le plus souvent on créait dans l'arrondissement de l'armée des dépôts de chevaux malades destinés à diminuer la distance qu'ils auraient à parcourir et les fatigues qu'ils auraient à supporter pour aller recevoir les soins nécessaires et pour rejoindre ensuite les escadrons de guerre.

---

(1) *Le général A. Dubois au Citoyen commandant le 20ᵉ régiment de dragons.*

Il est permis au commandant du 20ᵉ régiment de dragons de faire conduire à Saint-Quentin, où est le dépôt de son régiment, les chevaux blessés, jugés par le conseil d'administration de son corps hors d'état de faire le service.....

Ordre du 17 au 18 floréal (6-7 mai).

. . . .

C'est maintenant sur Roc-Libre que tous les corps de cavalerie de l'armée dirigeront les chevaux malades ou blessés qu'ils envoyaient à Vedette. . . . .

Par ordre du général en chef :
L'adjudant général chef de brigade,
BARBIER.

Ce dépôt qui fonctionnait d'abord pour l'aile droite de l'armée du Nord, servit encore la veille de Fleurus à évacuer les chevaux blessés ou malades de l'armée de la Sambre.

Au quartier général à Marchienne-au-Pont, le 25 prairial (13 juin).

Les Représentants du peuple près les armées du Nord, de la Moselle et des Ardennes réunies, informés qu'il existe dans plusieurs régiments employés à l'armée, des chevaux blessés et hors d'état pour faire le service ; que les dépôts de ces régiments étant très éloignés, ces chevaux ne peuvent y être conduits ;

Arrêtent qu'il sera établi sur-le-champ, dans l'étendue du département des Ardennes, un ou plusieurs dépôts pour recevoir les chevaux de cavalerie blessés ou malades.

Ce dépôt sera surveillé par un officier de cavalerie choisi par le général en chef.

Le Commissaire ordonnateur général est chargé d'indiquer l'emplacement de ce dépôt et de faire les dispositions pour son établissement.

Les chevaux marqués pour la réforme et qui sont absolument hors d'état de servir seront vendus incessamment au profit de la République.

GILLET, L.-B. GUYTON.

Copie de l'ordre du quartier général de Marchienne-au-Pont,
du 6 au 7 messidor (24-25 juin).

Au quartier général de Jumet, le 7 messidor.

Tous les corps de troupes à cheval de l'armée sont prévenus qu'il vient d'être établi à Roc-Libre un dépôt général pour tous les chevaux malades ou éclopés, et que le citoyen Champeaux, chef d'escadron au 1er régiment de dragons est chargé de l'inspection et surveillance dudit dépôt. En conséquence les conseils d'administration des divers corps de troupes à cheval feront partir sur-le-champ tous les chevaux malades ou éclopés qui existent dans leurs corps pour Roc-Libre sur des routes que le Commissaire des guerres de chaque division leur indiquera et qui seront approuvées par le général de division. Les chefs de corps attacheront à ces chevaux malades et éclopés les officiers, les sous-officiers et cavaliers suffisants en raison de leur nombre.

Enfin, l'établissement de ces dépôts était soumis à l'avis préalable du service vétérinaire, dont compte rendu devait être fait aussitôt au commandement.

Ordre du 3 prairial (22 mai).

Il est défendu à tous les chefs de corps et conseils d'administration de prendre sur eux à l'avenir de former différents dépôts de chevaux malades ou blessés sans en avoir auparavant fait dresser procès-verbal par les artistes vétérinaires, sur lequel le conseil d'administration prendra un arrêté qui sera certifié par le général de brigade et visé par le général de division.

Et pour mettre le général de division à même de rendre le compte qui lui est demandé, il sera adressé à l'adjudant général Radet un état détaillé contenant les noms des hommes et le nombre des chevaux, avec les noms des endroits où ils sont en dépôt.

c) *Mesures prises contre les épidémies.* — Il ne suffisait pas d'établir des dépôts de chevaux malades ou non, il fallait encore en empêcher la destruction par les épidémies dont la plus terrible est la morve.

Dans ce but, le Comité de Salut public, après avoir pris connaissance « des ouvrages de J.-P. Crachet et de J.-M. Crachet son fils, sur cette maladie, de leurs heureuses expériences et des témoignages de savants qui en attestent l'utilité », arrêtait le 26 vendémiaire (17 octobre 1793) que « J.-M. Crachet serait chargé de donner des soins à la conservation des chevaux de la République, avec le titre d'inspecteur général des chevaux pour la maladie de la morve ». Le 9 pluviôse (28 janvier 1794), trois élèves d'Alfort étaient envoyés à Toulouse, Sedan et Strasbourg pour la combattre. Enfin, le 23 pluviôse

(11 février), le Ministre de la guerre était chargé de faire expérimenter un remède pour les chevaux malades et d'en juger « les avantages pour la conservation des « chevaux employés aux armées ».

d) *Mise au vert*. — Comme mesure indirecte tendant au maintien des effectifs, on peut encore citer les décisions du Comité de Salut public du 15 prairial et du 4 messidor : il arrêtait tout d'abord le tableau des départements où s'effectuerait la mise au vert ; dans chacun d'eux, les agents nationaux des districts faisaient rechercher dans les communes rurales, les prairies pouvant servir de pacages et les indiquaient aux municipalités ainsi qu'aux surveillants temporaires des troupes à cheval, dont chacun correspondait à une armée et résidait en un point de l'arrondissement de cette armée fixé par le Comité du Salut public ; les municipalités informaient alors les propriétaires de ces prairies qu'elles étaient mises en réquisition ; et ils recevaient en échange une indemnité des receveurs des districts sur mandats délivrés par les administrateurs et visés par un Commissaire des guerres et par le surveillant temporaire des troupes à cheval.

D'autre part, les corps et dépôts de ces troupes dans chaque armée adressaient à son surveillant temporaire la liste des jeunes chevaux à mettre au vert avec indication de l'âge qui normalement devait être inférieur à 8 ans, du signalement et du corps ou dépôt auquel ils appartenaient. Il devait être affecté à tout groupe de cinq chevaux, un cavalier chargé de les conduire, de les soigner, et à plusieurs groupes un ou plusieurs officiers ou sous-officiers « sages et intelligents ».

Munis, par les soins des agents nationaux, de la liste des prairies à utiliser, et par ceux des corps et dépôts, de celle des chevaux à mettre au vert, les surveillants temporaires avaient tous les éléments nécessaires pour régler cette opération dans l'étendue de leur ressort.

A ces dispositions, le Comité de Salut public ajouta enfin une « Instruction du 23 prairial (11 juin) sur le rétablissement des chevaux de la cavalerie et de la cavalerie légère ». Nous n'entrerons pas ici dans le détail de cette instruction technique que nous nous bornons à signaler (1).

Ces arrêtés du Comité de Salut public avaient été, comme presque toujours, devancés par l'initiative des Représentants du peuple, à laquelle ils servaient de sanction.

On trouve en effet, dans le *Registre de Colaud*, les deux lettres suivantes, relatives à la mise au vert et antérieures aux arrêtés qui précèdent.

Le général Colaud au commissaire des guerres Moser.

9 floréal (28 avril).

Le bien du service exige, Citoyen Commissaire, de faire prendre le vert à 300 chevaux du 8⁰ d'hussards et 18⁰ de chasseurs qui sont jeunes ou à refaire. Tu voudras bien choisir un village à portée où la qualité de l'herbe soit bonne pour purger les chevaux.

Tu voudras bien m'en rendre compte afin que j'en rende compte au Représentant Vidalin qui m'a autorisé à cet égard, et que nous prenions ensemble les moyens de la plus prompte exécution.

Le général Colaud au représentant du peuple Vidalin.

16 floréal (5 mai).

Les 300 chevaux destinés pour le vert partiront le 20 ; le marché sera fait à l'adjudication le 18 ; le Commissaire m'a dit qu'il croyait que la ration ne coûterait que 28 s. (sols?) ; enfin nous verrons à l'adjudication. Mon opinion serait qu'ils fussent à la soûlée, et qu'on laissât aux habitants le fumier sous les conditions qu'ils fourniront la paille pour la litière ; par ce moyen les chevaux seront bien.

. . . .

---

(1) Voir Aulard, tome XIV, page 260.

e) *Institution des haras.* — Le jour même où il assurait le rétablissement des jeunes chevaux par la mise au vert, le Comité de Salut public prenait les dispositions nécessaires à la « propagation des chevaux ». Ces mesures faisaient l'objet de deux arrêtés : le premier prescrivait le recensement général (1) de tous les chevaux entiers et juments qui remplissaient les conditions nécessaires pour être classés étalons ou poulinières. Ce classement était opéré par des Commissaires choisis par les communes et revisé par des « gens de l'art » désignés par les agents nationaux des districts. La liste définitive devait enfin être adressée par ces derniers au Comité de Salut public. Les chevaux et juments ainsi classés ne pouvaient plus être requis pour le service des armées, et s'ils faisaient partie des effectifs de guerre exigés par les décrets, les municipalités devaient fournir d'autres chevaux en remplacement. En cas de vente de ces étalons et poulinières, le vendeur et l'acheteur devaient en faire la déclaration à leurs municipalités respectives qui en tiendraient registre.

Un arrêté semblable prescrivait le recensement de tous les chevaux entiers et juments existant chez les officiers et fonctionnaires militaires dans les corps et dépôts de troupes à cheval, dans les services des charrois et de tous les transports militaires. Tous ces états étaient centralisés par les chefs d'état-major des armées pour les fractions mobiles (2), par les inspecteurs de

---

(1) On profitait de ce recensement pour établir en outre l'état de tous les autres chevaux (hongres, poulains et pouliches) que possédait chaque propriétaire.

(2) *Liébert à l'adjudant général Taillefer, à Amiens.*

8 messidor.

J'ai reçu avec ta lettre du 5 de ce mois l'état des déclarations que les officiers employés dans la 12ᵉ division militaire t'ont faites sur les juments et chevaux entiers.

dépôts, par les chefs des charrois et de tous les transports militaires, et adressés au Comité de Salut public et aux surveillants temporaires des troupes à cheval. Les Représentants du peuple aux armées étaient chargés de veiller à l'exécution de ces prescriptions.

Ce dernier arrêté était porté à la connaissance de l'armée du Nord par l'ordre du 25-26 prairial : il prescrivait aux chefs des fractions mobiles de cavalerie, officiers généraux, officiers d'infanterie, auxquels les décrets donnaient le droit de conserver des chevaux, officiers d'artillerie et du génie, commissaires des guerres et tous employés dans les différents services de l'armée « d'envoyer sans délai à l'adjudant général chef d'état-major de leurs divisions respectives, la déclaration des chevaux entiers et juments dont ils seraient possesseurs. Les déclarations devaient comprendre l'âge, la taille, le signalement. Les adjudants généraux, chefs des états-majors divisionnaires, après avoir recueilli ces déclarations en feraient faire des états généraux qu'ils enverraient sans délai au chef de l'état-major général de l'armée ».

Ces prescriptions étaient encore rappelées le 7-8 messidor, date à laquelle Liébert n'avait pas encore reçu tous les états.

Ordre du 7 au 8 messidor (25-26 juin).

On rappelle aux adjudants généraux chefs des états-majors divisionnaires et à tous autres de mettre le plus de célérité possible dans l'envoi des états des chevaux entiers et juments conformément à ce qui est prescrit dans l'ordre du 25 prairial dernier. On prévient ceux qui n'ont pas encore adressé ces états de faire en sorte qu'ils parviennent au chef de l'état-major général pour le 15 de ce mois au plus tard. Passé ce temps, il sera envoyé des courriers extraordinaires aux dépens de ceux qui ne les auraient pas fait parvenir.

f) *Soins donnés à la ferrure.* — L'augmentation de la cavalerie eut pour conséquence celle des moyens de ferrage. Aussi le Comité de Salut public arrêta-t-il le 15 floréal (4 mai), qu'il serait établi sur-le-champ à Versailles, un atelier de clouterie pour le ferrage des chevaux des armées ; que le nombre des ouvriers nécessaires serait requis ; que cet atelier serait pourvu des forges, outils et ustensiles nécessaires ; qu'enfin l'administration du district devait apporter à cet établissement son concours le plus actif.

Rendement pratique des lois de la Convention et des arrêtés du Comité de Salut public. — Bien que Bollet écrivit le 28 brumaire que 1500 chevaux de la plus grande beauté seraient à la disposition du Ministre de la guerre à la fin de ce mois, et que le surplus, au nombre de 711, était en route pour Soissons ; bien que le 17 frimaire il eût rendu compte au Comité de Salut public de sa visite des dépôts de chasseurs et hussards à Reims et à Châlons ; que Vidalin mandât le 21 nivôse au Comité de Salut public qu'il venait de « faire avec le général Éblé, commandant l'artillerie de l'armée du Nord, toutes les dispositions nécessaires pour lui fournir 1200 chevaux dont il avait besoin pour le parc de l'artillerie de l'armée du Nord » ; bien que le même jour Vidalin et Bollet affirmassent qu'ils avaient donné aux régiments de dragons le nombre de chevaux dont ils manquaient ; la Convention se voyait forcée, le 24 nivôse, d'inviter les communes qui n'avaient pas encore fourni leurs chevaux à s'en acquitter dans les vingt jours ; et le 22 pluviôse, le Comité de Salut public autorisait Bollet, sur sa demande (1) à tirer du dépôt de Rouen les chevaux nécessaires à l'organisation de

---

(1) 22 pluviôse. Arrêté du Comité de Salut public autorisant Bollet « à tirer du dépôt de Rouen les chevaux nécessaires à l'organisation des « régiments de troupes à cheval qui sont actuellement à l'armée du Nord ».

la cavalerie de l'armée du Nord (1) ; peu satisfait sans doute du résultat, il invitait le 25 les Représentants dans les départements à faire connaître dans leur compte rendu décadaire l'état de la levée extraordinaire des chevaux, et surtout à faire en sorte qu'elle fût promptement terminée; dans le même but d'activer ces opérations, il adressait la circulaire suivante aux Représentants du peuple chargés de l'organisation des troupes à cheval.

Paris, 29 pluviôse, an II (17 février 1794).

Une nouvelle campagne va s'ouvrir, Citoyens Collègues ; c'est ici le combat à mort de la tyrannie ; sa tombe est ouverte et l'attend.

Par décret du 27 brumaire, vous avez été envoyés pour l'encadrement des chevaux. Un décret postérieur du 21 nivôse charge les mêmes Représentants de l'incorporation, de l'organisation et du complétement des troupes à cheval en leur enjoignant de se conformer à l'instruction qui leur serait adressée ; cette instruction a été décrétée le 11 pluviôse ; le Comité s'empresse de vous la faire parvenir. Il importe au succès de nos armées qu'elle soit suivie ; la connaissance que vous a sans doute acquise votre séjour près des armées vous rend l'exécution de la loi du 21 nivôse plus prompte et plus facile. Ranimez votre zèle ; accélérez vos opérations ; vous jugez de quelle importance il est qu'elles soient incessamment terminées ; soyons prêts. Cet objet appelle toute votre activité; pour marcher plus rapidement, vous devez exclusivement vous en occuper. Aller au delà serait user un temps précieux à des détails qui vous sont étrangers.....

Le décret fixe la limite des pouvoirs ; vous devez vous y renfermer (2)..... L'unité, l'ensemble, la rapidité des opérations peuvent

---

(1) Le 16 pluviôse (4 février 1794) Vidalin et Bollet se plaignaient de ce que Jourdeuil eût disposé de 900 chevaux du dépôt de Rouen alors qu'eux-mêmes avaient déjà fait état de cette ressource pour adresser 1747 chevaux des dépôts généraux à la cavalerie de l'armée du Nord. Ils arrêtaient en conséquence, le même jour, que les 900 chevaux de Rouen seraient répartis entre tous les régiments de cavalerie du Nord. C'est probablement à la suite de cette réclamation de Bollet que fut pris l'arrêté du 22 pluviôse.

(2) Une lettre analogue du Comité de Salut public à Bollet, en date du 10 pluviôse (29 janvier 1794) lui reprochait durement de s'occuper

seuls en assurer le succès..... Le Comité s'en rapporte à votre zèle ; ne perdez pas de vue que c'est l'état militaire de la France qui doit vaincre les tyrans coalisés (1).

Malgré ces recommandations pressantes, c'est seulement le 4 ventôse (22 février) que Pflieger annonce qu'*il vient* de recevoir l'instruction du 11 pluviôse ; il est juste d'ajouter qu'il dit l'avoir prévenue ; mais les détails qu'il donne à ce sujet semblent, malgré son optimisme, montrer que l'organisation est loin d'être achevée.

Le Représentant du peuple près l'armée des Ardennes pour le complétement des troupes à cheval, au Comité de Salut public.

Châlons-sur-Marne, 4 ventôse an II (22 février 1794).

Je viens de recevoir, Citoyens Collègues, l'instruction de la Convention sur la loi du 21 nivôse. J'avais déjà en quelque sorte prévenu l'intention de la Convention nationale. Les régiments qui faisaient incontestablement partie de cette armée sont dans le meilleur état (2); et malgré la grande réforme que j'ai été obligé de faire en hommes infiniment trop faibles pour la cavalerie, et les mauvais chevaux déjà ruinés et estropiés avant leur arrivée dans ces corps, ils sont en ces deux points au delà de l'ancien complet. Déjà, depuis qu'ils sont sous ma surveillance, il est sorti de ces régiments plus de 500 hommes parfaitement équipés pour aller joindre leurs frères d'armes dans les escadrons de guerre. Si j'avais les armes que j'ai demandées et au Comité

« d'administration et de sûreté générale » au lieu de concentrer ses efforts sur « l'organisation de la cavalerie » : « Ton zèle inconsidéré « conduit au delà du but. Envoyé pour l'organisation de la cavalerie, « là devraient se borner tes pouvoirs ; tout autre objet leur était « étranger. Que résulte-t-il d'une marche semblable ? Des opérations « souvent contradictoires, qui naturellement se tiraillent et s'entra- « vent..... ». (Aulard, tome X, page 508.)

(1) Aulard, tome XI, pages 225 et 226.
(2) Le registre de Charbonnié signale que le 19 pluviôse, Pflieger écrit que tous les régiments de cavalerie qui composent l'armée des Ardennes sont au grand complet.

et au Ministre de la guerre, chaque dépôt pourrait dès ce moment y envoyer 150 hommes au moins.

....

Il existe ici un grand nombre de dépôts de troupes légères. Je ne m'en suis pas occupé parce que d'après un de vos précédents arrêtés le plus grand nombre d'hommes qu'ils avaient en campagne étant à l'armée du Nord ils étaient censés en faire partie. Mais d'après l'article 16 de l'instruction, les régiments devant être organisés par le Représentant du peuple près l'armée dans l'arrondissement de laquelle se trouvent les dépôts, je vais me concerter avec mes collègues de l'armée du Nord pour travailler à leur parfaite organisation ; et, quoique la plupart de ces dépôts qui sont des chasseurs et des hussards de nouvelle création soient dans un très mauvais état, avec des soins et un peu de sévérité on parviendra à en tirer parti.

Vous pouvez compter que la loi du 11 nivôse sera exécutée aussi promptement qu'il sera possible, et que les régiments qui ont toujours fait partie de cette armée, vont bientôt être sur le pied le plus respectable. Le meilleur esprit, comme la meilleure volonté, y règnent, et la République peut attendre d'eux les plus grands services.

Salut et fraternité,

PFLIEGER.

D'autre part, Richard et Choudieu mandent le 7 ventôse, au Comité de Salut public que, « si l'encadrement de l'infanterie et de la cavalerie s'effectue, l'armée du Nord sera de près de 300,000 hommes, mais qu'il s'en faut que cette opération soit complète (1) ».

Du reste, le 19, Colaud se plaignait de ce que l'organisation de la cavalerie fût « totalement manquée », et cet avis avait d'autant plus de poids que cet officier général appartenait à l'arme de la cavalerie.

Le général Colaud au général Bonnaud, à Douai.

Guise, le 19 ventôse an II (9 mars 1794).

....

Tu demandes de la cavalerie, mais il faut en avoir. On en demande

---

(1) Aulard, tome XI, page 391.

de tous côtés ; et si nous en avions, où pourrait-on mieux la placer que dans la trouée entre Saint-Quentin et Cambrai et la partie de Péronne pour empêcher l'ennemi de faire tous les jours des incursions sur le territoire de la République. Je sais comme toi que le poste d'Arleux aurait besoin d'un renfort de cavalerie pour pouvoir faire des reconnaissances armées dans la partie d'Abscon, d'Azincourt, de Monchecourt, Fressain et les environs de Denain, car je m'imagine que l'ennemi y est en force dans ce moment. Je vois avec peine que l'organisation de la cavalerie est totalement manquée, la répartition des chevaux s'est faite trop tard, ainsi que le complétement en hommes. J'ai prédit, il y a trois mois, au général Jourdan ce qui arrive aujourd'hui, et ce n'est point de ma faute si nous n'avons pas de cavalerie.

Guittard vient d'envoyer 30 chasseurs de Reims. Il me marque qu'il lui est impossible d'en envoyer un de plus dans ce moment. Tu sais comme moi, que les dépôts manquent généralement de tout.

Tu demandes le régiment de cavalerie de Lauzun, hussards. Tu ignores sans doute qu'il a été envoyé sur les derrières à cause de la désertion. Tu ignores aussi que nous avons plusieurs détachements de chasseurs qui n'ont ni sabres ni carabines et que l'on est obligé de laisser sur les derrières, faute d'armement.

. . . .

Le jour même où Colaud fait un si noir tableau de la situation de la cavalerie, Gillet se plaint au Comité de Salut public de ce que le Représentant du peuple Faure, qui devait s'occuper de l'organisation de la cavalerie de l'armée de la Moselle, est encore à Paris, et que, par conséquent, personne ne s'en occupe. Il invite le Comité à envoyer sans délai un Représentant afin d'organiser cette partie intéressante (1).

Le 12 ventôse, le Comité de Salut public arrêtait encore que « les Représentants du peuple envoyés près des différentes armées de la République seraient invités

---

(1) Au moment où Gillet faisait cette plainte, il ignorait sans doute l'arrêté du 12 ventôse par lequel le Comité de Salut public chargeait Bollet d'opérer à l'armée du Nord, Vidalin à celle des Ardennes et Pflieger, à celle de la Moselle. (Aulard, tome XI, page 623.)

à presser par tous les moyens possibles cette opération importante, afin qu'elle fût terminée au plus tard le 1ᵉʳ germinal prochain ».

Or, huit jours avant cette échéance, le 23 ventôse, Vidalin et Bollet en étaient encore à rendre compte qu'en exécution de l'instruction du 11 pluviôse, Bollet a fixé sa résidence à Douai comme point central de l'armée du Nord et Vidalin, à Mézières pour l'armée des Ardennes (1).

Bien que la formation de la cavalerie doive être terminée le 1ᵉʳ germinal, au dire du Comité de Salut public ; bien que Bollet mande de Douai, le 4 germinal, que « notre cavalerie devient de jour en jour plus formidable (2) » Richard et Choudieu avouent, le 15 ventôse, que le complétement de la cavalerie n'avance pas, et Pflieger donne de Nancy, le 22 germinal, les détails qui suivent et qui montrent que l'opération n'est pas encore terminée. En transmettant en effet onze cahiers ou résultats de l'inspection qu'il a faite des différents corps de cavalerie dans l'armée de la Moselle, en conformité de la loi du 21 nivôse et de l'instruction du 11 pluviôse, il annonce qu'il a réformé beaucoup d'hommes impropres au service ; qu'il a préféré la qualité à la quantité ; qu'il va enfin travailler à l'incorporation des corps qui ne doivent définitivement pas subsister mais se fondre dans les autres (3).

Les causes de toutes ces lenteurs pouvaient être recherchées dans la pénurie des approvisionnements et dans celle des chevaux.

---

(1) Aulard, tome XI, page 681.
(2) Aulard, tome XII, page 157.
(3) Aulard, tome XII, page 525.

Quoique Massieu et Gillet ne fussent qu'attachés à l'armée des Ardennes ou chargés de l'embrigadement de cette armée, le manque d'effets d'habillement de la cavalerie leur avait paru tel qu'ils n'avaient pas hésité à empiéter sur les attributions de Vidalin malgré les prescriptions formelles du décret du 19 nivôse.

Sedan, 17 ventôse (7 mars).

Les Représentants du peuple Massieu et Gillet envoyés près l'armée des Ardennes, voient avec peine que la plupart des corps de cavalerie de l'armée sont à la veille d'entrer en campagne dénués des différentes parties d'habillement et d'équipement qui leur sont nécessaires pour soutenir les fatigues de la guerre et les mettre en état de terrasser les ennemis de la liberté.

Ils ont arrêté qu'il soit pourvu à tous leurs besoins dans le plus court délai.

En conséquence les conseils d'administration dresseront l'état exact de tous les objets d'habillement et d'équipement dont le remplacement sera jugé indispensable, ils le remettront au commissaire des guerres qui le visera après avoir préalablement passé la revue des corps pour en constater les besoins.

Cet état devra indiquer ce que chaque partie d'habillement et d'équipement sera estimée devoir coûter afin qu'à défaut de fournitures dans les magasins militaires, il puisse être mis à la disposition du conseil les fonds nécessaires pour qu'il puisse se les procurer.

L'état d'armement manquant au corps sera dressé par le commandant qui le remettra au général en chef qui donnera des ordres pour qu'il soit fourni des arsenaux de la République.

Les Représentants du peuple mettent l'exécution du présent ordre sous la responsabilité des généraux, des commissaires des guerres et des conseils d'administration des corps.

En ce qui concerne les chevaux, la situation n'était guère satisfaisante ; car au début des opérations il en manquait encore 9,000.

Tout d'abord, en rendant compte de leurs opérations à Jourdeuil, Bollet et Vidalin accusaient, à la fin de ventôse, un déficit de 8,883 chevaux.

Les Représentants du peuple près l'armée du Nord, chargés du complétement de la cavalerie, aux Représentants du peuple composant le Comité de Salut Public.

> Douay, 23 ventôse an II de la République française
> une et indivisible (13 mars 1794).

Nous n'avons pas attendu que la loi du 21 nivôse et l'instruction du 11 pluviôse suivant pour l'augmentation de la cavalerie nous aient été adressées pour disposer le travail nécessaire pour accélérer cette opération importante et de laquelle dépend le succès de nos armes et le salut de la patrie. Aussitôt que les journaux nous ont envoyé ce décret, nous nous sommes empressés d'envoyer aux inspecteurs des dépôts deux tableaux à remplir, l'un pour connaître le manquant pour l'ancien complet, et l'autre pour savoir la différence de l'ancien au nouveau complet. Ces états nous ont été envoyés par chaque dépôt et c'est d'après eux que nous avons fait le tableau que nous vous envoyons, dans lequel nous avons compris les chevaux et effets d'équipement et armement que nous avons fait tenir à chaque régiment. Ces tableaux vous feront connaître le nombre de chevaux que nous avons fournis à chaque régiment de cavalerie de cette arme et les effets d'équipement et armement que nous leur avons livrés, ce qu'il faut encore leur fournir pour l'ancien complet et ce qui leur est nécessaire pour les porter au nouveau d'après l'augmentation décrétée les 21 nivôse et 11 pluviôse en y comprenant même les corps particuliers de cavalerie sujets à l'incorporation, et ce qui reste de chevaux et d'effets d'équipement et armement se trouvant dans les magasins des dépôts qui n'ont pu être distribués parce que les chevaux sont aux infirmeries et les effets d'équipement et armement en réparation.

Vous verrez par le résultat de ces tableaux qu'il nous manque pour le grand complet des régiments 8,883 chevaux.

Nous avons été informés par notre collègue Guimberteau qu'au dépôt de Tours et dans ceux de l'intérieur il y avait beaucoup de chevaux qui n'avaient aucune destination. Si l'on pouvait les faire venir aux dépôts de Soissons et de Versailles, nous en disposerions pour compléter les régiments de l'armée du Nord et, sous peu, notre cavalerie serait au grand complet.

Quant aux effets d'équipement et armement, il en manque beaucoup, surtout de selles à la hussarde dont se servent aussi les chasseurs. Les magasins des dépôts de levée extraordinaire ne nous ont procuré que des équipements propres aux régiments de cavalerie et de dragons, et très peu à la hussarde. Il s'en fabrique beaucoup dans les dépôts; mais il est nécessaire que le Ministre de la guerre fasse passer dans ces dépôts ceux qui se fabriquent à Paris.

Pour les armes, les cantons et municipalités ne s'en peuvent procurer. Plusieurs administrations de districts se sont adressées pour avoir des sabres et pistolets aux directeurs des arsenaux et à différents fourbisseurs de Paris. Mais le Ministre ayant défendu d'en laisser sortir aucun que par ses ordres, les districts se trouvent alors dans l'impossibilité de nous fournir leur contingent. La mesure que prend le Ministre est très prudente ; mais il faudrait que les ordres qu'il donne pour faire passer de ces armes dans les magasins de dépôt de cavalerie s'exécutassent. Car Dupin, par sa lettre du 19 pluviôse, nous annonce qu'il vient de donner des ordres pour faire passer deux mille paires de pistolets dans les quatre dépôts de cavalerie de l'armée du Nord ; et cependant Bollet, l'un de nous qui a fait, les 9 et 10 de ce mois, la visite des magasins des dépôts de Beauvais et Compiègne n'y a trouvé aucun de ces pistolets annoncés, si ce n'est dans celui de Compiègne 200 pistolets envoyés par l'administration des armes et qui n'étaient pas de calibre.

Quant aux hommes, les régiments de cavalerie sont au nouveau complet : les dragons ont leurs quatre escadrons aussi au nouveau complet et le cinquième sera sous peu de jours complété. Les chasseurs et hussards sont complets sur l'ancien pied et se complètent sur le nouveau.

Quoique le tableau que nous vous adressons présente généralement les besoins de chaque corps de cavalerie pour le mettre au grand complet, cependant nous nous occupons de la rédaction de ceux dont les modèles sont annexés à l'instruction du 11 pluviôse ; et même pour faciliter cette opération, nous nous sommes fait remettre pour chaque dépôt un nouvel état de situation comprenant séparément ce qui existe au dépôt et dans chaque escadron de guerre ou détachement, avec les armées ou divisions où ils peuvent être : alors nous connaîtrons dans quelle armée sont placés les escadrons et détachements d'un même régiment et nous comparerons les états que ces escadrons et détachements nous enverront avec ceux qui nous sont remis par les dépôts. Lorsque ces états seront terminés pour chaque régiment, nous nous occuperons de la Revue que prescrit l'instruction du 11 pluviôse. Nous ne perdrons pas de temps pour accélérer cette opération importante ; mais elle exige une précision et une attention particulière qui demandent beaucoup de temps. Cependant ce que nous avons fait jusqu'à présent pour le salut de notre patrie, ce qui est visiblement démontré par les tableaux que nous vous faisons passer est une preuve constante que notre zèle ne se ralentira que lorsque la patrie se sera purgée de ses ennemis intérieurs et extérieurs.

Nous vous prévenons que d'après les articles 2 et 3 de l'instruction du 11 pluviôse, Bollet a fixé sa résidence à Douai, comme le point le plus central de l'armée du Nord; et Vidalin, qui sera à l'armée des Ardennes, a fixé sa résidence à Mézières comme étant aussi le point le plus central de cette armée.

Salut et fraternité,

VIDALIN, BOLLET.

Jourdeuil, adjoint au Ministre de la guerre, de la 5e division, au commissaire Bollet, Représentant du peuple chargé de l'organisation de la cavalerie de l'armée du Nord à Douai.

Paris, le 29 ventôse de l'an II de la République française une et indivisible (19 mars 1794).

J'ai reçu, Citoyen, avec ta lettre du 23 de ce mois les tableaux des opérations que tu as faites en exécution des lois et instructions des 21 nivôse et 11 pluviôse pour la nouvelle organisation et le complétement des troupes à cheval de l'armée du Nord.

Pour répondre à tes vues et te mettre en état de te procurer promptement le nombre considérable de chevaux qui te manque, le Ministre, à qui j'ai communiqué et ta lettre et les états qui y étaient joints, me charge d'écrire à l'instant à tes collègues des armées de l'Ouest, des côtes de Brest et de Cherbourg et de les inviter à se concerter avec toi pour faire marcher sur Versailles et Soissons tous les chevaux dont ils n'auront point disposé et qui pourront excéder le complément des troupes de leur armée respective.

Je fais passer en même temps à mes collègues des 2e et 3e divisions de l'administration de la guerre, l'extrait de la lettre qui les concerne en leur enjoignant de la part du Ministre de prendre les mesures les plus promptes pour faire cesser es plaintes que tu fais sur les lenteurs et négligences qu'apportent ces administrations dans l'envoi des divers objets qui les concernent. Ces plaintes sont trop graves dans les circonstances où nous nous trouvons pour que le Ministre ne porte pas l'attention la plus scrupuleuse sur cette partie importante du service. Il me charge encore de t'assurer qu'il ne négligera rien pour découvrir les abus que tu dénonces et faire livrer les coupables à toute la sévérité des lois.

L'instruction du 11 ayant été décrétée par la Convention nationale et les différents modèles des tableaux qui y sont annexés ayant été approuvés, le Ministre n'a pas cru devoir se permettre de faire une instruction particulière pour l'ordre à observer dans la confection de ces tableaux. Mais celle que tu as cru devoir faire et que tu viens d'adresser aux divers corps à cheval de l'armée du Nord peut remédier aux inconvénients dont tu te plains et mettre de l'exactitude et de l'uniformité dans les tableaux qui te seront envoyés. Je crois cependant devoir t'observer que, si les chefs de corps suivent littéralement le modèle qui est joint à l'instruction, ils ne porteront dans leur état que le nombre des officiers et sous-officiers et non le nombre des cavaliers, dragons, chasseurs et hussards, attendu que rien n'indique la place où ces derniers doivent être portés. C'est un oubli, sans doute, de l'imprimeur, qu'il serait peut-être encore temps de rectifier.

Le Ministre s'empressera de concourir au succès de la mission importante dont tu es chargé par l'activité de sa correspondance, et en se faisant un devoir de te communiquer tous les renseignements qu'il pourra se procurer pour hâter et accélérer tes opérations.

Salut et fraternité.

JOURDEUIL.

Malgré les promesses du Ministre, le déficit de 8,883 chevaux accusé par Bollet et Vidalin, le 23 ventôse, subsiste encore le 9 germinal, si l'on en croit le compte rendu qu'adresse alors Bollet au Comité de Salut public (1).

De Douai, en effet, il mande à cette date qu'il a fait livrer à tous les régiments de cavalerie, dragons, chasseurs et hussards, tous les chevaux à sa disposition dans les quatre dépôts généraux affectés à l'armée du Nord. Les 2,400 chevaux du dépôt de Rouen notamment ont été distribués, et cependant le nouveau complet de la cavalerie avec ce qui restait à compléter de l'ancien, exige encore 8,883 chevaux qui n'ont point été fournis.

Par la même lettre, il annonçait qu'il avait fait passer une revue numérique de l'effectif dans chaque division et qu'il n'en avait encore le résultat que pour les dragons. Enfin, il demandait qu'il fût donné des ordres pour lui procurer les moyens d'avoir des chevaux, des armes, des selles à la hongroise, et que l'Administration des

---

(1) Aulard, tome XII, page 268.

habillements fit passer dans les dépôts tout ce qui concernait l'équipement de l'homme.

Ces demandes embarrassaient fort le Ministre.

Copie de la lettre de l'Adjoint du Ministre de la guerre au citoyen Bollet, Représentant du peuple à l'armée du Nord.

Paris, le 11 germinal l'an II de la République française une et indivisible (31 mars 1794).

Le Ministre a reçu, Citoyen, avec ta lettre du 7 germinal, les états de l'ancien et nouveau complet du 6ᵉ régiment de chasseurs à cheval, ceux du nombre de chevaux fournis suivant l'ancienne formation et à fournir suivant la nouvelle; enfin, ceux des équipement et armement ainsi que l'état des chevaux tirés du dépôt de Rouen par arrêté du Comité de Salut public, joint à la lettre du 7 germinal.

Il en résulte que le 6ᵉ régiment de chasseurs était à peu près au complet d'après l'ancienne formation, mais que suivant la nouvelle, il faut à chaque régiment de chasseurs 372 chevaux de plus, en sorte que, pour se compléter, il a besoin de 410 chevaux et non de 399.

Il résulte encore du tableau de tes opérations qu'indépendamment des chevaux tirés du dépôt de Rouen et qui ont été versés dans l'armée du Nord, il te faut encore pour porter les régiments de l'ancien au nouveau complet plus de 8,000 chevaux.

Cette demande étonne d'autant plus le Ministre qu'avec la meilleure volonté d'y satisfaire, il se trouve embarrassé pour te procurer la quantité de chevaux que tu demandes.

La levée extraordinaire provenue des diverses divisions a à peine suffi pour le complétement des corps de cavalerie des armées destinées à les recevoir.

Les dépôts des remontes ne sont pas mieux fournis et s'épuisent insensiblement.

Le Ministre te prie donc de lui marquer de quel dépôt ou de quelle manière tu comptes prendre le grand nombre de chevaux dont tu as encore besoin. Indique-lui les moyens de te seconder et il les saisira avec empressement. Tu auras sans doute fait part de tes besoins au Comité de la guerre. Il se concertera avec lui pour tâcher d'y satisfaire.

Quant aux équipement et armement il donnera de nouveaux ordres dans ses bureaux, afin qu'on s'empresse de te fournir les objets qui te sont nécessaires pour l'armement et l'équipement de l'ancien et du nouveau complet.

Salut et fraternité.

Signé : DAUBIGNY.

Bien que Choudieu et Richard aient écrit le 3 avril (14 germinal) que « notre cavalerie s'augmentait tous les jours », on voit que les déficits étaient encore considérables ; cette situation est du reste confirmée par la réponse de Bollet.

Le Représentant du peuple près l'armée du Nord, chargé du complétement et de l'organisation de la cavalerie au citoyen Daubigny, adjoint au Ministre de la guerre.

Douay, le 16 germinal l'an II de la République française une et indivisible (5 avril 1794).

J'ai reçu, Citoyen, ta lettre du 11 de ce mois. Tu me mandes que l'état que j'ai présenté du besoin de la cavalerie, tant en chevaux qu'équipement et armement, a étonné d'autant plus le Ministre que, avec la meilleure volonté d'y satisfaire, il se trouve embarrassé pour me procurer la quantité de chevaux que je lui demande.

Je t'observerai cependant que cet état n'a été fait que sur ceux de situation que m'ont envoyés tous les corps de cavalerie et qui étaient conformes à ceux que je t'ai adressés du 6ᵉ chasseurs, lesquels j'ai encore vérifiés sur ceux que je m'étais fait donner précédemment de ces corps et qui me sont envoyés tous les quinze jours, et je crains que le résultat des revues que j'ai fait faire dans chaque division de l'armée du Nord et dans les dépôts, ne me présente encore des besoins plus considérables, attendu qu'il y a des corps aux armées qui négligent de faire passer, toutes les décades, leur état de situation à leur dépôt, et que ces derniers ne me donnent la situation de ces corps qu'à une époque très éloignée, et qu'à l'armée les événements apportent quelquefois en très peu de temps beaucoup de changement à la situation d'un corps.

Je t'observerai encore que ton collègue Jourdeuil, par sa lettre du 19 ventôse dont je t'envoie copie, me mande que pour répondre à mes vues et me mettre en état de me procurer promptement le nombre considérable de chevaux qui me manque, le Ministre, à qui il avait communiqué mes tableaux, l'avait chargé d'écrire à l'instant à mes collègues des armées de l'Ouest, des côtes de Brest et de Cherbourg et de les inviter à se concerter avec moi pour faire marcher sur Versailles et Soissons tous les chevaux dont ils n'auront pas disposé et qui pourront excéder le complément des troupes de leur armée respective.

Je suis encore en attendant l'effet des lettres de Jourdeuil, car aucun de nos collègues ne m'a encore fait part du nombre des chevaux qu'il pouvait mettre à ma disposition.

J'ai écrit plusieurs fois aux Comités de Salut public et de la guerre, et pour que mes lettres aient une prompte réponse et exécution, je les ai adressées à des membres de ces comités, et je t'avoue que d'après le contenu de la lettre de Jourdeuil je suis encore plus étonné que le Ministre de son étonnement.

Mais comme il est instant de mettre notre cavalerie au grand complet, e que l'armée du Nord en a un très grand besoin, voilà ce que je propose :

1° La cavalerie révolutionnaire étant licenciée, je demande que l'on me rende les 530 chevaux qui ont été pris au dépôt de Versailles dans ceux de la cavalerie, pour terminer de mettre au complet les régiments de l'arme de la cavalerie; il m'en restera même 130 environ que je conserverai pour les événements imprévus;

2° Tout ce qui existe de chevaux dans cette cavalerie licenciée, de 30 pouces et au-dessous, pourront être envoyés au dépôt de Versailles pour y être trié pour l'arme des dragons et hussards, et qui seront distribués de suite à ces régiments;

3° Comme dans les divisions qui comprennent les départements du Pas-de-Calais et de la Somme, la levée extraordinaire de chevaux n'a été faite qu'au minimum fixé par la loi, et que cette levée n'a produit que 1200 chevaux, tandis que l'on en aurait pu tirer 4,000, puisque les départements de l'Aisne et du Nord, qui ne sont pas si considérables que ces deux départements, celui du Nord surtout qui est de plus d'un tiers envahi par l'ennemi, m'ont produit 2,400 chevaux; l'on pourrait donc faire une levée de 2,000 chevaux, dans les départements de la Somme et du Pas-de-Calais, sans gêner l'agriculture et provenant des chevaux de 8 pouces et au-dessous pour servir à l'arme des dragons, chasseurs et hussards.

Enfin il serait encore possible de lever dans les trois autres divisions qui ont été affectées à l'armée du Nord, surtout dans celles dont les départements étaient à Auxerre et Versailles, trois chevaux par canton en les prenant aussi de 8 pouces et au-dessous pour l'usage des dragons, chasseurs et hussards. Je crois que par ces levées nous parviendrons à compléter notre cavalerie, car en voici à peu près le résultat :

1° La cavalerie révolutionnaire	530	
2° Cette même cavalerie pour ceux de 9 pouces et au-dessous	400	
3° Du Pas-de-Calais et de la Somme	2,000	
4° De la division d'Auxerre qui produit au minimum sur 6 chevaux par canton, 3,000	1,500	6,530 chevaux.
5° De celle de Versailles, id	1,500	
6° Du département de l'Aisne d'après le nombre des cantons	300	
7° Du département du Nord, id	300	

Tu vois que cette nouvelle levée, avec la cavalerie révolutionnaire, me procurerait 6,530 chevaux ; et, avec ce que pourraient me procurer mes collègues qui sont à l'armée de l'Ouest, des côtes de Brest et de Cherbourg, j'espère que je pourrais terminer le complet de la cavalerie de l'armée du Nord, surtout en m'aidant de ton zèle et de ton patriotisme pour me procurer des selles à la hongroise, des habillements et des armes.

Je t'engage à mettre tout en œuvre pour me trouver le moyen d'avoir des chevaux. Voilà ceux que je présente. Si, d'après mes observations, tu trouves d'autres moyens plus expéditifs, présente-les aux Comités de Salut public et de la guerre, et engage-les à prendre en considération ma demande dont l'effet doit concourir au salut de notre patrie.

Je te préviens que j'envoie aux Comités de Salut public (1) et de la

---

(1) *Le Représentant du peuple près l'armée du Nord, chargé de l'organisation de la cavalerie, aux députés de la Convention nationale, composant le Comité de Salut public.*

Douay, le 18 germinal l'an II de la République française une et indivisible (7 avril 1794).

Je vous envoie copie de la lettre que m'a écrite Jourdeuil, le 29 ventôse, de celle de Daubigny du 11 germinal et de celle que je viens d'adresser à Daubigny, le 16 du même mois. Vous verrez par la première que Jourdeuil me mande que pour me procurer promptement le nombre considérable de chevaux qui me manquent, le Ministre l'a chargé d'écrire à nos collègues près les armées de l'Ouest, des côtes de Brest et de Cherbourg, et de les inviter à se concerter avec moi pour faire marcher sur Versailles et Soissons tous les chevaux dont ils n'auront point disposé et qui pourront excéder le complément des troupes de leur armée respective. Et, par la deuxième, que Daubigny me mande que le Ministre a été étonné de la quantité de chevaux qu'il fallait pour le nouveau complet de la cavalerie de l'armée du Nord, et qu'avec la meilleure volonté d'y satisfaire, il se trouve embarrassé pour me procurer la quantité de chevaux que je demande.

Dans ces incertitudes, j'ai proposé à Daubigny différents moyens de nous procurer des chevaux. Je l'invite de vous voir et de conférer avec vous sur cet objet très important, car il n'y a pas un instant à perdre pour terminer le nouveau complet de la cavalerie ; toutes mes revues numériques sont terminées, et il est instant de fournir à chaque corps ce qui lui manque.

Je vous invite à me donner une décision et me mettre à même de terminer au plus tôt une opération dont je désire ardemment, pour le salut de la patrie, de voir la fin.

Salut et fraternité.

BOLLET.

guerre copie de la lettre de Jourdeuil du 29 ventôse, de la tienne, du 11 germinal et de celle-ci, et que je leur mande en même temps que je t'ai invité de te rendre à leur Comité pour conférer avec eux sur cet objet important et obtenir une décision prompte, car il n'y a pas de temps à perdre.

Salut et fraternité.
BOLLET.

Pour combler au plus tôt les vides signalés, le Comité de Salut public arrêtait le 17 germinal (6 avril) que « les chevaux de carabiniers et de cavaliers qui étaient à Fontainebleau et qui devaient être menés à Nancy, seraient conduits à l'armée du Nord, et que les 1700 chevaux, répartis dans divers dépôts, seraient envoyés à la même armée (1) ».

L'armée du Nord, répétera Bollet le 9 floréal, a un extrême besoin de cavalerie.

A l'armée des Ardennes, il manquait encore 3,000 chevaux le 18 germinal.

Vidalin à ses collègues du Comité de Salut public.

Châlons, 18 germinal, an II de la République une et indivisible
(7 avril 1794).

Les citoyens Massieu, Perrin et Calès, mes collègues, dès leur arrivée dans les départements dépendant des armées des Ardennes s'empressèrent de tirer des chevaux de l'étranger. Pflieger, chargé de l'encadrement de la cavalerie, suivit leur exemple; mais la loi qui a fixé le *maximum* des chevaux met aujourd'hui un obstacle à continuer ce qui avait été si bien commencé et qui devenait si utile sous deux rapports à la chose publique : le premier nous mettait à même de fournir des chevaux à nos défenseurs; le deuxième en ôtait à nos adversaires. Il n'y avait donc pas de calcul mieux imaginé. Je vous demande donc, au nom de la patrie qui vous est aussi chère qu'à moi, de m'autoriser à continuer cette opération et me dispenser, à cet égard, de la loi du *maximum*, soit que les payements soient faits en argent ou en assignats. Plusieurs autres raisons militent en faveur de ma demande : 1° la

---

(1) Aulard, tome XII, page 422.

difficulté de trouver des chevaux dans les départements près des armées, et cependant il en faut pour porter les régiments à leur nouveau complet. A l'armée du Nord, suivant les états que nous vous avons adressés, il en manque 10,520 de toutes armes, sans y comprendre ceux de l'artillerie et des charrois que nous ne pouvons approximer ; à l'armée des Ardennes, suivant l'état que je me propose de vous envoyer sous quelques jours, il en manquera au moins 3,000 de toutes armes sans y comprendre ceux d'artillerie et charrois; 2° que si l'on est obligé, pour y parvenir, d'en venir à une nouvelle réquisition, nécessairement on ne parviendra pas à cultiver les terres, mal que l'on ne peut calculer. Pesez mes réflexions et mettez-moi à même d'être utile à ma patrie.

Salut et fraternité,

VIDALIN.

P.-S. — Je reçois, à l'instant, une lettre de mon collègue Massieu qui me prévient que, vu la pénurie où il se trouve des chevaux pour compléter le parc de l'artillerie de l'armée des Ardennes, il vient d'autoriser la municipalité de Sedan à continuer ses achats à l'étranger. Je ne doute pas que vous n'approuviez sa démarche. Je vais me rendre dans quatre à cinq jours à Sedan et Mézières. Là, nous nous concerterons à prendre les mesures qui nous assurent la défaite de nos ennemis.

VIDALIN.

A cette lettre, le Comité de Salut public répondit par son arrêté du 8 floréal (27 avril) autorisant Vidalin à extraire de tous les chevaux mis en réquisition pour la République, même pour les charrois, ceux qui peuvent servir aux troupes à cheval, et à les appliquer à ce service. Ce n'était pas une solution nouvelle puisqu'elle avait déjà fait l'objet de ses arrêtés des 4 et 28 août 1793 et de la lettre de Bollet du 29 brumaire.

Elle ne produisit pas plus de résultat que les précédentes, car le 26 germinal, Vidalin rend compte de Châlons que, si les hommes sont au complet, les chevaux et le matériel manquent (1).

---

(1) Aulard, tome XII, page 608. — Arch. nat. AF II, 242.

Pour combler le déficit, Charbonnié chercha à vider les dépôts en hommes et chevaux pour renforcer d'autant les escadrons de guerre.

Lettre écrite aux Commandants de dépôts à Verdun, Saint-Mihiel, Vaucouleurs et Commercy.

24 ventôse (14 mars).

Les besoins pressants que j'ai de cavalerie me forcent, Citoyen, à faire partir, de tes dépôts, tous les hommes et chevaux qui peuvent entrer en campagne; je t'envoie, en conséquence, un de mes aides de camp (1), à qui je donne l'ordre d'inspecter les détachements qui rejoindront de suite les escadrons de guerre. Tu leur feras fournir tout ce que tu as à ta disposition, en armement, équipement et habillement; je pourvoirai, à leur arrivée, à ce qui leur manquera.

Je t'engage à mettre la plus grande célérité dans cette opération de concert avec mon aide de camp qui te remettra la présente.

CHARBONNIÉ.

Tharreau à Bouchotte, Ministre de la guerre.

..... Les commandants des dépôts de cavalerie ont ordre de faire rejoindre les escadrons de guerre à tous les hommes et chevaux qui peuvent entrer en campagne.....

Dans le même ordre d'idées, Jourdan cherchait à vider ses dépôts pour augmenter ses escadrons de guerre de quelques centaines d'hommes.

---

24 ventôse (14 mars).

(1) Il est ordonné au citoyen Jorry, aide de camp du général en chef, de partir sur-le-champ pour se rendre à Verdun, Vaucouleurs et Commercy, pour passer en revue les 11e et 20e régiments de chasseurs, les 15e et 23e de cavalerie et les 5e et 10e de dragons. Il fera partir de ce corps tous les hommes en état d'entrer en campagne. Il dirigera leur marche sur Sedan où ils recevront de nouveaux ordres. Il est ordonné aux chefs des deux corps de n'apporter aucun retard à l'exécution de cette mesure commandée par le bien public et la sûreté de cette frontière.

CHARBONNIÉ.

Au Comité de Salut public.

Morfontaine, le 20 floréal (9 mai).

Le général en chef Jourdan nous informe, à l'instant, qu'il reçoit une lettre du général en chef de l'armée du Rhin qui lui donne avis de l'arrivée prochaine de 16,000 hommes qui doivent passer à l'armée de la Moselle, mais qu'il ne peut disposer d'aucun corps de cavalerie, parce que l'arrêté du Comité de Salut public n'en fait pas mention, et parce qu'il a besoin de toute celle qui est maintenant à l'armée du Rhin.

Le général Jourdan observe que si cette disposition subsiste, il sera forcé de laisser aux divisions de droite la légion de la Moselle et le 11ᵉ régiment de cavalerie dont il comptait disposer, ce qui fera que, sur environ 40,000 combattants, il n'aura que 2,500 hommes de cavalerie.

Nous vous prions, Citoyens Collègues, de voir s'il ne serait pas possible de nous procurer au moins un régiment de plus. Vous savez que nous aurons à combattre en plaine; que l'ennemi a une cavalerie nombreuse et qu'il serait de la plus grande importance de pouvoir lui opposer une force équivalente. Nous avions demandé le régiment de dragons ci-devant Angoulême qui est à l'armée du Rhin; nous croyons pouvoir l'obtenir, et il paraît, en effet, extraordinaire d'envoyer 16,000 hommes sans cavalerie.

D'après la revue qui vient d'être faite dans les dépôts, nous pourrions renforcer de quelques centaines d'hommes les régiments de cavalerie qui sont ici, mais notre collègue Pflieger a défendu d'en faire partir sans son ordre; nous lui écrivons pour l'engager à nous envoyer sur-le-champ les hommes qui sont en état d'entrer en campagne.

Signé : GILLET et DUQUESNOY.

Au Représentant du peuple Pflieger.

Morfontaine, le 20 floréal (9 mai).

On doit être convaincu, cher Collègue, de la nécessité de renforcer nos régiments de troupes à cheval. D'après la revue qui vient d'être faite dans les différents dépôts de cavalerie, on peut en tirer quelques centaines d'hommes dont nous avons le plus pressant besoin dans les circonstances; mais on refuse de les envoyer d'après la défense que tu as dû faire de les laisser partir sans un ordre de ta part. Nous t'invitons, au nom du salut public, à donner sur-le-champ et par des courriers extraordinaires l'ordre à tous les commandants de dépôt dont les corps sont employés à l'armée de la Moselle, de faire partir immédiatement tous les hommes qui s'y trouvent en état d'entrer en campagne. L'armée est au moment d'agir; les régiments sont incomplets : l'ordre que nous te demandons intéresse donc essentiellement le succès de nos opérations.

Il arrive beaucoup de recrues ; si tu as encore besoin d'hommes pour la cavalerie, tu peux en demander à l'agent supérieur Barthe, à Metz.

Signé : GILLET et DUQUESNOY.

On peut donc conclure de toute cette étude que, malgré la levée de 30,000 hommes et le décret du 17 vendémiaire sur la réquisition des chevaux; malgré les achats de chevaux à l'étranger, l'emploi des prises sur l'ennemi, et les mesures adoptées pour la conservation et la reproduction des effectifs, le Comité de Salut public ne put atteindre à celui qu'exigeait la loi d'organisation du 21 nivôse. A l'armée du Nord, il manquait encore plus de 8,000 chevaux le 11 germinal, c'est-à-dire deux jours après le début des opérations; et le 9 floréal, Bollet accusait encore « un extrême besoin de cavalerie ». A l'armée des Ardennes, Vidalin signalait, le 18 germinal, un déficit d'au moins 3,000 chevaux qui ne paraissait pas encore comblé le 26. Enfin, à celle de la Moselle, Jourdan faisait observer le 20 floréal qu'il n'avait « que 2,500 chevaux pour 40,000 combattants (1) » ; et, à la même date, les Représentants du peuple près de cette armée, écrivaient qu'ils avaient « le plus pressant besoin » de cavaliers.

Différence entre les prescriptions théoriques relatives à la constitution des dépôts généraux d'armes et leur mise en pratique. — Non seulement les effectifs étaient incomplets, mais leurs dépôts eux-mêmes étaient à peine organisés. L'analyse rapide du *Registre de Colaud* fera toucher du doigt la différence qui existait entre le fonctionnement de ces dépôts et celle que prévoyait l'organisation réglementaire.

---

(1) Ce chiffre paraîtrait aujourd'hui suffisant.

Le général Colaud, général de cavalerie, avait été blessé d'un biscayen à la bataille d'Hondschoote. A peine rétabli, il avait d'abord été (1) envoyé à Reims, où il n'était resté que quinze jours pour y commander le dépôt de cavalerie ; puis il avait été nommé par Jourdan au commandement de Maubeuge (2) ; mais sur ses instances, Pichegru qu'il avait suppléé à Guise pendant sa tournée sur la frontière de Dunkerque à Maubeuge, l'y avait remplacé par Favereau et l'avait envoyé commander dans le département de la Marne (3), « y

---

(1) *Colaud à Goguet.*
17 ventôse (7 mars).

« ..... On m'a envoyé à Reims, il y a quatre mois, pour suivre l instruction du manège ; effectivement, j'en avais établi quatre à couvert ; j'avais promis, au 1er avril, 4,000 hommes, hussards ou chasseurs ; on m'y laisse quinze jours ; ensuite on me rappelle ; je vois, avec beaucoup de peine, que cette opération est manquée..... »

(2) *Colaud au citoyen Pille, commissaire à l'organisation et au mouvement des armées.*

Châlons, 7 messidor (25 juin).

Blessé par un biscayen qui m'a traversé la cuisse à l'affaire d'Hondschoote, je reçu l'ordre du général Jourdan, étant encore convalescent et boiteux, de partir sur-le-champ pour aller commander à Maubeuge ; le service actif m'a forcé, pendant l'hiver, de monter tous les jours à cheval, au point que ma blessure s'est ouverte et qu'il en est résulté un gonflement considérable dans ma cuisse ; le général Pichegru, voyant mon impossibilité de servir de quelques mois, m'a envoyé pour commander dans le département de la Marne, y suivre l'instruction du manège et accélérer le départ des hussards et chasseurs destinés à renforcer les escadrons de guerre, ce que j'ai fait malgré les douleurs que j'éprouve continuellement.

(3) *Colaud à Pichegru.*

Maubeuge, 30 pluviôse (18 février).

L'adjoint que je t'ai envoyé est revenu, il m'a rapporté que tu as eu la complaisance de lui dire que je te demande ou que je t'indique le lieu où je désirerais aller ; je n'ai point de vouloir ; je suis propre à la troupe à cheval, si tu ne peux m'employer dans cette partie, ma place

suivre l'instruction du manège et accélérer le départ des hussards et chasseurs destinés à renforcer les escadrons de guerre (1) ».

A côté de Colaud, se trouvaient les Représentants du peuple Bollet et Vidalin, chargés de l'organisation de la cavalerie, l'inspecteur des dépôts de Reims Guittard et celui du dépôt de Châlons, le sous-lieutenant Bonnal.

Les Représentants du peuple prenaient les mesures administratives et organisatrices et les transmettaient au général commandant le département qui en assurait l'exécution militaire, veillait également à l'instruction et à la bonne qualité des dépôts, et faisait accélérer l'envoi des détachements aux escadrons de guerre par les inspecteurs (2).

---

doit être à Sedan, puisque mon brevet est pour l'armée des Ardennes et non celle du Nord ; mais, je te préviens que j'ai besoin de remettre ma santé ; si l'on m'avait laissé à Reims, au lieu de me faire partir convalescent, je serais peut-être bien rétabli, mais on m'a envoyé, d'après un ordre du Ministre, pour instruire les chasseurs et hussards à Reims et Châlons ; et au bout de huit jours on me fait revenir ici et l'on place, à Châlons, le général de division Debrun, officier d'infanterie, pour établir un travail de manège ; il n'a pu s'empêcher d'en rire et moi aussi.....

(1) *Le général Colaud au citoyen Failly, commandant temporaire à Reims.*
6 prairial (25 mai).

« ..... Tu peux écrire ..... de s'adresser au général qui commande la 2ᵉ division de l'armée qui se trouve à Sedan ou Carignan. Quant à moi, je ne commande que dans le département de la Marne. »

(2) *Colaud à Guittard, inspecteur des dépôts à Reims.*
17 ventôse (7 mars).

« ..... Les 50 hommes que tu as envoyés sont arrivés à Laon ; tâche d'envoyer les 50 autres le plus promptement possible. Envoie-nous à l'armée de la cavalerie légère. On en demande de tous côtés..... »

Colaud à Guittard.
6 germinal (26 mars).

Je te préviens, Citoyen, que le général en chef Pichegru m'a donné

A la date du 24 ventôse, les dépôts de l'armée du Nord n'étaient pas encore ceux que prescrit l'arrêté du 27 pluviôse. Colaud écrit en effet à Charbonnié (1) : « Tu demandes de la cavalerie de Reims et de Châlons ; tu n'ignores pas que ces dépôts doivent renforcer les escadrons de guerre de l'armée du Nord et qu'on ne peut disséminer les corps qui le sont bien assez. Les dépôts de l'armée des Ardennes sont à Verdun et à Saint-Mihiel, tu le sais. »

---

les ordres de faire diriger, sur différents points de l'armée, les détachements des différents corps de chasseurs qui seraient en état de faire la campagne. Tu voudras bien, en conséquence, me prévenir et m'envoyer l'état des hommes qui sont en état de faire la guerre et qui se trouvent dans ce moment armés et équipés ou prêts à partir, afin que je puisse donner les ordres pour qu'ils arrivent à leurs destinations, conformément aux intentions du général en chef.

Salut et fraternité,

Signé : COLAUD.

P.-S. — Le besoin urgent des troupes à cheval à l'armée du Nord demande la plus grande célérité.

Colaud à Pichegru.

16 germinal (5 avril).

« A mon arrivée à Reims, les inspecteurs ont vu que je menais les choses grand train et que je voulais faire partir tout ce qui était en état de marcher, et que j'avais donné des ordres de départ. Ils ont voulu aussi en donner à deux détachements pour le départ. J'ai déchiré leurs ordres. Il n'y a que moi dans le département qui doive en donner pour le mouvement des troupes d'après les ordres supérieurs que je reçois..... »

Colaud à Vidalin.

Châlons, 22 germinal (11 avril).

« Le général Pichegru m'a envoyé pour prendre le commandement des troupes stationnées dans le département de la Marne et m'a prescrit, par son ordre du 28 ventôse, de faire partir tous les hommes montés en état de faire campagne. Je suis, par conséquent, responsable des ordres qu'il m'a donnés, et je ne crois pas être sous ceux du citoyen Bonnal qui ne m'a point communiqué ses pouvoirs. »

(1) Colaud à Charbonnié, 24 ventôse.

Le 8 germinal (1) on voit encore Colaud annoncer à Liébert qu'il a fait partir, des dépôts de Reims et de Châlons, 180 hommes montés des 6e et 13e régiments de chasseurs pour Étreux et pour Lille ; et 522 hussards des 4e, 6e, 8e et 10e régiments pour Priches, Douai, Guise et Cambrai (2).

C'est seulement à partir du 16 germinal (3) que l'on commence à voir l'application de l'arrêté du 27 pluviôse ; celle-ci ne se fait pas sans protestation de Colaud, qui écrit le 8 à Liébert : « Les dépôts de chasseurs et de hussards, réunis à Reims et à Châlons vont être dispersés dans différents cantonnements d'après les ordres du Représentant Bollet. Voilà les dépenses faites pour les établissements de casernes, écuries et manèges couverts inutiles. Que fera-t-on de ces corps dans les villages ? Qui pourra surveiller l'instruction ? D'ailleurs les pluies du printemps empêcheront l'instruction, au lieu qu'à Reims il y a quatre manèges couverts ; on peut y travailler en tout temps. » Le 13, Colaud se flatte auprès de Pichegru d'avoir obtenu de Vidalin de laisser les dépôts de chasseurs et de hussards réunis à Reims et à Châlons ;

---

(1) Colaud à Liébert, 8 germinal (28 mars).

(2) *Colaud à Pichegru.*
13 germinal (2 avril).

« Tu dois avoir reçu, d'après l'état que je t'envoie, 702 hommes montés, armés et équipés. Si tu ne m'avais pas envoyé ici, tu n'aurais pas reçu un seul homme. »

Châlons, 16 germinal (5 avril).

(3) « En vertu des ordres du Représentant du peuple Vidalin, en date de ce jour, il est ordonné au dépôt du 4e de hussards de partir de Châlons avec armes et bagages pour se rendre à Laon..... »

Colaud à Jourdeuil.
20 germinal (9 avril).

« Les dépôts du 4e régiment, 6e, 7e et 10e de hussards sont partis pour se rendre à Laon..... »

le 15, il revient (1) sur la même idée et la justifie par de nouveaux arguments : Il fait remarquer que Laon, qui doit servir de dépôt général de hussards d'après l'arrêté du 27 pluviôse, est sur la ligne d'étapes de l'armée ; tous les convois de farine, de fourrages, etc., sont amenés à y stationner. « Juge, mon cher Camarade, quel engorgement cela aurait fait ; d'ailleurs l'armée du Nord manquant de fourrages, on ne saurait donc envoyer 2,000 à 3,000 chevaux qui auraient consommé les rations tandis que les chevaux de l'armée qui font le service en auraient manqué. »

« Je sais, continue Colaud, que Bollet qui se trouve à Douai, désire faire partir les dépôts de Reims et de Châlons..... Je crois cette mesure contraire aux intérêts de la République de toutes les manières ; il convient que les dépôts restent réunis. Les ateliers d'habillement et d'équipement sont établis et en activité ; il y a des manèges couverts ; les hommes sont casernés ; l'établissement des chevaux est bon. L'instruction est établie de façon qu'on puisse la surveiller toute à la fois. On peut remettre l'ordre et la discipline si nécessaires dans ces nouveaux corps..... »

Malgré ces protestations, Colaud constate avec peine (2) qu'il est parti de Châlons quatre dépôts de hussards pour Laon et que dans les premiers jours de floréal il partira des chasseurs (3) de Reims pour Soissons ; enfin qu'on en dirigera aussi sur Compiègne (4). Aux arguments du 13 il ajoute encore que presque tous les chevaux des dépôts ont besoin de se refaire au vert,

---

(1) Colaud à Liébert, 15 germinal.
(2) Colaud à Pichegru, 21 germinal ; Colaud à Charbonnié, 1er floréal : « Les dépôts des 4e, 6e, 7e et 10e de hussards sont partis pour Laon et les environs. »
(3) Colaud à l'adjudant général Barbier, 27 germinal.
(4) Colaud à Liébert, 28 germinal.

et que leur déplacement s'opposera à l'adoption de cette mesure avant l'ouverture de la campagne (1).

A tous les inconvénients qu'entraînera l'application de l'arrêté du 27 pluviôse, s'ajouteront encore des erreurs dans l'exécution : ainsi, bien que cet arrêté spécifie que Laon ne recevra que des hussards, Colaud annoncera le 16 floréal « qu'il est parti de Reims pour Laon les 5e, 6e et 12e régiments de chasseurs (2) » tandis qu'ils auraient dû gagner Soissons et environs. — De même le 23e chasseurs se trouvait, le 21 prairial aux environs de Laon (3); cinquante dragons montés étaient oubliés à Vouziers (4).

Malgré cette confusion et malgré la lenteur qui présida à ces opérations (5), on peut dire que le décret du 27 pluviôse fut presque exécutoire à la fin de floréal car le 24, Colaud constatait (6) que « la plus grande partie des troupes qui étaient dans le département de la Marne étaient parties pour Laon, Soissons et les environs » et que « ce qui restait pouvait à peine suffire pour le service et (*sic*) sans armes ». Le 3 prairial Colaud dira encore (7) « qu'il ne reste plus que cinq dépôts de troupes à cheval dans tout le département et que tout ce qui était armé et en état de marcher est parti pour l'armée..... » Le chiffre de ces renforts s'élevait le 10 prairial à 3,000 hommes (8). Quant aux cinq dépôts qui restaient, ils fournirent directement à l'armée jusqu'à extinction,

---

(1) Colaud à Pichegru, 21 germinal.
(2) Colaud à l'adjudant général Barbier, 16 floréal.
(3) Colaud à Pille, 21 prairial.
(4) Colaud à Liébert, 27 prairial.
(5) A la date du 16 floréal il restait encore cinq dépôts dans le département de la Marne. (Colaud à Barbier, 16 floréal.)
(6) Colaud au citoyen Poulet, agent de la Commission exécutive près de l'armée des Ardennes, 24 floréal.
(7) Colaud aux administrateurs d'Épernay, 3 prairial.
(8) Colaud à Barbier, 10 prairial.

car le 29 prairial on voit partir de Châlons pour Lille et Metz des détachements des 3e, 8e de hussards et 18e de chasseurs (1) et le 3 messidor, Colaud constate qu'il ne lui reste « presque plus que des chevaux éclopés et fort peu en état de servir (2) ».

Qui se figurerait du reste que les dépôts étaient bien organisés se tromperait fort : il s'y trouve « quantité de chevaux ruinés venant de l'armée ; la plus grande partie sont sans licol, attachés par le col comme les vaches, manquant de bridons, de brosses et d'étrilles, pleins de gale et mal pansés ; il y a trois ou quatre dépôts qui vont assez bien..... mais le restant va à la diable : mauvaise instruction des hommes presque nus et pleins de gale comme les chevaux et manquant d'effets d'équipement, harnachement et habillement (3)..... ». Les fameux inspecteurs prévus par l'arrêté ne valaient guère mieux : « La plupart sont des ânes et ne connaissent rien à leur affaire (4) ». L'instruction était à peine suffisante car « on demandait continuellement des renforts aux escadrons de guerre et on ne laissait jamais d'instructeurs dans les dépôts qui étaient plus forts que les régiments en campagne (5)..... ». Le 1er messidor, on cessait à Châlons toute instruction car les deux dépôts qui y restaient étaient employés à l'escorte des convois des subsistances et à la garde des prisonniers (6).

Des déficits en personnel et en matériel ; des dépôts mal organisés ; des chevaux en mauvaise condition et des cavaliers mal instruits, tel était le bilan des efforts du Comité de Salut public et l'état dans lequel devait

---

(1) Colaud au commissaire des guerres Moser. Châlons, 29 prairial.
(2) Colaud à Vidalin, 3 messidor.
(3) Colaud à Pichegru, 21 germinal.
(4) Colaud à Pichegru, 22 germinal.
(5) Colaud à Liébert, 12 prairial.
(6) Colaud à la Commission d'organisation et du mouvement des armées, Châlons, 1er messidor.

se présenter la cavalerie française devant la nombreuse et professionnelle cavalerie des Alliés. Aussi cette dernière à qui les instructions tactiques de Mack ordonnaient avant tout de saisir toute occasion de charger, et de chercher notamment à déborder les colonnes républicaines, si peu manœuvrières encore, pour les prendre en flanc ou en queue et y jeter la confusion, aura-t-elle beau jeu devant la sécurité et la protection illusoires que leur offrira une cavalerie à peine formée, mal montée et incapable de jouer son rôle.

Si l'on en excepte quelques vieux régiments, parmi lesquels on peut citer le 1er de cavalerie, le 2e de carabiniers et le 6e de dragons dont Souham fait l'éloge; le 1er de carabiniers qui sauva la division Chapuis d'une destruction complète à Troisvilles; le 5e de chasseurs qui assura la victoire de Mouscron; le 7e de dragons qui se distingua à l'affaire de Bousignies le 7 floréal; le 8e de cavalerie le 15 prairial sous Charleroi, on peut dire que presque partout la cavalerie de nouvelle formation plia devant celle des Autrichiens et des Anglais sous les murs de Landrecies, de Cambrai, de Lille, de Courtrai, de Charleroi (1).

Si donc la vigueur du commandement, la puissance de l'embrigadement, la valeur des forteresses, les escarmouches continuelles qui, sous leur protection, avaient duré tout l'hiver, les deux années de guerre continue de 1792 à 1794, et les succès de l'aile gauche de l'armée du Nord avaient fini par donner vers la fin de mai 1794 une véritable solidité à l'infanterie républicaine, la cavalerie n'avait pu, malgré tous les efforts du législateur, arriver au même résultat. Que conclure de là sinon qu'il est plus difficile et plus long de faire

---

(1) Dans son rapport du 15 prairial, Desjardin cite cependant le 16e de chasseurs, qui « partagea l'intrépidité du 8e de cavalerie ».

un cavalier qu'un fantassin ; et qu'il faut par conséquent soit augmenter la durée du service de la cavalerie comme le fait actuellement l'Allemagne, soit y multiplier les engagements lorsque la durée du service est la même pour toutes les armes comme l'admet la loi française ; enfin, que la cavalerie ne peut se mobiliser au moyen de réserves comme l'infanterie mais doit être, dès le temps de paix, portée à son complet de guerre.

VII. — Artillerie.

a) PERSONNEL.

L'artillerie de création antérieure à 1792. — L'artillerie à cheval. — L'artillerie légère. — Les canonniers volontaires (la Foudroyante-Montagne ; les Canonniers Montagnards). — Les ouvriers d'artillerie. — Coup d'œil sur le fonctionnement du personnel de l'artillerie dans la partie « disponible » de l'armée du Nord.

Artillerie de création antérieure à 1792. — L'année 1758 marque une date importante dans l'histoire de l'artillerie, car elle a résolu négativement une question qu'on crut inventer récemment (1) : celle de la fusion de l'artillerie et du génie.

De 1755 à 1758, le corps des ingénieurs et celui de l'artillerie furent réunis (2). « Après leur séparation en 1758, le corps de l'artillerie se trouva composé, par l'ordonnance du 27 février 1760, de six brigades d'artillerie, de six compagnies d'ouvriers et de quatre com-

---

(1) Ce seul fait montre une fois de plus combien nous aurions intérêt à nous inspirer des enseignements de notre histoire militaire dans l'étude de notre organisation. La question sera du reste reprise dans le chapitre IX traitant du service du génie.

(2) Archives de la guerre. *Organisations successives du corps de l'artillerie de 1763 à 1825.* On a supprimé de cette note tout ce qui concernait la marine ou les colonies pour ne considérer que l'artillerie métropolitaine.

pagnies de canonniers invalides..... Par l'ordonnance du 21 décembre 1761, les six brigades furent augmentées chacune de deux compagnies, et les mineurs rentrèrent au corps de l'artillerie. En 1762, une septième brigade fut ajoutée.....

« Ainsi, en 1763, le corps avait : sept brigades, dont six à dix compagnies et une à huit compagnies ; six compagnies d'ouvriers et six compagnies de mineurs.....

« Par l'organisation du 13 août 1765, les sept brigades sont converties en sept régiments. Chaque régiment se compose de cinq brigades formant ensemble vingt compagnies dont quatorze de canonniers, deux de sapeurs et quatre de bombardiers. Trois compagnies d'ouvriers sont ajoutées aux six anciennes. Les compagnies de mineurs continuent à faire partie du corps royal, mais forment un corps séparé. L'inspection et la direction du matériel est confié à 177 officiers, savoir : 9 inspecteurs généraux, dont 1 directeur général ; 7 commandants en chef des écoles de régiments ; 22 colonels ; 27 lieutenants-colonels ; 35 capitaines en premier et 77 capitaines en second, dont 11 attachés à chaque régiment. »

« Le 21 mai 1766, création de quatre nouvelles compagnies de canonniers invalides (1). Le 23 août 1772, le corps de l'artillerie reçoit une nouvelle organisation : les sept régiments sont conservés ; chacun d'eux se compose de quatre brigades formant ensemble vingt compagnies, dont quatorze de canonniers, deux de sapeurs et quatre de bombardiers ; une compagnie de mineurs est placée à la suite de chaque régiment. Les chefs de bri-

---

(1) Ces huit compagnies de canonniers invalides furent portées à douze et prirent le nom de canonniers-vétérans nationaux, en vertu de l'article IV du titre III du décret du 30 avril 1792 sanctionné par la loi du 16 mai 1792. L'article 35 de la loi du 23 fructidor an VII (9 septembre 1799) porta ce chiffre à 13.

gade, établis par l'organisation de 1765, sont supprimés. L'École des élèves (1) est supprimée, ainsi que celle des mineurs. L'inspection et la direction du matériel est confiée à 100 officiers, savoir : 1 directeur général ; 7 chefs de départements généraux (remplaçant les inspecteurs généraux) ; 7 commandants en chefs des écoles ; 23 colonels ; 27 lieutenants-colonels et 35 capitaines en premier.

« L'organisation du 3 octobre 1774 a les mêmes bases que celles de 1765. Les chefs de brigade sont rétablis. Chaque régiment est commandé par 1 colonel, 1 lieutenant-colonel, 1 major et 5 chefs de brigade. Les compagnies de mineurs, quoique faisant partie du corps de l'artillerie, cessent d'être attachées aux régiments pour former un corps particulier. L'inspection et la direction du matériel sont confiées à 205 officiers, savoir : 9 inspecteurs généraux, dont 1 directeur général ; 7 commandants en chef des écoles ; 22 colonels directeurs ; 27 lieutenants-colonels, sous-directeurs ou inspecteurs des manufactures ; 63 capitaines en premier ; 77 capitaines en second, dont 11 attachés à chaque régiment.

« L'organisation du 3 novembre 1776 a les mêmes bases que celle de 1765 et 1774. La place de premier inspecteur est établie (2). La septième compagnie de mineurs est supprimée. L'état-major de chaque régiment se compose de : 1 colonel, 1 lieutenant-colonel, 5 chefs de brigade, 1 major, 1 aide-major, 1 quartier-maître trésorier, 1 tambour-major, 1 aumônier, 1 chirurgien et 1 armurier. A la suite de chaque régiment il y a 10 capitaines en second employés dans les places, forges, manufactures, etc.....

« Le règlement du 1er mars 1778 affectait au service de

(1) Créée en 1756 à la Fère, transférée en 1766 à Bapaume.
(2) Ce titre de premier inspecteur général fut créé pour Gribeauval. (Rouquerol. *L'Artillerie au début des guerres de la Révolution*, pages 78 et 82.)

l'artillerie les sept premiers régiments des troupes provinciales; chaque régiment était formé de deux bataillons de 710 hommes (1).

« Le 8 avril 1779, création de six places d'élèves à la suite de chacune des écoles.... »

Le décret voté par l'Assemblée nationale le 9 septembre 1790 et sanctionné par la loi du 12, confirma la séparation de 1758 (2).

Celle du 15 décembre 1790, sanctionnant le décret de l'Assemblée nationale en date du 2, et « relative à l'organisation du corps royal de l'artillerie », le dota de 9 inspecteurs généraux, dont 4 du grade de lieutenant général et 5 de celui de maréchal de camp (3), faisant partie des 94 officiers généraux décrétés pour l'armée. Le corps de l'artillerie, non compris les 9 inspecteurs généraux, devait comprendre, pour l'année 1791, un total de 9,556 officiers et hommes de troupe répartis entre le service des places, sept régiments, six compagnies de mineurs et dix compagnies d'ouvriers.

Le règlement du 1er avril 1791, conséquence de la

---

(1) « Les troupes d'artillerie avaient un effectif trop restreint pour assurer le service de toutes les bouches à feu en temps de guerre ; aussi avait-on attaché en 1778 à chaque régiment d'artillerie un régiment provincial qui ayant son centre de recrutement rapproché de l'École d'artillerie correspondante, pouvait participer à ses instructions. » (Rouquerol, *loc. cit.*, page 80.)

(2) Voir table générale, par ordre alphabétique de matières, des lois, sénatus-consultes, etc. (t. I, p. 145). Voir aussi le rapport du Comité militaire sur l'artillerie et le génie, fait à l'Assemblée nationale le 9 septembre 1790, par M. de Bouthillier, député du département du Cher, membre de ce comité.

L'article Ier du décret du 9 septembre 1790 stipule que « les deux corps de l'artillerie et du génie continueront, comme par le passé, à rester distincts et séparés ».

(3) L'article IX du décret du 15 septembre 1791, sanctionné par la loi du 23, affectait au corps de l'artillerie un sixième maréchal de camp inspecteur.

loi du 15 décembre 1790 affecta aux régiments d'artillerie les sept numéros et garnisons qui suivent : 1er, la Fère ; 2e, Metz ; 3e, Besançon ; 4e, Grenoble ; 5e, Strasbourg ; 6e Auxonne ; 7e, Toul. Chacun de ces régiments comprenait deux bataillons et un état-major (1). Chaque bataillon comptait dix compagnies (2) de canonniers-bombardiers-sapeurs, dénommées « canonniers », groupées en deux divisions. L'artillerie comprenait encore six compagnies de mineurs qui, rassemblées à Verdun, avaient chacune un effectif de 5 officiers et de 63 hommes, et dix compagnies d'ouvriers de 4 officiers et de 55 hommes, destinées à assurer le service des arsenaux. En dehors de ces troupes, le corps royal d'artillerie était doté d'une école de 42 élèves ayant rang de sous-lieutenant (3) et de 115 officiers « entretenus pour le

---

(1) État-major du régiment : 1 colonel, 6 lieutenants-colonels, 1 quartier-maître trésorier, 2 adjudants-majors, 1 chirurgien-major et 1 aumônier ; 4 adjudants, 1 tambour-major, 1 caporal tambour, 8 musiciens dont 1 chef, 1 maître tailleur, 1 maître armurier, 1 maître cordonnier.

(2) Compagnie d'artillerie : 4 officiers, 1 sergent-major, 4 sergents, 1 caporal fourrier, 4 caporaux, 4 appointés, 40 canonniers, 1 tambour. D'après une lettre d'Éblé du 30 pluviôse, le commandant du 6e d'artillerie avait voulu donner à ces compagnies le nom de leur capitaine commandant, mais Éblé s'y était opposé, « cette disposition lui ayant paru répandre une odeur aristocratique » et avait prévenu le commandant du 6e d'artillerie que ces compagnies ne seraient désignées que par leurs numéros, quelle que fût l'ancienneté de leur capitaine. (Éblé à Mazurier, adjoint au Ministre de la guerre. La Fère, 30 pluviôse an II.)

(3) Cette école était celle de Châlons. Aux termes du décret du 15 septembre 1791, sanctionné par la loi du 23, les élèves ne pouvaient être admis à l'École d'artillerie de Châlons qu'en vertu d'un concours.

Par décret du 19 avril 1792, sanctionné par la loi du 22, l'Assemblée voulant combler les vides qui s'étaient produits dans cette école, décida que « le nombre des élèves sous-lieutenants de cette école,

service des places et établissements de l'artillerie (1) ».

---

serait porté momentanément à 47 ; mais serait réduit par extinction à celui de 42, fixé par la loi du 15 décembre 1790 ».

Pour combler les places d'officiers vacantes par de nombreuses démissions, la loi du 23-27 mai 1792 décida qu'il serait fait à Châlons au 1ᵉʳ août 1792 « un examen tant des élèves de l'artillerie que des aspirants qui se présenteraient pour les remplacer. Les sujets qui se présenteraient pour être élèves pourraient y être admis jusqu'à l'âge de 30 ans, et, s'ils ont servi dans le corps, à tout âge ». Des lettres d'examen pour ce concours pouvaient aussi être délivrées aux sous-officiers et soldats des autres armes croyant avoir les connaissances nécessaires.

Le 27 juin 1793, la Convention prescrivait de faire passer dans les sept régiments d'artillerie avec le grade de second lieutenant les dix premiers de l'École de Châlons et d'ajouter aux 32 restants, ceux qui au dernier concours d'admission en avaient approché le plus.

Le décret du 9 septembre 1793 supprimant les écoles militaires et maintenant seulement celle d'Auxerre à titre provisoire ne paraît pas avoir touché celle de l'artillerie car le 23 octobre (6 brumaire an II), la Convention laissait à la disposition du Ministre de la guerre « tout citoyen de la 1ʳᵉ classe mis en réquisition par la loi du 23 août 1793 et qui a obtenu des lettres d'examen pour les écoles de l'artillerie et du génie ».

(1) 31 colonels, 31 lieutenants-colonels et 53 capitaines. Les colonels étaient ainsi répartis : 8 commandants d'artillerie dans les écoles, y compris celle des mineurs, 1 commandant de l'École des élèves, 1 directeur des manufactures d'armes, 1 directeur des forges, 20 directeurs d'artillerie, dont 5 d'arsenaux de construction et 15 des places. Des 31 lieutenants-colonels, l'un était commandant en second de l'École des élèves ; 4, sous-directeurs des manufactures d'armes ; 3, sous-directeurs des forges ; 5, sous-directeurs des arsenaux de construction et fonderies ; 18, sous-directeurs des places. Des 53 capitaines, 4 étaient employés aux manufactures d'armes ; 3, aux forges ; 2, aux fonderies ; 2, à l'École des élèves ; 42, dans les places.

Il semble d'après le document qui va suivre, qu'à partir de 1792, chaque régiment d'artillerie ait eu à la suite 4 capitaines en second.

Mémoire (1792).

On propose de créer à la suite de chaque régiment d'artillerie 4 capitaines en second, soit en tout 28, pour remplacer ceux qui existaient à

Sous l'empire de l' « inquiétude générale » causée par les menées des « émissaires qui cherchaient à ébranler la fidélité des troupes » ; par « le nombre d'émigrés que ne pouvaient contenir Worms, Manheim et les villes des environs » ; par « l'hostilité des puissances européennes » ; l'Assemblée nationale, constatant que, de toutes parts, on réclamait « l'augmentation des troupes de ligne », décréta le 11 juin que « le Roi serait prié de faire porter sur-le-champ au pied de guerre tous les régiments destinés à couvrir les frontières du royaume. Ce vote, rappelé le 5 septembre par M. de Noailles, donna naissance au règlement du 20, aux termes duquel chaque compagnie d'artillerie fut portée à l'effectif de 4 officiers et de 75 hommes. La force d'un régiment d'artillerie « au grand complet » fut, par conséquent, de 1607 hommes, dont un état-major de 10 officiers et de 17 hommes de troupe, et 10 compagnies formant un effectif total de 1580.

Ce ne fut pas là le seul effort tenté pour renforcer le corps de l'artillerie. Comme il n'échappait pas plus que les autres « troupes réglées » au déficit signalé par Narbonne, le 11 janvier 1792, le Comité militaire, préoccupé de cette question, en fit l'objet d'une proposition à l'Assemblée.

« Il manque environ 3,000 hommes dans le complet

---

la suite de ces régiments avant le règlement du 1ᵉʳ avril 1791 et qui « après être restés dans les écoles et s'être mis au courant des instructions théoriques et pratiques, passaient successivement dans tous les grands établissements et dans les places où ils apprenaient la manutention des détails du métier de l'artilleur et fournissaient à tous les objets du service partout où l'on en avait besoin. C'est parmi eux qu'on trouvait les officiers de détails si nécessaires aux parcs des équipages d'artillerie aux armées, et pour employer au service des côtes, arsenaux, fonderies, forges et manufactures d'armes ».

Cette proposition est « approuvée » par le Ministre.

des régiments d'artillerie. Il n'est pas nécessaire de dire combien il est instant que ce corps qui, dans tous les temps, a fait la gloire et la sûreté des armées françaises, soit entièrement organisé. Votre Comité militaire vous propose de le recruter sur l'infanterie. Beaucoup de soldats ont été instruits à l'exercice du canon, soit sur mer, soit en Amérique. La levée de 12 hommes par bataillon ne portera aucun préjudice à leur organisation, et elle fournira à l'artillerie des hommes qu'une légère instruction mettra en état de rendre de très grands services aux armées (1). »

Telle fut l'origine du décret du 25 mai (2) : les régiments d'artillerie devaient être complétés par des hommes de bonne volonté pris en nombre égal dans chaque bataillon de l'infanterie de ligne, tirés au sort, et ayant « la taille de 5 pieds 3 pouces, pieds nus » et au moins deux ans de service. En arrivant au corps, ils toucheraient la différence entre la prime d'engagement de l'artillerie et celle de l'infanterie.

Suivant du reste la loi habituelle d'après laquelle la proportion d'artillerie est d'autant plus forte que l'infanterie est plus jeune et moins solide, la Convention nationale voulut augmenter non seulement ses compagnies d'artillerie à cheval, mais aussi son artillerie à pied. D'autre part, dans son discours du 7 février 1793, sur l'organisation générale de l'armée, Dubois-Crancé avait constaté que les sept régiments d'artillerie existants présentaient un déficit de 1800 hommes sur un total de 12,000 ; et il avait proposé de le combler au moyen de recrues faites de gré à gré et, sauf approbation du général de division, dans les troupes de ligne ou volontaires ayant fait la guerre.

---

(1) Discours de Gasparin, membre du Comité militaire.
(2) Loi du 30 mai 1792.

Ce double *desideratum* fut réalisé par le décret du 22 juillet 1793 qui augmenta chacune des compagnies des sept régiments d'une escouade de 16 hommes, et l'effectif total de l'artillerie de 240 escouades. Par analogie avec les dispositions précédentes, et conformément à la loi du 21 février 1793, les hommes d'augmentation étaient « tirés, de gré à gré, des troupes d'infanterie » et « de préférence parmi les compagnies de canonniers de garde nationale de l'intérieur, qui se présenteraient de bonne volonté (1) ».

Ces hommes devaient d'ailleurs avoir la taille minima de « 5 pieds 3 pouces, pieds nus ».

---

(1) Comme application de cette loi, on peut citer la phrase suivante d'une lettre d'Éblé au général Parant, à Saint-Quentin, datée de la Fère, le 18 nivôse : « Tu sais que l'artillerie a le droit de se recruter dans les autres corps en temps de guerre. Je te prie en conséquence de faire ton possible pour m'envoyer ici une douzaine d'ouvriers tant en fer qu'en bois pris parmi les jeunes gens de bonne volonté de la première réquisition ou autres..... »

On peut encore citer l'arrêté suivant du Représentant du peuple Gillet : « Givet, 25 ventôse. Le Représentant du peuple, chargé de l'embrigadement des troupes aux armées des Ardennes et de la Moselle autorise le citoyen Lonnoy, capitaine de canonniers à Givet, à porter l'effectif de sa compagnie au complet et, à cet effet, à se procurer des hommes par les voies de droit et faire nommer les officiers nécessaires, le tout conformément à la loi. »

Enfin, par lettre du 29 pluviôse, datée de la Fère, Éblé écrit au citoyen Saignes, agent supérieur pour l'encadrement des bataillons de l'armée du Nord à Péronne..... « En ce moment où l'incorporation des citoyens de la réquisition est presque terminée, j'ai pensé qu'il était plus avantageux au bien du service de compléter les canonniers par des citoyens qui n'auraient encore aucune destination. Je te prie en conséquence de m'envoyer à la Fère, le plus tôt possible, vingt jeunes gens de la taille de cinq pieds trois pouces au moins, bien constitués et de bonne volonté. Tu y trouveras l'avantage de ne point désorganiser les bataillons, et l'artillerie aura celui d'avoir des hommes qui n'ont encore aucune habitude et qui se plieront plus facilement aux instructions de leur métier. »

Cette disposition n'était du reste que la répétition du décret du 25 mai 1792. Mais, malgré cette double prescription législative, destinée à maintenir au complet les corps d'artillerie à pied, il s'opéra parfois dans les régiments des mutations qui amenèrent des observations du Ministre, de vives réclamations du général commandant l'artillerie et des conseils d'administration de ces corps, suivies d'un arrêté du Comité de Salut public, leur donnant toute satisfaction.

Le général Éblé au citoyen Bouchotte, Ministre de la guerre.

Maubeuge, 20 brumaire (10 novembre), an II.

Citoyen,

En conséquence du décret de la Convention nationale du 3 de ce mois, qui ordonne le complètement des troupes à cheval, il s'est déjà présenté des canonniers des régiments et des bataillons pour se faire inscrire, s'appuyant sur l'article 2 dudit décret et prétendant que l'artillerie est comprise sous la dénomination *infanterie*.

Comme cette disposition serait contraire à celle qui permet à l'artillerie de se recruter dans les autres troupes en temps de guerre, qu'elle gênerait la formation d'une cinquième escouade, dont la plupart ne sont pas encore complétées, et qu'elle serait on ne peut plus préjudiciable au bien du service, je vous prie de m'autoriser de défendre que dans les régiments ou détachements d'artillerie il soit ouvert aucun registre à l'effet d'inscrire ceux qui demanderaient à entrer dans les troupes à cheval, attendu que l'artillerie est une arme à part, qu'elle n'est point comprise dans l'infanterie.

Fort de cette interdiction qu'il obtint du Ministre, Éblé écrivait (1) le 7 nivôse au Représentant du peuple Vidalin, chargé du complètement des troupes à cheval, et dont un arrêté autorisait le passage des canonniers des régiments d'artillerie dans les régiments de cavalerie :

Je joins ici copie d'une lettre du Ministre qui me défend de permettre aux canonniers à pied d'entrer même dans l'artillerie à cheval.

---

(1) De Réunion-sur-Oise.

Je reconnais que dans ce moment il serait préjudiciable à l'intérêt public que l'artillerie se recrutât dans la cavalerie ; mais ne serait-il pas aussi contraire au bien du service que la cavalerie put se compléter au détriment de l'artillerie.

Dupin, adjoint au Ministre de la guerre, aux Citoyens composant le conseil d'administration du 6° régiment d'artillerie, à Douai (1).

Paris, 3 pluviôse (22 janvier) an II.

La loi, Citoyens, avait antérieurement toléré l'entrée des canonniers dans les différents corps ; à cette époque, l'instruction qu'il était nécessaire de donner aux citoyens qui se vouaient à la défense de la patrie pouvait faire considérer ces changements de corps comme très avantageux ; mais comme on abuse toujours des meilleures choses, la désorganisation qui en est résultée ayant été sentie, il a été défendu aux citoyens de quitter leurs corps pour entrer dans un autre, excepté à l'artillerie, à qui il a été permis de se recruter dans toutes les armes. Ainsi il ne peut plus y avoir lieu de craindre qu'elle se désorganise, puisqu'elle a, au contraire, la faculté de se recruter plus facilement que les autres armes. Les conseils d'administration doivent seulement veiller à ce que la loi sur l'artillerie ne soit point transgressée.

Salut et fraternité.

DUPIN.

Le Conseil d'administration du 6° régiment d'artillerie aux citoyens Représentants du peuple composant le Comité du Salut public de la Convention nationale.

Douai, 18 prairial (6 juin) an II (2).

Citoyens Représentants,

Toutes les lois concernant l'organisation de l'armée républicaine autorisent le corps de l'artillerie à se recruter dans les autres armes ; la Convention nationale, en décrétant ce mode de complètement pour l'artillerie a certainement entendu que qui que ce soit n'aurait le droit de décomposer un corps à qui elle a permis de se porter au complet par tous les moyens propres à le mettre le plus promptement possible en état de rendre les services que la République a le droit d'en attendre.

Malgré les précautions prises par les Représentants du peuple pour

---

(1) *Arch. nat.*, AF II, 304.
(2) *Arch. nat.*, AF II, 304.

assurer à la République qu'elle conservera toujours une artillerie formidable, quelques généraux se sont permis et se permettent journellement de désorganiser ce corps en approuvant le passage des canonniers des sept régiments dans les corps de nouvelle création et notamment dans le 9ᵉ régiment d'artillerie qui se forme à Douai.

Le général de division Drut vient encore de fournir un exemple de ce que nous avançons ici, en ordonnant au citoyen Eustache Bras, canonnier au 6ᵉ régiment d'artillerie, de passer pour sergent dans le régiment en formation à Douai, que nous venons de citer. Nous vous adressons copie de cet ordre (1) en vertu duquel, par obtempérance, nous avons délivré au citoyen Bras un congé absolu.

Nous demandons au Comité de Salut public si quand, conformément à la loi du 21 février 1793 (vieux style) sur l'organisation de l'armée, les régiments d'artillerie ne peuvent tirer des autres corps que des hommes de gré à gré, les généraux pourront prendre d'autorité des hommes dans les régiments d'artillerie pour les incorporer ailleurs; s'il était permis d'en agir ainsi, l'artillerie serait bien à plaindre, puis-

---

(1)   9ᵉ *régiment d'artillerie.*

Douai, 18 prairial (6 juin) an II.

Le citoyen commandant la 14ᵉ compagnie du 6ᵉ régiment d'artillerie voudra bien céder le citoyen Eustache Bras, 2ᵉ canonnier, pour entrer comme sergent dans la 14ᵉ compagnie du 9ᵉ régiment d'artillerie.

Le chef de bataillon commandant ledit régiment provisoire,
SCHLOSSER.

Approuvé par moi, général de division, commandant en chef à Douai.

DRUT.

Le citoyen Bras se rendra sur-le-champ à son poste pour y remplir les fonctions attachées à son grade et le commandant de sa compagnie lui délivrera son congé, ainsi que tout ce qui peut lui revenir de ses décomptes.

Le général de division,
DRUT.

Collationné par nous, officiers composant le conseil d'administration du 6ᵉ régiment d'artillerie, et trouvé conforme à l'original déposé au bureau du régiment.

Arch. nat. AFII, 304.

qu'elle instruirait des hommes qui lui seraient enlevés par le caprice et qui même pourraient l'être par la malveillance.

Nous sommes bien loin de croire que le général Drut soit mû par des principes contre-révolutionnaires, mais nous pensons qu'il n'a pas le droit d'énerver les sept régiments d'artillerie ; c'est pourquoi nous espérons, Citoyens Représentants, que vous voudrez bien lui ordonner de faire rentrer le citoyen Bras dans le 6e régiment d'artillerie et de décréter qu'aucuns généraux ne pourront à l'avenir faire passer aucun canonnier dans un autre régiment.

Il nous reste à vous observer que pour avoir fait quelques réclamations au général Drut en lui faisant part d'une lettre du ci-devant Ministre de la guerre, dont copie est ci-jointe, le commandant, même le conseil d'administration, ont été menacés d'être mis en prison.

GODEFROY, CARTERET, BRENDEVALLE, BÉCHAUX, BOUVIER.

Cette réclamation valut aussitôt au général Drut un rappel à l'ordre signé de Carnot :

Le Comité du Salut public au citoyen Drut, général de division commandant en chef à Douai.

Paris, 22 prairial (10 juin) an II.

On se plaint de ce que contrairement à la loi du 21 février 1793 (v. st.) sur l'organisation de l'armée, par laquelle il est dit que les régiments d'artillerie ne peuvent tirer que de gré à gré des hommes des autres corps, tu as fait sortir du 6e régiment d'artillerie le citoyen Bras, canonnier, pour le faire entrer comme sergent dans la 14e compagnie du 9e régiment d'artillerie. Cette atteinte portée à la loi nous détermine à te rappeler sérieusement à son exécution, et à te défendre de pareilles infractions à l'avenir.

CARNOT.

Enfin, pour sanctionner cette lettre et interdire toute initiative analogue à l'avenir, le Comité de Salut public prit l'arrêté du 25 prairial (13 juin) portant « qu'à compter de ce jour, les conseils d'administration des huit (?) régiments d'artillerie ne pourront, sous quelque prétexte que ce soit, autoriser les sous-officiers et canonniers de ces régiments à passer dans un autre corps (1) ».

L'artillerie à cheval. — D'après Susane « Frédéric avait formé ses batteries à cheval en 1758 et les avait essayées en 1759, au camp de Landshut (2) ». Le *Manuel historique de la Technologie des armes à feu* du docteur Moritz Meyer (3), se borne à dire que la première batterie d'artillerie à cheval qui ait été expérimentée le fut dans l'armée prussienne en 1759. D'après le même auteur, on aurait fait en France une épreuve d'artillerie à cheval en 1761 (4). L'*Aide-Mémoire* de Gassendi cite l'exploit accompli en 1762 par M. de Vrégilles qui, ayant à exécuter une opération rapide, « ne prit qu'un caisson par pièce, doubla ses attelages, fit monter sur leurs chevaux les canonniers, partit, arriva à 10 heures du matin, fut trois heures en batterie et revint, ayant fait seize lieues dans sa journée. L'artillerie à cheval la mieux exercée, conclut Gassendi, ne serait pas plus active (5)..... ».

---

(1) Aulard, tome XIV, page 285.
(2) Général Susane, *Histoire de l'Artillerie française*, page 215.
(3) *Manuel historique de la Technologie des armes à feu*, par M. le docteur Moritz Meyer, capitaine prussien ; traduit de l'allemand par M. Rieffel professeur à l'École d'artillerie de Vincennes, Paris, Corréard, 1837, page 188.
(4) *Ibid.*, page 193.
(5) Après avoir exposé que les partisans de l'artillerie à pied, la regardaient comme pouvant presque partout remplacer l'artillerie à cheval avec avantage : comme plus patiente dans ses travaux, plus soigneuse de ses attirails, plus économe de ses munitions, moins amoureuse d'un vain bruit, Gassendi indique aussi comme solution possible celle de doubler les attelages de la pièce et de monter ainsi éventuellement les canonniers sur les sous-verges : « En arrivant, dit-il, les canonniers de l'artillerie à pied ne sont pas plus fatigués que ceux de l'artillerie à cheval, et ont de moins l'embarras et le soin des chevaux. » (*Aide-Mémoire*, Paris, 1819, page 377.) La même solution est indiquée dans la table des matières de l'*Aide-Mémoire*, page XVij.

Mais c'est généralement au combat de Reichenbach en 1762 (1) que l'on fait remonter l'apparition de l'artillerie à cheval prussienne. On se bornera à rappeler ici que cette artillerie comptait des batteries de canons de 3, dont les conducteurs étaient déjà militarisés et dont les servants étaient montés sur d'excellents chevaux (2).

En France, le 3 juin 1775, le marquis de Moustiers, alors maréchal de camp, retiré du service et ayant surtout servi dans la cavalerie, adressait de Besançon au Ministre de la guerre (3) un « Mémoire sur les moyens d'accélérer la marche de l'artillerie ». « Depuis, disait-il, que la guerre ne se fait et ne se fera vraisemblablement à l'avenir, principalement qu'à coups de canon, ne serait-il pas important de procurer des moyens faciles, et sans aucuns frais, d'en accélérer la marche..... ? Ces moyens seraient d'atteler en avant d'un attelage ordinaire de voitures d'artillerie..... depuis deux jusqu'à douze cavaliers ou dragons à cheval..... »

Jusque-là, il n'était donc question que de donner à l'artillerie des conducteurs et servants militaires à cheval.

Mais, en Autriche on employa par économie une solution bien moins avantageuse (4) : en 1778, le général Rou-

---

(1) *Etudes historiques sur l'artillerie à cheval*, par le capitaine Villien (*Revue d'artillerie*, avril-septembre 1883, tome XXII, page 22).

(2) Voir plus loin page 145, le mémoire de Narbonne à l'Assemblée nationale.

Traduction d'un ouvrage sur l'artillerie à cheval, Papiers Éblé : « Dans l'armée prussienne..... les canonniers de l'artillerie volante sont montés. »

(3) *Arch. Art.*

(4) Traduction d'un ouvrage sur l'artillerie à cheval, Papiers Éblé : « Dans le service autrichien, les canonniers sont assis à la suite les uns des autres sur les affûts qui sont pour cet effet garnis d'un siège rembourré..... En Autriche, l'artillerie légère a pour le service de chaque

vroy créa une artillerie analogue « manœuvrant des canons de 6 et des obusiers de 7 livres. Ces pièces étaient montées sur des affûts dont les flasques avaient beaucoup plus de longueur que ceux des affûts ordinaires. Ils supportaient une espèce de selle nommée *wurst*, sous laquelle était placé un coffre à munitions. Sur cette selle, 5 canonniers se plaçaient dans la position d'un homme à cheval et le sixième servant montait sur un des chevaux de la pièce. Le *wurst* ne contenant que 14 coups, chaque pièce était accompagnée par 4 chevaux de bât, chargés de munitions et conduits par des hommes montés. Les officiers et sous-officiers étaient à cheval (1) ».

En France les études se continuaient : le 23 juillet 1781, le prince de Nassau-Siegen présentait un « projet d'essay d'une compagnie de cent canonniers à cheval » ; le 9 août 1784, M. de Manson, inspecteur géné-

---

pièce cinq hommes, qui sont placés sur l'affût et un sous-officier qui est monté. De plus, il se trouve encore des munitions dans le coffret de l'affût et de l'avant-train, et l'attelage n'est que de quatre chevaux. »

Observations sur les wursts, 1er août 1806 : « Les Autrichiens paraissent avoir pris le plus mauvais parti à ce sujet : ils ont allongé les flasques des affûts et ont placé entre eux un coffre rembourré en dessus, en lui donnant deux destinations : celle d'y porter 20 cartouches à canon et de placer cinq hommes à cheval sur son couvercle, d'avoir en même temps des chevaux de bât conduits en main à la suite du canon pour porter le supplément de son approvisionnement.

« Les Autrichiens n'ont pas tardé à voir que les cartouches placées entre les flasques de l'affût étaient trop exposées au canon de l'ennemi et au feu d'une pièce voisine pour continuer à y loger des cartouches. Il n'est plus resté au coffre que l'usage de porter cinq canonniers qui, exposés dans des chemins raboteux, à des cahots plus secouants que ceux d'une charrette, à cause du ballottement inévitable de l'affût sur l'avant-train, étaient affligés communément de hernies, ce qui les a déterminés, à ce que l'on dit, et avec beaucoup de raison, à renoncer à l'usage de ces wursts..... ».

(1) *Étude historique sur l'artillerie à cheval*, par le capitaine Villien (*Revue d'Artillerie*, avril-septembre 1883, tome XXII, pages 25 et 26).

ral de l'artillerie à Strasbourg, proposait au maréchal de Ségur, alors ministre de la guerre (1), une solution intermédiaire entre la prussienne et l'autrichienne.

Les officiers français qui ont été visiter les armées de l'Empereur et celles du Roi de Prusse, nous ont beaucoup parlé du canon destiné pour la cavalerie. M. le comte de Coigny m'en a aussi entretenu avec le désir d'en voir faire l'essai.

Quoique je sois très persuadé, Monseigneur, que vu la grande mobilité de la cavalerie, l'artillerie sera toujours mal gardée quand on la lui confiera, je pense cependant qu'il serait utile d'avoir dans nos armées une ou deux divisions de canons disposées à suivre les mouvements de la cavalerie, soit aux avant-gardes, soit dans les retraites.

Notre canon de campagne est en état de la suivre au grand trot, et même au galop dans l'occasion ; mais cette artillerie ne peut être utile qu'autant qu'elle sera accompagnée de canonniers qui doivent la servir. Je me suis occupé de ce dernier objet, et je fais actuellement construire un caisson qui sera suspendu et chargé de 66 coups, c'est-à-dire de 26 coups de moins que les caissons ordinaires ; mais il portera en même temps six canonniers à cheval, l'un devant l'autre. Il y aura quatre autres canonniers sur les chevaux du canon et du caisson qui ne sont pas montés par les charretiers.

J'aurai l'honneur, Monseigneur, de vous rendre compte de l'essai que je ferai de cette artillerie en présence de M. le comte de Coigny (1).

Le compte rendu était adressé le 18 août.

« ..... L'équipage du canon destiné pour la cavalerie a été au trot et au galop, ne quittant jamais les deux escadrons que M. le comte de Coigny a fait manœuvrer pour cet objet ; les canonniers sont très doucement sur ce caisson parce qu'il est suspendu ; il y en a sept qui sont à cheval sur le caisson et quatre sur les chevaux des deux attelages du caisson et sur les deux de l'affût (1)...... »

M. de Manson est donc le véritable inventeur du *wurst* français, bien différent de celui des Autrichiens, dû à M. de Rouvroy. Par ordre du Ministre, M. de Ségur, M. de Gribeauval fut consulté sur le caisson Manson.

Ce caisson, répondit-il, ou pour mieux dire, ce wourst avait,

---

(1) *Arch. Art.*

Monsieur le Maréchal, été éprouvé chez les Autrichiens avant que je les quittasse pour revenir en France; et il paraissait devoir réussir. J'en ai même parlé au Ministre, et si, depuis, je n'ai pas cru devoir proposer d'établir cette nouveauté, c'est qu'il aurait fallu augmenter la dépense de l'artillerie contre laquelle on se récriait déjà beaucoup.

Nos voisins ayant donc affecté du canon à la cavalerie, je crois, Monsieur le Maréchal, que nous ne pouvons guère nous dispenser d'en avoir aussi, mais, pour faire cet établissement il faudrait entretenir un certain nombre de chevaux dans nos écoles.....

Pour tirer un bon parti de ce canon dans la ligne de cavalerie, on pourrait le faire soutenir par un détachement de grenadiers ou de chasseurs enfermés dans une enceinte de chevaux de frise roulants, ce qui, en cas d'événement, faciliterait la retraite de ce canon sur le flanc de l'infanterie, si mieux on n'aimait le faire servir de point d'appui pour le ralliement de la cavalerie.

Au surplus, je crois, Monsieur le Maréchal que notre canon de 8 de bataille serait préférable à tout autre pour cette manœuvre parce qu'il équivaudrait au canon de 12 de nos voisins.

Si cette institution était jugée nécessaire, comme je le crois, je pense qu'il faudrait augmenter l'artillerie d'un régiment parce qu'elle est déjà insuffisante (1).

Cette réponse fut lue à Ségur qui ne décida rien.

En juillet 1785, Lafayette, rentré d'Amérique, quitta la France pour visiter les armées prussienne et autrichienne. S'il est vrai de dire que dans sa lettre du 8 février 1786 à Washington il montra beaucoup plus d'admiration pour l'armée de Frédéric que pour l'autre ; s'il écrivit le 21 avril 1792 à de Grave, alors Ministre, que « la prompte formation d'une *artillerie à cheval* est un des plus grands services que le Ministre de la guerre puisse rendre à l'armée française » ; si le 11 juin il recommandait encore à Lajard de « soigner aussi l'artillerie à cheval..... arme excellente (2) », aucun document

---

(1) *Arch. Art.*
(2) Le 21 avril, Lafayette écrivait de Metz à de Grave, alors Ministre : « Permettez, Monsieur, à un homme qui a causé sur cet objet avec le feu roi de Prusse, le prince Henri, le duc de Brunswick, ...

ne permet de lui attribuer l'initiative d'avoir fait reprendre les expériences commencées par Manson et sur lesquelles Ségur ne s'était pas prononcé. Toutefois, comme dans ses *Mémoires* (1), Lafayette affirme que « pendant son voyage en Prusse il avait particulièrement étudié l'artillerie à cheval » et que « n'ayant pu en obtenir l'introduction avant la Révolution, ce fut un des résultats du pouvoir qu'elle lui donna (2) », il semble qu'il faille attribuer à des démarches, sans doute verbales, de Lafayette auprès de Narbonne l'origine des instructions que ce Ministre adressa le 20 décembre 1791 à M. de Manson, inspecteur général de l'artillerie à Strasbourg, pour reprendre les expériences interrompues depuis sept ans par le Département de la guerre.

Paris, le 20 décembre 1791.

Il m'a été rendu compte, Monsieur, de la proposition que vous avez faite pour être autorisé à faire à Strasbourg des *essais comparatifs sur les deux systèmes de l'artillerie volante*, c'est-à-dire celui de Prusse et celui d'Autriche afin de se déterminer en faveur de celui qui offrira le

---

.... enfin avec les principaux généraux de Prusse, d'Autriche et d'Allemagne, qui a bien examiné et bien réfléchi sur cette institution, permettez-lui de représenter que la prompte formation d'une *artillerie à cheval* est un des plus grands services que le Ministre de la guerre puisse rendre à l'armée française..... »

Le 11 juin, il écrivait de Maubeuge à Servan : « Les colonnes ennemies ont beaucoup souffert du feu du canon, et particulièrement de quatre pièces d'artillerie à cheval sous le capitaine Barrois..... »

Le 23, il mandait encore de Maubeuge à Lajard : « Soignez aussi l'artillerie à cheval ; c'est une arme excellente. Le roi de Prusse amène, dit-on, six cents canonniers à cheval..... »

(1) *Mémoires* du général Lafayette, tome III, page 297.
(2) Susane dit en effet (p. 215), qu'il « était réservé à Lafayette d'amener cette idée au point où l'on ne peut plus se défendre de la réaliser. L'ami de Washington avait été invité en 1785 à assister aux manœuvres du camp de Silésie et était revenu enthousiasmé de l'artillerie volante prussienne ».

plus d'avantages. J'ai vu avec plaisir que vous vous étiez déjà occupé de cet objet ; je ne peux donc que vous engager à suivre l'essai que M. de Luckner a permis et à le diriger de manière à vous procurer une solution précise sur la comparaison dont il s'agit. Je vous le (sic) recommande, au surplus, de ne rien négliger pour obtenir un résultat décisif et tel que nous ne soyons pas dans la nécessité de le faire recommencer ; il conviendra donc qu'elle soit faite avec toute la publicité qu'exige ce problème intéressant (1).

Le Ministre ordonnait donc de différencier par ces épreuves les deux systèmes prussien et autrichien, c'est-à-dire le système de l'*artillerie à cheval* et celui des *wursts*. Au sujet de ces derniers, il y a lieu de faire remarquer encore que l'expérience comparative ne porta pas sur les mêmes wursts que ceux qui avaient été employés en Autriche. En France, on se servit non plus d'affûts-wursts comme en Autriche, mais de caissons-wursts. « On fit quelques essais de cette artillerie (à cheval) à Metz et à Strasbourg en disposant les couvertures des caissons en wursts pour monter les canonniers (2). » Ces premiers véhicules étaient un peu trop pesants « portant huit hommes et approvisionnés de 92 cartouches à canon de 8, ils étaient couverts en cuir, bourrés de crins et suspendus. Le canonnier n'avait pas besoin d'être exercé d'avance pour se soutenir sur ce siège élastique, dont le mouvement a la douceur de toute voiture suspendue. Il faut observer que celui de chaque extrémité tient la pomme saillante du wurst pour se maintenir plus solidement dans les grands chocs et que les suivants se lient l'un à l'autre ; moitié ont par ce moyen la tête tournée du côté de

---

(1) *Arch. Art.*
(2) « Mémoire et instruction sur le système d'une artillerie à cheval déjà adoptée dans les armées autrichienne et prussienne. »
D'après les *Souvenirs* de Mathieu Dumas que nous citons plus loin, les wursts furent essayés à Strasbourg et les chevaux à Metz.

l'avant et l'autre moitié sur l'arrière Les wursts ont eu pour partisans les officiers qui se sont occupés de l'économie en même temps que du service. Les wursts ont effectivement l'avantage de rendre les canonniers propres à tous les services d'artillerie. Ce sont les mêmes hommes qui servent aux batailles, aux sièges, etc., et qui ne sont pas obligés d'être canonniers et en même temps chargés du soin des chevaux. Les épreuves de comparaison qui ont été faites à Strasbourg et à Metz en présence du Ministre Narbonne ont prouvé que l'artillerie légère était servie avec la même célérité par les chevaux et par les wursts, la vitesse que les chevaux de cavaliers ont de plus que ceux qui sont attelés étant inutile, le canon n'ayant pas besoin d'être devancé par les servants (1). »

Tels étaient les arguments des partisans du système des wursts. Ceux de l'artillerie à cheval objectaient au contraire que (2) « pour le service d'une longue pièce de trois livres de balles ou pour une pièce légère de six, il faut au moins sept hommes..... Ce nombre suffit pour le service régulier de la pièce tant qu'elle reste en place et qu'il n'y a ni tués ni blessés ; mais cela survient-il, et les pièces doivent-elles être mues par les hommes, comme il arrive souvent, alors ce nombre d'hommes est insuffisant, surtout si l'on considère que pour le service d'une batterie entière ou d'une demi-batterie, on a encore besoin d'un excédent d'hommes qui doivent être employés comme flanqueurs, pour chercher des chemins, ouvrir des passages afin de pouvoir passer les fossés et transporter les pièces sur les hauteurs.

« En conséquence, si l'on voulait se contenter du nombre d'hommes ci-dessus indiqué, il en résulterait

---

(1) Observations sur les wursts, 1er août 1806.
(2) Traduction d'un ouvrage sur l'artillerie à cheval. Papiers Éblé.

pour premier inconvénient que, dans beaucoup de circonstances, la batterie n'aurait pas assez de mobilité, et qu'après la perte de quelques hommes, les pièces ne pourraient plus être servies ou qu'elles ne le seraient que fort mal. Veut-on donner à la batterie le nombre d'hommes nécessaires pour faire face aux divers services énoncés plus haut, il faudra au moins dix hommes par pièce. Or, si toute cette quantité d'hommes devait être transportée sur les canons, il est aisé de sentir combien un tel charroi serait incommode par sa construction et par sa pesanteur, et qu'il s'enfoncerait nécessairement dans les terres grasses en temps de pluie ou dans un terrain sablonneux. Il serait difficile aussi de proportionner l'attelage à la pesanteur d'un tel charroi, puisqu'il est de toute impossibilité de calculer la profondeur de son enfoncement..... et surtout l'augmentation de poids qui en résulte. D'ailleurs, dans le cas où le charroi viendrait à verser, les hommes seraient exposés à se casser bras et jambes, ce qui arriva lors d'une expédition de ce genre faite à Strasbourg.

« Si l'on prenait le parti de distribuer les hommes sur les affûts et les caissons, il en résulterait l'inconvénient que les caissons devraient toujours suivre les canons, ce qui, en mille circonstances, ne serait nullement nécessaire, vu qu'il doit se trouver sur les affûts et avant-trains une provision suffisante de munitions. Ce serait donc manquer à toutes les règles de la prudence qu'il faut nécessairement observer dans le combat et qui prescrivent de laisser les caissons sur les derrières et de ne les transporter à la batterie que l'un après l'autre et en raison du besoin. D'ailleurs, ce serait multiplier le point de mire par la proximité des caissons, et la batterie en deviendrait plus incommode, plus difficile à diriger, et par conséquent, moins mobile et moins utile. En outre, les canons seraient privés de tous les hommes qui doivent les servir dès qu'il se casserait quelque chose aux caissons et que l'on serait obligé de les laisser en arrière..... »

« On attribue encore à ce mode de transport les avantages suivants, qu'aussitôt que la pièce est arrivée à l'endroit où il faut faire feu, les hommes n'ont qu'à sauter en bas pour être prêts à agir à l'instant ; au lieu que, quand les hommes sont montés, il faut, lorsqu'ils ont mis pied à terre, qu'ils commencent par attacher leurs chevaux et qu'ils courent à quelque distance pour joindre leurs pièces ; secondement, que les chevaux de monture multiplieraient le point de mire, et que le désordre, que les boulets ennemis feraient parmi eux serait désavantageux à la batterie. Quant au premier avantage, il est très peu notable lorsque l'on a des canonniers lestes et bien instruits ; l'objection contre les chevaux de monture n'est pas fondée..... si l'on considère qu'ils sont placés à quelque distance des pièces et isolés les uns des autres..... Quant à l'objection tirée du désordre qui doit résulter de l'épouvante des chevaux, elle concerne plus les chevaux de trait que ceux de monture..... Vouloir ménager les chevaux de monture dans l'artillerie légère, c'est préjudicier à son activité. La perte des chevaux est, il est vrai, très coûteuse, mais la cavalerie en perd tous les jours, et le plus souvent dans des escarmouches insignifiantes (1)...... »

Enfin, les canonniers montés ont l'avantage « d'arriver toujours avec les pièces, de ne reprendre leurs chevaux que lorsqu'elles sont en mouvement pour changer de position et de les joindre de suite avec la plus grande facilité, au lieu que les voitures filant avec promptitude, dès qu'un changement est décidé, il est difficile aux canonniers de les rattraper ; ou, si elles sont obligées d'attendre pour qu'ils puissent monter, il en peut résulter

---

(1) Traduction d'un ouvrage sur l'artillerie à cheval. Papiers Éblé.

un retard nuisible à la manœuvre et qui fasse manquer son objet (1)..... »

Dans ses *Souvenirs* (2), Mathieu Dumas prend également parti contre les wursts. « Les avantages de l'artillerie légère étaient trop évidents, trop bien prouvés par l'expérience dans l'armée prussienne pour qu'on pût les contester, mais on différait d'opinion sur le mode. Fallait-il adopter les wursts comme le proposaient les anciens officiers les plus renommés ? Fallait-il, comme je l'ai toujours pensé, mettre à cheval les canonniers, afin qu'ils pussent, sans embarras, sans graves accidents et avec la plus grande célérité suivre le mouvement de leur pièce ? Persuadé que ce dernier mode était préférable, j'avais obtenu du Ministre d'en faire l'essai à Metz pendant qu'on ferait à Strasbourg celui des wursts. »

Entre les deux systèmes qui se trouvaient en présence, le Ministre Narbonne donnait la préférence à l'artillerie *volante* ou *à cheval* à la suite des essais qui avaient été faits à Metz et à Strasbourg et auxquels il faisait allusion dans son célèbre discours du 11 janvier 1792.

« Je dois aussi les plus grands éloges à l'activité que le corps de l'artillerie a mise dans ses essais pour perfectionner le système d'une artillerie volante déjà adoptée par les Prussiens et les Autrichiens. Ces essais, dont j'ai moi-même été témoin, ne laissent rien à désirer sur l'utilité dont peut être cette manière nouvelle de servir une arme dont la prodigieuse influence à la guerre est déjà si connue. Cette artillerie a d'ailleurs pour elle le suffrage imposant des généraux qui la regardent comme indispensablement nécessaire dans les circonstances

---

(1) *Mémoire et observations sur l'artillerie à cheval et remarques sur l'innovation des machines proposées pour l'équipage de cette artillerie*, par Théodore d'Urtubie, chef de brigade d'artillerie.

(2) Tome I, page 514.

actuelles. Soumise à une discussion éclairée, elle fera l'objet d'un mémoire particulier que je mettrai incessamment sous les yeux de l'Assemblée en lui proposant son organisation. »

Mémoire (1) *et instruction sur le système d'une artillerie à cheval déjà adoptée dans les armées autrichienne et prussienne.*

L'idée d'avoir une artillerie propre à suivre et à soutenir les mouvements des troupes à cheval, est due, comme tant d'autres parties de tactique moderne, à Frédéric le Grand, qui l'a pratiquée avec succès dans plusieurs circonstances et notamment dans les campagnes de 1778 sur l'Elbe.

Plus surprenante, comme nouveauté, que difficile dans son exécution, elle deviendra très utile, pourvu qu'on ne lésine pas sur la dépense qu'elle exige, et qu'on ne s'effraye pas des pertes auxquelles cette artillerie peut et doit être exposée lorsqu'il s'agit du salut d'un corps et peut-être de l'armée.

Objet de l'artillerie à cheval. — Sans doute la combinaison des trois armes est la base des grandes opérations de la guerre; mais il est des cas où la cavalerie peut seule en exécuter quelques-unes. Tel par exemple: un mouvement rapide en avant pour occuper une position sur laquelle l'armée se dirige, et n'y être pas prévenue; tels encore une reconnaissance, un grand fourrage près de l'ennemi. Les troupes char-

---

(1) Ce mémoire, déposé aux Archives historiques, est sans date et porte seulement le titre : « Don de Bourgoing. » Mais il cadre tellement avec l'annonce faite par Narbonne, le 11 janvier 1792, et avec la solution adoptée qu'il y a bien des chances qu'il soit le mémoire dont parle Narbonne. Il a, du reste, toutes les allures d'un document officiel non seulement par le style, mais aussi par les tableaux de dépenses qui le terminent et qui présentent les mêmes divisions en colonnes, et à peu près les mêmes désignations de grades et emplois, que la copie du décret adopté le 17 avril 1792 par l'Assemblée et envoyé le 21 avril par le Ministre de la justice Duranthon au Ministre de la guerre, pour qu'il puisse l'examiner avant qu'il soit présenté, le 22, à la sanction royale. (Archives historiques.) Enfin, les allusions que fait, à plusieurs reprises, ce mémoire à la guerre dont la France est menacée, trouvent qu'il est au moins antérieur à la déclaration de guerre du mois d'avril 1792.

gées de ces opérations délicates et souvent décisives, peuvent rencontrer en tête une cavalerie égale ou supérieure. Combien une artillerie organisée de manière à les suivre partout, appuierait puissamment leur attaque ou assurerait sans échec leur retraite! Les militaires qui ont réfléchi sur leur art; les officiers habitués et habiles à manier des troupes à cheval ; les artilleurs éclairés, sentiront tous l'importance de ce système, et désireront de le voir adopter et exécuter dans l'armée française.

Nécessité dans l'armée française d'avoir une semblable artillerie. — C'est un principe bien évident, qu'il faut se battre au moins à armes égales. Notre cavalerie aurait donc, vis-à-vis de celle de nos ennemis, une infériorité marquée, si elle se trouvait sans artillerie, en présence d'une cavalerie qui en aurait une ; et la France en adoptant ce nouveau moyen de combat, aurait en sa faveur la supériorité reconnue de son artillerie sur celle des étrangers.

Si nous sommes forcés à soutenir la guerre dont on nous menace, quand même nous nous bornerions à une défensive active, notre situation politique, prise sous tous les rapports, exige que nous obligions nos ennemis à la terminer promptement ; et pour arriver là, il ne faut négliger aucun des moyens qui peuvent assurer les succès rapides et la gloire de nos armes. De tels résultats dédommagent bien des dépenses qui les ont préparés.

Si notre infanterie a reçu une confiance nouvelle et presque un degré de courage de plus, par l'appui des canons qui suivent ses mouvements, certes nos troupes à cheval tenteront des coups plus hardis et rendront de plus grands services, lorsqu'elles manœuvreront sous la protection d'une artillerie organisée de manière à ne leur donner aucune inquiétude sur son sort, et qu'elles la verront toujours près d'elles.

Organisation de l'artillerie à cheval tant pour l'arme que pour les canonniers. — Après avoir fait voir l'objet d'une artillerie à cheval, et la nécessité, pour la France, de l'adopter, surtout en ce moment d'hostilités imminentes, il faut présenter l'organisation la plus convenable de ce moyen de guerre. Cette organisation se compose du choix des armes, de leurs accessoires, et de la formation de la troupe qui doit les servir.

Organisation pour l'arme. — Une artillerie à cheval, pour remplir son objet, doit suivre tous les mouvements de la cavalerie, passer partout où celle-ci ne refusera pas ; se poster, se déposter célèrement, pour lui prêter, en avant et en retraite, un puissant appui. Nous osons répondre que toutes les voitures de notre artillerie de campagne ont la mobilité et la solidité qu'exige un pareil service, et que nos calibres ont un effet supérieur à leurs correspondants de l'artillerie étrangère.

Dans l'armée prussienne, les divisions d'artillerie à cheval sont composées de canons de 6 et d'obusiers de 7 pouces. L'emploi de l'obusier est ici d'un grand avantage. Indépendamment de son effet destructeur dans les escadrons qu'il atteint, il y porte de loin l'inquiétude ; il arrive par sa plongée dans des fonds où l'on ne peut voir et qui peuvent servir à des embuscades.

En suivant une disposition relative, nous devrions adopter le canon de 8 et l'obusier de 6 pouces ; mais nous allons présenter quelques réflexions sur le canon de 8 : le calibre de 6 prussien tient le milieu entre les nôtres de 8 et de 4, ou plutôt il se rapproche dans ses effets, bien plus de ce dernier, non seulement par la différence des mesures linéaires de l'Allemagne aux nôtres, mais aussi par la longueur de l'arme, qui influe sur la justesse et la portée, et que l'on doit considérer, en se renfermant dans de sages limites. Notre calibre de 8 est en tout double, ou presque double du calibre de 4 : arme, attirails, dépense. Son effet ne l'est pas ; et nécessairement il est moins mobile, moins prompt dans son exécution. De quoi s'agit-il pour l'effet d'une artillerie à cheval ? C'est de frapper des hommes et des chevaux ; c'est de les détruire, ou de les forcer à fuir, dans le moins de temps possible. Or le boulet de 4 tue comme celui de 8 ; et tirant sans précipitation, il en arrivera quatre ou cinq par minute, contre les escadrons ennemis au lieu de deux ou trois boulets de 8. Reste à considérer l'effet des cartouches à balles. Celui des balles de 8, est sans contredit plus meurtrier contre la cavalerie ; et l'on peut les employer dès la distance de 300 ou 250 toises. Cette importante supériorité nous semblerait décisive pour le canon de 8, si l'on ne pouvait la balancer dans le canon de 4, en lui préparant des cartouches de 25 ou 30 grosses balles de 8 au lieu de 41 que comporte ce dernier calibre, la distance du tir ne différencierait pas beaucoup.

Si une grosse avant-garde de troupes à cheval devait rencontrer quelques obstacles qu'il fallût détruire, tels qu'une enceinte de cimetière, de couvent, dans ces cas toujours prévus d'après la reconnaissance militaire d'un pays, on joindrait trois ou quatre pièces de 8, approvisionnées de boulets seulement, à la division d'artillerie à cheval ; mais cette circonstance sort de l'objet de ce mémoire.

Le calibre de 4 peut donc remplir tout le service qu'on doit raisonnablement attendre d'une artillerie à cheval, il le peut à moins de frais ; et comme cette artillerie doit s'exposer quelquefois jusqu'à être enlevée, pour mieux servir, il faut encore considérer que la perte d'une division du calibre de 4 sera moins chère pour l'État et sera plus aisément réparée.

Formation des divisions et des attelages. — Si l'on adopte le principe que nous venons de discuter, une division d'artillerie à cheval devant toujours suivre le trot de la cavalerie et être en état de franchir tous les obstacles, de trotter même en montant un rideau, sera composée ainsi qu'il suit :

2 obusiers de 6 pouces attelés de 6 chevaux.	12	chevaux.
6 canons de 4 montés et attelés de 6 chevaux....................	36	—
6 caissons d'obusier attelés de 6 chevaux...	36	—
6 caissons de 4 attelés de 6 chevaux.......	36	—
1 chariot portant des outils tranchants à pionniers et des rechanges, attelé de 6 chevaux.......................	6	—
1 affût de 4, de rechange attelé de 4 chevaux............................	4	—
TOTAUX.........	140	—

22 voitures.

On ne peut mettre moins de 10 haut-le-pied sur ce nombre de chevaux...........	10	h.-le-pied.
TOTAL des attelages.........	150	chevaux.

L'affût de rechange de 4 et le troisième caisson pour chaque obusier, resteront le plus souvent au parc, nous pensons même que dans les cas où les troupes à cheval ne seront pas destinées à faire une longue pointe, lorsqu'il ne s'agira que d'un coup de main dont la rapidité garantira le succès, leur division d'artillerie pourra laisser encore au parc, le chariot et deux ou trois caissons de 4, pour éviter une partie des embarras qu'occasionne la multiplicité des attirails, et rendre la marche plus légère.

Les attelages destinés à cette artillerie doivent être choisis sur tout l'équipage, leur bon soin sera un objet important de la surveillance de l'officier qui en aura le commandement. Ces soins et la nécessité de bien contenir tant de chevaux au milieu d'une action un peu vive, exigent un charretier pour deux chevaux, ce qui en fera soixante-quinze par division, sous la discipline d'un conducteur.....

Formation du corps des canonniers à cheval. — Ici se présente une série de questions pour la formation de cette troupe. Nous allons les établir et les discuter avec ordre.

Première Question.

Prendra-t-on les canonniers à cheval dans la cavalerie ou dans l'artillerie ?

Comme il ne s'agira pour les canonniers à cheval ni de manège, ni de manœuvre en escadron, mais seulement de s'y bien placer, leur service essentiel sera toujours de charger, de pointer avec célérité et justesse. A la vérité, tout soldat un peu dispos, l'apprendra en quelques mois ; mais nos canonniers ont cette pratique toute acquise ; et ce moment surtout exigeant de former promptement un tel corps, celui de l'artillerie est le plus propre à en fournir les sujets. On y trouvera, soit des hommes qui ont fait un congé dans les troupes à cheval, soit d'autres qui ont été charretiers dans les campagnes. D'ailleurs, nos canonniers ont une connaissance particulière de nos armes, de nos munitions et attirails, du soin que leur entretien exige, et surtout un dévouement précieux pour tout cela, dévouement qui ne naît que d'une longue habitude et comme d'un sentiment de famille.

Deuxième Question.

Si les canonniers à cheval sont pris dans le corps de l'artillerie, en créera-t-on des compagnies particulières, ou désignera-t-on pour ce service, soit une, soit plusieurs compagnies dans chacun des sept régiments ?

Le service de l'artillerie, tant avec les régiments de la ligne, que dans les places de guerre et sur les côtes, nécessiterait même plus de compagnies de canonniers qu'il n'en existe actuellement. En effet (pour en donner un exemple) aujourd'hui que la France n'a pas encore déployé l'appareil de forces que peut-être elle sera bientôt contrainte à mettre sur pied, environ 120 compagnies sont détachées tant sur nos frontières que sur les côtes ; et les sept régiments n'en composent que 140. On rendrait cet exposé plus convaincant, si l'on entrait dans quelques détails sur l'emploi morcelé de l'artillerie de France, dans l'hypothèse de trois armées assemblées en Flandre, Moselle et Rhin combinées, et frontières d'Italie.

Le corps actuel de l'artillerie ne peut donc fournir au service extraordinaire des canonniers à cheval ; et d'ailleurs les occupations, les travaux du soldat d'artillerie comprennent assez de détails, pour qu'on ne puisse penser à y joindre (indistinctement pour tous) l'habitude et le soin du cheval.

Puisque le bien du service exige que les canonniers à cheval soient tirés du corps de l'artillerie, et que, dans son état actuel, ce corps ne peut fournir à cette augmentation de travaux ; il est donc indispensable de créer et d'entretenir des compagnies particulières de canonniers à cheval. Mais quel nombre en est nécessaire? Pour le juger, cherchons la probabilité de leur emploi. Une armée peut livrer, ou recevoir le combat par ses ailes, ou par le centre; et comme dans l'une ou l'autre hypothèse, elle doit réunir ses divers moyens d'action, si l'artillerie à cheval est un accroissement de ses forces, il faut lui en attacher trois divisions, servies chacune par une compagnie.

La Prusse a trois divisions de ce genre d'artillerie, dans chaque grande armée.

Troisième Question.

Quel moyen est le plus convenable pour que les canonniers suivent l'artillerie attachée aux troupes à cheval?

Frédéric Second qui avait appris au cardinal Fleury (auquel il aurait enseigné bien d'autres maximes d'État) que le souverain auquel il reste le dernier écu, dicte les conditions de la paix; Frédéric qui tenait de la nécessité une grande économie, comme de son génie, la prévoyance des utiles sacrifices, avait monté sur d'excellents chevaux, les canonniers qui servaient les bouches à feu attachées à la cavalerie.

L'empereur Joseph Second qui ne devina pas tout le mécanisme de cette artillerie, ou qui crut en pouvoir impunément diminuer la dépense, monta les canonniers sur des voitures; et jamais il ne se trouva en mesure de les employer avec assez de célérité, pour qu'ils lui fussent également utiles.

On a fait quelques essais de cette artillerie à Metz et à Strasbourg, en disposant les couvertures des caissons en wursts, pour monter les canonniers. De toutes les voitures de l'artillerie, le caisson est la plus versante. Il le deviendrait bien davantage, par l'élévation du wurst et des hommes.

La dépense de monter les canonniers est commandée par l'utilité que le service acquerra de la vitesse de tout le système. Objectera-t-on qu'une marche plus hâtive des canonniers sera sans avantage, parce qu'ils seront obligés d'attendre l'arrivée des munitions? Nous répondrons que les caissons simples attelés de six chevaux marcheront plus lestement que les caissons wursts également attelés; qu'il y aura moins de danger de verser, et que les canonniers ont toujours à user les munitions du coffret, en attendant l'arrivée des caissons.

Quatrième Question.

Quelle doit être la formation d'une compagnie de canonniers à cheval?

La nature des opérations de l'artillerie a déterminé la formation des compagnies de canonniers. Huit hommes étant nécessaires au service d'une bouche à feu, et chaque division étant de huit pièces, il faut donc soixante-quatre soldats manœuvrants pour une division, six sergents et un tambour : total, 71 hommes, commandés par quatre officiers. M. de Gribeauval, en établissant cette formation, a usé d'une parcimonie qui sans doute lui était commandée, car cinq hommes sont indispensables à l'action de la pièce ; deux autres à l'entretien, en allant chercher les cartouches à une distance de quarante à cinquante pas au moins, où l'on éloigne les caissons ; un huitième à l'avant-train, et ces trois derniers devant remplacer les hommes mis hors de combat, on sent qu'alors le feu doit se ralentir, faute d'une assez prompte fourniture de munitions. Les grandes puissances militaires ont toutes attaché plus d'hommes au service d'une bouche à feu.

Cependant nous suivrons la formation actuelle des compagnies de canonniers, pour le service des huit bouches à feu, en y ajoutant ce qu'exige le service à cheval, parce qu'il faut des hommes qui tiennent en longe les chevaux pendant l'action. Les dragons placent un homme pour tenir huit chevaux, mais ils sont plus éloignés du feu. Ceux de l'artillerie, tourmentés par le bruit, le sifflement des boulets, s'agitent bien autrement, et l'on doit ici calculer sur un homme, pour contenir quatre ou cinq chevaux au plus.

Ainsi pour les chevaux des 70 sous-officiers et canonniers : 14 hommes ; les chevaux de ceux-ci et celui du tambour qui deviendra trompette, nécessiteront encore trois hommes, parmi lesquels le trompette fera nombre ; mais, comme cette troupe doit souffrir et perdre beaucoup par la fatigue et les hasards de la guerre, il est utile de lui préparer quelques ressources. On propose de lui donner quatre hommes de plus. Il est encore indispensable d'attacher à chacune des compagnies un adjudant choisi dans les troupes à cheval, où il conservera son avancement ; qui sera l'instructeur de cette compagnie, pour le cheval, et qui veillera sur le soin des chevaux.

La force d'une compagnie de canonniers à cheval sera donc de 92 : adjudant, sous-officiers, trompettes, canonniers de première et seconde classe, commandés par un premier et un second capitaine, un premier et un second lieutenant.

Nous avons vu que trois divisions de cette sorte d'artillerie et par conséquent trois compagnies sont nécessaires à chaque grande armée. Les systèmes de guerre les mieux combinés pour la France, en offensive ou en défensive, portent à trois grandes armées le développement de ces forces militaires. Ces cas extrêmes seront sans doute très rares, mais une puissance du rang de la nation française doit être toujours prête sur tous les points d'attaque ; il faudra donc neuf compagnies de canonniers à cheval, composées de 92 hommes (total, 828), partagées en trois brigades, commandées chacune par un lieutenant-colonel, pour qu'il se trouve un officier supérieur de ce corps dans chaque armée. Ces brigades feront partie du corps de l'artillerie, et seront sous les ordres de ses inspecteurs généraux. Leur grande utilité exigera qu'elles soient entretenues pendant la paix, à la réduction du tiers au plus des canonniers, c'est-à-dire de 28 hommes par compagnie. Les trois brigades seront attachées aux garnisons de Strasbourg, Metz et Lille ou Douai, pour y manœuvrer chaque année avec les troupes à cheval.

Moyen de lever et de recruter le bataillon des canonniers à cheval. — En examinant dans quelle arme doivent être pris les canonniers à cheval, nous nous sommes décidés pour les choisir dans l'artillerie; mais une levée subite de plus de 800 hommes dans ce corps, serait impraticable en ce moment, où, nécessaire partout, il est pourtant fort inférieur au complet de guerre. Nous proposons de n'en tirer que les cinq hommes employés au tir de chaque bouche à feu et les six sergents, ce qui fait 46 hommes par compagnie (moitié de sa force).

Les troupes à cheval fourniront l'autre moitié, le contingent du corps de l'artillerie, dans cette levée, sera de 414 sous-officiers et canonniers, ou de 59 hommes par régiment, environ 3 par compagnie.

Si l'on craignait de nuire en ce moment au service de l'artillerie par une levée de 44 hommes sur les sept régiments, on pourrait en prendre le tiers, ou 138 dans les gardes nationales qui se sont attachées au service du canon.

Il sera nécessaire d'avoir dans le nombre des soldats de chaque compagnie quatre ouvriers, dont deux en bois, et deux en fer, pour réparer les accidents (qui en seront susceptibles) des voitures de la division.

Un maréchal au moins et un bourrelier feront partie de la compagnie. On les choisira dans les troupes à cheval.

Ces compagnies seront toujours recrutées par moitié dans ces deux armes, de l'artillerie et des troupes à cheval, en choisissant des hommes qui y auront servi au moins deux années; ou bien elles se recruteront elles-mêmes d'un tiers, et recevront les deux autres tiers comme il vient d'être dit.

Qualités pour le service des canonniers à cheval. — La taille des canonniers à cheval doit être de 5 pieds, 4 à 6 pouces.....

Armement, habillement, monture et équipement du canonnier à cheval. — Le canonnier à cheval aura pour armement deux pistolets d'arçon et un sabre bien acéré, court et ayant du coup, propre enfin à couper promptement les traits des chevaux et même de petites haies.

Son uniforme sera le même que celui des canonniers à pied pour l'habit. Les épaulettes à franges seront en laine aurore. Il aura un gilet et un pantalon bleus, bottes, coiffure et manteau dans la forme adoptée pour les chasseurs à cheval, le bouton sera jaune, portant un foudre, autour duquel on lira : *Canonnier à cheval.*

Le cheval et son équipement seront comme ceux des chasseurs (1)......

C'est sans doute après l'examen de ce mémoire que, dans la séance du 17 avril 1792, Lacombe (2) présenta, au nom du Comité militaire, le décret qui fut sanctionné par la loi du 29 (3). Le corps de l'artillerie devait être accru de neuf compagnies de canonniers à cheval ; deux devaient être attachées à chacun des deux premiers régiments, et une à chacun des cinq autres (4). Ces compagnies, qui ne devaient faire le service à cheval que

---

(1) Ce Mémoire se termine par le *Sommaire d'une Instruction pour le service des canonniers à cheval* et par un *Tableau de la formation, de la solde et des masses principales de trois brigades de canonniers à cheval* (*Formation et solde d'une compagnie de canonniers à cheval.* — *État-major d'une brigade de canonniers à cheval*).

(2) C'est sans doute Lacombe-Saint-Michel que désigne ainsi le *Moniteur.*

(3) On remarquera en effet les nombreuses analogies que présente ce décret avec le mémoire : comme lui, il prévoit la formation de l'artillerie à cheval en dehors des sept régiments à pied ; comme lui, il en forme trois divisions pour chacune des trois armées ; comme lui, il prévoit par compagnie 70 hommes de troupe *manœuvrant*, et il supprime, sans doute par économie, les hommes destinés à tenir leurs chevaux.

(4) Règlement portant instruction aux colonels et autres officiers d'artillerie concernant la formation de l'artillerie à cheval.

« Art. 8. — Les deux premières et la 8e compagnie, c'est-à-dire les deux compagnies qui doivent être attachées au 1er régiment, et celle qui doit être attachée au 6e, seront formées à Metz.

« Les 3e et 4e compagnies, c'est-à-dire celles qui doivent être attachées au 2e régiment, seront formées à Strasbourg. La compagnie précédemment formée à Strasbourg sera attachée au 5e régiment.

« Les 5e, 6e et 9e compagnies, c'est-à-dire les compagnies qui doivent être attachées aux 3e, 4e et 7e régiments, seront formées à Douai. »

pendant la guerre, et qui pouvaient être réunies indépendamment de leur régiment (1), comprenaient chacune 4 officiers (2) et 76 hommes de troupe (3), dont 70 montés et 6 non montés. Chaque compagnie était divisée en trois escouades, composées chacune d'un sergent, d'un caporal et de 22 appointé, canonniers ou artificier (4). Les neuf divisions de bouches à feu, que devaient servir les neuf compagnies de canonniers à cheval, étaient, ainsi que leurs charretiers et attelages, attachées aux trois grands équipages d'artillerie destinés aux trois armées du Nord, du Centre et du Rhin. Mais cette nouvelle création exigeait une augmentation de 36 chevaux par division. Aussi l'Assemblée, se conformant au marché passé avec les entrepreneurs, à raison d'une livre dix-huit sous par jour de service d'un cheval d'artillerie à la guerre et de vingt sous par ration de fourrage, alloua-t-elle un crédit de 342,954 livres pour cette dépense pendant 365 jours de campagne.

En prescrivant la formation de ces nouvelles compagnies, le décret ne mentionnait que le personnel militaire des canonniers montés ou non, relevant seul de

---

(1) Comme le fait remarquer le capitaine Villien (p. 99) cette prescription posait le principe de la séparation, au point de vue tactique, des compagnies à cheval et des compagnies à pied.

(2) 1 capitaine commandant, 1 second capitaine, 1 premier lieutenant, 1 second lieutenant. (Règlement du 1er juin 1792 sur la formation, les appointements, la solde, l'avancement, l'ordre des détachements et l'administration des neuf compagnies de canonniers à cheval.)

(3) 1 sergent-major, 3 sergents, 1 caporal fourrier, 3 caporaux, 3 appointés, 3 artificiers, 30 premiers et 30 seconds canonniers et 2 trompettes. Dans le nombre des soldats de chaque compagnie il devait y avoir 2 ouvriers en fer et 2 ouvriers en bois ; et parmi les 6 hommes non montés, 1 sellier et 1 bottier. (*Ibid.*)

(4) Ce chiffre se décomposait ainsi : 1 appointé, 1 artificier, 10 premiers canonniers, 10 seconds canonniers. (*Ibid.*)

l'artillerie, chargé de servir les pièces et de faire œuvre exclusive d'artilleurs. Mais à côté de ce personnel technique et militaire se trouvait aussi, dans ces compagnies comme dans l'artillerie régimentaire ou de réserve, un personnel de conducteurs et de charretiers (1) destiné à atteler et à conduire les voitures. Ces agents non militarisés, et relevant des charrois militaires, furent pour l'artillerie une source de graves embarras disciplinaires, auxquels Pichegru et le Représentant du peuple Bollet remédièrent tous deux le 10 floréal par deux solutions différentes qui se complétèrent et dont il sera parlé plus loin.

Bien que, d'après ses *Souvenirs*, Mathieu Dumas se fût occupé à Metz, à la fin de 1791, « de la première formation d'une compagnie d'artillerie à cheval » ; bien qu'il se fût proposé tout d'abord 32 officiers (2) pour passer aux neuf compagnies à cheval, l'exécution du décret du 17 avril 1792 ne fut pas immédiate. « On me dit, écrit Lafayette le 21 (3), que la formation de l'artillerie à cheval souffre des difficultés (4). » Le 22 juin,

---

(1) 30 frimaire. — « Le Comité de Salut public, sur la proposition de Dupin, adjoint au Ministre de la guerre, tendant à ce que les entrepreneurs des chevaux d'artillerie puissent recruter les charretiers qui leur sont indispensables dans les corps de la 1re réquisition ;

« Considérant que le service des charretiers de l'artillerie n'est pas moins indispensable que celui des soldats et que l'intention de la loi est que les hommes requis soient appliqués de la manière la plus avantageuse au service de la République;

« Autorise le Ministre de la guerre à faire recruter les charretiers nécessaires à l'artillerie parmi les jeunes gens composant la 1re réquisition décrétée par la loi du 23 août. »

(2) 11 capitaines commandants, 18 capitaines en second, 3 lieutenants.

(3) Voir la note (2) de la page 133.

(4) Parmi ces difficultés on peut citer la suivante : « 31 mai 1792. Mémoire. — On avait cru devoir proposer MM. de Saint-Pardoux, Baltus

il recommandait encore à Lajard « avec la plus vive insistance de former tout de suite ses compagnies d'artillerie à cheval ». Si l'on s'en rapporte à sa lettre du 12 (1), il n'avait à ce moment que quatre pièces d'artillerie à cheval sous les ordres du capitaine Barrois, qui commandait cette artillerie à son armée, tandis que le capitaine de Chanteclair (2) commandait une compagnie semblable à l'armée de Luckner. Le 28 août 1792, les quatre compagnies commandées par MM. de Saint-Michel (3), Hanicque, de Richoufftz et de Rolland n'avaient pas encore tous leurs officiers ; beaucoup hésitaient à cause de la dépense que leur créait l'acquisition d'un cheval et d'un harnachement, et il fallut parer à cette nouvelle difficulté en pourvoyant à cette dépense. L'état de guerre où l'on se trouvait rendait inutile l'économie qu'avait voulu faire le décret du 17 avril en supprimant le service à cheval en temps de paix : les canonniers des compagnies durent être à cheval.

Toutefois, la lettre suivante montre que, malgré le décret du 17 avril et eu égard aux difficultés de se pro-

---

et Saint-Cyr pour être employés en qualité de capitaines dans la formation des compagnies de canonniers à cheval ; mais on annonce, et ce sont des députés de l'Assemblée nationale, que les opinions de ces trois officiers sont fortement prononcées contre l'esprit de la Révolution ; d'où l'on conclut qu'il est à désirer qu'ils ne soient pas chargés de la direction d'une artillerie légère destinée à marcher chaque jour, et à la tête des armées..... Les trois sujets que l'on croit pouvoir désigner en remplacement sont MM. de Richoufftz, Rolland et Foucher. »

(1) Voir aussi la lettre de Servan du 5 juin.
(2) Le 14 mai 1792, ordre était donné, de la part de Luckner, à M. Houzé de Saint-Paul, commandant l'artillerie à Strasbourg de « s'entendre avec M. de Nadal pour que cette compagnie, qui doit être commandée par M. de Chanteclair, soit entièrement équipée et montée dans le plus court délai..... » .... « pour la mettre en état de remplir un bon service conjointement avec la brigade des carabiniers à laquelle elle est attachée ».
(3) Lacombe-Saint-Michel.

curer des chevaux, Servan, suivant en cela l'exemple de Narbonne, voulait se borner à ne monter que trois compagnies et à placer sur des wursts les canonniers des autres. Il résulte toutefois de la lettre même de Servan qu'il regardait cette solution comme une mesure provisoire n'entachant en rien le principe adopté de faire suivre les pièces d'artillerie par des canonniers à cheval, mais pouvant servir cependant d'expérience comparative entre le principe prussien adopté et le wurst imaginé par M. de Manson.

Servan, Ministre de la guerre, à M. Sénarmont, commandant d'artillerie à Metz (1).

Paris, 5 juin 1792.

Vous savès, Monsieur, qu'une loi du 29 avril dernier a déterminé une augmentation au corps de l'artillerie de neuf compagnies de canonniers à cheval ; il est instant de les organiser, et j'ai déjà fait à ce sujet, les dispositions les plus importantes ; à l'égard des chevaux, je suis persuadé qu'il sera facile de se les procurer, en les prenant au choix dans l'équipage de l'artillerie. Pour que rien ne retarde la formation de cette troupe, je mande à M. de La Fayette de vous donner ses ordres pour que le triage de ces chevaux soit fait à l'avance et sans perte de tems ; vous en aurez 210 à rassembler pour les trois compagnies dépendantes de l'armée du Centre. Après avoir pris les ordres de M. de La Fayette, vous voudrez bien vous entendre pour opérer ce choix, avec M. de Rissau auquel j'écris sur cet objet.

J'ai lieu de craindre qu'on ne puisse, dès le premier moment, monter et mettre en état de service la totalité des trois compagnies, mais après avoir formé la première, rien ne paroit empêcher qu'on ne tire un service provisoire des deux autres, en plaçant les hommes qui ne seront pas encore montés sur les Wursts dont la fabrication a été ordonnée. Cette disposition n'empêchera pas que l'on ne s'occupe également de tous les moyens de les mettre à cheval le plus tôt possible : je fais pour cet effet préparer leur habillement ; je presserai aussi la fabrication des selles et du harnachement dont le modèle va être déterminé ; pour qu'on puisse le faire exécuter promptement, je vous prie de me mander quels sont les moyens que la ville de Metz peut offrir en ce genre.

Je vous adresserai incessamment deux règlemens relatifs à cette

---

(1) *Arch. Art.*

formation ; vous en ferez usage pour ce qui vous concerne le plus tôt possible et vous me rendrez compte successivement de vos opérations à cet égard.

Les trois capitaines commandans attachés à ces compagnies sont MM. Saint-Michel aîné, Vermandovillers et Barrois.

Le caporal fourrier et les deux trompettes que chacune de ces compagnies doit comporter, sont à tirer des troupes à cheval ; je prie en conséquence M. de La Fayette de donner les ordres nécessaires pour que ces trois hommes soient fournis par les régimens de cavalerie, dragons ou chasseurs à cheval, qui sont dans son commandement.

Le Ministre de la guerre,

Servan.

P.-S. — Il est nécessaire, Monsieur, que l'usage des *Wursts* soit d'abord éprouvé afin que l'on puisse juger si ce moyen ne présenteroit pas plus d'avantage que le projet adopté jusqu'à ce jour de mettre les canonniers à cheval. Je (sic) M. de La Fayette de donner des ordres à ce sujet, et de me faire part du résultat de l'expérience.

En fait, « trois seulement des neuf compagnies purent être mises entièrement à cheval, tant furent grands les embarras causés par leur formation. Les pièces des six autres furent pourvues de ces *Wurst* rembourrés dont il a déjà été parlé. Ces espèces de selles pouvaient porter sept canonniers ; d'autres montaient sur les sous-verges, comme dans l'artillerie prussienne. Les compagnies ainsi organisées ne devinrent compagnies à cheval que peu à peu (1). »

---

(1) Capitaine Villien, *Etude historique sur l'artillerie* (*Revue d'Artillerie*, avril à septembre 1883, t. XXII, p. 105). Cette assertion provient sans doute du document ci-après, déposé aux archives du Comité de l'artillerie, mais ne portant aucune date, quoique paraissant être de l'époque.

« M. de Narbonne en demandant la création de neuf compagnies de canonniers à cheval, s'était proposé de n'en monter que trois dans ce

Une fois créées, les compagnies d'artillerie à cheval dont le succès allait toujours croissant et dont la faveur grandissait chaque jour auprès des généraux, ne firent qu'augmenter en nombre : la loi du 21 février 1793 sur l'organisation de l'armée en porta le chiffre à vingt. Le fonds de ces onze nouvelles unités fut « formé de 36 hommes par compagnie tirés du corps de l'artillerie à pied, et complété par 4 hommes par compagnie pris dans les troupes à cheval ». Du reste, la loi du 21 février donnait au corps de l'artillerie « la faculté de se recruter, pendant que la guerre durera, dans tel corps qu'il jugera convenable, de gré à gré ; et par des individus de bonne volonté, sous l'agrément du général commandant la division ». Comme cadres, les neuf compagnies anciennes

---

moment, vu l'impossibilité que toutes ces compagnies pussent être équipées et instruites pour entrer en campagne.

Il avait suppléé aux six autres, en ordonnant qu'il fut construit des caissons suspendus et rembourrés en dessus, auxquels on a donné le nom de *wurst*. Ces caissons peuvent porter sept hommes nécessaires pour le service d'un canon ; les deux autres peuvent être montés sur les chevaux de l'attelage ; le caisson ordinaire contient 72 cartouches, le *wurst* n'en porte que 60, et il est attelé de deux chevaux de plus que l'autre :

On trouvait au caisson l'avantage :

1° De diminuer le nombre de chevaux de l'armée ;

2° De ne pas surcharger le canonnier du soin du cheval, qui ne peut être pris qu'aux dépens de son instruction ;

3° De ne pas affaiblir les régimens d'artillerie de 456 hommes nécessaires pour les six compagnies de plus dans un tems où il leur manque près de 3,400 hommes ;

4° Que toutes les compagnies du corps peuvent faire ce service sans avoir besoin d'instruction préliminaire ;

5° Que quoiqu'on ait fait à Strasbourg l'essai du *wurst* et des chevaux en présence de M. de Narbonne et que la différence de vitesse des chevaux aux *wurst* n'ait pas paru sensible, la guerre fournirait encore mieux l'occasion de comparer ces deux manières de servir l'artillerie légère. »

devaient fournir un officier au moins, un sergent et un caporal à chacune des nouvelles. La distribution et l'organisation de ces onze compagnies devait être faite de façon qu'une d'elles fut affectée au 1er régiment et formée à Metz; une au 2e, à Besançon; deux au 3e, à Valenciennes et à Mézières; deux au 4e, à Valence; deux au 5e, à Strasbourg; deux au 6e, à Douay; une au 7e, à Metz. Par cette disposition, les six premiers régiments d'artillerie avaient chacun trois compagnies de canonniers, et le 7e seulement deux (1). En d'autres termes, « elles étaient réparties, trois dans les six premiers régiments et deux dans le 7e (2).

« Dès le 9 mars suivant, le capitaine Ferveur, qui commanda plus tard le 4e régiment à cheval, proposait, dans un mémoire, de former de ces vingt compagnies un corps d'artillerie volante de quatre divisions de cinq compagnies (3)...... » Mais cette proposition n'eut pas de suite immédiate.

Cependant, avant même que l'Assemblée eût augmenté le nombre des neuf premières, deux autres s'étaient volontairement formées au mois de septembre 1792 et avaient fait la campagne dans l'armée de la Belgique. Comme ces compagnies avaient fait leur devoir, le Ministre proposa et l'Assemblée décréta le 11 mai 1793 qu'elles conserveraient leur activité de service et que, par suite, le chiffre des compagnies serait porté à vingt-deux.

A peine un mois plus tard, le 3 juin, la Convention,

---

(1) Règlement du 12 mars 1793 pour la formation de onze compagnies d'artillerie à cheval, décrétées par la loi du 21 février 1793.
(2) Capitaine Villien, *Étude historique sur l'artillerie* (*Revue d'Artillerie*, août à septembre 1888, t. XXII, p. 107).
(3) *Ibid.*, page 108.
Lettre du capitaine Ferveur au Ministre, datée de Frankenthal, 9 mars 1793. (*Arch. Art.*)

sur l'initiative du Comité de Salut public (1), augmentait encore ce chiffre de huit unités qui, « aussitôt formées », devaient être réparties par le Ministre entre les différentes armées de la République. Au terme du règlement de formation du 5 juillet 1793, chacune des nouvelles compagnies devait avoir au moins un officier pris dans les vingt-deux existantes, et le fonds de chacune de ces huit unités devait être formé de 12 hommes tirés de l'artillerie à pied. De ces huit compagnies, trois furent formées à Metz, trois autres à Besançon et les deux dernières à Valence.

Dupin, adjoint, etc., au Citoyen adjoint de la seconde division (2).

20 juillet 1793.

Je vous adresse, mon cher Collègue, un exemplaire du règlement arrêté par le Conseil exécutif provisoire, le 5 de ce mois, relativement à la formation de huit nouvelles compagnies d'artillerie à cheval décrétées le 3 juin dernier. Vous verrez par l'article 6 que les chevaux destinés à les monter doivent être fournis par les dépôts de remonte.

Trois compagnies se formeront à Metz...	210 chevaux (3).	
Trois autres à Bezançon...............	210	—
Deux à Valence.....................	140	—
TOTAL.........	560 chevaux.	

Je vous prie en conséquence de faire faire les dispositions convenables pour que ces 560 chevaux soient rendus aux destinations ci-dessus

---

(1) 3 juin 1793. Le Comité de Salut public arrête de « proposer à la Convention nationale de décréter que l'artillerie légère à cheval, décrétée précédemment, sera augmentée de huit nouvelles compagnies qui auront la même formation et la même solde que celles existantes, pour être réparties dans les armées de la République » (Aulard, t. IV, p. 430.)

(2) *Arch. Art.*

(3) A M. le maréchal de Luckner, le 5 juin 1792 : « ..... Il est important que l'on s'occupe aussi des rassemblements des chevaux que devront monter ces canonniers. Chacune des armées en exige 210, à raison de 70 par compagnie..... »

indiquées, dans les premiers jours d'août au plus tard, conformément aux intentions du Ministre.

Il conviendra aussi que vous donniez les ordres les plus prompts pour que l'habillement et l'équipement tant des hommes que des chevaux s'effectue sans retard, soit en fournissant en nature les objets nécessaires, soit en faisant passer des fonds pour l'achat et la confection. Le pressant besoin que nous avons de mettre cette troupe sur pied vous engagera sans doute à accélérer les diverses fournitures qui doivent lui être faites par votre division.

On a vu plus haut que les prescriptions du décret du 22 juillet 1793, autorisant la formation d'une escouade supplémentaire dans chacune des compagnies des sept régiments, ne concernaient que l'artillerie à pied, de création antérieure à celle de l'artillerie à cheval. Mais dès que ce progrès fut réalisé, les commandants des compagnies à cheval qui se plaignaient, dès le printemps de 1793 (1), de l'état précaire de leur organisation maté-

---

(1) *Ministère de la guerre (Arch. Art.). Compagnies à cheval attachées aux régiments (1 à 30) de 1792 à l'an III.*

Metz, 28 mars 1793, l'an II de la République.

Citoyen Ministre,

La compagnie d'artillerie à cheval que je commande entrera en campagne sans avoir de bottes. Cependant il n'est pas possible au canonnier de servir sans en avoir. Je vous prie de déterminer que les canonniers à cheval auront tous les ans une paire de bottes et un remontage.

Le capitaine commandant la 2ᵉ compagnie d'artillerie à cheval,
DEBELLE.

Metz, 29 avril 1793, l'an II de la République.

Citoyen Ministre,

..... Dans toutes les troupes à cheval on donne aux cavaliers allant en remonte leur paye et une paire de souliers, j'ai demandé que ma compagnie eut le même avantage, on me l'a refusé..... Ordonnez au citoyen Grandchamp, directeur à Metz, de changer les sabres de mes

rielle, réclamèrent encore au Ministre la création d'une nouvelle escouade, l'augmentation de chaque escouade et la réunion des compagnies en régiments.

Latournerie, capitaine commandant la 20e compagnie d'artillerie volante, au Ministre de la guerre.

A l'avant-garde de l'armée du Rhin, le 27 octobre 1793, l'an II de la République française une et indivisible.

Citoyen Ministre,

Permettez que je vous présente quelques réflexions sur l'artillerie volante. Mes vues peuvent fort bien être fausses, mais au moins sont-elles d'un républicain qui n'a d'autre désir que d'être utile à la chose publique.

Lorsque les premières compagnies d'artillerie à cheval furent décrétées, on ne fesait qu'en soupçonner l'utilité; et ce fut un essai que l'on se proposa, mais aujourd'hui les avantages de cette arme ont été si bien reconnus que le nombre des compagnies a été porté successivement de neuf à trente, et peut-être faudra-t-il encore l'augmenter. Mais si l'on sent que les corps rendent à la République les services qu'on doit attendre de leur zèle, il ne faut pas les laisser plus longtemps sous la forme précaire qu'ils ont reçue dans le principe, et le salut de l'Etat exige impérieusement qu'on se hâte de corriger toutes les imperfections qu'une formation précipitée a nécessairement introduites, soit dans leur organisation, soit dans la manière dont il sont armés. Ces imperfections peuvent se réduire à quatre principales :

1° Il est nécessaire d'augmenter l'artillerie à cheval d'un officier et d'une escouade par compagnie;

2° Chaque escouade doit être renforcée de quatre hommes;

---

canonniers contre ceux du modèle de cavalerie. Car, comme je l'ai observé aux Ministres, vos prédécesseurs, les canonniers se blessent, étant à cheval, avec des sabres qui n'ont que 22 pouces de longueur.

Le capitaine commandant la 2e compagnie d'artillerie à cheval,
DEBELLE.

Je vous prie de me donner vos ordres pour ces trois objets le plus tôt possible, car je ne tarderai pas à entrer en campagne et mes canonniers seraient à juste raison des sans-culottes.

3° Il faudrait réunir un nombre déterminé de compagnies et en former des corps de cavalerie ;

4° Enfin l'artillerie volante devrait être armée de pièces de 8 longues et d'obusiers à longues portées.

L'opération la plus urgente, celle dont le bien du service sollicite le plus promptement l'exécution, est d'augmenter l'artillerie à cheval d'un officier et d'une escouade par compagnie. La nécessité de cette augmentation a été si bien sentie par tous les officiers qui font la guerre, qu'elle existe par le fait. Il n'y a peut-être pas dans toutes les armées de la République une seule compagnie d'artillerie volante, qui n'ait à sa suite 24 ou 25 auxiliaires pris dans les bataillons ; ce qui forme bien réellement une quatrième escouade. Les généraux qui font partout un très grand usage de l'artillerie à cheval, ont eu partout recours à cette mesure, pour avoir à leur disposition un plus grand nombre de bouches à feu par chaque compagnie, soit huit bouches à feu au lieu de six.

La formation par trois escouades est d'ailleurs extrêmement vicieuse, en ce qu'elle ne se prête pas facilement aux différentes divisions ou détachements que le bien du service exige quelquefois d'une compagnie. En effet, d'après l'ordonnance, une compagnie ne peut être divisée que par escouades. Il est donc évident que quand une compagnie est divisée en deux, il faut nécessairement qu'il y ait deux escouades d'un côté et une de l'autre. Or, il est mille circonstances à la guerre, où il faut qu'une compagnie soit partagée en deux parties égales. Comme, par exemple, quand elle est attachée à une brigade de cavalerie, et qu'il n'y a pas de raison pour renforcer plutôt la droite que la gauche. Les officiers généraux, d'ailleurs, qui ne connaissent guère notre formation demandent pour la moindre chose une demi-compagnie, en sorte qu'il y a presque toujours une escouade qui se trouve brisée d'une manière irrégulière, et qu'une partie est privée de sous-officiers, ce qui n'est pas sans inconvénients.

La formation par quatre escouades offrirait le double avantage d'être susceptible de toute sorte de divisions, et de servir huit bouches à feu, sans avoir besoin de recourir à des secours étrangers, pour lesquels on éprouve toujours beaucoup de difficultés.

Ce serait peut-être ici le lieu de faire voir qu'il est nécessaire d'augmenter encore l'artillerie volante de quelques compagnies. Nous devons nous attendre que les ennemis déployent contre nous, l'année prochaine, toutes les forces dont ils pourront disposer, et comme ils ont une cavalerie formidable, il faut leur opposer une arme qui, par la vélocité de ses mouvements et la célérité de ses manœuvres, puisse suppléer à la modicité de notre cavalerie. Cette arme ne peut être que l'artillerie volante. C'est pour ainsi dire elle seule qui fait la guerre. C'est elle qui décide du sort de toutes les batailles, et c'est d'elle d'où l'on doit attendre le salut de la patrie. Une compagnie équivaut au moins à un régiment de cavalerie, elle coûte infiniment moins ; il ne faut que 70 chevaux pour la monter et elle n'a besoin que de très peu de temps pour être mise en l'état d'entrer en campagne.

2° Chaque escouade doit être renforcée de quatre hommes.

Les escouades sont composées de 23 hommes, y compris le sergent ; il reste donc 22 hommes pour le service de deux pièces, c'est-à-dire 11 hommes par bouche à feu, savoir :

Pour le service de la pièce...............	6 hommes.
Pour tenir les chevaux...................	2 —
Pour l'approvisionnement................	2 —
Au caisson.............................	1 —
Total........	11 hommes.

Il est certain que dans les circonstances ordinaires onze hommes suffisent pour le service d'une bouche à feu. Mais il faut observer que le nombre en est calculé comme s'il ne devait jamais y avoir ni blessé ni malade dans une compagnie. J'ai cependant, au moment où j'écris, dix-huit hommes à l'hôpital, et comme la place de chaque canonnier est marquée un jour d'action, on sent quel vide doit éprouver une compagnie où il se trouve un si grand nombre de malades. C'est pour avoir toujours au complet le nombre de canonniers nécessaires au service des pièces que je désirerais qu'on augmentât chaque escouade de quatre hommes, ce qui en porterait le nombre à vingt-sept au lieu de vingt-trois. De pareils détails peuvent sembler minutieux, mais ils ne paraîtront pas tels à l'officier d'artillerie qui aura fait la guerre en observateur et qui aura remarqué combien l'artillerie plus ou moins bien servie influe sur le succès ou la perte d'une bataille.

3° Il faut réunir un nombre déterminé de compagnies et en former des corps de cavalerie.

J'estime que six compagnies pourraient former une division ou régiment ; chaque escouade étant composée de 27 hommes et chaque compagnie étant composée de quatre escouades, le régiment serait composé de 648 canonniers. Les trente compagnies existantes formeraient cinq régiments ayant chacun un état-major à l'instar de tous ceux des régiments de cavalerie. Il est aisé de sentir combien la formation par régiment est préférable à celle des compagnies détachées. L'artillerie à pied, qui est composée aujourd'hui de sept régiments, a existé autrefois sous la forme de compagnies isolées et indépendantes les unes des autres, mais on a reconnu depuis longtemps le vice de cette formation ; et si l'on a eu des raisons pour mettre en régiment les 140 compagnies qui composent le corps de l'artillerie à pied, les mêmes raisons doivent exister pour mettre en régiment les 30 compagnies qui forment le corps de l'artillerie à cheval.

Une fatale expérience a fait voir que les compagnies d'artillerie volante ont manqué constamment à la guerre des objets les plus nécessaires. Quand un homme est blessé, on ne sait comment le remplacer. Si un cheval est malade, comme nous n'avons point de médecin vétérinaire, il faut avoir recours au maréchal expert du régiment de cavalerie le plus à portée qui, n'ayant déjà que trop de chevaux à médicamenter, laisse souvent crever les nôtres faute de soins ; j'en ai perdu plusieurs que j'aurais conservé vraisemblablement si j'avais eu à faire à des gens plus attentifs ; il n'en faut pas moins payer des mémoires énormes ; c'est ainsi qu'on ruine la République de tous côtés. Si le cheval est tué, c'est encore bien pis, car il est bien difficile d'en avoir un autre. Un canonnier a-t-il besoin d'un habit ? On ne sait comment le lui faire avoir ; et comment les compagnies pourraient-elles pourvoir à leurs besoins dans les avant-postes, toujours au bivouac, sans cesse occupées à harceler l'ennemi, n'ayant ni tailleurs, ni dépôt, ni argent à leur disposition ? En vain, objecterait-on qu'elles sont attachées à des régiments d'artillerie et que c'est aux conseils d'administration des corps dont elles font partie à leur procurer tout ce qui leur est nécessaire ? Je répondrai à cela que souvent ces compagnies sont fort éloignées de leurs régiments, qu'elles servent même quelquefois dans des armées différentes, que d'ailleurs les conseils d'administration n'entendent rien du tout à tout ce qui a rapport à la partie du cheval, et que toutes les demandes qu'on leur fait relativement à cet objet sont regardées comme non avenues. On éviterait tout cet embarras si les compagnies formaient des régiments, parce qu'alors chaque régiment aurait son dépôt d'où l'on tirerait des hommes et des chevaux tous instruits pour remplacer les pertes qu'on aurait faites. Il en résulterait une discipline, une exactitude dans les manœuvres, une uniformité dans l'instruction à laquelle on n'atteindra jamais sans cela, vu que, n'ayant point d'ordonnance qui règle les manœuvres de l'artillerie à cheval, chaque capitaine agit à sa volonté et exerce sa troupe comme il l'entend. Il en résulterait une très grande émulation parmi les sous-officiers, parce qu'alors tous les maréchaux des logis d'un même régiment roulant ensemble pour l'avancement au grade d'officier auraient intérêt de se distinguer pour être pris au choix ; au lieu qu'aujourd'hui une compagnie ne roule que sur elle-même, et que le sergent-major n'ayant point de concurrent sait que la place de lieutenant ne peut lui échapper et néglige très souvent ses devoirs. Il en résulterait encore une très grande simplification pour la correspondance ministérielle qui doit être fatigante par les demandes continuelles de trente corps différents et qui se trouverait réduite à celle de cinq régiments.

4° Il faudrait que l'artillerie volante fût armée de pièces de 8 longues et d'obusiers à grande portée.

Les ennemis ont des pièces qui ont une portée énorme, ce qui leur donne sur nous un avantage incalculable. Si l'on combattait toujours en plaine, il suffirait de se rapprocher de son ennemi, et sitôt que l'on serait à portée, l'avantage des pièces longues disparaîtrait. Mais dans des pays coupés par des vignes, par des collines, par des rivières, par des marécages, les positions se trouvent presque toujours indiquées par la nature du terrain, et il est souvent impossible de se rapprocher. On sent combien il est avantageux alors d'avoir des pièces à longues portées. Je me suis vu plusieurs fois canonner par un ennemi dont les boulets pleuvaient dans nos batteries, tandis que les nôtres n'allaient pas à moitié chemin. Je suis bien éloigné de vouloir critiquer le système d'un homme célèbre dont je suis moi-même le plus grand admirateur. Je crois au contraire que M. de Gribeauval a eu raison de réduire aux pièces courtes toute l'artillerie de campagne. Car les puissances de l'Europe ayant alors une artillerie très mobile, il a fallu nécessairement alléger la nôtre pour les combattre à armes égales ; mais la création de l'artillerie volante ayant emmené quelque changement dans la manière dont se fait la guerre, et nos ennemis nous attaquant aujourd'hui de fort loin avec des grosses pièces, je crois que nous devons les imiter, et que l'artillerie volante doit adopter exclusivement les pièces de 8 longues. Je pense aussi qu'il faudrait lui donner des obusiers à l'âme desquels on donnerait une certaine longueur de plus qu'aux obusiers ordinaires. Je ne doute point que les changements dans l'armement et dans l'organisation de l'artillerie volante ne lui donnassent une grande supériorité sur celle de nos ennemis.

Voilà, Ministre Citoyen, les idées que j'ai cru devoir vous soumettre. Car un patriote est comptable envers la patrie de toutes les idées qui peuvent être utiles à la chose publique. Celles que je vous offre sont le fruit de mes observations journalières. Vous pèserez dans votre sagesse les avantages et les inconvénients qu'offrent les changements que je vous propose. L'hiver qui approche vous donnera le temps de les faire exécuter si vous les jugez convenables. Il n'est question que de faire, pour les pièces de 8 longues, quelques nouveaux affûts, auxquels on ajoutera des vis de pointage, et de fondre quelques nouveaux obusiers. Tout cela est d'une exécution facile et prompte. Quant à moi, je ne cesserai de m'occuper des moyens de servir la cause de la liberté et de l'égalité, et quelque arme que vous mettiez à ma disposition, comptez sur mon zèle pour combattre les ennemis de la République.

Le capitaine commandant la 20e compagnie d'artillerie volante,

LATOURNERIE.

Liberté. — Égalité.

Marescot, capitaine de la 21ᵉ compagnie d'artillerie à cheval, au citoyen Bouchotte, Ministre de la guerre.

A Sarralbe, division de droite de l'armée de la Moselle, le 30 octobre 1793, l'an II de la République une et indivisible (1).

Permettez, Citoyen, que je vous adresse quelques réflexions que je crois utiles au bien du service de l'artillerie à cheval. J'aurois désiré travailler sur cette partie essentielle de la force de nos armées, mais les mouvemens que j'éprouve constamment à l'avant-garde de l'armée de la Moselle me restreignent dans quelques idées que je vous prie de vouloir bien examiner.

Il est absolument indispensable d'augmenter en hommes la force des compagnies d'artillerie à cheval, en portant le nombre de 76 hommes à 104. Les différentes affaires où s'est trouvée ma compagnie, m'ont prouvé évidemment que ce complet de 76 n'est pas suffisant pour servir six bouches à feu et leurs caissons; et j'observerai que différentes circonstances, comme les hôpitaux et autres, ne permettent jamais d'avoir ce nombre. Je croirois donc convenable que chaque compagnie de canonniers à cheval servît, comme actuellement, six bouches à feu dont quatre pièces de 8 et deux obusiers de 6 pouces, et qu'au lieu d'être divisée en trois escouades elle le fût en trois divisions, et chaque division en deux escouades. Le second capitaine aurait le commandement de la 1ʳᵉ division ou des 1ʳᵉ et 2ᵉ escouades, le premier lieutenant celui de la 2ᵉ division ou des 3ᵉ et 4ᵉ escouades, et le second lieutenant celui de la 3ᵉ division ou des 5ᵉ et 6ᵉ escouades. Chaque escouade serait composée d'un sergent, un caporal, un appointé, un artificier, six canonniers de 1ʳᵉ classe, six canonniers de 2ᵉ classe, formant un total de 16 hommes. Ces six escouades seroient donc de 96 hommes, et le reste de la compagnie seroit composé de deux sergens-majors dont un employé uniquement à la comptabilité; un caporal fourrier, un sellier, un maréchal, un bottier et deux trompettes; le total formant un nombre de 104 hommes, non compris les quatre officiers.

Il seroit aussi à désirer que les charretiers soient particulièrement attachés aux compagnies, afin de ne pas avoir journellement le désagrément d'en avoir de nouveaux soit par le caprice des entrepreneurs et conducteurs de l'équipage, soit par le remplacement de ceux qui vont aux hôpitaux par maladie ou par paresse. Ce mouvement continuel

---

(1) *Arch. Art.*

dans les charretiers entraîne de grands inconvénients, — notamment celui de perdre des gens instruits dans les manœuvres et d'en avoir en échange qui par leur peu de conception peuvent entraver les succès d'une affaire devant l'ennemi.

Il seroit je pense à propos que, comme troupe à cheval, les dénominations de sergent-major, sergent, caporal fourrier et caporal, soient changées en celles de maréchal des logis en chef, maréchal des logis, brigadier fourrier, et brigadier.

Le règlement de formation des neuf premières compagnies de canonniers à cheval, en date du 12 juin 1792, ne monte point le sellier ni le maréchal; c'est selon moi un grand défaut, ces deux hommes étant obligés d'aller de côtés et d'autres pour se procurer des marchandises.

Je pense qu'il ne seroit point déplacé d'établir un dépôt pour plusieurs compagnies, à l'effet d'y instruire les recrues, y déposer les différens objets qu'on ne peut traîner avec soi à l'armée, et afin de pouvoir travailler à l'habillement et aux réparations de l'équipement des hommes et des chevaux.

. . . .

En résumé, le capitaine Latournerie réclamait, par compagnie, quatre escouades de 27 hommes et le capitaine Marescot, trois divisions de deux escouades de 16 hommes. On arrivait, ainsi, à un chiffre moyen, de 106 canonniers à cheval par compagnie.

Ce fut, en effet, l'effectif que consacra l'arrêté du Comité de Salut public daté du 7 nivôse; il décidait de porter, le plus promptement possible, les compagnies d'artillerie à cheval, à 100 hommes chacune (1). En

---

(1) *Éblé au Ministre.*

Réunion-sur-Oise, 15 nivôse (4 janvier).

Circulaire d'Éblé aux capitaines commandant les 11ᵉ proche Lille, 12ᵉ à Nouvion, 24ᵉ à L'Échelle, 25ᵉ à Yron, 27ᵉ et 5ᵉ à Douay, 1ʳᵉ à Avesnes, 15ᵉ à Maubeuge :

« ..... Le 7 de ce mois le Comité de Salut public de la Convention nationale a arrêté que les compagnies d'artillerie à cheval seront portées le plus promptement possible à 100 hommes chacune.....

..... J'ai prié le général en chef de donner des ordres aux généraux divisionnaires pour que les troupes qui sont à leurs ordres soient

outre, comme d'après Latournerie, il était nécessaire d'augmenter encore l'artillerie volante de quelques « compagnies », le même arrêté en créa dix nouvelles.

L'artillerie à cheval comptait donc, au 21 nivôse, quarante compagnies de 100 canonniers, soit 4,000 hommes. C'étaient donc quarante unités qui étaient rattachées à sept centres administratifs différents. Dès le 9 mars 1793, alors que l'artillerie à cheval ne disposait que de vingt compagnies, le capitaine Ferveur avait fait ressortir cet inconvénient.

Frankenthal, 9 mars 1793.

Citoyen Ministre,

Par le décret de la Convention nationale du 21 février sur l'organisation de l'artillerie à cheval, elle doit être augmentée de onze compagnies, avec les neuf déjà formées par le décret (sic) du 29 avril 1792, ce qui forme un corps de vingt compagnies. Citoyen Ministre, les neuf premières compagnies sont affectées chacune à leur régiment d'artillerie, les 1er et 2e régiments en ayant chacun deux, et les cinq autres chacun une compagnie, ce qui soumet ces neuf compagnies à sept conseils d'administration différens; le nombre des vingt compagnies admises sur le même pied rendrait ces mêmes administrations plus difficiles à remplir.....

---

prévenues de cette disposition, et d'engager les chefs des corps à donner aux officiers d'artillerie à cheval toutes les facilités qui dépendront d'eux afin que ce recrutement ne souffre aucun retard.

Le Ministre ne me dit pas si cette augmentation d'hommes fournira une nouvelle escouade ou si elle sera répartie sur les trois existantes, mais que cela ne t'empêche pas de commencer à recruter en attendant de nouveaux ordres..... »

Circulaire d'Éblé aux mêmes compagnies :

La Fère, 1er pluviôse (20 janvier).

« ..... Les 24 hommes d'augmentation dans chaque compagnie de canonniers à cheval ne formeront point une escouade, mais le Comité de Salut public entend qu'ils soient répartis sur les trois autres de manière qu'il y ait 42 canonniers de 1re classe et 42 de la 2e, et qu'ils ne seront pas montés..... »

Pour remédier à ces inconvénients, Ferveur proposait la constitution d'un corps d'artillerie volante de quatre divisions à cinq compagnies.

> Cette mesure, ajoutait-il, pourrait servir à soumettre l'artillerie à cheval sous une administration à elle-même qui correspondrait avec le Pouvoir exécutif de la République et qui serait chargée de pourvoir au besoin général du corps et des divisions ; les chefs des divisions correspondraient à l'état-major et pourvoiraient aux besoins particuliers des compagnies.
>
> Cet arrangement rendra la nouvelle formation plus active, le service de l'habillement et équipement et harnachement se fera avec plus de célérité ; la comptabilité en deviendra plus claire et moins dispendieuse ; enfin il s'y glissera moins d'erreurs dans les envois qu'il ne s'en est fait dans le courant des mois de mai, juin, juillet derniers pour l'habillement et l'équipement des neuf compagnies.

. . . .

Le même désir était exprimé par les capitaines Latournerie et Marescot (1). Le premier demandait fort justement que l'on réunît « un nombre déterminé de compagnies et en formât *des corps de cavalerie* ». Il estimait que six compagnies pourraient constituer un régiment de 648 canonniers ayant son état-major « à l'instar de tous ceux des régiments de cavalerie ». Il faisait remarquer encore que, puisque l'artillerie à pied qui avait d'abord été composée de compagnies isolées, les avait vues réunies en régiments, il n'y avait pas de raison pour qu'il n'en fût pas ainsi pour les compagnies à cheval. C'est sans doute à ces demandes que satisfit le décret du 19 pluviôse.

L'artillerie légère. — Le titre de ce décret appelle tout d'abord une remarque. Il ne parle plus d'artillerie volante, ni d'artillerie à cheval, mais *d'artillerie* « lé-

---

(1) Voir plus haut les lettres de Latournerie et de Marescot datées des 27 et 30 octobre 1793.

gère ». Cette dénomination apparaît officiellement, pour la première fois, le 19 pluviôse, et sert à spécifier les modifications apportées à cette artillerie par le général Éblé et approuvées par le Comité de Salut public le 7 pluviôse : « Aux compagnies d'artillerie *à cheval*, dont la création a été arrêtée par le Comité de Salut public le 7 nivôse et qui n'étaient pas encore levées et organisées, étaient substituées des compagnies d'artillerie *légère*, composées d'après les principes du citoyen Éblé (1) ».

S'il n'a guère été possible de retrouver ce mémoire du célèbre artilleur, on peut toutefois juger de ses idées et des transformations qu'il préconisa en 1794, aussi bien par les *Souvenirs* de Mathieu Dumas (2), que par la lettre qu'il écrivit, de Nice, au Comité central de l'artillerie, le 5 messidor an VII.

Mes idées sur l'artillerie à cheval sont si différentes de celles de presque tous ceux qui en parlent que je crains qu'elles ne paraissent extraordinaires. J'en hasarderai cependant quelques-unes.

On s'est engoué de cette arme (3), on ne voit plus qu'elle; elle est à la mode, c'est tout dire..... Quand on a voulu cette artillerie....., (on a), pour la former, détruit pour ainsi dire les régiments à pied..... L'artillerie à cheval est mieux payée; elle voyage plus commodément, elle est presque toujours cantonnée tandis que l'artillerie à pied reste au bivouac et qu'elle est chargée des travaux des places et des parcs, dont l'artillerie à cheval ne s'occupe que pour les consommer. En temps de paix, l'État aura à soutenir les dépenses d'un grand nombre de chevaux qui deviendront aussi inutiles que les hommes, car je ne sais

_____

(1) Aulard, tome X, page 459.
(2) « J'avais fort à cœur d'y réussir (à former une compagnie d'artillerie à cheval), et je savais que je rencontrerais de grands obstacles même de la part des principaux officiers d'artillerie..... Fallait-il adopter les wursts, comme le proposaient les officiers les plus renommés? » (Mathieu Dumas, *Souvenirs*, page 514.)
(3) On voit en effet Pichegru écrire de Guise le 17 germinal (6 avril) au Comité de Salut public que l'armée du Rhin a, proportionnellement à son étendue, plus d'artillerie que celle du Nord, et réclamer de ce chef l'envoi à l'armée du Nord de la 7e compagnie d'artillerie légère.

à quoi on pourra les employer, le métier de cavalier étant incompatible avec celui d'artilleur.....

Dès la première campagne je me suis convaincu de l'inutilité des chevaux d'escadron..... Pour marcher avec l'infanterie ou la cavalerie qui auraient des mouvements rapides à exécuter, on n'emploierait que des pièces de 4 et des obusiers de 6..... Les caissons seraient suspendus et construits de manière que les roues tournassent sous les brancards. Les pièces comme les caissons seraient attelées de six chevaux. Deux seraient montés par des charretiers, les quatre autres le seraient par autant de canonniers au moyen de panneaux et d'étriers semblables à ceux qu'ont les charretiers.

Par ce moyen les canonniers seraient transportés avec leurs pièces, qui le seraient sans doute avec autant de célérité que si elles fussent accompagnées par des canonniers à cheval. Ils pourraient manœuvrer aussitôt qu'ils seraient sur le terrain sans perdre un temps précieux à se débarrasser de leurs chevaux.....

..... Il serait à souhaiter que les charretiers d'artillerie soient militarisés et organisés en régiments.

Puis qu'Éblé n'était guère partisan de l'artillerie *à cheval;* que, dès la première campagne, il avait constaté l'inutilité des chevaux d'escadron, et qu'il proposait de remplacer ce mode de transport par celui des canonniers sur les attelages des pièces; il semble qu'on puisse en conclure que la modification proposée par Éblé au Comité de Salut public et qui réclamait une artillerie *légère*, consistait à supprimer les chevaux des canonniers et à les remplacer par le transport des canonniers tout au moins sur des caissons-wursts, sinon sur les attelages des pièces.

L'existence des wursts dans l'artillerie *légère* est certifiée par tous les documents, et le général d'Urtubie montre ainsi la possibilité de remplacer les chevaux des canonniers par ces caissons à dessus rembourrés.

Chaque pièce de 8 doit avoir deux caissons ou deux wursts; ces deux wursts peuvent transporter plus d'hommes qu'il n'en faut pour la manœuvre d'une pièce de 8; pour les obusiers, il faut trois wursts, ce qui en fournit davantage. Ainsi pour quatre bouches à feu (deux de 8 et deux obusiers) les voitures qui leur sont nécessaires pourraient conduire 80 hommes; et, comme ces wursts contiennent moins de munitions que les caissons, on pourrait même ajouter un wurst de chaque espèce, ce qui donnerait plus de latitude pour le transport des canonniers, et allégerait autant le poids de chaque wurst.

Chaque wurst, la caisse et les munitions comprises, ne pèse pas 900 livres. Si l'on ajoute 1000 à 1200 livres pour le poids de six à huit hommes, le poids total sera de 2000 livres environ; et comme la charge ordinaire des voitures de l'artillerie est toujours supposée de 2,000 à 2,400 livres traînées par quatre chevaux, il est impossible de ne pas convenir de la facilité de la manœuvre de ces wursts qui attelés de six et quelquefois huit chevaux, pourront fournir à toute la vélocité qu'on exigera d'eux; le canonnier est doucement et parfaitement assis sur ces voitures et ne doit craindre aucun danger, ses pieds sont solidement appuyés, et dans tous les cas il peut descendre, sans en étudier les moyens, soit isolément, soit tous ensemble, et sans se porter obstacle les uns ou les autres (1).

Le chef de bataillon d'artillerie Grobert, l'inventeur des affûts-fardiers et des affûts sans avant-train, nous apprend d'ailleurs que « le coût et la pénurie des chevaux, la rareté des fourrages et la difficulté de leur transport a fait naître le projet de supprimer les chevaux montés par les canonniers qui servent (l'artillerie volante). »

« Il est d'autres avantages, ajoute Grobert, que la suppression des canonniers à cheval doit procurer :

« 1° Tous les chevaux qui suivent une pièce présentent une grande surface à l'ennemi ;

« 2° Si un cheval est tué, le canonnier est démonté et hors d'état de suivre ;

« 3° On se plaint des canonniers qui ont la tâche de soigner des chevaux. On dit qu'ils sont moins attachés à

---

(1) *Mémoires et observations sur l'artillerie à cheval et remarques sur l'innovation des machines proposées pour l'équipage de cette artillerie*, par Théodore d'Urtubie, chef de brigade d'artillerie.

leur métier et que ce genre mixte fait qu'ils sont à la fois médiocres cavaliers et canonniers bornés (1). »

Ce ne furent donc pas des régiments d'artillerie *à cheval*, mais neuf régiments d'artillerie *légère* qui furent créés par le décret du 19 pluviôse. Chacun d'eux devait avoir un effectif de 514 hommes, y compris l'état-major (2) et les officiers. Cet effectif se décomposait lui-même en six compagnies (3) de 84 hommes, y compris

---

(1) *Mémoire sur les affûts sans avant-train et à banquettes*, par J.-F.-L. Grobert, chef de bataillon d'artillerie et directeur de l'arsenal de Meulan.

(2) Chaque régiment avait pour état-major : 1 chef de brigade, 1 commandant d'escadron, 1 quartier-maître, 1 adjudant officier, 1 autre sous-officier, 1 artiste vétérinaire, 1 sellier, 1 bottier, 1 tailleur et 1 trompette brigadier.

(3) Chaque compagnie comprenait : 1 capitaine, 1 lieutenant, 2 sous-lieutenants, 1 maréchal des logis en chef, 4 maréchaux des logis, 1 brigadier fourrier, 4 brigadiers, 30 premiers canonniers, 30 seconds canonniers et 2 trompettes, 4 ouvriers en bois et 4 en fer. Ces ouvriers n'étaient point montés; ils suivaient les caissons sur la voiture qui porte les moyens de réparation et leurs outils.

Cet effectif total de 84 a été critiqué en ces termes par le général Abbatucci dans ses « Observations sur l'artillerie légère ». (Note conservée aux Archives historiques.)

« ..... L'article 5 (de la loi du 19 pluviôse), qui fixe le nombre d'hommes de chaque compagnie à 84, y compris les officiers, exige un changement, en supposant qu'elle doive servir six bouches à feu.

« Si, comme on pourrait croire d'après le même article, les huit ouvriers qui suivent la compagnie sur le caisson chargé des moyens de réparation et des outils, ne sont pas tenus au service des pièces, il ne reste que 64 hommes pour le faire, y compris les brigadiers.

« L'expérience que j'ai dans l'artillerie légère m'a convaincu que, pour que le service en fût fait avec la célérité qu'elle exige, et pour éviter la confusion dans les diverses formations assignées à chaque canonnier, il en fallait douze par bouche à feu. Comme il y a malheureusement toujours du déficit par les morts, les blessures et les maladies, quinze est le plus petit nombre qu'on doive établir pour chaque pièce. Les trois derniers étant censés absents, ne seraient pas montés. Ainsi, en supposant que les huit ouvriers remplissent aussi les fonctions de canonniers, comme les officiers, comptant 30 premiers et 30 seconds canonniers. Le noyau, ou, comme on disait alors, « les cadres » de ces régiments, furent formés par les neuf compagnies du 17 avril 1792, les onze du 21 février 1793, les deux du 11 mai, les huit du 3 juin, les dix du 7 nivôse, enfin par celles des légions ou celles qu'auraient autorisées les Représentants du peuple ou les départements jusqu'au 19 pluviôse. Pour arriver à l'effectif réglementaire, les compagnies compléteraient leurs 30 premiers canonniers au moyen de prélèvements en nombre égal sur tous les régiments de l'arme, et leurs 30 seconds canonniers de la même manière sur les corps de troupes à cheval. Pour arriver à n'encadrer que des militaires capables, chaque régiment d'artillerie et de troupes à cheval devait envoyer sous huit jours au Ministre l'état des hommes qui se destinaient à ce service, « soit dans la cavalerie, soit dans l'artillerie de places ou de bataillons. » La taille minima exigée était de 5 pieds 4 pouces. Cette organisation était confiée aux neuf capitaines des compagnies créées le 17 avril 1792, sous la surveillance des Représentants du peuple aux armées. Le dépôt de chaque régiment devait être installé dans une « ville d'école d'artillerie », sous le commandement du commandant d'escadron, assisté d'un adjudant, d'un sous-officier, d'un maréchal des logis et d'un brigadier. Ce dépôt était chargé de l'instruction des recrues, du soin de l'habillement et de l'équipement, et de la surveillance de la fabrication et de la réparation des pièces attachées aux divisions. Il devait toujours s'y trouver cent recrues, dont huit ouvriers et seize charretiers « pris dans toutes les armes ou réquisitions ». Le chef de brigade en campagne et le commandant d'escadron au dépôt devaient,

---

ils ont fait jusqu'à présent, il faudrait porter chaque compagnie à 102 hommes, ou à 110 si les ouvriers ne doivent s'occuper que de réparations..... »

sous peine de destitution, veiller à ce que les compagnies servant aux armées fussent toujours au complet en personnel et en matériel. Enfin, les chefs de brigade des neuf régiments d'artillerie légère devaient rouler, pour leur avancement au grade de général de brigade, avec la cavalerie légère. Cette dernière prescription de la loi est importante à noter, car elle marque le premier pas vers la solution qu'adoptera Pichegru.

Voulant en effet remédier aux défaillances qui s'étaient produites sous Landrecies et au combat de Troisville, où Chapuis perdit presque toute son artillerie, Pichegru décida le 10 floréal, c'est-à-dire trois jours après le désastre de Troisville, qu'à l'avenir les compagnies d'artillerie légère seraient attachées à des corps de troupes à cheval qui devraient tenir à honneur de ne pas laisser tomber leurs pièces entre les mains de l'ennemi.

Armée du Nord. — Ordre du 10-11 *floréal.* (29-30 avril.)

Le général en chef, regardant comme un des principaux moyens conservateurs de l'artillerie légère, que de l'affecter pour toute la campagne aux différents corps de troupes légères et de cavalerie, ordonne aux généraux de division de répartir celle qui s'y trouve sur les corps à cheval, de manière qu'ils s'attachent à sa conservation et qu'ils la tiennent à honneur, comme les bataillons d'infanterie doivent tenir à celle de leurs pièces de bataille, de manière qu'un régiment qui l'aura abandonnée et laissé prendre à l'ennemi, n'en aura plus de confiée à sa garde.

En exécution de cet ordre, le général Ferrand, qui commandait spécialement le groupe des divisions Goguet, Balland et Fromentin et dont la division de cavalerie était aux ordres du général A. Dubois, prescrivait aux capitaines commandant les compagnies d'artillerie légère d'envoyer directement à Dubois leurs états de situation, afin de permettre à cet officier général de les répartir entre ses régiments de cavalerie.

Copie de l'ordre du quartier général de Réunion-sur-Oise, du 16 au 17 floréal. (5 au 6 mai.)

En conséquence de l'ordre du 13 de ce mois concernant l'artillerie légère et la cavalerie, les commandants d'artillerie légère enverront directement au général de division Dubois, commandant la cavalerie, l'état de situation des hommes, chevaux et pièces qu'ils ont dans leur compagnie, celles en état de servir et d'être servies, pour, d'après cet état, être attachées aux demi-brigades de troupes à cheval, d'après la répartition faite par le général Dubois. La compagnie d'artillerie légère attachée au général de brigade d'Hautpoul fournira directement à ce général l'état de situation demandé.

Après avoir assuré cette répartition, le général Dubois donna les ordres suivants, qui montrent que l'artillerie légère était sous les ordres des généraux de brigade de cavalerie, marchait avec les régiments de la brigade, stationnait et combattait avec eux.

Ordre du 20 floréal au citoyen Robbe, capitaine de la 24ᵉ compagnie d'artillerie légère. (9 mai.)

Il est ordonné au capitaine Robbe, commandant la 24ᵉ compagnie d'artillerie légère, de prendre les ordres tous les jours du général provisoire de brigade Despret, ladite compagnie se trouvant attachée à cette brigade à dater de ce jour. Tu voudras bien faire part tous les jours de tes besoins et envoyer ton rapport journalier au général Despret à Lequielles, afin qu'il puisse te donner ses ordres. Lorsque sa brigade prendra les armes et fera un mouvement quelconque, tu voudras bien la suivre, ta compagnie se trouvant absolument sous les ordres de ce général. Tu resteras dans la position que tu occupes jusqu'à nouvel ordre. J'écris en même temps au général Despret (1) pour qu'il te communique les ordres journaliers. Tu voudras bien ne pas manquer d'y envoyer tous les jours à l'heure qu'il te désignera.

---

(1) Par lettre du 20 floréal, en effet, le général Dubois prévenait le général Despret qu'il venait de donner les ordres d'attacher à sa brigade la 24ᵉ compagnie d'artillerie légère.

Ordre du 20 floréal à la 25ᵉ compagnie d'artillerie légère.

Il est ordonné à la 25ᵉ compagnie d'artillerie légère de partir sur-le-champ pour se rendre à La Vacqueresse, où elle sera sous les ordres du général provisoire de brigade le citoyen Bousson, dont elle prendra les ordres et auquel elle remettra exactement les rapports journaliers et en général tous les objets et demandes relatifs à ses besoins et son service. Le général Bousson est prévenu de ce mouvement.

Au citoyen Bousson, général provisoire de brigade.

4 prairial (23 mai).

Il est ordonné au citoyen Bousson, général provisoire de brigade, de partir sur-le-champ avec le 3ᵉ de dragons et la 25ᵉ compagnie d'artillerie légère.....

Ordre aux généraux Bousson et Gaudin, généraux provisoires de brigade.

4 prairial (23 mai).

Il est ordonné aux citoyens Bousson et Gaudin, généraux provisoires de brigade, de faire prendre les armes à leur brigade (excepté aux compagnies de canonniers sous leurs ordres, qui n'amèneront chacune que deux pièces de canon et un obusier), pour être rendues avec armes et bagages demain 5 prairial, à 4 heures précises du matin, à la redoute au delà d'Étreux, où elles se mettront en bataille jusqu'à l'arrivée du général Dubois. Chaque homme sera muni de quinze cartouches, conformément à l'ordre qui a été donné.

Les grand'gardes seront relevées et les infirmes seront de garde au reste de l'artillerie, qui restera parquée.

L'ordre du 10 floréal ne fut pas la seule mesure disciplinaire prise contre les défaillances de l'artillerie légère ou de l'artillerie de bataillon.

Le même jour, et sous l'empire des mêmes causes, le Représentant du peuple Bollet prenait, le 16 floréal, un arrêté dont il expliquait ainsi les motifs au Comité de Salut public (1) : « J'espère que par son exécution, les chevaux destinés aux équipages d'artillerie seront nourris

---

(1) Aulard, tome XIII, page 247.

et pansés, et que les conducteurs (et charretiers) étant mieux surveillés, n'abandonneront pas lâchement leurs chevaux et leurs pièces, et que, dans le cas où ils commettraient cette lâcheté, ils n'échapperaient pas à la peine due à leur crime. » Dans ce but, le Représentant du peuple Bollet attachait les charretiers aux escouades de la compagnie d'artillerie légère ou de la compagnie du centre du bataillon, comme Pichegru attachait lui-même la compagnie d'artillerie légère au régiment de cavalerie, et les charretiers placés sous les ordres immédiats d'un capitaine et de ses officiers étaient aussi militarisés que les servants des pièces, montés ou non.

L'arrêté de Bollet fut porté à l'ordre de la division Fromentin dans les termes suivants :

Copie de l'ordre du quartier général de Réunion-sur-Oise, du 14 au 15 floréal. (3 au 4 mai.)

Au quartier général d'Avesnes, le 16 floréal (5 mai).

Arrêté des Représentants du peuple envoyés près l'armée du Nord (1) :

Nous, Représentants du peuple près l'armée du Nord, chargés de la cavalerie, considérant que les conducteurs des équipages d'artillerie attachés aux compagnies d'artillerie légère et aux bataillons n'étant point sous l'inspection des chefs de ces corps, dilapident les fourrages qui leur sont délivrés pour les chevaux dont ils ont la conduite, négligent de les panser et de leur donner la subsistance ;

---

(1) *Copie de l'ordre du quartier général de Réunion-sur-Oise, du 15 au 16 floréal. (3 au 4 mai.)*

Au quartier général d'Avesnes, le 16 floréal (5 mai).

On remet plusieurs imprimés de l'arrêté du Représentant du peuple Bollet concernant les conducteurs des chevaux d'artillerie. Il est enjoint à chaque général divisionnaire de le faire inscrire à l'ordre de sa division et tenir la main en tout point à l'exécution dudit arrêté, étant on ne peut pas plus important de faire cesser des désordres qui n'ont été que trop souvent produits par la lâcheté ou la trahison des charretiers de l'armée.

Arrêtons en conséquence que les capitaines des compagnies d'artillerie légère sont tenus, sous leur responsabilité, d'étendre leur surveillance et l'administration qu'ils ont de la cavalerie de leur compagnie sur tout ce qui dépend de l'équipage de l'artillerie qui y est attachée.

Les capitaines d'artillerie légère auront sur les conducteurs la même surveillance que sur les cavaliers. Ils feront exécuter, à leur égard, les lois militaires, tant pour le service dont ils sont chargés que pour la discipline auxquels ils sont assujettis; ils auront encore sur les chevaux la même surveillance que sur ceux des cavaliers, veilleront à la distribution de leur fourrage, en délivreront les bons, enfin les régleront pour la subsistance et le pansement comme ceux des cavaliers, si ce n'est le plus ou moins de rations qui leur est donné des magasins militaires en raison de leur service.

Les capitaines d'artillerie légère attacheront à chaque escouade de cavalerie le nombre de conducteurs et de chevaux destinés à conduire les pièces par proportion du nombre attaché à la compagnie; ils seront sous la surveillance et le commandement des officiers et sous-officiers des compagnies.

Les officiers et sous-officiers des compagnies d'artillerie légère qui négligeront cette surveillance et dans les compagnies desquels on trouvera des chevaux dépéris faute d'être nourris et pansés, seront destitués et mis en arrestation jusqu'à la paix.

Les chefs des bataillons qui ont des pièces d'artillerie attachées à leur bataillon seront chargés spécialement, sous leur responsabilité et à peine de destitution, de la surveillance des conducteurs et des chevaux. En conséquence, ils attacheront ces conducteurs à la compagnie du centre, et les capitaines, lieutenants, sous-lieutenants et sous-officiers de cette compagnie seront tenus d'avoir sur ces conducteurs la même surveillance que sur les volontaires; ils les assujettiront à la même discipline et feront exécuter à leur égard les lois militaires pour tout ce qui concerne leur service; les officiers et sous-officiers de cette compagnie auront la surveillance sur les chevaux des conducteurs. Le capitaine fera délivrer pour les chevaux les bons de fourrage, veillera, ainsi que le lieutenant, sous-lieutenant et sous-officiers de la compagnie, à ce que les chevaux soient nourris et pansés, et ils en seront personnellement responsables.

Les chefs de bataillon, capitaines, lieutenants et sous-lieutenants des compagnies du centre qui auront dans leur bataillon des pièces de campagne et dont les chevaux destinés à traîner les pièces et caissons seront trouvés en mauvais état et dépérissement, faute de surveillance, seront destitués et mis en arrestation jusqu'à la paix.

Tout conducteur de caisson et de pièce d'artillerie qui, dans une bataille, abandonnera ses chevaux, coupera des traits et qui s'enfuira, sera traité et puni conformément aux lois militaires et traduit sur-le-champ aux commissions militaires pour y être jugé dans les vingt-quatre heures.

Il est enjoint à tous généraux, commandants de régiment, chefs de bataillon et commandants d'artillerie légère, sous leur responsabilité, de faire arrêter tous fuyards tels qu'ils soient et de les livrer aux commissions militaires pour y être jugés sur-le-champ.

Cet arrêté sera mis à l'ordre par les généraux dans toute l'armée, et ils en surveilleront l'exécution dans toutes ses dispositions, dont ils me rendront compte.

Fait à Cambrai, le 10 floréal, l'an II de la République une et indivisible (1).

Artillerie légère à pied. — L'artillerie *légère* n'était pas du reste le dernier terme de simplification auquel on avait pensé pour l'artillerie volante : un ancien artilleur avait en effet proposé de créer de l'artillerie légère *à pied* à laquelle il donnait la mission de marcher avec les avant-gardes et de les aider à conquérir d'emblée les débouchés et la zone de manœuvre nécessaires au gros de la colonne.

Dès le mois de septembre 1792, le citoyen Launoy, ingénieur et capitaine des canonniers, servant « depuis trente-quatre ans sans interruption dans le génie et dans l'artillerie », avait adressé à Servan un projet « d'organisation d'un bataillon d'artillerie légère à pied formé et exercé pour être spécialement attaché aux avant-gardes des armées ». Servan avait demandé, en octobre 1792, à la Convention l'autorisation de former ce corps ; mais la proposition avait été rejetée le 9 mars 1793 (2) ; le 5 août néanmoins, Launoy adressa sur ce sujet un nou-

---

(1) On peut encore citer, comme moyen disciplinaire employé à l'égard des charretiers, l'ordre du général Éblé, daté du 8 germinal (28 mars) et leur enjoignant, sous peine de mort, d'éviter dans les marches tout bruit de coups de fouets ou de cris.

(2) Saint-Fief à la 3ᵉ section du Comité de la guerre, 9 mars 1793.

veau mémoire au Comité de Salut public, mémoire dans lequel il donne bien la composition des huit compagnies de son bataillon mais n'en discute l'utilité que d'une façon des plus sommaires et des moins précises.

> Le citoyen Launoy, dit-il, a pensé qu'un bataillon d'artillerie légère à pied, composé de huit compagnies, attachées spécialement chacune au service des avant-gardes des armées, uniquement occupées de la manœuvre des pièces de campagne, et de petits obusiers portatifs, vulgairement connus sous la dénomination de vits-de-mulets, pouvait procurer de grands avantages et faciliter de grands moyens, vu la difficulté de traîner des pièces d'un calibre supérieur et de les manœuvrer utilement soit dans les montagnes, dans les gorges, aux passages des défilés et généralement dans toutes les manœuvres d'opération dont les avant-gardes sont toujours chargées ; au lieu qu'ayant continuellement avec elles et à ses ordres une compagnie d'artillerie exercée à seconder ses manœuvres, en état de tirer 24 coups de canon dans une minute ; dans le besoin, elles seraient assurées de se procurer les positions les plus avantageuses, et parvenir utilement à ses vues.....

Ce n'était que la répétition, sous une autre forme, de l'artillerie inventée par Rostaing sous Louis XV pour faciliter les débarquements de l'infanterie française dans l'Inde, et connue sous le nom de « canons à la Rostaing ».

Les canonniers volontaires nationaux. — En dehors de l'artillerie réglée, il y avait des canonniers volontaires nationaux. Le 29 septembre 1791, chaque bataillon de gardes nationales soit sédentaires, soit volontaires, était autorisé à avoir deux pièces d'artillerie ; et le 18 mars 1792, il était affecté au service de ces deux pièces une compagnie de « canonniers gardes nationaux » composée de 3 officiers, 1 sergent-major, 2 sergents, 4 caporaux, 1 tambour, 36 canonniers, 4 ouvriers (2 charrons et 2 forgerons) et 2 artificiers. Il devait y avoir en outre dans chaque bataillon de volontaires 4 sapeurs spécialement attachés à la compagnie de canonniers. Cette compagnie était sous les ordres directs du chef de bataillon qui était responsable de ses canons et caissons (1); et elle ne pouvait « sous aucun prétexte former un corps particulier dans la garde nationale (2) ».

---

(1) *Copie de l'ordre du 30 floréal.*

Au quartier général de la Cense de Lobbes, le 30 floréal (19 mai).

Les commandants de bataillon sont responsables de leurs canons et caissons. Ils sont chargés de les faire suivre et ils seront livrés à la Commission militaire quand on en trouvera un en arrière sans ordre.

La garde des équipages ne sera composée, à moins d'ordres contraires, que de 15 hommes. Les chefs des bataillons où il s'en trouvera de plus seront dénoncés et jugés. L'appel se fera exactement aux heures prescrites et on suivra pour ceux qui y manqueront l'ordre déjà donné de les mener au quartier général pour être livrés au tribunal militaire.

(2) Puisque ces compagnies faisaient partie intégrante du bataillon, elles devaient participer à ses droits. Or, il ne semble pas qu'il en ait été toujours ainsi. « Les canonniers volontaires, écrivent de Cambrai les Représentants du peuple à l'armée du Nord, le 23 juillet 1793, se plaignent de n'être pas admis dans le conseil d'administration des corps auxquels ils sont attachés, d'avoir un état incertain, d'être privés du sol de grenade. Ils demandent enfin qu'on leur ouvre un mode d'avancement. »

Le 22 brumaire, l'adjoint au Ministre pour la 3e division (artillerie) lui adressait encore le rapport suivant :

Rapport.

« Beaucoup de difficultés s'élèvent dans les compagnies d'artillerie volontaire sur la question de savoir si, lorsqu'il y a une place d'officier vacante dans une compagnie de canonniers, attachée à un bataillon, les officiers de ce bataillon doivent concourir pour cette place.

« Il semble que la loi du 21 février dernier, n'ayant rien décidé à cet égard, les officiers dans ces compagnies doivent rouler sur eux-mêmes, ces places exigeant des connoissances qu'un officier d'infanterie ne peut avoir, et le temps qu'il mettroit à les acquérir seroit perdu pour le service.

« On croit donc que le Ministre peut décider que les officiers de

Le 16 août 1792, et sur la proposition de Carnot le jeune au nom du Comité militaire, l'Assemblée autorisa les départements à former des compagnies de canonniers nationaux, à qui le Conseil exécutif provisoire devait fournir tous les objets nécessaires à leur entretien, à leur équipement et à leur armement.

Cette décision avait été prise sur l'initiative des volontaires du 2ᵉ bataillon d'Indre-et-Loire qui exposaient dans une adresse à l'Assemblée qu'ils avaient formé, sous l'inspection des corps administratifs, une « compagnie nationale »; la mesure suivante fut adoptée après un rapport fait par Letourneur au nom du Comité de la guerre et sur la demande des sections de Paris.

Par décret du 31 octobre, la Convention, « sur la pétition des citoyens de plusieurs sections de Paris », prescrivit la création d'une compagnie de « volontaires canonniers à cheval », ayant une composition identique « à celle de chacune des neuf compagnies à cheval du 17 avril ». Il ne devait toutefois être « procédé à l'organisation de cette compagnie qu'à l'époque où il se présenterait un nombre suffisant de volontaires qui pourraient justifier de leur expérience par des certificats portant attestation de leurs services dans les corps d'artillerie de terre ou de mer, ou dans les compagnies attachées aux bataillons de volontaires nationaux ou de gardes nationales..... ».

---

canonniers volontaires attachés, aux termes de la loi du 21 février dernier, aux bataillons, doivent être pris dans les compagnies de canonniers et que ceux des bataillons n'ont aucun droit aux places vacantes.

« Dupin. »

Pour toute solution, cette demande reçut l'annotation ci-après :

« Les bataillons en useront pour ces nominations comme ils en ont usé la première fois qu'ils ont nommé. »

Sur ces entrefaites survint la loi du 21 février 1793. En la faisant adopter, Dubois-Crancé avait proposé de combler le déficit des troupes réglées d'artillerie au moyen de recrues faites de gré à gré, et sauf approbation du général de division, dans les troupes de ligne ou volontaires ayant fait la guerre; d'utiliser toutes les compagnies de « canonniers nationaux » créées en vertu des décrets précédents en les affectant chacune à une demi-brigade (1); enfin de porter le nombre des compagnies à cheval de neuf à vingt.

Il semblerait que ces diverses mesures eussent été prises pour fermer l'ère des créations nouvelles; mais elle se rouvrit presque aussitôt : un mois après, le 22 mars, un nouveau décret réunissait en une seule

---

(1) Le 17 frimaire (7 décembre 1793), Laurent et Florent Guiot, représentants du peuple à l'armée du Nord, adressaient, au Comité de Salut public le tableau du 9º d'artillerie, qui était tout à fait « au décomplet » et proposaient de l'embrigader promptement. (Aulard, t. IX, p. 243.)

Tiercelet, 26 floréal (15 mai).

Le Représentant, etc., considérant que la compagnie de canonniers du ci-devant 3º bataillon du Loiret est destinée à former la compagnie d'artillerie de la première demi brigade d'infanterie; qu'un détachement de cette compagnie est resté avec le dépôt à Givet, et que l'absence de ce détachement empêche l'organisation de la compagnie, ce qui est très préjudiciable au bien du service. Arrête que ledit détachement partira de Givet aussitôt la réception du présent pour se rendre au camp sous Longwy où il rejoindra le surplus de la compagnie employée au service des pièces de campagne de la première demi-brigade d'infanterie.

Il est ordonné, au général en chef de l'armée des Ardennes et à tous officiers généraux et particuliers qu'il appartiendra, de tenir la main à l'exécution du présent arrêté, sans souffrir qu'il y soit mis aucun obstacle.

Le chef de brigade, commandant la première demi-brigade d'infanterie, enverra sur le champ à Givet, un officier pour la plus prompte exécution de ce que dessus.

compagnie d'ouvriers, de 4 officiers, 6 sous-officiers, 8 caporaux, 1 tambour, 2 tourneurs en bois, 57 charrons et 25 forgerons, les deux compagnies d'ouvriers d'artillerie formées par la commune de Paris, parce qu'elles étaient « trop faibles pour pouvoir être utiles au service de la République ».

Le 3 juin, la Convention créait une compagnie de canonniers nationaux soldés dans chaque département, et six dans celui de Paris en raison du chiffre de sa population. Ces compagnies, dont l'organisation était la même que celle des compagnies attachées aux bataillons de volontaires nationaux, étaient mises à la disposition du Ministre de la guerre, qui devait leur fournir deux pièces de campagne avec leurs caissons et munitions nécessaires à l'instruction des canonniers.

Le 15 juillet, Barère, au nom du Comité de Salut public, fit adopter le « décret relatif aux nouvelles compagnies de canonniers à former par les sections armées de Paris ». Celles-ci, bien qu'ayant fourni déjà leurs compagnies, durent en créer de nouvelles et porter les anciennes au complet réglementaire. Elles devaient s'exercer chaque jour à la manœuvre du canon ; et chaque département, former aux frais de la République une école particulière d'instruction pour les canonniers.

Il y a lieu de rappeler enfin qu'aux termes du décret du 22 juillet 1793 les sept régiments d'artillerie à pied, et, d'après la loi du 19 pluviôse, les compagnies d'artillerie légère, pouvaient même se compléter au moyen des canonniers volontaires nationaux.

Il y eut donc, en dernière analyse, sept régiments d'artillerie, six compagnies de mineurs et dix compagnies d'ouvriers d'artillerie, neuf régiments d'artillerie légère, et des compagnies de canonniers volontaires nationaux affectées en principe aux demi-brigades, et à la rigueur au complément de l'artillerie à pied ou de l'artillerie légère. Mais, comme ces compagnies de volontaires n'avaient pas la même solde que les corps de l'artillerie réglée et que celle-ci ne pouvait assurer entièrement le service des parcs et places fortes, le Comité de Salut public prit les mesures nécessaires pour remédier à cette inégalité et à cette insuffisance.

« Les services importants de l'artillerie dans le cours de la campagne dernière sont assez connus, dit Barère (1); les compagnies des bataillons de volontaires ont rivalisé de zèle avec celles des régiments (2); leurs services ordinaires sont les mêmes, leurs dangers sont les mêmes, et il y aurait de l'injustice à laisser subsister plus longtemps l'inégalité qui existe dans la solde des uns et des autres. Le Comité de Salut public a cru devoir vous proposer de faire droit sur les réclamations qui lui arrivent de toute part sur cet objet. »

Aussi la Convention décidait-elle le 18 ventôse que « les compagnies de canonniers volontaires servant dans les armées de la République seraient organisées sur le même pied que celles des régiments d'artillerie et recevraient la même paye (3) ». Toutefois certaines compa-

---

(1) Discours de Barère, le 18 ventôse (8 mars).

(2) *Au citoyen Poulet, agent supérieur du Conseil exécutif, à Rethel.*

25 pluviôse (13 février).

. . . .
Le général Charbonnié et moi ne pouvons te donner les renseignements sur les compagnies de canonniers, que tu crois nécessaires pour tes opérations. Il paraît qu'elles ont toutes assez bien servi, lorsqu'elles ont eu l'occasion de se présenter à l'ennemi.....

THARREAU.

(3) Ce décret fut notifié à l'armée du Nord par l'ordre du 9-10 germinal, avec ce commentaire : « Les généraux de division commettront, à cet effet, des officiers d'artillerie qui ont été chargés d'en faire l'inspection, et à leur défaut ceux des régiments d'artillerie qui leur paraîtront les plus intelligents, pour assurer l'organisation de ces com-

gnies de canonniers volontaires formées par les arrêtés des Représentants du peuple à Rouen le 24 frimaire, ne bénéficièrent du décret du 18 ventôse qu'en ce qui concerne la solde, gardèrent leur organisation du 24 frimaire, et, tout en changeant successivement de résidence, ne durent pas être éloignées des côtes (1).

Comme sanction de cette décision de principe, intervint la loi du 5 floréal réglant définitivement « l'organisation et la paye des compagnies de canonniers volon-

---

pagnies, et rendront compte de leur travail au chef de l'état-major de l'armée. »

La paye des troupes réglées devait être allouée à ces compagnies à partir de la date du 18 ventôse.

« Quartier général de Courcelle, le 9 prairial (28 mai).

Copie de l'ordre du quartier général de Thuin, du 8 au 9 prairial (27-28 mai)

Copie d'une lettre de la 9ᵉ Commission aux Conseils d'administration des compagnies de canonniers volontaires et au Commissaire ordonnateur des guerres.

L'article 6 de la loi du 5 de ce mois (floréal) dont je vous ai fait connaître les dispositions par une lettre du 9 portait, Citoyens, que le traitement qui y est déterminé par les articles 3 et 4 serait payé aux compagnies de canonniers volontaires à compter du 1ᵉʳ ventôse. Mais la Convention nationale a décidé depuis que c'était une erreur dans la rédaction du décret parce que le payement de ce traitement ne devait avoir lieu que du 18 ventôse conformément à la loi de ce dernier jour. Je vous invite, en conséquence, de vous conformer à cette nouvelle disposition qui détruit l'effet rétroactif que je vous avais annoncé, puisque la Convention en a postérieurement et autrement ordonné. Au surplus, vous tiendrez la main à l'exécution de ma lettre du 9 en tout ce qui n'est pas contraire à la présente dont vous voudrez bien m'accuser la réception.

Salut et fraternité,
Le général de brigade, adjoint provisoire,
PILLE.

(1) Aulard, 21 prairial (9 juin), tome XIV, page 230.

taires en activité de service dans les armées ». Chacune d'elles devait être à l'effectif de 93 hommes, officiers compris (1). Les appointés étaient supprimés par extinction dans toute l'artillerie. La solde était la même dans ces compagnies que dans les régiments d'artillerie. Les compagnies affectées aux demi-brigades étaient tenues de fournir des détachements pour le service du parc ou des places, toutes les fois qu'elles en étaient requises; et, comme l'embrigadement absorbait une quantité de compagnies moindre que l'organisation par bataillons, les cadres en excédent pouvaient, lorsque les Représentants du peuple chargés de l'embrigadement le jugeraient utile, être formés en compagnies détachées destinées normalement au service des places ou à celui des parcs de l'armée.

En exécution de la loi du 18 ventôse et avant même qu'eût paru le décret d'application du 5 floréal, Tharreau avait adressé à l'armée des Ardennes des instructions faisant nettement ressortir qu'en dehors des compagnies de volontaires attachées aux demi-brigades, les autres restaient au parc ou aux places.

A Rostollan.

24 germinal (13 avril).

Tu es chargé de faire organiser toutes les compagnies d'artillerie d'après la loi du 18 ventôse, et il n'en reste qu'une compagnie par demi-brigade. Les autres resteront au parc. Tu nommeras, dans le jour, deux officiers de ce corps pour cette organisation que tu m'enverras.

THARREAU.

---

(1) 1 capitaine commandant, 1 second capitaine, 1 premier lieutenant, 2 seconds lieutenants, 1 sergent-major, 5 sergents, 1 caporal fourrier, 5 caporaux, 35 premiers canonniers, 40 seconds canonniers, dont 4 artificiers et 4 ouvriers, 1 tambour.

Au général Debrun.

24 germinal (13 avril).

Tu voudras bien, Citoyen, faire organiser toutes les compagnies d'artillerie de ta division d'après la loi du 18 ventôse, en observant qu'il n'en restera qu'une compagnie par chaque demi-brigade, et que les autres seront mises au parc ou dans les places que tu voudras bien me désigner afin que je sache leurs emplacements. Tu nommeras, pour cette organisation, deux officiers instruits dans cette arme, et, quand elle sera finie, tu me le marqueras.

THARREAU.

La lettre suivante de Pille vient encore à l'appui des deux précédentes :

La Commission de l'organisation et du mouvement des armées de terre au citoyen Barthe, agent supérieur.

Paris, 5 floréal (24 avril).

Je pense, Citoyen, sur tes différentes observations, qu'il ne peut y avoir d'inconvénient de laisser les compagnies de canonniers attachées aux bataillons se compléter aux termes des différentes lois, puisque celles qui, par l'effet de l'amalgame, se trouveront n'être pas affectées à une demi-brigade, seront employées dans les parcs d'artillerie et dans les places et que, dans l'un ou l'autre cas, il est intéressant pour le service qu'elles soient complétées.

L'adjoint provisoire,
L.-A. PILLE.

Le 10 floréal, Gillet, chargé de l'embrigadement, écrivait encore à Jourdan que « la 2ᵉ compagnie (de canonniers volontaires) de la Moselle resterait disponible, soit pour une demi-brigade, soit pour le service du parc ou des places (1). »

Enfin, l'exemple qui va suivre, en même temps qu'il

---

(1) Voir *Campagne de 1794 à l'armée du Nord*, tome I, page 507.

donne certains détails sur la formation des demi-brigades à l'armée de la Moselle, fait voir encore que le reliquat des compagnies de canonniers volontaires pouvait être affecté indifféremment au service des parcs ou à celui des places.

Gillet au général en chef Jourdan.

Morfontaine, le 23 floréal (12 mai).

Je te préviens, Citoyen Général, que la compagnie de canonniers du 4e bataillon de Paris doit être attachée à la 59e demi-brigade d'infanterie. Cette compagnie est maintenant à Sarre-Libre ; tu voudras bien lui donner ordre de rejoindre sur-le-champ son bataillon.

Je t'ai fait la même demande pour la demi-compagnie du 3e bataillon de la Meuse, détachée au 2e bataillon du 2e régiment d'infanterie et pour celle du 7e de la Meurthe attachée au 81e régiment. Je ne sais si les ordres ont été donnés ; l'absence de ces détachements empêche la formation des compagnies qui doivent être attachées à la 34e et à la 110e demi-brigade d'infanterie.

11 demi-brigades et par conséquent 11 compagnies de canonniers sont organisées ou sur le point de l'être. Comme chaque compagnie est de cinq escouades et qu'il n'en faut que trois pour le service des six pièces de campagne, il restera vingt-deux escouades de disponibles, de 18 hommes chacune ; c'est-à-dire 396 canonniers qu'on pourra employer au parc ou dans les garnisons, sans compter les compagnies qui vont s'organiser successivement.....

En résumé, l'artillerie se compose de régiments d'artillerie à pied ; de régiments d'artillerie légère spécialement affectés à évoluer rapidement sur les champs de bataille avec la cavalerie ; enfin de compagnies de canonniers volontaires nationaux affectées en principe aux demi-brigades, au parc de l'armée ou aux places fortes, et accessoirement au complément de l'artillerie à pied ou légère.

En principe, l'artillerie à pied était destinée au service de la réserve d'artillerie en campagne ; mais, comme le montreront les documents qui vont suivre, les régiments étaient aussi affectés au service des places, de même que les compagnies de volontaires, attachées en principe aux demi-brigades et au service des parcs ou places, le seront aussi, le cas échéant, à l'artillerie de position.

Lille, le 23 ventôse (13 mars), l'an IIe de la République une et indivisible.

Le Représentant du peuple près l'armée du Nord,

. . . .

Vu ..... que (la compagnie Périn) faisait partie du second bataillon de Paris, formation de 1791, qu'elle a été séparée de ce corps au 28 avril 1792, et que depuis cette époque elle a continué à faire un service séparé.........

Arrête ..... que provisoirement et vu les circonstances résultant de ce que la compagnie de canonniers connue sous le nom de Périn et attachée au parc d'artillerie de la 1re division de l'armée du Nord doit partir incessamment pour le service des avant-postes, le citoyen capitaine de cette compagnie est chargé de la porter au complet de 98 hommes et de l'organiser d'après le mode déterminé par les lois militaires pour la formation des compagnies de l'artillerie de ligne.

Le citoyen Périn adressera au Ministre de la guerre une copie conforme du présent arrêté.

FLORENT GUIOT.

A Songis, général de brigade à Lille.

16 floréal (5 mai).

Le général Moreau me mande, Camarade, qu'il n'a pas le nombre de canonniers nécessaires pour le service des bouches à feu du camp de Wevelghem; mande, je te prie, si tu peux disposer d'une compagnie d'ici; je vois sur ma situation de cette place 982 canonniers volontaires; ne pourrait-on pas en tirer 60 environ pour envoyer à Moreau? cela presse.

Au citoyen Lamartinière, commandant l'artillerie.

19 floréal (8 mai).

Ci-joint, Citoyen, tu trouveras l'ordre de faire partir trois compagnies du 9e régiment d'artillerie pour se rendre à Saint-Omer, tu voudras bien m'accuser la réception du présent ordre, et me donner avis de son exécution.

Salut et fraternité.

Le général de division, chef de l'état-major général,
LIÉBERT.

Liébert à Leclaire, général de division à Saint-Omer.

20 floréal (9 mai).

En réponse, Général, à ta lettre du 18 courant, l'officier d'artillerie chargé de l'ordre de faire enlever tous les effets d'artillerie, doit être actuellement arrivé à Saint-Omer; quant aux troupes qui te manquent pour le service de la place, fais comme tu pourras et requiers la garde nationale. Je te préviens que j'ai donné l'ordre à trois compagnies du 9e régiment d'artillerie de partir de Douai, le 21 du courant, pour arriver à Saint-Omer le 24; d'après une lettre de la Commission, remplaçant le pouvoir exécutif, l'intention du général en chef est que ces trois compagnies soient réparties sur la côte, pour le service des batteries qui y sont établies, et principalement celles situées dans le district de Boulogne; aussitôt leur arrivée, tu voudras bien les répartir dans les différentes batteries pour remplir les vues de la Commission, et celles du général en chef; le citoyen Carnot, directeur des fortifications, qui a fait cette demande, pourra t'indiquer les emplacements où ils pourront être employés avec le plus d'avantage.

Les documents qui vont suivre indiquent bien que le parc recevait indifféremment des canonniers de ligne ou des canonniers volontaires.

Ordre du 11 germinal (31 mars).

Les officiers, sous-officiers et canonniers des compagnies de Baucheron et Fonton du 1er régiment d'artillerie, la 1re compagnie du 2e régiment, ainsi que celles des canonniers volontaires de Lebrun, Boulanger, Gerbe, Millon, Puymoyen, Coquet, la 11e des fédérés, Vermantois et celle d'Armentières, toutes faisant partie du parc d'artillerie, feront remise de deux jours de leur viande.

Au général de division Jacob.

16 germinal (5 avril).

Je te prie, Citoyen Général, de transmettre au commandant de la place de Vedette-Républicaine l'ordre ci-joint pour 50 canonniers de ligne à mettre à la disposition du directeur du parc d'artillerie.

LA CODRE.

16 germinal (5 avril).

Il est ordonné au commandant de la place de Vedette-Républicaine de mettre à la disposition du directeur du parc d'artillerie 50 canonniers de la ci-devant ligne avec les officiers et sous-officiers nécessaires qui partiront le 19 germinal pour se rendre à Givet, où ils recevront de nouveaux ordres. Ils voyageront avec leurs vivres de campagne ; et le logement leur sera fourni dans les lieux de passage conformément à la loi.

Par ordre du général en chef,

THARREAU.

23 germinal (12 avril).

Il est ordonné au commandant du parc d'artillerie de faire partir sur-le-champ quatre pièces de 4 avec leurs attirails et trois escouades de canonniers et leurs officiers pour aller à la 172ᵉ demi-brigade. Les canonniers ci-devant de ligne du 94ᵉ régiment rentreront au parc aussitôt qu'ils seront relevés.

Nota. — Les trois escouades de canonniers seront de la compagnie Chaffe. Ils serviront les quatre pièces et les deux qui y sont.

THARREAU.

A Rostollan, général de brigade.

23 germinal (12 avril).

Je viens d'envoyer l'ordre au directeur du parc de délivrer quatre pièces de bataillon à la 172ᵉ demi-brigade. Elles seront servies, avec deux qu'elle a déjà, par trois escouades de la compagnie Chaffe. Celle de la cy-devant ligne, attachée au 94ᵉ régiment, rentrera au parc....

THARREAU.

Copie de l'ordre du 8 au 9, daté du quartier général de Thuin, le 8 prairial.

Au quartier général de Courcelle, le 9 prairial (28 mai).

Il est ordonné aux commandants de bataillons, sous peine de destitution, de former leur contingent de huit hommes qui leur a été demandé d'après l'arrêté du Représentant du peuple pour les équipages d'artillerie. Ils les enverront au parc d'artillerie et les adresseront au citoyen Lafeuille, chef de division au grand parc.

Si l'accroissement donné à l'artillerie réglée par la création de compagnies de canonniers volontaires en augmentait la quantité, on ne pouvait en maintenir la qualité qu'à condition de les pourvoir de cadres suffisamment instruits. Pour arriver à ce résultat, le Comité de Salut public prit une série d'arrêtés, dont le premier eut pour objet de verser dans les corps de troupe tous les officiers d'artillerie expérimentés qui se trouvaient encore dans les arsenaux. Considérant « qu'il est nécessaire que toutes les personnes instruites à la manœuvre du canon soient aux armées », il décidait le 10 septembre 1793 que « tous les officiers d'artillerie, répartis dans les fabriques, les usines, les forges, etc., seraient rappelés et envoyés à leurs corps respectifs pour combattre l'ennemi (1) », et que « ces officiers seraient remplacés par des républicains intelligents, par des artistes qui connaissent parfaitement tous les détails des diverses parties dont on leur confie la surveillance ».

Non content de cette mesure, le Comité de Salut public voulut encore que les canonniers volontaires fussent à hauteur de leurs fonctions. Aussi avait-il, le 3 pluviôse, attaché à chaque armée deux officiers inspecteurs fournis par le corps de l'artillerie et chargés de surveiller spécialement l'instruction des compagnies de canonniers volontaires.

---

(1) « Un de nos malheurs, écrivait Carnot le 10 octobre, est de manquer d'officiers d'artillerie et du génie. » (*Correspondance générale de Carnot*, t. III, p. 282.) C'est dans le même esprit que par arrêté du 24 pluviôse (12 février), le Comité de Salut public soustrayait les officiers nobles de l'artillerie et du génie à l'arrêté de Duquesnoy.

3 pluviôse (22 janvier).

Le Comité de Salut public considérant qu'il est de la plus grande importance de procurer au service de l'artillerie toute l'activité dont elle est susceptible et de lui conserver la juste célébrité qu'elle s'est acquise; voulant, à cet effet, que l'instruction soit propagée promptement dans tous les bataillons; sur les observations de Verrières, (1), général de l'artillerie de l'armée de la Moselle, et la proposition de Dupin, adjoint au Ministre de la guerre, 3e division, arrête :

Art. 1er. — Il sera établi dans chacune des armées de la République deux officiers d'artillerie connus par leur civisme et par leurs talents, lesquels seront chargés de faire dans chaque bataillon un examen sur l'exercice pratique de l'artillerie, auquel seront assujettis tous les officiers, sous-officiers et canonniers de ce bataillon. Cet examen, fait en présence de toute la compagnie, roulera sur les devoirs respectifs de chaque individu, sur la nature des positions, sur la manière de charger le canon, sur son tir, sa portée, la manière de parer aux accidents en route, enfin, sur tout ce qu'il est indispensable de savoir pour conduire en campagne les pièces de 4.

Ces officiers délivreront sous leur responsabilité des certificats d'examen, et nul ne pourra commander des pièces sans en être muni. Ils surveilleront en outre l'approvisionnement des parcs, l'emploi des cartouches et préviendront la dilapidation et la consommation inutile.

Art. 2. — Lesdits officiers ne pourront avoir un grade supérieur au grade de chef de bataillon ni inférieur à celui de capitaine. Leurs appointements seront ceux qui sont attribués à ces grades respectifs.

Art. 3. — Le Ministre de la guerre présentera dans le plus bref delai la liste desdits officiers, et le choix devra en être ratifié par le Comité de Salut public (2).

---

(1) Verrières proposa aussi, le 30 vendémiaire, d'augmenter de 18 hommes chaque compagnie d'artillerie à cheval.

(2) *Au général de brigade Lorge.*

12 germinal (1er avril).

Je te prie, mon cher camarade, de vouloir bien donner l'ordre à l'officier d'artillerie envoyé par le Ministre comme l'inspecteur des compagnies d'artillerie des bataillons de se rendre à Sedan le 15 de ce mois. J'ignore son nom, et sans doute il sera annoncé auprès de toi.

THARREAU.

Cet arrêté, qui fut notifié à l'armée du Nord par l'ordre du 14-15 ventôse, fut adressé au général Pichegru par la lettre suivante :

Mazurier, adjoint au Ministre de la guerre, au Citoyen Général, commandant en chef l'armée du Nord.

Paris, le 9 ventôse (27 février) l'an II° de la République une et indivisible.

Je t'adresse, Citoyen, un arrêté du Comité de Salut public portant création de 24 officiers d'artillerie détachés dans les différentes armées de la République, à l'effet d'y être employés en qualité de surveillants, tant pour l'instruction des officiers d'artillerie volontaires, que pour surveiller les bouches à feu, munitions des bataillons, et cartouches d'infanterie : et que les citoyens Gueydan, Poix, Mérique aîné (1), Forno et Crochet, sont destinés pour l'armée du Nord où ils ont ordre de se rendre sans délai. Tu voudras bien veiller à ce qu'ils remplissent leurs fonctions, conformément au but que le Comité de Salut public s'est proposé en ordonnant cette disposition.

Salut et fraternité.

MAZURIER.

La lettre de Mazurier était suivie d'une instruction qui fut mise à l'ordre du 14-15 ventôse en même temps que l'arrêté.

---

(1)   *Le général Colaud, au citoyen Mérique aîné.*

Réunion-sur-Oise, 13 ventôse (3 mars).

L'adjoint du Ministre, Mazurier, m'avait prévenu, Citoyen, de ta nomination, en qualité de surveillant pour l'instruction des officiers d'artillerie volontaires, et surveiller les bouches à feu ainsi que les munitions des bataillons et cartouches d'infanterie.

Tu voudras bien, conformément aux ordres du Ministre, commencer ton opération et y mettre la plus grande exactitude pour empêcher les dilapidations en munitions de guerre.

Salut et fraternité.

COLAUD.

Instruction aux officiers nommés pour l'exécution de l'arrêté du Comité de Salut public du 3 pluviôse, qui ordonne un examen des officiers de canonniers attachés aux bataillons.

Art. 1er. — L'examen roulera sur les devoirs respectifs des officiers, sous-officiers et canonniers.

Art. 2. — Sur la nature des positions, sur la manière de charger le canon, sur son tir, sur sa portée.

Art. 3. — Sur la manière de parer aux accidents en route.

Art. 4. — Enfin sur tout ce qu'il est indispensable de savoir pour conduire en campagne les pièces de 4.

Art. 5. — Il sera délivré à ceux desdits officiers, sous-officiers et canonniers, qui seront reconnus pour être capables de commander des pièces, des certificats d'examens.

Art. 6. — Les officiers examinateurs enverront au Ministre les noms des officiers, sous-officiers et canonniers des bataillons qui auront obtenu des certificats et qui seront susceptibles, par leurs connaissances, d'obtenir de l'avancement. Ils en donneront pareillement connaissance au Comité de Salut public, aux Représentants du peuple près les armées et aux généraux en chef.

Art. 7. — Pendant une action, moitié des officiers examinateurs se tiendra auprès du général en chef, et l'autre moitié au parc d'artillerie.

Art. 8. — Dans les camps, ils vérifieront l'emplacement du canon de ligne et des chevaux.

Art. 9. — En route, ils veilleront à ce que les chevaux ne soient pas surchargés et que les caissons ne soient pas embarrassés par des équipages.

Art. 10. — Ils surveilleront avec la plus scrupuleuse attention les pièces attachées aux bataillons, les approvisionnements de ces pièces, la distribution et l'emploi des cartouches d'infanterie, ainsi que l'armement, de la situation duquel ils rendront compte au Ministre, et veilleront à ce qu'il n'y ait point de dilapidation.

L'adjoint de la 3e division pour le Ministre de la guerre,

Mazurier.

Comme application de l'arrêté du 3 pluviôse, on peut citer l'extrait ci-après de la lettre qu'écrivit Gillet le 18 floréal au Comité de Salut public :

Morfontaine, 18 floréal (7 mai).

....

J'organise en même temps les compagnies d'artillerie; j'ai chargé le citoyen Ménageur, capitaine envoyé par le Comité de Salut public pour inspecter les compagnies de canonniers volontaires, de cette opération à l'armée de la Moselle. Aucun officier ou sous-officier n'est admis qu'après avoir subi l'examen; j'ai pris plusieurs officiers parmi les sous-officiers de l'artillerie de ligne. J'espère parvenir par ce moyen à rendre l'artillerie de bataillon très utile à la guerre et très redoutable à nos ennemis. Elle en a déjà donné des preuves à la retraite d'Arlon, tandis que les campagnes précédentes à peine s'en servait-on une seule fois dans dix affaires, parce que les officiers ne savaient pas profiter d'une position. Tout le poids du service retombait sur l'artillerie légère.

J'ai remarqué que les Autrichiens font un grand usage des pièces de 3; ils les tirent à toute volée, ils renforcent par là l'artillerie légère, et ces pièces font beaucoup de mal. Pourquoi ne tirerions-nous pas le même avantage de nos pièces de 4?

J'ai chargé le général en chef de l'armée des Ardennes de choisir un officier d'artillerie instruit pour organiser sur le même pied l'artillerie de bataillon de cette armée (1).....

On peut encore citer, sur le manque d'instruction qu'accusaient les canonniers volontaires nationaux et sur la nécessité où était le commandement d'y remédier, la correspondance qui fut échangée à ce sujet entre Pichegru, Favereau et Éblé.

On a dit précédemment qu'en dehors des compagnies de canonniers volontaires affectées aux demi-brigades et des régiments d'artillerie proprement dite affectés aux troupes à cheval, à la réserve d'artillerie de campagne et aux parcs d'artillerie, il y avait eu un reliquat de com-

---

(1) Toujours dans le but d'avoir des cadres instruits et à hauteur de leurs fonctions, le Comité de Salut public arrêta le 29 ventôse que « pour cette année seulement, indépendamment du nombre ordinaire d'élèves d'artillerie, il serait reçu à l'école seize élèves surnuméraires, d'un républicanisme prononcé et qui réuniront les connaissances nécessaires pour servir dans cette arme ». (*Arch. nat.*, Aulard, t. XIII, p. 54.)

pagnies de volontaires nationaux qui devaient être affectées soit au service des parcs, soit à celui des places.

En vertu de cette disposition, le général Éblé commandant l'artillerie de l'armée du Nord avait voulu, au moment même de l'entrée en campagne, retirer les artilleurs du 7ᵉ régiment de la place de Maubeuge pour y substituer des volontaires. Il dut surseoir à cette mesure sur les vives réclamations du général Favereau, commandant les trois divisions et la place de Maubeuge.

Le 12 germinal an II, en effet : « Il arriva à Maubeuge 130 canonniers formant deux compagnies, provenant de celles de bataillons embrigadés pour relever ceux du 7ᵉ régiment d'artillerie. Comme ce mouvement n'était ordonné que par le général d'artillerie de l'armée (1),

---

(1) Favereau était mal renseigné ; Éblé était, en effet, d'accord avec Colaud remplaçant alors Pichegru, ainsi que le prouve la lettre suivante :

Le général Colaud au général Éblé, commandant l'artillerie à la Fère.

Guise, le 11 ventôse (1ᵉʳ mars).

J'ai reçu, mon cher Camarade, la lettre du 9 ventôse, adressée au général Pichegru qui se trouve dans ce moment-ci absent et occupé à faire la visite des places-frontière.

La plupart des détachements de canonniers qui étaient à Maubeuge en sont partis pour rejoindre leurs corps et y ont été remplacés par ceux que tu as envoyés. Je pense, comme toi, qu'on pourrait tirer des canonniers qui sont de trop à Maubeuge. J'ai demandé dix fois au général Luce, commandant l'artillerie, de me donner l'état des canonniers nécessaires pour le service de la place, du camp retranché, de la redoute du Loup, de celles de Gambe, du Tilleul et d'Assevent, mais il n'a jamais été possible de l'obtenir. Je te préviens qu'il y a, à Maubeuge, la compagnie du 1ᵉʳ bataillon de la Haute-Vienne qui est fait prisonnier ainsi que la compagnie du 4ᵉ bataillon du Pas-de-Calais dont le bataillon est aussi prisonnier. Ces deux compagnies font le service avec l'artillerie de ligne.

Je crois que tu dois envoyer les officiers instructeurs pour l'armée des Ardennes à Sedan où se trouve le quartier général.

COLAUD.

le général Favereau en rendit compte au général en chef en lui représentant que la position de Maubeuge était trop intéressante pour la confier à des hommes sans nulle connaissance des premiers éléments de l'artillerie (1). »

Au Général en chef de l'armée du Nord.

12 germinal (1ᵉʳ avril).

Il m'est arrivé hier, Général, 130 canonniers qu'on dit être pour remplacer ceux du 7ᵉ régiment employés au camp de Falize et dans la place de Maubeuge. Il semble qu'on veuille conspirer contre cette contrée; elle est affamée en subsistances; le fourrage nous manque au point que nos chevaux, moitié du temps, ne mangent que de la paille, et nos frères d'armes sont obligés de coucher, en grande partie, sur la terre. Je reviens aux canonniers. Crois-tu, Général, qu'un point aussi essentiel que celui de Maubeuge doit être confié à des canonniers qui peut-être les 7/8ᵉ, ne connaissent pas le premier élément de l'artillerie. C'est à toi à en juger. D'ailleurs, ce mouvement qui me paraît être l'ouvrage du général Éblé qui veut rassembler le plus possible les différents corps d'artillerie n'est pas celui qui doit avoir effet dans un moment où on entre en campagne. Que veux-tu que je fasse d'écoliers où il faut des maîtres. C'est à toi, général, à prononcer. Tu as les rênes de la patrie en main. Donne-moi des ordres; je les exécuterai. Je te le dois comme mon chef et comme ayant ma confiance.

J'attends la demande du général Éblé que je n'exécuterai qu'après tes ordres, à moins qu'il les cite.

C'était en effet Éblé qui avait provoqué cette mesure.

Au général Favereau.

Réunion-sur-Oise, le 13 germinal (2 avril).

J'ai autorisé, Général, le général Eblé à faire tous les changements qu'il jugera convenables parmi les détachements de canonniers pour rassembler, autant que possible, ceux d'un même régiment, mais toujours dans la supposition qu'il n'en résulterait aucun inconvénient. Or, je trouve comme toi que c'en est un de relever tous à la fois les

---

(1) Journal de Favereau, 12 germinal.

canonniers instruits qui se trouvent dans la place de Maubeuge, par d'autres dont l'instruction est au moins incertaine. Je t'autorise, en conséquence, à n'en faire relever d'abord que ceux que tu jugeras pouvoir l'être sans inconvénient, et tu feras part au général Éblé de mes intentions à cet égard.

. . . .

PICHEGRU.

Profitant de la latitude que lui laissait cette lettre, Favereau mandait le 16 à Pichegru qu'il allait faire partir trois détachements du 7e d'artillerie, formant à peu près la moitié de ce que le général Éblé voulait obtenir. « Ce que je garde, ajoutait-il, est une compagnie entière. Je fais presser l'instruction de ceux qui me sont arrivés ; ils en ont diablement besoin. »

Il écrivait de même à Éblé le 17 :

« Le détachement des 140 hommes qui viennent de m'arriver, mon Camarade, pour remplacer celui du 7e régiment d'artillerie, n'étant composé que d'hommes d'une instruction très incertaine, m'a porté de réclamer du général en chef de prendre un parti pour ne pas démunir totalement ma division de cette arme si précieuse, surtout dans cette position aussi intéressante. Il m'a autorisé de n'en faire relever qu'une partie..... En conséquence, j'ai ordonné à la moitié de partir pour la Fère; j'ai choisi ceux qui étaient ici en divers détachements et ai gardé une compagnie entière. J'ai donné l'ordre pour que ce nouveau détachement se livre à une instruction forcée pour pouvoir renvoyer à leur corps ceux du 7e régiment que je garde..... »

La Foudroyante-Montagne. — En dehors des compagnies connues sous le terme général de « canonniers volontaires nationaux », il s'en est trouvé quelques-unes qui semblent s'être formées dans des conditions à peu près semblables à celles des corps francs de l'infanterie et avoir eu, par rapport aux compagnies de volontaires, la même situation que les corps francs incomplets vis-à-vis des bataillons de volontaires nationaux.

De ce nombre se trouve la *Foudroyante-Montagne*,

qui fut l'objet des décisions suivantes destinées à en assurer la suppression.

Le 1ᵉʳ ventôse an II, le Comité de Salut public, « considérant que la corporation qui s'est faite de plusieurs compagnies de canonniers volontaires, sous la dénomination de *Foudroyante-Montagne*, est contraire aux lois ; que ce corps incomplet ne peut être d'une grande utilité aux armées », arrêtait que ce corps, alors à Guise, serait dissous et ses hommes répartis dans l'artillerie de bataillon.

En exécution de cet arrêté, Colaud, remplaçant provisoirement Pichegru à Guise, écrivait à Goguet le 18 ventôse qu'il partirait le 19 « un bataillon de la *Foudroyante-Montagne* pour servir les pièces du 13ᵉ fédérés..... »

De même, le 19 germinal, Liébert adressait les instructions suivantes à Éblé :

Liébert au citoyen Éblé, général d'artillerie, à la Fère.

Réunion-sur-Oise, 19 germinal (8 avril).

Je te préviens, Général, que le Ministre ordonne, d'après l'arrêté du Comité de Salut public, d'incorporer le bataillon dit la « Foudroyante-Montagne » dans les anciens cadres, et, à cet effet, qu'il soit envoyé à la Fère. En conséquence, mande-moi si tu en as besoin pour la Fère ou pour d'autres endroits. Je les dirigerai suivant ta réponse (1)......

Le général Éblé, commandant l'artillerie, au général Liébert, chef de l'état-major de l'armée.

La Fère, 20 germinal (9 avril).

Nous sommes déjà assez foudroyés, mon Camarade ; ne nous envoie

---

(1) Dans la même lettre, Liébert signale, en ces termes, l'insuffisance technique d'un autre détachement de même nature, celui des « canonniers des chasseurs tirailleurs ». « Ne pense plus aux canonniers des chasseurs tirailleurs. J'ai donné ordre aux commandants d'artillerie des places de Lille et de Dunkerque, où elles se trouvent, de procéder sur-le-champ à leur incorporation dans les divisions à portée d'eux..... »

donc pas la « Foudroyante-Montagne ». Cependant, s'il s'y trouve des ouvriers en bois ou en fer ou d'autres qui n'aient pas de métier, mais qui aient cinq pieds trois pouces (pieds nus) comme la loi le prescrit, fais-les choisir et envoyer ici au nombre de 43 ; je les incorporerai dans le 6º régiment où ce nombre manque.

ÉBLÉ.

Éblé au général Pichegru.

La Fère, 20 germinal (9 avril).

..... J'écris à Liébert au sujet de la « Foudroyante-Montagne ». Il ne nous manque que 43 hommes. Il s'engage à m'envoyer les ouvriers, autant qu'ils auront la taille.....

Liébert au citoyen Bonnard, sous-directeur de l'artillerie, à Réunion.

20 germinal (9 avril).

Il est ordonné au citoyen Bonnard, sous-directeur de l'artillerie, de faire choix dans le bataillon provisoire de la « Foudroyante-Montagne », de 43 hommes propres au service de l'artillerie et ayant la taille requise pour ce service. Ces hommes seront aussitôt rassemblés, il fera terminer leurs comptes, et partiront le 22 du courant pour se rendre à la Fère où ils seront incorporés dans l'artillerie d'après l'ordre du général Eblé.

Toutefois Liébert semble avoir changé d'avis et avoir dirigé finalement toute la « Foudroyante-Montagne » sur la Fère.

Liébert à Éblé, général de division commandant le parc à la Fère.

7 floréal (26 avril).

Je te préviens, mon cher Camarade, que je donne ordre au ci-devant bataillon de la « Foudroyante-Montagne » de se rendre à la Fère pour y être dissous le plus promptement possible et incorporé dans l'artillerie. Je te prie, après cette incorporation faite, de me mander le nombre d'hommes qui restera n'étant pas propre au service de l'artillerie faute de taille.

Le général Éblé, commandant l'artillerie, au citoyen Lobreau, directeur du parc à Lille.

La Fère, 11 floréal (29 avril).

..... Dis à Liébert que la « Foudroyante Montagne » est en partie ici, et qu'aussitôt que j'aurai fait le triage des hommes propres à l'artillerie, je lui enverrai la note du restant.

Le général Éblé, commandant l'artillerie, au citoyen Saignes, agent supérieur de l'armée du Nord.

La Fère, 3 prairial (**22** mai).

Le général en chef, Citoyen, m'a donné l'ordre d'envoyer à Réunion-sur-Oise les débris du bataillon dit *la Foudroyante-Montagne* pour être encadrés dans ceux aux ordres du général Ferrand, de manière qu'il ne reste à la Fère que dix officiers qui attendent la destination que leur donnera le général Pichegru. Il m'aurait d'ailleurs été difficile de t'envoyer des canonniers instruits, la plupart n'ayant aucune notion du métier d'artilleur. Ceux qui avaient la taille prescrite par la loi ont été incorporés dans les régiments d'artillerie qui se trouvent ici.

Les canonniers montagnards. — La *Foudroyante-Montagne* ne fut pas la seule de ces créations bizarres. La *Collection des Lois*, les arrêtés du Comité de Salut public et les documents des Archives nationales, permettent de reconstituer plus ou moins l'historique de deux compagnies de « canonniers montagnards » de Meulan, levées par réquisition dans le département de Seine-et-Oise sur l'autorisation spéciale du Représentant du peuple et antérieurement à la loi de la première réquisition par Grobert, chef de bataillon d'artillerie (1), directeur de l'arsenal de Meulan et inventeur des affûts-fardiers (2).

A la suite d'un rapport de son Comité militaire sur l'affût-fardier, la Convention décrétait, le 4 juin 1793, l'installation d'un atelier dans le « ci-devant couvent

---

(1) Grobert ne fut toutefois nommé chef de bataillon d'artillerie que par arrêté du 12 floréal (1er mai 1794). (Aulard, t. XIII, p. 184.) Le 14 prairial (2 juin), la commission des armes et poudres était autorisée à lui verser 4,000 livres à titre d'indemnité relative à ses travaux. (Aulard, t. XIV, p. 79.)

(2) On reviendra plus loin sur la question des affûts-fardiers.

des Bénédictins d'Évreux, dans le département de l'Eure (1) », pour la construction d'un « affût-fardier, destiné au transport et maniement d'une pièce de 16 », ainsi que d'un caisson et d'une « voiture à double forge », transportables par la méthode inventée par le citoyen Grobert. « Ces trois voitures étant achevées

---

(1) Ce fut le couvent des Bénédictins de Meulan (Seine-et-Oise) qui servit en réalité à cette construction, et voici comment :

Grobert ne fut pas seulement l'inventeur des affûts-fardiers et des affûts sans avant-train. Il fut aussi l'auteur d'une « machine pyrobalistique, composée de plusieurs canons parallèles dont l'effet, comparé à celui d'un canon de 12 chargé à cartouches, est annoncé comme 51 à 7 ». C'était en somme une véritable mitrailleuse pour laquelle Grobert demandait le 12 juin un crédit de 1200 francs, et l'autorisation de la faire porter par un affût-fardier de son invention.

Sur le rapport remis au Comité militaire le 11 juin 1793 par une commission composée de Dumas, Berland, Berthollet et Fourcroy, le Comité de Salut public autorisa, le 14, la construction d'une machine pyrobalistique pour être soumise à l'expérience; toutefois, comme la ville d'Évreux ne convenait pas à des « établissements de machines militaires », le Comité décida que le Ministre de l'intérieur désignerait une autre localité pour permettre à Grobert de continuer ses travaux sur les affûts-fardiers et sur sa « machine pyrobalistique ». (Aulard, t. IV, p. 557.)

La désignation du couvent des Bénédictins d'Évreux, comme du reste de toute installation spéciale pour la construction des affûts-fardiers n'avait pas été sans protestation :

« Le citoyen Delisle proteste le 29 juin 1793 auprès du Comité militaire de la Convention contre la dépense qu'occasionnera l'installation à Évreux dans le couvent des ci-devant Bénédictins des ateliers de construction de l'affût-fardier. Il y faudra tout créer; tandis qu'en utilisant les arsenaux on y aurait tout le matériel et le personnel qui pourrait lui-même former des élèves. On peut même avoir recours à Paris puisqu'il s'y trouve « les ouvriers qui ont construit l'affût-fardier dont on a fait l'essai les 21 et 25 avril 1793, en présence des commissaires du Bureau de consultation des arts et métiers ainsi qu'en présence du citoyen Berland, adjudant général de l'artillerie parisienne..... »

« Il est bon d'observer aussi que n'ayant qu'un seul de ces ateliers pour cette construction, vous ne pouvez avoir, tout au plus qu'un affût par mois..... De plus ces affûts coûteraient des sommes immenses avant que la nation puisse jouir d'aucun avantage de cette nouvelle

devaient être présentées au Comité militaire, afin de statuer promptement sur une plus ample construction ».

A la suite de ces expériences, Saint-Martin, au nom du Comité de la guerre, vint attester, le 22 vendémiaire, qu'il avait « la persuasion que cette découverte pouvait rendre de grands services à la République » ; il fut dès lors décrété le même jour que « les ateliers de l'arsenal établi dans le ci-devant couvent des Bénédictins de Meulan (Seine-et-Oise), seraient étendus pour suffire à une plus ample construction conformément aux plans, devis et estimations présentés par le directeur dudit arsenal ».

« La réception des affûts et voitures fardières devait être faite par un commissaire, nommé par le Ministre de la guerre, conjointement avec ceux nommés par la municipalité de Meulan.....

« La compagnie de canonniers formée pour la manœuvre des affûts-fardiers devait comprendre : 1 capitaine, 1 lieutenant, 1 porte-drapeau, 1 sergent-major, 4 sergents, 4 caporaux, 80 canonniers et 2 tambours.

« Chaque division d'affûts devait se composer de 4 affûts, 2 caissons et une double forge, et être accom-

---

découverte, si un seul homme a l'entreprise et qu'il n'y avait qu'un seul atelier.

« *Le Ministre de l'intérieur a déjà payé près de 50,000 livres pour ce seul affût.....* »

Sous réserve de la nécessité qu'il signalait, Delisle reconnaissait du reste l'utilité de cet affût.

Dans son ouvrage intitulé : *Observations sur les affûts et caissons sans avant-train* (p. 39 et suivantes), Grobert indique que *1,500,000 livres furent affectées aux constructions de l'arsenal de Meulan* et qu'avec cette somme il avait construit 15 affûts-fardiers complets, dont chacun avait coûté 6,000 à 7,000 livres et 14 incomplets; des affûts et caissons sans avant-train de tout calibre; la totalité des ambulances; payé les ouvriers, nourri 14 chevaux, restauré et aménagé les maisons des ci-devant Bénédictins et Pénitents de Meulan qui étaient « dans l'état de vétusté et de délabrement le plus affreux. »

pagnée dans les armées par 8 canonniers, 1 officier et 1 sous-officier..... »

Il devait être construit « 88 affûts-fardiers montés sur leur triqueballe, 44 caissons, 22 doubles forges, 50 voitures d'ambulance et le harnachement de 748 chevaux, le tout d'après les modèles déposés dans l'arsenal de Meulan..... » « Le ci-devant couvent des Pénitents à Meulan demeurait réservé pour le casernement des canonniers et pour la construction des voitures d'ambulance », qui viennent d'être indiqués (1).

Grobert envoya tout d'abord à Péronne 32 de ces canonniers montagnards, car c'est à Péronne que devait se faire l'essai des affûts-fardiers; et en effet, le 10 floréal, et par modification à son arrêté du 7, le Comité de Salut public prescrivait l'envoi dans cette place, à la disposition du général commandant de l'armée du Nord, de deux divisions, l'une de quatre pièces de 16, l'autre de quatre pièces de 4 sans avant-train; mais en route, et à Saint-Denis, une insurrection éclata parmi les « canonniers montagnards », chargés d'escorter ces divisions. Grobert réclama le 12 le licenciement de ces derniers et leur réorganisation immédiate, ce à quoi le Comité de Salut public semble avoir consenti le même jour, sous une forme déguisée; enfin, les « canonniers » réorganisés le 20, sur la base de la loi du 5, les divisions des affûts-fardiers et canons sans avant-train furent, en exécution de l'arrêté du 21, dirigées sans délai, sous leur escorte, non plus sur Péronne, mais sur Réunion-sur-Oise.

---

(1) « Au lieu d'un seul atelier, j'occupais trois maisons nationales à Meulan et une vaste église à Mantes. J'avais un grand atelier pour le débit des bois, près la ménagerie de Versailles, et un atelier de charpente à Marly.... (A) l'établissement de Meulan..... j'avais ajouté un port qui eût vivifié le commerce de cette commune. » (Grobert, *loc. cit.*, p. 40).

Cependant, le directeur de l'arsenal de Meulan indiqua, peu après, qu'une nouvelle division d'affûts-fardiers était prête à être mise en route, mais qu'il ne disposait que de 32 canonniers montagnards à Péronne, pour la manœuvrer. Le Comité de Salut public arrêta dès lors le 27, que ce faible détachement serait transformé en une compagnie par l'adjonction d'hommes de la première réquisition. Enfin, le 29, le Comité de Salut public autorisait Grobert à se transporter auprès des généraux en chef, à qui étaient envoyées les divisions, pour leur « faire valoir avec avantage le mode de traîner les pièces de 16 en bataille ». Le 2 messidor, il décidait encore que la 2ᵉ division d'affûts-fardiers (1), annoncée par Grobert, serait dirigée sur Péronne; mais il ne semble pas qu'elle y fût encore rendue le 23 messidor, car une lettre de Carnot, portant cette date et interdisant à Grobert de continuer à requérir ses « canonniers montagnards » dans les hommes soumis à la loi du 23 août 1793, constate qu'au 23 messidor, il y a deux compagnies de « canonniers montagnards », l'une en activité de service à l'armée du Nord, l'autre attendant à Péronne la division d'affûts-fardiers annoncée par Grobert depuis les derniers jours de floréal (2).

Si l'on fait abstraction des formations particulières, comme celle des « canonniers montagnards » de Grobert, créés dans un but d'expériences spéciales, on peut conclure de tout ce qui précède que, dès le printemps de 1792, les sept régiments d'artillerie à pied de la monarchie furent insuffisants et qu'on chercha à en combler

---

(1) Cette division comprenait : quatre pièces de 16, deux caissons de 16, une forge ambulante, un affût et un triqueballe de rechange, et dix voitures d'ambulance. (Voir l'arrêté du 6 messidor.)
(2) Pour tout ce qui concerne les canonniers montagnards, voir le Recueil Aulard et les Archives nationales aux dates indiquées.

les vides au moyen de troupes réglées d'infanterie, le 25 mai 1792, et au moyen de volontaires de l'infanterie, ou de canonniers volontaires, le 22 juillet 1793; que d'autre part, les services rendus par une artillerie plus mobile, dont les canonniers étaient à cheval ou sur des wurst, firent créer tout d'abord le 17 avril 1792, neuf compagnies d'artillerie dite volante ou à cheval, par prélèvement sur les régiments à pied et les troupes à cheval (1); puis le 21 février 1793 onze autres par nouveau prélèvement comblé « de gré à gré par des individus de bonne volonté (2) ». Sous l'influence des décrets des 21 février et 22 juillet 1793, s'introduisait donc dans l'artillerie l'élément des « volontaires » qui diminuait d'autant la capacité technique des troupes réglées restées jusque-là indemnes et pures de tout mélange. Cette sorte d'alliage, qui diminuait d'autant la solidité du métal, s'accentua encore par l'admission en mai 1793, dans les compagnies à cheval, des deux qui s'étaient formées en septembre 1792 et avaient fait la campagne de Belgique. Le 3 juin, huit autres se créaient qui n'avaient chacune, comme noyau de troupes techniques, qu'un officier d'artillerie à cheval et douze hommes de l'artillerie à pied : c'était en somme former chacune des huit compagnies avec un septième de troupes techniques et six septièmes de volontaires. L'arrêté du 7 nivôse, qui porta ces compagnies à cent hommes et en créa dix nouvelles, ne put encore obtenir cette augmentation qu'au prix de la solidité de ces unités. Enfin le décret du 19 pluviôse, qui formait neuf régiments d'artillerie *légère* à six compagnies, autorisa à chercher l'effectif des quatorze compagnies nouvelles dans « celles des légions ou celles enfin autorisées par les Représen-

---

(1) Article 8 du décret du 17 avril 1792 sanctionné par la loi du 29.
(2) Loi du 21 février et règlement du 12 mars 1793.

tants du peuple ou les départements jusqu'au 19 pluviôse » ou encore « pour n'encadrer que des militaires capables », parmi « ceux qui se destinent à l'artillerie, soit dans la cavalerie, soit dans l'artillerie de places ou de bataillons ». C'était en somme autoriser le recrutement sur tous les corps de l'armée, volontaires nationaux ou autres.

Parallèlement à l'artillerie à pied et à l'artillerie à cheval s'étaient levées des compagnies de canonniers volontaires nationaux, destinées en principe à servir l'artillerie des bataillons ; mais la loi du 19 nivôse sur l'embrigadement n'en utilisa qu'une partie pour le service des demi-brigades, et le reste dut être employé, soit à former le complet de l'artillerie à pied ou à cheval, soit à concourir avec l'artillerie à pied au service des places et batteries de côtes ou des parcs, voire même à la rigueur à celui de la réserve d'artillerie de campagne. Non seulement on n'en connaissait pas le nombre, mais parfois des bataillons de volontaires s'érigeaient en bataillons d'artillerie, comme celui de l'Yonne, dont se plaignait Gillet (1) et celui de la Moselle, objet des réclamations d'Éblé (2).

Par cet exposé sommaire on peut se rendre compte des mutations continuelles qui se produisirent jusqu'au printemps de l'année 1794, et de la nécessité où se trouva la Commission de l'organisation et du mouvement de savoir d'abord le nombre des formations volontaires disponibles, leurs effectifs et leurs emplacements.

Aussi adressa-t-elle, le 26 floréal, la circulaire sui-

---

(1) Voir *Campagne de 1794 de l'armée du Nord*, tome I, pages 507 et 508.

(2) 11 *ventôse* (1ᵉʳ mars). — Le général Éblé se plaint, de la Fère, au Ministre de la guerre, que le 1ᵉʳ bataillon de la Moselle se soit érigé en bataillon de canonniers et que les officiers de ce bataillon se fassent payer leurs appointements comme officiers d'artillerie.

vante, qui fut mise à l'ordre de l'armée du Nord, le 30 floréal :

Ordre du 30 floréal au 1er prairial. — Copie d'une lettre de la Commission de l'organisation et du mouvement des armées de terre (1) *au Chef d'état-major de l'armée du Nord.*

La Commission a le plus grand besoin, pour le bien et la célérité du service, d'avoir un état nominatif distingué par compagnie, de tous les canonniers volontaires qui servent dans chaque armée ou qui sont en garnison dans les places de son arrondissement. Tu voudras bien veiller à ce qu'un pareil état soit envoyé régulièrement tous les mois et qu'on y fasse mention exacte de tous les mouvements de chaque compagnie, ainsi que des divers détachements. La Commission compte sur ton exactitude à remplir cette mesure, qui est de la plus grande importance. Salut et fraternité.

PILLE.

En conséquence, il est ordonné à tous les capitaines et commandants de détachements de canonniers volontaires employés à l'armée du Nord de se conformer à la disposition de cette lettre et d'envoyer dans la première quinzaine de chaque mois leur état de situation au chef de l'état-major général de l'armée pour qu'il soit envoyé un état général à la Commission, ainsi qu'elle le demande. Tous capitaines et commandants de détachements de canonniers volontaires sont responsables de la moindre négligence qu'ils mettraient dans l'exécution de cet ordre (2).

Mais on a vu déjà, en traitant du fonctionnement de l'état-major de l'armée, combien il était difficile pour le général, chef de l'état-major, d'obtenir une situation précise et de date déterminée, à cette époque troublée où, sous la pression angoissante de la nécessité, l'organisation marchait parallèlement avec les opérations ; où les mouvements incessants de l'incorporation, de l'embrigadement, de l'accroissement de la cavalerie et de l'artil-

---

(1) Du 26 floréal.
(2) Cet ordre fut porté le 3 prairial à la connaissance de la division de cavalerie du général Dubois. (Voir registre XXVI.)

lerie, modifiaient à tout instant les effectifs et les emplacements des troupes. Aussi ne s'étonnera-t-on pas de la lettre suivante de Liébert, portant envoi d'états incomplets, pour répondre à la lettre précédente de la Commission d'organisation.

Liébert à la Commission de l'organisation et du mouvement des armées de terre à Paris.

4 messidor (22 juin).

Je vous adresse ci-joint, Citoyens, un état des canonniers volontaires demandé par votre lettre du 26 floréal dernier. Les états particuliers me sont arrivés bien lentement, malgré mon ordre du 30 de ce mois. Mais je vais prendre des mesures telles que l'étendue de l'armée n'occasionnera pas à l'avenir de retard dans cet envoi. Il est même à présumer que l'état que je vous adresse ne comprend pas tous les canonniers volontaires employés à l'armée du Nord. Je n'y ai fait porter que ceux désignés dans les états particuliers qui m'ont été envoyés; mais je vais prendre aussi des mesures pour que cet état parvienne avec l'exactitude nécessaire.

Suivant sa promesse, Liébert tâchait de remédier à ces défectuosités par son ordre du 6 au 7 messidor.

Ordre du 6 au 7 messidor (24 au 25 juin).

Les capitaines et commandants de détachements de canonniers volontaires, employés soit aux parcs, soit dans des bataillons ou dans les places, n'enverront plus l'état nominatif des canonniers volontaires qu'ils commandent au chef de l'état-major général de l'armée, ainsi qu'il était prescrit par l'ordre du 30 floréal dernier. Ils adresseront ces états aux chefs d'état-major des divisions auxquelles ils seraient attachés ou aux commandants de places où ils seraient en garnison, chargés d'en faire parvenir l'état général, pour le 15 de chaque mois, à l'État-major général de l'armée. En conséquence, lesdits capitaines et commandants de détachements devront faire en sorte que leurs états particuliers leur soient parvenus le 1ᵉʳ de chaque mois et, pour messidor, aussitôt après la connaissance du présent ordre, sous peine d'être accusés de négligence, d'oubli de leurs devoirs et d'être ennemis de l'ordre et de la chose publique.

Pour assurer cette nouvelle transmission des états

aux généraux commandants les places et les divisions, chargés de les centraliser, Liébert leur adressa une circulaire leur prescrivant de veiller à ce que ces états fussent fournis dans les formes et délais voulus, et de les récapituler par place ou division, afin de faciliter d'autant le travail de l'état-major de l'armée.

Circulaire de Liébert du 6 messidor (24 *juin*) (1).

Je t'adresse ci-jointe, Citoyen, une lettre de la Commission de l'organisation et du mouvement des armées de terre. Cette lettre a été mise à l'ordre le 30 floréal dernier, avec injonction à tous les capitaines des canonniers volontaires, d'envoyer l'état de leurs compagnies au chef de l'État-major général de l'armée. Plusieurs ont satisfait à cet ordre ; d'autres ne l'ont pas encore exécuté, et tous maintenant ne se rappellent pas qu'ils doivent envoyer tous les mois un pareil état. Pour prévenir cet oubli qu'il importe de réprimer, et pour se conformer aux dispositions de la lettre de la Commission, tu voudras bien, Citoyen, enjoindre aux capitaines et autres commandants de canonniers volontaires, employés soit au parc, soit dans les bataillons composant la division à laquelle tu es attaché, de t'envoyer régulièrement, le 1er de chaque mois, l'état nominatif de leurs compagnies respectives, en y faisant mention exacte de tous les mouvements et détachements qu'elles auraient fournis. Tu en feras faire ensuite un état général pour qu'il me soit parvenu sans délai le 15 de chaque mois, *sous ta responsabilité personnelle*. Je t'invite à prendre des mesures en conséquence ; tu voudras bien faire en sorte que l'état du présent mois messidor me soit parvenu au plus tard le 20 pour ce mois seulement ; et, quant aux autres, le 15 de chacun, comme je viens de te le dire plus haut. Je compte sur ton zèle et ton dévouement pour croire que tu t'empresseras à te conformer aux dis-

---

(1) Cette circulaire fut envoyée aux commandants des places de Lille, Douai, Cambrai, Saint-Quentin, Réunion, Avesnes, Maubeuge, Bouchain, Béthune, Arras, Péronne, Abbeville, Amiens, Montagne-sur-Mer (Montreuil), Dunkerque, Boulogne, Gravelines, Saint-Omer, Calais, Aire, Fort-François, Bergues, Cassel, Bailleul, Saint-Venant, Ardres, Saint-Pol, Hesdin, Doullens, Laon, la Fère, Chauny, Noyon, Soissons, Bapaume ; et aux adjudants généraux Ormancey, Haquin, Ferroz, Dazémar, Seron, Delaunay, Chapuis, Duverger, Mireur, Pille, Calendini, van Bœcop, Barbou, Girauld, Lacour, Durutte.

positions contenues dans la présente lettre, dont tu donneras copie à ceux qui seraient dans le cas de te remplacer. Tu m'en accuseras d'ailleurs la réception.

Suivait la lettre de la Commission, en date du 26 floréal, à laquelle était joint le modèle suivant :

MODÈLE.

État nominatif, par compagnie, des canonniers volontaires employés soit au parc, soit dans les bataillons composant la division aux ordres du général ..... ou dans les places qui en dépendent à l'époque du......

NOMS des COMPAGNIES.	EMPLACEMENTS.	CORPS AUXQUELS elles sont attachées.	NOMS ET PRÉNOMS des officiers, sous-officiers et canonniers volontaires.	GRADES.	OBSERVATIONS.

Malgré toutes ces recommandations, le commandement ne parvenait pas encore à avoir des situations exactes d'artillerie, alors que l'issue de la campagne était déjà décidée par les victoires d'Hooglede et de Fleurus (1).

---

(1)   LIBERTÉ. — ÉGALITÉ.

Éblé, général de division commandant l'artillerie de l'armée de Sambre-et-Meuse, à la Commission de l'organisation et du mouvement des armées de terre.
Ypres, le 20 messidor (8 juillet).

Je joins ici, Citoyens, l'état des conducteurs que vous m'avez demandé. Il est exact quant à ceux employés dans les divisions et au parc de siège. Il n'en est pas de même des compagnies d'artillerie à cheval, dont je n'ai pu avoir la situation à cause de leurs mouvements continuels. J'imagine que quatre n'en ont point. Je vous ferai connaître les autres aussitôt qu'il me sera possible.

Il n'y a en ce moment au grand parc que sept conducteurs ; ce

Compagnie d'ouvriers d'artillerie. — On a vu précédemment que depuis 1758 le service de l'artillerie avait toujours disposé de compagnies d'ouvriers d'artillerie destinées au service des arsenaux, et que, de six qu'elles étaient à cette époque, elles avaient été portées au chiffre de neuf en 1765 et de dix en 1791.

En dehors de leur service de fabrication, d'entretien et de réparation du matériel les compagnies d'ouvriers avaient dans leurs attributions en campagne le service des ponts d'équipage en vertu de l'article 90 du règlement du 1er avril 1792 (1).

---

nombre n'est pas suffisant, vu que c'est de ce parc que se font les remplacements des consommations des autres divisions. Je vous prierais donc d'en envoyer trois pour assurer la célérité du service.

Le parc de siège a aussi besoin d'être augmenté de six conducteurs au moins. Il en faut quatre pour les compagnies de canonniers à cheval, ce qui forme un total de treize. L'augmentation réelle ne sera cependant que de onze, attendu que je viens d'en employer deux à la division d'artillerie, que le Représentant du peuple Lacombe Saint-Michel a rassemblé.

Salut et fraternité.

ÉBLÉ.

(1) Aux compagnies d'ouvriers de l'artillerie pouvaient être adjoints les sapeurs attachés au parc.

20 floréal (9 mai).

Le citoyen Sénarmont, capitaine d'artillerie, est autorisé à prendre tous les ouvriers du parc propres au service des ponts ainsi que des auxiliaires tirés des sapeurs au nombre qu'il jugera nécessaire.

THARREAU.

Granchamp, chef de brigade, directeur de l'artillerie, aux Citoyens agents du mouvement des armées.

15 prairial (3 juin).

J'ai reçu ordre du commandant de l'artillerie de l'armée de la Moselle, marchant sur Namur, de faire partir un pont de vingt pontons pour Givet. Je vous préviens qu'il est parti aujourd'hui avec le restant de la 7e compagnie (ci-devant Pambour) pour l'exécuter; c'est donc seize ouvriers et deux officiers d'ouvriers de moins pour travailler à l'arsenal.....

Mais au début de la campagne de 1792, Biron forma une compagnie au moyen de la corporation des bateliers de Strasbourg. Trois autres levées se réunirent successivement à la première et constituèrent un bataillon, dont le chef, Derbellet, fut élu par les bateliers eux-mêmes.

Lors de l'entrée des Français à Mayence au mois d'octobre 1792, les bateliers de cette ville imitèrent leurs confrères de Strasbourg et formèrent aussi, avec l'autorisation de Custine, un bataillon de quatre compagnies connu sous le nom de *Pontonniers et matelots du Rhin*, qui se distingua sous le commandement de Frédéric Hoffel en 1793 aux armées du Rhin et de la Moselle (1).

Le 25 prairial an II il y avait encore « huit compagnies de pontonniers ou matelots formées à différentes époques pour la défense des postes du Rhin ». Les quatre dernières constituaient le « corps des pontonniers et matelots du Rhin faisant partie de la ci-devant garnison « de Mayence ». Leur effectif total était de 419 (2).

A l'armée de Pichegru, en 1794, le service des ponts fut assuré par les compagnies d'ouvriers d'artillerie. On en a la preuve dans le rapport que fit le 16 prairial Sénarmont, alors capitaine commandant la 5ᵉ compagnie d'ouvriers d'artillerie, au sujet de la bravoure déployée par cette compagnie qui, sous le feu de l'ennemi, replia le pont de Monceau-sur-la-Sambre après le troisième échec de l'armée des Ardennes sous les murs de Charleroi.

Mais, tandis que cette organisation fonctionnait à l'armée, la Convention assimila, le 13 pluviôse (3), les

---

(1) Extrait de l'Historique manuscrit du 1ᵉʳ régiment de pontonniers.
(2) 1ʳᵉ compagnie (44 h.), 2ᵉ (75 h.), 3ᵉ (48 h.), 4ᵉ (30 h.); 1ʳᵉ compagnie de Mayence (31 h.), 2ᵉ (49 h.), 3ᵉ (69 h.), 4ᵉ (73 h.); total: 419 hommes.
(3) Décret relatif aux moyens d'augmenter la fabrication d'armes, de salpêtre et de poudre. Article 9.

détachements d'ouvriers dans les arsenaux à des réunions d'artistes employés individuellement, non à des corps militaires dépendant de l'artillerie.

Pour combattre l'effet déplorable de cette idée malheureuse, le chef de brigade Dubuisson présenta, le 11 frimaire an III, le mémoire qui va suivre et qui résume les services rendus par les compagnies d'ouvriers.

Projet de formation de douze compagnies d'ouvriers d'artillerie pour pouvoir subvenir non seulement aux besoins du service dans les douze armées, mais aussi dans les arsenaux de construction d'artillerie de la République, y ramener l'uniformité dans les attirails, etc., mais aussi remplir cet objet avec plus de régularité, plus de précision, et pouvoir y maintenir la tenue et la discipline militaires qui sont indispensablement nécessaires pour le plus grand bien et l'économie dans cette partie importante du service de la République.

. . . .

..... Les constructions d'artillerie de tout genre et de toute espèce faites par les compagnies d'ouvriers du corps de l'artillerie dans les arsenaux de Strasbourg, Metz, Auxonne, la Fère et Douay..... ont par leur perfection dans le choix des matières, la précision dans leur assemblage, leur forme, leur coupe, la stricte uniformité dans leurs dimensions, résisté à une fatigue, à des trajets dont aucune guerre n'offre d'exemples; et les réparations faites, depuis le commencement de cette guerre, aux équipages d'artillerie construits dans les arsenaux de la Fère, Douay, Metz, Strasbourg et Auxonne sont infiniment au-dessous de celles faites aux attirails de même espèce que les circonstances ont obligé de faire construire hors de nos arsenaux.....

On pourrait demander comment et par quel motif, au commencement d'une guerre que la République française a seule à soutenir contre les puissances coalisées de l'Europe, au lieu de réduire les dix compagnies d'ouvriers du corps de l'artillerie à 55 hommes, n'a-t-on pas au contraire augmenté ces compagnies qui, en 1789, étaient de 61 hommes et que, en temps de guerre, on s'était proposé de porter à à 150 hommes et au delà.

On pourrait encore demander comment et par quel motif, loin de conserver au moins les dix compagnies d'ouvriers du corps de l'artillerie de terre, ainsi que les deux attachées au corps colonial, dans l'état où elles étaient au commencement de cette guerre, les a-t-on par le décret de la Convention nationale, en date du 13 pluviôse, art. 9, considérées simplement comme des artistes et non comme des corps militaires.....

A l'attaque d'une place..... l'emploi des compagnies d'ouvriers d'artillerie attachées au parc de l'armée assiégeante est non seulement la construction, l'entretien et la réparation..... des différentes voitures..... mais aussi de préparer les bois de plate-forme des différentes batteries, de se porter sur ces mêmes batteries..... Leur emploi est de se porter aux différents points de la tranchée, de la sape..... Ce sont eux qui, au moment du couronnement du chemin couvert, de la descente de fossés coupent et abattent les palissades, les chevaux de frise que l'effet du canon n'aurait pu détruire ; ..... construisent et forment la charpente des blindages pour la descente du fossé ; enfin, si ce fossé est plein d'eau, ce sont les compagnies d'ouvriers de l'artillerie qui en facilitent le passage au moyen des ponts ou qu'ils dirigent ou qu'ils construisent, et cela sous le feu le plus vif de la part de l'ennemi.....

Dans la guerre de campagne..... les compagnies qui sont employées dans les armées s'occupent au grand parc de constructions, réparations de tous les attirails d'artillerie..... Dans les marches de nuit et de jour, ce sont les ouvriers de l'artillerie qui sont sans cesse occupés des différentes réparations et entretiens aux affûts, caissons, chariots, pontons, etc.

Jeter des ponts de pontons, de bateaux, de chevalets, ponts roulants, ponts de radeaux, ponts volants est essentiellement du ressort des compagnies d'ouvriers de l'artillerie de campagne..... Ce simple exposé prouve sans réplique l'importance dont il est pour le gouvernement de conserver des compagnies d'ouvriers sur le pied militaire comme faisant une partie essentielle du corps de l'artillerie.....

..... Nous croyons (donc) qu'il est essentiel non seulement de rendre aux compagnies d'ouvriers leur forme mais de porter ces compagnies au nombre de douze, composées chacune de 200 hommes pendant la guerre ..... réparties tant dans les parcs d'artillerie des armées de la République que dans les arsenaux de construction.....

. . . .

Il n'est pas de moment plus favorable pour porter les douze compagnies d'ouvriers de l'artillerie dont on propose la recréation et de les former à 200 hommes chacune, que celui où nous nous trouvons.

C'est premièrement de reprendre les ouvriers des anciennes compagnies suivant les numéros 1, 2, 3, 4, 5, 6, 7, 8, 9, 10, 11, 12, qui faisaient partie de l'artillerie de terre et de celle des colonies et qui dans ce moment même sont employées par petits détachements, tant dans les parcs d'artillerie de nos douze armées que dans nos différents arsenaux de construction.....

Secondement de tirer des bataillons d'infanterie ou d'artillerie les ouvriers en fer et en bois...... et de les incorporer dans les compagnies d'ouvriers pour les porter à 200 hommes.

On pourrait aussi, pour cet objet, prendre les ouvriers en bois et en fer en réquisition dans nos arsenaux......

On observe encore que, quoiqu'il ne faille pas strictement, dans les circonstances présentes, tant s'attacher à la taille des ouvriers qu'à leurs talents, il est cependant du bien du service qu'ils aient au moins cinq pieds deux pouces et demi à trois pouces, pieds nus, afin que dans les manœuvres de ponts et autres ils puissent rendre des services convenables......

Le 11 frimaire, 3e année républicaine.

Le chef de brigade d'artillerie de la Fère,
Dubuisson.

Coup d'œil sur le fonctionnement du personnel de l'artillerie dans la partie disponible de l'armée du Nord. — Après avoir exposé la formation des divers éléments constitutifs de l'artillerie, il reste à indiquer comment ils étaient utilisés, en 1794, à l'armée du Nord et des Ardennes.

Par application des articles 11 et 12 du règlement du 1er avril 1792 (1), le service de l'artillerie était sous les ordres du général commandant l'artillerie de l'armée, qui était assisté : 1° d'un état-major comprenant un chef de brigade, commandant en second, deux chefs de

---

(1) Art. 11. — Un équipage d'artillerie de campagne sera commandé et surveillé par un grand état-major composé d'un général commandant en chef ; d'un nombre de commandants en second proportionné à la force de l'équipage et nommés parmi les officiers généraux du corps de l'artillerie ; d'un chef d'état-major d'artillerie, colonel, et de plusieurs adjudants-majors d'artillerie, lieutenants-colonels ; d'un directeur du parc, colonel, et d'un sous-directeur, lieutenant-colonel.

On pourra aussi, si on le juge nécessaire, attacher au grand état-major quelques-uns des capitaines détachés dans les places.

Art. 12. — Il sera employé à la suite du grand état-major un commissaire des guerres, un garde d'artillerie, un maître artificier, un conducteur général de charroi, le nombre d'ouvriers d'état proportionné à la force de l'équipage, un aumônier et un chirurgien-major.

bataillon, dont un chef d'état-major, trois capitaines et un chirurgien-major; 2° du personnel de direction du parc d'artillerie de l'armée, qui se composait d'un général de brigade directeur, d'un capitaine, de deux gardes généraux, d'un sous-garde, d'un conducteur général de charroi (1), de deux conducteurs principaux, de vingt-quatre conducteurs ordinaires, de deux maîtres artificiers et de deux ouvriers d'état (2).

---

6 prairial (25 mai).

(1) Moi, général en chef de l'armée des Ardennes, vu la nécessité qu'a le commandant du parc d'avoir un conducteur de charroi d'artillerie, et d'après le compte exact qui m'a été rendu de la bonne conduite, intelligence, probité et républicanisme, ainsi que des talents du citoyen Rame, sergent de la 17ᵉ compagnie du 3ᵉ régiment d'artillerie, est nommé par le présent pour en exercer les fonctions aux appointements de 225 livres par mois et au traitement de capitaine d'artillerie de 2ᵉ classe, qui seront délivrés à dater dater du 1ᵉʳ floréal, jour de son activité de service; et sera le présent inscrit sur les registres du bureau de l'état-major pour y avoir recours au besoin, me réservant néanmoins que cette mesure n'aura lieu qu'autant que les Représentants du peuple près l'armée des Ardennes, voudront bien l'approuver.

CHARBONNIÉ.

(2) *Armées réunies du Nord et des Ardennes. — Revue faite par le citoyen Bazille, commissaire des guerres, aux officiers de l'état-major du parc d'artillerie et des employés.*

A Réunion-sur-Oise, le 30 frimaire (20 décembre), l'an IIᵉ de la République une et indivisible.

État-Major.

Les citoyens:

J.-B. Éblé, général de division commandant en chef;
André Bellemontre, chef de brigade commandant en second;
Jacques Bardenet, chef de bataillon et de l'état-major;
J.-B. Lobréau, chef de bataillon;
H.-M. Noury, capitaine de 4ᵉ classe adjoint;
Ennemond Bonnard, capitaine de 4ᵉ classe adjudant-major adjoint;
Alexandre Forno, capitaine de 5ᵉ classe de canonniers à cheval adjoint;
Georges Mayer, chirurgien-major.

Dans chaque division, il y avait un chef de bataillon,

Parc d'artillerie.

Charles Bollemont, général de brigade directeur ;
Jean Chapuis, capitaine de 4e classe ;
Nicolas Ledoux, garde général ;
Ch.-F. Bely, garde général ;
Cuvier, sous-garde ;
Louis Desnoyers, conducteur général ;
Louis Choiselle, conducteur principal ;
Édouard Bacq, conducteur principal ;
J.-B. Demaidy, conducteur ordinaire ;
Louis Lemants, conducteur ordinaire ;
Guillaume Parent, conducteur ordinaire ;
Charles Bouchon, conducteur ordinaire ;
Florentin Courtat, conducteur ordinaire ;
J.-F. Fiart, conducteur ordinaire ;
Barbier, conducteur ordinaire ;
J.-C. Bertrand, conducteur ordinaire ;
P.-J. Martin, conducteur ordinaire ;
N. Juteaux, conducteur ordinaire ;
A. Demailly, conducteur ordinaire ;
Thomas, conducteur ordinaire ;
B. Dufresnoy, conducteur ordinaire ;
G. Mathiot, conducteur ordinaire ;
J. Trolin, conducteur ordinaire ;
Fr. Cataer, conducteur ordinaire ;
Noël Normantin, conducteur ordinaire ;
L. Callet, conducteur ordinaire ;
J. Simon, conducteur ordinaire ;
Pernelet, conducteur ordinaire ;
Florin, conducteur ordinaire ;
Cardon, conducteur ordinaire ;
Mercier, conducteur ordinaire ;
Marchand, conducteur ordinaire ;
Antoine Boursin, maître artificier ;
Barliez, maître artificier ;
Antoine Cormont, ouvrier d'état ;
Pupier Serney, ouvrier d'état.

Le Commissaire du Gouvernement,
BAZILLE.

directeur du parc d'artillerie, assisté d'un état-major (1). Dans chaque parc d'armée ou de division, se trouvaient des compagnies d'artillerie et des compagnies d'ouvriers (2).

---

(1) *Armée des Ardennes.* — *Parc d'artillerie.* — *Situation des officiers et canonniers des différents détachements.*

Ivoy-Carignan, 8ᵉ jour de la 2ᵉ décade du 1ᵉʳ mois de l'an II.

1ᵉʳ *régiment.*

Les citoyens :

Soyne, chef de bataillon, directeur du parc ;
Parise, capitaine de 4ᵉ classe, employé au parc.

État-major.

Gravelle, adjudant, employé au parc ;
Guinchard, garde général d'artillerie, employé au parc ;
Thil, conducteur principal de charroi, employé au parc.

Numéro des régiments.	Noms des compagnies.	Noms des citoyens officiers.	Nombre des canonniers.
1ᵉʳ régiment..	Milville........		9
	Hibert.....	D'Hautecourt, second capitaine. Bonot, second lieutenant.......	35
	Jouffroy...	Gaillard, second lieutenant.....	61
	Dole......	Roman, premier lieutenant.....	16
3ᵉ compagnie d'ouvriers...............			4
5ᵉ compagnie d'ouvriers...............			4
13ᵉ compagnie d'artillerie légère........	Vernerey, capitaine commandant..		49
Canonniers du 1ᵉʳ bataillon de la Moselle..	Philippe, capitaine commandant..		13
Canonniers nationaux de la Meuse..........	Vigier, capitaine commandant.. Ternaux, lieutenant.......... Bondidier, sous-lieutenant.....		69
	TOTAL............		260

14 floréal (3 mai).

(2) Il est ordonné au commandant du détachement de la 5ᵉ compa-

Dans une brigade détachée, il pouvait y avoir aussi un parc, dont la direction était donnée au plus ancien dans le grade le plus élevé des officiers d'artillerie (1).

Parfois, comme le fait se produisit à l'armée des Ardennes, un détachement de sapeurs est affecté au parc (2) afin de construire sur le terrain des épaulements pour l'artillerie de position.

---

gnie d'ouvriers d'artillerie actuellement à Vedette-Républicaine, d'en partir demain matin à 6 heures avec tous équipages pour se rendre au camp de Boussu où est le parc d'artillerie, où ils seront aux ordres du général de division Jacob et du commandant du parc.

BARBIER.

3 prairial (22 mai).

Il est ordonné à la compagnie d'ouvriers stationnée à Vedette-Républicaine de partir sur-le-champ pour se rendre au parc d'artillerie sur les hauteurs de Tully. Le capitaine ne laissera aucun homme de cette compagnie à Vedette.

THARREAU.

(1) *Le général Liébert, au général Osten à Pont-à-Marque.*

7 messidor (25 juin).

Quoique, Général, ton parc soit peu conséquent, il est cependant nécessaire qu'il y ait un officier qui le commande. Tu es en conséquence autorisé d'en charger provisoirement le plus élevé en grade des officiers d'artillerie attachés aux pièces de position, ou celui qui te paraîtra être le plus apte à remplir avec exactitude et intelligence cette place.

(2) *A l'adjudant général Rostollan.*

13 floréal (2 mai).

Tu voudras bien, Citoyen, au reçu de la présente, envoyer deux compagnies de sapeurs au parc d'artillerie pour y camper jusqu'à nouvel ordre. Je donne ordre de leur faire conduire des effets de campement.

BARBIER.

Au Commandant d'artillerie, à Vedette-Républicaine.

15 floréal (4 mai).

Tu voudras bien, Citoyen, faire charger sur-le-champ deux chariots

VII. — Artillerie.

b) Matériel.

Les calibres de campagne et leur fabrication. — Les charrois d'artillerie. — Le matériel des artilleries régimentaires, des parcs divisionnaires et des parcs d'armée. — Les moyens employés pour les obtenir. — La pénurie des attelages. — Rôle général des parcs d'artillerie. — Coup d'œil général sur le fonctionnement du matériel de l'artillerie dans la partie « disponible » de l'armée du Nord.

Les calibres de campagne (1). — Conformément à l'article 1er du règlement du 1er avril 1792, le matériel de l'artillerie de campagne comprenait les pièces de 4, utilisées pour l'artillerie à cheval ou légère (2) mais plus spécialement affectées aux canons de bataillons; les pièces de 8 et les obusiers de 6 pouces constituant

---

de pelles carrées et pioches, savoir deux tiers de pelles et un tiers de pioches; les faire conduire aussitôt au parc d'artillerie près le camp de Boussu. Tu porteras toute ton attention pour que ces deux voitures arrivent au parc avant midi.

BARBIER.

(1) Pour les pièces de siège, de place et de côte, voir le tableau dressé par le commandant Rouquerol (*Artillerie au début des guerres de la Révolution*, p. 25). Pour les pièces de montagne on signalera en dehors des piémontaises de 3, celles que le Comité de Salut Public fit construire par les frères Périer au nombre de cent pièces par son arrêté du 24 ventôse et de cent affûts par celui du 26 germinal. Ces pièces en bronze devaient être dépouillées de toute anse et de toutes les parties qui en augmentaient le poids sans en accroître la force. Elles étaient du calibre de 17 lignes 6 points et avaient 30 calibres de longueur. (Voir Aulard, t. XI, p. 692 et t. XIII, p. 529.)

(2) Voir au *Personnel de l'Artillerie*, le Mémoire de Narbonne, p. 143.

l'armement réel (1) des compagnies d'artillerie légère; les pièces de 12 formant, avec les autres calibres, l'artillerie de réserve qui marchait avec les parcs. La pièce de 12 pouvait à la rigueur être employée avantageusement par les batteries à cheval lorsqu'il leur fallait briser des obstacles (2). Tel était du moins l'avis du général

---

(1) « Pour donner à l'artillerie à cheval l'avantage d'un feu supé-
« rieur, elle fait usage de pièces de 8 de bataille et d'obusiers de
« 6 pouces. Ces deux calibres ont paru jusqu'à présent remplir parfai-
« tement l'objet que l'on se proposait : par ce moyen les munitions que
« ces bouches à feu nécessitent n'entraînent point une surcharge de
« voitures et un poids embarrassant qui, dans des mauvais terrains,
« suivraient plus difficilement les mouvements véloces que cette artil-
« lerie est obligée de faire. La pièce de 8 pointée à 6 degrés porte le
« boulet à plus de 600 toises, et 480 avec 20 lignes de hausse. Ce pro-
« jectile est d'une grosseur plus que suffisante pour renverser des
« lignes entières, faire des trouées dans des masses de troupes, et ses
« effets peuvent être prolongés par le ricochet. Si l'on veut employer
« les cartouches à grosses balles, on est certain à 300 et 350 toises que
« le quart au moins à cette distance sera meurtrier; et que celles à
« petites balles projetées de 300 à 200 toises, plus du tiers atteindra
« l'ennemi, non compris l'effet de celles qui peuvent ricocher.

« L'obusier de 6 pouces bien dirigé remplit plus d'un objet; pointé
« à 6 degrés, il projette l'obus du premier bond à 600 toises environ.
« Elle écrase de sa chute ce qu'elle rencontre, et, après avoir brisé et
« imprimé l'effroi dans les lignes de troupes qui se présentent dans sa
« course bondissante, elle éclate et porte le désordre surtout dans la
« cavalerie. Enfin à des distances plus rapprochées, l'obusier lance une
« cartouche contenant 61 balles, de 17 lignes chacune de diamètre,
« dont l'effet est très meurtrier.

« Le tir de la bombe peut s'appliquer à l'obusier dans certaines cir-
« constances, en lui donnant l'inclinaison convenable pour augmenter
« les degrés, c'est-à-dire l'angle de projection que l'on croira favorable
« à l'objet que l'on se propose. Une pente naturelle ou artificielle du
« terrain est un des moyens à employer si le cas nécessite une plus
« grande élévation dans l'amplitude du projectile. » (*Mémoire et observations sur l'artillerie à cheval* et *Remarque sur l'innovation des machines proposées pour l'équipage de cette artillerie*, par Théodore d'Urtubie, chef de brigade d'artillerie.)

(2) « Quoique la pièce de 8 soit le calibre préféré pour le service

d'Urtubie. Suivant d'autres, l'emploi de cette pièce dans l'artillerie légère était rarement utile et plutôt embarrassant (1) (2).

Bien que le règlement du 1er avril 1792 ne mentionnât pas le calibre de 16 (3) qui faisait normalement partie du

---

« ordinaire de l'artillerie volante, on peut y employer avantageusement
« le canon de 12 ; il est également susceptible de légèreté dans ses
« mouvements ; son poids n'est que de 1800 livres, par conséquent six
« chevaux ou huit si le terrain est plus difficile, seront plus que suffi-
« sans pour exécuter avec la cavalerie ou les chasseurs, les manœuvres
« les plus promptes. Ce calibre servira particulièrement lorsqu'il
« s'agira de l'attaque d'un poste retranché, de rompre des palissades,
« des abatis ou murailles des petites villes fermées, enfin quand il sera
« nécessaire aussi d'atteindre des troupes éloignées, d'inquiéter la
« marche des colonnes qui veulent se porter en un point de leur ligne
« pour la renforcer et dont il est intéressant d'arrêter ou retarder au
« moins la jonction.

« Les munitions des pièces de 12 seront transportées dans des wurst ;
« ceux destinés pour les obusiers leur serviront et le poids du charge-
« ment sera le même..... » (*Mémoire* etc., d'Urtubie.)

(1) « On observe au sujet du canon de 12, que, pendant la dernière
« guerre, il a été porté des plaintes contre sa pesanteur, quoiqu'il fût
« attelé de six chevaux. Dans les armées françaises, quand il se ren-
« contre des circonstances à pouvoir employer ce canon en artillerie
« légère, ce qui est rare, on l'attelle de huit chevaux : attelage
« embarrassant en l'employant journellement. D'ailleurs le canon de 12
« en bataille n'est préférable à celui de 4 que par sa cartouche ; son
« boulet, à la distance où les troupes combattent, n'a pas plus d'effet
« que celui de 6. Sa portée n'est utile que dans des positions d'où l'on
« peut voir arriver l'ennemi de loin, combat dont l'artillerie légère est
« rarement chargée..... » (*Observations sur les wurst*, 1er août 1806.)

(2) En dehors de ces calibres, le chef de bataillon d'artillerie Grobert avait été autorisé le 11 juin 1793, à confectionner dans ses ateliers une sorte de mitrailleuse dénommée machine « pyrobalistique ».

(3) A l'appui de cette assertion qui se vérifie encore plus loin, on peut citer l'arrêté du 12 pluviôse (31 janvier) décidant qu'il ne serait plus fabriqué à Douai que des pièces de 16, celles de campagne de 12 et de 8 et des obusiers de 8 et 6 pouces. (Aulard, t. X, p. 567.)

L'arrêté du 15 pluviôse (3 février) spécifiait que la fonderie de

matériel de siège (1), il arrivait que le parc de l'armée en campagne comprît du calibre de 16 en prévision d'attaques brusquées contre une forteresse. Tel était le cas, par exemple, à l'armée de la Sambre poursuivant la prise de Charleroi et traînant dans son parc un grand nombre de pièces de 16 : « Nous remarquons », écrivaient Gillet et Saint-Just, « qu'il existe bien peu de boulets « de 16 et de 24. Il est nécessaire d'en faire couler ; les « premiers surtout sont très intéressants, à raison de la « grande quantité de bouches à feu de ce calibre. Cela « est même d'autant plus important qu'outre celles qui « sont employées dans les places, il en existe un assez « grand nombre à l'armée employées comme pièces de « position (2). »

Tarbes coulerait principalement « des obusiers de 6 et 8 pouces, dont « le besoin est le plus pressant, et, s'il est possible, des pièces de « canons de 8, de 12 court et de 16 ». (Aulard, t. X, p. 637.)

(1) Pour le détail du matériel de campagne et de siège, voir Rouquerol (tableau de la p. 24). Voir aussi le document ci-après :

1er ventôse an II (19 février 1794).

DIRECTION D'ARTILLERIE DE MÉZIÈRES.

État des principaux effets et munitions d'artillerie existant dans les magasins de la place de Mézières à l'époque du 1er ventôse l'an II.

Canons de siège et de place.	de 24	6
	de 16	12
	de 12	16
	de 8	8
	de 4	10
Canons de bataille.	de 12	1
	de 8	2
	de 4	3

Dans une lettre du 10 nivôse au citoyen Grandchamp, directeur de l'arsenal de Metz, Éblé parle aussi des « trois calibres de campagne ».

(2) Reg. XXXIV. Marchienne-au-Pont, 7 messidor, Gillet et Saint-Just au citoyen Hébert, commissaire-inspecteur des forges d'artillerie à Mézières.

Portée et efficacité des canons de 4, de 8, de 12, de 16 et des obusiers de 6 pouces (1). — Dans le tir à boulets, la bonne portée maxima du 12 et du 8 était au plus de 800 à 900 mètres et celle du 4 de 500 à 600 mètres. Mais si l'on admet, avec Gribeauval, que ce n'est guère qu'à 300 toises (600 mètres) que le 12 commence à canonner la ligne ennemie avec profit et qu'il n'obtient un effet décisif qu'à 200 ; si, d'autre part, on remarque que la vitesse de tir du 4 était une fois et demie supérieure à celle du 8, on conclura que dans le tir à boulets contre le personnel il était indifférent, comme résultat, d'employer le 12, le 8 ou le 4, et que ce dernier suffisait à la tâche. Le 12 et le 8 ne devenaient indispensables que dans le tir contre les obstacles : dans cet ordre d'idées, le 12 détruisait une muraille de faible épaisseur à 650 mètres.

La portée efficace du boulet, toutes choses égales d'ailleurs, s'étendait à 200 mètres au delà de celle du tir à mitraille.

L'obus de campagne, dont la bonne portée ne dépassait pas 500 mètres, donnait de 25 à 50 éclats qui n'étaient dangereux pour l'infanterie que dans un rayon de 20 mètres (1).

Enfin le canon de 16, comme toutes les pièces de siège (2), sauf les mortiers (3), s'employait normalement à la distance moyenne pratique de 600 mètres et à la distance maxima de 1200.

---

(1) D'après le commandant Rouquerol (*Artillerie au début des guerres de la Révolution*, p. 56 à 61).

(2) Ces pièces étaient le 24, le 12 et les obusiers de 8 pouces. (Voir Rouquerol, p. 62.)

(3) Les mortiers de 8 pouces, de 10 pouces et de 12 pouces, s'employaient à une portée efficace moyenne de 1000 mètres. (Voir Rouquerol, p. 64.)

Critique de la multiplicité de ces calibres. — *Démonstration de la nécessité et de la suffisance de deux seuls calibres répondant à la double condition de la « mobilité » et de la « puissance ».* — La nomenclature qui précède serait assez aride et sans grand enseignement, s'il n'était possible de la compléter par la discussion rationnelle de ce matériel, qui fut faite en l'an X par ceux-là mêmes qui l'avaient expérimenté dans les guerres de la Révolution.

La division logique des calibres de campagne a été en effet fixée par la commission extraordinaire de l'an X, nommée par l'arrêté consulaire du 8 nivôse.

Elle divisait l'artillerie de campagne en bouches à feu qui devaient suivre immédiatement les troupes, et en bouches à feu de réserve dont les unes servaient à « augmenter d'une manière subite et décisive les moyens de l'artillerie de l'armée sur tel ou tel point », et les autres à « occuper une position déterminée qui sert de point d'appui ou de pivot à une armée, comme aussi à protéger le passage d'un fleuve, ouvrir des murs non terrassés, etc.....

« Les bouches à feu de la réserve, destinées à remplir le premier objet, devaient, pour y parvenir, parcourir en présence de l'ennemi de grands espaces avec rapidité et se combiner avec l'artillerie des divisions. Elles devaient donc avoir les mêmes propriétés que celle-là, et par conséquent les mêmes calibres.

« Celles qui étaient relatives au deuxième objet devaient, en conservant le plus de mobilité possible, en sacrifier une partie aux avantages d'une plus grande portée, d'une plus grande force de percussion donnée à leur mobile, et d'une plus grande justesse de tir; elles devaient donc avoir un calibre supérieur. »

Ainsi démontrait-on, en l'an X, que l'artillerie de campagne, exigeant toujours les deux modes d'action de la *mobilité* et de la *puissance*, réclamait par cela même deux calibres différents; et cette simple conclusion amenaît la commission de l'an X à faire les propositions suivantes, qui par cela même condamnaient les multiples calibres de 1794 :

« Les pièces de 12 (1) remplissent le second objet des réserves d'artillerie, elles peuvent être allégées sans inconvénient; mais le calibre doit être maintenu : 1° parce qu'aucun autre approchant n'aurait d'avantages sur lui; 2° parce qu'il est en usage aujourd'hui; 3° parce qu'il se trouve employé utilement dans les équipages de siège et l'armement des places.

« La pièce de 8 est pesante; ses approvisionnements sont lourds; son calibre est trop fort pour être employé dans toutes les circonstances de la guerre de campagne; cette pièce doit être rejetée.

« La pièce de 4 est généralement tombée en désuétude. Son calibre est trop faible; son tir à mitraille produit trop peu d'effet; son mobile n'a pas une grande force de percussion. D'ailleurs sa destination véritable se trouvant changée, depuis que les vrais principes de la guerre ont fait supprimer les pièces de bataillon, il ne reste donc plus de motif pour la conserver. Elle doit donc être réformée (2). »

Cette première critique, à la suite de laquelle la com-

---

(1) « La pièce de 12... reste comme pièce de réserve et peut être « employée avec préméditation soit par les officiers généraux de la « ligne, soit par ceux de l'artillerie..... Les pièces d'un calibre supé- « rieur à celui de 12 sont fort inutiles. On a avec raison supprimé le 16 « que les Prussiens et les Autrichiens traînent encore. » (*Notes* dictées par Napoléon à Sainte-Hélène au baron Gourgaud.)

(2) Napoléon exprimait le même avis : « On a avec raison supprimé « le 8 et le 4..... Le 8 et le 4 étaient souvent employés à contresens : « on consommait des munitions de 8 là où il eût été suffisant de brûler « du 4..... Il n'est aucun officier de la ligne, pas même aucun officier « d'artillerie qui puisse bien saisir l'à-propos et déterminer s'il convient « de tirer du 8 ou du 4..... Un seul calibre est donc suffisant pour la « guerre de campagne..... » (*Ibid.*)

mission de l'an X remplaçait les calibres de 4 et de 8 par un intermédiaire, le 6, montre, en même temps que les défauts des canons de campagne de 1794, leurs trois calibres et leurs divers rôles. Elle omet toutefois de rappeler que la pièce de 8 était spécialement affectée à l'artillerie à cheval en même temps que l'obusier de 6.

Si la commission reconnaissait l'utilité de l'obusier, elle reprochait au nôtre son peu de portée, son peu de justesse de tir, son action brisante sur l'affût, la cherté et la difficulté de ses approvisionnements, et concluait à donner à cette pièce plus de légèreté, plus de justesse et un plus faible calibre. Ces résultats étaient obtenus par l'obusier de 5 pouces 6 lignes au lieu de celui de 6 pouces qui existait en 1794 (1).

En ce qui concerne les calibres de siège et de place, la commission constatait qu'en 1794 il y avait des calibres de 12, de 16 et de 24, et des obusiers de 6 et de 8 pouces (2). Venaient enfin les mortiers qui avaient trois calibres : 12, 10 et 8 pouces.

La destruction des défenses de la place et de son artillerie étaient obtenues par la pièce de 24 tirant des boulets creux ; l'interdiction de rétablir et réparer ces défenses s'obtenait par les pièces de 12 ; enfin l'ouverture de la brèche était pratiquée par des pièces de 24 à boulets pleins. La commission rejetait donc la pièce de 16 qui, cependant, paraît avoir joué en 1794 un grand rôle dans l'attaque de Charleroi, et qui fut alors l'objet d'une étude

---

(1) « L'obusier de 6 pouces est trop dispendieux : cela consomme
« autant qu'un boulet de 24. On y a substitué avec raison l'obusier de
« 5 pouces 6 ; cette légère différence de 6 lignes donne un grand avan-
« tage. Le caisson contient 75 obus tandis que celui de 6 pouces n'en
« contient que 50..... » (*Notes* dictées par Napoléon à Sainte-Hélène au baron Gourgaud.)

(2) « Il doit y avoir dans l'équipage de campagne deux espèces
« d'obusiers, l'un pour se combiner avec le 6 et l'autre pour se com-
« biner avec le 12..... » (*Ibid.*)

des plus intéressantes destinée à lui donner une action prépondérante dans la préparation des attaques décisives de la guerre de campagne.

La pièce de 16 et son affût-fardier. — Pour permettre en effet d'utiliser le 16 comme calibre de campagne, Grobert inventa l'affût-fardier. Expérimenté les 21 et 25 avril 1793 par une commission émanée du Bureau de consultation des arts et métiers, il valut à son auteur une récompense nationale.

Rapport concernant l'affût-fardier inventé par le citoyen Grobert, fait au Bureau de consultation des arts et métiers le 1ᵉʳ mai 1793, par de Trouville.

. . . .

La faculté de traîner en campagne les pièces de 16, celle de les manœuvrer en bataille à bras d'hommes avec autant d'agilité que les pièces de 12, de 8 et de 4, offre la solution d'un des plus intéressants problèmes de l'art militaire. Il est un grand nombre de cas où les pièces de 4 de bataille ne peuvent pas entrer dans les plans de campagne d'un général; et lorsque la nature du terrain, attendu leur extrême légèreté, l'oblige à les y mener, il ne peut en tirer un effet précis qu'en se rapprochant de l'ennemi, ce qui rend les actions très meurtrières; les bornes de leur élévation au-dessus du sol n'est (*sic*) pas un inconvénient moins sensible; enfin, si l'ennemi a du calibre supérieur, l'avantage, quant au jeu de l'artillerie, est bientôt déterminé en sa faveur.

L'amplitude de la projection du canon de 16 eût donc dominé sur toutes ces armes s'il avait été possible, jusqu'à ce jour, de les traîner sans un emploi excessif de chevaux et du sol qu'ils occupent en s'agitant au milieu de l'infanterie. L'impossibilité de les manœuvrer à bras d'hommes n'était pas moins décourageante. En effet, si un affût de 12, avec son avant-train, pèse 2,224 livres (1433 livres le corps de l'affût, 787 l'avant-train) (*Manuel de l'Artillerie*, p. 430 et 431), quel poids n'eût-il pas fallu donner à un affût de 16 si on l'eût construit pour les manœuvres en bataille. Le mouvement le plus fréquent dans la manœuvre des pièces de bataille est l'action de soulever la crosse de l'affût, pour prendre un angle horizontal ou un prolongement quelconque. Or, dans cette action, le canonnier-pointeur supporte la différence du poids de la culasse avec celui de la volée. Cette différence n'est pas très sensible dans les pièces de 4. Dans celles de 8 elle le devient beaucoup plus. Dans les pièces de 12, elle exige un homme extrêmement robuste. Dans celles de 16, elle deviendrait impossible. A l'appui de ces difficultés était le versement des grosses pièces dans la marche. Ces accidents sont fréquents avec les affûts ordinaires dans les mauvais chemins. Ils retardent excessivement la marche. On redresse les pièces légères par des manœuvres de force ou par la chèvre lorsqu'elle est à portée; mais si une pièce de 16 versait sur un affût ordinaire, surtout dans la position dite en cage, il serait très long et peut-être impossible de la ravoir sans amener des machines et voitures succursales, et sans faire une manœuvre qu'un grand nombre de circonstances rendent pénible ou dangereuse soit par la nature du sol, soit par la poursuite de l'ennemi, soit par la nécessité de presser la marche pour l'exécution d'un projet.

Malgré ces difficultés, l'on a vu traîner des pièces de 16 en bataille dans des cas extrêmes; et toujours le feu de ces pièces a décidé l'avantage de l'action. Mais on n'a pu l'employer, ce moyen extraordinaire, que lorsque l'affaire se passait dans un lieu peu éloigné du grand parc ou de quelque place forte. Il fallut aussi que le sol permît cette manœuvre; il fallut 20 chevaux pour chaque pièce traînée dans la plaine, et une augmentation considérable de servants dont la majeure partie est très peu instruite et gêne prodigieusement l'action. Le maréchal de Saxe, qui a fait usage de cette méthode toutes les fois que les circonstances le lui ont permis, répétait fréquemment un mot que le citoyen Grobert a pris pour épigraphe de son Mémoire : « *Rien ne sera impossible lorsqu'on fera marcher le gros canon aussi vite que les hussards.* » Des exemples récents, et qu'un succès reconnu ne permet pas d'infirmer, donnent un grand poids à ces assertions. L'avantage de la journée de Jemappes, où les Français ont moissonné tant de gloire, n'a été dû qu'à la présence des pièces de 16. Elles y ont été amenées en surmontant tous les obstacles que leur transport et maniement présentent, faute de voitures ou affûts disposés pour cet emploi. C'est avec des pièces de 16 que l'ennemi a attaqué en dernier lieu avec succès notre avant-garde lorsqu'elle est rentrée dans notre territoire.

L'auteur de l'affût-fardier a donc pu rendre un service d'un très grand prix à la République française, en offrant un affût qui présentât incontestablement la faculté de traîner en campagne les pièces de 16 avec la même facilité que celles de 8 de bataille, de manœuvrer cet affût à bras d'hommes avec célérité et sans la confusion qu'un trop grand nombre de servants entraîne..... ».

Le mémoire décrivait ensuite l'affût, dont l'ouvrage

de Grobert (1) indiquait tous les dessins ; puis, il donnait le poids de l'affût-fardier qui, pesé dans les ateliers du citoyen Périer à Chaillot, et débarrassé de certains poids morts inutiles, ne dépassait pas le chiffre de 2,290 livres, soit 70 livres de plus qu'un affût de 12 de campagne. L'affût-fardier ne coûtait pas plus de 3,000 livres alors que celui de 12 revenait à 2,600. Il permettait de supprimer l'avant-train, ce qui évitait l'embarras qu'il cause dans la manœuvre et raccourcissait la longueur des colonnes, et de « faire une économie considérable sur le transport des forges et des caissons ».

A ce rapport, la commission joignait les procès-verbaux des expériences faites le 24 et le 25 avril 1793.

Le 26, le citoyen Berland, adjudant général d'artillerie parisienne, certifiait qu'après avoir assisté à ces expériences, il avait inventé une manœuvre qui permettait de servir la pièce de 16 sur affût-fardier avec 16 hommes, tant servants que canonniers.

Enfin la commission, estimant que « l'affût-fardier était un service réel rendu à la patrie », proposait au Bureau de consultation des arts et métiers d'émettre l'avis que « le citoyen Grobert, ancien officier d'infan-
« terie, membre de l'Académie de Florence et de l'Ins-
« titut de Bologne, méritait le maximum de la 1re classe
« des Récompenses nationales, c'est-à-dire 6,000 livres,
« sauf au Ministre ou à la Convention nationale d'ajouter
« telle autre récompense qu'ils croiront de la justice
« d'accorder à un citoyen qui mérite par ses services
« l'attention du gouvernement ».

---

(1) L'ouvrage de Grobert est intitulé : *Mémoire sur le moyen de traîner en bataille les pièces de gros calibre*, par J.-F.-L. Grobert, directeur de l'arsenal de Meulan, chef de bataillon d'artillerie. Imprimerie du *Journal de Paris*, rue J.-J. Rousseau, an III de la République.

Le 4 mai 1793 le Bureau de consultation des arts et métiers adoptait cet avis.

Si le rapport qui précède permet de se rendre compte des résultats obtenus par l'affût-fardier, l'ouvrage que Grobert lui-même a laissé sur cette invention nous en donne la genèse et le mécanisme, et nous présente une autre solution connexe de la première, celle de l' « affût sans avant-train ».

« La présence des pièces de gros calibre, dit-il, a, de
« tous temps, déterminé la victoire. Cette vérité, dont
« l'histoire de la guerre a fourni des exemples frappants,
« a fait dire souvent à un guerrier célèbre (1) que rien
« ne serait impossible lorsque le gros canon pourrait
« marcher avec la ligne.

« Une telle maxime ne doit pas être exagérée, elle
« n'est même susceptible que d'une acception graduelle.

« L'avantage que l'on obtiendrait, par exemple, de la
« présence d'une pièce de 24 en bataille ne compenserait
« pas la peine que l'on éprouverait pour l'y amener et le
« risque que l'on courrait de la perdre; tandis qu'une
« pièce de 16, qui est infiniment moins chargée de
« métal, a une amplitude de projection à peu près égale
« à celle de la pièce de 24 sous l'angle où l'on a coutume
« de tirer en bataille. Elle exige aussi un affût moins
« lourd, et la hampe de son écouvillon n'a pas une telle
« longueur que celui-ci ne puisse pas être manœuvré à
« l'instar des pièces de 8 et de 12 (2). »

Ces motifs qui avaient amené Grobert à préférer le calibre de 16 à tout autre pour « être amené en bataille » avaient été sanctionnés par la loi du 22 vendémiaire an II qui, en limitant le nombre des affûts à construire pour ce calibre, indiquait assez, « ainsi que plusieurs

---

(1) Le maréchal de Saxe. (*Note* de Grobert.)
(2) Grobert, *loc. cit.*, p. 1.

« membres du Comité militaire l'avaient développé, que
« le nombre de ces pièces était proportionné à la force
« de chaque armée et que leur emploi ne pouvait être
« que *circonstanciel* ».

Les difficultés à vaincre étaient de deux sortes :
« l'enfoncement des roues dans les terres labourées (1) »
« et l'inégalité du sol », ou « la nécessité de franchir
fréquemment les fossés et les ravins dont il est coupé ».

On y pourvoyait par deux solutions : « les pièces portées par les fardiers » et les « affûts sans avant-train ».

L'affût-fardier était porté par deux roues de $1^m,12$ de
diamètre et de $0^m,12$ de largeur de jante. En cours de
route il était débarrassé de ces deux roues et suspendu
en équilibre, avec sa pièce, au corps d'un triqueballe
muni de deux roues de $2^m,60$ de diamètre et de $0^m,12$
de largeur de jante. Si l'état du sol faisait craindre
l'enfoncement des roues du triqueballe sous le double
poids de l'affût et de la pièce, cette dernière seule était
suspendue à l'essieu du triqueballe, et l'affût muni de
ses roues était simplement rattaché par sa crosse au
cadre du triqueballe et traîné par lui.

La pièce pouvait tirer sur son triqueballe ; mais lorsqu'il fallait « l'amener en bataille en *rase* campagne »,
la présence du triqueballe devenait gênante, et Grobert
le remplaçait par l'affût sans avant-train « dont la
« construction offrait toute l'agilité et la légèreté que
« l'on peut concilier avec la durée et l'assiette d'une
« pièce de cette nature. Cet affût offrait à peu près
« la même surface qu'un affût de 12 ordinaire ; mais la
« suppression de l'avant-train ainsi que la largeur des
« jantes favorisaient sensiblement la marche (2) ».

---

(1) Grobert, *loc. cit.*, p. 2.
(2) *Ibid.*, p. 10.
Dans son *Mémoire sur les affûts sans avant-train et à banquette*,
Grobert observe que l'avant-train est « la portion la plus embarrassante

Cette invention fut diversement appréciée. On trouve en effet, dans les Archives de la guerre, une curieuse lettre du citoyen Delisle qui, tout en reprochant à Grobert d'entraîner des dépenses considérables pour la création d'un atelier spécial au lieu d'employer les arsenaux pour ses constructions, reconnaît cependant que l'affût-fardier est appelé à rendre de réels services sur le champ de bataille.

. . . .
L'avantage de la construction de cet affût-fardier est très grand puisqu'il peut se conduire en campagne avec moins de chevaux, se manœuvrer avec autant de facilité et moins de canonniers en bataille que les pièces de 8 et de 12, et que les grandes victoires remportées sur les ennemis ne le sont qu'à la faveur du gros canon.

L'auteur et l'inventeur de cet affût-fardier ne peut être récompensé assez de cette découverte, puisqu'il est moralement et physiquement prouvé que les grands avantages dans les combats ne proviennent que par la supériorité de la grosse artillerie, et que, par la facilité que l'on a avec cet affût de conduire en campagne avec moins de chevaux, et pour manœuvrer en bataille les pièces de canon de 16, l'on doit y avoir un grand égard.....

Delisle.
*Rue Saint-Germain-l'Auxerrois, n° 71
Section du Muséum.*

Paris, 29 juin 1793.

Au contraire, il ne semble pas que cette invention de Grobert ait eu le même succès en 1794 à l'armée du Nord, si l'on en croit la lettre suivante d'Éblé. Elle

---

d'une voiture destinée au transport de l'artillerie »; qu'il est une grande « gêne dans une bataille »; qu'il « occupe un vaste espace sur le sol par la ligne qu'il décrit dans la manœuvre; qu'il coupe souvent l'infanterie; qu'il est encore plus souvent égaré, et qu'il ajoute beaucoup à l'inertie de l'équipage..... » « Je ferai observer, continue-t-il, ainsi que je l'ai fait à *Réunion-sur-Oise*, à *Menin*, à l'*Ecole de Mars*, et à celle de *Meulan*, que *huit* hommes manient facilement à bras une pièce de 8 *sans avant-train* et sur le terrain, tandis que *quatorze* suffisent à peine pour traîner la même pièce montée sur quatre roues » (p. 3 et 4).

indique en outre que, concurremment au transport des canons de 16 sur affûts-fardiers, on expérimentait ceux de 4 sans avant-train, et que des pièces des deux calibres furent dirigées sur Lille et sur Maubeuge.

Au Général en chef.

La Fère, le 1ᵉʳ prairial an II républicain (20 mai 1794).

J'ai vu les affûts-fardiers, Général, voici ce que c'est.

Les roues sont très basses et l'affût très court. La crosse est mobile au moyen d'un boulon qui la fixe à l'affût et qui lui sert de charnière.

La pièce et l'affût sont portés sur un triqueballe à deux brancards et d'un timon. L'essieu est en fer et a cette forme ⁓⌒⁓.

Pour suspendre l'affût au triqueballe on l'élève au moyen d'un cric, on ôte les roues, on recule le triqueballe sur la pièce, on passe deux chaînes sous l'essieu, on lâche le cric ; les roues et le cric se placent en avant de l'affût.

Le caisson est porté par un triqueballe. Il contient deux rangs parallèles de tiroirs sur quatre de hauteur et de la longueur du caisson ; on les tire par derrière pour prendre les munitions.

Il faut seize hommes par pièce et six chevaux par triqueballe.

Les affûts ne peuvent pas être attelés.

Voici ce que j'en pense.

Les affûts sont trop faibles pour durer longtemps.

Étant portés par le triqueballe, ils ne sont guère élevés de terre au-dessus de 18 pouces, de manière que dans les terrains mouvants ils frotteront nécessairement à terre et ce ne sera que difficilement qu'on pourra les en tirer (1).

Pendant l'action, le capitaine m'a dit que le triqueballe se mettait derrière une maison, ravin, etc. C'est assez le dire ce que deviendraient les pièces dans un moment de presse avant que le triqueballe ne serait arrivé. Si on les laisse près de la pièce, comme ils offrent beaucoup de prise par leur volume ils seront bientôt démontés (1).

Cet attirail est énormément compliqué ; certaines pièces, comme les essieux, ne peuvent se réparer en campagne.

Tu dois, Général, perdre l'espoir de mettre ces pièces en artillerie

---

(1) Éblé oubliait que ces divers inconvénients disparaissaient par l'adoption de l'affût sans avant-train.

légère, je les crois beaucoup plus difficiles à manier que celles montées sur nos anciens affûts, tu en jugeras par toi-même.

Les pièces de 4 me paraissent préférables, les canonniers sont transportés avec elles.

Cependant il est difficile de les pointer à cause du siège qui ne se porte pas assez vers la tête du timon ; le treuil peut aussi casser les jambes aux chevaux.

Leurs caissons sont d'une construction différente ; ils ne me paraissent pas aussi légers que les pièces et portent moins de munitions que nos caissons ordinaires.

Il est parti hier de Ham, pour arriver le 5 à Lille : deux pièces de 16, deux pièces de 4, un caisson de 16, un caisson de 4 et un triqueballe de rechange.

J'ai envoyé à Saint-Quentin : deux pièces de 16, deux pièces de 4, deux caissons comme ci-dessus et une double forge qui ne me paraît nullement préférable aux anciennes.

Le général Laprun partira demain, et en passant à Saint-Quentin il prendra cette artillerie avec quelques caissons qu'il emmène d'ici pour se rendre du côté de Maubeuge, comme tu m'en as donné l'ordre.

Je ferai partir avec la compagnie de canonniers de Le Pelletier, ceux destinés à servir ces pièces n'étant pas suffisants.

Toujours point de chevaux malgré les belles promesses.

Je prendrai le parti de t'aller joindre avant leur arrivée et je prendrai des mesures pour qu'ils soient répartis comme il convient.

Je te salue fraternellement.

D'Urtubie partage, sur les inventions de Grobert, l'avis du général Éblé :

. . . .

C'est cependant sous les promesses les plus exagérées que l'on a voulu faire adopter pour l'artillerie diverses machines que le coup d'œil de la raison condamnait avant même l'essai..... ainsi, d'après certaines monstrueuses voitures, on en a voulu faire une application à l'affût de siège, et l'on a enfanté l'affût-fardier, sur les inconvénients duquel on ne tarirait pas ; mais il est jugé.

..... Un inventeur, plus caractérisé par ses moyens à obtenir l'exécution de ses conceptions, a prétendu que rien n'avait atteint le mieux comme ses affûts..... Ce n'est pas sur de grandes routes pavées, sur des quais, avec des charretiers et des hommes exercés et choisis, où tout enfin est prévu, que des expériences de ce genre peuvent être concluantes..... que serait-ce donc si, décomposant ce système mécanique, quoique dépourvu d'une portion utile à nos affûts, et si cruellement répudiée dans les affûts à banquettes, on parvenait sans effort et sans parcourir la moitié de ces défauts, à prouver avec impartialité la nullité de tous les avantages vantés de cet affût..... (1).

Par contre, Pichegru semble avoir été partisan du système de Grobert : « J'ai trouvé bien du bon, lui « écrivait-il, dans la nouvelle artillerie. Il est bien « des circonstances où elle peut être de la plus grande « utilité, et je ne doute pas qu'elle doive être adoptée, « surtout lorsqu'on aura perfectionné sa solidité (2). »

Il semble qu'on puisse conclure des deux témoignages d'Éblé et d'Urtubie, que les moyens d'exécution dont disposait Grobert ne lui permirent pas de donner à son système toute la solidité nécessaire pour en faire une œuvre pratique. Il n'en est pas moins vrai que l'idée était elle-même assez juste pour avoir été reprise, il y a quelques années, par l'Allemagne et copiée sur elle par nous. Si l'on rapproche, en effet, l'invention Grobert de la lettre de Saint-Just et de Gillet au citoyen Hibert (3); si l'on

---

(1) Peut-être doit-on faire quelques réserves sur cet avis car le même auteur parlait ainsi de la rayure et du chargement de la pièce par la culasse :

« Les uns trouvaient l'âme de nos canons d'une forme trop surannée, et annonçaient de nouvelles pièces dont la structure pouvait procurer aux projectiles une bien autre force d'impulsion que ceux en usage. Les promesses ne coûtent rien. Il en fut autrefois essayé qui se chargeaient par la culasse, en la dévissant à peu près comme le pistolet de poche, et l'on prétendait aussi que les mobiles simples ou composés acquéraient, par cette façon de les charger, une impulsion prodigieuse. L'essai n'a point répondu à la théorie : les boulets n'étaient et ne pouvaient être que du plomb, ainsi que les cartouches, le fer ne se prêtant point à la pression..... » (*Mémoire et observations sur l'artillerie à cheval*, etc., loc. cit.)

Celui qui critiquait aussi amèrement la rayure et le chargement par la culasse pouvait bien se tromper sur l'affût-fardier et l'affût sans avant-train.

(2) Lettre de Pichegru non datée, citée par Grobert dans son *Mémoire sur le moyen de traîner en bataille les pièces de gros calibre*, page 21.

(3) Voir page 224.

veut bien se rappeler que les pièces en bronze de 16 ne sont autres que le 138 rayé de l'artillerie actuelle, on en conclura que dès 1793 l'armée française avait imaginé de traîner à la suite des armées une artillerie lourde, assez mobile pour pouvoir les suivre et assez puissante pour ruiner les gros obstacles et réduire rapidement les défenses des places fortes; et que le calibre choisi par la France dès 1793 ne fut pas fort différent de celui qu'imagina l'Allemagne un siècle après. Une fois de plus l'histoire nous fournit un nouvel exemple des nombreuses idées qui ont pris leur origine en France et qui lui revinrent plus tard revêtues du cachet de l'étranger. Une fois de plus, on doit constater que, si la France voulait approfondir son histoire militaire, elle y puiserait à pleines mains les trésors qu'y ont accumulés nos glorieux devanciers. Confiants dans le génie de la France, c'est à lui seul que nos pères de la Révolution surent faire appel aux heures les plus critiques de notre histoire; c'est à lui seul qu'ils surent demander les moyens de vaincre, moyens qu'il leur prodigua avec la plus large et la plus admirable munificence (1).

Les affûts inventés par Grobert ne sont pas du reste les seuls qui puissent fixer notre attention par leurs particularités. « Les affûts de campagne employés pour
« l'artillerie volante....., dans certaines compagnies,
« avaient la crosse des flasques..... allongée et plus
« relevée afin de mieux parer dans le recul les obstacles
« que présente souvent le terrain où, par sa mollesse,
« les crosses s'enfonceraient quelquefois trop (2)..... »

---

(1) Le capitaine Gilbert lui-même, qui fut le premier à nous rappeler cette doctrine réconfortante, a parlé en 1890 de l'artillerie lourde sans soupçonner que c'était un Français, Grobert, qui l'avait découverte cent ans auparavant. (Voir *Nouvelle Revue, La Fortification et l'artillerie*, novembre-décembre 1890.)

(2) *Mémoire et observations sur l'artillerie à cheval*, etc. (D'Urtubie, *loc. cit.*)

La fabrication du matériel. — a) *Situation du matériel en 1791.* — La situation du matériel était ainsi définie par Lameth le 22 juillet 1791 :

« *Arsenaux de construction.* — Il est difficile de mettre les arsenaux de construction dans une plus grande activité que celle qu'on leur donne : les places de première, deuxième et troisième ligne reçoivent successivement tous les affûts et attiraux nécessaires à leur défense.

« *Fonderies.* — Il a été ordonné dans les deux fonderies (de Douai et de Strasbourg) 339 bouches à feu. A mesure que la fonderie de Douai en livre, elles sont sur-le-champ envoyées dans celles des places voisines qui en ont besoin. Quant à la fonderie de Strasbourg, elle est assez bien approvisionnée en ce genre pour qu'on en tire incessamment des bouches à feu pour armer les places du Midi de la France.

« *Forges.* — La même activité règne dans les forges : on y a ordonné une fort grande quantité de boulets, bombes et obus dont la fabrication est tellement avancée qu'on est obligé de leur donner de nouveaux ordres pour employer les usines des maîtres de forges jusqu'à la fin de l'année.

« *Équipages.* — Il existe dans les places de Douai, Arras, la Fère, Metz, Strasbourg, Auxonne, Lyon, Grenoble et Fort-Barrault, 1226 bouches à feu avec tout leur attirail et munitions pour former six grands équipages, dont trois de campagne et trois de siège, à la suite des armées qu'on pourrait être dans le cas de faire marcher en Flandre, en Allemagne et en Italie, indépendamment des quatre petits équipages destinés à défendre les côtes du royaume.

« *Approvisionnements des places.* — De toutes les places de guerre du royaume, il n'y a que celles des départements des Pyrénées, Hautes et Basses, qui ne sont pas armées convenablement en artillerie. La prudence voulait que l'on portât les moyens de préférence sur les frontières du Nord, des Ardennes, de la Moselle, des Haut et Bas-Rhin, de l'Isère, des Hautes-Alpes et du Var, parce qu'elles ont toujours été regardées comme plus exposées à l'ennemi que celles de l'Espagne..... Au surplus, lorsqu'il existe environ 6,000 bouches à feu de fonte et 1500 de fer sur toutes les frontières du royaume, on doit croire que les places ne sont pas sans défense.

« *Aperçu des bouches à feu existant dans les places.* — Depuis Dunkerque jusqu'à Givet : 373 canons, 349 mortiers, 57 obusiers, 135 pierriers. Total 914.

« Depuis Givet jusqu'à Bitche : 671 canons, 96 mortiers, 32 obusiers, 65 pierriers. Total 864.

« Depuis Bitche jusqu'à Belfort : 995 canons, 251 mortiers, 65 obusiers, 90 pierriers. Total 1401.

« Totaux : 2,039 canons, 696 mortiers, 154 obusiers, 290 pierriers = 3,179. »

Malgré tout l'optimisme de cet exposé, les canons, comme les fusils, se trouvèrent insuffisants pour satisfaire aux énormes besoins tout à coup créés par l'organisation simultanée des nombreux bataillons de volontaires, de fédérés, des légions et corps francs et de l'artillerie à cheval.

Le 19 mai 1793, le représentant du peuple Lequinio rendait compte, en séance du Comité de Salut public, du besoin d'obusiers qu'avait Valenciennes, d'où il arrivait.

Le 8 juin, Lesage-Sénault et Duhem, à Lille, demandaient des canons et surtout des affûts, qui n'arrivaient pas malgré les promesses.

Le 17 juillet, Carnot écrivait de Bergues qu'il y avait dans « toutes les places et côtes de cet arrondissement beaucoup plus de canons de fonte, que l'on ne pouvait se procurer d'affûts ».

Dix jours après, les représentants du peuple à l'armée du Nord, Levasseur, Letourneur et Delbrel, réclamaient de nouveau des chevaux et des pièces d'artillerie.

A Maubeuge, c'étaient celles de gros calibre qui manquaient : aussi le Comité de Salut public arrêtait-il le 7 août qu'on y transporterait des pièces de 18 en fer montées sur affûts de place.

Les obusiers manquaient aussi, car l'arrêté du 11 décembre décidait que les fonderies de Paris, à partir du 1ᵉʳ nivôse, seraient occupées pendant deux mois à ne fondre que des obusiers (1).

b) *Réquisition du bronze des cloches et statues pour la fabrication des canons.* — Dès l'année 1792, on s'était efforcé de remédier à cette pénurie. Une commune du département du Nord adressait, le 27 avril 1792, à l'Assemblée, une pétition tendant à obtenir l'autorisation de fondre ses cloches pour en faire deux pièces d'artillerie : « Elle réserverait une cloche pour les cérémonies de « l'office divin, et on annoncerait les convois funéraires « à coups de canon. »

A l'initiative communale répondait presque aussitôt celle de l'Assemblée : le 14 août, sur la proposition de Lecointre, au nom de la Commission des armées, elle invitait le Ministre à faire fabriquer 80 pièces de canon

---

(1) Toutefois comme cette disposition lui aurait fourni à la fin trop d'obusiers au détriment des canons de 12 et de 8, le Comité du Salut public décida le 18 décembre que Périer, Brézin, Geban et Fleury, directeurs des fonderies de Paris, couleraient seulement des obusiers à la place des pièces de 4 et continueraient les services réguliers en ce qui concernait les pièces de 8 et de 12.

de 4, 20 de 6 et de 8 avec leurs affûts, tant dans l'arsenal national de Paris que dans toutes les autres fonderies particulières de cette ville.

Le lendemain, des citoyens de la section Henri IV ayant annoncé à l'Assemblée qu'ils avaient renversé la statue du Béarnais, Thuriot demande que celles qui sont abattues soient transformées en canons. Lacroix propose à son tour de consacrer à la même destination tous les monuments en bronze qui sont dans les églises; et Thuriot d'ajouter : « Ce n'est pas à Paris seulement qu'il faut faire cette utile réforme ; il faut que dans toutes les parties de l'empire, dans les maisons nationales et même dans celles qui étaient attribuées à l'habitation du roi, tout ce qui était en bronze soit pris, fondu et métamorphosé en canons. »

Sur ces entrefaites, survint le Comité de Salut public, qui saisit toute occasion de hâter la constitution du matériel. Dès qu'il eut connaissance de l'arrêté du département des Landes tendant à « accélérer l'habillement des défenseurs de la patrie et à augmenter l'artillerie de la République », il dépêcha le 13 mai Barère à la tribune pour y lire ce document. Aux applaudissements de la Convention, Barère fit voter de nouveau la réquisition de « toutes les cloches des églises, sauf une par chaque église paroissiale », et leur transfèrement aux chefs-lieux de district « pour être fondues et converties en canons (1). »

Au métal des cloches le Comité de Salut public ajoutait, le 15 germinal (4 avril 1794), « les cuivres rouges...

---

(1) Par modification à ce décret, un autre du 23 juillet spécifia que ces cloches seraient mises à la disposition du Conseil exécutif provisoire qui les ferait parvenir aux fonderies les plus voisines. Le 3 août, ce soin incombait au Ministre de l'intérieur, pour les fonderies que lui désignerait son collègue de la guerre, avec indication des quantités à y expédier.

et le métal de bronze (1) ». Pour s'assurer du reste de la quantité de cloches, de cuivre rouge et de bronze versés dans les dépôts, le Comité de Salut public se faisait fournir, le 3 messidor (21 juin), par l'agent national de chaque district, la situation décadaire de ces dépôts par commune.

Le métal des cloches n'était pas, du reste, à l'alliage voulu pour la fonte des canons : aussi ne l'employait-on pas tel qu'il était, mais s'appliquait-on à en tirer le cuivre rouge qui devait ensuite rentrer dans la composition du bronze des pièces. Cette opération, qui était celle du « départ du métal des cloches », fut exécutée par des ateliers fonctionnant aux lieux de dépôts et groupés en quatre arrondissements de surveillance placés chacun sous le contrôle d'un inspecteur (2).

c) *La fonderie des canons.* — Le métal simple une fois obtenu devait être fondu en alliage pour devenir le métal à canon.

On a vu plus haut qu'en exposant la situation du matériel en 1791, A. Lameth signalait l'existence de deux fonderies à Douai et à Strasbourg (3).

En 1792 un jeune industriel, Philippe Boyer, crée à Clermont-Ferrand une fonderie de canons qu'il offre à l'Assemblée nationale (4).

---

(1) Le 1er prairial (20 mai 1794), l'agent du district d'Argenton était autorisé à requérir les premières voitures libres pour faire parvenir au dépôt de Paris les cloches rassemblées dans ce district.

(2) Voir dans le *Recueil* Aulard les arrêtés du 6 prairial (25 mai 1794), 24 prairial, 2 et 4 messidor (12 juin, 20 juin, 22 juin 1794).

(3) Situation des travaux de l'artillerie. (Discours de Lameth, le 22 juillet 1791.)

(4) L'Assemblée nationale accepte cette offre le 13 septembre 1792. Voir Rouquerol, page 262. *Monographie de la fonderie de canons révolutionnaires de Clermont-Ferrand.*

« Je viens d'apprendre qu'un canon de la fonderie de Boyer à

Sur l'initiative prise le 12 mai 1793 par le conseil du département des Hautes-Pyrénées, qui, ne pouvant obtenir les dix-huit pièces d'artillerie promises par Servan, voulut les fabriquer lui-même, le décret du 30 mai l'autorisa à établir à Tarbes une fonderie de canons.

Mais le Comité n'avait pas attendu cette proposition pour multiplier les établissements de ce genre : le 2 mai (1) il arrêtait d'en installer à Toulon, Montpellier, Bordeaux; le 15 juin, il confirmait l'arrêté des représentants du peuple qui établissait une fonderie de canons à Montauban pour « les besoins des armées des Pyrénées-Orientales et Occidentales » ; le 18, il existait à Paris cinq fonderies : celles de Chaillot, pouvant fournir par mois 45 pièces de 4 ; de la barrière d'Enfer, 45 ; des Célestins, « n'ayant pas encore fondu » ; de l'Oratoire, 15 ; du citoyen Tury, 4. Mais le matériel de Paris n'avait pas toujours le calibre voulu, et le Comité en ordonnait la refonte le 19.

Le 14 décembre, l'accroissement des besoins poussait le Comité de Salut public à « augmenter la quantité des fonderies à fondre les canons de fer ». Dans ce but, il envoyait visiter les usines des Perier, Brezin et autres fondeurs de Paris par l'ingénieur des mines Lefèvre, qui devait en lever tous les détails. Pour faciliter ce travail, il réclamait le même jour à chaque directeur de fonderie l'envoi dans le plus bref délai des « plans détaillés de ses fourneaux, foreries et machines » et la « description des procédés qu'il employait dans le moulage et le coulage des pièces ». Dans le but d'uniformiser le travail de

---

Clermont n° 22, avait cassé à Douai dans l'essai qui en avait été fait. Il est à craindre que les autres pièces de cette fonderie soient aussi défectueuses..... » (Florent Guiot au Comité de Salut public, 27 ventôse.)

(1) Tous les arrêtés cités sont extraits du *Recueil* Aulard.

toutes ces usines, Monge était chargé, le 18 pluviôse, de faire une instruction technique sur le moulage, la fonderie et le forage des canons (1).

Pour se rendre compte du nombre et de l'emplacement des nombreuses usines qu'il créait, le Comité prit l'arrêté du 14 ventôse (4 mars), qui réclamait « une carte de la République, descriptive de toutes les fonderies de bronze et des arrondissements dans lesquels les réquisitions de cuivre rouge, d'étain et de métal de cloches devaient êtres faites (2) ».

Mais cette mesure ne mettait pas un terme aux créations d'établissements nouveaux : le 20 germinal (9 avril) le Comité de Salut public autorisait le citoyen Ferry, tourneur et mécanicien, à installer une fonderie de canons dans la ci-devant église de la rue du Cherche-Midi, à Paris.

D'autres fonderies sont encore signalées par de nombreux arrêtés : l'une, le 7 floréal (26 avril), dans la Dordogne (3); une autre, les 7 et 14 floréal, à Indret (4);

---

(1) C'était peut-être pour faciliter ce travail que le Comité prescrivait le 6 ventôse d'apporter à sa section des armes « un modèle en bronze de mortier à chambre conique dit à la Gomer ». De même, l'arrêté du 30 avril, mit à la disposition de la Commission des armes et poudres « les modèles de canons et autres attirails de guerre » qui se trouvaient dans le logement que l'émigré Thiboulez occupait à l'arsenal de Paris; le 11 mai 1794, les frères Perier étaient invités à fabriquer des modèles de canons.

(2) Ce même arrêté réclamait encore une carte descriptive des dépôts de cuivre jaune (garnitures de fusils, poignées de sabres), avec les arrondissemts de réquisition de cet approvisionnement; enfin une carte descriptive des lieux où l'on doit fabriquer les balles de plomb, et des arrondissements de réquisition de ce métal.

(3) L'arrêté du 7 floréal (26 avril) considérant que cette fonderie était trop coûteuse par suite des frais de transport, faisait servir les forges de Moidon à l'approvisionnement de la fonderie d'Indret.

(4) L'arrêté du 14 floréal (3 mai) spécifiait que la fonderie nationale

une troisième, le 16 (5 mai), à Saint-Gervais (1). Les arrêtés des 14 ventôse (4 mars) et 18 floréal (7 mai) mentionnent l'extension de la fonderie du Creusot, qui semble être plutôt affectée à la fabrication des canons pour la marine (2). Le 26 floréal (15 mai), le Comité de Salut public réclame « un rapport sur les ressources que peuvent fournir les établissements de grosse artillerie formés à Nevers »; et le 19 prairial (7 juin), le représentant du peuple Deydier fait établir des fonderies dans le département de l'Eure.

Du mois de juin, où s'arrête cette nomenclature, jusqu'à la fin de l'année, la création des fonderies ne fit encore que se développer, car dans son rapport sur l'arme de l'artillerie, daté du 12 pluviôse an III (31 janvier 1795), Lacombe-Saint-Michel affirme qu'il existait alors dans les différents départements de la République 19 fonderies de canons en bronze et 31 fonderies de canons en fer (3). Pour réaliser son gigantesque effort, le Comité de Salut public avait donc doté la France de 48 fonderies supplémentaires.

Arsenaux de construction. — Au début de la Révolution, il existait cinq arsenaux de construction à Douai, Strasbourg, Metz, Auxonne et la Fère (4). En 1792 ils étaient au nombre de six, dont celui de Nantes, spécia-

---

d'Indret étant située dans une île, les ouvriers de cette fonderie recevraient le pain comme les troupes de la République.

(1) L'arrêté du 16 floréal (5 mai), alimentait cette fonderie par les forêts nationales « appartenant ci-devant aux émigrés d'Herculais, Baronnat et Guignard Saint-Priest » et par les mines de fer « d'Allevard, Saint-Vincent, Theys et lieux circonvoisins ».

(2) Le 10 germinal, la fonderie du Creusot fut chargée spécialement de fabriquer 1200 canons de fonte de fer par an et des bombes, boulets et obus en proportion.

(3) Voir Rouquerol, page 268.

(4) *Ibid.*, page 81.

lement affecté « à l'approvisionnement de Belle-Isle et d'une partie des côtes de Bretagne (1) ». Ce chiffre s'accrut en 1793 : le 14 juin, le décret qui ordonnait le départ de Paris de 1000 hommes et de 48 canons fournis par les sections pour aller réprimer l'insurrection de la Vendée avait prescrit (article VI) que les ateliers de la capitale fabriqueraient non seulement des fusils et des piques, mais aussi des canons. La production de ces derniers avait été rendue « extraordinaire » par la loi du 23 août 1793. Enfin le 9 juin 1794 (21 prairial), le Comité autorisait l'établissement à Paris, rue du Bac, d'une forerie de canons de 12 et de 8. De cette date au 31 janvier 1795, le nombre des arsenaux s'accrut au point de compter à ce moment 51 arsenaux de construction et 20 autres particuliers (2).

Utilisation de moyens déjà existants. — En même temps qu'il fondait les canons, le gouvernement essayait d'augmenter les ressources en rassemblant, pour les utiliser, toutes les pièces qui pouvaient rendre encore des services et qui se trouvaient dans les localités non menacées ; soit encore d'anciens canons qu'il faisait refondre ; soit enfin des matières premières en excédent qu'il faisait fondre.

Lorsque, par exemple, la préparation du camp sous Paris nécessita une nouvelle quantité d'artillerie, on y pourvut en faisant venir (3) de l'arsenal de Douai 20 pièces de 12 et 10 obusiers, et en faisant fondre et fabriquer dans l'arsenal national de Paris 50 pièces de 12 et 20 obusiers avec leurs affûts et attirails (3).

---

(1) *Archives de l'Artillerie*, *Mémoire* de Lacombe-Saint-Michel, 31 janvier 1795 (12 pluviôse an III).
(2) Voir Rouquerol, page 81.
(3) Décret du 14 août 1792 pris sur la proposition de Lecointre au nom de la Commission des armes.

Dans le même but de pourvoir au plus tôt à l'armement du camp de Paris, l'Assemblée envoyait le 26 août 1792 à Rochefort deux commissaires pour « faire charger et envoyer à Paris les canons qui leur paraîtraient ne pas être en ce moment nécessaires en cette ville ».

Des expédients analogues étaient employés pour armer les bataillons de volontaires : le 17, est autorisée à Lorient et à Ploermel la refonte de plusieurs canons et autres pièces ; le décret du 29 octobre ayant invité le Ministre à fournir au plus tôt deux pièces de 4 à chaque bataillon de volontaires, la loi du 4 décembre chercha à accélérer cette fourniture en décidant que « les 130 milliers pesant de matière restés dans les mains des citoyens Perier seraient par eux uniquement employés à la fonte de canons de campagne du calibre de 4 ».

Enfin toutes les pièces de calibre étranger ayant des approvisionnements en boulets insuffisants et toutes celles de calibre français hors de service devaient être refondues et converties en canons dans les fonderies les plus voisines (1).

Recherche du charbon nécessaire à la marche des fonderies et arsenaux. — Pour assurer le fonctionnement de tous ces ateliers, il fallait du combustible. Le Comité de Salut public sut y pourvoir : le 31 octobre 1793, le Conseil exécutif provisoire envoyait un ingénieur aux mines de houille de Montrelais (district d'Ancenis) pour en accélérer l'extraction, et le 8 prairial (27 mai), le Comité mettait les ouvriers de ces mines en réquisition, afin de leur donner « l'activité qu'exige le service des fonderies, des arsenaux militaires et des forges ». L'arrêté du 14 nivôse (3 janvier 1794), tirait 1000 fantassins et 100 cavaliers de l'armée des Ardennes pour protéger à Philippeville, Louvain, Marienbourg, l'exploitation du

---

(1) Arrêté du 13 juin 1794 (25 prairial).

charbon de l'Entre-Sambre-et-Meuse. Lorsque cette région fut occupée par nos troupes, le Comité de Salut public décida encore le 9 prairial (28 mai), que l'extraction des mines serait poussée le plus rapidement et le charbon transporté avec la plus grande activité dans nos arsenaux. Le 20 ventôse, la Commission des armes recevait l'ordre d'approvisionner la fonderie d'Indret pour un an ; le 25 germinal, les ouvriers employés aux mines de houille affectées à l'approvisionnement de Paris, étaient mis en réquisition, et un crédit de 5,000 livres était ouvert à la Commission d'approvisionnements pour faire les fouilles nécessaires à la recherche d'une mine de houille à Saint-Martin-la-Garenne (district de Nantes). Craignant la fermeture du canal de Briare, le Comité offrait le 27 germinal, une indemnité aux mariniers qui entreraient à Paris du charbon de terre « à une charge au-dessus de l'ordinaire ». Enfin, le Comité créait encore le 27 floréal, une prime de dix sols par voie à tous ceux qui feraient venir à Paris des charbons provenant de bois et de ports d'où il n'était pas habituel d'en tirer pour cette place.

Accélération de la fabrication. — Le Comité de Salut public saisissait du reste toute occasion pour accélérer la fabrication : Apprenant que le citoyen Billaud, maître de forges alors « employé à l'établissement d'une fabrique d'acier », était sous le coup de poursuites dont le plus clair résultat eut été de retarder cette importante organisation, le Comité le mit en réquisition, le 15 prairial (3 juin), et défendit le même jour « de le troubler dans l'exercice de ses fonctions ». De même, le 29 (17 juin 1794), il prescrivait à l'agent national près le district d'Autun, de favoriser de tout son pouvoir les opérations de Ramus, entrepreneur de la fonderie nationale du Creusot. Il devait veiller à ce que les autorités constituées ne se permissent « aucun acte préjudiciable à l'activité révolutionnaire que l'intérêt de la République exige dans les opérations de ce genre ».

Récapitulation des ressources obtenues par la fabrication. — Pour suivre les progrès de cette fabrication hâtive, le Comité de Salut public réclamait le 15 décembre 1793 aux commandants temporaires et aux municipalités des places fortes l'état « très exact » de l'existant et du nécessaire en grosse artillerie. Le même jour il décidait de se faire envoyer la situation décadaire de tout ce qui existait dans les magasins de chaque fonderie ou arsenal. Non content de ces prescriptions, il se faisait encore renseigner le 8 pluviôse, par Mazurier, adjoint à la 3e Division, sur « l'état des fabrications de canons pour la guerre dans toute l'étendue de la République ». Enfin, le 3 prairial, il décidait que son agent Adet irait aussi souvent que possible à l'administration de la grosse artillerie et dans les fonderies de Paris, pour prendre connaissance de la situation des travaux et lui en rendre compte (1) (2).

e) *Moyens employés pour empêcher la destruction du matériel*. — Tous ces moyens eussent été inutiles si on n'avait pas veillé avec un soin jaloux à la conservation du matériel existant. C'est dans cet esprit que les représentants du peuple près l'armée du Nord, Levasseur, Bentabole, Châles et Collombel, prirent, le 3 septembre 1793, un arrêté marquant « d'infamie » les bataillons qui abandonneraient leurs pièces à l'ennemi. La Convention approuvait cette mesure le 7, en rappelant

---

(1) Une décision analogue était prise le 6 juin 1794; l'agent du Comité Borthon devait en outre faire les recherches nécessaires pour trouver les tables de construction de tous les objets relatifs à l'artillerie.

(2) Le 12 juin 1794, il était enjoint aux frères Perier, entrepreneurs de la fonderie de canons de Chaillot, d'adresser l'état décadaire de leurs commandes et de leurs travaux.

qu'il existait une loi qui « punissait de mort les canonniers qui abandonnent leurs canons, ainsi que les soldats qui ont la lâcheté d'abandonner leurs armes ».

Charrois de l'artillerie. — Pour effectuer le transport de leur matériel, les batteries d'artillerie disposaient d'un service de charrois (1) qui, jusqu'au 24 septembre 1791, était assuré par le sieur Guillaume-Augustin Baudouin, en vertu d'un marché passé par le Conseil de la guerre (2) le 2 mai 1789 (3). Le 24 septembre 1791, l'Assemblée décréta que le marché Baudouin serait résilié à partir du 1er janvier 1792; qu'à l'avenir, que l'on eût recours à la régie ou à l'entreprise, les règlements de l'une ou les clauses de l'autre seraient toujours communiqués au Corps législatif; enfin que l'entreprise aurait toujours lieu au rabais par adjudication publique : le décret du 13 mars décidait d'ailleurs que l'entreprise serait seule admise.

C'est dans ces conditions qu'intervint le 31 août 1792, le marché avec les compagnies Masson et d'Espagnac, sous le ministère de Servan. Sous celui de Pache, un nouveau marché fut passé le 22 janvier 1793 avec la compagnie Winter et Boursaut. Enfin, l'artillerie eut encore recours à Choiseaux et à Lancherre. Les quantités de chevaux fournis par chacun d'eux à ce service étaient, à la date du 22 juillet 1793, de : 4,100 par Masson-d'Espa-

---

(1) Les charrois comprenaient : l'artillerie; le transport des vivres; l'ambulance des hôpitaux; les effets de campement; le transport des fourrages du magasin au camp. On n'étudiera ici que ce qui concerne l'artillerie.

(2) Conseil de la guerre institué par l'ordonnance du 9 octobre 1787 et supprimé par celle du 14 juillet 1789.

(3) Séance du Conseil de la guerre du 2 mai 1789. « Rapport de M. le marquis de Lambert relativement aux transports militaires : Le Conseil l'autorise à en passer le marché définitif d'après les soumissions approuvées et signées par le Conseil. »

gnac; 8,100 par Winter et Boursaut; 10,350 par Choiseaux et 1,035 par Lancherre (1); soit un total de 32,900 chevaux.

Or, le représentant du peuple Dornier établissait le même jour que ce chiffre était exagéré. « Faisons la recherche des forces réelles de la République. On ne craindra pas d'être au-dessus de l'effectif en les portant à 600,000 hommes sous les armes, dont 360,000 hommes campés et 240,000 hommes dans les garnisons et cantonnements : 360,000 hommes campés font six armées de chacune 60,000 hommes. »

Comme Dornier avait déjà expliqué qu'une telle armée exigeait 2,682 chevaux d'artillerie (2), il en concluait qu'il fallait pour l'ensemble des six, un total de 16,092 chevaux. Il fallait encore y ajouter les garnisons et cantonnements : « Leur artillerie étant moins exposée et n'ayant à voyager que sur des routes, 16 chevaux sont très suffisants (3) de l'avis même des entrepreneurs actuels; ajoutons à chaque bataillon un caisson extraordinaire, indépendamment de celui attaché et payé séparément par le corps, ainsi qu'un haut-le-pied pour l'artillerie, nous aurons 21 chevaux par bataillon et pour 342 bataillons seulement de 700 hommes, toujours supposés au non-complet, il faudra 7,182 chevaux. Ajoutons le vingtième en sus pour les remplacements urgents, 360. Total pour les troupes en garnison et cantonnées, 7,542, dont 5,814 pour l'artillerie et 1928 pour les autres services. »

Il fallait donc pour l'artillerie 16,092 chevaux de campagne et 5,814 de garnison, soit au total 21,906.

En comparant ce nécessaire à l'existant, qui, d'après ce

---

(1) Discours prononcé par le représentant du peuple Dornier à la Convention, le 22 juillet 1793. Ce discours sera donné *in extenso* à propos des *charrois*.

(2) On trouvera plus loin l'explication détaillée de ce chiffre.

(3) Par bataillon.

qui a été dit précédemment, était de 32,900, Dornier était amené à proposer une réduction sérieuse des fournitures à faire par entreprise pour l'artillerie. Remarquant que le traité de Masson et d'Espagnac laisse à l'État la propriété des chevaux, tandis que ceux de Lancherre, Choiseaux et Winter libèrent le Trésor de cette servitude, l'orateur propose de résilier le marché Masson et d'Espagnac, qu'il critique vivement et de conserver les trois autres, car il affirme qu'il n'y a nul reproche à leur faire et que « leurs chevaux sont de la plus belle et de la meilleure espèce ». « La fourniture de Lancherre sera réglée à 10,000 chevaux et celle de Choiseaux à pareille quantité, celle de Winter et Boursault à 4,000, en tout 24,000 chevaux pour le service de l'artillerie. » « Le prix de l'entretien sera fixé à 3 livres 10 sols en assignats pour chaque cheval..... Le remplacement de chaque cheval mort pour le compte de la République, sera de 600 livres en assignats..... Un seul entrepreneur fera le service d'une armée : ils se les distribueront entre eux et soumettront cette répartition à l'approuvé (*sic*) du Ministre de la guerre.

« Ils seront payés tous les mois sur le pied des deux tiers de leurs chevaux ; et, d'après le compte effectif fait sur les revues, chaque mois sera soldé.

« Ils demeurent responsables des services de l'artillerie dans toutes les armées de la République, et devront toujours avoir au complet le nombre de 24,000 chevaux qui est déterminé. Dans les cas d'urgence extraordinaire, ils pourront s'adresser au commissaire-ordonnateur en chef, à l'effet de requérir un secours de la part des autres services, auxquels ils seront respectivement tenus d'en donner, lorsqu'il sera reconnu qu'ils le peuvent, sans nuire à la sécurité de leur propre service (1). »

---

(1) Rapport du représentant du peuple Dornier sur le service des charrois militaires. Séance du 22 juillet 1793.

Ces dispositions furent codifiées par le décret du 25 juillet 1793 qui, tout en mettant en régie les charrois des vivres, de l'ambulance des hôpitaux, des effets de campement et des fourrages, faisait une exception pour le service de l'artillerie. L'article 18 de ce décret s'exprimait ainsi :

« Le Ministre de la guerre est autorisé à laisser provisoirement en activité, pour le service de l'artillerie seulement, les citoyens Lancherre, Choiseaux, Winter et Boursaut..... Les entrepreneurs devront secourir la régie toutes les fois qu'ils en seront requis par le commissaire-ordonnateur en chef, et qu'ils pourront le faire sans compromettre leur propre service. Ce secours sera réciproque de la part de la régie lorsqu'elle en sera pareillement requise, et leurs chevaux pourront également être employés, pendant le quartier d'hiver, aux transports des vivres, des fourrages et à tout autre service de la République (1). Afin d'assurer dans les meilleures conditions, le fonctionnement de l'entreprise, celle-ci était soumise, dans chaque armée, à la surveillance de deux « commissaires-inspecteurs » nommés par

---

(1) Pour bien montrer la nécessité du secours réciproque et l'aide que doivent se prêter tous les services en vue d'un ravitaillement urgent, on peut citer les ordres suivants de l'armée des Ardennes :

16 germinal (5 avril).

Il est ordonné au citoyen Folliard, inspecteur en chef des équipages militaires d'artillerie, de tenir prêts à marcher tous les chevaux qui sont à sa disposition pour le 17 germinal. Il obtempérera à toutes les réquisitions qui lui seront faites par le commandant du parc d'artillerie.

Par ordre du général en chef,
THARREAU.

24 floréal (13 mai).

Le commissaire des guerres Robert mettra en réquisition tous les chevaux d'avant-trains qui servent au transport des subsistances, pour les mettre au dépôt et les envoyer avec escorte au parc d'artillerie au-dessus de Thully. Il mettra pareillement en réquisition tous les chevaux

la Convention nationale (1). Leurs fonctions, déterminées par le décret du 25 vendémiaire an II, consistaient à surveiller aux armées toutes les opérations des entrepreneurs d'artillerie. Dans ce but ils devaient parcourir sans cesse tous les points occupés par l'armée, s'assurer de la qualité des attelages et du matériel roulant, les réformer au besoin, et veiller à leur remplacement sous peine de procès-verbal adressé aux représentants du peuple et au Ministre. Ils avaient droit de surveillance sur les commissaires-ordonnateurs et les commissaires des guerres. Le rôle de ces fonctionnaires était tracé par le décret du 19 août-17 septembre 1793. Il appartenait aux commissaires des guerres de procéder, en présence de deux membres du conseil général de la commune et d'un représentant de l'entreprise, à la réception des chevaux et voitures ; de les faire marquer au fer chaud « à raison d'un par 10,000 hommes de troupes existant à l'armée » ; ils étaient chargés de passer deux fois au moins par mois, des revues de charretiers, chevaux, mulets, voitures, caissons, forges de campagne et harnais. Les commissaires-ordonnateurs devaient, en outre, procéder à des revues extraordinaires des mêmes éléments, notamment après chaque bataille. « Tout agent

---

des autres chariots ainsi que ceux qu'il pourra trouver en ville et dans les environs, propres au service de l'artillerie.

Par ordre du général en chef,
Tharreau.

24 floréal (13 mai).

Le citoyen Thévenot, commandant du parc d'artillerie, est autorisé à prendre tous les chevaux propres à son service qu'il trouvera dans les villages circonvoisins de son parc. Il en donnera des reconnaissances aux propriétaires et nous rendra compte de suite du nombre et de la qualité de ces chevaux.

Tharreau.

(1) Décrets du 25 juillet 1793 et 16 septembre 1793.

de la République chargé de surveiller les charrois, ainsi que tous régisseurs ou entrepreneurs convaincus de collusion » devaient être « punis de mort ».

Ce fut sans doute par application des prescriptions qui précèdent, que parut la circulaire ministérielle suivante (1).

Dupin, adjoint au Ministre de la guerre pour la 3ᵉ division, aux Citoyens commandant les parcs d'artillerie des armées de la République française.

Paris, le 6 octobre 1793, l'an deuxième de la République
une et indivisible.

Je vous prie, Citoyens, de faire les dispositions nécessaires pour que le vingt-cinq de ce mois, sans faute, à six heures du matin, vous passiez la revue des employés, charretiers et chevaux d'artillerie qui sont sous votre dépendance, conformément au modèle ci-joint, et que copie soit envoyée dans le jour même à votre commandant en chef; l'original restera en vos mains, une copie restera au commandant en chef et la troisième me sera envoyée par lui.

Vous vous ferez accompagner, pour cette revue, par les officiers municipaux de la commune où vous vous trouvez situé, mais, dans le cas où votre position vous ôterait cette faculté, vous vous adjoindrez un officier, un sous-officier et deux soldats d'artillerie, sachant écrire, choisis par leurs camarades.

Cette revue sera visée par un commissaire des guerres, autant que possible.

Cette mesure importe essentiellement aux intérêts de la République, j'attends de votre patriotisme que vous ne négligerez aucun moyen pour remplir les intentions qui la dirigent.

Dans le cas où un mouvement particulier empêcherait l'exécution des dispositions que vous auriez prises pour le jour et l'heure indiqués, et que cette revue fût différée, vous la passerez ou le soir ou le lendemain, et vous m'accuserez les motifs de ce retard, par l'envoi du procès-verbal.

Vous porterez une attention bien particulière à la colonne des chevaux servant uniquement de monture aux conducteurs et aux employés préposés par les entrepreneurs, afin d'en connaître positivement le nombre et les distinguer des chevaux d'attelage.

---

(1) *Arch. Art.*

Je vous prie de faire usage de la colonne d'observations pour toutes celles que vous croirez utiles au bien public, relativement à ce qu'elle concerne.

DUPIN.

Nota. — Cette lettre sera communiquée, soit aux officiers municipaux, soit aux officiers et soldats d'artillerie qui seront invités à cette revue, et qui signeront au procès-verbal.

Cependant, le décret du 16 nivôse résilia, à partir du 15 pluviôse, « les traités faits par le Ministre de la guerre avec les citoyens Lancherre, Choiseaux, Winter et Boursaut, pour les fournitures des chevaux et équipages destinés au service de l'artillerie, lesquels avaient été provisoirement conservés par le décret du 25 juillet 1793 ».

Le service des charrois de l'artillerie passait dès lors sous la surveillance de la régie créée à cette date pour ceux des vivres, de l'ambulance des hôpitaux, des effets de campement et des fourrages; aussi la journée d'entretien qui avait été fixée à 3 livres 10 sols était-elle ramenée à 2 livres 15 sols, et le personnel des régisseurs augmenté de 5. Afin d'établir nettement la situation, au moment de ce passage, il était nécessaire de faire le même jour, dans toutes les armées, une « revue générale pour constater le nombre des employés, charretiers, chevaux, chariots, harnais et autres effets » des équipages d'artillerie existant réellement (1) au 15 pluviôse; cette revue numérique dont le soin devait incomber à un représentant du peuple désigné par la Convention sur la proposition du Comité de Salut public pour chaque

---

(1) Cette revue fit sans doute découvrir des irrégularités, car Éblé écrit de la Fère, le 10 ventôse, au Ministre : « Choiseaux ayant payé de sa tête les dilapidations qu'il a faites à la République, les chevaux de ses équipages sont exposés à en éprouver aussi, si tu ne prends pas des mesures promptes pour les prévenir et pour que les employés continuent d'être payés. »

armée (1), devait du reste être suivie d'une autre tendant à réformer le personnel et le matériel inutilisables et à faire passer aux troupes à cheval les chevaux propres au service de la cavalerie.

Une instruction du 18 nivôse définissait de nouveau la revue numérique et celle de réforme, expliquait qu'elles devaient avoir lieu dans tous les corps le même jour « afin d'éviter les risques de compter les mêmes chevaux deux fois »; pour accélérer les opérations, elle autorisait les représentants du peuple chargés de ces opérations à choisir « des agents intelligents et probes en telle quantité qu'ils jugeraient nécessaire ». L'instruction édictait encore des peines contre tous ceux qui se glisseraient aux revues pour se faire compter dans les charrois; elle recommandait à chacun de ces représentants du peuple de se faire accompagner dans ses revues d'un artiste vétérinaire, d'un maître charron et d'un maître bourrelier; enfin, elle rappelait que les chevaux devaient être marqués d'un fer chaud, sur une fesse de la marque de la République, et sur l'autre d'un numéro, tandis que les voitures, caissons et forges devaient l'être sur les deux brancards aux trois quarts de chacun d'eux et sous le moyeu de chaque roue. On devait profiter de la revue de réforme pour éliminer tous les hommes suspects « d'incivisme et d'improbité ou convaincus d'une négligence persévérante à reconnaître leurs devoirs ».

L'instruction et les modèles d'états de revue annexés étaient adressés en même temps aux représentants du peuple, chargés de faire les revues prescrites par le décret du 16 nivôse, et à toutes les municipalités des lieux dans lesquels étaient situés les différents dépôts des chevaux des entrepreneurs d'artillerie.

---

(1) Article 7 du décret du 16 nivôse.

Si nous en croyons la lettre suivante de Baudot et Lacoste, les dispositions qui précèdent devaient recevoir, tout au moins à l'armée de la Moselle, leur exécution à la date du 15 ventôse; mais comme le 14 intervenait un autre décret reportant lesdites revues à la date du 10 germinal, il est probable que celui du 16 nivôse resta à l'état de lettre morte.

Lacoste et Baudot, représentants du peuple près les armées du Rhin et de la Moselle, aux Citoyens membres du Comité de Salut public.

Metz, 13 ventôse (3 mars).

Le décret du 16 nivôse, Citoyens Collègues, portant *que les traités faits par les Ministres de la guerre avec Lancherre, Choiseaux et autres, pour les fournitures de chevaux et équipages destinés au service de l'artillerie seront résiliés, à compter du 15 ventôse* (1). Ce décret devant être exécuté dans deux jours, le service restera en souffrance si vous n'indiquez pas le représentant qui doit en être chargé aux termes de l'article 7 qui porte « que la revue sera passée dans chaque armée, à la diligence d'un représentant du peuple, nommé à cet effet par la Convention nationale, sur la présentation de son Comité de Salut public, etc. ».

Le temps exclusif qu'exige cette opération et l'article 7 (2) du décret cité nous ont empêchés d'en connaître; ce travail est urgent; nous vous invitons à y pourvoir; en attendant, nous prenons les mesures nécessaires pour empêcher la compromission des intérêts de la République.

M.-A. BAUDOT, J.-B. LACOSTE.

Enfin, au système même d'une régie « intéressée » des charrois, qui avait succédé aux entreprises, la Convention substituait, le 14 ventôse, une Commission des transports militaires. Le but de cette création était non seulement de faire disparaître les bénéfices que réalisait sur la nation la régie générale des charrois et de les remplacer par les appointements fixes des

---

(1) L'article 1er du décret du 16 nivôse dit « 15 pluviôse » et non 15 ventôse.

(2) Cet article prescrivait de faire passer la revue par un représentant du peuple à désigner et devant choisir des agents d'exécution.

membres de cette commission, mais encore de réunir diverses parties d'un même tout, encore séparées les unes des autres, telles que les transports militaires, les messageries, les postes et relais. Mais, pour faire cette nouvelle substitution, il fallait en arrêter la situation à une date donnée : on choisit pour cela le 10 germinal, date à laquelle la Commission entrerait en fonctions.

Toutes ces dispositions furent spécifiées par le décret du 14 ventôse qui créait une Commission des transports militaires de trois membres ayant notamment pour attributions le transport de l'artillerie et des munitions de guerre; l'entretien, la confection et la réparation des voitures et caissons destinés à ces transports; l'achat et le remplacement de tous les attelages et harnachements nécessaires. Les trois membres de la commission devaient se faire aider dans leurs opérations par huit administrateurs. Elle devait entrer en fonctions le 10 germinal, et, à cet effet, elle devait avoir à sa disposition, à cette date, voitures, caissons, forges, attelages, harnais, charretiers, etc. En cas d'insuffisance pour les besoins du service, elle avait droit de réquisition pour tout le nécessaire (chevaux, mulets, voitures, charretiers, conducteurs, employés, ouvriers, etc.). Pour constater ou non cette insuffisance, pour donner à la commission l'état exact de la situation au 10 germinal, l'article 22 du décret prescrivait qu'une revue générale serait passée à cette date.

ARMÉE DU NORD.

Ordre du 1er au 2 germinal (21-22 mars) (1).

Conformément aux dispositions du décret du 14 ventôse il sera fait, le 10 germinal, une revue des chevaux, chariots, etc. En conséquence, le général en chef ordonne à tous les commandants d'artillerie, chefs de corps, directeurs des charrois et autres employés dans les différents

---

(1) Cet ordre prévint la demande qu'en fit Éblé à Liébert le 2 germinal.

services, de préparer les états exacts de tous les objets mentionnés, afin que la revue indiquée se fasse avec la régularité, la franchise et la loyauté qui conviennent à de vrais républicains. Il leur ordonne également de prendre connaissance du décret énoncé et de s'y conformer rigoureusement, chacun d'eux étant personnellement responsable de son exécution.

On transcrit avec l'ordre l'article 22 dudit décret qui porte « que le même jour, 10 germinal, il sera fait une revue générale des chevaux, mulets, chariots, caissons, harnais et autres effets dépendant des équipages des différents services et des employés et charretiers qui y sont attachés. Il sera dressé des procès-verbaux distincts et énonciatifs de chaque nature et espèce d'objets par les commissaires des guerres sous leur responsabilité, d'après les ordres qui leur seront adressés par le Ministre de la guerre. Ces procès-verbaux seront dressés en présence de deux membres du conseil général de la commune ou des sociétés populaires ; ils seront faits quadruples : une expédition signée des agents et citoyens présents sera adressée au Comité des finances; une autre au Ministre de la guerre ; une troisième sera remise à la commission, et la quatrième à la compagnie supprimée.

« Les commissaires des guerres indiqueront, dans leur inventaire du procès-verbal de revue, les chevaux en état de service, les chevaux malades et à refaire, ceux qui seront à réformer, ceux qui seront soupçonnés d'être attaqués de maladies contagieuses ».

Le même ordre était adressé à l'armée des Ardennes :

Au citoyen Vaillant, commissaire-ordonnateur en chef de l'armée.

4 germinal (24 mars).

La Convention nationale ayant renvoyé au 10 courant l'exécution de son décret du 16 nivôse, qui réunit les entreprises des chevaux ainsi que le service des convois de l'artillerie à l'agent des charrois militaires, tu voudras bien donner des ordres aux commissaires des guerres, pour qu'ils se conforment à l'article 22 du décret du 14 ventôse, portant que : le 10 germinal il sera fait une revue générale des chevaux, mulets, chariots, caissons, harnais et autres effets dépendant des équipages des différents services, et des employés et charretiers qui y sont attachés. Il sera dressé des procès-verbaux distincts et énonciatifs de chaque nature et espèce d'objets par les commissaires des guerres, sous leur responsabilité, d'après les ordres qui leur seront adressés en présence de deux membres du conseil général de la commune ou des sociétés populaires; ils seront faits quadruples : une expédition signée des agents et citoyens présents, sera adressée au Comité des finances; une autre au Ministre de la guerre; la troisième sera remise à la commission chargée des transports et convois de l'artillerie, et la quatrième à la compagnie supprimée. Les commissaires des guerres indiqueront dans leur inventaire du procès-verbal de revue, les chevaux en état de service, les chevaux malades et à refaire, ceux qui seront à réformer, ceux qui seront soupçonnés d'être attaqués de maladies contagieuses.

Je te prie de me mettre à même de rendre compte au Ministre de ce que tu auras fait pour l'exécution de cet article.

THARREAU.

D'après ce qui a été dit jusqu'ici, il semble que l'artillerie n'ait pu, avant le 10 germinal, se procurer ses attelages et voitures que par l'intermédiaire des entrepreneurs ou de la régie générale des charrois. En effet, si la Convention avait décidé le 27 vendémiaire que, conformément à son décret du 17, il serait requis huit chevaux par canton, dont six pour le service de cavalerie et « *deux propres au service des charrois* », elle ajoutait, le 12 pluviôse, que « les chevaux propres au ser-
« vice des charrois et de l'artillerie, qui ont été levés
« par la voie de la réquisition dans les divers cantons
« de la République, seraient mis à la disposition du
« Ministre de la guerre, lequel en ferait incessamment
« la répartition d'après les besoins des armées *et sous
« l'administration des charrois militaires* ».

On peut donc conclure de ce qui précède que les moyens de transport de l'artillerie lui furent fournis seulement par les entreprises ou par la régie générale des charrois jusqu'au 10 germinal an II, où entra en fonctions la Commission des transports militaires, ayant droit de réquisition, pour combler les lacunes du service. D'ailleurs un règlement du 3 octobre 1793 défendait d'employer les chevaux destinés au service de l'artillerie à d'autres voitures qu'aux bouches à feu, caissons, etc..... (1); et on verra plus loin Éblé émettre

---

(1) Éblé au citoyen Julien, directeur des transports militaires, 24 germinal an II.

des craintes sur l'effet désastreux que produirait, pour le transport du matériel, l'emploi de chevaux de réquisition (1).

Les prescriptions du 3 octobre 1793 et l'opinion d'Éblé furent d'ailleurs confirmées par l'arrêté du Comité de Salut public daté du 26 germinal (15 avril) (2) : « Consi-
« dérant, disait-il, que la levée des chevaux et mulets
« décrétée par la Convention nationale le 18 germinal (3),
« *ne procurera vraisemblablement que des chevaux de*
« *trait pour l'usage des transports ordinaires, qu'elle pro-*
« *curera peu de chevaux d'artillerie, que le maximum des*
« *chevaux propres aux transports et voitures ordinaires*
« *serait au-dessous de la vraie valeur* (4) *des chevaux*
« *d'artillerie* », le Comité de Salut public arrête que la Commission des transports militaires « continuera d'être
« chargée de pourvoir au service par des *achats* de
« chevaux d'artillerie » jusqu'à concurrence de 1200, et en évitant de gêner la réquisition générale du 18 germinal. Cet achat devait comprendre non seulement « les
« *meilleurs* chevaux de trait que les municipalités des
« chefs-lieux de canton pourraient rassembler », mais encore « les chevaux d'artillerie de l'étranger », par entente avec la Commission des subsistances et approvisionnements. En vertu du décret du 30 germinal et de l'arrêté du 7 floréal, la Commission des transports dispo-

---

(1) Éblé au citoyen Julien, directeur des transports militaires. — La Fère, 7 floréal (26 avril).

(2) Aulard, tome XII, page 599.

(3) Il sera parlé, au titre des convois militaires, du décret du 18 germinal, « concernant la levée des chevaux de voitures, harnais et charretiers par canton ».

(4) « Les chevaux de trait doivent être dans la force de l'âge, taille moyenne, et bien ramassés, larges du poitrail et de la croupe, et forts en os, et cependant légers dans leur espèce. Les chevaux lourds et massifs ne conviennent pas à ce service. » (Papiers Éblé. Traduction d'un ouvrage sur l'artillerie à cheval.)

sait d'ailleurs d'un crédit provisoire de 18 millions tant pour liquider les comptes des anciennes entreprises et régies que pour effectuer ces achats (1). On conçoit du reste qu'en raison des conditions à satisfaire, la réquisition n'ait presque rien produit pour la remonte de l'artillerie ; et, de fait, l'arrêté du 29 germinal (18 avril) fut obligé d'abaisser de 8 à 9 pouces la taille de 4 pieds 10 pouces qui était exigée pour le service de l'artillerie, sous réserve toutefois que les chevaux fussent « bien conformés, hongres et juments, et de l'âge de 5 « à 9 ans (2) ».

Le matériel des artilleries de bataillon, légère, et des parcs divisionnaires ou d'armée. — Il n'a été question jusqu'ici que des propriétés, de la fabrication et des moyens de transport du matériel. On va chercher maintenant à se rendre compte de la quotité de ce matériel dans les artilleries de bataillon, légère et de réserve.

Le 22 juillet 1793, en faisant le procès du système de l'entreprise et tout particulièrement celui de Masson-d'Espagnac, le représentant du peuple Dornier faisait valoir notamment la quantité considérable de chevaux que ce système entretenait, en sus du complet réglementaire, au grand préjudice de l'État. Pour y arriver, l'orateur calculait successivement les moyens nécessaires à chacune des grandes divisions des transports militaires, et notamment à l'artillerie.

« En prenant pour base de comparaison une armée de 60,000 hommes au complet, dont 10,000 hommes de cavalerie et 50,000 d'infanterie, le service de l'artillerie demanderait :

« Pour 61 bataillons de 800 hommes avec 2 canons, 4 chevaux à chaque canon, 3 cais-

---

(1) Aulard, tome XIII, page 74.
(2) Aulard, tome XII, page 661.

sons également à 4 chevaux (1) et un haut-le-pied ainsi qu'un conducteur, en tout 22 chevaux par bataillon, et pour 61 bataillons. 1,342

« Le parc d'artillerie d'une pareille armée sera ordinairement de 30 à 40 pièces de position. Admettons-en 45 et 22 chevaux par pièce, y compris les caissons, affûts (2), les conducteurs et haut-le-pied ; ce parc emploiera 990

« En ajoutant à cette force 3 compagnies d'artillerie à cheval, à chacune desquelles il serait attaché 8 pièces, elles occuperaient 82 chevaux et les 3 ensemble. 246

« 26 forges pour le service de 2,600 chevaux environ en exigent 104

« Total. 2,682

« L'artillerie d'une pareille armée emploiera 2,680 chevaux ; elle sera montée au complet. »

On peut déduire de ce tableau que l'artillerie d'une demi-brigade comprenait 6 pièces, 3 caissons à boulets, 3 caissons à cartouches et 3 caissons de rechange tirés par 66 chevaux ; que chaque compagnie d'artillerie légère attelait 8 pièces et disposait de 82 chevaux ; enfin qu'il en existait 45 et 990 de réserve au parc d'une armée de 60,000 hommes. Comme la partie *active* de celles du Nord, des Ardennes et de la Moselle réunies avaient un effectif de 180,000 *présents sous les armes*, on peut dire que son parc général devait comprendre 135 pièces attelées par 2,970 chevaux (3).

---

(1) Pour chaque pièce 4 chevaux, 8 ; un caisson à boulets, 4 ; un caisson à cartouches, 4 ; un caisson de rechange, 4 ; un haut-le-pied, 1 ; un conducteur, 1. Total : 22. (*Discours de Dornier du 29 juillet 1793*.)

(2) Pour une pièce, 6 ; un caisson à boulets, 6 ; un caisson à cartouches, 6 ; un de rechange par deux pièces, 3 ; un haut-le-pied, 1. Total : 22. (*Ibid.*)

(3) Ces chiffres sont plus faibles que ceux que donne le projet de

Il semble qu'il y ait quelque intérêt à rechercher si ces chiffres théoriques furent ceux qui furent employés à l'armée du Nord.

a) *L'artillerie de bataillon.* — En ce qui concerne l'artillerie de bataillon, le nombre des chevaux fut réduit de 22 à 18, et cette mesure paraît avoir été motivée par le désir d'économiser quelques chevaux, eu égard à la pénurie dont on souffrait alors. Cette disposition était possible grâce au poids relativement faible des canons de 4.

Le général Éblé au Ministre.

La Fère, le 8 pluviôse an II (27 janvier).

Dans un moment où les chevaux deviennent de plus en plus rares, où il est difficile de se procurer des fourrages, ne penses-tu pas, Citoyen Ministre, qu'il soit de l'intérêt de la République de réduire l'attelage des pièces de 4 à trois chevaux. Elles pèsent à peine 600 livres ; quelque mauvais que puissent être les chemins, je ne pense pas qu'avec trois chevaux on fût obligé de les abandonner.

Si tu approuves cette disposition, je te prie de m'autoriser à faire rentrer au parc un cheval par pièce de 4 attachée aux bataillons.

Le général Éblé au Ministre.

La Fère, le 7 ventôse an II (25 février 1794).

..... Tu me charges de ne laisser que dix-huit chevaux dans chaque bataillon. Cette disposition serait conforme à la proposition que je t'ai faite, le 8 pluviôse, de réduire à trois chevaux les pièces de 4. Il y aurait alors trois chevaux haut-le-pied dans chaque bataillon qui pourraient, jusqu'à ce qu'il soit nécessaire de les replacer à la pièce, rester attelés, deux au caisson à canon et un au caisson d'infanterie.....

Le général Éblé au général Montaigu.

La Fère, 11 ventôse (1er mars 1794).

En conséquence de la lettre du Ministre qui m'enjoint de ne laisser que dix-huit chevaux dans chaque bataillon, le général Montaigu vou-

---

Gribeauval. (Rouquerol, p. 193.) Pour une armée de 80 bataillons, opérant en Flandre, il admet 152 pièces pour l'artillerie de réserve.

dra bien donner ses ordres pour que, sous le plus court délai, tous les chevaux destinés au service de l'artillerie des bataillons qui sont sous ses ordres, et qui excéderaient le nombre ci-dessus soient envoyés à la Fère. En conséquence, tous les bataillons qui en ont vingt-un, devront en faire rentrer trois audit parc.

Le général de division,
ÉBLÉ.

*Le général Éblé, à la Fère,
au général Colaud, commandant à Maubeuge.*

La Fère, 14 ventôse an II (4 mars).

En conséquence d'une lettre que j'ai reçue du Ministre, je te prie, mon cher camarade, de faire mettre à l'ordre ce qui suit.

Le Ministre réduisant à dix-huit chevaux ceux destinés au service de l'artillerie des bataillons, les chefs de chacun enverront sur-le-champ et sur leur responsabilité ceux qui excéderaient ce nombre, savoir :

Les bataillons faisant partie de l'armée du Nord, et qui sont situés depuis Givet jusqu'à Cambrai, au parc qui se trouve maintenant à la Fère, et les feront remettre au citoyen Lobréau, directeur de ce parc, qui en donnera reçu.

Ceux situés depuis Cambrai jusqu'à Dunkerque, les feront passer au parc de Lille au citoyen Niger, commandant ledit parc, en en faisant également tirer un reçu.

Les bataillons qui n'auraient pas les dix-huit chevaux prescrits, les enverront prendre avec une demande du comité d'administration dans laquelle seront détaillées les causes de la demande certifiées par le général sous les ordres duquel ils se trouvent.

Ceux placés entre Dunkerque et Cambrai, les enverront demander au parc de Lille au citoyen Niger, le reste au grand parc à la Fère.

Conformément à la demande d'Éblé, Colaud fit inscrire ces prescriptions à l'ordre général de l'armée du Nord du 16 au 17 ventôse (1); et ceux qui y contreviendraient, devaient être l'objet de peines sévères.

---

(1)   *Ordre du 16 au 17 ventôse (6-7 mars).*

Le Ministre réduisant à dix-huit chevaux ceux destinés au service de l'artillerie des bataillons, les chefs de chacun enverront sur-le-champ et sur leur responsabilité ceux qui excéderaient ce nombre, savoir :

Les bataillons faisant partie de l'armée du Nord, et qui sont situés

Ordre du 2-3 germinal (22-23 mars).

« Il est ordonné aux chefs de bataillon de renvoyer sous cinq jours à la Fère et sous six à Lille, les chevaux d'artillerie excédant le nombre de dix-huit qu'ils doivent avoir. Ceux qui contreviendraient à cet ordre seront punis, ainsi que les commissaires des guerres qui signeront les bons de fourrages pour plus de dix-huit chevaux d'artillerie par bataillon, conformément à la loi. »

La même réduction est encore mentionnée dans d'autres lettres d'Éblé qui seront citées plus loin.

Ce n'était pas d'ailleurs le seul mode d'économie qu'il ait imaginé. Comme on avait fréquemment besoin de pièces de 4, ordre était donné de les reverser lorsque le bataillon qui s'en servait cessait son service de campagne pour rentrer dans une place forte.

*Le général de division Éblé commandant l'artillerie,
au général de division Liébert, chef de l'état-major de l'armée.*

Marquette, 13 prairial an II (1er juin).

Tu as sans doute oublié, caro mio, de donner ordre aux chefs de bataillon rentrés à Lille, d'envoyer leur artillerie au parc; nous n'avons plus de pièces de 4, et tu en as déjà fait demander.....

Ce chiffre de dix-huit chevaux par bataillon aurait encore pu diminuer si l'on avait attelé les pièces de 4

---

depuis Givet jusqu'à Cambrai, au parc qui se trouve en ce moment à la Fère, et les feront remettre au citoyen Lobréau, directeur de ce parc, qui en donnera un reçu.

Ceux situés depuis Cambrai jusqu'à Dunkerque, les feront passer au parc de Lille au citoyen Niger, commandant ledit parc, et en feront également tirer un reçu.

Les bataillons qui n'auraient pas les dix-huit chevaux présents, les enverront prendre avec une demande du conseil d'administration, dans laquelle seront détaillées les causes de la demande, certifiées par le général sous les ordres duquel ils se trouveront.

Ceux placés entre Dunkerque et Cambrai, les enverront demander au parc de Lille au citoyen Niger, le reste au grand parc à la Fère.

avec des affûts sans avant-train. Mais les généraux d'artillerie d'alors n'étaient pas plus partisans des inventions de Grobert que de l'artillerie régimentaire.

Si Gillet en fait l'éloge au sujet de la prise d'Arlon, les généraux d'artillerie en faisaient peu de cas : on en a une première preuve dans l'affectation en principe des volontaires à l'artillerie de bataillon, et de l'artillerie de ligne aux pièces de position ou à l'artillerie légère. Une nouvelle preuve nous est donnée par le Mémoire où d'Urtubie propose de réduire à une seule pièce l'artillerie de bataillon. « Nous osons pro-
« poser de ne donner qu'une seule pièce de 4 aux
« bataillons; l'usage mal entendu, peut-être même l'abus
« de cette multiplication de ces petites pièces de bataille,
« a convaincu combien leur emploi avait été contraire
« en général au but qu'on s'était proposé. Et, de fait, il
« n'est que trop prouvé que les munitions ne s'y con-
« somment souvent qu'en pure perte et que tout l'effet
« se réduit seulement à faire du bruit; que les attirails
« se détruisent sans utilité ; que cette quantité prodi-
« gieuse d'artillerie inutile absorbe des objets dont la
« rareté se fait sentir de plus en plus, en occasionnant
« une dépense effrayante ; enfin que cette suppression
« tant en hommes qu'en chevaux, harnais, canons, muni-
« tions, voitures et attirails, ferait une économie consi-
« dérable et fournirait de grands moyens pour augmen-
« ter l'artillerie de position, la seule dont on puisse tirer
« un parti raisonnable tant par la force de ses calibres
« que par ses agents qui ont appris la manière de l'em-
« ployer le plus avantageusement possible (1). »

---

(1) On peut encore rappeler ces paroles de Du Puget citées par le commandant Rouquerol (p. 173) : « 50 pièces de 4 ajoutées à l'artillerie de parc feront plus de mal aux ennemis que 160 attachées aux bataillons..... »

Voir encore les paroles de Lespinasse (Voir Rouquerol, p. 77) : « Le

b) *L'artillerie légère.* — En ce qui concerne l'artillerie légère, au lieu d'être à huit pièces, comme l'indiquent le Mémoire de Narbonne et le discours du 22 juillet 1793, elles étaient à six dont quatre pièces de 8 et deux obusiers de 6 pouces.

Cette proportion se justifiait en ce que « l'obusier était une bouche à feu trop excellente pour ne pas être l'objet d'une attention particulière, et qu'il s'employait en mille occasions, où l'usage du canon cessait et qu'il faisait un notable effet contre la cavalerie à laquelle l'artillerie légère était souvent obligée de faire face (1) ».
On composait donc chaque batterie par moitié ou par tiers d'obusiers suivant qu'elle comptait huit ou six pièces.

Dans une note laissée aux *Archives de la guerre*, le général Abbatucci, dont le général Foy fait un si grand éloge comme artilleur, justifie ainsi la proportion qui existait entre les pièces de 8 et les obusiers :

. . . .

« Chaque compagnie d'artillerie légère doit servir six
« bouches à feu, savoir : quatre pièces de 8 et deux obu-
« siers de 6 pouces, comme on a pratiqué jusqu'à
« présent.....

« ..... La proportion de deux pièces avec deux obu-
« siers serait très désavantageuse. On a souvent besoin
« de détacher deux pièces sans les obusiers qui, pour
« lors, resteraient seuls. Leur feu, qui produit un effet
« terrible, est beaucoup plus lent que celui du canon et
« a besoin d'en être soutenu. Sans cela, l'intervalle qu'il
« y a d'un coup d'obusier à l'autre, les exposerait sou-

---

feu général Gribeauval avait été forcé d'adopter les pièces de bataillon parce que c'était la manière de son temps, et qu'il est des torrents d'opinion auxquels l'homme, même le plus sage, est forcé de céder..... »

(1) Papiers Éblé. Traduction d'un ouvrage sur l'artillerie à cheval.

« vent vis-à-vis d'un ennemi hardi. Pour éviter donc cet
« inconvénient, il faut que le nombre des canons soit
« au moins double de celui des obusiers ; ceux-ci ne
« doivent jamais rester seuls. Tout officier d'artillerie
« sera de mon avis là-dessus..... »

Ce chiffre de six pièces est confirmé par tous les documents qui vont suivre. Par contre, il est plus difficile de fixer exactement celui des autres voitures sans le soumettre à une discussion.

Le 1ᵉʳ prairial (20 mai) Éblé écrivait de la Fère au général Laprun.

Le général Éblé, à la Fère, au général Laprun.

1ᵉʳ prairial (20 mai).

Les compagnies de canonniers à cheval ne doivent avoir que quatre pièces de 8, deux obusiers, un affût de 8 de rechange et deux chariots à munitions en tout 24 voitures (1) lesquelles attelées de 6 chevaux forment un total de 144 chevaux de trait. Dans ce nombre ils trouveront les remplacements urgents : l'affût de rechange, la forge et les chariots à munitions ne devant être conduits que par quatre chevaux.

Il ne devra y avoir à la suite de ces compagnies qu'une voiture des transports militaires, tant pour l'équipage que pour les canonniers. Si elles avaient des effets de campement, les voitures seraient augmentées en raison du besoin.....

Le chiffre de vingt-quatre voitures qu'indique la lettre qui précède et qu'elle n'explique pas est confirmé et détaillé par celle qui va suivre.

Au citoyen Julien, directeur général des transports militaires

La Fère, le 21 germinal (10 avril).

..... Voici l'état des bouches à feu et voitures d'artillerie dont une compagnie d'artillerie légère a besoin.....

---

(1) Une lettre d'Éblé, du 25 germinal, à Engel, commandant la 15ᵉ compagnie des canonniers *à cheval* donne encore le chiffre de *24* voitures.

6 bouches à feu à 6 chevaux l'une......	36 chevaux.	
1 affût de rechange.................	6	—
14 caissons......................	84	—
1 forge...........................	6	—
2 chariots à munitions...............	12	—
24 voitures.	144 chevaux.	

L'affût de rechange, la forge et les deux chariots à munitions ne devant être attelés que de quatre chevaux, on en trouvera huit pour remplacer ceux des pièces et caissons dans le besoin.

On remarquera que ces vingt-quatre voitures ne comprennent aucun « wurst ». Il semblerait donc s'agir ici non d'une compagnie d'artillerie légère mais d'une compagnie d'artillerie à cheval, c'est-à-dire dans laquelle les canonniers étaient encore à cheval et non portés sur des wursts, contrairement à l'arrêté du Comité de Salut public, du 7 pluviôse (1). Cette hypothèse paraît justifiée par le début de la lettre précédente du 1er prairial.

Dans le document qui va suivre, au contraire, se manifestera la présence des wursts.

Le général Éblé
au citoyen Laffitte, commandant la 1re compagnie des canonniers à cheval.

La Fère, 20 germinal (9 avril).

..... Voici la récapitulation de ce que tu dois avoir et de ce je puis te laisser.

4 pièces de 8 à 6 chevaux........	24 chevaux.		
2 obusiers...................	12	—	
8 caissons de 8...............	48	—	
6 — d'obusiers...........	36	—	
2 wursts dont 1 de 8 et 1 d'obus.	12	—	
1 affût de rechange de 8........	6	—	qui ne doivent être attelés que de quatre chevaux, que je laisse à six pour les remplacements.
1 forge......................	6	—	
2 chariots de munitions..........	12	—	
26 voitures.	156 chevaux.		

---

(1) Voir Artillerie : Personnel et *Recueil* Aulard, tome X, page 459.

. . . .
Quant aux chevaux d'escadron, je viens encore d'écrire au Ministre. Je ne sais plus à quel saint me recommander. On me renvoie d'Hérode à Pilate.

On peut conclure de cette lettre que l'application de l'arrêté du 7 pluviôse, substituant les wurst aux chevaux d'escadron n'avait été que partielle et que, si la batterie *légère* contenait deux wurst, elle comprenait aussi des chevaux d'escadron comme la batterie *à cheval*. Chaque wurst pouvant porter au moins six canonniers, le nombre des chevaux d'escadron de ce type de batterie légère devait être égal à celui de la batterie à cheval, diminué de douze au moins. Or, d'après l'article 3 de la loi du 17-29 avril 1792, le nombre des chevaux d'escadron était de 70 (1). La batterie légère à deux wurst n'avait donc besoin que de 58 chevaux d'escadron. Mais comme pendant l'hiver de 1794 ces chevaux devaient être augmentés de 24, ce chiffre de 58 devait être porté à 82.

C'est bien en effet ce nombre que l'on retrouve, à trois unités près, dans un état de situation de la 1re compagnie du 4e régiment d'artillerie légère, daté de Clèves, le 8 pluviôse an III (2). Cette compagnie, affectée à l'armée de Sambre-et-Meuse (division Morlot), attelait 6 pièces, 14 caissons, 2 wurst, 2 affûts de rechange, 2 forges, 1 chariot de division, 1 prolonge de compagnie, 2 fourgons, 2 prolonges de conducteurs, soit en tout 32 voi-

---

(1) Ce chiffre était encore de 70 le 15 pluviôse, malgré l'augmentation de 24 hommes arrêtée par le Comité de Salut public le 7 nivôse. (Voir à ce sujet la circulaire adressée par Éblé le 15 pluviôse aux 1re, 5e, 11e, 12e, 15e, 24e, 25e et 27e compagnies à cheval.)
Une autre lettre d'Éblé à Vidalin, datée de la Fère le 27 floréal, rappelle ce chiffre de 70 chevaux, ajoute que les compagnies d'artillerie légère ont été renforcées pendant l'hiver de 24 hommes, et demande les moyens de monter ces hommes.
(2) *Arch. Art.*

tures traînées par 197 chevaux de trait (1). Le nombre des chevaux d'escadron, non compris celui des officiers, était de 79.

En résumé, on peut conclure que la batterie d'artillerie légère comprenait 4 pièces de 8, 2 obusiers de 6 pouces, 14 caissons, 2 wurst et un nombre de chevaux d'escadron égal au nombre de canonniers non montés sur ces deux wurst.

Cette conclusion se trouve vérifiée par l'extrait suivant d'un Mémoire de d'Urtubie : « ..... Les munitions pour le service de l'artillerie à cheval suivent les pièces dans des caissons ordinaires et dans des caissons dits wurst. Cette dernière voiture est suspendue et a le double avantage, par la flexibilité de ses mouvements, de conserver parfaitement les cartouches et de pouvoir porter les hommes destinés au service des bouches à feu.

« ..... Chaque wurst était destiné à porter 8 hommes ou au moins 6 ; la construction de ces voitures a été établie en conséquence, et les essais faits pour en assurer la possibilité, et depuis, la pratique à la guerre, ont convaincu que le caisson wurst remplissait parfaitement son objet et que les canonniers placés dessus s'y trouvaient sûrement et commodément. Nous en avons fait construire un certain nombre à

---

(1) D'après cette situation, à ces 197 chevaux correspondaient 106 charretiers, ce qui concorde à peu près avec les indications suivantes : « Deux chevaux doivent avoir un charretier, et il faut observer, dans leur choix, de ne prendre que des hommes petits et légers. D'ailleurs un charretier est nécessaire par deux chevaux, si l'on veut qu'ils soient bien soignés, et il n'est pas prudent de laisser les deux chevaux du milieu sans conducteur et de ne les mener qu'à la longe, parce qu'on ne peut pas les manier aussi facilement et qu'on n'en est pas assez le maître dans le feu. En outre, il faut calculer qu'un conducteur peut facilement être tué ou blessé. (Papiers Éblé. Traduction d'un ouvrage sur l'artillerie à cheval.)

l'arsenal de Douai, que l'on éprouvait toujours avant de les mettre dans l'équipage d'une compagnie, mais la précipitation avec laquelle on a été obligé de pourvoir à l'armement de ces compagnies, n'a pas permis d'en fournir plus de deux à chacune..... »

Des parcs. — Avant l'année 1793, c'est-à-dire avant l'organisation des armées en divisions autonomes et pourvues chacune de tous ses moyens de combats et de subsistances, l'organisation des parcs était ainsi réglée.

D'après une décision du 19 décembre 1764, et une autre du 20 avril 1774, les projets de M. de Gribeauval sur cet objet furent agréés par la Cour, et les principes fixés eurent leur exécution dans la campagne d'Amérique, et dans la formation des équipages de campagne en 1792.

Ces principes étaient :

1° D'attacher deux pièces de 4 à chaque bataillon (servies par une escouade d'artillerie); ces pièces devaient être constamment avec les régiments;

2° De former l'équipage d'artillerie (proprement dit) à raison de deux pièces par bataillon composant l'armée,

dont 1/4 en canons de 12
1/2 — de 8
1/4 — de 4
et 6 obusiers par 100 canons.

Ainsi une armée de 80 bataillons dont la force était supposée de 1,000 hommes faisant 80,000 hommes, devait avoir :

40 canons de 12
80 — de 8
200 — de 4 dont 160 aux bataillons.
20 obusiers de 6 pouces.

340 bouches à feu.

. . . .

6° De calculer sur dix hommes pour le service de chaque bouche à feu. Quand l'armée était réunie, toute l'artillerie, à l'exception des pièces de bataillon, rentrait au grand parc; quand elle était divisée par corps (droite, centre, gauche), l'artillerie était répartie par tiers dans chacun : l'opération militaire finie, tout rentrait au parc général qui, dans les marches, suivait, tout réuni, les mouvements de l'armée.

Dans les campagnes de 1793 et 1794, on ne tarda point à s'apercevoir de l'inconvénient d'avoir son artillerie ainsi toute réunie, ce qui ne pouvait s'accorder avec le plan des opérations militaires qui ne ressemblaient plus à celles des guerres précédentes, et on commença à attacher à chaque division de l'armée un certain nombre de bouches à feu qui en suivaient les mouvements (1).

De là l'origine des parcs divisionnaires.

a) *Parcs de divisions.* — En dehors des pièces de bataillon et de celles qui étaient servies par l'artillerie légère, chaque division d'infanterie était munie d'un parc particulier; la lettre qui va suivre prouve l'existence de celui de la division Fromentin, dont la brigade Montaigu, pendant le siège de Landrecies, occupait le poste de Maroilles et harcelait de là le corps d'observation de Cobourg.

Au général Fromentin à Avesnes.

Du 4 germinal (24 mars).

Si les deux pièces de canon de position, Général, sont nécessaires pour la défense du poste de Maroilles, elles peuvent y rester ; mais elles ne seront point attachées à la 34ᵉ division de gendarmerie à pied ; elles passeront, comme pièces de position, et, par conséquent, feront partie du parc.

Tandis que Fromentin occupait Avesnes, la division Goguet avait son quartier général et son parc d'artillerie à Bohain, d'où elle attaquait, de concert avec la division Balland, le corps d'observation de Cobourg par le Sud.

Ordre d'Éblé au citoyen Forno, capitaine d'artillerie.

La Fère, 21 germinal (10 avril).

Il est ordonné au citoyen Forno, capitaine d'artillerie, de partir demain 22 pour se rendre à Cambrai.....

---

(1) Rapport de Clarke à Napoléon, 24 février 1808. (*Arch. Art.*)

En revenant, le citoyen Forno passera par Bohain et donnera de ma part ordre au citoyen Robin, qui commande le parc de la division de Goguet, de faire partir, sur-le-champ pour la Fère, 40 chevaux qui sont de trop à la division d'artillerie qu'il commande, en ayant 114 et n'en devant avoir que :

> 6 pour une pièce de 12.
> 8 pour deux pièces de 8.
> 4 pour un obusier.
> 48 pour douze caissons de différents calibres.
> 4 pour un chariot à munitions.
> 4 haut-le-pied pour les remplacements.
> ——
> 74 chevaux.

La division Souham, au moment d'entamer sa marche de Lille sur Courtrai, emmena à sa suite un parc d'artillerie composé de 3 pièces de 12, 3 pièces de 8 et 2 obusiers de 6 pouces, avec affûts de rechange pour chaque calibre de pièces et 12 caissons pour chacun de ces trois calibres. Le parc comprenait en outre le nombre de caissons nécessaires pour 400,000 cartouches d'infanterie, 2 chariots d'outils et autres menus objets (1).....

Enfin, en écrivant le 26 germinal à Pichegru (2), Éblé lui signalait, entre Dunkerque et Cassel, un parc d'artillerie qui devait être celui de la division Michaud ou Moreau.

b) *Parcs intermédiaires de groupes de divisions.* — En dehors des parcs des divisions et du grand parc de l'armée qui était à la Fère, Pichegru semble avoir installé pour chacun des trois groupes de divisions, entre lesquels se répartissait l'armée du Nord, à Lille, Guise et Avesnes-Maubeuge, trois parcs servant d'intermé-

---

(1) Le général Souham au Commandant du parc d'artillerie, 6 floréal (25 avril).

(2) Voir plus loin, page 306.

diaires entre les parcs divisionnaires et celui de l'armée.

En effet, à la suite des échecs essuyés devant Landrecies depuis le 17 avril, Pichegru songea à évacuer le parc de la Fère ; mais comme il méditait depuis le 11 (1) sa marche sur Lille et Courtrai, il pensa à le retirer non vers le Sud-Ouest, vers Paris, mais à le fractionner en trois parties (2) : l'une devait se porter sur Guise, l'autre sur Avesnes, la troisième sur Péronne. Plus tard, lorsqu'il se décida à marcher définitivement sur Courtrai, il fit diriger la troisième sur Lille ; la seconde restait affectée aux troupes chargées de presser l'ennemi sur son flanc gauche, et la première à celles qui devaient le maintenir de front pendant l'offensive tentée sur les deux ailes.

La division destinée à Lille y arriva le 9 floréal ; celle de Réunion-sur-Oise quitta la Fère, partie le 5 floréal à midi (3), partie le 6 (4). Quant à la division destinée à Avesnes, son départ fut ajourné ; une partie fut employée à satisfaire à des demandes diverses de matériel émanant souvent des compagnies d'artillerie légère. Le reste fut envoyé vers le 1er prairial à Maubeuge, pour se réunir au parc de l'armée des Ardennes et former un parc d'armée destiné à l'aile droite qui devait opérer par Charleroi sur la gauche des Autrichiens.

---

(1) Pichegru à Bouchotte, Réunion-sur-Oise, 22 germinal (11 avril).
(2) Éblé à Pichegru, la Fère, 26 germinal (15 avril).
(3) Éblé à Pichegru, 4 et 5 floréal. Ordre d'Éblé au capitaine d'artillerie Piedot, la Fère, 5 floréal : « Il est ordonné aux escouades d'artillerie désignées pour la division du centre de partir aujourd'hui, à midi, pour se rendre à Réunion-sur-Oise, avec le restant des bouches à feu, caissons et autres voitures destinées pour cette division. »
(4) Éblé à Ferrand, 6 floréal : « Je vais faire partir une pièce de 12 et les voitures qui restaient ici du parc de Réunion, comme tu me l'as fait demander..... »

Parc intermédiaire de l'aile gauche de l'armée du Nord, à Lille.

Le général Éblé à la Fère, au citoyen Lobréau, directeur du parc d'artillerie de l'armée, à la Fère.

3 floréal (22 avril).

Il est ordonné au citoyen Lobréau, directeur du parc de l'artillerie de l'armée du Nord, de partir de la Fère pour se rendre à Lille, en passant par Noyon, Roye, Bapaume, Arras et Lens (1).

A son arrivée il prendra les ordres du général en chef.

Il conduira avec lui, savoir :

      8 pièces de 12.
    12 — de 8.
      2 — de 4.
      5 obusiers de 6 pouces.
      8 pontons.
      1 pont roulant.

Ainsi que les caissons et autres voitures d'approvisionnement qui lui ont été désignés.

Il chargera un officier d'aller en avant pour prévenir les municipalités des communes ci-dessus, afin qu'elles lui procurent toutes les ressources dont il pourrait avoir besoin. Cet officier s'entendra avec le commissaire des guerres Bazin, pour que les subsistances soient exactement délivrées aux hommes et aux chevaux.

Il donnera les ordres les plus sévères pour que la troupe et généralement tous les individus qui sont à ses ordres, observent l'ordre et la discipline qui doivent distinguer des républicains (2).

---

(1) « Par ce moyen (par cet itinéraire), le convoi sera à Lille le 9 floréal. » (Éblé à Pichegru, 4 floréal.)

(2)   *Le général Éblé à la Fère, au citoyen Lobréau,
      à son passage à Péronne.*

La Fère, 4 floréal an II (23 avril 1794).

Il s'en faut, mon camarade, que l'ordre que j'avais établi pour le chargement des voitures ait été observé; tu as emmené beaucoup plus d'objets que je ne t'avais prescrit, ce qui me met dans l'embarras pour les deux autres divisions.....

Je me suis aperçu que des officiers et autres se sont permis de mener à leur suite des caisses, des coffres : les lois le défendent. En consé-

Il me donnera avis des événements qui pourraient me mettre à même de lui procurer les moyens de servir plus utilement la chose publique.

Il fera marcher une voiture d'outils à la tête du parc, une autre au centre et la troisième en avant des voitures d'approvisionnements, et distribuera des ouvriers avec des forges le long de la colonne afin que les réparations puissent se faire avec le moins de retard possible.

Le Général de division commandant l'artillerie à l'armée du Nord,
ÉBLÉ.

Il est spécialement recommandé au citoyen Lobréau de ne pas souffrir qu'il s'introduise dans l'équipage aucune femme inutile et qui ne soit munie d'un certificat en forme.

Il veillera aussi à ce que les employés des transports militaires n'emploient un plus grand nombre de chevaux qu'ils ne doivent pour traîner les forges, prolonges, etc., à raison d'une prolonge pour 100 chevaux, une forge pour 300 et une voiture de rechange pour 500. Les haut-le-pied ne doivent pas être montés.

(Signé) ÉBLÉ.

Aussitôt du reste que ce lui fut possible, Éblé renforça ainsi le parc de Lille.

Le général Éblé, commandant en chef l'artillerie,
au citoyen Poix, à la Fère.

19 prairial (7 juin).

Il doit arriver à la Fère, mon ami : 12 pièces de 12, 10 de 4, 10 obusiers de 6 pouces, 10 caissons de 12, 10 caissons de 8, 15 de 4, 30 d'obusiers, 10 wursts, 6 forges, 400 milliers de plomb, 800,000 cartouches d'infanterie, 20,000 pierres à pistolet, 60,000 pierres à fusil, 12 chariots à munitions, 15 à canon.

---

quence, je te donne ordre de faire décharger de dessus les voitures qui ont été accordées pour le transport des équipages, les malles, caisses, coffres, etc., appartenant soit aux officiers ou canonniers, et d'enjoindre au commissaire de ne donner des voitures que le nombre accordé par la loi.....

Les canonniers doivent porter leurs sacs, et si on leur permet de les attacher aux voitures, ce n'est pas une raison pour qu'ils aient des malles, non plus que les officiers à qui on donne une gratification de campagne pour avoir un cheval qui puisse porter leur portemanteau.

Tu répartiras ces bouches à feu et munitions comme il suit :

Tu laisseras à la Fère.		Tu feras partir pour se joindre au parc à Lille (1).	
Pièces de 12........	4	Pièces de 12........	8
— de 4........	4	— de 4........	6
Obusiers de 6 pouces	4	Obusiers de 6 pouces	6
Caissons d'infanterie.	10	Caissons d'infanterie.	10
— d'obusiers..	12	— d'obusiers..	18
— de 4......	6	— de 4......	9
— de 8......	4	— de 8......	6
— de 12......	8	— de 12......	2
Chariots à munitions	5	Chariots à munitions.	5
Wursts............	4	Wursts............	6
Forges	3	Forges............	3
Chariots à canon....	6	Chariots à canon....	4

Tu feras partir à Réunion-sur-Oise deux chariots à munitions, à la disposition de Bonnard, et tu enverras à Douai les cinq chariots à canon restants.

Plomb. — 200 milliers à Maubeuge, les 200 milliers restants seront destinés pour la Fère.

Cartouches d'infanterie. — 400,000 pour la Fère, les 400,000 restantes seront envoyées au parc de Lille.

Les pierres à fusil et à pistolet resteront à la Fère.

. . . .

S'il est possible de passer par Saint-Quentin et Cambrai, nous gagnerons beaucoup de temps.....

L'artillerie qui restera à la Fère est destinée pour la droite. J'écris en conséquence au général Laprun qu'il en dispose selon les besoins.

Je te salue, etc.

Si l'on ajoute les 2 pièces de 16 (1), les 8 pièces de 12, les 6 pièces de 4 et les 6 obusiers aux 8 pièces de 12, 12 pièces de 8, 2 pièces de 4 et 5 obusiers adressés le 3 floréal, on arrive à un total de 49 pièces pour le parc d'artillerie d'une armée d'environ 90,000 combattants (2). Or dans sa discussion du 22 juillet 1793

---

(1) Le 16 floréal, ce parc s'était augmenté de deux pièces de 16. (Éblé au commandant de la place de Péronne, 16 floréal.)

(2) Ce chiffre est ainsi obtenu : les combattants disponibles de l'aile gauche de l'armée du Nord, comprenaient le 25 prairial les divi-

Dornier admettait un chiffre minimum de 30 pièces pour une armée de 60,000 hommes.

La vérification semble donc péremptoire, et l'on se croit autorisé à conclure qu'en 1793 et 1794, le parc d'une armée de 90,000 hommes devait comprendre 49 pièces au moins dont 2 pièces de 16, 16 pièces de 12, 12 pièces de 8, 8 pièces de 4 et 11 obusiers de 6 pouces. On croit devoir faire remarquer cette gradation voulue ou non, allant, du 12 au 4, en progression décroissante avec le calibre et tenant sans doute à la grande quantité de pièces de 4 existant déjà dans les bataillons. Du temps de Gribeauval, la proportion d'artillerie semblait plus forte. Il en était de même en 1792, car le 25 juin, l'armée du Nord comptait un parc de 18 pièces de 12, 22 pièces de 8 et 12 obusiers de 6 pouces, soit 52 pièces pour 24,895 hommes (1). Le rapport de Clarke, qui a été cité plus haut, indiquait aussi un chiffre plus élevé.

Parc intermédiaire de Réunion-sur-Oise. — Le 18 nivôse, Éblé mandait au Ministre que Jourdan gardait à Guise « 4 pièces de 12, 4 pièces de 8 et 2 obusiers de 6 pouces avec leurs caissons respectifs ».

Le 10 floréal, il écrivait de la Fère au général en chef :

Quelques heures avant l'arrivée du courrier que je t'avais expédié, Général, j'avais fait partir à la demande du général Ferrand, 3 pièces de 8, 1 obusier et des caissons.....

Il ne reste en conséquence, ici, de la division de droite que : 3 pièces de 12, 3 pièces de 4, 1 obusier de 6 pouces, ainsi que les 6 pontons et les voitures du petit parc de cette division.....

---

sions Michaud, Moreau, Souham, Bonnaud, Despeaux et les brigades Thierry et Osten qui formaient à cette date un total de 89,319 présents sous les armes.

(1) *Revue militaire*, septembre 1900, pages 710-711.

Comme Éblé annonçait le même jour qu'il allait faire partir ces pontons pour Douai, et, le 14 (1), que Fromentin avait renvoyé d'Avesnes à Guise une division de 16, le parc intermédiaire de Réunion-sur-Oise avait donc, à cette date, huit pièces de 16, quatre de 12, sept de 8, trois obusiers de 6 pouces, et il ne restait plus à partir du 10, à la Fère, que trois pièces de 12, trois de 4 et un obusier de 6 pouces.

Mais ce reliquat servit en partie à répondre à diverses demandes de remplacement de matériel, en sorte que le 19 floréal il n'en restait plus suffisamment pour constituer une division proprement dite, et qu'Éblé faisait à son sujet les propositions suivantes à Pichegru :

Au Général en chef.

La Fère, 19 floréal (8 mai).

Comme il ne reste plus au parc que tu avais destiné pour la droite que trois pièces de 12 et un obusier, je pense que ce n'est pas la peine d'en former une division particulière. Ces quatre bouches à feu trouveront leur place dans les vides que nous ont laissés nos pertes. Par ce moyen, je pourrais compléter Maubeuge en caissons, je pourrais en envoyer quelques-uns de réserve du côté de Cassel et peut-être encore augmenter ceux du centre et du parc de Lobréau.

Il en serait de même des affûts de rechange et autres approvisionnements.

Le 26 floréal, le général Ferrand ayant prescrit d'envoyer 28 caissons à Maubeuge au général Favereau, il ne reste plus à la division préparée à la Fère que trois pièces de 12 et un obusier avec leurs caissons. Aussi Éblé renouvelle-t-il au général en chef sa demande du 19 : « Puisqu'il ne reste plus à cette division que les « caissons respectifs de chaque pièce, prononce, je te « prie, sur leur destination afin que je puisse me rendre

---

(1) Éblé écrit le 14 floréal à Pichegru que Fromentin a renvoyé cette division de 16 à Réunion-sur-Oise.

« près de toi, comme je te l'ai demandé dans ma lettre
« du 19. »

Mais, un mois plus tard, à partir du 19 prairial (1), il arrivait encore à la Fère 4 pièces de 12, 4 pièces de 4 et 4 obusiers de 6 pouces, en sorte qu'à cette date la situation respective des deux parcs intermédiaires et du grand parc de la Fère était la suivante :

A Lille : 2 pièces de 16, 16 pièces de 12, 12 pièces de 8, 8 pièces de 4 et 11 obusiers.

A Guise : 8 pièces de 16, 4 pièces de 12, 7 pièces de 8 et 3 obusiers.

A la Fère : 7 pièces de 12, 4 pièces de 4 et 5 obusiers.

Parc intermédiaire des armées du Nord (aile droite) et des Ardennes réunies à Maubeuge. — Il semble enfin que le 1er prairial, par suite de la jonction d'une partie de l'armée du Nord avec celle des Ardennes, Pichegru ait constitué un parc intermédiaire à Maubeuge pour ravitailler l'aile droite de son armée opérant sur Charleroi.

Au général Laprun.

La Fère, 1er prairial (20 mai).

En conséquence des ordres du général Pichegru, le général de brigade Laprun partira demain de la Fère pour se rendre à Maubeuge, à l'effet d'y prendre le commandement de l'artillerie des différentes divisions qui sont rassemblées dans ses environs.

Il réunira le parc de l'armée des Ardennes à celui de l'armée du Nord, sans cependant les confondre afin de pouvoir en tout temps les séparer.

Il joindra au convoi qu'il emmènera d'ici deux pièces de 16 montées sur affûts-fardiers, deux pièces de 4 de nouvelle construction, ainsi qu'une double forge qui se trouvent en ce moment à Saint-Quentin avec les canonniers destinés au service de ces pièces.....

A Réunion-sur-Oise, il prendra un caisson de 16 et une charrette à boulets.

Le général de division,

ÉBLÉ.

---

(1) Voir, page 280, la lettre d'Éblé à Poix, 19 prairial (7 juin 1794).

c) *Le grand parc.* — Placé à la Fère dans une position centrale entre Lille, Guise et Maubeuge, le grand parc de l'armée servait à ravitailler les parcs d'armées subordonnés qui se trouvaient dans ces trois places.

Le ravitaillement ne concernait pas seulement le matériel de combat et les voitures, mais encore les armes : dans une note qu'il établit vers 1796, le général Éblé indique en effet qu'il doit être « tenu au grand « parc d'artillerie le nombre de voitures suffisant pour « qu'il y ait continuellement à la suite de l'armée le « nombre d'armes de toute espèce présumées nécessaires « aux remplacements (1) ». Il évaluait ce chiffre à un maximum de 400 fusils, 150 mousquetons, 50 paires de pistolets, 450 sabres de cavalerie, 150 briquets et 300 baïonnettes (1).

Quant au chiffre des pièces, on peut s'en faire une idée soit par le rapport déjà cité de Clarke, qui l'évalue à deux pièces par bataillon composant l'armée, pour les parcs divisionnaires et d'armée ; soit par l'étude de Lacombe-Saint-Michel, qui indique à peu près la même proportion. Il donne en effet, pour les quatre armées de 1792, les chiffres suivants :

« Une armée en Flandre de 19 brigades d'infanterie « ou 76 bataillons, avec 152 pièces de canon de régiment « et 144 de réserve ;

« Une armée sur la Moselle de 5 brigades d'infanterie « ou 24 bataillons, avec 40 pièceés de canon de régiment « et 44 de réserve ;

« Une armée sur le Rhin de 7 brigades d'infanterie « ou 28 bataillons, 56 pièces de régiment et 64 pièces « de réserve.

« Une armée en Italie de 11 brigades d'infanterie ou

---

(1) Projet de distribution des armes par le général Éblé (armée de Rhin-et-Moselle) sans date, vers 1796. (*Arch. Art.*)

« 44 bataillons, 88 pièces de régiment et 80 de réserve. »

Enfin, dans sa discussion du 22 juillet 1793, le représentant du peuple Dornier admettait, pour l'artillerie non régimentaire d'une armée de 60,000 hommes, 69 pièces et 1236 chevaux (1).

La correspondance d'Éblé et du représentant du peuple Bollet permet de se faire une idée approximative du nombre de chevaux qu'exigeait le service du grand parc et des parcs intermédiaires.

D'après la lettre d'Éblé du 8 nivôse (2), il faut 3,284 chevaux, non seulement pour atteler les pièces, caissons et affûts, comme le calculait Dornier, mais « pour *faire marcher* le parc de l'artillerie de l'armée du Nord », c'est-à-dire pour assurer les convois de ravitaillements. D'après sa lettre du 15 pluviôse, il faudrait augmenter ce chiffre de 1671 pour une armée de 100,000 hommes. Il aurait donc fallu 4,955 chevaux pour le grand parc d'une armée de cet effectif.

On peut donc conclure de là qu'en 1794, le grand parc d'artillerie d'une armée de 100,000 hommes exigeait environ 5,000 chevaux pour assurer promptement tout son service.

Quant aux voitures, Éblé en accuse 700 à la date du 9 ventôse (3) : il suffit de les compter en moyenne à 4 ou 5 chevaux pour arriver à l'effectif de 3,284, donné le 8 nivôse par Éblé.

Pour les parcs intermédiaires, il fallait environ 500 chevaux pour les traîner. Cette conclusion résulte de la correspondance échangée à l'armée des Ardennes

---

(1) Savoir : 45 pièces de parc + 24 d'artillerie légère et 990 chevaux de parc + 246 d'artillerie légère.

(2) Éblé à Bollet, Réunion-sur-Oise, 8 nivôse an II.

(3) Éblé au général Pichegru, la Fère, 9 ventôse..... « Ici, nous avons 779 hommes et près de 700 voitures..... »

entre le chef d'état-major et le commissaire ordonnateur (1) et à celle du Nord entre Éblé et Ferrand (2).

Les Pontons. — Il n'y avait pas, comme aujourd'hui, un équipage de pont (3) indépendant du parc. Il faisait au contraire partie intégrante de cet échelon.

Le général Souham au Commandant du parc d'artillerie.

5 floréal.

J'ai été bien supris, Citoyen, d'apprendre qu'il n'y a au parc que douze pontons, tandis que je pensais qu'il y en avait neuf de plus, comme il avait été convenu, il y a quelque temps, avec le citoyen Niger. Je devais les envoyer chercher à Douai. Comme ces pontons pourraient nous être très nécessaires, tu voudras bien les envoyer chercher sur-le-champ à Douai et donner ordre qu'on soit de retour demain soir au plus tard. Envoie-moi un état de toutes les pièces, caissons et voitures qui composent le parc d'artillerie.

Tu dois te préparer à faire sortir le parc demain, et à le faire camper à la Madeleine.

Il leur était naturellement affecté une escorte lorsqu'ils étaient détachés du parc et marchaient isolément.

---

(1) *Au citoyen Vaillant, commissaire ordonnateur.*

16 germinal (5 avril).

Je te préviens, Citoyen, que le parc d'artillerie arrivé aujourd'hui de Mouzon partira demain pour Givet, en passant par Mézières et Roc Libre. Il sera traîné par 400 chevaux et accompagné de 288 hommes jusqu'à Mézières où 50 autres s'y joindront. Ils voyageront tous avec leurs vivres de campagne.

LA CODRE.

(2) Éblé à Ferrand, 6 floréal (25 avril). « La division d'artillerie destinée pour aller joindre les pièces de 16 à Avesnes..... comporte à peu près 450 à 500 chevaux. »

(3) *Le général Souham au général en chef Pichegru.*

13 floréal (2 mai).

On vient de me dire qu'il y a à Dunkerque quatorze pontons qui sont inutiles. Comme nous n'avons que deux équipages encore incomplets, je te prie de donner ordre d'amener ces pontons au parc de notre division.

Armée des Ardennes, 20 floréal (9 mai).

Le commandant de la place de Vedette-Républicaine commandera pour 7 heures une escorte de 50 hommes d'infanterie pour accompagner les pontons.....

THARREAU.

A défaut d'autres documents, le mémoire adressé par la commission de l'an X au Premier Consul peut donner une idée de ce qu'étaient les équipages de pont pendant la Révolution. Il prouve que l'on avait étudié, comme aujourd'hui, la réduction de longueur des haquets et la substitution du métal au bois dans la construction des bateaux.

Les équipages de pont sont peut-être la partie la plus reculée du matériel de l'artillerie française. Leur extrême cherté, leur poids énorme les rendent rares et peu mobiles. Cependant c'est souvent de la marche légère et de l'arrivée prompte d'un équipage de pont que dépendent les succès de l'armée. Il faut qu'une armée bien organisée en ait plusieurs et que leur légèreté soit telle qu'ils puissent être transportés avec secret et facilité sur le point où l'on doit en faire usage.

Les qualités nécessaires à un bateau pour remplir ces différents objets sont : 1° d'être construit de manière à pouvoir bien naviguer ; 2° d'offrir de la stabilité dans la construction du pont ; 3° d'être assez léger pour être transporté à bras d'hommes pendant un espace assez considérable pour exécuter un passage dans un lieu difficile où aucune route principale n'aboutit, et de tromper ainsi les calculs de l'ennemi.

Les bateaux qui ont été construits au Rhin par les ordres du général Éblé et dont on a fait usage au passage de l'Inn paraissent devoir être adoptés. La longueur est de 35 pieds, le poids de 180 livres.

On a cependant proposé de les diviser par le milieu et de les disposer de manière à ce que leur réunion compose un bateau entier de même forme et de même poids. Si l'on obtenait la même solidité sans un trop grand travail, peut-être trouverait-on un assez grand avantage dans la facilité du transport. Ainsi il est convenable d'en faire l'essai, et l'on a, à cet effet, tout disposé à Strasbourg.

Quant aux haquets, ceux que le général Éblé a affectés au service de ses bateaux paraissent devoir être aussi adoptés, à moins que l'expérience des bateaux coupés ne réussisse et ne donne la faculté de diminuer beaucoup la longueur.

La commission a cru devoir conserver les pontons en cuivre à cause de leur extrême légèreté et pour en faire usage sur les canaux quoiqu'ils ne puissent pas servir pour le transport des premières troupes lors du passage d'une rivière et qu'il soit arrivé rarement d'en faire usage pendant la guerre qui vient de finir.

Équipages de siège pour Ypres et Charleroi. — On sait que le premier objectif que le Comité de salut public avait assigné à Pichegru, par arrêté du 29 pluviôse, était Ypres. C'est sans doute en prévision de ce siège que Pichegru avait, au moins avant le 8 germinal (1), fait préparer par Songis, — pour un corps de 25,000 à 30,000 hommes, — un équipage de siège à Lille, où il y avait déjà, au 9 ventôse, un parc de 1095 hommes et de 124 bouches à feu ou voitures (2).

---

(1) *Le général Éblé, à la Fère, au général Songis, commandant l'artillerie à Lille.*

8 germinal (28 mars).

Le général Pichegru, mon camarade, est très satisfait de l'activité que tu mets à former l'équipage de siège.

. . . .

Dis, je te prie, au citoyen Niger qu'il emploie aux pièces de position les canonniers des régiments, ce qu'il n'a pas fait.

Je te salue fraternellement.

Le général Éblé au général Pichegru.

La Fère, 8 germinal.

Songis me marque, comme à toi, qu'il s'est occupé de l'équipage de siège ; il a préparé 34 bouches à feu.

(2) *Au général en chef Pichegru.*

La Fère, 9 ventôse (27 février).

Je viens de recevoir, Général, un état de situation du parc de Lille. Je voulais en tirer des canonniers, mais le citoyen Niger me fait pressentir que le général Souham s'y opposera. Il y a à ce parc, tant canonniers des régiments que canonniers volontaires : 1095 hommes et 124 bouches à feu ou voitures..... Niger, qui commande le parc de Lille, me dit qu'il va être augmenté.....

*Le général de division Souham au citoyen Niger,
commandant le parc d'artillerie.*

9 germinal (29 mars).

Le général en chef vient encore de m'écrire sur la formation de l'équipage de siège. Il me dit qu'il doit être pour une armée de 25,000 ou 30,000 hommes, mais n'indique point le nombre des pièces qui doivent le composer.

Pour ne point en manquer lorsque nous aurons l'occasion de nous en servir, il est nécessaire de faire provisoirement à Lille un parc de 34 pièces que le général Songis dit qu'on pourra fournir et d'y rassembler toutes les munitions et ustensiles qui seraient nécessaires pour l'équipage formé de 34 pièces, afin que dans l'occasion on puisse faire venir sur les lieux les pièces dont on aura besoin, et de là en raison du nombre de chevaux qu'on pourra se procurer. Tu voudras donc bien prendre toutes les mesures nécessaires pour que cet équipage soit promptement rassemblé et prêt à être transporté ailleurs, en tout ou en partie, lorsqu'on aura les chevaux.

J'écris au général Songis pour le prévenir que je te donne ordre de former cet équipage. Tu voudras bien te concerter avec lui.

Plus tard, lorsque après les succès de Menin, de Courtrai, de Mouscron et de Tourcoing, Pichegru veut mettre le siège devant Ypres, ce fut encore de Lille qu'Éblé prépara le nouvel équipage de siège.

Éblé au commandant Barbier, commandant l'artillerie à Péronne.

Marquette, 13 prairial (1er juin).

L'équipage de siège qui se forme, mon camarade, a un besoin indispensable de voitures de toute espèce. Les trente chariots à munitions que j'ai vu exister à Péronne sont bien au delà de ce dont cette place peut avoir besoin.

En conséquence j'écris au commandant Poix à la Fère de t'envoyer 40 chevaux pour conduire à Lille dix de ces charrettes que tu feras charger de munitions à canons, savoir trois de cartouches à boulets de 12, trois *id.* de 8 et quatre de 4. Recommande au camarade Magnenot de les bien faire couvrir de paille afin de les mettre à l'abri de l'humidité.

Éblé au Général en chef.

Marquette, 13 prairial (1er juin).

..... Le commissaire ordonnateur en chef nous a promis pour aujourd'hui en partie des voitures nécessaires au parc de siège. Je vais en tirer quelques-unes de Péronne où il y a des charrettes à munitions au delà des besoins de la place.

Ce ne sera là d'ailleurs que le début des ordres relatifs au parc de siège dont on verra ultérieurement l'emploi au siège d'Ypres.

La prise de Charleroi, à l'aile droite, avait nécessité, comme celle d'Ypres à la gauche, la constitution d'un équipage de siège.

Les Représentants du peuple près les armées du Nord, de la Moselle et des Ardennes autorisent le général Jourdan, commandant en chef les forces réunies sur la Sambre, à tirer des places de Roc-Libre, Givet, Libremont et Vedette-Républicaine, les pièces d'artillerie ci-après pour compléter un équipage de siège, savoir :

De Roc-Libre, deux pièces de 16, deux de 12, deux obusiers de 8 pouces et un mortier de 12 pouces ;

De Givet, deux pièces de 12 ;

De Libremont, quatre pièces de 12.

Au quartier général à Nalinnes, le 22 prairial, l'an II de la République une et indivisible.

L.-B. GUYTON, GILLET,

Au général Desjardin.

Marchienne-au-Pont, 5 messidor (23 juin).

Nous t'adressons, Citoyen Général, notre approbation (1) de l'ordre que tu as donné pour retirer de Givet deux mortiers de 12 pouces qui sont nécessaires pour compléter notre équipage de siège.

SAINT-JUST, GILLET.

---

(1) Marchienne-au-Pont, 5 messidor. Les Représentants du peuple etc... approuvent l'ordre provisoire donné le 4 de ce mois par le général Desjardin, commandant l'armée des Ardennes, de retirer de la place de Givet, deux mortiers de 12 pouces pour compléter l'équipage de siège employé à l'attaque de Charleroi.

GILLET, SAINT-JUST.

Pénurie des attelages. — On a pu voir, d'après ce qui précède, quelle quantité considérable de chevaux était nécessaire, même en adoptant les réductions proposées par Éblé : il fallait compter en effet 18 chevaux par bataillon ou 54 par demi-brigade ; par chaque compagnie d'artillerie à cheval, il fallait encore 144 chevaux de trait et 94 ou au moins 82 chevaux « d'escadron », car la transformation de l'artillerie à cheval en artillerie légère n'était pas encore assez complète pour amener la suppression totale des chevaux d'escadron ; enfin, pour chaque parc divisionnaire, il fallait admettre une centaine de chevaux; pour traîner chaque parc d'armée subordonné, 400 à 500; pour « faire marcher » le grand parc, 5,000 environ pour une armée de 100,000 hommes.

Cette énorme quantité de chevaux nécessaires à l'artillerie seule ne pouvait arriver à se réaliser.

Le 8 juillet 1793 (1), Delbrel et Carnot, Représentants du peuple près l'armée du Nord, réclament d'Arras le prompt envoi, à Douai, des chevaux de trait, conducteurs et charretiers nécessaires aux compagnies d'artillerie à cheval qui s'y forment. Le 16, à l'armée des Ardennes, Perrin mande de Sedan qu'il s'occupe à procurer des chevaux d'artillerie (2). Le 3 août, Levasseur et Delbrel écrivent de Cambrai que les compagnies d'artillerie à cheval, en formation à Douai, sont déjà dans les camps avec tout ce qui est nécessaire à leur service. Mais, ajoutent-ils, leur secours deviendra presque nul si on ne leur envoie les chevaux nécessaires à leurs manœuvres (3).

Au début de 1794, la situation n'était pas meilleure. Par ordre de Jourdan, commandant encore l'armée du

---

(1) Aulard, tome V, page 212.
(2) Aulard, tome V, page 271.
(3) Aulard, tome V, page 464.

Nord, le général de division Éblé, commandant l'artillerie de cette armée, était arrivé à la Fère, le 18 nivôse, avec le grand parc. Par suite des mauvais chemins nécessitant le doublement des attelages, du grand nombre des voitures et de la pénurie des chevaux (1), ce parc n'avait pu être transféré qu'*en trois fois* de Guise à la Fère. Le 12 pluviôse, Éblé faisait connaître à Dupin qu'il lui manquait de 12 à 1400 chevaux pour « enlever le parc » de la Fère seul, et qu'il y en avait 109 en déficit, le 15 frimaire, à celui de la Madeleine (près Lille), commandé par le citoyen Niger.

Il écrivait encore le 15 pluviôse au Représentant du peuple Bollet : « Si on portait l'armée à 100,000 hommes, il lui manquerait 2,821 chevaux, mais n'ayant pas encore l'artillerie que cette augmentation nécessite, 1400 nous suffiront en ce moment pour enlever le parc en une seule fois..... »

Le 20, Mazurier, adjoint au Ministre de la guerre (3ᵉ division) annonce au Comité de Salut public que les mesures prises par lui pour faire passer 1200 chevaux à l'armée du Nord se trouvent contrariées par les dispositions du Représentant du peuple à Soissons (2) (3).

Six jours après, Colaud, remplaçant provisoirement Pichegru à Guise, se plaint à Éblé de ce que « diffé-

---

(1) *Éblé à Bollet.*

Réunion-sur-Oise, 8 nivôse (28 décembre 1793).

« ..... Pour faire marcher en ce moment le parc d'artillerie de l'armée du Nord, il nous faudrait 3,284 chevaux et que nous n'en avons que 2,134. C'est donc 1150 chevaux qui nous manquent..... »

(2) Feuille d'extraits du 8 février 1794 à la Correspondance générale.

(3) Il s'agit sans doute des 900 chevaux de Rouen dont Jourdeuil voulut disposer alors que Vidalin et Bollet en avaient déjà fait état pour l'armée. (Voir *Cavalerie*, p. 89.)

rents bataillons manquent de chevaux pour les pièces de campagne (1) ».

Le 30, Vidalin et Bollet annoncent de Soissons qu'ils ont « fait le travail du parc d'artillerie » et que « 1500 chevaux vont être distribués aux entrepreneurs des charrois de l'artillerie.... » Éblé qui avait demandé ces chevaux, qui avait été les voir à Soissons et les avait annoncés le 1ᵉʳ ventôse à Pichegru comme étant « superbes » ne les aura pas cependant de longtemps.

Au citoyen Mazurier.

La Fère, 12 ventôse (2 mars).

Les 1500 chevaux que j'ai demandés, mon Camarade, n'excéderont pas nos besoins, attendu que presque tous ceux de l'administration des charrois, qui sont employés à l'artillerie en ce moment, sont peu propres à ce genre de service, et que dans ceux des entreprises il y en a aussi qu'on pourra envoyer se refaire dans quelques dépôts d'où on pourra les tirer pour remplacer les pertes.

Puisque ces chevaux doivent partir de Soissons pour se rendre ici, tu pourrais donner des ordres pour que 150 qui manquent au parc de Lille y soient adressés directement au citoyen Niger qui commande ce parc.

Je te prierais aussi de ne faire passer ici les 1350 restants que par deux brigades d'un jour à l'autre, afin de ne pas encombrer les villages où ils doivent cantonner, et qu'on puisse les y répartir de la manière la plus convenable pour la facilité du service.

. . . .

---

(1) *Le général Colaud au général Éblé, commandant l'artillerie à Réunion-sur-Oise.*

26 pluviôse (14 février).

« Mon cher Camarade,

« Différents bataillons manquent de chevaux pour leurs pièces de campagne. Les uns sont morts, les autres sont ruinés et incapables de servir, je te prie de me dire de quelle manière ils doivent être remplacés et si c'est à Réunion-sur-Oise où ils doivent être échangés.

« Tu rendrais service à la République si tu pouvais faire rentrer au parc les différents détachements d'artillerie qui sont ici et renvoyer un détachement d'un seul régiment pour les remplacer. Tu dois en connaître la raison. »

Bientôt, ce ne sera plus 150, mais 300 chevaux qu'il faudra à Lille. Souham se plaint, en effet, le 19 ventôse, qu'il manque encore 360 chevaux d'artillerie à sa division. Aussi, Éblé écrit-il, le 26 :

Au citoyen Niger, à Lille.

..... J'ai prié le Ministre de te faire passer 150 chevaux conformément à l'état de situation que tu m'avais envoyé ; l'augmentation de l'artillerie de ton côté porte tes besoins à 300 ; voilà une erreur pour moi de 150 chevaux, parce que je ne suis jamais instruit de ce qui se passe et qu'on accorde souvent des demandes à des gens qui ne connaissent pas leurs besoins.....

Le 28, Souham réclamait encore le même nombre de chevaux :

Au Ministre de la guerre.

28 ventôse (18 mars).

. . . .

J'ai envoyé au Comité de Salut public et au général en chef, l'état des besoins de la division. Ils sont considérables surtout en chevaux d'artillerie et de charrois. Il manque pour le parc 300 chevaux et environ 120 pour que les charrois puissent faire leur service.

SOUHAM.

Le général Carlenc, qui commandait la division de Dunkerque avant Michaud, réclame aussi 200 chevaux, ce qui permet à Éblé de constater que le déficit total est de 2,000 à la fin de ventôse.

Au citoyen Durutte, adjudant général à Dunkerque.

La Fère, 30 ventôse (20 mars).

..... Quant aux 200 chevaux que demande le général Carlenc, j'ignore d'où ce besoin peut naître : avait-il de l'artillerie à sa division ? elle devait être attelée ou faire sa demande plus tôt. Si elle vient de lui être envoyée, il est nécessaire de savoir combien de bouches à feu par calibre et combien de caissons ou autres voitures.

Nous avons un déficit de 2,000 chevaux, et on ne nous en envoie point.

Niger n'est pas plus dans le cas de fournir que moi, mais aussitôt qu'il y aura possibilité, je compléterai tout.

Le même jour, Éblé résumait ainsi cette situation au Ministre :

La Fère, 30 ventôse (20 mars).

Je te rends compte que la demande de 200 chevaux d'artillerie que me fait le général Carleuc, commandant la division de Dunkerque, rendra insuffisants les 1500 que je t'ai demandés pour le parc.

De 150 qui manquaient à Lille, le nombre vient d'être porté à 300 par une organisation d'artillerie qu'on a fait passer sans chevaux au parc de cette division.

Journellement il arrive des avant-postes des chevaux hors d'état de servir, faute d'avoir eu pendant l'hiver une nourriture suffisante, et nous avons maintenant près de 350 chevaux à l'infirmerie qui n'y étaient pas il y a quinze jours.

Beaucoup de ceux des avant-postes sont susceptibles d'être réformés.....

Après s'être plaint des situations inexactes qui lui sont envoyées ou même de l'absence de certaines situations, Éblé conclut ainsi :

Je juge qu'il est indispensable que tu prennes des mesures pour que les 1500 chevaux qui étaient d'abord nécessaires soit augmentés de 500 au moins, en supposant que l'artillerie qui sera envoyée dorénavant aura ses chevaux.....

C'est donc un déficit de 2,000 chevaux à combler neuf jours avant le commencement des opérations, ainsi qu'en fait foi la lettre suivante répondant à Niger au sujet de la composition du parc de la division Souham et de l'équipage de siège à Lille.

Au citoyen Niger, à Lille.

La Fère, le 30 ventôse (20 mars).

Je viens de recevoir ta lettre, mon camarade, mais je ne puis rien te dire sur les projets de la campagne (1).

Pichegru a vu l'artillerie que tu commandes. Il doit savoir si elle est suffisante. Je vais cependant lui écrire pour qu'il donne les ordres qu'il jugera convenables (1).

Il n'est pas question de prendre de l'artillerie à Douai et à Lille sans savoir où prendre des chevaux (1). J'ai encore écrit au Ministre à

---

(1)   1er germinal (21 mars).

Il est probable qu'en prescrivant l'organisation d'un équipage en

ce sujet ce matin. Il nous en manque 2,000 pour que je puisse faire marcher le parc et t'envoyer les 300 qui te manquent en ce moment.....

Peu après, Souham réclamait encore ces trois cents chevaux :

---

vue du siège d'Ypres, ordonné par le Comité de Salut public, Pichegru en avait donné directement l'ordre au général Souham, commandant la division de Lille, qui, de son côté, l'avait transmis pour exécution à son commandant d'artillerie à Lille. Éblé n'avait appris la question que par les demandes de Niger ; et c'est sans doute à la suite de ces dernières qu'il avait adressé à Pichegru la lettre suivante ; celle-ci constate une fois de plus que le service de l'artillerie n'employait pas *en principe* de chevaux de réquisition.

« J'ai reçu hier après-midi, Général, une lettre du citoyen Niger, chef de bataillon, commandant à Lille, qui m'a envoyé un courrier extraordinaire à grands frais pour me demander des instructions sur l'équipage d'artillerie à former dans cette division. Je lui ai répondu sur ce qu'il me dit qu'il a pris des arrangements pour prendre des bouches à feu à Douai et à Lille, qu'il n'était pas question de prendre de l'artillerie sans savoir où et comment l'employer, il demande où il prendra de la poudre craignant que ces deux places n'en aient pas suffisamment, et il ne s'informe pas où il pourra se procurer la serge, les sabots, le fer-blanc, etc. Il parle de se servir de chevaux de réquisition comme si le service de l'artillerie pouvait se faire de cette manière sans être à chaque instant exposé à le voir manquer. Je ne sais quelle mouche l'a piqué mais il parle d'un équipage de siège comme d'une chose qui se commande comme une fournée de petits pâtés.

« Je lui ai dit que nous étions assez bien pourvus en munitions, que tu avais vu l'artillerie de la ligne et que j'attendais tes ordres.

« Chacun veut faire le général en chef, personne ne doute de rien, personne ne se renferme dans ses fonctions. Bientôt tu n'auras plus rien à faire.

« Niger m'annonce le départ de deux compagnies de canonniers volontaires. Comme j'ignore si tu leur as donné ordre de se rendre à Maubeuge, je vais écrire au commandant de Saint-Quentin de leur faire continuer leur route afin que le général Desjardin nous envoie ici les détachements du 7º régiment qui sont dans sa division.

Je te salue fraternellement,

ÉBLÉ. »

Aux Représentants du peuple, Bollet et Vidalin.

3 germinal (23 mars).

Je vous réitère, Citoyens Représentants, la demande qui vous a déjà été faite par le commandant de l'artillerie de la division que je commande, relativement à 300 chevaux d'artillerie qui manquent dans cette division, ce qui me mettrait hors d'état de faire des mouvements en avant. Le commandant du parc m'a répondu qu'il vous en avait fait la demande et que vous l'aviez renvoyé au général Éblé, commandant de l'artillerie. Ce dernier a répondu que, loin de me fournir des chevaux, il lui en manquait 1700. Vous voyez, Citoyens, que la demande que je vous fais est de toute nécessité. Je vous prie donc de me faire délivrer le plus de chevaux que vous pourrez, la division que je commande étant une de celles qui devront sans doute le plus agir.

SOUHAM.

Le lendemain (24 mars), c'est-à-dire cinq jours avant l'offensive sur le Cateau, Bouchotte transmet à la division de son ministère deux demandes : l'une, de Pichegru, expose qu'il ne peut rien entreprendre si on ne lui envoie 2,000 chevaux d'artillerie ; l'autre de Jourdan, datée du 1er germinal, constate qu'il manque à son armée 3,000 chevaux, tant pour le service du parc que pour celui de l'artillerie légère.

Le 6 (26 mars), Souham revient sur ses plaintes des 19, 26, 28 ventôse et 3 germinal :

Le général de division Souham au Ministre de la guerre.

Quartier général de Marquette, le 6 germinal, l'an IIe de la République française une et indivisible.

Je t'ai écrit déjà plusieurs fois ainsi qu'au Comité de Salut public et au général en chef, qu'il manque trois cents chevaux pour conduire toutes les voitures et canons qui composent le parc d'artillerie de la division que je commande. Ce déficit pourrait nous exposer à manquer les opérations les plus importantes. Ainsi il est de la plus grande importance de nous en procurer promptement.

Les Représentants du peuple Bollet et Vidalin ont dit à une personne que j'ai envoyée auprès d'eux pour leur demander les moyens de nous procurer ces chevaux, qu'ils venaient d'être informés qu'il y a à Abbeville quatre cents chevaux à ta disposition et qu'ils t'écriraient pour que tu les envoies à Lille. Je te rappelle cette demande et te prie d'y avoir égard. Il est bien plus important que l'artillerie soit plus tôt servie et ait le choix des chevaux au lieu de les laisser à l'administration des charrois, à qui on dit qu'ils sont destinés.

Salut et fraternité.
SOUHAM.

De la main de Bouchotte : Les Représentants du peuple ont beaucoup mieux que moi ces chevaux à leur disposition. Je ne peux que transmettre à la régie de faire ce qui est nécessaire. Le reste dépend d'elle.

Cependant, Éblé n'était pas resté inactif et multipliait ses demandes en ne perdant pas de vue celles de Souham.

Éblé au citoyen Lafitte,
commandant la 1re compagnie de canonniers à cheval.
La Fère, 9 germinal.

Malgré toutes les démarches que j'ai faites, mon Camarade, pour obtenir des chevaux, je n'en ai encore aucun pas même pour le parc.....

Et pourtant le même jour, Bollet, en se plaignant qu'on ne fournissait pas de chevaux pour l'artillerie et qu'il en fallait 2,000 pour le grand parc et les divisions de Lille et Dunkerque, prouvait au Comité de Salut public que les chevaux qui étaient dans les quatre dépôts affectés à l'armée du Nord, avaient été livrés à la régie des charrois. « Que sont-ils devenus ? » ajoutait-il. « Où sont-ils passés ? (1) ».

Le 5, il avait dénoncé la même négligence pour l'artillerie régimentaire : « Près de mille chevaux, avait-il écrit de Douai, ont été envoyés, et aucun n'a encore été fourni aux bataillons (2) ».

Le même désordre était une fois de plus constaté par Éblé.

---

(1) Aulard, tome XII, page 268.
(2) Aulard, tome XII, page 176.

Éblé à Pichegru.

10 germinal (30 mars).

..... Deux cent dix-neuf chevaux ont été dirigés (d'Abbeville et de Rouen) sur Arras et ils y sont arrivés. Je ne sais pourquoi on les a envoyés dans cette commune plutôt qu'au parc où ils doivent être employés.

Le parc de Lille en a besoin de trois cents. Si tu juges qu'il soit nécessaire de les y faire passer comme étant plus à portée, tu voudras bien engager les Représentants du peuple d'en donner l'ordre et d'enjoindre en même temps à l'agent des charrois de prendre les mesures convenables pour les faire harnacher sans délai.

Comme il y a des dépôts de chevaux à Lille et à Douai, on pourrait compléter le parc de Lille et faire venir ici l'excédent.....

A Pichegru.

12 germinal (1er avril).

..... Chaque jour il arrive des bataillons quantité de chevaux hors de service par le manque de nourriture. Je crains une épidémie, ayant été obligé d'en faire tuer un assez grand nombre attaqués de la morve.....

Au citoyen Julien, directeur général des charrois militaires.

La Fère, 14 germinal (3 avril).

..... Mazurier m'annonce l'arrivée de 1500 chevaux ici, mais non pas tous pour l'artillerie. Nomme donc quelqu'un pour en faire le triage.

Au citoyen Mazurier.

La Fère, 14 germinal (3 avril).

La mesure que tu m'indiquais, mon Camarade, de prendre dans les autres services les chevaux propres à l'artillerie, n'a pu avoir lieu, vu la dispersion à l'infini des brigades et surtout pour ne pas retarder le service des vivres. Cette ressource, d'ailleurs, aurait été bien faible et aurait désorganisé une partie sans fournir aux besoins de l'autre.....

..... Le citoyen Forno que j'avais envoyé à Abbeville et à Rouen est de retour. Il a rapporté que les Représentants du peuple lui ont dit que les chevaux qui y étaient devaient partir le 9 ou le 10. Ils ne peuvent donc tarder d'arriver.

Éblé réclame encore instamment des chevaux à Bollet

qui transmet sa lettre le 15 germinal et insiste auprès du Comité de Salut public pour qu'il y donne au plus tôt satisfaction (1).

Lorsqu'enfin Éblé parvient, à force d'instances, à toucher quelques chevaux, ils ne sont pas conduits par des charretiers en nombre suffisant.

Éblé à Pichegru.

La Fère, 18 germinal (7 avril).

Il nous est arrivé hier, Général, cent vingt bons chevaux de Rouen, mais non harnachés et conduits par dix-neuf charretiers au lieu de soixante qui sont nécessaires.....

Ce recrutement de charretiers semble d'ailleurs avoir suscité presque autant de difficultés que celui des attelages.

Au général en chef Pichegru.

La Fère, 20 germinal (9 avril).

..... Je pense, Général, que le meilleur mode d'avoir des charretiers est de les prendre dans les bataillons et de rendre les chefs responsables s'ils en envoient d'autres que ceux qui sont accoutumés à conduire des chevaux et qui n'auraient pas la force convenable. Les j-f....., tu le sais, brisent les voitures et nous font prendre notre artillerie. Il faut plus de sang-froid à un charretier qu'à tout autre, attendu qu'il ne peut bouger de ses chevaux et que rien ne le distrait.

Je ne puis te dire combien il en manquera, ne sachant pas le nombre qui viendra avec les chevaux, car, quoiqu'ils ne soient requis que pour les rendre ici, il s'en trouve quelques-uns qui demandent à rester.

. . . .

Je te prie de me dire si, en prenant toutes les précautions possibles pour éviter les abus dont je gémis et qui ne sont que trop communs, je ne pourrais pas prendre quelques-uns des paresseux qui n'ont pas encore joint. Il y en a beaucoup des environs de la Fère qui ne se sont cachés que par l'espoir d'être admis comme charretiers, ayant été élevés avec les chevaux. Si tu y trouves le moindre inconvénient, j'y renonce ; à mesure que nous aurons besoin de 80 à 100 chevaux, je t'en ferai la demande afin de ne pas les avoir ici, les bras croisés.....

---

(1) Aulard, tome XII, page 393.

Ce n'était pas seulement à la Fère et à Lille que la pénurie des chevaux se faisait sentir. Elle existait également aux divisions de Maubeuge.

Le 16 germinal, Favereau signalait à Pichegru qu'il fallait au parc des trois divisions 1118 chevaux d'artillerie (1) tandis qu'il n'en comptait que 170. Il y avait donc un déficit de 948 chevaux à Maubeuge, dont Favereau donnait ainsi le détail :

*Le général Favereau au général Eblé,
commandant l'artillerie de l'armée du Nord.*

Maubeuge, 17 germinal (6 avril).

..... D'après le relevé que je viens de faire, il me faudrait, pour compléter le parc des trois divisions sous Maubeuge, savoir :

Caissons de 4	16
Caissons de 8	9
Caissons de 12	9
Total...	34

Et pour attelage, calcul fait sans comprendre les caissons ci-dessus, il faudrait :

Ci.	1118 chevaux (1)
Il en existe, ci.	170 —
	948 chevaux qui manquent au complet.

Veuille, mon Camarade, prendre les moyens que dicte ton civisme pour mettre cette partie précieuse pour la République, en état de seconder les intentions du général en chef à qui j'en donne avis, pour qu'avant l'arrivée des chevaux que je te demande, il prenne des mesures pour faire arriver des fourrages.

FAVEREAU.

A cette date du 20 germinal, il n'y avait encore, pour combler le déficit de la Fère, que les 120 chevaux dont

---

(1) Non compris les attelages de 34 caissons. Ceci est une vérification indirecte du chiffre approximatif de 5,000 que nous avons admis plus haut pour une armée de 100,000 hommes, car au 10 germinal les trois divisions de Maubeuge comptaient 26,471 présents sous les armes.

l'arrivée, le 17, avait été signalée le 18 par Éblé. Il faisait d'ailleurs remarquer que ce déficit s'accroîtrait encore de mille unités si, au lieu de chercher à compléter seulement le grand parc, on voulait agir de même à l'égard de l'artillerie de campagne de Maubeuge.

« Il ne nous est encore arrivé que les cent vingt chevaux que je t'ai annoncés », écrit-il à Pichegru. Je ne sais où diable sont les autres.

Ton dessein, je pense, n'est pas de compléter en chevaux l'artillerie de campagne du camp de Maubeuge. Il en faudrait près de mille. Tu voudras bien me donner tes ordres à ce sujet.....

On m'annonce des bureaux de la guerre vingt pièces de 4 et vingt caissons que tu as demandés. On ne parle ni de chevaux, ni de caissons d'infanterie. Cependant si les chevaux qui les amèneront s'en retournent, comme ils le font ordinairement, nous serons bien loin d'avoir de quoi les atteler, et les caissons d'infanterie nous manqueront aussi.

Encore, parmi les 120 chevaux arrivés le 17, y en avait-il 28 d'entiers et par conséquent impropres au service de l'artillerie en campagne.

Au citoyen La Vigne, directeur des transports militaires.

La Fère, le 20 germinal (9 avril).

Je te préviens, mon cher Concitoyen, que dans les cent vingt chevaux arrivés de Rouen le 17 de ce mois, il s'en trouve vingt-huit entiers qu'il est dangereux de conserver tels : 1° parce qu'ils abîment les juments; 2° parce qu'ils estropient les autres chevaux et les charretiers; 3° parce que souvent les charretiers ne peuvent les contenir et qu'ils brisent les voitures d'artillerie; 4° surtout parce que, dans les marches de nuit, lorsqu'on se dispose à attaquer l'ennemi, ils hennissent plus fréquemment que les autres et peuvent faire manquer une expédition.

Tu voudras bien donner les ordres que tu croiras convenables pour le bien du service et pour les intérêts de la République.

Je t'observe que, si dans ce nombre, il s'en trouve quelques-uns trop vieux pour ne pas laisser de craintes sur les suites de la castration, nous pourrons en employer quelques-uns aux voitures destinées à rester au parc.

La situation se compliquait encore de ce que les

Représentants du peuple chargés du complétement de la cavalerie ne regardaient pas les chevaux d'escadron de l'artillerie légère comme rentrant dans leurs attributions.

Éblé au Ministre.

La Fère, 20 germinal (9 avril).

Les Représentants du peuple Bollet et Vidalin, d'après les états que je leur avais envoyés des besoins en chevaux d'escadron pour les compagnies d'artillerie légère, m'avaient fait espérer que, sous peu, ils m'indiqueraient les dépôts où je pourrais les envoyer prendre. N'en recevant aucune nouvelle, je leur ai écrit de nouveau pour les prier de ne pas oublier leur promesse. Le Représentant Bollet m'a répondu que les chevaux d'artillerie ne le regardaient plus, qu'ils étaient à ta disposition. Je ne pense pas cependant que les chevaux d'escadron, quoique pour l'artillerie légère, puissent être regardés comme chevaux d'artillerie.

J'ai compté, jusqu'à présent, que chaque compagnie, quoique portée à 100 hommes, n'aurait toujours que 70 chevaux ; ta lettre qui m'annonce cette augmentation, ne me disant rien des chevaux.

On a vu précédemment que, pour ravitailler en munitions les 50,000 hommes qu'il dirigea le 7 floréal sur Menin et Courtrai, Pichegru fit marcher sur Lille un parc aux ordres de Lobréau. Il lui fallut tout d'abord prescrire à Éblé de diviser le parc général de Guise en trois portions, l'une pour la gauche, l'autre pour le centre et la troisième pour la droite. Ces prescriptions amenaient naturellement Éblé à envisager la triste situation où se trouvaient ses attelages.

Il écrivait tout d'abord à Mazurier :

La Fère, 26 germinal (15 avril).

..... Des 2,030 chevaux que tu m'as annoncés, il n'en est pas encore arrivé 500. Je ne sais où ils tiennent. Je sens un chagrin bien vif d'être forcé par là à l'inaction.

Le général Éblé à la Fère, au général en chef Pichegru.

26 germinal (15 avril).

..... Après ton ordre reçu, j'aurais besoin de deux jours avant de diviser le parc, afin de mettre à chaque portion les attirails, bois, fers, rechange, etc., qu'elle devra avoir; tous ces objets étant déjà chargés, il faut les répartir proportionnellement aux divisions sur de nouvelles voitures.

. . . .

J'ai placé les pièces de 16 à la division de Fromentin. Je crois me rappeler que c'est ton intention.

Tu auras du côté de Lille vingt pontons comme tu le vois et quatorze à la droite. Je pense que ce nombre est suffisant. J'en laisserai, si tu le juges à propos, six que nous avons d'excédent à la Fère, pour nous ménager des chevaux; je t'en ai prévenu, il y a longtemps.

Je ne fais marcher qu'un pont roulant; les endroits où ils peuvent s'établir laissant presque toujours la facilité de former un pont avec des arbres et des fascines, en très peu de temps.

Les chevaux n'arrivent toujours pas; et j'ignore comment nous allons sortir d'ici. Il nous en manque 800 à 900 (1). Comment veux-tu que je compose alors ces divisions? Comme les voitures sont en assez bon état, on pourrait se dispenser de faire suivre, pour le premier moment, les voitures chargées de rechanges, bois, fers, etc., ainsi que les pontons. Tu voudras bien me dire ce que tu veux que je fasse. Si, d'ici à ce que je reçoive ta réponse, il n'est pas arrivé 400 à 500 chevaux, je ne pourrai même faire filer qu'une partie des bouches à feu et leurs caissons.

. . . . Le Ministre m'a annoncé vingt pièces (de 4), mais si elles arrivent encore par des chevaux qui ne font que les déposer, comme cela arrive ordinairement, ce sera un nouvel embarras.

Tu voudras bien me dire si c'est ton intention que je reste ici après le départ des divisions, pour faire filer sur elles, et à mesure que les chevaux arriveront, les objets dont elles auront le plus besoin.

J'ai toujours craint que la désorganisation des équipages des entrepreneurs ne se fasse à la veille d'entrer en campagne, et justement cela est arrivé. Depuis longtemps il leur a été défendu d'acheter des chevaux. Ils ont eu moins de soins de ceux qui leur restaient. Le manque de fourrages en a fait dépérir une grande quantité; au premier mouvement que nous ferons la moitié restera en route, sans aucun moyen de remplacement. La nouvelle commission n'envoie personne. Je m'adresse à Julien qui est aussi embarrassé que moi. Je t'assure, Général, que cette position me donne du chagrin.

L'ordre de ne conserver que dix-huit chevaux dans chaque bataillon ne s'exécute pas, ou est éludé sous différents prétextes, et il y a des

---

(1) Pour le transport seul, avec attelages réduits, et non compris les remplacements.

généraux qui s'y prêtent en donnant des bons qui autorisent les canonniers des bataillons à conserver deux chevaux pour le transport de leurs effets.

Le citoyen Poix, chef de bataillon examinateur, arrive de sa tournée. Il me dit qu'entre Cassel et Dunkerque, il a trouvé un parc d'artillerie de quelques pièces. J'ignore son existence, et ce serait une petite augmentation de bouches à feu dans cette partie.

Je te salue fraternellement.

P.-S. — J'écris en même temps au citoyen Cruzat, directeur des transports à Lille. Je l'engage à nous envoyer deux cents chevaux entiers arrivés de Caen, pour un autre service que celui de l'artillerie; mais je vais toujours les prendre, si je puis les avoir.

J'imagine que les trois cents que tu as donné ordre de remettre à Lille, sont organisés.

Ainsi que l'annonçait Eblé, il entamait le même jour avec Cruzat la correspondance qui va suivre et qui dénote une fois de plus le désordre qui régnait dans l'organisation :

Au citoyen Cruzat, directeur des transports militaires à Lille.

La Fère, le 26 germinal (15 avril).

Tu as sans doute reçu, Citoyen, une lettre de notre ami Julien relativement à deux brigades de chevaux arrivés de Caen et destinés pour un autre service que celui de l'artillerie. Julien m'écrit que tu me les feras parvenir aussitôt que tu sauras s'ils peuvent (étant entiers) nous convenir; mais, n'en ayant point d'autres, j'attends ces deux brigades avec impatience. Je suppose que tu les enverras tout harnachés.

Je t'ai adressé le citoyen Niger, commandant l'artillerie à Lille, pour se concerter avec toi afin que le parc de cette partie où il manque trois cents chevaux, ne soit pas aussi dépourvu que celui-ci.

Lille, le 3 floréal (22 avril).

Citoyen Général.

J'ai reçu ta lettre du 26 germinal qui m'a été remise le 2 floréal. J'ai aussi reçu celle de Julien, mais je n'ai point reçu les deux brigades de chevaux venant de Caen. J'ai su indirectement que ces brigades devaient passer à la Fère. Si elles étaient à Lille, je me ferais un devoir de me conformer à tes ordres. Tu peux être bien tranquille sur le parc d'artillerie qui est à Lille; j'ai satisfait à toutes les réquisitions qui m'ont été faites à cet égard de la part du général Niger, et je viens de lui fournir tout récemment cinquante caissons couverts et attelés, en sus des caissons d'artillerie.

Salut et fraternité.

Le Directeur général des transports militaires,
CRUZAT.

Julien, directeur général des transports militaires au général Éblé.

Lille, le 3 floréal (22 avril).

C'est par erreur, mon Général, que le citoyen Cruzat t'a mandé qu'il n'avait point connaissance des deux brigades que tu réclames pour le parc de la Fère. Je viens de les reconnaître à Lille et je m'empresse de te les faire passer tout harnachés. Les chevaux de l'une de ces brigades étant entiers seront très bien placés au remplacement de ceux que tu as jugé convenable de retirer des prolonges, forges et magasins.

Compte sur mon active surveillance pour découvrir et te faire parvenir tous les chevaux qui, ayant été destinés pour ton service, auraient, par des circonstances particulières, été détournés de leur destination.

Salut et fraternité.

JULIEN.

Le général Éblé au citoyen Julien, directeur des transports militaires.

La Fère, 7 floréal (26 avril).

J'ai écrit au citoyen Cruzat, comme j'en étais convenu avec toi, mon cher Concitoyen, et j'attends de jour en jour les deux cents chevaux entiers que tu destinais à la Fère. Je n'en ai aucune nouvelle et je désespère de les recevoir.

Comme il n'en est arrivé que 160 de Rouen, depuis ton départ, j'ai été forcé, pour faire partir les divisions d'artillerie, qui m'ont été demandées, de requérir dans les districts de Laon et de Chauny ; cette mesure, tu le sais, ne peut remplir le but des chevaux d'artillerie.....
Ne mets donc pas de retard à l'envoi de ces 200 chevaux. Je préférerais encore que tu les attachasses au parc d'artillerie qui doit arriver le 9 à Lille et que tu renvoyasses un pareil nombre de chevaux de cultivateurs qui conduisent cette artillerie ; et aussitôt qu'il m'en sera arrivé de Paris, comme on me l'annonce, je ferai partir pour Lille le nombre nécessaire pour que tu puisses congédier tous les cultivateurs qui resteraient dans cette partie.....

Tu m'avais également promis de faire compléter la 27e compagnie de canonniers à cheval qui se trouve à Douay, et, par la situation que je viens de recevoir, il lui en manque encore 108 pour les mettre en état de marcher.....

Éblé à Mazurier.

30 germinal (19 avril).

..... La marche des chevaux que tu nous dis être dirigés sur la Fère, est entravée partout; ils n'arrivent pas, et j'ai appris que 60 qui étaient partis d'Arras ont pris à Bapaume la route de Lille parce qu'on a su que le quartier général était porté dans cette ville.

Voyant que les chevaux excédant 18 par bataillon (1) ne rentraient pas, ce qui m'empêchait de compléter ceux qui en manquent, j'ai fait mettre à l'ordre que les commissaires des guerres qui signeraient des bons pour plus de 18 chevaux seraient punis, et, malgré cela, l'ordre n'est pas exécuté. Des généraux donnent des bons à des compagnies de canonniers, qui les autorisent à garder des chevaux pour conduire leurs ustensiles; que les commissaires visent ces bons. J'ai renouvelé l'ordre pour les faire rentrer.

Notre déficit augmente journellement. Hier nous avons perdu plus de 60 chevaux tant tués pour maladies contagieuses que réformés. Tu dois te figurer mes inquiétudes.

P.-S. — Je viens d'apprendre qu'hier à Catillon nous avons perdu des chevaux, des caissons et des pièces en grand nombre.

Le lendemain, il renouvelle ses doléances au général en chef. Après s'être plaint de ce qu'il n'est arrivé que 160 chevaux depuis qu'il a envoyé le tableau des divisions et que d'autre part il en a perdu 60 tués ou atteints de maladies contagieuses, il explique dans une autre lettre du même jour la nécessité où il se trouve d'avoir éventuellement recours, et contre son gré, aux chevaux de réquisition.

La Fère, 1er floréal (20 avril).

..... Le général Balland m'a écrit ce matin que j'aie à tenir prêt le parc d'artillerie pour le transférer au lieu que tu m'as désigné. Je lui ai répondu que tu ne m'as désigné aucun lieu pour la translation du parc, que tu m'avais seulement chargé de le distribuer en trois por-

---

(1) Ce chiffre différant de 4 unités de celui qui résulte de la discussion du 22 juillet 1793 avait été admis sur la proposition d'Éblé.

tions (1) et que j'attendais tes ordres ne connaissant ni la position de l'ennemi ni tes opérations. Je me trouve on ne peut plus embarrassé ; ils paraissent avoir tous perdu la tête ; on débite les nouvelles les plus extravagantes tantôt sur nos succès, tantôt sur nos pertes ; je me méfie des uns et des autres ; mais tu sens que cela me met dans une perplexité que je ne puis surmonter. Pour éviter d'exposer le parc, j'ai, d'après ce que m'a dit Balland, requis les districts de Chauny (2) et de Laon (3) de fournir chacun 600 à 700 chevaux ; mais bon Dieu ! quelle bagarre cela va faire si nous sommes dans le cas de nous en servir. Je vais me recommander à tous les saints pour nous préserver d'un pareil malheur..... Nous avons ici un dépôt considérable de cartouches à canon.....

En répondant, en effet, dans ce sens à Balland, Éblé ajoutait qu'il lui manquait plus de 1000 chevaux pour enlever le parc et qu'il s'efforcerait de les obtenir dans les environs par réquisition.

Mais, tout en prescrivant la formation de trois parcs intermédiaires à Lille, Maubeuge ou Avesnes et la Fère,

---

(1) ..... « Je devais seulement le diviser en trois parties, dont une devait se porter sur Avesnes, l'autre sur Réunion et la troisième sur Péronne..... » (Éblé au Représentant du peuple à Réunion-sur-Oise. La Fère 1er floréal.)

(2)   *Aux Administrateurs du district de Chauny.*

La Fère, 2 floréal (21 avril).

« Vous avez reçu, Citoyens, la demande que je vous ai faite, au nom du salut de la République, de 600 à 700 chevaux qui doivent se rendre à la Fère aujourd'hui au plus tard. Il n'en est arrivé aucun et cette négligence entrave les mesures que les circonstances et les ordres supérieurs me forcent à prendre. La responsabilité ne peut plus peser sur moi. Je vous ai prévenus à temps puisque le district de Laon, plus éloigné de la Fère, a presque rempli ma demande. »

(3)   *Aux Administrateurs de Laon.*

La Fère, 1er floréal (20 avril).

« Le salut de la République exige, Citoyens, que le plus tôt possible, et au plus tard demain, il se trouve à la Fère 600 à 700 chevaux harnachés et prêts à être attelés à des voitures à timon, par attelages de quatre et un homme pour deux chevaux. »

Pichegru avait prévu le cas où les succès du corps d'observation de Cobourg sous Landrecies eussent mis en danger la situation du grand parc à la Fère, et avait prescrit d'en étudier le transport éventuel à Péronne. Pour assurer, le cas échéant, l'exécution de cet ordre, malgré la pénurie des attelages, Éblé avait pensé à utiliser les bateaux du canal de Chauny.

> La grande quantité de chevaux qui nous manquent, écrivait-il (1), mettra de l'impossibilité à faire enlever en peu de temps les munitions que nous avons ici.
> Les réquisitions que j'ai faites hier aux districts de Laon et Chauny (2), me mettront, j'espère, à même de diriger tout le parc d'artillerie sur Péronne, dans le cas où il courrait des dangers à la Fère.
> Je ferai partir demain pour Lille la portion d'artillerie que le général en chef m'a donné ordre de diriger vers cette ville ; je la fais passer par Noyon et Péronne.
> Je viens de prendre des mesures pour que les bateaux du canal de Chauny soient arrêtés et prêts à recevoir les fourrages, farines et munitions de guerre qu'il serait impossible de transporter en peu de temps sur des voitures. Le préposé aux subsistances pense qu'il lui en faudrait à peu près 1000 pour évacuer la Fère.
> Ces bateaux pourront aussi servir à transférer sur les derrières les munitions que nous pourrions enlever dans les caissons d'artillerie (2).....

Le départ d'une portion du parc pour Lille eut lieu le 3 floréal et Éblé en rendit ainsi compte, le 4, au général en chef :

> J'ai fait partir hier la division d'artillerie que tu as destinée pour la gauche. Elle en est partie attelée de chevaux que j'ai requis dans les districts de Laon et Chauny. Je ne te dirai rien de l'embarras que cela va donner et du mauvais service qu'ils rendront. Tu le sais mieux que moi.
> Les divisions du centre et de la droite auront aussi un certain nombre de ces chevaux dont partie est ici en attendant tes ordres.

---

(1) Éblé au général Balland. La Fère, 2 floréal (21 avril).
(2) Éblé au Représentant du peuple à Réunion-sur-Oise. La Fère, 2 floréal (21 avril).

Il en est arrivé 100 de Rouen avant-hier et j'en attends encore ; mais tous ces envois se font avec une lenteur très préjudiciable au bien du service.....

..... Je renverrai les chevaux de cultivateurs à mesure que j'en recevrai de la commission des charrois, et je ferai passer de ceux-ci la quantité nécessaire pour remplacer ceux partis hier avec la division de gauche.....

Le lendemain, 5 floréal, il écrit à l'administration centrale des transports et convois militaires.

Le citoyen Havard (1) en vous demandant 2,600 chevaux pour les besoins du parc d'artillerie de l'armée du Nord ne les a pas exagérés ; mais il paraît, Citoyens, que dans ce nombre il a compris ceux qu'il est nécessaire d'avoir en réserve pour remplacer les pertes car, quelques chances que nous ayons lieu d'espérer, il faut compter sur un grand nombre de chevaux à remplacer. La plus grande partie de ceux qui ont passé l'hiver aux avant-postes n'ayant eu que très peu de fourrages, presque jamais d'avoine, à la première fatigue vont être hors de service ; et en ce moment où l'armée ne fait que de légers mouvements, un grand nombre a été réformé ou envoyé à l'infirmerie.

Si les 800 que vous m'annoncez arrivent sans retard et bien organisés, en réduisant à un nombre inférieur l'attelage ordinaire des voitures légères, je pense que le service pourra se faire ; mais vous sentez que ce ne sera pas sans difficulté. Et nous serons toujours sans ressources pour les remplacements. Vous pouvez juger du déficit qu'ils occasionnent par plus de 80 chevaux qui viennent d'être pris ou tués dans les dernières affaires qui ont eu lieu du côté de Réunion-sur-Oise.

Quant à la mesure que vous croyez possible de lever le parc en plusieurs fois, comment pourrait-on alors faire agir toutes les pièces si les circonstances exigeaient qu'elles fissent feu le même jour ? Je vous observerai de plus qu'il faudrait dégarnir de chevaux la portion du parc qui aurait d'abord été portée en avant pour revenir en atteler une autre partie. Ce qui mettrait dans l'impossibilité de mouvoir la portion en avant et l'exposerait à être enlevée ; mais une autre raison rend cette mesure inutile et impraticable : c'est la division du parc en trois parties très éloignées les unes des autres..... Cette subdivision nécessite un plus grand nombre de chevaux parce qu'il est sage d'en laisser pour les remplacements à chaque division plus qu'il ne lui en faudrait proportionnellement à la totalité du parc.

---

(1) Directeur des équipages d'artillerie.

Depuis la réunion des différentes entreprises et administrations qui existaient avant le 10 germinal, les brigades sont restées organisées telles qu'elles étaient ; mais il n'existe pas dans le service l'ensemble qu'il exige, votre commission n'ayant encore nommé aucun chef pour établir l'uniformité si désirable et si nécessaire dans les équipages, je n'ai pu parvenir à ce but.

Pressez donc, je vous en prie, la nomination de ce chef ; qu'il vienne sans délai. Vous sentez trop la nécessité de sa présence pour que je vous en dise davantage à cet égard.

Le citoyen Havard, directeur de l'entreprise ci-devant Lancherre, quoique intelligent et capable de remplir ses fonctions dans la nouvelle organisation, n'est revêtu d'aucun pouvoir, il est seulement autorisé par le citoyen Julien (1) à étendre sa surveillance sur les autres employés, mais cela ne suffit pas, il faut qu'il lui en soit délégué par votre commission.

---

(1) Directeur général des transports militaires. (Voir lettre suivante de Julien à Havard du 5 floréal an II.)

Julien, directeur général des transports militaires au citoyen Havard, directeur des équipages d'artillerie.

Lille, 5 floréal (24 avril).

Le service des équipages d'artillerie est trop important, Citoyen, pour que je ne prenne pas toutes les mesures propres à l'assurer ; et je ne vois pas de moyen plus certain que de désigner provisoirement le chef auquel chaque employé de tout grade soit tenu de rendre compte et auquel je puisse faire passer les différents ordres que je reçois pour cette partie.

Le choix qu'on a fait de toi depuis du temps, pour directeur, et la connaissance que j'ai de ton expérience et de ton zèle me déterminent à te charger spécialement de te faire reconnaître par tous les employés des entreprises supprimées, comme leur chef ; de te faire remettre par chaque inspecteur l'état des employés avec leur grade ainsi que l'effectif de tous les chevaux qu'ils ont sous leur surveillance.

J'informe le général Éblé ainsi que les commissaires Lefebvre et Bazille de cette détermination, afin que l'un et l'autre puissent savoir à qui ils peuvent s'adresser relativement au service.

Je te serai très obligé de m'informer exactement de tout ce qui concerne le service qui t'est confié et des différents besoins que tu auras. J'aurai grand soin d'y pourvoir et je prends dès ce moment des mesures pour que les magasins soient toujours garnis de tous les objets nécessaires.

Je vous observerai encore que d'après le calcul établi ci-dessus, que les bouches à feu, caissons et autres voitures qui seraient envoyées pour rester à l'armée soient complètes en chevaux. S'il fallait prendre dans les réserves, qui n'existent pas encore, cette artillerie ne deviendrait qu'embarrassante.

La loi qui ordonne à chaque employé à qui elle accorde un cheval de se le procurer à ses frais n'est pas en vigueur, ce qui cause la ruine de beaucoup de chevaux des équipages; les employés n'étant nullement intéressés à les conserver, en prennent de nouveaux à peu près lorsqu'il leur plaît et ce sont toujours, comme vous pouvez bien le croire, les meilleurs qu'ils choisissent.

J'ai été obligé de requérir 1200 à 1400 chevaux de cultivateurs pour être à même de porter les divisions du parc où elles seraient demandées; cette mesure, si préjudiciable à la culture des terres et si gênante pour les cultivateurs dans un moment où leurs travaux sont dans la plus grande activité, ne remplit nullement l'objet des chevaux d'artillerie, non seulement parce qu'il est impossible de mettre parmi les cultivateurs le même ordre que dans les équipages, mais surtout parce que ces cultivateurs désertent; quelques-uns même abandonnent leurs chevaux.

N'oubliez pas, je vous prie, de prendre les mesures convenables pour que les équipages ne manquent pas de harnais; j'ai envoyé à Laon, mais le magasin est épuisé, ainsi que celui de Saint-Quentin. Si les 800 chevaux que j'attends n'étaient pas harnachés, ce moment si pressant de les employer serait encore bien éloigné.

Je vous salue fraternellement.

Enfin, le 9 floréal, Éblé peut annoncer l'arrivée d'une brigade de 108 chevaux; malheureusement non seulement les chevaux sont entiers, mais un dixième est à réformer et la majeure partie ne peut rendre aucun service. Aussi Éblé insiste-t-il pour avoir les 800 chevaux promis à la Fère avec une réserve de 500 autres à Dunkerque, Cambrai, Maubeuge.

Le général Éblé à la Commission de l'organisation et du mouvement.

La Fère, le 9 floréal (28 avril).

Il est arrivé hier, Citoyens, une brigade de 108 chevaux non notés et n'ayant pour la plupart que de vieilles marques, les harnais sont en assez mauvais état et les chevaux si mal choisis que 11 ont été réformés sur-le-champ, comme vous le verrez par le procès-verbal que je joins ici. Vous avez sans doute été trompés, dans le compte qu'on vous a rendu, de l'état de ces chevaux, dont le moindre inconvénient est d'être entiers, quant au sexe, mais dont un grand nombre est nul quant aux services qu'ils peuvent rendre. Nous n'en avons malheureusement que trop de cette espèce, et l'on vient de m'annoncer qu'à peu près 100 de ceux confiés aux soins du citoyen Cotentin ne peuvent plus aller, et je n'ai aucun moyen de remplacement.

Depuis ma lettre du 5 où je vous annonçais des pertes, nous en avons fait de nouvelles; j'ignore au juste le nombre de chevaux, mais si tous ceux qui étaient à l'artillerie que nous avons perdue ont été pris, on peut le porter au moins à 60 ou 70. Dans ce nombre ne sont pas compris les tués. Pressez donc, je vous prie, l'envoi complet des 800 que vous m'avez annoncés, et prenez des mesures pour en avoir sur les derrières.

Je pense que vous ne pouvez pas en mettre moins de 200 entre Maubeuge et Cambrai et 300 entre Cambrai et Dunkerque.

Nous avons en ce moment 200 chevaux à l'infirmerie d'où on en tire à mesure qu'ils sont rétablis, c'est une petite ressource, mais c'est quelque chose.

Je vous salue fraternellement.

Aux difficultés de la situation s'ajoutèrent encore les pertes subies dans les premiers échecs, notamment par la division Balland, et les contre-ordres donnés par Pichegru pour la division d'artillerie de droite.

Éblé au citoyen Bonnard, à Réunion.

La Fère, 9 floréal (28 avril).

..... Si cela continue, à moins d'attacher à la division de Balland une fonderie ambulante, je désespère qu'il puisse avoir du canon dans quinze jours.

..... Je ne connais moi-même plus rien aux divisions. On bouleverse tout à chaque instant. Cependant celle de Fromentin ne fait pas, selon moi, partie du centre. L'artillerie qui devait renforcer le parc d'Avesnes ayant une autre destination, je vais de nouveau être gêné pour son approvisionnement; fournis-moi ce que tu pourras. Tu sais que je ne négligerai rien pour tes remplacements.

..... Tu me demandes des chevaux comme si j'en avais à ma disposition. Il en est arrivé, hier, 100 destinés pour l'artillerie qui devait aller à la droite. Ils sont si bons qu'avant de les avoir reçus, j'ai été obligé d'en faire réformer une douzaine.

. . . .

Des 800 chevaux promis, il en arrive enfin 150 le 10 floréal.

Éblé au Général en chef.

La Fère, 10 floréal (29 avril).

. . . .

Des 800 chevaux qui m'étaient annoncés, il en est arrivé 150. J'attends les autres brigades d'un moment à l'autre..... Il me tarde bien que les chevaux soient arrivés, pour que je puisse me rendre près de toi.....

La Commission des transports militaires vient enfin de nommer un directeur. Je vais travailler à l'établissement des infirmeries que je crois nécessaires.

L'une dans les environs de la Fère, l'autre à Arras; ces deux points se trouvant au centre de la droite et de la gauche de l'armée, on pourra y envoyer les chevaux qui auront besoin de se rétablir et en tirer à mesure qu'il y aura des remplacements à faire.

. . . .

La pénurie des chevaux et des charretiers était telle, qu'afin d'économiser les attelages, Éblé en arrivait à réclamer l'emploi d'un caisson inventé par lui et d'une capacité plus grande que le modèle en usage.

Aux Citoyens composant la Commission des armes.

La Fère, 14 floréal (3 mai).

J'ai fait passer, il y a environ deux mois, Citoyens, au ci-devant Ministre un modèle de caisson propre à porter un approvisionnement au delà du triple des caissons d'infanterie ordinaires (1). On m'avait

---

(1) On trouve dans la correspondance d'Éblé, datée du 1er novembre 1793, les lignes suivantes adressées au ministre de la guerre :

« ..... Le citoyen Bollemont a fait construire des grandes caisses
« et adaptées sur des chariots à munitions qui contiennent au delà de
« 40,000 cartouches. Elles réunissent à une économie considérable des
« charrois l'avantage de n'être pas plus embarrassantes qu'un caisson,

fait espérer qu'il serait exécuté en grand, mais je n'en ai reçu aucune nouvelle.

Dix caissons de cette espèce porteraient plus de cartouches que trente des autres. On y gagne donc la moitié des chevaux et les deux tiers des charretiers, attendu que deux conduiraient aisément six chevaux dont ces caissons devront être attelés.

La facilité de porter à la suite des parcs de grands approvisionnements de cartouches d'infanterie, jointe à l'économie des voitures et chevaux, me semblent des avantages trop puissants pour que vous négligiez d'en faire l'épreuve.

. . . .

On a vu plus haut qu'Éblé avait vainement demandé deux brigades de chevaux entiers à Cruzat qui avait avoué n'en avoir jamais entendu parler. Son chef, Julien, avait été d'un avis opposé le 3 floréal, et Éblé en prenait bonne note le 6; mais force fut à Julien d'avouer, le 13, que le général en chef avait disposé des deux brigades. Pour faire patienter Éblé, il lui annonçait 400 chevaux « superbes ». Il lui mandait en même temps qu'il avait réuni près de Lille 1200 chevaux d'artillerie.

*Julien, directeur général des transports de l'artillerie,
au général Éblé, commandant de l'artillerie.*

Lille, 13 floréal (2 mai).

J'arrive de Paris, mon cher Général. Mon premier soin avait été de savoir si mes ordres relatifs aux deux brigades que je t'avais proposées

---

« et de nécessiter moins souvent le remplacement des munitions.....
« De ces caisses destinées à rester au parc ou à marcher avec les
« réserves on verse dans les caissons de bataillon; on pourrait les
« nommer *char-caisson*. Ils offrent la même économie, les mêmes avan-
« tages, chargés de cartouches à canons, pouvant contenir jusqu'à
« 400 cartouches de 4.

« Toutes ces considérations me font espérer que vous adopterez cette
« nouvelle espèce de caissons et me portent à vous prier d'en faire
« construire. Je vous proposerai qu'au lieu de faire des caisses et de
« les placer sur des chariots à munitions de faire simplement de grands
« caissons...... » (*Suit la description technique de ce caisson.*)

avaient été exécutés. J'ai su que par ordre du général en chef elles avaient été retenues, ce qui s'accorde assez avec ce que tu m'avais marqué. Il sera envoyé de Paris à la Fère 400 chevaux que l'on m'a dit être superbes. Mande-moi, je te prie, si tes besoins sont encore considérables. Les mouvements qui ont lieu m'ont fait perdre le fil de mes opérations. Songeons à assurer les remplacements. C'est d'après cette base qu'il nous faut calculer nos besoins.

Nous sommes à peu près en mesure ici pour l'artillerie. Nous avons même 1200 chevaux organisés par les soins de Dejean. Le mal est que, la réquisition ayant été faite en mon absence, on ait négligé de demander des harnais de derrière en nombre proportionné.

Je regrette que notre éloignement nuise à la célérité du concert si nécessaire entre nous. . . . .
. . . .

Salut et fraternité. JULIEN.

Éblé au citoyen Julien, directeur des transports militaires.

La Fère, le 16 floréal (5 mai).

Si les 400 chevaux si superbes que tu m'annonces, mon cher Concitoyen, nous arrivent, nous serons en mesure d'aller; mais, sans être florentin, je te recommande les derrières, sans quoi nous n'aurons aucun moyen de remplacement.

. . . .

Malgré toutes ces promesses, la situation au 19 floréal était loin d'être brillante.

Le général Éblé, à la Commission des convois et transports militaires.

La Fère, 19 floréal (8 mai).

Je vous adresse, Citoyens, copie d'un rapport qui m'a été fait par un inspecteur des équipages d'artillerie que j'avais chargé d'organiser les chevaux employés au parc d'artillerie sous Réunion.

Vous serez sans doute effrayés de l'énorme déficit qu'il présente; vous ne le serez pas moins, ni moins affligés de voir que faute d'une nourriture suffisante, de superbes chevaux arrivés depuis trois semaines sont déjà dépéris. Que vont donc devenir ceux qui sont hors d'âge ; ceux qui sortaient de l'infirmerie où ils étaient à couvert, mieux soignés et qu'on n'a pu laisser se rétablir aussi parfaitement qu'on aurait fait si on avait pu les remplacer. Je ne vous en dirai pas davantage, vous sentirez trop l'urgence de nos besoins pour ne pas mettre en œuvre tous les moyens qui sont en votre pouvoir pour nous mettre à même de faire faire le service important de l'artillerie.

J'ai d'abord cru que les chevaux entiers pourraient nous servir, mais joint à ce que nous en avons déjà perdu deux qui se sont détruits eux-mêmes, ils ne tiennent pas au feu, ils ne sont nullement propres aux expéditions de nuit qui demandent du silence. Je ferai cependant en sorte de les employer sur les derrières autant qu'il sera possible mais je vous prie de les faire échanger aussitôt que vous en aurez la facilité par d'autres pris dans les différents services.

Je ne vous dis rien des chevaux qui appartiennent à différents particuliers et qui ne peuvent s'organiser comme les autres n'étant payés, ni traités de la même manière.

Le citoyen Julien m'a écrit que vous aviez donné des ordres pour l'arrivée de 400 chevaux, il est de la plus grande urgence qu'ils nous parviennent, nous étant impossible de faire mouvoir une partie du parc sans ce secours.

A ces 400 chevaux dont la commission des transports disait qu'elle hâtait l'envoi, elle ajoutait 800 chevaux de la levée du 18 germinal, c'est-à-dire normalement affectés au service des transports.

Le général Éblé au citoyen Julien, directeur des transports militaires.

La Fère, 25 floréal (14 mai).

. . . .
Je suis bien fâché de n'avoir pu partir d'ici avec le parc; nous aurions pu nous communiquer nos idées . . . .

Ce qui me satisfait encore, c'est qu'il y a peu de jours, j'ai écrit à la Commission à peu près ce que tu me proposes et qu'elle verra que nous allons uniformément. J'en ai reçu une lettre aujourd'hui par laquelle elle m'annonce que, depuis plusieurs jours, plus de 800 chevaux provenant de levée faite en vertu du décret du 18 germinal ont filé sur différents points de l'armée du Nord. Elle me dit aussi qu'elle presse l'arrivée des 400 que tu m'as annoncés. Si cette levée se poursuit avec l'activité qu'on paraît y mettre, je ne doute pas que sous peu nous aurions de quoi suffire aux remplacements.

. . . .
J'espère que sous peu de jours je me réunirai à vous. Je n'attends qu'un mot de Pichegru.

Mais tout se réduisait à des promesses ; et Éblé, impatient d'aller retrouver le quartier général à Lille, proposait de se débarrasser du reliquat de la Fère en le répartissant entre d'autres parcs.

La Fère, 25 floréal (14 mai).

..... Dis, je te prie, au général Pichegru, de me tirer d'ici à moins qu'il ne m'y croie utile plus longtemps. Je pense qu'il tirerait du parc qu'il destinait pour la division de droite un plus grand avantage, en le refondant dans les autres comme je lui propose, que s'il le laissait plus longtemps dans l'inaction. Dis-lui, au reste, que je ne lui fais aucune proposition.

..... J'ai encore reçu aujourd'hui une lettre de la Commission qui m'annonce toujours des chevaux mais rien n'arrive, cela me désole.

Je t'embrasse.

Le 30 floréal, Éblé terminait de même sa lettre à Pichegru : « Toujours point de chevaux malgré les belles promesses.

« Je prendrai le parti de t'aller joindre avant leur
« arrivée et je prendrai les mesures pour qu'ils soient
« répartis comme il convient. »

Le 5 prairial, partant enfin pour Lille après avoir réparti le grand parc entre Lille avec Lobréau, Réunion-sur-Oise avec Bonnard, et Maubeuge avec Laprun, il écrivait encore de la Fère à Maubeuge : « Aussitôt que
« j'aurai des chevaux, je vous en ferai passer. Ce qui
« nous manque de ce côté-ci est une petite bagatelle de
« 500 seulement. »

Ainsi donc le 5 prairial, le jour même où Éblé partait pour Lille et date à laquelle allaient commencer le siège d'Ypres et l'investissement de Charleroi, il manquait encore 500 chevaux, à la Fère, et les fractions de parc envoyées à Réunion-sur-Oise et à Lille n'avaient pu l'être qu'au moyen de chevaux de réquisition à peine remplacés par quelques faibles envois.

La situation de l'armée des Ardennes n'était guère meilleure que celle de l'armée du Nord.

Au citoyen Garet, commandant amovible à Sedan.

24 germinal (4 mars).

J'ai demandé au Comité de Salut public et au Ministre de la guerre les chevaux nécessaires à l'attelage des pièces d'artillerie qui nous ont été envoyées de Paris. Je les attends sous peu; et s'il était nécessaire d'en mettre en mouvement une partie, nous tâcherions d'y pourvoir.

THARREAU.

Au Général en chef de l'armée du Nord.

4 floréal (23 avril).

. . . . Les chevaux me manquent pour traîner mon parc d'artillerie; et je ne puis en ce moment que mettre seize bouches à feu en position, ce qui est insuffisant. Si tu as, mon cher Camarade, des moyens pour me procurer des attelages, tu me mettras à même de faire une puissante diversion. J'attends avec impatience ta réponse.

CHARBONNIÉ.

Pour remédier au manque de ressources de l'artillerie dans les cas urgents, on en était réduit à recourir à ceux des services administratifs. Ce cas était du reste prévu par le décret du 25 juillet 1793.

10 floréal (29 avril).

Il est ordonné au citoyen Folliart, inspecteur en chef des équipages de l'artillerie de l'armée des Ardennes, de partir demain matin de Vedette Républicaine pour se rendre à Givet auprès du commissaire des guerres en chef, lui demander tous les chevaux qu'il pourra lui faire passer au parc d'artillerie dont le bien du service de la République exige. Pour cet effet, il requerra des maîtres de postes aux chevaux, les chevaux qui lui seront nécessaires. Les maîtres de postes se conformeront au présent ordre, à peine de responsabilité, s'ils portent retard dans le service de la République.

BARBIER.

Les charretiers manquaient aussi bien que les chevaux et, pour y pourvoir, il fallait faire appel à des réquisitionnaires de bonne volonté, en vertu de la loi du 23 août 1793.

14 floréal (3 mai).

Le service de l'artillerie ne pouvant être retardé, doit être toujours au complet en artilleurs et en charretiers. Le citoyen Folliard, inspecteur en chef, est autorisé à compléter les charretiers d'artillerie dans les bataillons, en prenant des réquisitionnaires de bonne volonté, et de gré à gré avec les chefs de bataillons qui ne pourront s'y refuser d'après les dispositions des lois concernant l'artillerie. Cependant, ledit citoyen Folliard ne pourra prendre plus de deux hommes dans chaque bataillon pour le présent.

Par ordre du général chef de l'état-major,
BARBIER.

15 floréal (4 mai).

Conformément à l'ordre d'hier, le 5ᵉ bataillon des fédérés fournira sur-le-champ cent hommes pris dans les réquisitionnaires de bonne volonté, pour le service pressant de l'artillerie qui ne peut être retardé.

Par ordre du général chef de l'état-major :
L'Adjudant général chef de brigade,
BARBIER.

Pour parer au déficit de l'artillerie légère affectée à sa division, le général Dubois faisait requérir sur place par les unités de cette arme tout ce que les communes pouvaient lui fournir en chevaux de trait.

Ordre au Maire et Officiers municipaux de la Vacqueresse.

25 floréal (14 mai).

Il est ordonné aux citoyens maire, officiers municipaux et agent national de la commune de la Vacqueresse, de mettre en réquisition et faire fournir pour le service de la 25ᵉ compagnie d'artillerie légère, la quantité de quinze chevaux de trait en état de marcher, lesquels seront à la disposition du capitaine Viriot et à celle du citoyen Courade, chef des équipages de ladite compagnie, qui les emploiera, si besoin est, au service de ladite artillerie d'ici à ce que ceux que ce dernier va conduire à la Fère soient remplacés.

Enfin, le 3 messidor, *l'armée réunie sur la Sambre* avait besoin de 600 chevaux pour assurer les transports de matériel.

Les Représentants du peuple près des armées du Nord, de la Moselle et des Ardennes, réunies sur la Sambre, arrêtent que les 600 chevaux de trait existans dans les dépôts de Vouziers, Rethel et Sedan, seront mis sur-le-champ à la disposition du directeur général des charrois pour être employés aux besoins urgents du service des armées.

Au quartier général à Marchienne-au-Pont, le 3 messidor.

Rôle général des parcs d'artillerie. — Les parcs de divisions ou d'armées servaient à fournir au commandement l'artillerie de position qui lui était nécessaire et qui partait alors du parc accompagnée de ses canonniers et artificiers, voire même des sapeurs destinés à la retrancher. Ce matériel et ce personnel rentraient ensuite au parc lorsque le commandement n'en avait plus besoin.

4 prairial (23 mai).

Il est ordonné au commandant du parc d'artillerie de diriger sur-le-champ les deux mortiers, deux pièces de 16 et une pièce de 12, avec caissons et attirails de ces différentes bouches à feu, sur les hauteurs en arrière de Montigny-le-Tigneu où sont bivouaqués deux bataillons de la brigade du général Lorge. Cette colonne d'artillerie sera suivie par la compagnie de sapeurs (1) arrivée de Vedette Républicaine et par les canonniers et artificiers nécessaires au service de ces pièces. Le commandant attendra dans cette position de nouveaux ordres.

Par ordre du général en chef,
THARREAU.

4 prairial.

Il est ordonné au commandant du parc d'artillerie de faire retirer sur-le-champ, sur le parc d'artillerie, les deux mortiers, deux pièces

---

(1) 30 floréal (19 mai).

Il est ordonné à la compagnie des sapeurs attachée au parc d'artillerie de partir sur-le-champ pour se rendre à Beaudrebul, au quartier général du général de division Marceau où elle recevra de nouveaux ordres.

Par ordre du général en chef,
THARREAU.

de 16 et une pièce de 12 qui sont sur les hauteurs en arrière de Montigny-le-Tigneu (1).

THARREAU.

Les parcs servaient encore à ravitailler les troupes en matériel roulant.

Liébert à Songis, général de brigade d'artillerie à Lille.

20 floréal (9 mai).

Je donne ordre, Camarade, au citoyen Lobréau de fournir deux pièces de 4 au 71e régiment. Tu lui fourniras des caissons. S'il ne peut fournir ces deux pièces comme tu me le mandes, on ira les chercher à Douai.

Le grand parc recevait encore les chevaux pris sur l'ennemi ; et les compagnies d'artillerie légère et d'artillerie de bataillon pouvaient s'y remonter avec l'autorisation du chef de l'état-major de l'armée.

Éblé à Colaud.

La Fère, 29 pluviôse (17 février).

Les chefs des bataillons, cher Camarade, qui manquent de chevaux sont répréhensibles, devant envoyer au grand parc pour faire remplacer ceux qui meurent ou qui passent à l'infirmerie………

2 floréal (21 avril).

Il est ordonné au commandant du parc d'artillerie de délivrer deux chevaux en remplacement d'un mort et d'un à l'infirmerie, au 8e bataillon du Nord.

Signé : THARREAU.

Liébert à Lobréau, directeur du parc en avant de Lille.

17 floréal (6 mai).

Les deux pièces de 4 longues, les deux caissons que tu m'annonces, les vingt-six volontaires et les dix-huit chevaux tant d'artillerie que de

---

(1) De même lorsque l'armée des Ardennes eut franchi le ravin de Silenrieux et fait sa jonction avec Desjardin, elle fit rentrer au parc son artillerie de position.

20 floréal (9 mai).

Il est ordonné au commandant Thévenot de faire rentrer au parc de Bossus les trois pièces de 12 qui sont sur les derrières de Silenrieux.

324   LA CAMPAGNE DE 1794 A L'ARMÉE DU NORD.

réquisition qui sont en ce moment près de Tourcoing, sont sortis de Bailleul. Il faut s'assurer si les pièces ne font pas partie de l'armement de cette place, et dans le cas où elles en feraient partie, elles doivent y retourner; dans le cas contraire, elles doivent de droit rentrer au parc. Tu donneras des ordres en conséquence. Tous les chevaux pris à l'ennemi, propres au service de l'artillerie, doivent aller au parc pour y être marqués à la marque de la République, avant d'être délivrés au corps. A l'avenir, les compagnies d'artillerie légère (1) et les compagnies de canonniers attachés aux bataillons qui éprouveront des pertes en chevaux les feront remplacer au parc sur le visa du général en chef, ou du chef de l'état-major. Tu auras attention de tirer sur-le-champ des dépôts les chevaux que tu auras délivrés, afin que tu aies constamment ton nombre complet.

Les parcs qui servaient à ravitailler les troupes se ravitaillaient eux-mêmes sur les places fortes.

Le général Éblé au général Laprun.

La Fère, 1ᵉʳ prairial (20 mai).

. . . .

Afin que je puisse venir à son secours chaque fois qu'il s'apercevra que les dépôts de Maubeuge, Avesnes, Réunion-sur-Oise, Saint-Quentin, la Fère et même Péronne ne seraient pas dans le cas de fournir à ces besoins, il m'enverra à temps :

1° L'état des munitions qu'il aura tirées de ces places ;

2° La situation du parc en y comprenant les pièces et caissons qui seraient en position ou détachés dans les divisions ;

3° La situation de l'artillerie des bataillons, le tout, tous les quinze jours et conformément aux modèles qui lui seront remis à cet effet.

. . . .

Le général Laprun donnera aussi des ordres aux commandants de

---

(1) *Liébert au citoyen Lobréau, directeur du parc d'artillerie.*

20 floréal (9 mai).

Je sais, Camarade, que j'ai donné l'ordre à la 29ᵉ compagnie d'artillerie légère de prendre les bouches à feu que tu me désignes, ce sont les chevaux qui lui manquaient pour les traîner; maintenant que tu en as reçu 200, tu pourras les mettre à même de marcher; depuis ce temps je n'ai pas revu l'officier.

l'artillerie de Givet, Charlemont et autres villes de mettre la plus grande activité à l'approvisionnement des munitions, afin qu'en tout temps ils puissent fournir aux besoins de l'armée.

A mesure que nos troupes se porteront en avant, il fera approvisionner les dépôts d'Avesnes et Maubeuge par ceux des derrières.

A l'armée des Ardennes, Charbonnié donnait des ordres analogues.

4 floréal (23 avril).

Il est ordonné au commissaire des guerres Rose de mettre les 30 chevaux d'artillerie attachés à la place de Vedette Républicaine à la disposition du parc d'artillerie de l'armée et les 5 chevaux venant du pays ennemi. Le citoyen Folliard, inspecteur en chef des chevaux d'artillerie, en donnera reçu.

CHARBONNIÉ.

3 prairial (22 mai).

Il est ordonné au commandant de l'artillerie de Vedette Républicaine de faire partir sur-le-champ les deux mortiers de 10 pouces qui sont restés dans cette place. Ils seront rendus au parc d'artillerie établi sur les hauteurs de Thully.

THARREAU.

Mais si le mode de ravitaillement normal était celui des troupes par les parcs, et de ces derniers par les places fortes, il arrivait parfois que les divisions se ravitaillaient directement sur les places lorsqu'elles opéraient à proximité. Tel fut le cas de la division Desjardin ; après qu'elle eut opéré sa jonction à Beaumont avec l'armée des Ardennes, elle se ravitailla sur Maubeuge, comme en fait foi la correspondance du général Favereau, commandant la place et le camp retranché de Maubeuge ainsi que les trois divisions réunies sous cette place.

Ordre n° 265 du 22 floréal (11 mai).

Il est ordonné au directeur des charrois militaires de fournir sur-le-champ quinze voitures couvertes pour le transport des munitions de guerre à l'armée du général Desjardin. Il fournira en outre l'attelage de trois des quinze voitures ci-dessus.

Ordre n° 270 du 23 floréal (12 mai).

..... Il est ordonné..... de conduire dix-sept voitures de munitions au château de Fosteau pour les mettre à la disposition du citoyen Grosclaude commandant du parc, d'après la demande du général Desjardin de ce jour.....

Le général Favereau au général Desjardin.

Maubeuge, 24 floréal (13 mai).

Je n'ai pas manqué de t'envoyer, mon cher Camarade, autant de munitions que tu m'en as demandé. Il en est parti hier dix-sept voitures pleines que j'ai expédiées d'après ta demande sur le château de Fosteau. Depuis, tous les envois se font sur Jeumont. Ne manque pas de me renvoyer tous les caissons vides ainsi que toutes les charrettes, sans cela il m'est impossible de te faire passer les approvisionnements.....

Des bataillons d'infanterie s'adressaient même directement à la place de Maubeuge pour recouvrer le matériel qu'ils avaient perdu.

Copie de l'ordre général du 9 au 10 prairial, daté du quartier général de Thuin (28-29 mai).

Le général Favereau, commandant à Maubeuge, se plaint que plusieurs bataillons étaient allés chercher dans cette place des pièces de canon pour remplacer celles qu'ils avaient été forcés d'abandonner à l'ennemi. Les chefs de corps sont donc prévenus qu'on ne leur en délivrera désormais que sur un ordre par écrit des généraux Charbonnié et Desjardin.

Déblaiement du champ de bataille par les commandants d'artillerie des places fortes. — D'après notre règlement actuel sur les services de l'arrière, c'est au service de l'artillerie des étapes qu'il appartient de recueillir les armes laissées sur le champ de bataille. Par analogie, c'était, en 1794, aux commandants de l'artillerie des places que devait incomber ce soin puisqu'elles étaient alors le dernier échelon de ravitaillement de l'artillerie.

Au quartier général de Jumet, le 10 messidor (28 juin).

Copie de l'ordre du quartier général de Marchienne-au-Pont, du 9 au 10 messidor.

Les généraux de division donneront les ordres nécessaires pour qu'on ramasse les boulets qui sont soit sur le champ de bataille soit à Charleroi où ils seront remis à l'officier qui y commande l'artillerie. Ils feront payer cinq sols pour chaque boulet.

Coup d'œil sur le fonctionnement du matériel de l'artillerie dans la partie disponible de l'armée du Nord. — Le fonctionnement de l'artillerie était le suivant, de l'arrière à l'avant.

Au centre de l'armée, à la Fère, un grand parc qui se divisait lui-même en trois parcs intermédiaires : l'un à Lille, l'autre à Guise, le troisième à Maubeuge, respectivement affectés à l'aile gauche, au centre et à l'aile droite de l'armée. Le rôle de ces parcs intermédiaires était, par rapport au grand parc et à ceux des divisions, le même que celui que jouerait aujourd'hui le parc d'artillerie d'étapes, entre la gare régulatrice ou la tête d'étapes de guerre et le troisième échelon des parcs de corps d'armée.

En d'autres termes, le ravitaillement des parcs divisionnaires s'opérait par les intermédiaires qui se réapprovisionnaient eux-mêmes sur le grand parc. Ce dernier, à son tour, se ravitaillait sur les places fortes ou arsenaux de l'intérieur.

Dans les parcs divisionnaires se trouvaient non seulement les éléments de ravitaillement de l'artillerie régimentaire et de l'artillerie légère et l'équipage de pont de la division, mais encore l'artillerie de réserve à laquelle le commandement avait recours, soit pour défendre une position, soit pour exercer sur la conduite du combat une influence décisive au moyen de l'artillerie. Cette artillerie de réserve jouait donc le même rôle que celle du second Empire ou notre artillerie de corps actuelle, par rapport à l'artillerie de régiment (1) ou à l'artillerie légère.

De ces deux dernières, la première marchait avec les demi-brigades et la seconde avec les régiments de cavalerie, qui étaient responsables de sa discipline et de sa conservation. Chaque demi-brigade disposait de six pièces de 4, et chaque compagnie d'artillerie légère de quatre pièces de 8 et de deux obusiers de 6 pouces servis par 94 canonniers montés sur deux wurst, à raison de 6 à 8 servants par wurst, et sur 70 chevaux d'escadron (2).

On reviendra, à propos des munitions, sur le mode de ravitaillement de la première ligne par les parcs de divisions, et de ceux-ci par ceux d'armée.

---

(1) Voir au sujet de cette terminologie le *Règlement concernant le service du corps de l'artillerie en campagne*, du 1er avril 1792 :

Art. 1er. — L'artillerie de campagne sera distinguée en canon de réserve et en canon de régiment. L'artillerie de réserve sera composée de canons de 12, de 8 et de 4, et d'obusiers de 6 pouces ; le canon de régiment sera du calibre de 4.

Art. 2. — Ces bouches à feu seront formées en divisions de huit canons ou obusiers de même calibre, et chaque division sera servie par une compagnie de canonniers. Les compagnies attachées au canon de réserve seront renforcées par des soldats auxiliaires pris dans l'infanterie.

Art. 6. — Outre les réserves, il y aura un dépôt général de munitions et de rechanges, appelé *grand parc*.

(2) Les archives de la guerre possèdent le tableau des vingt compagnies d'artillerie à cheval créées par les décrets du 17 avril 1792 et du 21 février 1793 ; mais elles ne possèdent pas un état analogue pour les formations d'artillerie légère postérieures à cette dernière date.

VII. — Artillerie.

c) Armement (fusils, baïonnettes, sabres et pistolets).

La situation en 1790, 1791 et 1792. — Les manufactures d'armes en province et à Paris. — Impulsion donnée à ces établissements. — Moyens indirects d'augmenter la fabrication : Réquisition des armes; emploi des fusils de chasse, etc.; utilisation des fusils réformés; affectation à l'infanterie des fusils de dragons, des mousquetons, des fusils de sapeurs; réparation des fusils hors modèles; achat d'armes à l'étranger; interdiction de la vente et de la sortie des armes; pouvoirs donnés aux généraux en chef. — La centralisation du service des armes dans la Commission des armes. — La pénurie des armes aux armées du Nord, des Ardennes et de la Moselle. — Les baïonnettes : leur nécessité; quantité d'armes à fabriquer; installation d'ateliers à Paris et en province. — Les sabres : leur mauvaise qualité; leur déficit; expédients employés pour le combler. — Ravitaillement des troupes en fusils, sabres et pistolets.

Situation en 1790-1791. — La pénurie des armes fut un des grands maux dont souffrit la République pour l'organisation de ses nouvelles forces. Dès le 18 décembre 1790, Alexandre Lameth faisait pressentir que l'armement des gardes nationales ne pourrait s'effectuer assez rapidement au moyen des ressources de la fabrication courante et qu'il était nécessaire qu'il fût prélevé sur les réserves de l'État. Aussi le décret du même jour prescrivit-il aux arsenaux de délivrer pour les gardes nationales 50,000 fusils dont le nombre fut porté, le 28 janvier 1791, à 97,903, sans toucher « en aucune « manière aux armes du nouveau modèle destinées aux « troupes de ligne (1) »; « en fusils de cette dernière « espèce (2), on avait de quoi armer entièrement « 250,000 hommes de troupes de ligne (1) ». Les dépar-

---

(1) Discours de M. Menou à l'Assemblée nationale au nom du Comité militaire, 28 janvier 1791.
(2) Modèle 1777.

tements entre lesquels devaient être réparties ces 97,903 armes étaient divisés en intérieur, 1re et 2e ligne, et, dans chacune d'elles, en frontières ou côtes. Ceux de 1re ligne-frontières devaient en recevoir le plus puisqu'ils étaient les plus exposés. Ces fusils devaient être marqués des lettres A.N (armes nationales). Afin d'éviter toute dilapidation, les noms des détenteurs de ces armes étaient enregistrés dans chaque municipalité qui devait se les faire présenter deux fois par an et en surveiller le bon entretien. Au décret était joint un « état de distribution » d'armes par département.

Pour assurer l'exécution de ce décret, le ministre Duportail adressa aux directeurs d'artillerie une circulaire (1) qui complétait les prescriptions précédentes par celle de faire graver les marques A.N sur la queue de la culasse, de ne donner au même département que des armes de même modèle, enfin de faire remplacer en partie ces dernières dans les magasins livranciers par des fusils du modèle de 1777.

Manufactures d'armes en province. — D'une « situation des travaux de l'artillerie » présentée le 22 juillet 1791 par Alexandre Lameth, il résultait qu'en dehors des 104,149 fusils modèle 1777 en dépôt dans les places (2), les trois manufactures existantes (3) ne pouvaient en produire que 42,000 « parce que c'était la
« mesure de travail que les officiers supérieurs de l'ar-
« tillerie reconnaissaient nécessaire d'établir pour ne

---

(1) *Arch. Art.* Duportail aux directeurs d'artillerie de Landau (14 avril 1791) et de Strasbourg (26 mars 1791).

(2) Ce chiffre se décomposait ainsi : De Dunkerque à Givet, 28,711 ; de Givet à Bitche, 41,737 ; de Bitche à Belfort, 33,701 fusils modèle 1777.

(3) Il existait alors trois manufactures d'armes à feu à Saint-Étienne, Charleville et Maubeuge, et une pour les armes blanches à Klingenthal. (Voir Rouquerol, p. 81.)

« fabriquer que de bonnes armes ». Aussi s'empressait-on d'augmenter ce rendement en faisant exécuter 72,000 fusils à Liége; de donner des primes afin d'exciter l'émulation (1); d'attirer à la fabrication des armes de guerre les ouvriers que « l'appât plus séduisant des armes de commerce en avait détournés »; enfin de créer une manufacture à la Charité-sur-Loire. Le 17 juillet 1792, celle de Moulins passait sous la surveillance du Ministre de la guerre. Après l'adoption de ce décret, un représentant du peuple, M. Lasource, fit remarquer que cette manufacture « ne ferait que 12,000 à 20,000 fusils par an ». « D'un autre côté, disait-il, si l'on considère
« que nos manufactures de Charleville et de Maubeuge
« sont trop près de nos frontières pour qu'il ne soit pas
« dans l'ordre très possible qu'elles tombent au pouvoir
« de nos ennemis, on sera convaincu de la nécessité
« d'établir, dans l'intérieur du royaume, plusieurs autres
« manufactures nouvelles. » En conformité de cet avis était promulguée la loi du 19 août 1792 transformant en manufactures nationales celles de Maubeuge, Charleville, Saint-Étienne, Moulins, Tulle, Klingenthal, et les plaçant sous la direction d'un conseil d'administration comprenant un officier d'artillerie et chargé de surveiller l'entrepreneur, de régler sa production et de ne l'autoriser à accepter des commandes particulières qu'autant que celles de l'État seraient satisfaites. Dans ces commandes particulières, il fallait comprendre celles que pouvaient faire « les corps de troupe de ligne qui sont dans l'usage de s'armer eux-mêmes » ou les corps administratifs pour l'armement des gardes nationales (2).

---

(1) Comme application de cette décision, voir l'arrêté du 20 frimaire an II, relatif à l'organisation de la manufacture d'armes portatives de Commune-d'Armes (Saint-Étienne). (Aulard, t. IX, p. 303.)

(2) Par décret du 23 juillet 1792, sur la proposition de Lacroix demandant qu'on mit « entre les mains du peuple les moyens de se

Malgré toutes ces mesures, le nombre total des armes à feu, existant en magasin au 16 septembre 1792, n'était que de « 160,336 et celui des pistolets de 19,989 ». Aussi prescrivit-on le même jour aux départements de l'intérieur de fournir aux bataillons de volontaires en activité les deux tiers des armes qu'ils avaient déjà reçues, défalcation faite toutefois de celles qu'ils avaient déjà délivrées aux volontaires partant en campagne.

Enfin, pour concentrer tous les efforts de la fabrication sur les besoins de la défense nationale, le décret du 13 octobre 1792 décida que, dans les manufactures nationales d'armes, il n'en serait fabriqué que pour le compte de l'État, et que « le Ministre de la guerre était
« subrogé dans tous les marchés, traités et commandes
« de fusils de munition faits par les corps administra-
« tifs et autres autorités constituées avec les fabricants
« d'armes à feu, pourvu néanmoins que ces marchés
« aient été faits sous l'obligation de fabriquer ces fusils
« conformes aux modèles de 1777 et de 1763 ou au
« modèle n° 1 déposé au bureau de la guerre par la
« municipalité de Saint-Étienne ». Le Conseil exécutif provisoire fut donc « seul chargé de fournir de fusils nos armées ».

L'année 1793 vit continuer ces efforts. Le 27 janvier, la Convention « considérant que le nombre des manufac-
« tures de France était insuffisant pour la fabrication et
« l'entretien des armes nécessaires à la défense de la
« République », autorisait « le citoyen Deroche à établir

---

sauver » et se plaignant de ce que depuis deux ans on promit des armes sans en donner, l'Assemblée nationale décréta que « les administrateurs de districts étaient autorisés à acheter sous la surveillance des administrateurs des départements et aux frais du Trésor public, les armes et les munitions dont ils croiraient avoir besoin pour concourir à la défense de la Patrie, et qu'ils étaient autorisés à prendre par provision dans les caisses des districts les sommes nécessaires pour les payer ».

« à Autun des ateliers nécessaires à la fabrication des
« armes de guerre ». Le 5 mai, le Comité de Salut public
autorisait le Ministre de la guerre à entrer en pourparlers avec une compagnie pour l'établissement d'une
manufacture d'armes à Amboise. Le 14, il permettait le
transfert de Liége à Landrecies et à Avesnes (1) de la
manufacture de Gossuin et de Smits, à condition qu'elle
fabriquât 400 à 500 fusils par jour, et moyennant une
indemnité de 500,000 florins. Un mois après, la Convention nationale réclamait sous huit jours l'état de toutes
les manufactures d'armes. Il semble qu'il dût comprendre à ce moment celles de la Charité, Maubeuge,
Charleville, Saint-Étienne, Tulle, Moulins, Klingenthal,
Autun, Amboise, enfin celle de Smits et Gossuin, sans
compter celles de Paris sur lesquelles on reviendra
plus loin. A ces établissements, le décret du 24 juillet
en ajoutait, à Montauban, un autre qui devait réunir « la
confection des armes blanches à celle des armes à feu »
et « donner annuellement de 30,000 à 40,000 fusils et
d'autres armes en proportion ». Le 20 août, « voulant
par tous les moyens possibles multiplier les établissements de fabrication d'armes », le Comité de Salut
public chargeait les administrateurs de la Côte-d'Or
d'étudier l'établissement le plus prompt d'une fabrication de fusils à Bèze où se trouvaient déjà des forges
produisant du fer pour la manufacture de Saint-Étienne.
Le 8 nivôse, il faisait organiser par Lakanal celle de

---

(1) Le 26 mai, « considérant qu'il importerait de concentrer dans
l'intérieur les nouvelles manufactures », le Comité de Salut public engageait le citoyen Gossuin à transférer sa manufacture à Moulins. Il faut
croire que cet emplacement ne convint pas encore, car le 8 juin, le
Comité autorisait Gossuin à circuler librement sous la protection des
autorités, pour rechercher « un lieu convenable à l'établissement d'une
manufacture importante ».

Bergerac (1). Quelques jours plus tard (2) c'étaient de nouvelles installations de foreries et d'émouleries de canons au Moulin-Galant, près Essonnes, et au Bouchet, au delà d'Arpajon (3). Du 13 pluviôse au 10 prairial, de nombreux arrêtés signalent l'existence de manufactures à Orléans (4), à Versailles, que l'on rattache à Paris (5) ; à Périgueux (6) que, faute de machines opératrices, l'on transfère à celle de Tulle ; à Abbeville (7) où l'on utilisait ainsi « un grand nombre d'ouvriers en fer intelligents » ; à Arras (8), Roanne (9), Pontoise (10) dont les moulins servaient à des foreries et émouleries ; à Sedan (11) ; à Morez-du-Jura.

Manufactures de Paris. — Si le chiffre des manufactures de province est assez limité, celui des ateliers de Paris est considérable à la fin de 1793. Déjà, le 5 mai, le Comité de Salut public avait décidé la création d'un atelier de fabrication de platines à Paris. Bientôt (12), la Convention réclamait « sous trois jours » l'état des manufactures d'armes de la capitale et décrétait que « tous les « ateliers de Paris seraient convertis en manufactures

---

(1) Le 25 germinal (14 avril), Lakanal était chargé de requérir à la maison de la Monnaie à Limoges, deux balanciers et six découpoirs, pour établir à Bergerac une fabrique de « platines avec des machines ». (Aulard, t. XII, p. 584.)

(2) 6 pluviôse (25 janvier). (Aulard, t. X, p. 438.)

(3) L'arrêté du 30 pluviôse (18 février) requiert le vieux château du Bouchet pour loger les ouvriers de la manufacture d'armes du Bouchet.

(4) Arrêté du 13 pluviôse (1er février). (Aulard, t. X, p. 589.)
(5) Arrêté du 13 pluviôse (1er février). (Aulard, t. X, p. 590.)
(6) Arrêté du 26 pluviôse (14 février). (Aulard, t. XI, p. 140.)
(7) Arrêté du 21 pluviôse (9 février). (Aulard, t. XI, p. 7.)
(8) F. Guiot au Comité de Salut public, Lille, 2 ventôse (20 février).
(9) Arrêté du 18 ventôse (8 mars). (Aulard, t. XI, p. 591.)
(10) Arrêtés des 6 et 13 germinal (26 mars et 2 avril). (Aulard, t. XII, p. 190 et 345.)
(11) Arrêté du 30 prairial (18 juin). (Aulard, t. XIV, p. 382.)
(12) Décret du 14 juin 1793, article 5.

« d'armes, canons, fusils et piques ». Mais ce fut surtout à partir de la loi du 23 août 1793 que cette fabrication prit un essor considérable. En présentant ce décret à la Convention nationale, Barère s'était écrié : « Les places
« publiques seront converties en ateliers..... Il faut que
« toutes les armes de calibres passent dans la main de
« ceux qui marcheront à l'ennemi ; il suffira, pour le
« service de l'intérieur, de dénombrer et de recueillir les
« fusils de chasse, de luxe, les armes blanches et les
« piques.....

« Des armes ! des armes et des subsistances ! c'est le
« cri du besoin ; c'est aussi l'objet constant de nos solli-
« citudes.

« Et d'abord pour les armes, Paris va voir dans quel-
« ques jours une manufacture immense d'armes de tout
« genre s'élever dans son sein..... qui, dans quelque
« temps, pourra donner progressivement jusqu'à 500,
« 700 et 1000 armes par jour. Elle occupera 6,000 ou-
« vriers.....

« 250 forges pour fabriquer les canons de fusils vont
« être placées ces jours-ci dans le pourtour du jardin du
« Luxembourg, dans les extrémités de la place de la
« Révolution..... (1).

« Deux grandes foreries seront élevées dans les
« bateaux sur les rivières.

« 16 maisons nationales seront employées pour former
« de grands ateliers de 120 à 150 ouvriers pour les
« diverses parties du fusil. Tous les autres ouvriers
« seront employés dans leurs maisons, dans leurs ate-
« liers pour travailler aux pièces d'après un prix fixé (2).

---

(1) 140 (Esplanade-Invalides) 54 (Luxembourg) 64 (place de l'Indivisibilité). (Discours de Carnot, 13 brumaire.)

(2) *Arch. Art. L'Administration centrale pour les armes au citoyen Gros, jeune, serrurier, rue Galande, n° 6, section du Panthéon.*

Paris, le 25 brumaire an IIe de la République une et indivisible.

En vertu du décret de la Convention nationale du 23 du mois d'août

« ..... Nous demandons que le Comité de Salut public soit expressément chargé de prendre toutes les mesures nécessaires pour établir une fabrication et une réparation extraordinaires d'armes de toute espèce..... »

A la suite de ce rapport, la Convention adoptait le décret du 23 août qui ratifiait les dispositions qui précèdent et chargeait le Comité d' « établir une fabrication extraordinaire d'armes de tout genre qui réponde à l'élan et à l'énergie du peuple français. Il était autorisé en conséquence à former tous les établissements, manufactures, ateliers et fabriques qui seraient jugés nécessaires à l'exécution de ces travaux..... L'établissement central de cette fabrication extraordinaire serait fait à Paris. »

Dès le lendemain, le Comité arrêtait l'emplacement d'ateliers et de forges aux Tuileries, au Luxembourg, à la place ci-devant Royale (1) et autorisait la construction des foreries sur des bateaux de la Seine ; deux jours après il créait de nouveaux ateliers dans les cloîtres des Jacobins, dans les écuries de Monsieur, rue Plumet, dans la maison de Bachy, rue Saint-Dominique ; le 29, à la Maison des Carmes de la place Maubert, à la Sorbonne, dans le collège du Cardinal-Lemoine. Le 3 septembre, nouvelle installation d'ateliers au couvent de Saint-

---

dernier, qui met en réquisition tous les ouvriers propres à travailler aux armes, nous vous invitons, Citoyen, à venir à l'Administration pour lui faire sçavoir quelles sont les parties que vous voudrez entreprendre, ou à quelle espèce de travail vous vous destinez.

Les prix des différents travaux sont fixés par des commissaires des sections contradictoirement avec des commissaires du Conseil exécutif, en présence de Représentants du peuple.

Les membres de l'Administration centrale pour les armes,

(Suivent six signatures.)

(1) Voir aussi pour cette place les arrêtés des 5 et 7 brumaire.

Magloire, rue Saint-Denis ; l'arrêté du 10 signale des forges sur l'Esplanade des Invalides ; celui du 21, un atelier au couvent des Minimes ; celui du 17 frimaire, des foreries à l'hôtel Bretonvilliers, à l'île Saint-Louis, au pont de la Tournelle ; le 20, est étudiée l'affectation du Moulin-Galant d'Essonnes ; le 23, est créée une émoulerie à feu à l'île Louviers (1) ; le 1er nivôse, 50 foreries à l'abbaye de Saint-Germain-des-Prés. Le Comité utilisait encore le 1er pluviôse les Quinze-Vingts ; le 5, un bateau sur la Seine pour la fabrication des armes ; le 20, le moulin de Bougival ; le 23, la ci-devant église Notre-Dame-de-Lorette était affectée à une émoulerie à chevaux. Ces mesures se poursuivaient le mois suivant : le 3 ventôse, était mise en réquisition la machine à feu de la Maison de Seine, près Saint-Denis ; le 7, deux chapelles dépendant de l'église de Saint-Sulpice ; le 8, les abbayes de Sainte-Geneviève et de Saint-Antoine, cette dernière, remplacée le 17 germinal par le couvent de l'Avé-Maria ; le 28 ventôse, le petit cloître attenant au chapitre Notre-Dame ; le 20 germinal, la maison de l'Assomption ; enfin le 20 floréal, « les salles non occupées ainsi que la grande chapelle des Miramionnes ».

Mais toutes ces mesures ne permettaient pas d'atteindre au chiffre quotidien de mille fusils, prévu par le décret du 23 août 1793, car le nombre des foreries et émouleries était insuffisant : aussi à celles qui étaient installées sur bateaux aux ponts au Change et de la Tournelle ; à celles de Saint-Germain-des-Prés, de Bougival, de la Maison de Seine, de Pontoise, de la Râpée, de l'île Louviers, de l'église de Lorette, le Comité de Salut public prescrivit, le 8 floréal, d'ajouter six moulins inoccupés dans les environs de Pontoise, Melun, Nogent et autres districts voisins de Paris. Un autre atelier, de

---

(1) Voir aussi l'arrêté du 29 floréal.

ressorts de platine, fut encore établi le 15 dans la maison dite « les Petites-Écuries », rue du Faubourg-Saint-Denis (1).

L'aspect que présentait Paris, sous l'effet de ces mesures, était ainsi décrit par Barère dans son discours du 13 pluviôse :

« La Convention nationale... décréta le 23 août une fabrication extraordinaire de fusils dont Paris serait le centre...

« Le Comité s'est mis en devoir d'exécuter les vues de la Convention... On a vu nos places publiques transformées en ateliers; nos églises en arsenaux; les maisons des émigrés en forges. Les ouvriers de luxe ont changé leur profession : l'horloger fait des platines ; l'ébéniste monte des fusils.

. . . .

« Le Comité vous a rendu compte le 13 brumaire (2) des premiers progrès de cet établissement naissant... Aujourd'hui les travaux de cette fabrication extraordinaire d'armes vous sont présentés dans un tableau qui est distribué chaque décade...

« Trois cents forges, dans lesquelles il y a un grand nombre de canonniers qui y travaillent, sont élevées dans Paris. Il n'existait que 22 canonniers tirés de Maubeuge... Nous comptons maintenant plus de 500 canonniers dans les trois grands ateliers publics, indépendam-

---

(1) On laisse de côté tous les arrêtés relatifs : 1° au recrutement d'ouvriers exercés (arrêtés des 23 août, 29 septembre, 12 novembre, 9 et 11 décembre 1793, 12 nivôse, 11, 15, 16 et 22 pluviôse, 26 pluviôse, 7 germinal, 8 floréal, 21 et 29 prairial; 2° à l'approvisionnement des matières premières (arrêtés des 3 septembre, 2 octobre, 29 brumaire, 6 frimaire, 26 pluviôse, 9 prairial, 8 messidor) ; 3° à l'outillage perfectionné (15 et 27 ventôse, 1er floréal, 30 prairial, 6 messidor).

(2) Voir le discours de Carnot, inséré au *Moniteur Universel* du 15 brumaire (5 novembre 1793).

ment des canonniers qui travaillent dans les maisons particulières.

« Deux bateaux contenant trente-deux forets sont en activité.

« Cinquante foreries à bras... sont en activité.

« Trois nouvelles foreries sur des bateaux sont en pleine construction.

« Six émouleries à feu marcheront dans six jours

« Deux émouleries à chevaux, quatre émouleries sur des bateaux sont en construction.

« Le Comité désirerait que toutes ces usines fussent mues par l'eau ; mais la lenteur de ces sortes de constructions l'ont déterminé à établir des usines à feu, à chevaux, à bras...

« Cinq ateliers à platines sont en pleine activité ; deux nouveaux se forment dans ce moment.

« Cette partie de la fabrication est la plus difficile...

« Il a fallu apprendre ce nouveau métier aux ouvriers, il a fallu qu'ils fassent eux-mêmes leurs outils et on n'en fabrique point dans les manufactures ; leurs travaux ont retardé un peu la fabrication des platines mais ils s'achèvent, et ils vont, toutes les décades, augmenter le nombre des platines neuves qui sortent des ateliers. Bientôt le nombre des platines fabriquées égalera celui des fusils montés : 30,000 platines déposées dans les magasins remplissent dans ce moment le déficit.

« Un atelier est en pleine activité pour fabriquer des pièces de garniture ; un autre se forme et sera en activité cette décade. Cette partie de la fabrication du fusil est au courant.

« Cinq ateliers destinés à monter et ajuster des fusils sont en pleine activité... Les dix premiers fusils de Paris vous furent portés en hommage.

« Les magasins de fer, d'acier, de charbon sont approvisionnés. Il y a 4 millions de fer destinés à la fabrication des armes.

« Quarante forges dans les départements sont occupées à fabriquer des lames de canon, et les fers d'échantillon que la fabrication exige... De nouvelles aciéries ont été créées; elles fournissent actuellement des aciers.

. . . .

« Toutes les mines de charbon de terre qui fournissaient à Paris ont été mises en réquisition...

« Les limes étaient les outils qui paraissaient laisser le moins d'espérance à obtenir. Le Comité a fait acheter toutes celles qui existaient; il a mis toutes les fabriques en réquisition...

« Vous allez voir par le tableau de la dernière décade de nivôse, qui est sous presse, qu'il a été rendu dans cette décade 3,176 fusils provenant des ateliers publics et 3,623 provenant des ateliers particuliers : total 6,899, sur lesquels il n'y a que 1,643 fusils de rhabillage; tout le reste a été fait à neuf. Ainsi, 6,800 fusils par décade, donnent 680 fusils par jour. Vous voyez donc que la fabrication des armes approche journellement du nombre de mille vers lequel nous tendons. Comptez maintenant ce que font 6,800 fusils dans l'année par les trente-six décades qui la composent, et vous verrez que le nombre doit se porter à environ 250,000 fusils... La France n'a jamais obtenu dans les temps ordinaires de ses manufactures plus de 40,000 armes.

« ...Et dans combien de temps encore cette quantité a-t-elle été recueillie? Dans six mois, lorsqu'une fabrique ordinaire, qui produit 50 à 60 fusils par jour, est habituellement deux ans à se former. »

Cette fabrication extraordinaire de Paris était centralisée par une administration spéciale instituée par l'arrêté du 24 août 1793 et installée par celui du 3 septembre dans la maison de Vaubécourt au quai Voltaire. Le 22 brumaire, cette administration était divisée en deux parties : la comptabilité relevant du Ministre et la direction des travaux ressortissant au Comité de Salut public. En outre une sorte de section technique jugeait les inventions et découvertes. A cette section technique s'ajoutait le 14 floréal un atelier de précision destiné à la recherche des perfectionnements (1); et à la section de comptabilité, le contrôle de trois commissaires chargés, le 23, de s'assurer du rendement des marchés passés par ladite administration.

Impulsion donnée à la fabrication. — Afin de hâter le plus possible la confection des armes, le Comité de Salut public décidait, dès le 25 mai 1793, que Barère proposerait à la Convention de décréter que les comités de la guerre, du commerce et des finances se concerteraient sur les moyens de mettre dans la plus grande activité et d'augmenter les fonderies et les manufactures d'armes.

Il accordait, trois jours après, une gratification de mille livres pour encourager les ouvriers et envoyait un représentant du peuple surveiller et activer les travaux de la manufacture de Saint-Étienne. Il étudiait de même les moyens nécessaires pour imprimer la plus grande activité à celle de Moulins, et, un mois plus tard (2) le citoyen Forestier y était envoyé pour en « constater

---

(1) Discours de Barère à la Convention, le 13 pluviôse : « Le Ministre de la guerre avait été chargé de nommer tous les agents qui devaient diriger la fabrication tant dans les administrations que dans les ateliers..... Avec la meilleure volonté tout s'entravait, tout se confondait; il a fallu tout changer.....

« Il a fallu isoler en quelque sorte la fabrication des armes des nombreux travaux des bureaux de la guerre ; il a fallu que les administrateurs, les directeurs, les inspecteurs, les instructeurs fussent pris dans la classe des hommes du métier ; il a fallu les faire choisir par des hommes en état de juger ; il a fallu faire diriger la fabrication par des artistes. »

(2) Décret du 22 juin 1793. Forestier y était encore envoyé dans le même but par arrêté du 10 floréal.

l'état, accélérer les travaux et indiquer les moyens d'augmentation ». Le même jour, le citoyen Brival recevait semblable mission pour Tulle. Dans le même esprit, le Conseil exécutif provisoire, voulant vaincre la lenteur des arsenaux (1), y nommait, le 28 mai, des agents chargés de vérifier la quantité des armes fabriquées.

Un représentant du peuple, Lesterpt-Beauvais, fut d'ailleurs envoyé, le 30, près la manufacture de Saint-Étienne « pour y surveiller lesdits agents, accélérer et augmenter par tous les moyens possibles la fabrication et l'expédition des armes ». Le lendemain, était rappelée la loi du 13 octobre 1792 qui défendait aux manufactures d'armes de faire des marchés particuliers afin de concentrer toute leur activité sur la seule défense de la Patrie. Grâce à cette énergique impulsion, Hentz et Laporte annonçaient les 2 et 8 juin que la manufacture de Charleville était en pleine activité. Ce résultat n'arrêtait en rien les mesures de surveillance : le 22, ordre était donné d'inspecter Autun dans le même esprit que Moulins, Tulle et Saint-Étienne, où Romme était encore envoyé le 17 octobre, après les troubles de Lyon, avec mission de « prendre toutes les mesures qu'exigerait le salut de la République pour donner à la manufacture toute l'activité dont elle serait susceptible ». Le décret du 26 juin signale, du reste, l'envoi de commissaires dans les départements de Saône-et-Loire, de l'Allier et de la Corrèze pour « accélérer et faciliter la fabrication des armes » à Autun, Moulins et Tulle. Le 22 frimaire (12 décembre) le Comité rappelait encore que la fabrication des manufactures devait atteindre mille fusils par jour, et le 24 (14 décembre) chacune

---

(1) L'arrêté du 26 janvier 1794, prescrivant l'envoi, à l'armée du Nord, de 25,000 fusils et 800 pistolets, mentionne les arsenaux de Paris, Philippeville, Rocroy, Douai, Dunkerque, Mézières, Givet, Calais et Lille.

des manufactures de Tulle, Charleville, Saint-Étienne, Moulins et Autun devait envoyer le compte rendu décadaire de ses travaux. Le 28 pluviôse, le Comité de Salut public rappelle en termes sévères et pressants aux agents nationaux des districts son arrêté du 8 nivôse leur prescrivant de lui adresser l'état des manufactures d'armes et des ateliers de réparation existant dans leur arrondissement, et les rendant personnellement responsables de cet envoi.

Les mesures d'accélération visaient aussi bien Paris que les départements : le 14 juin 1793, un commissaire, délégué par la Convention, Legendre (de la Nièvre) était chargé de « s'assurer par lui-même de l'état actuel des fonderies et principales manufactures d'armes de Paris et du moyen d'en étendre et d'en accélérer les travaux (1) ». L'arrêté du 23 août, pris en conséquence de la loi de réquisition, invoquait, comme principal considérant, l'urgence d'activer les travaux de la fabrication des armes. Afin d'employer tous les ouvriers à celle des fusils, le 31 fut suspendue à Paris celle des piques et javelots (2), dont le Ministre avait commandé 40,000. Dans le même ordre d'idées, le Comité, considérant, le 7 septembre, que les troupes de cavalerie n'ont plus que le sabre sans mousqueton, fit substituer partout la fabrication du fusil à celle du mousqueton. Pour l'augmenter encore, il fit, « sans diminuer la quantité demandée par la loi du 23 août », entreprendre la construction d'un nombre considérable de cara-

---

(1) Il faisait le 18 son compte rendu au Comité de Salut public.

(2) Cette suspension ne concernait que Paris, comme l'indique la lettre de Carnot à Lindet, du 23 septembre :

« On ne peut discontinuer la fabrication des piques sans un motif puissant, tel que serait celui qui l'a fait suspendre à Paris. Ce motif, c'est la fabrication extraordinaire des fusils qui absorbe tous les fers et tout le temps des ouvriers. » (*Correspondance générale de Carnot*, t. III, p. 195.)

bines (1), et voulut l'obtenir promptement par tous les moyens. Dans le même but, il avait, quelques jours auparavant (2), fait verser à Paris l'excédent d'armes de Charleville (3).

Le 18 brumaire, la Convention assurait l'exécution de ces prescriptions en édictant les peines les plus sévères contre quiconque y mettrait opposition, et cette nouvelle mesure faisait l'objet d'une communication préalable de Barère à la tribune.

« C'est un des plus beaux spectacles que l'industrie humaine puisse offrir à la liberté, que les ateliers élevés subitement à Paris (4)..... Que d'obstacles n'avons-nous pas éprouvés !..... Il a fallu former des ouvriers ; il a fallu que le génie de la liberté pliât à d'autres travaux les anciennes habitudes. Les jeunes gens ont été les plus propres à ce changement..... Mais, comme il fallait échapper à l'abus de fournir aux jeunes citoyens qui doivent aller aux frontières le moyen de se soustraire à ce devoir civique, le Comité a arrêté que chaque ouvrier qui serait spécialement requis pour la fabrication des armes, serait porteur d'un acte de réquisition signé par le Comité, et qui n'est jamais donné que sur une attestation de l'Administration centrale de la fabrication d'armes, portant que l'individu est vraiment enregistré par un des ateliers publics, ou qu'il a passé des marchés pour des ouvrages qu'il a faits chez lui. Cette attestation porte le signalement de l'individu (5).

« Malgré ces sages précautions, continuait Barère, dans plusieurs sections, on a arrêté des citoyens por-

---

(1) Voir arrêté du 23 frimaire.
(2) 14 brumaire (4 novembre).
(3) Le 20 frimaire (10 décembre) une mesure analogue était prise pour la manufacture de Saint-Étienne, dont l'excédent était expédié sur Paris.
(4) Discours de Barère du 17 brumaire.
(5) Voir l'arrêté du Comité de Salut public du 1er octobre 1793.

teurs de ces actes de réquisition. On ne peut se dissimuler que les malveillants ne se soient emparés de ce moyen dans quelques sections avec succès..... Dans ce moment, cet abus devient si sensible que le Comité se voit obligé de le dénoncer à la Convention, afin qu'elle prononce elle-même la peine de ceux qui, à l'avenir, n'obéiront pas à notre réquisition. »

Ce fut l'objet du décret du 18 brumaire aux termes duquel « tout citoyen qui s'opposerait à l'exécution des réquisitions ou arrêtés faits par le Comité de Salut public pour la fabrication des armes, serait mis en état d'arrestation, traduit au tribunal criminel du département et puni de deux ans de fers ».

Barère faisait encore voter le 13 pluviôse que tout citoyen qui s'opposerait à la fabrication des armes ou poudres serait traité en suspect et détenu jusqu'à la paix (1).

Le Comité avait donc pleins pouvoirs pour requérir tout ouvrier susceptible de hâter la fabrication et, par conséquent, pour la porter à son maximum d'intensité.

Dans le même but, il était arrêté, le 18 brumaire, que « dans les forges, mines, ateliers, arsenaux et tous autres établissements employés à la fabrication des

---

(1) Discours de Barère du 13 pluviôse : « Vous avez su qu'on se plaisait à mettre en état d'arrestation les citoyens qui étaient porteurs de réquisitions du Comité de Salut public pour travailler aux armes et que le Comité fut obligé de vous demander une loi qui punît de deux ans de fers ceux qui se rendraient coupables de pareilles arrestations.....

« D'autre part, ajoutait Barère, des ouvriers qui avaient passé des marchés pour fournir différentes parties de la fabrication et qui à ce titre avaient reçu des approvisionnements d'outils, de matières et de charbons ne remplissaient pas leurs engagements ; le Comité a encore été obligé de réclamer une loi pénale..... »

Le décret du 18 frimaire punit de même comme suspects les fournisseurs qui manqueraient à leurs engagements envers l'administration centrale de la fabrication extraordinaire d'armes de Paris.

armes » les ouvriers ne pourraient en être distraits par l'observation d'aucun « culte, ni pour les cérémonies d'aucune confrérie, religion, association quelconque ». Dans le même ordre d'idées, l'arrêté du 11 pluviôse (30 janvier) décidait que les ouvriers employés à Paris à cette fabrication seraient dispensés de « monter la garde en personne (1) ».

Pour donner encore plus d'activité à la « Manufacture de fusils de Paris », le Comité de Salut public la plaça, le 6 floréal (25 avril) sous la surveillance spéciale des représentants du peuple Fayau et Guillemardet, auxquels il donna les pouvoirs les plus étendus.

Pour activer les travaux, il était du reste indispensable de saisir toutes les occasions d'en préciser l'exécution, de fournir aux établissements le plus grand nombre d'ouvriers instruits et de les approvisionner rapidement de matériaux ; c'est ce à quoi pourvurent l'arrêté du 5 pluviôse (24 janvier) qui fit rédiger par Hassenfratz et adresser à tous les ateliers une notice descriptive de la fabrication; celui du 21 (9 février) qui, constatant qu'à Abbeville il y a des ouvriers en fer manquant de travail, leur envoie des instructeurs pour leur apprendre la fabrication des armes ; celui du 25 germinal (14 avril) qui adressait de Paris à Bergerac deux ouvriers canonniers de Tulle et leurs deux élèves. Le 13 ventôse (3 mars), la Commission des armes était autorisée « à traiter avec les citoyens qui se proposeraient pour fabriquer des fusils »; enfin, le 17 (7 mars), le Comité donnait aux citoyens Jouvet et Lesueur toute facilité de parcourir les environs de Paris, à douze lieues à la ronde, à l'effet de choisir le local le plus commode

---

(1) Le 9 prairial (28 mai) le Comité de Salut public autorisait Jouglas, ouvrier platineur dans la maison Ferry, à donner sa démission de lieutenant à la 2ᵉ compagnie du bataillon de la section de Chalier, afin de ne pas le distraire de ses travaux.

et le plus favorable à la pratique des procédés qu'ils avaient imaginés afin d'accélérer la fabrication des armes.

Pour les matériaux, aux régions d'extraction indiquées le 13 brumaire par Carnot, le Comité ajoutait le 9 prairial l'Entre-Sambre-et-Meuse, et prescrivait d'en enlever tout ce qui était nécessaire à la fabrication des armes, tels que fers coulés, fers forgés, métaux de toute espèce, cuirs, charbons de terre. Duval, commissaire du Comité dans les forges du district de Couvin, et Hubert Rosier, régisseur de la manufacture nationale de Maubeuge, étaient chargés de faire parvenir ces objets dans nos arsenaux ou dans les magasins de Charleville, soit par la Meuse, soit par toute autre voie. Le lendemain, 10 (29 mai), ordre était donné de procurer à l'adjudicataire des forges et usines d'Underviller (département du Mont-Terrible) les moyens de tirer de la prévôté de Moutier-Grandval les gneiss et autres matières nécessaires à les alimenter, à charge par l'adjudicataire de fournir à l'État, « au prix du minimum, les fers propres à la fabrication des canons de fusil ». Enfin les émouleries développées en si grand nombre nécessitaient la recherche de carrières de meules. L'arrêté du 1er messidor (19 juin) y pourvut en mettant en activité « l'exploitation de la carrière de meules appartenant à « la citoyenne veuve Marin et située sur la commune de « Langeac, district de Brioude ».

Il ne suffisait pas du reste de fabriquer rapidement les armes ; il fallait encore qu'elles arrivassent promptement à destination. Aussi fut-il institué, le 16 ventôse (6 mars), dans chaque district où il y avait des entreprises de fabrication de fusils, baïonnettes et sabres, un agent nommé par l'Administration des armes portatives et chargé de recevoir (1) le travail des ouvriers, de leur

---

(1) Comme il s'était élevé des plaintes sur la qualité des armes portatives, le Comité de Salut public adressa d'abord un avertissement à ce

donner des bons de payement sur le receveur du district et d'envoyer les objets reçus dans les localités indiquées par l'Administration des armes portatives. Comme celles-ci étaient sorties de Saint-Étienne à l'insu du Comité de Salut public, ce dernier défendit le 1ᵉʳ germinal (21 mars) que pareil fait se produisît désormais sans son autorisation, et prescrivit le 4 (24 mars) de lui justifier des ordres en vertu desquels elles avaient été délivrées.

Qualité du fusil fabriqué.—Toute cette fabrication accélérée ne devait naturellement pas donner la meilleure arme. Le fusil qu'on eût voulu obtenir était celui du modèle 1777, du calibre de 17^{mm},4, d'un poids de 4^k,900 (y compris la baïonnette) et tirant une balle de 27 grammes. Mais en raison de cette fabrication hâtive, par conséquent défectueuse, en raison de la malfaçon des cartouches, le diamètre des balles fut diminué et leur poids fut de 24 grammes au lieu de 27 (1).

« Outre le fusil régulier, on fabriqua aussi le modèle républicain dit n° 1, ayant le canon, la platine et le bois du modèle 1777 et les garnitures des modèles antérieurs. Cette arme se distinguait par la mauvaise qualité des matières premières, l'irrégularité des pièces et les réparations continuelles qu'elle exigeait (1). »

En dehors de ce modèle et du fusil « dépareillé (1) », c'est-à-dire « monté avec toute espèce de pièces d'armes », le Comité de Salut public tenta d'en découvrir de plus perfectionnés. Gassendi signale des « carabines rayées destinées à l'armement de la cavalerie (1) » ; le 7 brumaire, le Comité faisait examiner un fusil de nouvelle invention dont le citoyen Henry était l'auteur ;

---

sujet, le 18 ventôse et décida le 17 germinal que les fusils défectueux seraient aux frais des agents de la République chargés de les recevoir.

(1) Rouquerol, *loc. cit.*, pages 50 et 51.

le 4 pluviôse, il décidait la fabrication d'un canon de fusil à ruban et d'un autre à fil de fer.

Moyens indirects d'obtenir des armes. — Voulant hâter par tous les moyens l'armement de ses nombreux contingents, la Convention ajouta à la production des manufactures toutes les ressources qu'elle put se procurer par voie indirecte : réquisition des armes de guerre chez les particuliers ; utilisation des fusils de dragons, de chasse, réformés ou en mauvais état ; réparation de ces derniers pour les rendre utilisables ; achat des fusils à l'étranger ; interdiction de la vente des armes ; substitution des piques et javelots aux fusils ; pouvoir accordé aux généraux en chef de requérir dans les places de leur commandement ; répression du gaspillage des armes, etc.

a) *Réquisition des armes chez les citoyens.* — Le 19 juin 1792, il était établi dans chacun des départements du Bas-Rhin, du Doubs, de la Drôme, des Bouches-du-Rhône, de la Gironde, de la Loire-Inférieure, du Pas-de-Calais, de la Moselle et de Paris et dans les lieux ordinaires d'épreuves des manufactures nationales, une commission composée d'un officier d'artillerie, d'un commissaire du département et de deux armuriers experts, et chargée de vérifier, éprouver, recevoir et payer les fusils de guerre qui lui seraient présentés, au prix de 24 à 30 francs par fusil garni de sa baïonnette et de son fourreau et jusqu'à concurrence de 300,000 armes. Comme l'avait déjà prescrit le décret du 28 janvier 1791, ces fusils étaient marqués sur la crosse des deux lettres A.N. Afin de connaître le nombre de ceux qu'elle pourrait ainsi se procurer, la Convention prescrivait à tous les citoyens détenteurs d'armes d'en faire la déclaration dans les huit jours à la municipalité de leur domicile.

En dehors de ces armes, on invitait encore, le 26 août, les citoyens qui auraient participé à la distribution des 97,903 fusils visés par le décret du 18 décembre 1790, et qui n'allaient pas à la frontière, à les remettre à leur municipalité qui devait les tenir « à la disposition du « Pouvoir exécutif chargé de les faire passer sans délai « aux bataillons..... qui se sont rendus ou se rendront « aux frontières pour la défense de la Patrie ».

Quelle que fût leur origine, les fusils ainsi trouvés devaient être centralisés en divers dépôts. Aussi, deux jours après, étaient fixés les prix auxquels devaient être payées les armes de guerre (1) après avoir été vérifiées et acceptées au lieu de dépôt par une commission composée de deux officiers d'artillerie, deux de l'état-major et du commandant de la gendarmerie. « Tout gendarme « qui procurerait pour ce corps un ou plusieurs fusils « recevrait, après réception de l'arme, 30 francs à titre « de prime civique d'armement. »

Le même jour, on fit un pas de plus dans cette voie, et l'on commença des « visites domiciliaires » chez les citoyens. C'est ainsi que le 23 mai 1793, Bellegarde et Courtois annonçaient de Douai qu'ils avaient ordonné des perquisitions à Valenciennes pour y rechercher des armes, des munitions et des habillements militaires.

Le 25 frimaire parut encore un décret obligeant les citoyens à faire la déclaration de toutes les armes *de calibre* dont ils seraient possesseurs ; mais comme on n'y spécifiait pas qu'il s'agissait uniquement d'armes de *guerre*, il fallut, sur les réclamations du représentant Lacroix, faire cette rectification qui donna lieu au décret du 7 pluviôse. D'après ce dernier, toutes les armes du

---

(1) Fusil de munition et de calibre de guerre, neuf, modèle 1777 ou équivalent : 38 livres assignats ; les mêmes, de qualité inférieure, 35 ; les mêmes, d'occasion, 30 livres ; les mêmes, d'occasion, mais exigeant légères réparations, 25.

calibre *de guerre* étaient en réquisition pour le service de la République (1) ; il en interdisait donc tout commerce sous peine de deux années de fers ; tout détenteur de ces armes devait en faire la déclaration avant le 10 ventôse, sous peine de confiscation et de 300 livres d'amende pour chacune d'elles au profit du dénonciateur. Le relevé de ces armes devait parvenir dans la troisième décade de ventôse au Ministre qui en ferait lui-même le total général par district et le présenterait à la Convention et au Comité de Salut public avant la seconde décade de germinal. Le Ministre de la guerre devait alors fixer les dépôts où les administrations de district feraient transporter ces armes et où celles-ci seraient mises en état avant d'être délivrées.

Non contents de rechercher dans les arsenaux les armes qui leur manquaient, les généraux recouraient à tous les moyens, même à la perquisition pour trouver les fusils qui leur faisaient défaut.

20 germinal (9 avril).

Nous, général en chef de l'armée des Ardennes, autorisons le citoyen Dairohan, arquebusier de Paris, présent à Givet, de se transporter chez tous les armuriers, fourbisseurs ou marchands d'armes, dans les communes du département des Ardennes, à l'effet de mettre en réquisition toutes espèces d'armes de guerre, lesquelles seront estimées en présence de commissaires nommés par les municipalités. Le citoyen

---

(1)   *Circulaire à tous les commandants de la division.*

25 pluviôse (13 février).

Je t'envoie, Citoyen, plusieurs exemplaires de lois et décrets que tu voudras bien faire connaître aux différents corps qui sont dans ton arrondissement :

1° Un décret qui met en réquisition pour le service de la République toutes les armes de calibre.

. . . .

Signé : CHARBONNIÉ.

Dairohan sera tenu ensuite d'expédier au quartier général à Givet celles qui se trouveront en bon état. Il enverra celles qui ne le seraient pas à l'Administration centrale des armes à Paris.

CHARBONNIÉ.

Au centre, le représentant du peuple Laurent adoptait la même solution.

Laurent au Comité de Salut public.

Maubeuge, 21 ventôse (11 mars).

. . . .

« J'ai fait faire des recherches dans les villages qui avoisinent le camp par vingt-deux commissaires nommés à cet effet par la Commune. On y a trouvé des fusils, sabres, gibernes, boulets de tous calibres, obus même chargés, des bidons, des pelles, des pioches et nombre de voitures. Je vais faire faire la même chose aux environs d'Avesnes. »

A l'aile gauche, Florent Guiot employait les mêmes procédés :

« Ma collection de fusils, dans les districts de Lille et d'Hazebrouck, écrivait-il, est encore plus nombreuse que je ne l'espérais ; elle s'élèvera de 3,000 à 4,000, ce qui viendra très à propos pour armer nos braves soldats..... (1) »

b) *Emploi de fusils de chasse, arquebuses, etc.* — Dès le 26 avril 1792, Merlin, de Thionville, proposait d'augmenter les ressources en saisissant tous les fusils de chasse que les émigrés avaient pu laisser. « Tout le monde, disait-il, sait que les ci-devant nobles avaient chacun chez eux 4 à 5 fusils à deux coups. »

Cette proposition ne fut pas admise ; mais par imitation de l'arrêté pris par le département des Landes, la Convention décidait, le 13 mai 1793, que tous les fusils de chasse seraient rassemblés sur-le-champ dans chaque commune, à charge pour celle-ci de les faire réparer

---

(1) Florent Guiot au Comité de Salut public. — Lille, 10 ventôse an II.

aux frais de la République et de les armer d'une baïonnette. Pour effectuer cette transformation, tous les armuriers, serruriers, forgerons et autres ouvriers en fer, jugés capables de ces travaux, étaient tenus d'y travailler, tout autre ouvrage cessant.

Le 8 juillet, Drouet ayant fait remarquer qu'on laissait enfouir dans les magasins « une grande quantité d'arquebuses qui, mises dans les mains de chasseurs habiles deviendraient bien meurtrières et bien dangereuses contre les ennemis », un décret du même jour autorise le Ministre à « requérir les propriétaires de ces sortes d'armes désignés sous le nom de *buttières* ou d'*arquebuses*, de les livrer aux agents commis à cet effet » moyennant payement après expertise. « Ces armes, ajoutait le décret, seront distribuées aux armées, selon que le Ministre le jugera convenable, pour en armer les chasseurs à pied. »

Plus tard les douaniers furent l'objet d'une mesure analogue : l'arrêté du 14 ventôse (4 mars) imposé « par la nécessité de mettre à profit tous les moyens de se procurer des armes pour le bien du service public », enleva aux douaniers leurs fusils de calibre et les remplaça par des fusils de chasse.

Dans le même ordre d'idées, l'arrêté du 28 prairial (16 juin) prescrivait de retirer tous les fusils de calibre de la garde nationale de Strasbourg, de les remplacer par des fusils de chasse et d'envoyer à Paris tous les fusils de calibre dont les réparations ne pourraient s'effectuer à Strasbourg dans l'espace de trois mois (1).

---

(1) *L'Agent national du district de Strasbourg, au citoyen Opsommer, directeur de l'artillerie.*

Strasbourg, le 27 messidor de l'an second de la République une et indivisible (15 juillet 1794).

Je t'envoie ci-joint copie de l'arrêté du Comité de Salut public du 28 prairial dernier, qui me charge de requérir tous les fusils de calibre

c) *Utilisation des fusils réformés.* — Comme autre expédient, M. Français, de Nantes, proposait et l'assemblée décrétait le 9 septembre 1792, que « le gouvernement achèterait les fusils de munition de réforme qui sont dans les magasins des négociants, qui font le trafic sur la côte de Guinée ». A cet effet, des commissaires étaient envoyés dans chacune des villes du Havre, Nantes, la Rochelle, Bordeaux et autres ports faisant le commerce pour la côte d'Afrique ou pour Mozambique; ils devaient se faire remettre sur-le-champ, « les pistolets, les fusils de réforme des armes hollandaises et prussiennes, les sabres et baïonnettes... et les envoyer sur-le-champ par des chevaux de poste dans les lieux qui leur auraient été désignés par le Ministre. »

d) *Affectation des fusils de dragons, des mousquetons de cavalerie ou d'artillerie et des fusils des sapeurs aux bataillons de volontaires.* — En parlant du camp de Soissons et de la turbulence des fédérés qui y furent dirigés, on a dit qu'une de leurs nombreuses réclamations visait la pénurie des armes.

---

de la garde nationale sédentaire de cette commune et d'envoyer à Paris tous ceux dont la réparation ne pourroit s'effectuer dans l'espace de trois mois. J'ai requis le citoyen Lohr de faire verser dans trois jours au plus tard les dits fusils dans l'arsenal. Je t'invite à me certiorer (*sic*) de ce versement, lorsqu'il sera effectué, et de m'indiquer la quantité dont il a déjà été disposé, celle qui est bonne et celle qui est à réparer. Tu voudras bien, en même temps, me dire si tous les fusils défectueux pourront être réparés dans le délai fixé par l'arrêté du Comité de Salut public, pour que, dans le cas contraire, nous puissions prendre les mesures nécessaires pour que leur envoi à Paris n'éprouve aucun retard.

Salut et fraternité.

RAINOIS.

(*Arch. Art.*)

Aussi Servan s'empressait-il (1) d'envoyer à la Fère un adjudant général chargé de s'assurer s'il y était bien arrivé, de diverses places, les 10,000 fusils qu'il avait demandés pour en doter le camp de Soissons. Il n'en fut trouvé que 1500 du modèle 1777 et 3,000 d'anciens modèles, les seuls à distribuer aux volontaires. Pour combler le déficit, et en raison de la résistance que mettaient les généraux à laisser dégarnir des places-frontières comme Valenciennes ou Maubeuge, l'adjudant général proposait d'utiliser les fusils réformés ou les mousquetons des dragons en donnant à ces derniers le mousqueton de la cavalerie « dont l'artillerie était assez bien pourvue »; enfin les fusils des sous-officiers qu'on armerait « de hallebardes, pertuisanes ou espontons (1) ».

C'est de ces propositions que s'inspira la loi du 25 août 1792, d'après laquelle les sergents d'infanterie de ligne et des bataillons de volontaires nationaux, à l'exception des bataillons d'infanterie légère et des compagnies franches, seraient « provisoirement armés à l'avenir de leur sabre ainsi que les officiers le sont de leur épée (2) ».

Comme application de cette loi, on peut citer l'ordre du 9 ventôse de l'armée des Ardennes, daté de Sedan :

Sur la demande du conseil d'administration du 9e bataillon de Seine-et-Oise, le commandant de la place de Mézières fera délivrer 100 sabres d'infanterie pour armer les sergents-majors et les sergents de ce bataillon.

Ce fut encore en s'inspirant du mémoire du 8 août 1792 que l'Assemblée autorisait, le 31, le Ministre à armer

---

(1) Voir le mémoire communiqué à l'Assemblée par lettre de Servan, datée du 8 août 1792.

(2) Par contre, le 31 décembre, le Ministre de la guerre était « autorisé à armer de fusils ceux des officiers et sous-officiers de l'armée du Var qui étaient employés dans les montagnes à la guerre de postes ».

l'infanterie avec les fusils de dragons ; le 2 septembre, à employer les mousquetons de la cavalerie à l'armement du camp de Soissons ; le 14, à utiliser pour celui des volontaires les fusils des canonniers qui recevaient en remplacement des pistolets à titre provisoire. On combla encore les déficits des bataillons de volontaires nationaux avec les armes déposées par les volontaires incorporés dans les bataillons de sapeurs.

Au général de brigade Lorge.

27 pluviôse (15 février).

J'ai reçu, mon cher Général, la revue que le commandant temporaire d'Ivoy a passée des armes du détachement du bataillon de Vitry, cantonné dans cette place. Je me suis occupé des moyens de remplacer les mauvaises, etc... J'ai donné, en conséquence, un ordre à Charpentier qu'il a dû te communiquer pour le commandant de Mouzon, afin qu'il fît conduire les fusils déposés par les volontaires, incorporés dans les sapeurs, chez le citoyen Quéranviller, pour qu'il pût en disposer en faveur du détachement qui est sous ses ordres, et de ceux stationnés aux cantonnements de droite.

J'attends le compte que j'ai demandé du nombre d'armes que cette opération aura produit, pour travailler aux moyens de leur fournir celles qui leur manqueront. La bonne volonté des généraux est un peu entravée dans ce moment par les ordres du Comité de Salut public qui défend à tout magasin d'artillerie de rien délivrer sans ses ordres ou ceux des Représentants du peuple près les armées. Tu sais que Massieu est un peu trembleur et prend peu de choses sur lui.

Dans le cas où ne puissions armer convenablement les hommes du bataillon de Vitry (1) qui sont à la droite, nous les ferons rentrer à Montmédy, et ils seront remplacés par un corps de cette garnison.

THARREAU.

---

(1) Cette impossibilité d'armer le bataillon de Vitry et l'obligation de le remplacer par un autre résulte du document qui va suivre et qui constate, une fois de plus, la pénurie des armes.

Au représentant du peuple Pflieger à Verdun.

1er ventôse (19 février).

« L'armement des troupes doit être plus que jamais à l'ordre du

e) *Réparation de fusils.* — Parmi les solutions que préconise le mémoire qui précède, se trouve la réparation des armes. Le Comité de Salut public ne la négligea pas.

Apprenant qu'il y avait à Maubeuge plus de 60,000 fusils à réparer, il arrêtait le 16 avril 1793 que le Ministre de la guerre les ferait transporter dans ce but à Paris. Le 26, il généralisait cette mesure. Dans les arsenaux et magasins, il existait nombre de ces fusils ; il s'y trouvait beaucoup de canons et de bois, mais les platines manquaient ; aussi les faisait-il requérir dans les « magasins publics et particuliers ». Le lendemain, il faisait venir de Charleville à Paris 19,000 fusils encore non montés et 8,000 à réparer ; il réclamait en outre l'état des armes déjà réparées ou confectionnées à Mézières, puis étendait cette demande à tous les ateliers de réparation et manufactures d'armes de la République (1). Enfin, par ses arrêtés des 23 frimaire et

---

jour, et je reçois des réclamations de toutes parts à cet égard. Tu sais que les généraux, par un arrêté du Comité de Salut public, ne peuvent pas disposer des armes qui existent dans les magasins, sans un ordre du Représentant du peuple et du Ministre. J'ai été obligé, par cette raison, de faire relever le bataillon de Vitry qui était aux avant-postes et mal armé, il a été remplacé par celui de Saint-Mihiel qui est sorti de la place de Montmédy.

« Tharreau. »

(1) *La Commission des armes, poudres et exploitation des mines de la République, aux citoyens Directeurs et Entrepreneurs des manufactures d'armes et Chefs d'ateliers de réparations d'armes de la République.*

Paris, le 1er prairial (20 mai 1794) l'an II de la République une et indivisible.

« La Commission, Citoyens, vous fait passer de nouveaux exemplaires d'état imprimé et qu'il ne reste plus qu'à remplir, elle vous réitère son invitation de les lui envoyer régulièrement chaque décade. Elle ne croit pas devoir vous rappeler l'arrêté du Comité de Salut public qui vous

21 ventôse, il réclamait d'une part l'état des fusils hors de service existant dans chaque commune et, de l'autre, les moyens dont elle disposait pour les réparer.

Au Comité de Salut public.

Le 24 germinal (13 avril).

J'ai reçu, Citoyens Représentants, votre lettre en date du 17 germinal qui m'ordonne d'envoyer à Paris les armes à réparer qui existent dans l'arsenal de Sedan au nombre de 3,000. Je vous observe que ma lettre du 8 germinal au Représentant du peuple Gillet, lui annonce bien une pareille quantité de fusils, mais répandue dans tous les arsenaux des villes de l'arrondissement de cette armée. Je n'ai pas cru cependant que cette différence dans le contenu de ma lettre et de la vôtre dût suspendre l'exécution de vos ordres ; et j'ai de suite ordonné à tous les commandants d'artillerie de diriger sur Paris tous les fusils à réparer. Je vous rendrai compte des époques de départ des différents envois.

Comme on avait travaillé à la réparation depuis la date de ma lettre au Représentant Gillet, il pourra se faire qu'il n'y ait pas la même quantité.

Tharreau.

Au Commandant de l'arsenal de Mézières.

24 germinal (13 avril).

Tu voudras bien, Citoyen, au reçu de la présente, envoyer à la Commission des armes à Paris, tous les fusils existant dans les magasins et qui sont à réparer, et m'accuser réception de la présente.

Barbier.

---

enjoint de correspondre régulièrement sous peine de destitution et d'être considérés comme suspects.

Lorsque ces exemplaires seront épuisés, elle vous en fera passer d'autres.

Salut et fraternité.

Le commissaire,

Benezech.

(Plusieurs autres lettres presque identiques à cette lettre-circulaire sont adressées au directeur de l'arsenal de Strasbourg.) (*Arch. Art.*)

C'est dans le même ordre d'idées que, le 22 floréal, F. Guiot signalait l'existence à l'arsenal de Cambrai de 2,500 fusils ; et, comme cette place ne pouvait en réparer que 40 à 50 par jour, il n'y laissait que 200 armes et envoyait le reste à Arras pour y être promptement mis en état.

Le 27 messidor enfin intervenait une mesure générale prescrivant l'évacuation sur les ateliers de Paris de tous les fusils défectueux des armées du Nord, des Ardennes et de la Moselle.

L'Agence des armes portatives au Commandant de la place de Strasbourg.

Paris, le 27 messidor de l'an IIe de la République une et indivisible (15 juillet 1794).

La manufacture nationale d'armes établie à Paris devient de jour en jour plus intéressante, les ouvriers qu'elle occupe qui sont chargés du rhabillage des fusils peuvent par leur nombre en réparer une grande quantité. La Commission des armes et poudres a senti et elle a jugé qu'il était important de faire transporter à Paris, des armées du Nord, de la Moselle, du Rhin, de l'intérieur même et des côtes de la Loire, les fusils qui seroient en mauvais état, dans les arsenaux ou dans les magasins de la République ; que cette mesure étant commandée par les intérêts même de la patrie, elle a voulu y être autorisée par le Comité de Salut public qui y a consenti, et nous fûmes chargés de mettre à exécution ses vues à cet égard.

En conséquence, Citoyen, tu voudras bien faire parvenir à Paris, dans le plus bref délai, les fusils défectueux qui sont confiés à ta surveillance, le moindre retard de ta part compromettant la chose publique, et tu en serois responsable.

Salut et fraternité.

Les membres de l'Agence des armes portatives,

CASSAN, NAUDÉ.

Pour copie conforme :

Le Général de division,

DIÈCHE.

f) *Achats d'armes à l'étranger.* — Pour remédier à la

pénurie des fusils, le Comité de Salut public employait un des procédés qui lui servait pour la plupart de ses approvisionnements : il faisait effectuer des achats à l'étranger.

Dès le 1ᵉʳ mai 1793, il chargeait le Ministre des affaires étrangères de « négocier avec les Suisses (1) pour avoir des armes, des bœufs, des chevaux et des fourrages ». Le 14, il consentait à Beaumarchais une avance de 600,000 florins (2) pour faire venir de Hollande 52,435 fusils avec baïonnettes (3). Le Ministre des affaires étrangères était invité, le 27, à négocier « avec les puissances barbaresques l'achat de fusils » et à « rendre compte de « ses négociations relatives à cet objet avec la Suisse, « l'Italie et toutes les puissances, États et particuliers qui « pourraient procurer des armes de l'étranger à la Ré- « publique ». Il prescrivait au Ministre de « donner la plus « grande activité à sa négociation pour l'achat de sabres « en Turquie ». L'agent du Ministre de la marine à Hambourg ayant mandé qu'il pouvait faire parvenir 30,000 fusils en France, le Comité autorisait le 1ᵉʳ juillet le Ministre à faire suivre cette affaire. De même, le 22 septembre, le Comité de Salut public invitait le Conseil exécutif provisoire à « procurer aux armées de la République française les 30,000 fusils qui se trouvent

---

(1) Le 26, le Comité de Salut public, considérant qu'il n'appartenait qu'au Ministre des affaires étrangères de poursuivre cette négociation, arrêtait que « le Ministre de la guerre rappellerait sur-le-champ, tous les agents qu'il avait envoyés en Suisse ».

L'arrêté du 8 ventôse parle de fonds à payer au citoyen Pourtalès, de Neufchâtel, pour achat d'armes en Suisse.

(2) L'arrêté du 19 mai porta cette somme à 800,000 florins, à condition que les armes fussent livrées en France, nettes de tout risque.

(3) Dans le même but, Beaumarchais imaginait de faire passer ses armes par la Suède, et le Comité de Salut public lui assurait, par arrêté du 24 juin 1793, le concours de notre ministre plénipotentiaire accrédité à la cour de Suède.

dans la République de Mulhouse ». Le 4 frimaire (24 novembre), apprenant que 800 caisses contenant 16,000 fusils venaient de débarquer au Havre, il donnait l'ordre de les transporter de suite à Paris. Le 17 (7 décembre), il mettait à la disposition du Ministre de la marine 5 millions pour faire venir « le plus promptement possible de l'Amérique septentrionale tous les fusils, potasse et salpêtre qu'il sera possible de s'y procurer ». Le 24 (14 décembre), le Comité de Salut public décidait de payer « 30 livres en numéraire les 40,000 fusils neufs sortant de l'étranger et livrables à Carouge ». L'arrêté du 13 pluviôse (1er février) prévoit le payement de ces 40,000 fusils à Genève par le citoyen Viviaud, qui est autorisé à exporter à cet effet 76,728 livres en numéraire. Des 25,000 fusils, dont l'arrêté du 7 pluviôse (26 janvier) prescrivait l'envoi à l'armée du Nord, le quart environ se composait des fusils suédois venus du Havre. Gillet rappelait le 8 ventôse à Carnot l'offre faite d'acheter des fusils à Liége (1).

Le 10 ventôse (28 février), Florent Guiot annonçait qu'il avait réuni 3,000 à 4,000 fusils dans les districts de Lille et d'Hazebrouck ; toutefois, comme ces sortes de réquisitions faites par les représentants jetaient le

---

(1) *Au citoyen Carnot, membre du Comité de Salut public.*

Mézières, le 8 ventôse l'an II de la République (26 février 1794).

« J'ai trouvé à mon passage à Givet, le citoyen Dairohand, employé par le Ministre de la guerre ; il m'a fait part des moyens qu'il a de tirer du pays de Liége, une très grande quantité d'armes. Il m'a communiqué le mémoire qu'il avait remis à Massieu pour envoyer au Comité de Salut public. Comme cet objet est de la plus grande importance puisque partout on se plaint du défaut d'armes, et que ce mémoire peut avoir été oublié, je t'en adresse une copie.

« C'est à toi-même, ou à celui des membres du Comité qui s'occupe plus particulièrement des armes que je remets ce mémoire, car je sais que Dairohand a écrit plusieurs fois à la Commission des armes qui ne lui a fait aucune réponse.

trouble dans la fabrication des armes, le Comité de Salut public arrêtait le 10 germinal (30 mars) que les représentants du peuple ne pourraient que lui signaler les besoins, mais qu'il lui appartenait exclusivement de déterminer les lieux où se feraient les perceptions.

De la lettre adressée le 28 floréal (17 mai) à Duquesnoy Représentant du peuple à l'armée de la Moselle, à Metz, il résulte que le Comité de Salut public s'enquit encore de faire sortir d'Arlon tous les objets utiles et notamment les armes.

g) *Interdiction de la vente et de la sortie des armes.* — Dès le 12 juin 1792, l'Assemblée décrétait l'interdiction de la sortie à l'étranger de toutes espèces d'armes et munitions de guerre, y compris les fusils et la poudre de chasse, les pistolets de poche et d'arçon, ainsi que les épées, sabres et couteaux de chasse. Comme corollaire de cette disposition, la loi du 22 août 1792 suspendait jusqu'à nouvel ordre les droits d'entrée établis sur toutes les armes de guerre, armes à feu et armes blanches, montées ou en pièces détachées. Tout citoyen qui ferait venir de l'étranger des armes de munition pendant la durée de la guerre serait même déclaré avoir bien mérité de la patrie ; au contraire, tout citoyen qui, pendant la durée de la guerre, serait convaincu d'avoir fait sortir de France ces armes ou munitions serait poursuivi et puni comme traître à la patrie.

D'autre part, l'arrêté du 30 frimaire (20 décembre) rappelait l'interdiction de la vente, entre particuliers, d'armes de guerre, et spécifiait que la loi du 25, prescrivant cette interdiction, entendait par armes de guerre « les armes uniformes des simples soldats, cavaliers, dragons, hussards, chasseurs ».

h) *Substitution des piques, javelots, etc., aux fusils.* — Pour suppléer aux fusils, on eut encore recours aux piques. Le 1ᵉʳ août 1792, en effet, Carnot jeune prit la parole sur ce sujet devant l'Assemblée nationale :

« La pénurie des armes a fait naître l'idée de composer en partie nos armées de corps de piquiers et de lamiers qui ont si bien servi dans plusieurs guerres, et dont l'utilité a été reconnue par nos meilleurs généraux modernes. Votre Commission des armes s'est convaincue que la pénurie des armes a toujours été exagérée par les ministres et qu'il y a dans nos arsenaux un nombre de fusils suffisant pour armer tous les volontaires nationaux qui marcheront pour la défense de nos frontières. En conséquence, elle ne vous proposera pas de faire entrer des corps de piquiers dans la composition de nos armées. Rien n'est plus dangereux, dans le courant d'une guerre, que les innovations dans la tactique militaire ; mais elle vous propose d'armer de piques les citoyens de l'intérieur du royaume qui n'ont pu être armés de fusils. La pique est l'arme de la Liberté ; c'est la meilleure entre les mains des Français ; elle a l'avantage d'être peu dispendieuse et promptement exécutée. »

Conformément à cette proposition, la loi du 3 août prescrivit aux municipalités de faire fabriquer sans aucun délai, sous la surveillance des corps administratifs et aux frais du Trésor public, le nombre de piques nécessaires pour armer tous les citoyens en état de porter les armes et qui ne seraient pas déjà pourvus d'une arme de même espèce, d'un fusil ou d'une carabine. Un modèle de pique devait être immédiatement fabriqué et envoyé à chacun des départements qui devait le déposer dans ses archives : « Le fer ou la lance devait être semblable à celle qui est proposée dans les écrits du maréchal de Saxe, et la hampe ne pouvait avoir moins de huit pieds de longueur ni plus de dix (1) ».

---

(1) Loi du 12 septembre 1792, relative à la fabrication des piques : « Le Ministre de l'intérieur propose d'employer à la fabrication des

Le 1er août 1793, le Comité de Salut public arrêtait que le Ministre serait « chargé de faire fabriquer sur-le-champ 200,000 petites piques destinées à défendre l'infanterie contre la cavalerie et les canonniers ».

Enfin, le 5, le Comité de Salut public chargeait encore « le Ministre de la guerre de faire fabriquer, d'ici au 1er septembre, 500,000 piques pour armer gratis les citoyens des campagnes contre les hussards ennemis ».

Les prescriptions précédentes trouvent leur application dans la lettre qu'adressa, le 12 messidor, le général Laubadère, commandant la 12e division à l'armée du Nord, au chef de l'état-major de cette armée. Il exposait l'état de la garde nationale d'Amiens. Composée de sept bataillons, dont le plus fort ne comptait pas 500 hommes, elle n'était pas armée et montait la garde avec des piques. Dans ces conditions, il n'était pas possible de lui demander plus de service qu'elle n'en faisait (1).

Il semble résulter de ce qui précède que jusqu'au 1er août 1793 les *piquiers* ne devaient pas être employés aux armées; et cependant La Bourdonnaye, lorsqu'il commanda l'armée du Nord, semble avoir eu tout au moins l'intention de les utiliser en liaison avec l'artillerie contre la cavalerie autrichienne. Le 30 septembre 1792, il requit le département du Pas-de-Calais d'organiser un ou deux bataillons composés à la fois de piquiers et de chasseurs (2). « Nos ennemis », écrivait-il, « éprou-

---

piques les grilles en fer de différentes maisons religieuses supprimées, comme devant diminuer beaucoup la dépense sans détériorer la valeur de ces maisons. Cette proposition du Ministre, convertie en motion, est décrétée. »

(1) Voir carton 1 a/22.

(2) Le bataillon aurait eu la composition suivante : 8 compagnies formées chacune de 1 capitaine, 1 lieutenant, 2 sous-lieutenants, 4 sergents, 8 caporaux, 48 piquiers, 12 chasseurs armés de bons fusils, 1 tambour. (Le général La Bourdonnaye au département du Pas-de-Calais. Douai, 30 septembre 1792.)

veront que cette arme nouvelle est véritablement celle des hommes braves. Leur cavalerie, qui n'y est point accoutumée, cessera de mettre nos campagnes à contribution ; et ces bataillons combinés avec l'artillerie formeront une masse à laquelle aucune troupe ne résistera (1) ».

Comme on l'a vu précédemment, la fabrication des piques fut suspendue, à Paris seulement, le 31 août 1793 ; elle ne le fut d'une façon générale que le 15 nivôse ; toutefois, l'arrêté du 14 prairial spécifia que toutes les commandes faites avant le 15 nivôse, et qui ne pourraient être livrées qu'après cette date, seraient reçues après vérification et payées aux entrepreneurs aux prix fixés par l'adjudication.

On signalera enfin la lettre suivante qui prouve qu'on employait encore en prairial la pique dans certains cas pour économiser le fusil.

Le général Colaud au Commandant temporaire à Épernay.

6 prairial (25 mai).

Je te préviens, Citoyen, qu'il partira demain 50 hussards à pied pour se rendre à Épernay. Tu en préviendras le district afin qu'on leur fasse donner des piques pour la garde des prisonniers.

Pour remédier à la pénurie des armes, on ne pensait pas seulement aux piques, on voulait même faire revivre l'arc et les flèches. Le 30 août 1793, le Comité de Salut public décidait que cette proposition serait communiquée au Comité de la guerre pour être étudiée par lui. Non content d'avoir ressuscité ces armes d'un autre âge, on voulut encore y joindre le javelot.

---

(1) La Bourdonnaye, commandant en chef de l'armée du Nord, aux citoyens d'Arras. Douai, 30 septembre 1792.

> Arras, le 4 nivôse l'an II de la République une et indivisible
> (24 décembre 1793).

Nous, Représentants du peuple près l'armée du Nord,

Vu la pétition du citoyen Verdy, officier instructeur de javelot envoyé à Arras par ordre de Dupin, adjoint au Ministre de la guerre, par laquelle il expose que, n'ayant plus de troupes à Arras et sa mission devenant inutile par ce fait, il désire retourner à Paris.

Permettons audit Verdy d'aller à Paris, requérons en conséquence le commissaire des guerres de cette place de lui délivrer une route pour toucher l'étape suivant son grade et les autorités civiles et militaires de le laisser librement passer.

LAURENT (1).

Le général Gougelot au général Carlenc.

> Dunkerque, 2 pluviôse (21 janvier) (2).

Le Ministre de la guerre a envoyé, il y a environ six semaines, deux instructeurs du javelot. Après m'être procuré avec assez de peine cent javelots et leurs étuis, j'ai fait dresser à cet exercice vingt militaires, tant sous-officiers que soldats, du 6ᵉ bataillon de la Seine-Inférieure, qui actuellement se trouvent en état d'être eux-mêmes instructeurs de cette nouvelle arme. D'autres de la garnison et en plus grand nombre vont participer à ces leçons. Mais je t'observe que l'intention du Ministre était, du moins à ce qu'il me semble, que cette instruction se propageât dans l'armée du Nord ; et que, si ces hommes restaient dans leur bataillon, le but qu'il s'est proposé ne serait pas rempli. Aussi, je te prie au parti que tu as à prendre à cet égard pour le bien du service de la République, et s'il ne serait pas essentiel de faire partir ces nouveaux instructeurs destinés à faire connaître à nos troupes, autant que possible, une manœuvre jugée très intéressante pour préserver l'infanterie de la charge de la cavalerie.

i) *Moyens employés pour éviter le gaspillage des armes.* — Enfin le Comité de Salut public réprimait avec sévérité le gaspillage des armes. Apprenant qu'il se rendait à Tours nombre de volontaires sans armes, bien qu'ils eussent été armés par leurs départements, il arrêtait le

---

(1) *Arch. nat.*, AFII, 234.

(2) Voir aussi lettre de Gougelot à Carlenc du 14 pluviôse. « Cette arme (le javelot) ne répondra jamais aux vues qu'elle a fait concevoir. »

27 mai 1793 d'écrire aux Représentants du peuple pour rechercher et punir ces délits et faire toutes dispositions qui pussent les prévenir. De même Carnot et de Sacy adressaient, le 14 juillet, un arrêté qu'ils avaient pris pour faire cesser la dilapidation des fusils et gibernes. Le 30, Du Bois du Bais demande une loi sévère contre les soldats qui reviendraient d'une bataille sans armes.

Le 13 pluviôse, Barère insistait encore sur les dilapidations journalières d'armes dont les volontaires se rendaient coupables. « Sur toutes les routes, disait-il, on en rencontre qui s'en vont dans les hôpitaux en emportant leurs fusils, leurs baïonnettes et leurs sabres. Cependant les jeunes gens de la première réquisition font le service sans armes. C'est surtout les baïonnettes qui sont dilapidées, cette arme qui appartient aux Français et qui est l'âme de la victoire. Un Français n'irait pas au combat sans une baïonnette ! » Et il faisait alors décréter qu'aucun militaire ne pourrait entrer à l'hôpital sans avoir au préalable remis ses armes à son corps ; que mention en serait faite sur son billet d'hôpital, sous peine de deux années de fers ; qu'enfin « les militaires qui auront perdu leurs baïonnettes seront privés de l'honneur de marcher à l'ennemi quand on battra la charge ».

Pour économiser les armes, il n'était délivré de fusils qu'aux présents sous les armes, et non à l'effectif du corps qui était toujours très sensiblement supérieur, et il n'en était pas donné aux sous-officiers.

Le général de division Liébert, chef d'état-major de l'armée du Nord, à Chapuis, général de brigade à Cambrai.

Du 23 ventôse (13 mars).

Il vient d'arriver ici, mon camarade, un adjudant du 1er bataillon de l'Oise qui demande 564 fusils pour armer ce bataillon. Je te préviens qu'on ne doit délivrer d'armes qu'aux présents sous les armes et non à l'effectif. Il est inutile qu'ils aient des armes en magasin tandis que d'autres en manqueraient.

En conséquence, ce bataillon ne recevra que 531 fusils au lieu de 564. Tu sais que les sous-officiers n'ayant pas de fusils, doivent encore être déduits des présents sous les armes.

. . . .

Dans le même esprit d'économie et d'ordre, on faisait rentrer aux arsenaux les armes laissées aux hôpitaux par les soldats qui y entraient, lorsqu'ils n'avaient pas été préalablement désarmés par leur corps conformément au décret du 13 pluviôse.

Gillet au citoyen Poulet, agent supérieur du Conseil exécutif.

Longuyon, le 29 ventôse l'an II de la République (19 mars 1794).

J'ai reçu, Citoyen, avec ta lettre du 19 de ce mois, l'état des armes existantes dans les magasins du district de Reims, provenant du versement des hôpitaux militaires. Tu voudras bien prendre avec l'administration de ce district les moyens de faire transporter le plus tôt possible ces armes à l'arsenal de Mézières, afin de les employer à l'armement des braves républicains qui vont combattre les satellites des tyrans.

Il faut encore rappeler ici tous les ordres qui ont été cités au sujet de la conservation des effectifs et par lesquels les généraux s'efforçaient de faire entretenir dans le meilleur état les armes de leurs troupes.

j) *Pouvoirs délégués aux généraux en chef.* — C'est précisément parce qu'il sentit que les généraux en chef étaient les plus intéressés au bon armement des troupes, que le Comité de Salut public pensa à leur déléguer le pouvoir de disposer de toutes les armes de leur ressort. Cette mesure avait encore pour but de décentraliser cette question si complexe et par suite d'activer le travail d'approvisionnement en le divisant.

Cette idée prit naissance le 26 août 1792. Le jour même où Merlin de Thionville proposait de requérir les fusils de chasse des émigrés, l'Assemblée était saisie d'une proposition tendant à faire délivrer 80,000 fusils au département de la Meuse pour la défense de la frontière. Pour satisfaire à ce vœu l'Assemblée décrétait que « sur la réquisition de ses commissaires auprès des diffé-« rentes armées, les généraux seraient tenus d'armer « dans leurs arrondissements les bataillons » ou compagnies qui ne le seraient pas, « sans nuire toutefois à la « réserve absolument nécessaire dans les manufactures « ou magasins nationaux ». Le Ministre était en outre « chargé de pourvoir incessamment au remplacement « des armes » ainsi prélevées.

Le Comité de Salut public modifia cette solution en donnant plein pouvoir au général en chef : « Le général « en chef de l'armée du Nord », dit l'arrêté du 27 ventôse (1) (17 mars), « peut disposer des fusils, baïon-« nettes, sabres et pistolets qui se trouvent dans les « magasins de Maubeuge, à la charge d'en faire passer « un état certifié par lui au Comité ».

Enfin l'ordre du 4 germinal étendait ces pouvoirs à toutes les places fortes de l'arrondissement de Pichegru.

Le général Liébert, chef de l'état-major de l'armée du Nord, aux généraux commandants à Douai, Lille, Armentières, Bailleul, Cassel, Bergues et Dunkerque.

En conformité de l'arrêté du Comité de Salut public, qui met à la disposition du général en chef de l'armée du Nord toutes les armes

---

(1) En fait, cette mesure était en vigueur dès le 7 pluviôse, car lorsque le Comité de Salut public arrêta à cette date que le Ministre de la guerre ferait passer sans délai 25,000 fusils et 800 pistolets en état de service à l'armée du Nord ; il ajoutait que ces armes, *mises à la disposition du général en chef*, seraient tirées de l'administration des canons à Paris (12,800), de l'arsenal de Paris (12,000), de Philippeville (1500), de Rocroy (2,000), de Douai (1000), de Dunkerque (500), de Mézières, (2,000), de Givet (2,500), de Calais (500), de Lille (1000). — Des 800 pistolets, 600 étaient tirés de l'administration des canons à Paris et 200 de Mézières pour être envoyés par portions égales à Compiègne, Beauvais, Reims et Châlons. — 3,000 baïonnettes tirées de l'administration des canons devaient être mises à la disposition du Ministre de la guerre.

existantes dans les magasins et arsenaux des places occupées par cette armée, tu es autorisé à faire délivrer toutes celles qui y existent aux bataillons qui en ont le plus besoin. Tu me rendras compte de cette distribution pour que j'en puisse faire part au général en chef.

Le général Souham, aux Commandants des places de Béthune, Saint-Venant, Saint-Omer et Aire.

7 germinal (27 mars).

Le général en chef Pichegru vient de m'écrire que le Comité de Salut public a mis à sa disposition toutes les armes qui sont en dépôt dans les différentes places, et qu'il m'autorise à tirer des places qui m'environnent, ce qui sera nécessaire pour l'armement des troupes que je commande, en fusils, sabres et pistolets.

En conséquence de cette lettre, je t'adresse le citoyen Millet, adjoint aux adjudants généraux, que je charge de visiter les arsenaux et dépôts des places afin de me faire savoir le nombre d'armes dont je pourrais disposer sur-le-champ, et celles à réparer.

Tu voudras bien lui donner toutes les facilités nécessaires, pour qu'il remplisse promptement cette mission, et que j'aie promptement les armes qui sont nécessaires pour l'armement des défenseurs de la République sur cette frontière importante.

SOUHAM.

Cette visite ne donnait que peu de résultats; toutefois la situation, au 14 germinal, était assez améliorée pour que le déficit, qui était de 4,000 fusils le 19 ventôse (1) ne fût plus que de 3,000.

Souham, au général en chef Pichegru.

14 germinal (3 avril).

L'adjoint que j'avais envoyé à Béthune, Saint-Venant, Aire et Saint-Omer est de retour. Il n'a pas trouvé beaucoup d'armes dans les arsenaux et dépôts : mais cela servira toujours. Les armes qui ont besoin de réparation, seront aussi envoyées à Lille, pour que dans les ateliers qu'on y a formés, on les remette en état de servir. L'état de ces armes est ci-joint. Il a de plus trouvé à Saint-Omer des selles et des brides dont on pourra disposer.

---

(1) Souham au Comité de Salut public, 19 ventôse (9 mars).

Cette visite n'a pas produit autant d'armes qu'il en faudrait. Ainsi, si tu en as à ta disposition, je te prie d'envoyer à Lille 3,000 fusils.

. . . .

La centralisation du service des armes dans le ministère, puis dans les commissions exécutives. — Si les ressources des arsenaux étaient mises à la disposition des généraux d'armée, encore fallait-il que l'état de ces ressources et les comptes rendus et demandes des généraux fussent centralisés au ministère; la question était assez complexe pour que dès les premiers jours de 1793 le Ministre en ait chargé une commission spéciale.

Pache, Ministre de la guerre, au citoyen Lépine, directeur d'artillerie à Strasbourg (1).

Paris, le 15 janvier 1793.

La pénurie de nos magasins en armes m'a déterminé, Citoyen, à former auprès de moi une commission chargée de me présenter les moyens les plus prompts d'en procurer à la République autant qu'il sera possible. Il est à cet effet nécessaire qu'elle soit informée de toutes les ressources que les différents magasins ou manufactures peuvent offrir. Je vous prie donc de correspondre avec elle pour tous les renseignements qu'elle pourra être dans le cas de vous demander. Cette commission est composée de deux officiers d'artillerie, les citoyens Briche et Dusausoy, et du citoyen Lepage, armurier.

PACHE.

Au Ministre et à cette commission, le Comité de Salut public, qui se réservait exclusivement la direction des travaux des manufactures d'armes, substituait le 22 brumaire un commissaire pour surveiller les opérations de tous les nouveaux établissements, manufactures, ateliers et fabriques d'armes, et lui en rendre compte. Ce commissaire siégeait à l'administration centrale de la fabri-

---

(1) *Arch. Art.*

cation extraordinaire et correspondait avec celle des canons et celle des petites pièces (1).

Le Comité, qui s'était ainsi donné plein pouvoir pour la fabrication des armes, voulut aussi l'avoir sur celle des poudres. Dans ce but, et pour briser toutes les lenteurs des bureaux ministériels, le Comité réclama la création d'une « Commission des armes et poudres »; il en fit démontrer la nécessité par Barère qui en profita, le 13 pluviôse, pour exalter une fois de plus, dans son style emphatique, tout ce qu'avait déjà obtenu le Comité de Salut public pour la fabrication des armes, notamment à Paris.

« Citoyens, les armées de terre ont fait une guerre glorieuse et terrible; les armées de mer doivent faire une paix honorable et solide; mais, pour y parvenir, il est des objets de premier besoin qui leur sont communs, des canons et des salpêtres, des armes et des poudres. Le Comité ne cesse pas un instant de s'occuper des moyens de présenter, pendant la continuité de cette campagne, douze cent mille républicains sous les armes, des milliers de bouches à feu sur nos remparts, des camps renforcés sur nos frontières, une marine formidable sur les deux mers, et des milliers de poudre pour foudroyer les tyrans de l'Europe et leurs féroces esclaves.

« Voilà..... les moyens de pacification que peut employer un grand peuple; voilà comment une République magnanime, couverte de bataillons et fière de sa liberté, doit stipuler pour la paix du monde !

. . . .

« Ne cessons donc pas de former des bataillons, de fabriquer des armes, de construire des vaisseaux, de forger des armes, de récolter des salpêtres et de fabriquer des poudres. C'est de vos arsenaux, c'est de vos ports, c'est de vos fabriques de poudre que sortiront les articles du traité de paix.

---

(1) Discours de Carnot du 13 brumaire.

Ainsi deux objets principaux sont le but de ce rapport :
1° La fabrication extraordinaire des armes ;
2° La fabrication extraordinaire des poudres.

La fabrication des armes et des poudres se trouve dévolue, ou plutôt divisée par l'ancienne organisation ministérielle dans trois Départements : chez le Ministre de la guerre, le Ministre de la marine et le Ministre des contributions publiques.

Ainsi, il ne peut être tiré un coup de canon sur la mer ou sur nos frontières qu'après avoir obtenu du Ministre des contributions publiques qu'il ait fait fabriquer des poudres.

Ainsi le Ministre de la marine devra, pour tenter des expéditions, dépendre du Ministre de la guerre, et souvent ce dernier est en concours avec le Ministre de la marine pour les fabrications, les besoins et les destinations des armes.

Qui ne connaît d'ailleurs les inconvénients et les lenteurs inséparables de tous les bureaux ministériels, lenteurs qui tiennent bien plus au mécanisme des bureaux qu'aux personnes qui en occupent les places ?

Peut-on, quand il s'agit..... des fabrications extraordinaires, se reposer sur une matière aussi traînante, aussi routinière que le sont les machines appelées ministères ?

Les avantages de la réunion de ces deux objets dans les mains d'une commission centrale sont incalculables : ensemble dans les moyens ; rassemblement de toutes les matières ; identité dans les vues ; uniformité dans les ordres ; unité dans la surveillance exécutée par le Comité de Salut public ; prévoyance commune des besoins ; fourniture prompte en raison des diverses demandes des deux Ministres de la guerre et de la marine ; évidence dans les actes soumis à leur responsabilité ; diminution de leurs bureaux ; indépendance des passions ou de la négligence de leurs commis ; complément des arsenaux et simplification dans le ministère, mis désormais plus à la portée d'un seul homme, et redoublement d'activité pour l'ordonnance des travaux et pour la rapidité des mouvements militaires ou maritimes.

. . . .

« Cette Commission sera organisée et responsable comme la Commission des subsistances et des approvisionnements. »

. . . .

« Ses fonctions sont décrites dans le projet de décret. Les arsenaux à remplir, ainsi que les arsenaux à fabriquer, seront sous sa dépendance. Les Ministres de la marine et de la guerre n'auront plus qu'à fournir à la Commission des demandes de tant de canons, de tant de milliers de fusils, de tant de milliers de poudre; les arsenaux seront ouverts à leurs demandes; et la responsabilité et l'action ministérielle commenceront là où finiront celles de la Commission nationale chargée de fabriquer et d'approvisionner.

« Le droit de réquisition et le droit de préhension qu'il a été nécessaire d'attribuer à la Commission des subsistances et des approvisionnements deviennent encore plus indispensables pour la Commission des poudres et des armes. Peut-il (en effet) appartenir à aucun citoyen de cacher aucune des matières nécessaires à la fabrication des armes et des poudres ?

. . . .

« S'il s'élève en Europe, disait, il y a vingt ans, l'auteur de la *Tactique*, un peuple vigoureux de génie, de moyens et de gouvernement, un peuple qui joigne à des vertus républicaines et à une milice nationale un plan fixe d'agrandissement ou de gouvernement qui ne perde pas de vue ce système, qui fait la guerre à peu de frais et subsiste par ses victoires..... ce peuple subjuguera tout..... Il sera pour les gouvernements étrangers l'aquilon qui plie de frêles roseaux !

« Ce peuple, c'est toi, peuple français !..... Il ne te faut plus que des canons, des baïonnettes et des poudres. »

A la suite de ce discours, Barère fit voter trois décrets (1) dont le principal, celui qui avait motivé toute cette harangue, concernait la création d'une Commission des armes et poudres, devant réunir tout ce qui a trait à la fabrication de ces deux objets et composée de trois membres nommés par la Convention nationale sur la présentation du Comité de Salut public. Ces commissaires devaient entrer en fonctions le 1er ventôse ; les bureaux des ministères de la guerre, de la marine et des contributions publiques, attachés au matériel de l'artillerie, des armes et des poudres, devaient en être distraits pour passer à cette date à la commission, qui était d'ailleurs placée sous la surveillance immédiate du Comité de Salut public à qui elle devait rendre compte de toutes ses opérations.

Les attributions de cette commission et des trois administrations qui lui étaient subordonnées (2) sont ainsi définies par l'arrêté du 27 pluviôse.

La Commission est destinée à « ne produire aucune secousse qui puisse retarder les travaux », mais « à prendre toutes les mesures pour leur donner une nouvelle activité ». « La division naturelle de ses travaux doit être : la fabrication des poudres et salpêtres, la fabrication de la grosse artillerie, la fabrication des armes portatives. Il existe déjà une régie des poudres et salpêtres, une administration révolutionnaire des poudres et salpêtres, une administration de la fabrication des armes ;

---

(1) Les deux autres, cités précédemment, étaient destinés à empêcher toute opposition à la fabrication des armes et à punir tout gaspillage d'armes.

(2) Administrations chargées séparément de la fabrication des poudres et salpêtres, de la grosse artillerie et des armes portatives.

il ne manque plus conséquemment, pour avoir une organisation complète, que d'avoir une administration de la fabrication de la grosse artillerie ». Ce préambule ouvrait l'arrêté du 27 pluviôse aux termes duquel la Commission des armes et poudres aurait sous sa direction les administrations chargées séparément de la fabrication des poudres et salpêtres, de la grosse artillerie et des armes portatives. « L'Administration centrale de la fabrication extraordinaire des armes » restait « chargée de tous les travaux des carabines, fusils, mousquetons, pistolets, sabres, piques, etc., et de l'approvisionnement de toutes les matières et outils nécessaires à cette fabrication ». Il était en outre formé « une administration chargée de tous les travaux de la grosse artillerie, canons, obusiers, mortiers, pierriers, obus, bombes, boulets, gargousses, cartouches, etc., affûts, caissons, pontons, et généralement de tous les attirails de la grosse artillerie (1) ». La Commission des armes et poudres devait rendre compte dans cinq jours des mesures qu'elle avait prises pour assurer cette nouvelle organisation.

Cette commission compta, du reste, parmi les douze

---

(1) En dehors de ces administrations *de fabrication*, il y avait une agence *de conservation* qui fut supprimée le 1er thermidor comme faisant double emploi avec la commission des armes et poudres.

Arsenal de Paris, le 19 messidor de l'an II de la République une et indivisible (7 juillet 1794).

Arch. Art., 7 b. — 4 — Documents historiques.

L'Agence de la conservation des armes et munitions de guerre de la République, au Directeur d'artillerie à Strasbourg.

Le Comité de Salut public ayant par son arrêté du 8 de ce mois ordonné :

1° Que l'Agence de la conservation des armes et munitions de guerre sera supprimée à compter du 1er thermidor prochain ;

2° Que la Commission des armes et poudres fera faire dans ses propres bureaux le travail pour l'inspection des arsenaux, la situation, le mou-

exécutives qui remplacèrent les Ministres le 12 germinal (1er avril).

Dans le mois même de sa nouvelle transformation, elle réclamait des directions d'artillerie l'envoi régulier de leur situation périodique.

La Commission des armes, poudres et exploitation des mines de la République au citoyen.....

Paris, le 6 floréal l'an IIe de la République une et indivisible (1) (25 avril 1794).

Tu trouveras ci-joint, Citoyen, copie d'un arrêté du Comité de Salut public du 25 courant, qui prescrit aux directeurs, commandants d'artillerie et autres agents, qui ont des dépôts d'armes sous leur surveillance, de correspondre avec la Commission, et de satisfaire aux demandes qu'elle aura l'occasion de leur faire, sous peine d'être destitués et d'être mis en état d'arrestation comme suspects.

Elle t'invite, Citoyen, à t'y conformer et à lui en accuser la réception. Ne manque pas de lui envoyer, tous les mois, les états de situation conformes aux modèles qui t'ont été remis.

Salut et fraternité.

Les membres composant la Commission :
CAPON, BÉNÉZECH.

La pénurie des armes. — Malgré tous ces efforts, l'armement des armées du Nord et des Ardennes laissa beaucoup à désirer, sous tous les rapports, alors même que la campagne était en pleine activité.

Dès le 28 juin 1792, d'Urtubie, alors colonel d'artil-

---

vement de toutes les armes et munitions de guerre, et la surveillance de la confection des cartouches, gargousses et artifices ;

3° Que la Commission prendra toutes les mesures, etc., etc.

Nous te faisons part, Citoyen, de ces dispositions.

. . . .

Tu voudras bien faire connaître ces dispositions aux commandants d'artillerie dans les places, aux gardes d'artillerie et à tous autres que leurs fonctions mettaient en rapport avec l'Agence de la conservation et les inviter à s'y conformer.

Salut et fraternité.

M. BERGER, DUMAS, L.-M.-G. LAPORTE.

(1) *Arch. Art.*

lerie et directeur de l'arsenal de Douai, après avoir signalé « le manque de poudres dans toutes les places », ajoutait : « Il en est de même des armes de guerre : l'armement immense qui s'est fait pour les gardes nationales intérieures et soldées ; les changements qu'ils ont opérés rendant les fusils hors de service ; les pillages et dilapidations des magasins ont mis une telle pénurie dans les places, malgré l'activité des réparations, que l'embarras augmente continuellement et que l'on est sans moyen de défense pour cet article (1). »

Le 19 mai 1793, les Représentants du peuple à l'armée du Nord, Bellegarde, Cochon, Courtois et Briez, mandent de Valenciennes qu'ils manquent « absolument d'armes de toute espèce ». Huit jours ne s'étaient pas écoulés que le Comité de Salut public constatait lui-même cette pénurie en prévenant l'armée du Nord qu'il faisait passer au Ministre de la guerre les demandes d'affûts, de caissons et de cartouches de divers calibres « dont manque l'armée » ; aux Représentants du peuple près celle des Ardennes, il recommandait de « ne cesser de veiller à l'activité de la manufacture de Charleville, car nous avons », ajoutait-il, « un extrême besoin de fusils ». D'après Delbrel (2), il y avait, le 1er juin, « aux avant-postes, des bataillons de 300 à 400 hommes sans fusils ». Le même jour, le Comité de Salut public décidait de tirer de Maubeuge des fusils pour armer 4,000 hommes que « Custine dit être sans armes ». La pénurie forçait encore le gouvernement à décider, le 9, l'envoi de Paris à l'armée du Nord de « 10,000 piques » au lieu de fusils. Carnot, alors représentant du peuple près cette armée, réclamait le 27 juillet « des fusils, des sabres, des chevaux et de la poudre ». Le 18 septembre, Drouet, Isoré

---

(1) *Arch. Art.*

(2) Delbrel au Comité de Salut public, Douai, le 1er juin 1793. (Voir Aulard.)

et Bar, représentants à l'armée du Nord, demandaient le prompt envoi à Maubeuge de 300 à 400 sabres et d'autant de pistolets pour les canonniers; des carabines, des capotes, 300 milliers de poudre. Le 9 octobre, Carnot, à Guise, insiste pour avoir « des baïonnettes, des souliers, des habits, des fusils ».

Sept jours après avoir été nommé à son commandement, Pichegru apprend de Colaud (1) que « les trois divisions de Maubeuge, formant ensemble un corps de 30,000 hommes, n'ont que 13,730 fusils en état de faire feu; qu'il manque aussi du papier à cartouches, du fer-blanc pour l'ensabotage des boulets et de la serge pour les gargousses. « J'ai », conclut Colaud, « écrit six lettres au Ministre:..... et n'ai encore obtenu aucune réponse ». Aussi, deux jours après, Pichegru se fait-il l'écho de nouvelles plaintes.

Pichegru au Ministre.

Au quartier général de Réunion-sur-Oise, 26 pluviôse (14 février 1794).

. . . .

L'armement m'a paru en mauvais état : la plupart des fusils existants sont dépourvus de baïonnettes, ce qui provient de ce que le nombre des armes étant très inférieur à celui des hommes, ils sont obligés de se les passer successivement lorsqu'ils sont de service; et il est absolument impossible qu'une arme qui passe par différentes mains soit entretenue et conservée. Il est donc urgent de pourvoir incessamment au non-complet de l'armement. Les 25,000 fusils annoncés seront insuffisants. Je te prie, citoyen Ministre, d'y faire ajouter tout ce qui sera possible.

Richard et Choudieu confirmeront cette appréciation onze jours après en annonçant l'arrivée de 20,000 fusils au lieu des 25,000 indiqués par Pichegru comme un minimum insuffisant.

---

(1) Colaud à Pichegru, Maubeuge, 24 pluviôse. Le 14 ventôse, Colaud écrivait encore au commandant de l'arsenal à Maubeuge : « Il manque, pour le complet de l'armement des hommes présents, pour les trois divisions de Maubeuge, 3,473 fusils. »

Les Représentants du peuple près l'armée du Nord au Ministre de la guerre.

Réunion-sur-Oise, 7 ventôse l'an II° de la République (25 février 1794).

. . . .
Nous te parlerons des armes ; et toutes les fois que nous t'écrirons, nous t'inviterons sans cesse à en accélérer l'envoi. Les vingt mille fusils qui nous sont annoncés vont nous être d'une grande utilité, mais c'est bien peu pour nos besoins. Des fusils, des pistolets, des sabres de cavalerie, et avec cela nous aurons bientôt chassé les esclaves du sol de la liberté.

Salut et fraternité.

CHOUDIEU et RICHARD.

« Par-dessus tout », écrivait encore Florent Guiot (1), « envoyez-nous des fusils, des carabines, des sabres ». « Au nom de la Patrie », disait-il encore (1), « faites-nous expédier bien vite des armes, et surtout des fusils ».

Cinq jours plus tard (1), le même représentant réclamait encore des fusils dont il estimait le nécessaire à 12,000.

Nos collègues Choudieu et Richard nous ont annoncé qu'il devait nous arriver sous peu de jours 12,000 fusils. J'attends ce convoi avec

---

(1)   *Florent Guiot au Comité de Salut public.*

22 ventôse (12 mars).

Il nous manque des armes, et j'attends avec impatience les 12,000 fusils que nos collègues Choudieu et Richard nous ont annoncés.....
Par-dessus tout, envoyez-nous des fusils, des carabines.....

Le même au même.

25 ventôse (15 mars).

Le courage ni les bras ne nous manqueront pas ; mais, au nom de la patrie, faites-nous expédier bien vite des armes et surtout des fusils. Nos volontaires de la première région en ont besoin non seulement pour combattre les satellites des despotes, mais encore pour s'instruire et s'exercer.

(1) Florent Guiot au Comité de Salut public, le 27 ventôse.

la plus vive impatience, mais il n'arrive pas. Écrivez-moi, courrier par courrier, sur quoi je puis compter.....

En attendant je vais tenter ce soir un coup de partie à la Société populaire : c'est d'engager tous les braves Lillois à nous prêter leurs armes; ce qui nous fournira tout de suite 4,000 à 5,000 fusils en bon état.....

Salut et fraternité.

Florent Guiot,
Représentant du peuple près l'armée du Nord.

A l'extrême gauche, à Dunkerque, Gougelot écrivait le 4 germinal qu' « il lui manquait beaucoup de fusils et de baïonnettes » et priait le général en chef de lui « procurer cet objet essentiel ». A Furnes, même situation le 7 floréal. « Les bataillons, 3e de l'Oise et 8e de Soissons se plaignent de manquer d'armes. »

A l'aile gauche, les manquants de la division Souham attestaient encore l'état précaire dans lequel se trouvait l'armement. Gillet le constatait, du reste, en recommandant, le 14 ventôse, à Poulet, de laisser leurs armes aux bataillons de réquisition qu'il enverrait à l'armée du Nord. De même, le 3 germinal, Massieu signalait de Sedan l'arrivée à Rocroi et à Givet de bataillons de l'armée du Nord qui étaient sans armes et à qui il venait de faire distribuer 1200 fusils.

Dans cette armée, du reste, les ordres des 12-13 et du 17-18 ventôse avaient réclamé de chaque bataillon un « état d'armement (1) » destiné à en présenter l'existant

---

(1)   *Favereau à Pichegru.*

7 germinal (27 mars).

Je te ferai passer demain l'état des fusils qui sont à l'arsenal. L'immense livraison qui s'est faite journellement a empêché le commandement de le dresser.

et le déficit et à permettre de procéder avec méthode à l'armement de ces unités (1).

Ces déficits ressortent encore de la correspondance de Souham.

Au Comité de Salut public.

Lille, 19 ventôse (9 mars).

Je vous adresse, Citoyens, copie d'une lettre et d'un rapport que j'ai envoyés au général en chef Pichegru. Il manque 8,000 fusils avec leurs baïonnettes et 360 chevaux d'artillerie, ce qui nous sera très important pour marcher. A l'égard des fusils, il y en a encore 4,000 en état de réparation à Lille. L'atelier qui y est établi et qui va avec activité (2),

---

(1) Il semble que l'état ci-après, quoique non daté, réponde à cette question.

État des baïonnettes manquant au 1er bataillon d'Ille-et-Vilaine.

DÉSIGNATION des COMPAGNIES.	BAIONNETTES MANQUANT.				TOTAL GÉNÉRAL des baïonnettes.	OBSERVATIONS.
	Maubeuge.	Charleville.	Saint-Étienne.	Anglaises.		
Grenadiers.....	11	»	»	»	11	
1re compagnie..	2	3	»	4	9	
2e id......	1	1	»	»	2	
3e id......	6	5	»	»	11	dont 5 de Maubeuge au nouveau modèle et 1 à l'ancien.
4e id......	8	»	»	1	9	
5e id......	3	1	1	»	5	
6e id......	2	3	»	»	5	dont 1 de Maubeuge au nouveau modèle et 1 à l'ancien.
7e id......	5	8	»	»	13	
8e id......	6	»	1	4	11	
TOTAUX...	44	21	2	9	76	

(2) Le 19 ventôse (9 mars), le Comité de Salut public invitait Florent Guiot à visiter l'atelier de fabrication de baïonnettes à Lille. Il ajoutait que l'atelier de réparation des armes dans cette place commençait à se ralentir et prescrivait à Florent Guiot de faire réparer sur place toutes les armes emmagasinées dans le Nord et le Pas-de-Calais et susceptibles

les aura bientôt remis en état de service. Ainsi il en faudra seulement 4,000 neufs (1).

---

de réparation dans le délai de deux mois. Toutes les autres devaient être dirigées sur Paris.

A cette invitation, Florent Guiot répondait le 17 :

27 ventôse (17 mars 1794).

Citoyens Collègues,

J'ai pris comme vous le plus grand intérêt aux ateliers de fabrication de baïonnettes et de réparation des armes que nous avons ici et je les visite souvent. Les mesures sont prises à l'atelier des baïonnettes pour fabriquer à partir du 1er germinal de 2,000 à 2,500 baïonnettes par décade et je ferai en sorte d'augmenter la fabrication et de la porter à 3,000. Ce qui nous manque le plus, ce sont les soufflets et les étaux. J'en ai envoyé chercher dans les districts voisins mais la récolte n'en a pas été aussi considérable que je l'espérais, parce que nos commissionnaires avaient été précédés par d'autres commissionnaires envoyés de Paris qui en ont enlevé un grand nombre.

Je vois avec peine que les soldats perdent beaucoup de baïonnettes et que les officiers ne veillent pas à leur conservation. J'en ai fait mettre l'avertissement à l'ordre. Sans cette négligence, l'armée devrait être bien fournie de cette espèce d'arme.

Le général Songis, qui dirige les ateliers de baïonnettes et de réparation des armes, s'est mal expliqué s'il vous a écrit que l'atelier des réparations d'armes se ralentissait et j'ai sous les yeux des états de chaque décade qui prouvent au contraire que les travaux en ont augmenté progressivement depuis deux mois; mais il a voulu vous faire part seulement qu'il craignait le ralentissement de l'atelier. Je compte que les mesures que j'ai prises et dont je vais encore pousser l'exécution pour la rentrée des armes pourra l'alimenter pendant longtemps. Nous ne conserverons ici et dans l'atelier d'Arras de l'ouvrage que pour deux mois, conformément à votre lettre, et nous enverrons à Paris le surplus de nos armes.

Le charbon d'Ardingham étant d'une qualité médiocre, j'en fais venir de Mons qui me sera très utile surtout pour la soudure.

..... Le général Songis met beaucoup de zèle, d'activité et d'intelligence dans la direction des ateliers et de la fabrication de l'artifice.....

(1) Florent Guiot écrit encore de Lille, le 10 germinal (30 mars), au Comité de Salut public : « Nos ateliers pour la fabrication des baïonnettes et la fabrication des armes sont dans la plus grande activité » ; et « sous quelques jours cette division de l'armée du Nord (division

On a adressé aux Représentants du peuple Vidalin et Bollet, l'état des chevaux d'artillerie qui manquent, mais on n'a pas encore de réponse.

Ce déficit et l'activité que l'on mettait à vouloir le combler sont encore attestés par la correspondance de Macdonald.

Le général Macdonald au général de brigade Songis.

27 ventôse (17 mars).

Plusieurs corps de la brigade que je commande manquent d'armes. La demi-brigade de l'Allier compte seule 1200 fusils nécessaires à son complément. Comme elle occupe les avant-postes, il serait urgent de l'armer en entier. Je t'invite à lui en fournir, s'il s'en trouve à l'arsenal, et à me donner avis s'il en arrive, afin que je puisse en munir les différents corps qui occupent les avant-postes et le plus à proximité de l'ennemi.

MACDONALD.

Le même au Chef de brigade de l'Allier, à Hellemmes.

Le 29 ventôse (19 mars).

J'ai écrit au général Songis relativement aux armes dont tu as besoin. Il m'a répondu qu'il n'en avait pas à l'arsenal mais que l'on en réparait environ 200 par jour. Ainsi c'est l'affaire de six à sept jours pour t'armer. Je t'invite à envoyer un officier à Lille, qui demandera au général Songis de ma part de lui fournir dans cet espace de temps les fusils qui sont réparés.

MACDONALD.

Le même au citoyen Duval, chef de brigade, à Hellemmes.

Le 1er germinal (21 mars).

Il faut, avec les 100 fusils que tu as reçus, commencer par armer les compagnies détachées à Lamponpont. Je sais très bien qu'ils devraient être partagés entre les trois bataillons ; mais le service exige impérieu-

---

Souham) sera à peu près armée ». D'après ce qui a été dit plus haut, ces derniers mots ne concernent que les 4.000 fusils signalés en déficit par Souham, le 9 mars et qui étaient réduits à 3,000 le 14.

sement que l'on commence par ce poste avancé, ensuite Annappes, Hellemmes et Flers. Je compte sur ton patriotisme pour exécuter cette mesure de sûreté dictée par le bien du service de la République.

MACDONALD.

Si, *à l'aile gauche*, il manquait à Souham 4,000 fusils avec baïonnettes, dont 1200 à la demi-brigade de l'Allier, *l'armée des Ardennes* accusait à la même date un déficit de 2,000 baïonnettes et d'environ autant de carabines ou mousquetons.

Au Représentant du peuple, commissaire de la Convention à l'armée de la Moselle.

20 ventôse (10 mars).

Je m'occupe sans relâche, Citoyen, des moyens d'armer et équiper les troupes qui sont sous mes ordres; tu sais que les besoins de cette armée sont très pressants; il me manque surtout des mousquetons ou carabines, des sabres et des baïonnettes.

Le Ministre m'a annoncé, par une lettre du 12 pluviôse, 2,000 baïonnettes, tirées des Klingenthal; depuis ce temps, je n'ai pas entendu parler de cet envoi qui m'est absolument nécessaire; peut-être l'a-t-on retenu pour les besoins de l'armée de la Moselle; dans ce cas, je te prie de vouloir bien faire rendre ces armes à leur première destination ou les faire remplacer par d'autres.

Il serait nécessaire aussi que tu prisses les moyens de nous procurer 1000 sabres qui nous manquent pour l'armement de la cavalerie; il nous faut de même 1700 carabines ou mousquetons; il n'en existe que 400 dans les magasins de la manufacture; ils ne seront même confectionnés que dans quinze ou trente jours. Tu vois que, si on ne prend un prompt parti pour l'armement de nos troupes, nous ne pourrons être prêts pour la prochaine entrée de cette campagne.

J'écris aujourd'hui au Ministre et au Comité de Salut public, à qui je fais part de mes besoins.

. . . .

Je compte par le retour du courrier que je t'envoie, recevoir des nouvelles satisfaisantes de l'envoi des 2,000 baïonnettes qui me sont destinées.

CHARBONNIÉ.

Deux jours après, le même général confirmait ces faits en y ajoutant une demande de 4,000 fusils.

A l'Inspecteur des magasins de Mézières.

22 ventôse (12 mars).

Je te préviens que le nombre des effets nécessaires à l'armée est, en carabines ou mousquetons, de 1700; sabres de cavalerie, 1200; autant d'infanterie; paires de pistolets, 2,100, et fusils, 4,000.

Tu voudras bien ne faire distribuer une de ces armes quelconques, à moins d'excédent dans tes magasins, sous aucun prétexte.

CHARBONNIÉ.

A l'extrême droite, *à l'armée de la Moselle*, la situation n'était guère meilleure. Gillet, qui s'était déjà plaint, le 29 pluviôse, de manquer d'environ « 600 carabines » pour armer le 28ᵉ bataillon d'infanterie légère (1), mandait encore de Marville, le 8 germinal, au Comité de Salut public :

Citoyens Collègues,

Un corps de 20,000 hommes se rassemble en avant de Longwy. Il lui manque beaucoup d'armes. Il est des bataillons qui ont à peine la moitié de leurs baïonnettes. Ils ont dit les avoir perdues, pendant la campagne dernière, dans les bois, étant en tirailleurs. La division de gauche seule aurait besoin de 4,000 fusils. Je n'ai pas encore vu les autres divisions en détail, mais à la suite d'une campagne aussi laborieuse que la dernière, il doit se trouver beaucoup d'armes perdues ou hors de service. Ajoutez à cela que beaucoup de recrues n'étaient point armées. J'évalue les besoins à 12,000 fusils et baïonnettes, et je ne crois pas exagérer. Les arsenaux de cette armée sont, dit-on, épuisés. Il serait donc de la plus grande importance d'y suppléer, sur-le-champ, et je vous exhorte, Citoyens Collègues, à donner des ordres pour qu'on envoie de Paris tout ce qu'il sera possible de se procurer.

J'écris au général en chef de l'armée des Ardennes pour savoir ce qu'il pourrait fournir de l'arsenal de Mézières; mais il ne faut compter que faiblement sur cette ressource (2).

. . . .

---

(1) Voir tome I, page 450, la lettre de Gillet, datée du 29 pluviôse.

(2) Comme l'annonçait Gillet dans sa lettre du 8, il avait écrit au général commandant l'armée des Ardennes; mais, comme il le crai-

La situation n'était guère modifiée le 10.

Gillet au Représentant du peuple Lacoste.

Longwy, le 10 germinal (30 mars).

J'ai vu les trois divisions de l'armée qui se rassemblent ici; il est urgent de leur procurer des armes et des effets; il faudrait près de 10,000 fusils, des baïonnettes et des sabres; il est des bataillons dont l'armement est à remplacer en totalité; il manque aussi des gibernes, des tire-bourres, des tournevis.

---

gnait, le chef de l'état-major de l'armée, en l'absence du général en chef, lui répondait par une fin de non-recevoir.

Au Représentant du peuple Gillet, à Marville.

8 germinal (28 mars).

Le général en chef étant absent, je m'empresse de répondre à tes demandes et de te faire connaître le peu de moyens que nous avons pour pourvoir aux besoins de nos frères de la Moselle.

L'armée du Nord nous ayant envoyé des bataillons, dont une partie était sans armes, nous avons dirigé, de Mézières sur Givet, 1200 fusils. Le général Jacob, qui commande cette division, en demande encore un pareil nombre. Le Comité des armes vient de tirer, de ce même arsenal, 2,000 paires de pistolets. Les deux bataillons que tu avais arrêté devoir être organisés et qui le sont, ont un besoin de 1600 fusils. Tu vois, Représentant, que par ce moyen, il ne reste dans les magasins et arsenaux aucune arme disponible d'après nos besoins que tu connais, et les rechanges nécessaires dans les places.

Voici l'état approximatif des fusils qui existent : à Mézières, 300; à Sedan, 400; à Montmédy, 500; à Roc-Libre, 400; à Givet et Philippeville, 500 à 600. Comme il est arrivé dans plusieurs de ces places des bataillons, il peut se faire qu'il y ait eu des armes distribuées. En outre de ces quantités, nous avons 300 fusils environ qui sont à réparer et qu'on pourrait envoyer à Paris. Tu vois, Citoyen Représentant, nos moyens. Si tu l'ordonnes, le général en chef dirigera sur le lieu que tu lui indiqueras, tout ce dont il peut disposer. Je t'observerai que nos besoins sont bien au-dessus de nos ressources. Cependant, comme tout républicain ne doit considérer que l'avantage général et que tu es à même de connaître l'utilité de cette mesure, j'attends tes ordres par le retour du courrier, et j'y obtempérerai avec empressement et célérité.

THARREAU.

J'ignore quelles ressources les arsenaux et les magasins de cette armée peuvent procurer et ce que l'on pourrait faire fabriquer dans le pays ; je me disposais à envoyer un officier dans les différentes places pour s'en informer, lorsque j'ai appris ton retour à Metz; je t'engage à t'occuper sur-le-champ de ces différents objets, car il n'est pas possible de mener au combat des hommes qui ne sont pas armés ou qui n'ont que de mauvais fusils.

Dès qu'il est décidé que l'armée doit faire un mouvement par sa gauche, il devient indispensable pour l'exactitude du service de faire verser dans les magasins et dans l'arsenal de Longwy une certaine quantité d'armes et d'effets de toute espèce, afin de pourvoir aux besoins du moment. Il en est qui sont tellement urgents, tels que souliers, etc., qu'on ne peut attendre plusieurs jours pour y satisfaire; il faut donc rapprocher les ressources du lieu où elles sont nécessaires. L'armée est brave, elle ne demande qu'à combattre, mais les soldats murmurent de manquer des choses les plus essentielles, et chaque jour, on me fait des demandes auxquelles je ne puis répondre que par des promesses, mais ces promesses doivent être exécutées. . . . .

Gillet au Comité de Salut public.

Longwy, 10 germinal (30 mars).

Je ne crois point vous affliger en vous parlant souvent des besoins des défenseurs de la patrie ; vous désirez les connaître et je dois vous les exposer.

Je vous ai déjà annoncé ceux de l'armée de la Moselle ; ils étaient inévitables après la pénible et glorieuse campagne qu'elle vient de faire.

Il faut des fusils, des baïonnettes, des sabres d'infanterie et de cavalerie, des effets d'habillement, des gibernes, des tire-bourres, des tournevis. J'ai vu ce soir le 1er bataillon du Cher; son armement est à remplacer presque en totalité et, en général, à l'exception de quelques bataillons qui étaient en garnison et qui ont eu le temps de se réparer, tous ont des besoins.

J'ignore quelles ressources les arsenaux et les magasins de cette armée peuvent fournir et ce que l'on peut faire fabriquer dans le pays. Je me disposais à envoyer un officier dans les différentes places pour s'en informer, lorsque j'ai appris le retour de notre collègue Lacoste à Metz. Je viens de lui écrire pour l'engager à s'occuper sur-le-champ de ces différents objets, car il n'est pas possible de mener au combat des hommes qui ne sont pas armés ou qui le sont mal. . . . .

. . . .

Huit jours après, Gillet réclamera encore des armes.

Gillet au Comité de Salut public.

Longwy, le 18 germinal (7 avril).

Les effets d'habillement, les souliers arrivent à Longwy; on en fait distribuer à l'armée, et je vois avec une satisfaction bien vive que les besoins en ce genre seront remplis.

Il manque beaucoup de gibernes : le Ministre auquel j'avais écrit m'en a annoncé. Il faut aussi des chapeaux en très grand nombre; donnez des ordres pour en envoyer, ainsi que des fusils et surtout des baïonnettes, car il en manque beaucoup plus que de fusils, et tout ira bien.

Le 20 floréal, Gillet et Duquesnoy, représentants près l'armée de la Moselle (1), réclamaient encore « avec impatience l'arrivée des fusils nécessaires pour armer les recrues » qui leur parvenaient.

a) *Division Souham. — Moyens employés pour combler les déficits d'armes.* — Pour combler le déficit qu'il signalait, Souham commençait par réserver à sa seule division toutes les ressources de son arrondissement.

Au Garde principal de l'artillerie à Lille.

24 germinal (13 avril).

Les 1987 fusils que le général en chef a donné ordre de délivrer à la division d'Arleux, doivent être pris sur les 10,000 que le chef d'état-major m'a annoncés (2), et qui doivent arriver à Lille dans quelques

---

(1) De Morfontaine, au Comité de Salut public. (Aulard, t. XIII, p. 401.)

(2) *Le général Liébert au citoyen Moreau, général commandant à Dunkerque.*

19 germinal (8 avril).

Je te préviens, Général, que je fais filer sur Lille la quantité de 10,000 fusils destinés pour l'armement des divisions de cette partie de la ligne. En conséquence, tu pourras faire la demande de la quantité qui te manque pour compléter l'armement des troupes qui sont sous ton commandement.

jours. Les armes qui sortent de l'atelier de réparations doivent être délivrées aux troupes qui composent cette division.

Tu voudras donc attendre pour délivrer ces 1987 fusils, et me donner avis de ceux que tu as en magasin afin que je te désigne les bataillons qui doivent les recevoir.

Conformément aux dispositions qui précèdent, Souham commença tout d'abord par répartir entre les divers bataillons de sa division les armes qu'il avait pu se procurer en dehors de l'envoi, non encore arrivé (1), des 10,000 annoncés. Pour compléter les 3,000 qui lui manquaient, il en attendait 828 de Béthune le 22 (2) germinal, en distribuait 1150 le 24 et 1265 le 27 ; en sorte qu'il fut fondé à écrire à cette date qu'après cette distribution ses troupes « seraient armées ».

Le général Souham au Garde principal de l'artillerie à Lille.

24 germinal (13 avril).

Tu délivreras une partie des armes que tu auras demain aux bataillons suivants :

Au 7ᵉ bataillon du Nord................	400 fusils ;
Au bataillon de l'Égalité................	350 —
A la demi-brigade d'infanterie légère......	400 —
Total..........	1150 fusils.

Lorsque ces corps enverront les officiers chargés de leur armement,

---

(1) *Liébert à Lemaire, général de division à Saint-Quentin.*

Du 3 floréal (22 avril).

Je suis en peine, Général, de ne pas voir arriver de fusils à Lille. Tu voudras bien faire parvenir le plus promptement et le plus sûrement possible dans cette place toutes les armes qui arriveront à Saint-Quentin.

P.-S. — Le besoin est urgent.

(2) Voir note (1) page 392.

tu voudras bien les leur donner. J'en donne avis aux chefs afin qu'ils les envoient prendre demain matin (1).

Au Garde principal de l'arsenal, à Lille.

27 germinal (16 avril).

Tu voudras bien, Citoyen, délivrer les fusils que tu as reçus hier aux corps suivants :

3ᵉ demi-brigade......................	139 fusils.
24ᵉ demi-brigade......................	338 —
Demi-brigade de l'Allier.................	228 —
10ᵉ bataillon du Calvados..............	40 —
1ᵉʳ bataillon de tirailleurs..............	72 —
29ᵉ demi-brigade......................	78 —
68ᵉ demi-brigade......................	200 —
2ᵉ bataillon de la Corrèze..............	100 —
2ᵉ bataillon de l'Yonne................	70 —
TOTAL.....	1,265 fusils.

Comme par cette livraison de fusils, les troupes que je commande seront armées, à l'exception de quelques fusils à réparer, tu n'auras pas besoin d'attendre l'arrivée des 10,000 qui me sont annoncés, et tu feras en sorte de délivrer promptement les 1900 qui manquent à la division d'Arleux.

J'écris aux chefs des corps indiqués ci-dessus, pour les prévenir d'envoyer chercher ces armes dans la journée.

En résumé, au moment où allait commencer la marche sur Courtrai, la division Souham avait ses fusils au complet.

b) *Division Moreau.* — Si la division Souham arriva à

---

(1)   *Souham au chef de bataillon Daendels à Comines.*

24 germinal (13 avril).

Je te préviens que j'ai donné au garde de l'arsenal de Lille l'ordre de délivrer des armes aux bataillons suivants.

Au 7ᵉ bataillon, etc. (comme ci-dessus).

Tu voudras bien leur donner ordre de les envoyer chercher demain matin, et s'ils ont des armes de trop, de remettre à l'arsenal celles qui seront défectueuses.

obtenir son complet en armement, il ne semble pas qu'il en ait été de même de la division Moreau.

Tout d'abord Liébert tenta de faire affluer à Bergues et à Dunkerque les armes en excédent de Lille et autres places.

Le général Liébert au citoyen Durutte, adjudant général à Dunkerque.

Du 16 germinal (5 avril).

J'écris à ce moment, Citoyen, à Lille (1) et autres places, pour demander s'il y existe des vieilles armes et des neuves. Si à Lille et dans les places des environs il se trouve des fusils susceptibles de réparations, je donnerai des ordres pour que l'on en fasse passer dans les arsenaux de Bergues et de Dunkerque, où les ateliers qui y sont montés pourraient, en peu de temps, faire les réparations nécessaires. Aussitôt que cette opération sera faite, tu me rendras compte de la quantité que tu auras reçue, et je ferai en sorte de compléter le nombre qui te manque avec des fusils neufs. Quant aux baïonnettes, j'en attends. Je t'en ferai passer quand j'en aurai reçu.

Mais malgré ces efforts, il n'apparaît pas que la division Moreau, bien qu'elle ait trouvé à Cassel un faible lot de baïonnettes (2), ait été dans une situation aussi

---

(1) *Le général Liébert au général Souham, commandant à Lille.*

16 germinal.

Je te prie, Général, de m'envoyer, en réponse à la présente, l'état de tous les fusils existants dans les magasins et arsenaux de la place de Lille, et qui sont susceptibles de réparations. Tu voudras bien me faire passer cet état le plus promptement possible.

Souham au Chef de l'état-major.

22 germinal (11 avril).

Je t'envoie, Général, l'état des armes qui sont à Lille en état de réparation. J'en attends, outre cela, 828 que l'on répare à Béthune.

Te ne me dis pas quand arriveront les 10,000 fusils qu'on m'annonce. Je les attends avec impatience pour compléter l'armement de la troupe que je commande.

(2) *Liébert au général Moreau, à Cassel.*

15 germinal (4 avril).

En réponse à ta lettre, Général, par laquelle tu me demandes des

prospère que la division Souham au point de vue de l'armement, si l'on en juge notamment par celui du bataillon des chasseurs-tirailleurs.

Le Chef du bataillon des chasseurs-tirailleurs au citoyen général de division Moreau.

Steenwoorde, le 5 floréal l'an II° de la République (24 avril 1794).

Mon Général,

Malgré tous les soins que je me suis donnés pour armer les 417 hommes incorporés avant-hier dans le bataillon que je commande, je n'ai pu encore obtenir la quantité de fusils à ce nécessaire. Il m'en manque au moins 250 pour complètement armer ce bataillon. Si tu as des fusils à ta disposition, veuille, mon Général, les faire délivrer. Ils sont d'une nécessité indispensable.....

... Les états qui constituent les besoins se trouvent ci-joints.

Salut et fraternité,

DEHYCKE, chef de bataillon.

Le 13 floréal, le surlendemain de la prise de Menin, Moreau recevait encore des armes.

Au général de division Moreau.

13 floréal (2 mai).

Je te préviens, Général, qu'il est arrivé ici des fusils; en conséquence, envoie quelqu'un pour prendre ou demander le nombre qu'il te faut.

Le 21 floréal, le commandant du bataillon des chasseurs-tirailleurs se plaignait de ce que la plupart de ses armes fussent « en très mauvais état (1) ».

---

baïonnettes, je reçois au moment une lettre du commandant de la place de Cassel, qui me marque qu'il s'en trouve 1535 dans le magasin de cette ville, toutes garnies de leurs fourreaux. Ainsi tu peux t'en procurer aisément.

(1) *Le Commandant du bataillon des chasseurs-tirailleurs, ci-devant braconniers, au général de division Moreau.* — Du bivouac, sous les lignes de Courtrai, le 21 floréal.

c) A *l'armée des Ardennes*, le général en chef, usant des pouvoirs que lui avait donnés l'arrêté du Comité de Salut public, cherchait, comme à celle du Nord, à épuiser toutes les ressources que pouvaient produire les arsenaux au profit de ses troupes mobiles.

19 germinal (8 avril).

Il est ordonné au commandant de la place de Montmédy de délivrer à la 86ᵉ et 26ᵉ demi-brigade tous les fusils qui existent dans l'arsenal de cette place, d'après les ordres particuliers qu'il recevra du général de division Debrun. Il n'apportera aucun retard à l'exécution de cette mesure, sous sa responsabilité personnelle.

CHARBONNIÉ.

De son côté, Gillet commença par faire affluer les armes sur Mézières.

*Au citoyen Poulet, agent supérieur du Conseil exécutif
à l'armée des Ardennes.*

Mézières, 28 pluviôse (16 février).

Je t'adresse, Citoyen, un arrêté pour faire transporter dans l'arsenal de Mézières tous les fusils qui se trouvent en dépôt à Rethel ; j'aurais pris la même mesure pour les carabines, dont tu m'as parlé, qui existent dans les différents départements composant la division de l'armée des Ardennes, mais j'ai réfléchi que ces carabines pouvaient être entre les mains des citoyens de ces départements, et un décret de la Convention nationale porte qu'aucun citoyen ne sera désarmé qu'en vertu d'un décret du Corps législatif, à moins qu'il ne soit suspect. J'ai cru, d'après cela, devoir attendre de ta part une explication sur ce fait et je te prie de me l'envoyer.

*Le Représentant du peuple chargé de l'embrigadement de l'infanterie
dans les armées de la Moselle et des Ardennes.*

28 pluviôse.

Arrête que l'agent supérieur du Conseil exécutif près l'armée des Ardennes, enverra aussitôt la réception du présent arrêté, à l'arsenal de Mézières tous les fusils qui se trouvent en dépôt à Rethel, pour être employés à compléter l'armement des différents bataillons d'infanterie de l'armée des Ardennes.

Fait à Mézières, le 28ᵉ jour de pluviôse l'an IIᵉ de la République une et indivisible.

Comme Liébert avait voulu le faire pour les ateliers de Lille, Tharreau faisait expédier sur Givet, tête d'étapes de l'armée des Ardennes, les fusils en bon état venant des ateliers de Mézières (1). Le commandant amovible de cette place y ajouta même ceux de Reims (2) et Charbonnié les excédents d'armes de Sedan (3).

19 germinal.

Il est ordonné au commandant de la place de Mézières de diriger dans le plus bref délai sur Givet tous les fusils qui sont à l'arsenal et même

---

(1)   *Tharreau au général de division Élie.*

26 germinal (15 avril).

Les manufactures de Mézières et de Libreville sont en grande activité et bientôt on pourvoira à tous les besoins de ce genre.

(2)   *Tharreau au Commandant amovible de Mézières.*

26 germinal.

Le général en chef a reçu tes deux lettres du 24 germinal. Tu lui donnes, dans l'une, l'état du convoi d'artillerie arrivé de Paris ; et, dans l'autre, tu lui fais part de ton embarras sur le parti que tu as à prendre vis-à-vis des conducteurs à qui tu as été forcé de donner du pain et vis-à-vis des chevaux à qui il a fallu faire délivrer des fourrages des magasins de la République. Tu les renverras aussitôt la présente reçue. Quant aux caissons qui sont rendus, il est nécessaire que tu les fasses charger. Nous en aurons besoin au premier jour.

Le général a reçu l'avis que tu lui donnes des armes arrivées de Reims, et que tu diriges sur Givet. Il approuve cette mesure.

19 germinal (8 avril).

(3) Il est ordonné au commandant de la place de Sedan de délivrer en cas de besoin à la 86ᵉ et 26ᵉ demi-brigade les fusils qui existent dans l'arsenal, d'après les ordres particuliers qui lui en seront donnés par le général de division Debrun ; et il fera expédier sous le plus bref délai à Givet tous les fusils qui resteront. Il expédiera également tous les sabres qui existent dans ledit arsenal ainsi que ceux qui seront fournis par les armuriers. Il n'apportera aucun retard à l'exécution du présent ordre sur sa responsabilité personnelle.

CHARBONNIÉ.

ceux qui y seront versés par la manufacture jusqu'au 30 germinal ; et il rendra compte de l'exécution du présent ordre au général en chef (1)

CHARBONNIÉ.

Conformément à ces prescriptions, Mézières versait à Givet, le 27 germinal, 347 fusils d'infanterie, 16 mousquetons de cavalerie, 241 mousquetons de hussards, 500 paires de pistolets de cavalerie, 463 sabres d'infanterie, 33 sabres de cavalerie et un certain matériel d'artillerie (2).

---

(1) *Au Commandant de l'arsenal de Mézières.*

24 germinal (13 avril).

Tu voudras bien, Citoyen, au reçu de la présente, faire conduire à l'arsenal de Givet tous les fusils bons et réparés qui sont dans les magasins de la place, et de verser de même, au fur et à mesure de la fabrication, tous ceux qui le seront jusqu'au 30 germinal inclusivement.

BARBIER.

Au Commandant de l'arsenal de Mézières.

Tu voudras bien, Citoyen, au reçu de la présente, faire conduire à l'arsenal de Givet tous les sabres d'infanterie qui sont dans les magasins de la place et 500 paires de pistolets, et de m'accuser réception de la présente.

BARBIER.

(2) *Au Garde-magasin d'artillerie à Givet.*

28 germinal (17 avril).

Je te préviens, Citoyen, qu'il est parti de l'arsenal de Mézières, 27 germinal, trois voitures chargées des armes ci-après détaillées, savoir :

347 fusils d'infanterie, 16 mousquetons de cavalerie, 241 mousquetons de hussards, 500 paires de pistolets de cavalerie, 463 sabres d'infanterie dont quelques-uns de 28 à 30 pouces, 33 sabres de cavalerie.

Il a été embarqué le même jour à Mézières les effets suivants :

Culots de fer de 12	100
Pour mitraille { de 8	200
{ de 24	500
Boîtes de mitraille de 4 remplies	275
Boîtes d'obusiers de 6 pouces remplies	265
Sachets de serge de trois calibres	1200
Prolonges	17

Le directeur de l'artillerie de Mézières annonce qu'il joindra de plus

Le lendemain, Tharreau renouvelait ses demandes d'armes.

Au Commandant amovible à Mézières.

28 germinal (17 avril).

Envoie-nous en armes le plus tôt possible tout ce tu as de prêt et surtout les carabines. Nous en avons besoin.

THARREAU.

De Givet, le centre d'approvisionnements fut porté sur Philippeville, nouvelle tête d'étapes (1) de l'armée des Ardennes.

à cet envoi tout ce qu'il pourra trouver de jantes, de rais, de timons, de palonniers et de volées.

Tous ces objets, Citoyen, seront versés dans l'arsenal de Givet.

BARBIER.

9 floréal (28 avril).

(1) Il est ordonné au commandant d'artillerie à Vedette-Républicaine de délivrer au 4e bataillon de la Manche 33 fusils, 42 pistolets de canonniers, 50 tirebourres, 8 tournevis, le tout sur les bons du conseil d'administration dudit bataillon qui en demeurera responsable envers la République.

BARBIER.

Au Commandant d'artillerie à Vedette.

20 floréal (9 mai).

Tu voudras bien, Citoyen, faire partir sur-le-champ, à l'endroit du parc d'artillerie, 417 fusils neufs et 30 pistolets qui seront distribués par un officier d'artillerie, lequel avertira les chefs de corps de venir chercher les fusils qu'ils doivent y recevoir, qui en donnera reçu au bas de celui du général, chef de l'état-major général, et dans la forme de la répartition suivante, savoir :

3e du Nord,
2e du Finistère,
2e volontaires nationaux,
} demi-brigade de gauche, 255 (fusils), ils en remettront 160 mauvais ;

Le 9e bataillon de Seine-et-Oise, 60 fusils et 30 pistolets ; il remettra 60 mauvais fusils ;

1er bataillon de la Sarthe, 32 fusils, en rapportera 12 mauvais ;

4e bataillon de la Manche, 70 fusils, en rapportera 48 mauvais.

D'après cette répartition, l'officier chargé de cette exécution fera

2 floréal (21 avril).

Il est ordonné au commandant de l'artillerie de Givet de faire transporter demain à Vedette-Républicaine tous les fusils neufs qui sont encaissés dans l'arsenal de Givet dont le nombre est de.....

THARREAU.

Aux Commissaires composant la commission des armes et poudres.

16 floréal (5 mai).

Par votre lettre du 12, Citoyens, vous annoncez au général en chef que vous avez fait au Comité de Salut public la demande de 3,000 fusils pour cette armée. Sans doute ils sont indépendants des 5,000 que vous lui avez déjà promis; et ils forment un total de 8,000 avec le premier envoi dont 812 sont déjà arrivés à Mézières et filent à cet instant sur Vedette-Républicaine.

Je serai exact à vous accuser réception des divers envois dont vous m'aviserez ou du retard qu'il éprouveraient.

THARREAU.

En dehors des armes que Charbonnié essayait de faire affluer aux têtes d'étapes de son armée, il cherchait encore à utiliser les excédents d'armes d'une unité au profit d'une autre.

6 floréal (25 avril).

Le commandant du 2⁰ bataillon du Finistère remettra au commandant des volontaires nationaux 100 fusils des meilleurs de ceux qu'il a d'excédent des hommes présents à son bataillon.

BARBIER.

---

transférer au camp les 417 fusils et en fera rapporter 280 d'échange, d'après les états de situation des corps. Les fusils doivent être au plus tard à 3 heures au camp pour être distribués avant la retraite.

BARBIER.

Au commissaire ordonnateur Vaillant.

20 floréal (9 mai).

Sur l'observation que vient de me faire le commandant d'artillerie que deux voitures sont insuffisantes pour conduire les 417 fusils au camp de Bossus, qu'il est nécessaire de prendre encore deux autres voitures, je l'invite à donner des ordres pour que ces deux autres voitures soient rendues sur-le-champ à l'arsenal et que ce service n'éprouve aucun retard.

BARBIER.

On peut dire en résumé que si, au moment de marcher de Lille sur Courtrai, le général Souham parvint à avoir toutes ses troupes pourvues de leur armement, la division Moreau recevait encore des armes le 13 floréal sous les murs de Menin ; l'armée des Ardennes en recevait encore à la fin de germinal et celle de la Moselle le 20 floréal.

LES BAÏONNETTES.

Importance qu'y attachait le Comité de Salut public. — On a déjà montré, en exposant le plan de Grimoard, l'importance qu'attachait avec lui le gouvernement à l'attaque en masse et à la charge à la baïonnette. Dans une série d'arrêtés, en effet, le Comité l'appelait avec raison « l'arme favorite des Français ». « A son aspect, disait-il, les tyrans tremblent, les esclaves fuient (1) » ; il constatait encore que « le succès de nos armes était dû principalement à l'usage des baïonnettes (2) ». Le lendemain, il revenait encore sur le même sujet : « La baïonnette est l'arme des héros ; devant elle échoue la tactique des despotes ; elle est le signal ou de la fuite précipitée de leurs satellites, ou l'instrument de leur carnage et de leur mort (3). »

Fort de cette conviction, le Comité ne songeait qu'à assurer au plus tôt la délivrance de cette arme aux défenseurs de la patrie : le 14 ventôse, il décidait qu'il en serait fabriqué 1,200,000 ; mais apprenant bientôt après que « la plupart des volontaires perdent cette arme précieuse aux Français, faute de fourreau », le Comité complétait son arrêté du 14 par celui du 25, qui prescrivait la fabrication de 1,200,000 fourreaux.

---

(1) Arrêté du 13 ventôse (3 mars 1794).
(2) Arrêté du 14 ventôse (4 mars 1794).
(3) Arrêté du 15 ventôse (5 mars 1794).

Pour activer le plus possible cette fabrication qu'il regardait comme « une mesure de salut public », le Comité multipliait les ateliers : aux usines officielles de Libreville (Charleville), Tulle et Armes-Commune (Saint-Étienne), il ajoutait, le 13, les soumissions de tous les ouvriers susceptibles d'entreprendre ce genre de travail et requis à cet effet par l'agent national du district. Le surlendemain, il ajoutait aux ateliers de la fabrication extraordinaire des armes un atelier particulier de baïonnettes à Paris. A Lille en fonctionnait un autre.

Le Comité de Salut public à Florent Guiot, représentant à l'armée du Nord, à Lille.

Paris (19 ventôse an II), 9 mars 1794.

Songis, commandant de l'artillerie à Lille, a établi une fabrication de baïonnettes. La baïonnette est l'arme la plus avantageuse aux Français ; à son aspect, les tyrans tremblent, les esclaves fuient. Il faut doubler la fabrication de baïonnettes à Lille, afin d'avoir au centre de l'armée du Nord, un magasin de baïonnettes pour fournir aux défenseurs de la liberté. Nous t'invitons à voir cette fabrication, à y porter toute ton attention, et à prendre des mesures pour lui donner la plus grande extension. Tu conçois que c'est la célérité dans l'exécution que nous devons surtout rechercher.....

Le 3 germinal, le Comité de Salut public requérait le moulin à vent des ci-devant Chartreux et celui des ci-devant Lazaristes, pour « faire marcher des meules à émoudre des baïonnettes » ; dans le district de Pontoise (1), il mettait en réquisition les moulins de Commissaire, de La Mare et de Plessier, « pour former des foreries et émouleries de canons et de baïonnettes ». Mais la construction de ces divers ateliers ne devait être prête qu'un mois après ; et le 16 le Comité constatait encore que « le besoin des baïonnettes était extrême » ; aussi décidait-il d'émoudre les 19,600 baïonnettes « brutes »

---

(1) Arrêté du 13 germinal (2 avril 1794).

renfermées par les magasins de Paris, y requérait des couteliers pour émoudre ces armes à raison de 150 par décade et par coutelier. Le 11 prairial, il acceptait encore les offres des forgerons pour faire des baïonnettes et leur facilitait les moyens de mettre promptement leurs ateliers en activité.

Pour se rendre compte d'ailleurs de l'effet de toutes ces mesures, le Comité arrêtait le 19 floréal que chaque agent national de district ferait connaître immédiatement « la situation des fabriques de baïonnettes de son arrondissement » et fournirait cet état tous les 1er de chaque mois.

Malgré ces dispositions, il est assez difficile d'en dire les résultats pour l'armée : si, le 10 germinal (30 mars), F. Guiot déclarait que les ateliers pour la fabrication des armes et baïonnettes étaient dans la plus grande activité, et que « sous quelques jours la division Souham serait à peu près armée », Gillet et Duquesnoy écrivaient le 20 floréal (9 mai) : « Nous attendons avec impatience l'arrivée des fusils nécessaires pour armer les recrues qui nous arrivent. Tâchez aussi de nous envoyer des baïonnettes. Il en faudrait au moins 10,000. Vous savez combien cette arme est essentielle. » Enfin, le 16 prairial (4 juin), le Comité prescrivait à la Commission des armes et poudres de faire enlever « à mesure de leur fabrication » toutes les baïonnettes fabriquées à Saint-Étienne.

Armement de la Cavalerie.

LES SABRES.

Les armes à cheval n'étaient pas mieux partagées que les troupes à pied sous le rapport des armes portatives. Les sabres que l'on s'efforçait de fabriquer, notamment à Paris, étaient de fort médiocre qualité : « Puisque nous parlons d'armes, écrit Florent Guiot (1), je vous dirai qu'on se plaint beaucoup de la qualité des sabres qu'on envoie depuis Paris. Ils se cassent au premier coup que frappent nos braves soldats, et il ne leur reste plus qu'un tronçon d'arme à la main. » Il renouvelait cette plainte le 11 ventôse (1er mars) (2). De son côté, Pflieger mandait de Châlons-sur-Marne le 4 ventôse (22 février) que « les sabres surtout qu'on a envoyés jusqu'à présent sont de la plus mauvaise qualité; qu'il faut singulièrement en surveiller la fabrication ».

Le 22 ventôse, Florent Guiot se plaint encore des sabres : « Je vous dirai, en parlant de cette dernière espèce d'arme, que les 2,000 briquets qu'on vient de nous envoyer de Paris sont de la plus mauvaise qualité et semblent avoir été pris dans un magasin de rebut. C'est un fait dont je me suis assuré par moi-même. » « Le 9e régiment de hussards, qui est aux avant-postes, insiste-t-il de nouveau le 28 (3), m'a renvoyé environ 60 sabres dont il ne peut pas se servir. J'en ai essayé plusieurs : ce ne sont que des lames de plomb qui se replient sans efforts et même ne se redressent pas. Surveillez les ateliers de Paris et prenez garde que la cupidité ne s'y combine avec l'aristocratie pour fabriquer de mauvaises armes aux défenseurs de la patrie. »

La mauvaise qualité des sabres se compliquait encore d'un déficit trop réel. « Donnez des ordres pour que les carabines, pistolets et sabres que j'ai demandés nous arrivent promptement », écrira Pflieger le 4 ventôse. « Les sabres manquent surtout absolument, dira Gillet au Ministre (4), et tu sais, ajoutera-t-il, que sans cette arme la cavalerie ne peut rien ». A Maubeuge, Fave-

---

(1) Florent Guiot au Comité de Salut public, 27 ventôse (17 mars).
(2) Aulard, tome XI, page 481.
(3) Aulard, tome XII, page 44.
(4) Gillet au Ministre de la guerre. Sedan, 17 ventôse (7 mars).

reau réclamera 1200 sabres « pour compléter l'armement des trois divisions (1) » ; et, onze jours après, Liébert ne pourra lui en envoyer que la moitié à titre « d'acompte (2) ».

Pour remédier à cette pénurie, on eut recours à des moyens analogues à ceux qui furent employés pour combler le déficit des fusils, et tout d'abord on créa des ateliers et manufactures. Le 27 nivôse (16 janvier), F. Guiot annonçait qu'il allait monter un atelier de sabres à Lille ; l'arrêté du 30 pluviôse constate l'existence à Thiers (3) d'une manufacture d'armes blanches à laquelle le Comité de Salut public fait fournir 180 quintaux d'acier par les citoyens Treilhard, Blanché et Marchand frères, maîtres de forges à Rives, pour les mois de ventôse, germinal et floréal.

Pour recueillir les produits des manufactures, le Comité créait des magasins : le 8 floréal il requérait « la maison de la ci-devant Université pour y établir des magasins d'armes blanches ».

Le Comité de Salut public s'efforçait encore d'activer la fabrication des sabres en la faisant surveiller. Dès le 9 septembre 1793, le Comité, constatant l'extrême urgence de fabriquer des sabres pour la cavalerie, décidait d'envoyer à Langres (3), Moulins, Châtellerault (3), etc., un commissaire chargé d'y organiser cette fabrication. Le lendemain Nicolas Pradier, inspecteur et contrôleur général des armes blanches à l'arsenal de

---

(1) Favereau à Pichegru, 7 germinal.

(2) Liébert à Haquin, adjudant général à Maubeuge, 18 germinal.

(3) *Discours de Barère du 13 pluviôse.*

« En même temps que le Comité créait la fabrique immense de Paris, il envoyait des commissaires dans les départements pour établir de nouvelles fabrications. C'est ainsi qu'il a fait établir des fabriques de sabres à Langres, à Châtellerault, à Grenoble, à Thiers..... »

Paris, était désigné pour remplir ces fonctions à Langres, et Guillaume Dubenca à Châtellerault. Le 8 pluviôse (27 janvier), le Comité considérant que la fabrication des armes blanches n'est pas au niveau des besoins, réclame pour la décade suivante un état des « approvisionnements actuels en armes blanches ainsi que des ressources prochaines et futures à cet égard ». A la manufacture de Klingenthal, où il avait chargé (1) le mathématicien Vandermonde d'étudier avec un adjoint « le détail de la fabrication des sabres et des baïonnettes et d'en faire la description »; il prescrivait le 14 ventôse (4 mars) de tripler en 1794 la fabrication, et particulièrement celle des baïonnettes et des lames de sabres. Ces dispositions ne procurèrent pas encore la solution définitive de la question, car le 24 floréal (13 mai) le Comité de Salut public prescrivait à la Commission des armes de lui présenter sous deux jours « l'état des sabres de différentes sortes qui existent tant à Paris que dans les autres lieux de la République (2) ».

Pour augmenter les ressources existantes, le Comité de Salut public employait encore divers expédients. De même qu'il utilisait les fusils réformés après réparation, de même il décidait le 28 prairial (16 juin) que « tous les sabres déposés à l'arsenal de Strasbourg, dont la fonte serait reconnue mauvaise, seraient retrempés »; et que « ceux qui auraient été cassés et qui auraient quelque autre défectuosité notable seraient démontés pour être reforgés ». Dans le même ordre d'idées, F. Guiot annonçait le 22 floréal (11 mai) qu'il avait trouvé à Cambrai d'excellents sabres de carabiniers, mais sans fourreaux, et qu'il les envoyait à Lille où ils seraient complétés sous deux jours.

---

(1) Arrêté du 12 septembre 1793. (Aulard, tome VI, page 445.)
(2) Aulard, tome XIII, page 486.

On s'efforçait encore de diminuer le déficit en réduisant le nombre des sabres à fournir. C'est ainsi que Liébert écrivait le 8 germinal à Haquin, adjudant général à Maubeuge : « En réponse à ta lettre du 7 germinal, Citoyen, je pourrais te fournir du magasin de Réunion une partie des sabres dont tu as besoin pour les canonniers, grenadiers et sous-officiers des bataillons composant la division de Maubeuge. Quant aux trois bataillons d'infanterie légère, ils peuvent facilement s'en passer, d'autant mieux que nous n'en sommes pas très fournis..... »

Enfin la Convention réservait les sabres de 30 pouces de long et au-dessus à la seule cavalerie : le décret du 16 ventôse « défendit provisoirement à tout citoyen et même à tout militaire d'avoir des sabres de 30 pouces de lame et au-dessus, à peine de confiscation des sabres et de 300 livres d'amende par chaque sabre contre les contrevenants ». Seuls « les militaires servant dans les troupes à cheval, les officiers généraux, les militaires attachés à leur état-major, les commandants et adjudants-majors des bataillons d'infanterie et les guides à cheval » avaient droit à cette arme. Comme conséquence de cette mesure, tous ceux à qui elle ne reconnaissait pas le port de ces sabres devaient les verser aux commissaires des guerres (1); et ces derniers devaient les faire parvenir au dépôt général de cavalerie de l'armée à l'adresse de l'inspecteur général de ce dépôt, qui devait en faire la distribution aux troupes à cheval pouvant en manquer.

Longwy, le 6 germinal (26 mars).

(1) Le commissaire des guerres Honnay est autorisé à faire la remise aux officiers, des sabres qu'ils ont déposés chez lui jusqu'au 11 de ce mois, époque à laquelle ils se pourvoiront d'épées et rendront les sabres.

GILLET.

Cette dernière disposition provoqua à bon droit les critiques de Florent Guiot. Si le dépôt était très éloigné du corps à pourvoir et que ce dernier fût à proximité du commissaire des guerres, on faisait un mouvement inutile pouvant occasionner une perte de temps sensible.

« Le décret sur les sabres de la longueur de 30 pouces nous fournira suffisamment d'armes de cette espèce pour notre cavalerie légère car il était devenu de mode de se faire suivre d'un long sabre. Mais ce décret veut en même temps que les sabres trouvés dans les départements du Nord et du Pas-de-Calais soient envoyés à Compiègne, Beauvais, etc. Mais puis-je exécuter littéralement cet article lorsque nous avons aux avant-postes des chasseurs et hussards qui n'ont point de sabres ? Je pense que ce sera mieux entrer dans les vues de la Convention que de leur en faire distribuer, sauf à envoyer les reçus à l'inspecteur général (1). »

Pour remplacer dans l'infanterie les sabres qu'on lui enlevait, le Comité de Salut public arrêtait le 21 ventôse que « le Ministre de la guerre donnerait les ordres les plus prompts pour que, dans toutes les armées de la République, les officiers d'infanterie qui, en vertu du décret du 16 ventôse, sont tenus de remettre leurs sabres de longueur pour le service de la cavalerie, trouvent à se pourvoir en même temps de sabres courts, épées ou espontons (2) ».

Cet arrêté portait la signature de Carnot qui, s'apercevant ensuite que les marchands de cannes à épée faisaient une concurrence déloyale au monopole qu'il cherchait à créer pour la cavalerie, fit prendre le 15 germinal la décision suivante, assez curieuse pour être transcrite *in extenso* :

---

(1) Florent Guiot au Comité de Salut public, 27 ventôse.
(2) Aulard, tome XI, page 637.

« Le Comité de Salut public, considérant la nécessité de se pourvoir de lames de 30 pouces et au-dessus pour les sabres de cavalerie ; qu'une multitude de ces lames est soustraite aux besoins de la République par les nombreux marchands de cannes ; que le décret du 16 ventôse n'ayant pas défendu l'usage des cannes à sabres de 30 pouces et au-dessus, il est du devoir du Comité de suppléer à cette omission, arrête : 1° que toutes les lames à sabres de 30 pouces et au-dessus propres à la cavalerie, renfermées dans des cannes ou disposées pour l'être, seront mises en préhension ; 2° qu'il est expressément défendu à tout fourbisseur d'en fabriquer de telles pour les marchands de cannes et à ceux-ci d'en employer et d'en vendre sous quelque prétexte que ce soit ; 3° que la Commission des armes et poudres est chargée de l'exécution du présent arrêté et d'en rendre compte au Comité *trois jours* après sa réception (1). »

Ce n'était pas le seul abus auquel il fallut remédier ; dès le 25 ventôse, Florent Guiot, rendant compte de ce que Vidalin et Bollet ont fait « imprimer le décret sur les sabres ayant plus de 30 pouces de longueur, et lui en ont envoyé un exemplaire, qu'il fera mettre à l'ordre », prévient le Comité de Salut public que « cette loi n'a pas prévu un inconvénient qui va devenir très fréquent : c'est qu'on rognera les sabres à la longueur de 30 pouces ».

Ce danger fut assez réel pour que l'ordre général de l'armée du Nord, daté du 27-28 ventôse, eût porté à la connaissance des troupes l'arrêté de Bollet et Vidalin portant répression de ces faits au cas où ils se produiraient.

---

(1) Aulard, tome XII, page 383.

Armée du Nord. — Ordre du 27 au 28 ventôse (17 au 18 mars).

Arrêté des Représentants du peuple près les armées du Nord et des Ardennes.

Instruits qu'au mépris de la loi du 16 ventôse qui défend à tous militaires d'avoir des sabres de 30 pouces de lame et au-dessus à peine de confiscation et de 300 livres d'amende pour chaque sabre contre les contrevenants, plusieurs militaires et autres se proposaient de faire réduire leurs lames au-dessous de 30 pouces ; une pareille infraction pouvant rendre nulle une loi que tout bon citoyen devait regarder comme très salutaire puisqu'elle ne peut tendre qu'à nous faciliter la défaite des tyrans coalisés et nous procurer au plus tôt la liberté, arrêtons ce qui suit :

Art. 1er. Tous militaires à pied et agents des administrations près des armées et tous autres agents quelconques qui auraient, à l'époque de la publication du présent décret, des sabres ayant une lame de 30 pouces de longueur et au-dessus, et qui, pour se soustraire à la réquisition ordonnée par la loi du 16 ventôse, les auraient ou les feraient rogner, seront destitués et n'en seront pas moins condamnés à l'amende prononcée par la loi.

Art. 2. Les commandants qui ne dénonceraient pas les officiers qui auront contrevenu à la loi seront également destitués, regardés comme suspects, et, comme tels, mis en état d'arrestation jusqu'à la paix.

Art. 3. Tous ouvriers, de quelque genre qu'ils soient, qui auront travaillé à détériorer soit les sabres, soit les fourreaux, seront condamnés à la même amende de 300 livres.

Art. 4. Invitons tous les bons citoyens, les comités révolutionnaires et membres des sociétés populaires, tous militaires à cheval pour lesquels ces armes sont destinées, à dénoncer à toutes autorités constituées ceux qui auront contrevenu à cette loi.

Art. 5. Enjoignons aux généraux en chef et de division de mettre à l'ordre le présent arrêté ; enjoignons pareillement aux agents nationaux des districts et des communes des départements dépendant des armées du Nord et des Ardennes, de le faire publier et afficher, de nous en accuser la réception en nous justifiant des mesures qu'ils auront prises pour son exécution.

Signé : Bollet et Vidalin.

Tandis que cet arrêté était mis par Liébert à l'ordre, Tharreau, à l'armée des Ardennes, en faisait l'objet d'une circulaire et Charbonnié s'empressa d'en accuser réception à Vidalin.

Circulaire à tous les généraux de division et aux généraux Lorge et Michaud.

2 germinal (22 mars).

Je te fais passer, Citoyen Général, un arrêté des Représentants Bollet et Vidalin relativement à la remise des sabres de 30 pouces et au-dessus. Tu recevras aussi des modèles de l'état de revue que tu feras remplir par les corps de cavalerie qui sont dans ta division en se conformant à l'instruction qui y est jointe.

Après les revues faites et que les états t'auront été remis, tu les enverras par un courrier au Représentant du peuple Vidalin à Châlons-sur-Marne.

Le général en chef t'engage à poursuivre avec célérité l'exécution de ces opérations qui demeurent sous ta responsabilité.

THARREAU.

Au Représentant du peuple Vidalin, à Châlons-sur-Marne.

2 germinal.

J'ai reçu, Citoyen Représentant, l'arrêté que tu as pris relatif à l'exécution du décret sur la remise, dans les arsenaux de la République, des sabres au-dessus de 30 pouces pour armer les hussards et chasseurs. La loi a été mise à l'ordre de l'armée. Je fais passer ton arrêté à tous les généraux divisionnaires ainsi que le modèle de revue pour la cavalerie avec l'instruction qui y est jointe. J'en ordonne la prompte exécution.

Je te fais parvenir le tableau des corps et détachements de cavalerie par division et en y joignant l'emplacement de chacun.

Je t'engage à presser ton voyage à Sedan. Il ne peut qu'être utile à la République et à l'armée que je commande.

CHARBONNIÉ.

Il semble cependant que, malgré toutes ces difficultés, l'on soit arrivé vers le 6 prairial à doter la cavalerie de toutes les armes nécessaires.

Extrait des registres du Comité de Salut public, de la Convention nationale, du 6 prairial, l'an 2ᵉ de la République.

6 prairial (25 mai 1794).

Le Comité de Salut public arrête que toutes les troupes à cheval disponibles qui se trouvent dans les dépôts de l'armée du Nord et de celle des Ardennes se rendront sans aucun délai à Réunion-sur-Oise, où il leur sera distribué les armes qui pourraient leur manquer. La commission de l'organisation et du mouvement des armées donnera ses ordres en conséquence, et préviendra pour les subsistances la commission du commerce.

La commission des armes et poudres fera passer sans retard à Réunion-sur-Oise (1) au moins 3,000 pistolets, 1000 sabres au moins de chasseurs, hussards et dragons et 1500 sabres au moins de cavalerie ou de gendarmerie nationale. Elle préposera un commissaire spécial pour surveiller la distribution de ces armes.

Ravitaillement en fusils, sabres et pistolets. — L'approvisionnement une fois constitué et les parties prenantes portées au complet réglementaire, le ravitaillement se faisait alors par prélèvements opérés par les corps de troupe sur les arsenaux des places.

---

(1) Il semble qu'à partir du 29 floréal, alors que l'armée avait progressé et conquis sans conteste la vallée de la Lys par la victoire de Tourcoing, l'entrepôt fut porté à Lille.

Au Garde d'artillerie de Lille.

19 floréal (8 mai).

Tu peux, Citoyen, faire déballer les sabres qui te sont arrivés de Réunion et les délivrer sur des bons signés de moi ou du général en chef.

Dans l'état des armes que tu m'as adressé, il fallait joindre les sabres et pistolets, si tu en as reçu, qui ont été adressés au général en chef. Mande-moi sur-le-champ si tu en as reçu et la délivraison en même temps.

Salut et fraternité.

Le Général de division, chef de l'état-major général,
LIÉBERT.

Liébert à Marchand, au château de Réunion-sur-Oise.

20 floréal (9 mai).

Tu as bien fait, Citoyen, de faire filer les sabres sur Lille, quant aux calottes de cavalerie, j'ai écrit au général Ferraud; il prendra ce qui lui sera nécessaire, et tu enverras le restant.

a) Armée du Nord.

Le général Fromentin au général Duhesme, à Beugnies.

7 germinal (27 mars).

Tu voudras bien, mon cher camarade, donner ordre au commandant de la Vienne de remettre au magasin d'Avesnes les sabres qu'il aura de trop après avoir armé les grenadiers, canonniers, sous-officiers et tambours.

b) Armée des Ardennes.

30 ventôse (20 mars).

Le garde-magasin de l'arsenal de Sedan délivrera au 20° régiment de chasseurs à cheval 99 sabres dont il prendra reçu de l'officier porteur du présent ordre.

Par ordre du Général en chef,

THARREAU.

30 ventôse.

Le garde-magasin de l'arsenal de Mézières délivrera au 20° régiment de chasseurs à cheval 55 paires de pistolets dont il tirera reçu de l'officier porteur du présent ordre.

Par ordre du Général en chef,

THARREAU.

Ordre du Représentant du peuple Massieu.

6 germinal (26 mars).

Sur la demande pressante du général Charbonnié, commandant en chef l'armée des Ardennes, et la nécessité d'armer la cavalerie qui marche contre celle des tyrans coalisés, rassemblés aux environs des places de Vedette-Républicaine et Givet, il est ordonné au commandant de l'artillerie à Mézières de mettre à la disposition dudit général en chef la quantité de 1000 paires de pistolets sur l'ordre qu'il en recevra en particulier dudit général.

Sedan, quartidi, 4 germinal an 2 de la République une et indivisible.

Le Représentant du peuple près l'armée des Ardennes,

MASSIEU.

8 germinal (28 mars).

Le garde-magasin de l'arsenal de Mézières délivrera à la 13° compagnie d'artillerie légère la quantité de 36 paires de pistolets dont l'officier porteur donnera reçu.

THARREAU.

Les corps de cavalerie pouvaient aussi se ravitailler en armes sur le parc d'artillerie.

c) *Armée de la Sambre.*
Ordre du quartier général de Marchienne-au-Pont du 28 au 29 prairial.

Au quartier général de la Cense de Beaudrebul, le 30 prairial (18 juin).

Les sabres et pistolets apportés par les déserteurs et prisonniers sont déposés dans les magasins du parc d'artillerie; s'il se trouve dans les corps quelques cavaliers, chasseurs ou hussards qui n'en sont point pourvus, les conseils d'administration en donneront l'état au chef de l'état-major qui leur fera délivrer tous ceux qui se trouvent dans lesdits magasins.

VII. — Artillerie.

d) POUDRES ET MUNITIONS CONFECTIONNÉES.

Des poudres : Pénurie des matières premières. — Expédients destinés à remédier à cette pénurie : achats à l'étranger; réquisition; prises sur l'ennemi; emploi du salpêtre et du salin; raffinage du salpêtre. — Fabrication révolutionnaire de la poudre. — Impulsion donnée à l'extraction et à la fabrication. — Pénurie de poudre, de cuivre, de fer-blanc, de serge, etc. — Les munitions confectionnées. — Le ravitaillement en munitions.

Des poudres. — Pénurie des matières premières. — Si les munitions confectionnées ne paraissent pas avoir manqué, ce fut en raison des dispositions prises pour fabriquer rapidement la poudre et la faire arriver aux arsenaux. « Les ateliers de Maubeuge, écrit Éblé à Ferrand, sont montés de manière à pouvoir construire 40,000 à 50,000 cartouches par jour. Ils ont de la poudre; donne-leur donc, je te prie, l'ordre d'en faire. On m'a promis trente milliers de poudre. Si je les avais, je pourrais tant ici qu'à Péronne en faire faire 60,000 à 80,000 par jour, mais la matière première, comme tu vois, nous manque. Ce défaut retarde singulièrement la confection de nos munitions. » Ces réclamations étaient du 25 floréal : on peut donc dire que jusqu'à cette date, c'est-à-dire alors que la campagne était en pleine activité et que l'aile gauche de l'armée du Nord avait été victorieuse à Menin, à Mouscron, à Courtrai, à Tourcoing, le Comité de Salut public, malgré tous ses efforts, n'avait pas encore pu triompher entièrement de la terrible difficulté causée par le manque des matières premières, que nécessitait la fabrication de la poudre.

Et pourtant ce n'était pas faute d'avoir cherché a renverser l'obstacle à coups répétés d'instructions et de décrets.

Dans une lettre du 28 juin 1792 D'Urtubie, alors colonel directeur d'artillerie à Douai (1), constate que « la poudre manque dans toutes les places, laquelle devient plus urgente par les consommations qui se font journellement sous divers prétextes sans y être remplacées du tout ou fort peu. Il serait donc indispensable, disait-il, d'y pourvoir le plus tôt possible ; les demandes en ont été faites itérativement, et sans doute que les fabriques n'ont pu satisfaire aux besoins jusqu'à ce moment ».

Le 16 avril 1793, le Comité de Salut public informait le Ministre de la guerre qu'il était nécessaire de faire approvisionner de poudre toutes les places de Dunkerque à Rocroy. « Sur la demande réitérée de poudre », le Comité réclamait le 12 mai un état de situation exact, et prescrivait de s'occuper « des moyens à employer pour accélérer et augmenter la fabrication des poudres », ainsi que « des moyens de s'en procurer à l'étranger ».

Le 18 mai, Duhem annonçait qu'il n'y avait que 500 milliers, au lieu de 800, à Valenciennes et qu'il

---

(1) *Arch. Art.*

était nécessaire de faire passer deux millions de poudre à Douai pour l'armée et pour la place.

Le manque de poudre est encore constaté à Rocroy, Sedan, Mézières, Philippeville par la lettre des représentants du peuple Laporte et Deville, près l'armée des Ardennes. « Il faudrait, écrivent-ils le 23 mai, de la poudre, et encore de la poudre ». Le lendemain, c'est de Douai, que Bellegarde et Courtois demandent de la poudre et des munitions de guerre en tout genre.

« Le besoin de poudre se fait sentir partout (1) » confesse le 27 mai le Comité de Salut public. « Vu les demandes continuelles d'approvisionnements de poudre, » arrête-t-il le lendemain, « faites par l'armée et les places du Nord, » il en sera passé 50 ou 60 milliers à Cambrai et au Quesnoy, et 50 milliers à Cherbourg. Le 29 il écrit encore aux Représentants à l'armée des Ardennes : « Comme le besoin des poudres se fait sentir également partout, nous vous engageons à faire replier d'une place sur l'autre celles dont peuvent avoir besoin les villes de première ligne (2). » Le 8 juin, Beffroy et Delbrel signalent de Douai les munitions qui existent en trop petite quantité au Quesnoy. Carnot à son tour réclame le 27 juillet (3) « des fusils, des sabres, des chevaux et de la poudre ». Le 12 août, Collombel et Delbrel signalent de Douai que les principaux besoins de cette place sont en

---

(1) Aulard, tome IV, page 346.
(2) Par application de cette décision, le Comité de Salut public arrête, le 28 août, « qu'il sera livré 50 milliers de poudre à (par ?) « chacune des places de Schlestadt, Belfort, Huningue, pour être versés « immédiatement dans les magasins de Strasbourg. » — De même, Duquesnoy et Hentz adressent le 30 avril, de Cassel, copie d'un arrêté qu'ils ont pris la veille et d'après lequel il sera tiré provisoirement de Saint-Omer, pour être transportée à Gravelines, la quantité de 23 milliers de poudre.
(3) Carnot au Comité de Salut public. Bergues, 27 juillet 1793. (Aulard, t. V, p. 394.)

« poudre, boulets de 12, de 8 et de 4, et en balles de fer battu ». Le 24 Deville rappelle cette lettre. De Péronne, Laurent signale le 20 septembre qu'il n'y a à Cambrai ni poudre, ni cartouches, ni chevaux de cavalerie. Le 12 octobre, Péronne avait encore le plus grand besoin de 20 milliers de poudre (1).

Le Comité de Salut public reconnaissait du reste lui-même le 4 germinal (24 mars) que « la pénurie de poudre commençait à se faire sentir d'une manière effrayante » ; et pour la combattre, il se faisait rendre compte par l'Agence nationale des poudres et salpêtres des quantités de salpêtres et poudres fabriquées mois par mois depuis l'année 1792 inclusivement.

Expédients destinés à remédier à cette pénurie. — Pour remédier à cette situation, le législateur eut tout d'abord recours à des expédients analogues à ceux qu'il employa pour l'armement.

a) *Recours aux municipalités.* — Dès le 28 août 1792, l'Assemblée, qui se préoccupe d'exercer les canonniers de bataillon à la manœuvre et au tir du canon, trouve le moyen commode de charger les municipalités de leur fournir la quantité de poudre nécessaire.

b) *Achats à l'étranger.* — La Convention a utilisé ensuite les ressources étrangères : le décret du 11 mars 1793, encourage l'entrée de toutes les poudres de l'étranger, prohibe absolument la sortie de « toutes espèces de poudres et salpêtres », rationne au strict nécessaire celles qui sont destinées aux navires partant en course, à l'exploitation des mines et aux canonniers des gardes nationales volontaires. Le 17 frimaire (7 dé-

---

(1) Le Comité de Salut public à Laurent. (Aulard, t. VII, p. 382.)

cembre 1793) le Comité de Salut public prescrit au Ministre de la marine de « faire venir le plus promptement possible de l'Amérique septentrionale tous les fusils, potasse et salpêtre qu'il sera possible de s'y procurer », et lui ouvre à cet effet un crédit provisoire de cinq millions. Douze jours après il décidait de « tirer de la Suisse, ainsi que de Genève, toute la poudre qu'on pourra en extraire soit par des moyens diplomatiques soit par les voies commerciales ». Le citoyen Godard était le 3 ventôse (21 février) autorisé à « faire acheter des salpêtres, des poudres, du cuivre » et invité à faire « ses livraisons, dans le plus court délai possible, soit à Huningue, Belfort ou Besançon, dans les dépôts de la République ». Comme le Comité de surveillance du port de Lorient avait mis les scellés sur des navires arrivés de l'Ile de France avec un chargement de salpêtre, le Comité de Salut public prescrivait le 17 (7 mars) de lever les scellés et de remettre aussitôt ces matériaux au commissaire de l'Agence des poudres et salpêtres pour les faire transporter à la fabrique du Pont-du-Buis. De même le 29 floréal (18 mai) il ordonnait de transporter « sous le plus court délai et par les moyens les plus prompts » à Paris 150 milliers de salpêtre débarqués à Dunkerque. Enfin le 22 prairial (10 juin) il autorisait le citoyen Chabeuf, négociant à Tanay par Mirebeau (Côte-d'Or) à recevoir du salin de Suisse en échange de sel marin ordinaire.

c) *Réquisitions opérées sur les dépôts commerciaux.* — Le 2 pluviôse (21 janvier 1794) le Comité de Salut public prescrivait à la régie de lui donner par écrit connaissance du soufre qui existait dans le commerce et dans les différents magasins de la République, et des moyens de s'en procurer.

Informé qu'il en existait à Marseille une « quantité considérable que l'on estimait au moins à un million », il ordonnait le lendemain de le mettre en préhension, sauf indemnité à allouer aux propriétaires au tarif du maximum du prix du soufre ; et le 23 pluviôse (11 février) il mettait à la disposition de l'Administration révolutionnaire des salpêtres et poudres, à Paris, 200 milliers de soufre sur la quantité mise en préhension à Marseille.

d) Utilisation des poudres abandonnées par l'ennemi. — Le 13 brumaire (3 novembre) Hentz et Bo écrivirent de Mézières. « Nous avons trouvé dans les parties évacuées par Cobourg ces jours derniers de petites poudreries dont nous allons tirer tout le parti possible et que nous avons mises sous la surveillance du citoyen Desprez, excellent ingénieur et commandant à Rocroy, qui nous en rendra compte. »

e) Extraction du salpêtre. — A tous ces moyens accessoires succède le principal : l'extraction méthodique du salpêtre.

Le 5 juin 1793, la Convention autorisait les salpêtriers qui seraient commissionnés à « faire, pendant la durée de la guerre, des fouilles de salpêtre dans les caves, celliers, granges, bergeries, remises, colombiers et autres lieux couverts » ; elle invitait les municipalités et corps administratifs à favoriser ces opérations de tout leur pouvoir et interdisait absolument aux propriétaires d'y apporter le moindre obstacle.

Employant enfin la méthode de la réquisition, dont elle a usé pour la constitution de tous ses approvisionnements ; appliquant le 28 août les termes célèbres du décret du 23 : « le sol des caves sera lessivé pour en extraire du salpêtre », la Convention décida que « toutes les terres et matières salpêtrées dans l'étendue de la République seraient mises à la disposition du Conseil exécutif provisoire » ; que « les employés et ouvriers dans les ateliers, raffineries de salpêtres et fabriques de poudre seraient mis en réquisition »; qu'enfin, « le nombre des salpêtriers serait augmenté dans la proportion de l'augmentation des ressources de l'exploitation ».

De son côté, le Comité de Salut public prenait une série d'arrêtés destinés à développer cette industrie.

Il votait, le 16 septembre, 300 livres pour permettre à Monge de faire une expérience destinée à la découverte d'un procédé de création du salpêtre à volonté.

Pour encourager la fabrication de ce sel, le Comité de Salut public autorisait, le 4 octobre, le département de la Sarthe à louer à bail de neuf ans au citoyen Duquesnoy, entrepreneur de la manufacture de salpêtre au Mans, un bien national sur lequel il « se propose d'établir de nouvelles chaudières et des hangars (1) ».

Le 16 octobre, le Comité de Salut public pense à retirer le salpêtre des résidus de la fabrication de l'acide sulfurique et prescrit aux fabricants de cet acide de lui envoyer l'état de leurs résidus et de les conserver jusqu'à nouvel ordre.

Le 24, il envoie deux commissaires, Vauquelin (2) et

---

(1) De même, le 17 janvier 1794, le Comité de Salut public agrandissait la raffinerie de salpêtre de Nancy, en lui adjoignant le jardin du comte de Custine, émigré, et dont la propriété était devenue bien national. Le 2 mars (2 ventôse), il accroissait de même l'atelier des Ternes d'un terrain de six arpents, acheté 20,000 francs, au citoyen Père.

(2) L'arrêté du 26 octobre lui allouait un traitement de 700 livres par mois, indépendamment des frais de voyage et autres déboursés.

Le 21 frimaire (11 décembre 1793), le Comité de Salut public autorise la fabrique de lames de fusil d'Essonnes à réparer en même temps les chaudières requises par Vauquelin, à Orléans, et qui exigent des réparations.

Le décret du 22 (12 décembre) autorisait Vauquelin et Jacquotot à faire exploiter par les salpêtriers toutes les parties de châteaux, murs et édifices nationaux, sans remplacement de construction ».

Jacquotot, avec pleins pouvoirs pour extraire « la quantité énorme de salpêtre contenue dans les maisons de la ville de Tours, le château de Loches, la ville de Beaulieu et tous les lieux voisins ».

Pour activer la cuite du salpêtre et devant l'insuffisance du matériel nécessaire à cette opération, le Comité de Salut public autorisait le 26 la fonderie de l'arsenal de Paris et les autres de la République à délivrer aux régisseurs des poudres et salpêtres, sur leur réquisition, « les cuivres propres à fournir des chaudières, bassins d'évaporation et bassins à cristallisation ».

Le même jour, il ouvrait au directeur des poudres de Tours un crédit de 100,000 francs « pour des objets urgents de son service. »

Dans le même but, pour activer l'exploitation du salpêtre, qui languit dans l'Hérault, il autorise le 26 brumaire (16 novembre) la délivrance de commissions de salpêtriers aux citoyens jugés capables d'exécuter cet art.

Le 27 (17 novembre), il charge le citoyen Roussillon de donner toute l'énergie possible à la mission de Vauquelin et de Jacquotot et d'accélérer l'exploitation du salpêtre en Indre-et-Loire, Rhône-et-Loire, Vaucluse et Bec-d'Ambès, et lui donne à ce sujet « tous les pouvoirs nécessaires pour mettre en réquisition les choses et les personnes et lever les obstacles..... ». La même mission est donnée le 21 frimaire (11 décembre) à F. Guillemin, apothicaire aide-major de l'armée de l'Ouest.

Mais ces mesures partielles ne pouvaient assurer en temps voulu l'extraction de toute la quantité que la réquisition mettait à la disposition de l'État. Aussi, le 14 frimaire an II, Prieur venait-il, au nom du Comité de Salut public, faire à la Convention une longue déclaration. Après avoir indiqué la nécessité de se procurer une plus grande quantité de salpêtre, il proposait les moyens suivants : « ..... Un travail nouveau a été mis en activité dans le département d'Indre-et-Loire, un des plus riches en salpêtre. Bientôt, le département de Vaucluse, celui du Bec-d'Ambez vont fournir un nouveau tribut de salpêtre au besoin de la République. Les édifices qu'une juste punition va faire abattre dans Commune-Affranchie fourniront aussi des matériaux pour notre défense.

« L'accroissement de la fabrication des salpêtres exigeait une quantité de potasse proportionnée, et l'on sait que jusqu'à présent nous n'en avons point fabriqué pour nos besoins.

« Il n'y a que deux moyens d'y pourvoir, et votre Comité est disposé à les employer tous deux. L'un, à la vérité, est momentané..... réduire en cendres ces forêts qui forment les repaires des brigands de la Vendée et de la Lozère. Le second est de transformer en soude le sel marin, qui est en quantité inépuisable sur nos côtes.....

« Mais les mesures partielles ou isolées n'atteindraient point encore le but..... Il faut que la Convention imprime elle-même un grand mouvement, une grande activité aux moyens généraux que nous venons vous offrir.

« Outre le salpêtre, que l'entassement des hommes dans les maisons des grandes villes fournit aux salpêtriers, qui en lessivent et en exploitent les vieux matériaux, la nature a produit abondamment ce sel dans tous les lieux où des matières animales et végétales sont peu à peu accumulées : ainsi, le sol des écuries, des étables, des remises, des serres, des caves, des cuisines ; celui d'une foule d'ateliers où l'on travaille des substances organisées s'enrichit perpétuellement d'un nitre ou salpêtre qui s'y forme spontanément. Les salpêtriers sont autorisés par la loi à fouiller ceux de ces dépôts qui sont les plus vastes et les plus généralement connus pour contenir du salpêtre.

« Mais combien de terrains ont échappé jusqu'ici à leurs recherches! Quelle masse de salpêtre repose inerte et sans utilité pour la République! Quelle espérance ne devrait-on pas concevoir de la quantité qu'on peut en obtenir en intéressant tous les citoyens à cette récolte?

« .....Tous les citoyens sont..... intéressés à recueillir le salpêtre que la nature dépose chaque jour dans leur asile; tous sont également appelés, et par la loi et par leur intérêt particulier, à fournir ce qui peut concourir à la défense de la patrie; et celui qui recélerait sciemment des matériaux utiles à cette défense..... serait justement rangé dans la classe des contre-révolutionnaires et des conspirateurs.

« C'est sur ces bases..... qu'est fondée la proposition que vous fait en ce moment le Comité de Salut public : il appelle tous les citoyens à fournir, par des moyens simples et qui sont en leur puissance, un nouvel aliment à l'ardeur qui fait voler au combat les défenseurs de la patrie.

« .....Une instruction, qui a été rédigée par les hommes les plus habiles en ce genre, suffira pour mettre ce travail à la portée de l'intelligence la plus commune.

. . . .

« Les difficultés apparentes de convertir tous les citoyens en salpêtriers seraient nulles pour des républicains qui sont prêts à tout faire pour leur patrie, quand même elles ne disparaîtraient pas par l'exposé des procédés simples qu'une instruction répandue partout rendra bientôt familière. Qu'on n'oublie pas qu'en quelques décades des hommes que leurs occupations avaient éloignés des forges et des ateliers d'armes sont devenus non seulement habiles en cet art, mais même capables de diriger les travaux des autres et de leur apprendre ce qu'ils n'avaient pas encore pratiqué.

« L'énergie et l'adresse des Français sont, il faut le dire, sans cesse au-dessus de tous les peuples.....

« L'aperçu du résultat que doit produire la loi que vous propose le Comité de Salut public, c'est une récolte de 30 à 40 millions de salpêtre, ce qui fait une quantité suffisante pour exterminer tous les ennemis de la liberté que pourraient vomir l'Europe et l'Asie si elles étaient liguées contre elle. »

Aussi, la Convention adopta-t-elle le même jour le décret du 14 frimaire, prescrivant à « tous les citoyens, soit propriétaires soit locataires, excepté ceux dont les habitations sont comprises dans l'arrondissement d'un salpêtrier, à lessiver eux-mêmes le terrain qui forme la surface de leurs caves, de leurs écuries, bergeries, pressoirs, celliers, remises, étables, ainsi que les décombres de leurs bâtiments..... ». Une instruction rédigée par le Comité leur indiquait le mode d'extraction; un atelier municipal centralisait l'opération ou l'effectuait à la place des défaillants; enfin, tout le salpêtre ainsi récolté était groupé par district et mis au chef-lieu, à la disposition de la Régie des poudres.

Pour donner à cette loi la plus grande publicité, l'affichage en était ordonné dans toutes les communes.

Mais il allait de soi que cet appel à tous les citoyens ne devait en rien entraver les dispositions arrêtées par la loi du 28 août: aussi le 23 frimaire (13 décembre) était-il interdit de détourner, sous quelque prétexte que ce fût, et notamment pour les envoyer aux armées, les ouvriers salpêtriers requis en vertu de la loi du 28 août. Cette interdiction était encore rappelée le 29 nivôse (18 janvier 1794) avec menace de déclarer suspects ceux qui y contreviendraient. Et, par application de cette mesure, le Comité de Salut public autorisait le 28 floréal (17 mai) « les ouvriers et agents employés dans les ateliers de la raffinerie de la section de l'Unité, et dans les ateliers de poudre établis à Grenelle et aux Ternes, de même que les chefs des bureaux de l'administration révolutionnaire » à se faire remplacer dans le service militaire.

Comme les salpêtriers de Paris allaient manquer de plâtras, l'arrêté du 11 nivôse (31 décembre 1793) prescrivait à l'administration des domaines nationaux de faire visiter par des architectes toutes les maisons nationales dans Paris et d'en faire délivrer les matériaux utilisables, même en ayant recours à la démolition partielle des immeubles. Le 22 germinal (11 avril) il insistait encore pour que les salpêtriers de Paris fussent munis des matériaux nécessaires à leur exploitation. Enfin, pour vaincre l'inertie de certains districts, l'arrêté du 4 prairial (23 mai) décidait qu'à compter du 20 (8 juin) chaque district serait tenu de fournir au moins un millier de salpêtre par décade et que le seul terme de cette livraison serait l'épuisement total et bien constaté du terrain.

Le même jour et dans le même but, ordre était donné de lever les scellés « apposés sur les caves des émigrés et autres biens acquis à la nation » pour en retirer tout le salpêtre « sans nuire » toutefois « aux propriétés nationales ».

L'insuffisance de l'exploitation était encore compensée par la voie du commerce (1) ou par échange entre les centres producteurs de façon à combler le déficit de l'un par l'excédent de l'autre (2).

Enfin tout le salpêtre exploité devait être groupé par district (3).

Substitution du « salin » au salpêtre. — Au lieu d'em-

---

(1) Arrêté du 25 germinal (14 avril) (Aulard, t. XII, p. 586).

(2) Arrêté du 14 prairial (2 juin), faisant venir à Paris le salpêtre brut d'Angely-Boutonne, Besançon, Lyon, Metz, Poligny et Rouen. (Aulard, t. XIV, p. 78).

(3) Arrêtés des 14 et 15 prairial (2 et 3 juin) (Aulard, t. XIV, p. 78 et 97).

ployer la potasse ou l'azotate de potasse du commerce, on pouvait non seulement enlever le salpêtre des caves, mais encore extraire « le salin », c'est-à-dire (1) « le sel qu'on retire des cendres de bois et de plantes, en les lessivant et en évaporant les cendres à siccité..... ». Il était plus facile et plus prompt à fabriquer que le salpêtre et n'exigeait pas, comme lui, « des appareils embarrassants et longs à établir (1) ».

« En brûlant les mauvaises plantes pour faire du salin », disait Barère (1), « on rendait aussi un service à l'agriculture » en la débarrassant des parasites et en la préparant à recevoir des semences. « Dans la coupe extraordinaire des bois, décrétée par la Convention, les petits brins et les élagages pouvaient être brûlés..... On avait donc beaucoup de matériaux prêts pour former du salin, et la France, à la voix du législateur, allait se couvrir d'ateliers de salin, comme elle s'était couverte d'ateliers de salpêtre (1) ».

Aussi le 29 germinal la Convention décrétait-elle que « toutes les fougères, les mousses, genêts, bruyères et autres plantes qui croissent dans les bois et lieux incultes » seraient, dans les deux mois, « brûlées pour être converties en salins ». Les propriétaires de ces localités, après s'être acquittés de cette tâche, pouvaient lessiver eux-mêmes les cendres et en préparer le salin, ou les verser au magasin de la commune la plus voisine où l'on fabriquait le salpêtre.

Le Comité de Salut public devait du reste faire « publier une instruction simple sur l'art de fabriquer le salin ».

Raffinage du salpêtre. — L'extraction ne constituait du reste qu'une partie de la besogne, qui devait être para-

---

(1) Discours de Barère à la Convention. Séance du 29 germinal.

chevée par le raffinage. Pour y arriver, le Comité de Salut public réclamait le 29 frimaire (19 décembre), sous dix jours, le relevé par département de toutes les chaudières (1) assez grandes « pour être employées à la puri-

---

(1) Arrêté du 3 pluviôse (22 janvier) autorisant la Commission des salpêtres de la section de la Montagne « qui a besoin de chaudières pour l'exploitation patriotique du salpêtre », à prendre des vases de cuivre et de fonte dans le magasin national, maison de Maupeou, rue de l'Université. — Arrêté du 4 (23 janvier), autorisant de même les Commissaires de la section du Muséum pour l'exploitation du sulfate à prendre cinq chaudières ou baignoires dans le magasin du Garde-Meuble. — Le 12 (31 janvier), la section de Beaurepaire est autorisée à prendre quatre grandes chaudières au collège, ci-devant d'Harcourt; le 13, la section des Amis de la Patrie, une chaudière dans la maison de Maupeou, rue de l'Université; le 16, cette mesure était généralisée : l'Administration centrale des poudres et salpêtres était invitée à se faire délivrer par toutes les maisons nationales, l'hospice de Bicêtre et autres établissements similaires, tous les ustensiles de cuivre ou de fer propres à la fabrication du salpêtre et qui ne leur seraient pas utiles.

Malgré cette mesure générale qui répondait à tous les cas, le Comité de Salut public autorisait encore, le 25 (13 février), l'Administration de la fabrication révolutionnaire des poudres et salpêtres de Paris à se faire livrer, dans les magasins de la rue de l'Université, maison ci-devant de Maupeou, et dans les autres magasins de la guerre, les ustensiles de cuivre propres aux travaux du salpêtre.

Le 27 germinal (16 avril), c'était la commune de Bellac qui recevait l'autorisation de transformer en chaudières pour le salpêtre, 330 livres de cuivre provenant de chandeliers et ustensiles d'église. Le 6 floréal (25 avril), le Comité de Salut public mettait à la disposition de l'Administration révolutionnaire des salpêtres et poudres, un terrain de 392 toises, pour agrandir la raffinerie de la section de l'Unité; enfin, le 9 prairial (28 mai), il faisait prêter, par cette administration, une chaudière à la commune de Villejuif, pour « l'exploitation patriotique du salpêtre ». Pour chercher à économiser le cuivre et le combustible, le Comité de Salut public invitait, le 12 pluviôse, l'Administration de la fabrication des poudres et salpêtres à se concerter avec Swediaur et Reincke, pour qu'ils expérimentent une chaudière en bois, en la soumettant « à un travail de salpêtre suivi ». Le 6 germinal, le Comité de Salut public affectait à ces expériences la maison appartenant ci-devant à Laval-Montmorency, située sur le boulevard Montparnasse.

fication du salpêtre », et de « tous les hommes en état de travailler à cette purification (1) ».

Pour multiplier les raffineries, le directoire du département du Loiret recevait le 19 nivôse (8 janvier) l'ordre de mettre à la disposition de l'agent de la Régie nationale des poudres et salpêtres, le couvent de Sainte-Euverte, et d'en rendre compte dans dix jours.

Il y avait encore une « raffinerie générale des salpêtres de l'exploitation révolutionnaire » à Paris, où la Régie des poudres et salpêtres était autorisée, le 19 nivôse, à faire affluer tout le charbon nécessaire et notamment les « deux bateaux de charbon qu'elle avait fait acheter à Decize ». Cette raffinerie, établie le 14 pluviôse au temple de la Raison, ne pouvait cependant, au 15 germinal (4 avril), fournir tout le salpêtre qui lui était demandé ; et un arrêté du même jour mettait à la disposition de la poudrerie de Grenelle la quantité nécessaire pour qu'elle puisse continuer à avoir un mois d'avance (2) et produire dix milliers par jour (3). Pour activer cette raffinerie, elle était mise sous la surveillance spéciale du représentant du peuple Francine qui était autorisé, le 29 prairial (17 juin), à prendre toutes les mesures nécessaires « pour assurer l'approvisionnement des salpêtres nécessaires à la raffinerie révolutionnaire de Paris ». La veille encore, du reste, le Comité de Salut public en constatait l'insuffisance en prescrivant à la Commission des armes et poudres de lui

---

(1) Le 19 nivôse (8 janvier 1794), le Comité de Salut public requérait François Cartier-Drault, demeurant à la Guerche, département d'Indre-et-Loire, « pour établir un atelier de salpêtre à la Grande-Guerche ». Le 16 prairial (4 juin), il prenait une mesure analogue pour Dubourg, réquisitionnaire de Soissons.

(2) Arrêté du 19 germinal (8 avril).

(3) Pour activer la marche de cette fabrique, l'arrêté du 19 germinal (8 avril) la mettait sous la surveillance du représentant du peuple Niou.

rendre compte du salpêtre fabriqué à Lyon et des mesures prises pour le faire arriver à Paris.

Divers arrêtés constatent en outre l'existence d'un atelier de raffinage au Ripault. C'est ainsi que l'exploitation révolutionnaire du salpêtre exigeant dans les départements d'Indre-et-Loire, d'Indre, de la Vienne, de la Mayenne, du Cher et du Loir-et-Cher une quantité de salin et de potasse (1) que le commerce ne pouvait fournir, le Comité songeait à faire brûler toutes les « fougères, bruyères, ajoncs et autres plantes inutiles qui couvrent les lieux incultes ou branchages des bois malvenants d'une partie des départements indiqués »; à cet effet, il nommait le 22 prairial (10 juin) un commissariat de trois membres, Vauquelin, Nicolas et Trusson, qui devait avoir terminé ses opérations le 1er thermidor (2) et devait joindre à ses attributions celle d'activer cette exploitation et d'en verser le produit à l'atelier de raffinage du Ripault. Neuf jours après le Comité y faisait encore verser, pour le raffinage du salpêtre brut, 70 milliers de potasse provenant des magasins de l'Agence nationale à Angely-Boutonne (10,000), Châlons-sur-Marne (40,000), et Orléans (20,000).

Enfin l'arrêté du 5 messidor (23 juin) signale encore l'installation à la Fère-en-Tardenois d'un atelier de salpêtre pour l'établissement duquel le Comité de Salut public ouvre un nouveau crédit à la commune.

Le gouvernement n'était pas le seul à pousser à la production du salpêtre; les Représentants du peuple y concouraient aussi. « J'excite et j'encourage de tous mes

---

(1) Arrêté du 4 messidor (24 juin 1794) ordonnant à l'Agence nationale des poudres et salpêtres de fournir promptement un état exact des salins et potasse qui sont dans ses magasins et ateliers.

(2) L'arrêté du 2 messidor (20 juin 1794) fixait à un mois, à partir de cette date, la fin de toutes les commissions des armes, des poudres et salpêtres et des mines.

moyens la fabrication du salpêtre, écrit Florent Guiot (1). Nous en avons ici deux ateliers, et j'espère que, sous huit jours, il y en aura dix autres en activité dans les districts de Lille et d'Hazebrouck (2). Si je peux me rendre à Bergues et à Dunkerque à la fin de la décade, j'y dirigerai l'industrie nationale sur cet objet important..... » Neuf jours après il rendait compte de « la pleine activité » de cette fabrication sous la direction du citoyen Lambert. Enfin le 22 ventôse (12 mars) il exposait les mesures prises par lui pour mettre de l'ordre dans l'ensemble de cette organisation (3).

Le Comité de Salut public suivait d'ailleurs attentivement les expériences qui pouvaient réaliser des progrès dans le raffinage du salpêtre. Sur le rapport de Carny, son commissaire chargé de la surveillance de la fabrication révolutionnaire des poudres et salpêtres, il décidait le 5 germinal (25 mars) de faire examiner la découverte de Lefèvre, commandant en second du 2ᵉ bataillon des vétérans de la commune de Paris, au point de vue du raffinage du salpêtre.

Un autre arrêté du 6 (26 mars) soumettait encore à l'expérience un procédé de raffinage présenté par le citoyen Cadet de Vaux.

---

(1) Florent Guiot au Comité de Salut public. Lille, 2 ventôse (20 février).

(2) Le 29 pluviôse (17 février), Florent Guiot avait déjà écrit au Comité de Salut public qu'il « venait de faire une tournée dans le district d'Hazebrouck » et qu'il « y avait dirigé les vues des patriotes sur la fabrication du salpêtre..... Déjà deux ateliers de salpêtres ont été l'objet de mes soins ».

(3) Florent Guiot au Comité de Salut public, le 22 ventôse (12 mars 1794). « Vous me demandez quelles sont les mesures que j'ai prises pour mettre de l'ordre dans la fabrication du salpêtre. Les voici en deux mots : les terres salpêtrées se lessivent dans les petites communes ; la première cuite se fait dans les communes de second ordre, et le salpêtre ne s'achève que dans les ateliers de Lille.

Enfin, le 30 prairial (18 juin), le Comité de Salut public chargeait « les citoyens Pelletier, apothicaire, rue Jacob, et Le Lus, essayeur à la Monnaie, d'examiner le nouveau moyen d'extraire le salpêtre découvert par le citoyen Le Blanc, agent national des poudres et salpêtres à l'Arsenal ».

Fabrication révolutionnaire de la poudre. — L'impulsion donnée à l'extraction et au raffinage du salpêtre devait avoir pour conséquence une égale activité dans la fabrication de la poudre; et pour la réaliser, le gouvernement se livra tout d'abord à une série d'expériences.

Dès le 9 avril 1793, le Comité de Salut public avait institué une commission composée de Périer, Berthollet, Fourcroy et Lafitte, « quatre citoyens instruits en chimie et en mécanique », pour « rechercher et éprouver les moyens nouveaux de défense ».

Ce fut à cette Commission qu'il soumit, le 27, l'examen de la « poudre de muriate » à la suite d'expériences comparatives faites le même jour à l'Arsenal avec la « poudre superfine d'Essonnes (1) ».

---

(1) A la suite du rapport de cette commission, le Comité arrêtait, le 30 avril, que le citoyen Carny, auteur de la « préparation du sel nécessaire à la fabrication de la poudre de muriate » pourrait recevoir, de la Régie des poudres, la potasse nécessaire à la composition de ce sel. Au fur et à mesure de la livraison de ce sel, le Ministre devait prescrire de fabriquer une quantité correspondante de poudre de muriate, « de la même manière et avec les mêmes précautions que l'a
« été, dans le laboratoire du citoyen Berthollet, celle qui a été destinée
« aux premiers essais. »

Comme les premiers produits de cette fabrication étaient destinés à la marine, l'arrêté du 19 mai 1793, en imputa les dépenses au Ministère de la marine, avec invitation à ce ministère de faire connaître le plus tôt possible le local choisi comme atelier de fabrication.

Le 28 floréal (17 mai 1794), le Comité de Salut public arrête la création, à Meudon, d'un atelier « pour augmenter la quantité de muriate suroxy-

Le 15 mai 1793, Chaptal, alors professeur de chimie à Montpellier, était autorisé à se faire délivrer, par le commissaire de la régie la plus voisine, du charbon pour poudre à canon jusqu'à concurrence d'un quintal pour le soumettre à de nouvelles expériences.

Comme l'auteur de la poudre au muriate, Carny, proposait encore une nouvelle machine à fabriquer la poudre, le Comité de Salut public lui faisait délivrer le 25 frimaire (15 décembre) cent livres de salpêtre de troisième cuite, vingt livres de soufre et vingt de charbon, et chargeait Monge, Berthollet et Hassenfratz de suivre cette expérience et d'en rendre compte. Le 6 ventôse (24 février) Carny recevait encore pour le même objet, cinquante livres de salpêtre troisième cuite et huit livres de soufre. Il lui avait du reste été alloué dès le 8 pluviôse (27 janvier) un crédit de 6,000 livres pour « préparer le plus promptement possible tout ce qui est nécessaire aux nouvelles machines à fabriquer la poudre qui doivent être établies à Paris ». Enfin le 15 (3 février), en récompense des procédés expéditifs inventés par lui, il était nommé commissaire du Comité de Salut public pour le raffinage du salpêtre et la fabrication révolutionnaire de la poudre.

---

géné de potasse que « le commissariat des épreuves doit employer pour faire de la poudre ». Le commissariat, « ajoute l'arrêté », cherchera les moyens d'améliorer « le procédé et d'en augmenter les produits ». Une somme de 50,000 livres était mise à sa disposition pour dépenses.

Enfin le 5 messidor (23 juin), Carny qui avait déjà donné « des preuves utiles de ses talents en communiquant les procédés qui servent de base aux opérations qui s'exécutent dans les ateliers révolutionnaires de l'Unité et de Grenelle, recevait l'autorisation d'affecter 1500 livres aux « recherches et essais qu'il a projetés sur la diminution de la dépense d'eau dans les machines mues par cet agent », et à la construction d'appareils « qu'il jugera propres à perfectionner et à accélérer la fabrication du muriate oxygéné de potasse. »

Tandis que Carny cherchait à obtenir l'outil à meilleur rendement, Guyton de Morveau s'efforçait d'obtenir la rapidité par le procédé même de fabrication, qui devait en même temps fournir la meilleure qualité. Le 11 pluviôse (30 janvier) il était autorisé à faire des expériences en faisant varier « les doses, les temps, la forme des grains, les dimensions des machines ».

Dans le même esprit, le Comité faisait expérimenter le 15 ventôse (5 mars) le nombre de tours à faire effectuer aux tonneaux dans le procédé révolutionnaire pour avoir la meilleure poudre. A cet effet il commandait le même jour 6,000 compteurs en bois, et le 24 (14 mars) « 1,200,000 boules de métal de cloches de 14 lignes de diamètre. »

Comme suite à ces dispositions, il chargeait le 19 germinal (8 avril) Monge et Berthollet de faire toutes les recherches et essais nécessaires pour déterminer d'une manière certaine les procédés à suivre dans la nouvelle fabrique révolutionnaire de poudre à Paris. Douze jours plus tard, il faisait confectionner par l'Administration révolutionnaire des salpêtres et poudres, six dosages de poudre différents pour les expérimenter ensuite afin de connaître « la meilleure composition ainsi que le grainage les plus avantageux pour les différentes armes ».

Non content de cette expérience, le 14 floréal (3 mai) le Comité de Salut public en renouvelait une autre à la fois dans la fabrication ordinaire d'Essonnes, sous la surveillance du représentant du peuple Nioche, et dans l'établissement révolutionnaire de Grenelle, sous celle du représentant du peuple Niou. Le but de cette double expérience était de trouver les meilleurs moyens « d'obtenir avec les moulins déjà construits, la plus grande quantité de poudre et de la meilleure qualité ». Le 18 (29 mai), il se faisait envoyer des armées la poudre des cartouches et celles des barils.

Le 12 (1ᵉʳ mai), le Comité de Salut public convoquait

sur-le-champ à Paris le citoyen Riffaut, commissaire de l'Agence des poudres et salpêtres, au Ripault, « pour coopérer à des épreuves dont l'objet était d'accélérer la fabrication de la poudre » et qui n'étaient sans doute autres que celles visées par l'arrêté du 14 (3 mai) : celui du 11 prairial (30 mai) en effet constate le succès des essais faits devant Nioche au sujet d'un procédé de fabriquer la poudre dans les moulins à pilon, procédé dû à Pelletier et Riffaut, et charge Riffaut d'installer ce procédé à la poudrerie du Ripault.

En dehors de cette poudrerie et de celle d'Essonnes, le Comité constatant l'insuffisance des moulins à poudre existants par rapport à la quantité de salpêtre extraite en vertu de la loi du 14 frimaire, affectait à « l'établissement provisoire de deux grandes fabrications révolutionnaires de poudre à Paris la maison nationale, ci-devant château Grenelle (1), et les bâtiments et enclos situés aux Ternes et appartenant au citoyen Monclair. Les dispositions à y faire étant réservées aux citoyens Soyet et Carny (2).

Impulsion donnée à l'extraction et à la fabrication. —

---

(1) Les premières fabrications de Grenelle ne furent peut-être pas exemptes de toute critique, car l'arrêté du 23 floréal (12 mai), tout en prescrivant de faire passer à la Fère et à Lille ces poudres jusqu'à concurrence de 200 milliers, spécifiait que « celles du plus petit grain « seraient employées à faire les objets d'artifice, dans le cas où elles ne « seraient pas assez avantageuses pour faire des cartouches ».

L'arrêté du 28 floréal (17 mai) demandait compte des mesures prises pour l'approvisionnement de la poudrerie de Grenelle et de l'effet de ces mesures.

(2) Voir l'arrêté du 10 pluviôse (29 janvier).

Le 21 (9 février), Carny obtenait du Comité de Salut public de se faire livrer, par l'Administration générale des armes, douze milliers de métal de cloches et le fer « nécessaire pour les travaux qu'il doit « diriger ».

Huit inspecteurs temporaires avaient été nommés le 4 nivôse (24 décembre) pour « répandre l'ardeur républicaine pour l'exploitation que réclame la patrie (1) ».

---

(1) Chacun de ces inspecteurs devait, d'après l'arrêté du 19 pluviôse (7 février), se faire accompagner, dans ses tournées, de deux élèves qu'il formerait à « reconnaître les matériaux salpêtrés, extraire le sal-« pêtre, le purifier ou le raffiner, à fabriquer la poudre et à en déter-« miner la force ». Dans le même but, des cours sur la fabrication du salpêtre et de la poudre étaient faits au Muséum d'histoire naturelle de Paris qui fut autorisé, par l'arrêté du 8 ventôse (26 février 1794), à prendre « dans les maisons nationales appartenant à la ci-devant liste « civile, dans celles des émigrés, ainsi que dans les cabinets des « ci-devant académies », en un mot dans toutes les collections nationales, les objets nécessaires à la démonstration. La manufacture de Sèvres devait fournir notamment les vases, cornues, capsules, creusets, etc. Le tout devait être choisi par une commission de cinq membres, dont trois étaient Guyton, Fourcroy et Berthollet, et un crédit de 40,000 francs était affecté à cette opération. Le 11 ventôse (1er mars), la municipalité de Maubeuge était, sur sa demande, autorisée à envoyer quatre citoyens suivre ces cours à Paris.

L'instruction semble s'être poursuivie sans autre règle jusqu'au 30 ventôse (20 mars), date à laquelle le Comité de Salut public répartit, à partir du 1er germinal, les élèves arrivés des districts en deux grandes catégories : ceux qui n'étaient pas suffisamment instruits et ceux qui l'étaient. De ces derniers, tous ceux qui désiraient rester à Paris étaient répartis en trois divisions : du canon, de la poudre, du salpêtre. Celle de la poudre se diviserait en deux parties : l'une à une manufacture de Paris, l'autre à l'autre. De la division du salpêtre, les uns serviraient à la raffinerie, les autres à la surveillance de l'extraction. Enfin, les élèves charpentiers étaient affectés à la fabrication des canons. Le 18 germinal (7 avril), le Comité de Salut public les mettait du reste à la disposition et sous la surveillance de l'Administration révolutionnaire des salpêtres et poudres de la République.

Le 15 (4 avril), le Comité de Salut public décidait que, vu le manque d'activité de l'exploitation du salpêtre en plusieurs parties de la République, l'Administration révolutionnaire des poudres enverrait d'abord certains de ces élèves comme préposés dans les départements qui en manqueraient encore, et que le reste serait divisé en huit parties, pour être mis à la disposition des huit inspecteurs. Ces inspecteurs avaient le droit, de par l'arrêté du 19 (8 avril), de destituer et de remplacer ceux

Plus tard le Comité créait encore des agents de district chargés de rendre compte de l'état de la fabrication des poudres et salpêtres ; et, pour stimuler leur zèle, il leur allouait une prime par livre de salpêtre fabriqué dans l'étendue du district (1). Enfin le 12 germinal (1ᵉʳ avril) il demandait à l'Agence nationale des poudres et salpêtres le détail de son organisation, la distribution de son travail et la manière dont elle dirigeait et administrait la fabrication des poudres.

Non content de ces mesures de surveillance, il avait chargé la Régie nationale des poudres et salpêtres de s'occuper de l'extraction prescrite par la loi. Il avait mis un million à sa disposition, lui avait donné pleins pouvoirs et prescrit de rendre compte, par décade, des « mesures prises pour donner à cette exploitation toute la célérité que le salut de la République exige ». Mais il ne semble pas que la régie ait répondu à cette attente. Aussi, dans le but de hâter la fabrication de la poudre « par les moyens aussi faciles qu'expéditifs qui viennent d'être inventés », de récolter le salpêtre brut dans les conditions fixées par la loi du 14 frimaire ; de le raffiner ; enfin de suppléer à la régie des poudres qui « retenue

---

des préposés, établis par la loi du 14 frimaire, qu'ils jugeaient incapables ou inactifs.

Pour s'assurer de l'emploi judicieux de ces élèves, le Comité de Salut public se faisait fournir, « chaque jour, à compter du 1ᵉʳ floréal, « la liste des élèves des salpêtres, poudres et canons, que l'Adminis- « tration révolutionnaire des salpêtres et poudres aura fait partir pour « différentes destinations ». Elle devait prendre, du reste, les moyens les plus propres à « accélérer l'emploi de la totalité de ces élèves ». (Arrêté du 18 avril.)

Comme autre instruction, on peut citer l'arrêté du 2 prairial (21 mai), autorisant Fabre Dubosquet à former des enfants à fournir des salins et de la potasse, et celui du 4 (23 mai), autorisant l'Agence révolutionnaire des poudres et salpêtres à former des établissements de salins.

(1) Voir les arrêtés des 26 ventôse (16 mars) et 7 germinal (27 mars).

par les formes de son institution », n'a pas les moyens de suffire à ce qu'exige l'impulsion révolutionnaire à donner à la fabrication des salpêtres et poudres, le Comité du Salut public créa à Paris le 7 pluviôse (26 janvier) « une administration de la fabrication révolutionnaire des poudres et salpêtres de cette commune », composée de trois membres (1) solidairement responsables et dont les fonctions consistaient à activer la production, à l'emmagasiner et à en rendre compte par décade au Comité de Salut public qui la mettait à son tour à la disposition des Ministres de la guerre et de la marine (2).

Au-dessus de cette administration se trouvait un commissaire du Comité de Salut public dont l'arrêté du 15 pluviôse (3 février) définit les fonctions et donna l'emploi à Carny, ainsi qu'il a été dit plus haut.

La coexistence de la Régie et de l'Administration révolutionnaire d'une part, et celle des salpêtriers et des exploitants volontaires de l'autre, devait amener des conflits que le Comité de Salut public régla en arrêtant le 25 pluviôse (13 février) que les salpêtriers seraient pourvus par les soins de la régie de tous les matériaux salpêtrés pour un an, moyennant quoi ils ne pourraient « rien prétendre sur les souterrains exploités par les citoyens de Paris ». Deux commissaires nommés l'un par la Régie, l'autre par l'Administration révolutionnaire furent chargés de régler ces mesures.

Pour éviter d'ailleurs les conflits et pour centraliser l'action latérale de la régie et de l'administration révolutionnaire, le Comité de Salut public institua le 27 pluviôse (15 février) la commission des armes et poudres

---

(1) Ces trois administrateurs furent les citoyens Millier, Caillot et Daubancourt, proposés par le Conseil général de la Commune de Paris et acceptés par l'arrêté du 16 pluviôse (4 février).

(2) A cette administration, les arrêtés des 10 pluviôse et 6 ventôse allouaient un crédit de 500,000 livres.

qui, comme on l'a vu pour l'armement, devait avoir « sous sa direction » les poudres et salpêtres. La Régie restait « chargée de tous les travaux anciens des poudres et salpêtres qui lui étaient confiés et qu'elle augmenterait de tous les moyens en son pouvoir »; tandis que « l'Administration révolutionnaire des poudres et salpêtres serait chargée de tous les travaux révolutionnaires des districts, des sections, des communes et des individus dans toute l'étendue de la République ». Le 12 mars, le Comité de Salut public invitait par arrêté, cette administration à lui rendre compte sous deux jours, de l'état d'approvisionnement qu'elle avait dû se procurer pour fabriquer de la poudre pendant deux mois à Paris, à raison de 10,000 livres par jour.

On remarquera qu'au début cette administration n'était chargée que de Paris. Conformément à la décision de principe du 27 pluviôse (15 février), un arrêté du 9 ventôse (27 février) en étendit les pouvoirs à toute la République : « à cet effet », cette administration, qui compterait désormais cinq membres au lieu de trois, « serait chargée de recueillir les salpêtres fabriqués par les citoyens, les communes, les sections et les districts de la République; de faire raffiner les salpêtres recueillis, et de fabriquer la poudre par la méthode révolutionnaire (1) ».

La pénurie de poudre. — Toute cette activité ne suffit pas encore à doter nos armées de la poudre qui leur était nécessaire au début de la campagne.

Si, le 13 pluviôse, Barère annonçait à la Convention que « les 24 millions de poudre » nécessaires pour la cam-

---

(1) Tous les travaux d'extraction de salpêtre et de charbon eurent pour effet de faire rétablir l'École des mines et de faire traduire, par ses élèves, les meilleurs ouvrages allemands sur la matière. (Arrêté du 24 ventôse (14 mars.)

pagne prochaine étaient créés, la Convention n'en décrétait pas moins le même jour que « ceux qui entraveraient ou ralentiraient par des défiances ou par des propos malveillants les mesures prises par le Comité de Salut public, par les sections ou les citoyens, pour la fabrication extraordinaire du salpêtre et de la poudre, seraint traités comme suspects et détenus jusqu'à la paix ».

Ce seul libellé fait soupçonner que les « 30 à 40 millions de salpêtre » de Prieur ou les « 24 de poudre » dont parlait Barère n'étaient pas aussi prêts qu'on voulait bien le dire ; et, de fait, on a vu qu'au 25 floréal Éblé réclamait encore de la poudre. Les documents qui vont suivre confirment cette opinion et montreront encore l'état de pénurie où se trouvait l'armée pour divers autres approvisionnements.

a) *Armée du Nord.*

Le général de division Ferrand aux Membres du Comité de Salut public.

Au quartier général de Réunion-sur-Oise, 18 pluviôse an II (6 février 1794).

. . . .

Un objet essentiel que je vous soumets est la pénurie de poudres dans laquelle se trouve la place de Douai. Le directeur d'artillerie Boubers détermine l'approvisionnement de cette place à 600,000 livres et à 150,000 milliers ce qui est nécessaire pour l'approvisionnement que cette place fournit à différents points de l'armée, en fabrication de cartouches.

Je vous renouvelle ma demande pour des souliers. Rien ne se verse dans les magasins. Nos avant-postes sont pieds nus. La constance avec laquelle nos frères d'armes souffrent cette détresse rend encore, pour ceux qui en sont les témoins, leur situation plus pénible.

. . . .

Lille, le 22 germinal l'an IIe de la République une et indivisible (11 avril 1794).

Citoyens Collègues,

Dans le voyage que je viens de faire à Douai, j'ai visité l'arsenal et l'atelier des artifices, et j'ai été très satisfait de l'ordre et de l'activité que j'ai vu y régner.....

J'ai encore visité la fonderie. C'est un des plus beaux établissements de ce genre que j'ai vus : patriotisme, activité, intelligence, tout s'y trouve réuni. J'y prends un intérêt très vif et je ne négligerai rien pour le maintenir.

Mais il manque de la poudre à l'arsenal, car il n'y en avait que 179,000 milliers le 12 germinal, quantité insuffisante pour les besoins de la place et ceux de l'armée, qui est dans les cantonnements voisins.

Nos fabrications de salpêtre (1) vont toujours en croissant, et il n'est pas de petites communes qui ne lessivent les terres salpêtrées. Je laisse au citoyen Lambert, chargé en chef de cette partie dans le département du Nord, le soin de vous écrire les détails.

. . . .

Salut et fraternité.

Florent GUIOT,
Représentant du peuple, envoyé près l'armée du Nord.

*Le général Éblé, commandant l'artillerie à la Fère,
au général Fromentin, commandant la division d'Avesnes.*

La Fère, 9 floréal an II (28 avril 1794).

Je te préviens que j'ai fait partir 200,000 cartouches d'infanterie et 300,000 qui partiront de Saint-Quentin pour Avesnes. Je te préviens aussi que tout le monde se plaint de ce que les soldats jettent leurs cartouches au lieu de s'en servir contre l'ennemi. Cette dilapidation nous mettra dans l'impossibilité de fournir aux consommations. Tu sais que la poudre nous manque.

Juge de l'approvisionnement qu'il faut par trois millions de cartouches, que ta division et celle de Balland ont consommées.

Je fais partir à l'instant (1 h. 1/2), vingt-deux caissons chargés, ainsi que quatre autres voitures.

P.-S. — Tu voudras bien donner les ordres les plus précis pour que les caissons et voitures reviennent sans retard.

Je les mets sous ta responsabilité; ils appartiennent à une division qui doit partir incessamment et qui manquerait de munitions. J'ai fait usage de ces caissons, afin de mettre plus de célérité dans l'envoi que je te fais.

---

(1) Voir plus haut la lettre de Florent Guiot au Comité de Salut public. Lille, 29 pluviôse.

Éblé au citoyen Bonnard, à Réunion

La Fère, 14 floréal (3 mai).

Le manque de poudre me force à en faire prendre un millier à Réunion, ou 1500 livres s'il en reste encore 3,500 comme je le crois.....

En rendant compte des mesures prises pour réorganiser la place de Cambrai après le désastre de Troisvilles, F. Guiot appelait encore l'attention sur l'approvisionnement insuffisant de cette forteresse en poudre de guerre.

Le Représentant du peuple Florent Guiot au Comité de Salut public.

Lille, le 17 floréal (6 mai).

Citoyens Collègues,

Je vous ai écrit plusieurs fois pendant le séjour que j'ai fait à Cambrai et en vous faisant part de l'état de désorganisation dans lequel j'y ai trouvé toutes les parties administratives et militaires ; je vous ai également instruit des premières mesures que nous avons prises pour faire renaître l'ordre et la confiance dans les troupes de la division. Notre collègue Richard et le général en chef Pichegru, qui sont venus le 15 à Cambrai, ont applaudi à ces mesures. Je suis revenu ici hier avec eux, parce que différentes affaires y exigeaient ma présence. Je me propose de retourner demain à Cambrai pour y terminer quelques affaires.

Le service de la place était infiniment négligé. Les remparts, fossés, toutes les fortifications étaient ouvertes au premier qui voulait les parcourir, même en faire usage. J'ai recommandé au général de brigade Proteau, aujourd'hui commandant de la place, de réprimer sévèrement cet abus et je verrai, demain, si mes réquisitions ont été exécutées.

Il est probable que je prendrai aussi le parti de faire inonder du côté le plus faible de la place.

Ces mesures, avec garnison de 6,000 hommes, avec des munitions de guerre et de bouche mettront Cambrai dans le cas de faire une longue résistance. Mais je vous préviens qu'il ne s'y trouve que 80 milliers de poudre, quantité insuffisante pour la défense de la place, vu qu'il en faut 25 milliers pour charger les mines. J'ai parcouru ce dernier ouvrage ; il est vraiment superbe et j'ai donné des ordres pour en accélérer l'achèvement, surtout dans les parties les plus intéressantes.....

. . . .

b) *Armée des Ardennes.*

Aux Citoyens composant la Commission de l'organisation des armées de terre.

16 floréal (5 mai).

Le général en chef me charge, Citoyens, de vous accuser réception de votre lettre du 13, où vous lui annoncez la demande que vous faites, au Comité de Salut public, de 70 milliers de poudre, pour être répartis dans les places de Roc-Libre, Sedan, Mézières et Montmédy. Nous les attendons et nous vous aviserons de leur arrivée.

THARREAU.

Au général de division Debrun.

16 floréal.

Je te préviens, Citoyen Général, que la Commission de l'organisation de l'armée de terre a donné au général en chef l'avis qu'elle vient de faire, au Comité de Salut public, la demande de 55 milliers de poudre pour être répartis comme suit :

20 milliers à Mézières ;
15 — à Sedan ;
20 — à Montmédy.

Je t'invite à faire connaître au général en chef l'arrivée ou le retard de ces munitions, dont tu feras rendre compte par les commandants de place.

THARREAU.

c) *Armée de la Moselle.*

Gillet au Comité de Salut public.

Longuyon, le 3 germinal l'an II de la République (23 mars 1794).

Le commandant de l'artillerie à Montmédy vient de me remettre, Citoyens Collègues, l'état des munitions de guerre et des bouches à feu existantes dans cette place et de celles qui sont nécessaires à la défense. Il en résulte qu'elle manque de beaucoup d'objets et particulièrement de poudre. Comme ce point est fort important et que les armées agissantes dans cette partie peuvent se trouver dans la nécessité d'en tirer des ressources, je pense qu'il convient d'en compléter les approvisionnements le plus tôt possible.

Pénurie de cuivre rouge, fer-blanc, serge, etc. —

D'après les documents consultés, il ne semble pas que l'armée du Nord ait manqué de munitions, malgré l'énorme consommation qu'en faisaient les volontaires (1). Mais la correspondance des Représentants du peuple aux armées contient des demandes pressantes de cuivre rouge pour la fabrication des canons, de fer-blanc pour l'ensabotage des boulets, de serge pour les gargousses et de papier pour les cartouches, en même temps qu'elle signale d'autres déficits tels que ceux de chaussures, de cuirs pour l'habillement et l'équipement de l'infanterie et de la cavalerie.

Le général de division Colaud, commandant à Maubeuge, au Ministre de la guerre.

Maubeuge, 18 pluviôse an II (6 février 1794).

. . . .

Je te réitère le contenu de ma lettre du 8 pluviôse, dans laquelle j'ai demandé 42 pièces de serge pour faire des gargousses ou sachets, du fer-blanc propre à l'ensabotage des boulets et 50 rames de papier à cartouches. Il n'y a pas un instant à perdre pour nous procurer ces différents objets, afin qu'on ait le temps de les mettre en œuvre.

. . . .

Nous sommes totalement dépourvus de souliers. Il n'en reste pas une seule paire au magasin. Une partie de nos frères d'armes sont nu-pieds et ne peuvent faire aucun service.

Le 27, Colaud signalait encore aux administrateurs du district d'Avesnes qu'il « manquait totalement de papier pour faire des cartouches » et leur envoyait, sur leur

---

(1) *Éblé au citoyen Collet, à Avesnes.*

La Fère, 12 floréal.

« ... Je suis désolé des dilapidations de nos munitions qui coûtent tant d'argent et tant de peines. »

Le 3 germinal, Collet, garde du parc d'Avesnes, écrivait à Duhesme, au Nouvion : « Depuis deux jours, voilà près d'un million de cartouches qui se consomme. »

proposition, deux voitures « pour charger des livres inutiles » et en destiner les pages à cette fabrication.

Extrait de la lettre du citoyen Florent Guiot, Représentant du peuple, datée de Lille, le 10 ventôse l'an II° de la République, et Comité du Salut public.

10 ventôse (28 février 1794).

Je vous envoie un troisième arrêté que je viens de prendre pour extraire du fer-blanc de la Belgique; c'est sur la demande que m'en a faite le général Songis, commandant de l'artillerie, qui m'annonce en avoir un besoin pressant pour fabriquer des boîtes à mitraille et pour d'autres usages; on me promet ce fer-blanc pour le 20 du mois (1). Le général Songis m'a également demandé 12 milliers d'acier, et je ne vois point d'autres moyens, pour le satisfaire, que de tirer ce métal de la Belgique (2).

. . . .

---

(1) *Laurent au Comité de Salut public.*

Maubeuge, 21 ventôse (11 mars).

On demande à cor et à cri du fer-blanc et de la serge pour faire des gargousses. Point de réponse.

Laurent au Ministre.

23 ventôse (13 mars).

Nous n'avons ni fer-blanc, ni serge pour les gargousses.....

(2) *Le Représentant du peuple près l'armée du Nord.*

Lille, le 10 ventôse (1ᵉʳ mars).

Vu les offres faites par les citoyens Mezemaker, Lacroix fils aîné et Dubuche, de faire venir de la Belgique une certaine quantité de caisses de fer-blanc, ainsi qu'ils en ont déjà extrait du même pays, en exécution d'un arrêté des Représentants du peuple Bentabole et Levasseur, en date du 24 septembre dernier (vieux style);

Considérant que les offres civiques de ces trois citoyens sont très avantageuses pour la République dont plusieurs ateliers ont un besoin pressant de fer-blanc et ne peuvent s'en procurer qu'avec peine;

Arrête que les citoyens Mezemaker, Lacroix et Dubuche sont auto-

Florent Guiot au Comité de Salut public.

17 ventôse (7 mars 1794).

Citoyens Collègues,

Je vous envoie plusieurs arrêtés que j'ai pris, pour procurer à nos ateliers les matières premières qui leur sont nécessaires. L'artillerie me demandait à grands cris du fer-blanc pour la fabrication des boîtes à mitraille, ainsi que de l'acier pour l'atelier de la réparation des armes. La marine de Dunkerque me sollicitait d'une manière aussi pressante de lui procurer du fer-blanc; ne trouvant point de ressources autour de moi, j'ai repris un marché fait en premier lieu par mes prédécesseurs, et je compte bien, dans six jours, avoir du fer-blanc et même de l'acier.

Les arrêtés que j'ai pris relativement à l'exploitation des cuirs..... étaient indispensables pour mettre le district de Douai dans le cas d'exécuter votre arrêté par lequel vous chargez chaque directoire de district de préparer l'armement, l'équipement et l'habillement de 1000 hommes d'infanterie et de 100 hommes de cavalerie.....

Le directeur de la fonderie de Douai est venu me faire part de la pénurie de cuivre rouge qu'il était sur le point d'éprouver. Je me suis hâté en conséquence de prendre l'arrêté que je vous envoie (1)..... J'ai vu l'atelier de Douai; il est dans la plus grande activité.....

. . . .

Florent Guyot au Comité de Salut public.

Lille, 10 germinal an II (30 mars 1794).

. . . .

Comme nous avons besoin de notre cuivre rouge pour la fonte de nos canons, le directeur de la Monnaie a essayé de couler des gros

---

risés à extraire de la Belgique jusqu'à la concurrence de 25 caisses de fer-blanc, chaque caisse contenant 225 feuilles.

La feuille sera de 13 pouces de longueur sur 9 pouces de large.....

Florent GUIOT.

A.N., AF II, 234.

(1)   *Florent Guiot au Comité de Salut public.*

25 ventôse (15 mars).

Mon arrêté sur le cuivre rouge alimentera la fonderie de Douai, et déjà les citoyens de Lille ont porté plus de 500 livres à la municipalité, dont les neuf dixièmes en dons patriotiques.

sous avec du cuivre jaune. Je vous envoie des échantillons de l'une et l'autre fabrication, et je pense que celui de cuivre jaune peut très bien suppléer au cuivre rouge.

Le même représentant écrivait encore de Lille, le 22 floréal, qu'il allait envoyer du fer-blanc aux magasins militaires de Courtrai, où il n'y avait pas une seule boîte à mitraille. « Je vais, ajoutait-il, faire en sorte de procurer des balles de fer ».

Si Florent Guyot devait, le 22 floréal, faire fabriquer à Cambrai des boîtes à mitraille au moyen de fer-blanc acheté en Belgique et de balles de fer, Éblé, à la Fère, utilisait dans le même but de la tôle, qu'il faisait river au lieu de la souder.

Le général Éblé au Ministre.

La Fère, le 8 germinal (28 mars).

Je te rends compte, Citoyen Ministre, que le peu de beau temps que nous avons eu, a donné la facilité au directeur du moulin à poudre de la Fère d'en exposer à l'air, et qu'à mesure qu'elle est sèche, je la fais éprouver et employer sur-le-champ, tant ici qu'à Péronne, ce qui nous a mis à même de confectionner un assez bon approvisionnement de cartouches à canon et d'infanterie.

N'ayant pu nulle part découvrir du fer-blanc, j'ai employé de la tôle aux boîtes à mitraille, quoique plus épaisse que le fer-blanc (1). Je me suis assuré par une épreuve, que j'en ai fait faire le 6 de ce mois, que

---

(1)   *Extrait d'une lettre d'Éblé à Songis.*

La Fère, 8 germinal (28 mars).

. . . .

Le fer-blanc nous manque aussi, j'ai été obligé de faire usage de tôle qui n'est guère moins rare et qui, par son épaisseur, nous oblige à rétrécir les culots lorsqu'ils ont été coupés, ce qui ne laisse pas que d'employer du temps.

Si nous n'avions ici un moulin à poudre, nous aurions été bien à plaindre. Je fais main basse dessus aussitôt qu'elle est un peu sèche. Malgré cela, ça ira.

le résultat des portées est le même qu'avec les boîtes de fer-blanc. Au lieu de les faire souder, je les fais river avec des clous en cuivre.

Le général Belair avait fait déposer ici 10,000 balles de fer battu pour des expériences qu'il avait le projet de faire; mais comme nous manquons de mitraille, j'ai pensé que tu ne désapprouverais pas que je les emploie pour l'usage de l'armée.

Éblé imaginait même le moyen de n'employer à la confection des cartouches à canon ni fer blanc ni tôle : « On arrange », écrivait-il (1), « les balles à l'ordinaire dans la boîte; on y coule ensuite du plâtre délayé avec de l'eau et, lorsqu'il est pris, on ouvre la boîte; les balles ainsi liées se mettent dans un sachet de grosse toile, cousu par un bout et étranglé par l'autre..... J'ai fait tremper quelques-unes de ces cartouches dans un composé de trois quarts de goudron et un quart de résine; mais je crois cette précaution inutile, en ce qu'elle retarderait le travail, augmenterait la dépense, sans ajouter à la solidité. »

Macdonald utilisait de même, pour l'armement de ses troupes, des balles de plomb que le hasard lui faisait découvrir.

Le général Macdonald aux membres du Comité de surveillance de la commune de Flers.

Du 20 germinal (9 avril).

Trois grenadiers du 1er bataillon de la 3e demi-brigade, campés à Flers, viennent de me rendre compte, Citoyens, qu'ils ont découvert du plomb dans des trous à peu de distance du camp. Vous voudrez bien vous transporter, avec ces grenadiers, pour le faire enlever, en dresser procès-verbal et le faire conduire au magasin de la République.

MACDONALD.

---

(1) Éblé à l'Administration des armes et munitions de guerre. La Fère, 16 floréal.

DES MUNITIONS CONFECTIONNÉES.

Les munitions confectionnées comprenaient les obus, boulets et bombes, les gargousses, les cartouches à canon et les cartouches à fusil.

Sur tous ces objets essentiels, l'attention du Comité de Salut public se concentra aussi vigilante que sur l'armement et la poudre.

Obus, boulets et bombes. — Pour assurer la fourniture de ces projectiles, le Comité « ne voulait rien livrer au hasard dans ses commandes »; aussi invitait-il le 1er nivôse (22 décembre), le directeur du fourneau de la Houssaye (district de Bernay), à dire, dans un délai de dix jours, quelles étaient « les facilités qu'il pouvait avoir pour couler des bombes, boulets et obus; la quantité de fonte qu'il pouvait destiner à cet objet par année..... le nombre d'ouvriers..... les facilités qu'il pourrait être nécessaire que le gouvernement lui procurât pour mettre la fonderie dans la plus grande activité..... ».

Dans le même but, il autorisait, le 8 pluviôse (27 janvier), le propriétaire de la forge de Boutancourt, près Mézières, qui, par sa position, était « à portée d'approvisionner sans frais de transport et sans pertes nos armées et nos places fortes », à « mettre à feu la seconde masse de fer » et à « l'entretenir pendant tout le temps de la guerre, pourvu que les fontes qui en proviendraient fussent employées en projectiles (boulets, bombes, obus)..... ».

L'arrêté du 7 floréal (26 avril) signale encore l'existence des forges de Moidon (1), qui, fabriquant des obus et boulets en même temps que de la fonte pour canons,

---

(1) L'arrêté du 13 floréal (3 mai) spécifiait que la fonderie de Moidon, se trouvant au milieu d'une forêt, les ouvriers de cette fonderie recevraient le pain comme les troupes de la République.

fut laissée tout entière à cette dernière fabrication pour alimenter la fonderie d'Indret et dut passer la première aux forges de Pouancé et de la Prévotière.

A Mézières, le représentant du peuple Gillet fait fabriquer des obus de 6 pouces et des boulets de 8.

Le représentant du peuple Gillet au citoyen Hibert, commissaire-inspecteur des forges d'artillerie à Mézières.

Marchienne-au-Pont, 5 messidor (23 juin).

Tu voudras bien, Citoyen, aussitôt la réception du présent ordre, prendre les mesures les plus promptes pour faire fabriquer des obus de 6 pouces et des boulets de 8. Tu nous manderas combien il est possible d'en procurer dans un délai donné ; on te fera connaître ensuite la quantité qu'on jugera nécessaire de tirer des forges qui sont sous ta direction.

Apprenant, par le commissariat des épreuves de Moidon, qu'un travail d'obus avait été interrompu dans les forges d'Étouars, de Bonrecueil et autres lieux, par ordre du Représentant du peuple actuellement dans ces établissements, le Comité en prescrivait la reprise immédiate (1) pour activer autant que possible la fabrication intensive des projectiles. Dans le même esprit, il avait, peu avant (2), décidé qu'ils pourraient être expédiés aux armées sans avoir subi l'opération du rebattage, mais sous réserve d'avoir été préalablement reçus conformément aux règles de l'artillerie. Cette opération devenait du reste inutile, puisque Périer, l'entrepreneur de la fonderie de Chaillot, avait dû présenter (3) « le dessin détaillé d'une coquille garnie de tranchants et d'un treuil vertical, dont l'effet rendait les boulets, sans les rebattre et sans perdre de leurs dimensions,

---

(1) Arrêté du 18 juin 1794.
(2) Arrêté du 15 prairial (3 juin 1794).
(3) Arrêté du 22 germinal (11 avril 1794).

parfaitement ronds et unis dans toute leur surface ». En dehors de ce progrès, le Comité prescrivait encore, le 22 juin 1794, de rechercher s'il ne serait pas possible d'arriver à l'uniformité des lunettes à calibre et de supprimer la différence qui existait entre « le vent des boulets de mer et celui des boulets de terre ».

Expériences faites sur les obus de nouvelle dimension et les boulets à bague de plomb. — Les deux derniers exemples suffisent à montrer le soin que prenait le gouvernement de réaliser, le meilleur projectile. Non seulement il poursuivit la parfaite sphéricité du boulet et l'uniformité de son logement dans les pièces de terre et de marine, mais encore il rechercha le meilleur profil à donner au projectile et le forcement de ce dernier dans l'âme.

A cet effet, et à la suite d'expériences de guerre faites à la Fère en août 1793, il institua, le 29 vendémiaire, au château neuf et au petit parc de Meudon, une commission d'expériences, qui comprit les commissaires ayant déjà opéré à la Fère, fut munie des ouvriers nécessaires et logée avec ces derniers dans cet « établissement national ». Pour faciliter ces expériences, il fit conduire à Meudon (1) « une pièce de canon de 18 et une de 12 » et décida qu'il y serait ajouté par la suite, et s'il était nécessaire, « une de 36 et une de 24 (2), lesdites

---

(1) Arrêté du 29 vendémiaire.
(2) Le 4 germinal, le Comité décidait qu'il serait envoyé, sous trois jours, à l'établissement des épreuves de Meudon, une pièce de 36, une de 24, une de 18, une de 12, toutes en fer ; une pièce de 8 et une de 4 en bronze. Le 11 prairial (30 mai), la Commission des armes et poudres devait faire « venir à Paris, sous dix jours, soit du Havre, soit d'ailleurs une pièce de 36 et une de 18 bonnes et saines ; envoyer à Meudon un affût de 12 pour une pièce de fer et faire construire à Paris cet affût, si c'est le moyen de se le procurer plus promptement ».

pièces montées sur leurs affûts et garnies de leur armement, plus un nombre suffisant de boulets de chaque calibre, plus une quantité suffisante de poudre de guerre ». Le 2 germinal (22 mars), la Commission était fixée à trois membres (1) (2) ; et le Comité de Salut public se réservait de lui donner ses « instructions particulières et secrètes ». Elle devait requérir de « celle des armes et poudres les matières telles que bois, fer, cuivre, plomb, poudre, armes, etc., qui seraient nécessaires à ses recherches et expériences (3) ».

Obus de nouvelles dimensions. — Ce fut, en effet, la Commission des armes et poudres qui reçut, le 4 (24 mars), l'ordre de faire transporter à l'établissement de Meudon les obus de nouvelles dimensions qui devaient y être expérimentés. Afin de ne pas retarder les essais, les citoyens Marie et Lamidey étaient chargés, le 9 (29 mars), de visiter les forges des districts de Gondrecourt et de Saint-Dizier pour y presser la fabrication des obus de nouvelles dimensions et les faire expédier le plus promptement à Meudon. Ils devaient ensuite

---

(1) Arrêté du 4 germinal : « Le Comité de Salut public ayant chargé le citoyen Fabre, officier d'artillerie, de coopérer à des épreuves d'artillerie qui doivent se faire à Meudon par une Commission dont il est membre, arrête que le Ministre de la guerre expédiera au citoyen Fabre un congé motivé sur la commission qui lui est donnée et pour le temps que dureront ces fonctions ; que le citoyen Fabre continuera à jouir du traitement qui lui est attribué et que ce traitement lui tiendra lieu de celui qui est assigné à ses coopérateurs. »

(2) Le 30 floréal (19 mai 1794) la « Commission des épreuves » prenait le titre de « Commissariat des épreuves de Meudon ». (Aulard, t. XIII, p. 604.)

(3) Le 2 prairial, le Comité de Salut public prescrivait l'envoi à Meudon, vingt-quatre heures après réception de son arrêté, de 3,000 feuilles de tôle propre à faire des sabots pour mettre les boulets de différents calibres.

parcourir tous les hauts fourneaux de la Meuse et de la Marne et y commander 12,000 obus de nouvelles dimensions de chacun des calibres de 24 et de 36, et 18,000 de 18 et de 12, à destination de la Commission d'expériences. Le représentant du peuple Battellier (1) avait, du reste, pleins pouvoirs pour accélérer (2) les travaux de cette Commission et presser l'arrivée des matériaux qui lui étaient nécessaires. Le 15, une mission analogue à celle de Marie et de Lamidey était confiée au citoyen Paul Fallet pour semblables commandes faites aux usines du Creuzot, de Charolles, de Verdrat, du Moulet, etc.....

Boulets à bagues de plomb. — On expérimenta aussi à l'établissement de Meudon vingt « boulets pour pièces de 8 et de 4 à bagues de plomb », qui furent commandés à la fonderie des frères Périer, à Chaillot, par arrêté du 16 germinal (5 avril).

Le tir de ces projectiles ne semble pas avoir réussi, car, le 1er floréal (20 avril), le Comité de Salut public chargeait Monge et Hassenfratz d'en prendre connaissance, de les faire répéter, enfin de chercher les moyens de remédier aux inconvénients qui se sont manifestés pendant les expériences. (Le même arrêté se trouve répété le 1er prairial (20 mai).

Proportion des projectiles emportés en campagne. — Comme tous les artilleurs de cette époque avaient été élevés à l'école de Gribeauval et que le matériel dont on se servait alors était le sien, on peut admettre que le nombre de coups par pièce que traînaient les armées de la Révolution et qu'elles laissaient sur leurs lignes

---

(1) Voir arrêté du 4 floréal (23 avril).
(2) L'arrêté du 30 avril témoigne de la hâte qu'avait le Comité de Salut public de voir « marcher rapidement » les épreuves à Meudon.

de communications est celui que Clarke (1) indiquait à l'Empereur, en 1808, comme fixé par Gribeauval :

« Le principe était..... :

« 1º De ne mener qu'un simple approvisionnement en campagne, composé ainsi qu'il suit :

« Pour le 12 : trois caissons portant 180 coups, dont 120 à boulets et 60 à balles ;

« Pour le 8 : deux caissons portant 170 coups, dont 110 à boulets et 60 à balles ;

« Pour le 4 : un caisson portant 170 coups, dont 120 à boulets et 50 à balles ;

« Pour l'obusier : deux caissons portant 90 coups, dont 80 à boulets et 10 à balles ;

« 2º D'avoir dans les places de la ligne d'opérations des bouches à feu et caissons en réserve en raison du tiers employé à l'armée ;

« 3º D'avoir dans les places de la frontière un second approvisionnement en munitions confectionnées (1). »

On peut encore citer les lignes suivantes, extraites de la traduction d'un ouvrage sur l'artillerie à cheval (*Papiers Éblé*) : « Chaque canon (de l'artillerie à cheval), outre les 30 cartouches qui se trouvent sur l'affût et l'avant-train, devait être suivi de 50 autres ; et chaque obusier, outre ses 20 coups, devait en avoir 30 en réserve..... ». « La batterie..... est suivie immédiatement d'une certaine quantité de munitions (200 coups pour les quatre canons et 100 pour les deux obusiers). » Il en résulte que, dans l'artillerie à cheval, chaque pièce de 8 aurait disposé immédiatement de 130 coups et chaque obusier, de 75, tandis que, d'après le rapport de Clarke, ces chiffres eussent été de 170 et de 90.

Des gargousses. — Le mouvement du projectile, dans

---

(1) Rapport de Clarke à l'Empereur, 24 février 1808. (*Arch. Art.*)

les canons de siège, était assuré par la gargousse, à la confection de laquelle était réservée toute l'étoffe nécessaire.

La Commission des armes, poudres et exploitation des mines de la République, au citoyen Opsommer, directeur de l'artillerie, à Strasbourg.

Paris, le 3 thermidor an II (1).

La Commission a reçu, Citoyen, ta lettre du 25 messidor, par laquelle tu lui annonces qu'une grande quantité d'étoffes étrangères est sur le point d'être vendue à Strasbourg, à des marchands de Bâle en Suisse, qui les emporteront dans leur pays où nous serons forcés d'aller les chercher ensuite à grands frais et à un prix bien au delà de celui qu'ils les auront payées à Strasbourg ; il faut prévenir cet inconvénient, et pour cela la Commission t'autorise à acheter toutes celles de ces étoffes propres à faire des gargousses et nécessaires à l'arsenal de Strasbourg ; tu voudras bien l'informer de tes dispositions, et lui adresser l'état des espèces, quantité, qualité et prix des marchandises dont tu feras l'emplette ; la Commission de commerce et approvisionnement est prévenue de cette mesure concertée pour le plus grand intérêt de la République.

Salut et fraternité.

CAPON.

En dehors des gargousses affectées aux pièces de siège, les munitions des canons de campagne comprenaient les *cartouches à canon*.

L'arrêté du 11 prairial (30 mai) chargeait le représentant du peuple Battellier de faire construire, « sous quatre décades au plus, six martinets, une affinerie d'acier, une batterie de tôle propre à faire des cartouches à canon et un gros marteau pour forger des essieux ». Ces établissements devaient être placés sur le courant de la Marne, au-dessus du grand pont de Saint-Dizier, sur le terrain appelé la Vieille-Forge.

---

(1) *Arch. Art.*

Cartouches à fusil. — Enfin l'armement de l'infanterie nécessitait un approvisionnement de cartouches que, dès 1791, le gouvernement s'était préoccupé de tenir aussi complet que celui des gargousses de siège et des cartouches à canon de campagne.

Le Ministre de la guerre à M. de Nadal, sous-directeur de l'artillerie, à Strasbourg (1).

Paris, le 25 mars 1791.

Je suis informé, Monsieur, qu'il n'existe point à Strasbourg de cartouches à fusils. La prudence voulant qu'il en soit tenu dans cette place un approvisionnement tel qu'il puisse subvenir aux besoins imprévus, l'attention du Roi est que vous vous occupiés d'en faire construire jusqu'à concurrence de deux millions.

Vous n'avés point non plus à cet arsenal de cartouches à canon à boulets et à balles. Un aprovisionnement de cette nature n'est pas moins essentiel, et je vous prie de faire exécuter de ces cartouches sur le pied de moitié de ce qui en seroit nécessaire pour un équipage de campagne de 124 canons de bataille, dont 12 du calibre de 12, 32 de 8 et 80 de 4, et de 4 obusiers, en observant d'y ajouter des cartouches à balles dans la proportion ordinaire.

Vous voudrés bien en conséquence vous procurer tant les matières qui entrent dans la composition de ces cartouches, que la serge nécessaire pour les gargousses du canon de siège.

J'ai l'honneur d'être très parfaitement, Monsieur, votre très humble et très obéissant serviteur.

DUPORTAIL.

La Commission des armes et poudres, comprenant toute l'importance de cet approvisionnement, veillait à ce qu'il fût de la meilleure confection.

L'Agence de la conservation des armes et munitions de guerre de la République, au Directeur de l'artillerie de Strasbourg.

Arsenal de Paris, le quartidi prairial an II (23 mai) (1).

On a porté des plaintes, Citoyens, à la Commission des armes et poudres de la République sur la mauvaise fabrication des cartouches à

---

(1) *Arch. Art.*

fusils ; elle vient de nous écrire à ce sujet, et nous recommande de prendre les mesures nécessaires pour que cela n'arrive plus à l'avenir. Nous t'invitons, Citoyen, à faire surveiller avec attention cette fabrication d'où dépend en partie le succès de nos armées.

Salut et fraternité.

BERGER, DUMIER.

Des centres de fabrication étaient également installés pour produire des cartouches dont les bataillons de volontaires faisaient une énorme consommation (1).

Éblé, qui commande l'artillerie de l'armée à la Fère, prescrit en effet le 9 floréal à Magnenot, à Péronne, de « prendre toutes les mesures possibles pour faire fabri-

---

(1) *Éblé au général Fromentin.*

La Fère, 9 floréal (28 avril).

..... Je te préviens aussi que tout le monde se plaint de ce que les soldats jettent leurs cartouches au lieu de s'en servir contre l'ennemi. Cette dilapidation nous mettra dans l'impossibilité de fournir aux consommations. Tu sais que la poudre nous manque.

Juge de l'approvisionnement qu'il faut pour trois millions de cartouches que ta division et celle Balland ont consommées.

Éblé au citoyen Bonnard.

La Fère, 14 floréal (3 mai).

« Il va partir 420,000 cartouches d'infanterie que je dirige sur Avesnes. Prends-en ce qui sera nécessaire. Tu sais combien non pas on en brûle mais on en jette. J'ai vu aujourd'hui un volontaire qui a dit que le chef de son bataillon faisait prendre à chaque homme 15 paquets de cartouches. D'après cela tu ne dois pas être étonné de la grande consommation. »

Au citoyen Mérique, commandant le parc d'artillerie à Avesnes.

La Fère, 14 floréal.

« Je fais passer un approvisionnement de cartouches d'infanterie qui serait suffisant pour la campagne si elles étaient ménagées comme elles devraient l'être. J'espère que tu mettras tous tes soins pour prévenir le gaspillage..... »

quer 40,000 à 50,000 cartouches par jour »; le 30 il lui renouvellera cet ordre sous une autre forme (1).

Le 25, il écrira encore à Ferrand qu'il pourrait en fabriquer 60,000 à 80,000 par jour tant à la Fère qu'à Péronne.

Dépôts de munitions. — La Fère et Péronne sont d'ailleurs non seulement des centres de fabrication, mais encore des dépôts de munitions (2) alimentés par l'intérieur.

Éblé au Ministre.

La Fère, 14 ventôse an II (4 mars).

Pour que les ateliers de la Fère et de Péronne soient toujours alimentés, je te prie de vouloir bien donner des ordres afin qu'il soit versé :

A Péronne : 1500 à 2,000 boulets de 12 ; 2,000 à 3,000 boulets de 8 ; obus de 6 pouces, autant qu'il sera possible ;

A la Fère : 1000 boulets de 12 ; 2,000 boulets de 8 ; 4,000 boulets de 4 ; obus de 6 pouces, autant qu'il sera possible.

Comme la Fère est plus épuisé que Péronne, je te prie de faire commencer le versement par cette ville.

En dehors des dépôts de la Fère et de Péronne, Éblé en avait fait installer à Avesnes, Réunion, Saint-Quentin,

---

(1) *Éblé au citoyen Magnenot, à Péronne.*

La Fère, 30 floréal (19 mai).

« Mets tous tes soins à ce que, sous peu, il y ait un million de cartouches d'infanterie prêtes à faire mordre la poussière aux satellites des tyrans. »

(2) *Éblé au citoyen Niger, à Lille.*

La Fère, 30 ventôse (20 mars).

« Péronne, Saint-Quentin, la Fère contiennent une assez grande quantité de munitions de toute espèce que j'ai fait faire depuis quelque temps. Nous en aurions eu davantage si la poudre ne nous avait pas manqué. »

sans préjudice des approvisionnements contenus dans les places de Maubeuge (1), Cambrai, Douai, Lille, Saint-Omer, Aire et Dunkerque.

Le général Éblé, à la Fère, au général en chef Pichegru.

6 germinal (26 mars).

Je n'ai pas, Général, des renseignements suffisants pour te fournir l'état que tu me demandes des munitions qui existent dans toutes les places frontières. Je n'ai que ceux des dépôts que j'ai formés à Avesnes, Réunion, Saint-Quentin, la Fère, Péronne.

. . . .

Maubeuge et Cambrai (2) sont pourvues d'à peu près chacune un million de cartouches d'infanterie. L'approvisionnement en cartouches à canon est moins considérable, sans cependant laisser de craintes.

Douai et Lille doivent être bien pourvues.

Saint-Omer et Aire ont ensemble à peu près 1,800,000 cartouches d'infanterie.

Dunkerque en a aussi. Je n'ai ces renseignements que pour moi, et ils me suffisent.....

. . . .

Échange de munitions. — Entre les places fortes ou les dépôts, ou entre ces deux catégories de magasins, s'effectuaient des échanges de munitions proportionnés aux besoins engendrés par les événements militaires.

---

(1) Voir à ce sujet les lettres de Colaud, datées des 2 et 3 floréal et signalant à Pichegru, à Favereau, au commandant militaire de Laon et au représentant du peuple Vidalin, l'envoi de quatre convois de munitions de guerre partant les 3, 5, 7 et 9 floréal de Lille pour Maubeuge, en passant par Laon.

(2) *Florent Guiot au Comité de Salut public.*

Lille, 22 floréal (11 mai).

« Les magasins militaires sont bien fournis en munitions de guerre et de bouche et peuvent mettre la place en état de soutenir un siège de trois mois. »

23 germinal (12 avril).

Il est ordonné au citoyen Geoffroy, commandant d'artillerie à Sedan, de faire partir de cette place, dans le plus bref délai, 1000 obus qu'il enverra à Givet et 500 à Mézières. Il n'apportera aucun retard à l'exécution de cet ordre.

CHARBONNIÉ.

Le général Favereau au citoyen Saint-Martin, commandant l'arsenal de Maubeuge.

23 germinal (12 avril).

Je te préviens, Commandant, que conformément à l'arrêté du Comité de Salut public, il sera retiré de l'arsenal de Metz pour cette place et le camp :

Pièces de 16 sur affût de siège	2
Pièces de 12 sur affût de siège	4
Boulets de 24	2,500
Boulets de 16	15,000
Boulets de 8	15,000
Boulets de 4	15,000
Bombes de 10 pouces	1,500
Bombes de 8 pouces	1,000
Obus de 8 pouces	2,000
Feuilles de fer-blanc en tôle tirée de la Moselle	1,200
Fusils de rempart de Mézières	407

50 milliers de plomb tirés de l'arsenal de Paris.

Au fur et à mesure que ces objets arriveront, tu voudras bien m'en donner avis pour que je puisse en rendre compte au général en chef, d'après sa demande portée par sa lettre du 21 de ce mois.

Je vois avec plaisir que notre réclamation n'est pas tout à fait infructueuse.

Le général Éblé, à la Fère au citoyen Dole, à Saint-Quentin.

9 floréal (28 avril).

Le salut de la République exige, mon camarade, que tu prennes les mesures les plus promptes et les plus sûres pour qu'il parte aujourd'hui de Saint-Quentin 300,000 cartouches d'infanterie que tu dirigeras sur Réunion-sur-Oise. Tu t'adresseras aux autorités constituées pour qu'il te soit fourni les voitures nécessaires au transport de ces cartouches, et au commandant temporaire une escorte suffisante pour la sûreté de ce convoi. Ne mets aucun retard, fais toutes les diligences pour que ces munitions arrivent la nuit prochaine de bonne heure.

Je te salue fraternellement.

Le général Éblé au général Fromentin.

La Fère, 9 floréal (28 avril).

Je te préviens que j'ai fait partir 200,000 cartouches d'infanterie et 300,000 qui partiront de Saint-Quentin pour Avesnes.....

Éblé au Général en chef.

La Fère, 11 floréal (30 avril).

. . . .

Le Comité de Salut public vient de donner des ordres pour qu'il soit envoyé sans délai à Maubeuge 40 milliers de poudre pris à la Fère. Il ne s'y trouve que 26 milliers qui ont été éprouvés ce matin et que je croyais pouvoir employer ici et à Péronne. Je rends compte au Comité de Salut pulic de l'impossibilité où je me trouverai d'alimenter les ateliers de Péronne et de la Fère, s'il ne met promptement de la poudre à ma disposition.

. . . .

Le général Éblé au général Laprun.

La Fère, 1er prairial (20 mai).

. . . .

Le général Laprun donnera aussi des ordres aux commandants de l'artillerie de Givet, Charlemont et autres villes de mettre la plus grande activité à l'approvisionnement des munitions, afin qu'en tout temps ils puissent fournir aux besoins de l'armée.

A mesure que nos troupes se porteront en avant, il fera approvisionner les dépôts d'Avesnes et Maubeuge par ceux des derrières.

Ravitaillement en munitions. — On a vu, à propos du matériel de l'artillerie, quel était le rôle général du parc d'artillerie de l'armée, des parcs intermédiaires et des parcs divisionnaires.

On entrera ici un peu plus dans le détail de cette question en traitant particulièrement du ravitaillement en munitions confectionnées.

Le ravitaillement des corps pouvait se faire directement sur les dépôts de munitions ou les places fortes.

Au quartier général de la Cense de Pommereuil, le 26 floréal (15 mai).

Il est ordonné aux commandants des corps de faire partir sur-le-champ leurs caissons à cartouches et gargousses vides à Maubeuge pour les faire remplir ; ils marcheront de manière à pouvoir être rendus ce soir de bonne heure à Maubeuge.

Copie de l'ordre du quartier général de Maubeuge du 8 au 9 messidor (26 au 27 juin).

Au quartier général de Jumet, le 9 messidor.

Les caissons tant du parc commandé par le citoyen Baumann que ceux qui composent la division, qui sont vides dans les différents corps, seront remplacés aujourd'hui. On s'adressera à cet effet au général Duhesme.

Mais, en général, le ravitaillement se faisait sur le parc divisionnaire, qui se ravitaillait lui-même sur le grand parc.

Au général de brigade Lorge.

24 pluviôse (12 février).

Je reçois, mon ami, l'état des besoins des cantonnements de droite ; à l'égard des cartouches et pierres à feu, tu voudras bien donner des ordres pour qu'il en soit délivré du parc de Mouzon.....

THARREAU.

Au citoyen Rostollan, adjudant général.

4 floréal (23 avril).

Tu donneras des ordres, Citoyen, à tous les chefs de corps de faire passer de suite leurs caissons vides au parc qui est au Moulin-à-Vent de la Vedette pour être remplacés.

THARREAU.

5 prairial (24 mai).

Il est ordonné au commandant du parc d'artillerie de faire rendre de suite auprès du général Poncet, commandant la division du général Duhesme à l'abbaye de Lobbes, trois caissons de cartouches d'infanterie du calibre de 18.

THARREAU.

Ordre du 4 au 5 prairial (23 au 24 mai).

On prévient les différents officiers d'artillerie et autres, qui auraient besoin de munitions de guerre ou qui auraient des pièces à échanger, de ne pas venir à Lille pour ces objets. Il faut qu'ils s'adressent au directeur du parc situé au camp de la Madeleine, près Lille. Par là, ils éviteront les retards qu'ils pourraient éprouver en venant ici où il est impossible de satisfaire à leurs demandes.

Supplément à l'ordre du 27 prairial (15 juin).

Il est ordonné aux commandants des corps de faire distribuer de suite à leurs soldats des cartouches au nombre de 50 par homme. Cette distribution faite, ils feront partir sur-le-champ leurs caissons pour le quartier général à Wilbouroux, où ils verront des munitions en tout genre. Les chefs de corps sont responsables de l'exécution du présent ordre.

Les commandants de la 1re compagnie d'artillerie légère et des pièces de 12 de position se rendront, au reçu du présent ordre, au quartier général à Wilbouroux.

Ordre du quartier général de Marchienne-au-Pont du 28 au 29 prairial (16 au 17 juin).

Au quartier général de la Cense de Beaudrebul, le 30 prairial (18 juin).

. . . .

Les divisions de l'armée ont été prévenues qu'elles avaient à leur suite un petit parc d'approvisionnement. En conséquence, tous les parcs doivent envoyer chercher à ce parc toutes les munitions qui leur sont nécessaires. L'on ne doit s'adresser au grand parc d'artillerie que pour le renouvellement des approvisionnements qui existent à la suite des divisions et d'après les ordres des généraux qui les commandent.

Afin d'éviter les dilapidations de munitions, l'échange d'un caisson ne pouvait se faire avec l'un de ceux du parc que si le premier était vidé, si la demande en était faite par un général ou, un jour d'action, par le chef de brigade ou de bataillon. Enfin, il était défendu de donner à toute pièce plus de caissons que n'en comportait son calibre.

Au quartier général d'Avesnes, 5 floréal (24 avril).

Ordre du quartier général de Réunion-sur-Oise, du 4 au 5 floréal.

Il ne sera désormais délivré aucun caisson ni munitions d'artillerie que lorsque les corps ou généraux qui en auront besoin en auront formé la demande par écrit, en ayant soin de spécifier la quantité de chaque objet demandé. La signature du chef de brigade ou chef de bataillon suffira lorsque ce sera un jour d'action. Dans tous les autres cas, il faudra la signature des conseils d'administration pour les demandes qu'on aurait à faire au parc.

Il devient essentiel que les pièces soient approvisionnées autant que faire se peut de leurs caissons complets. On ne recevra pas néanmoins au parc pour l'échanger, un caisson dans lequel il n'y aurait que quelques coups de manque. Il est aussi défendu de conserver à chaque pièce soit de bataillon, soit de position, plus de caissons que la quantité affectée à chaque calibre ; le surplus rentrera au parc sur-le-champ. Les généraux de division surveilleront essentiellement cet objet.

. . . .

En outre, ordre était donné de renvoyer immédiatement un caisson vide pour le faire remplir sans retard au parc.

20 floréal.

Il est ordonné au commandant du parc d'artillerie d'enjoindre aux officiers et sous-officiers attachés à des pièces de faire dans une action partir de suite et à fur et mesure, tous les caissons qui seront vides pour être remplis et de n'apporter aucun retard à cet ordre sous peine d'être regardés comme suspects et d'être mis en état d'arrestation.

Par ordre du général en chef,
Tharreau.

Copie de l'ordre général du 11 au 12 prairial daté du quartier général de Marchienne.

Au quartier général du Prieuré de Haigne, le 11 prairial (30 mai).

..... Aussitôt que le caisson d'un corps est vide, il faut que le chef le renvoie avec promptitude pour être rempli.

En cas d'insuffisance des munitions du parc, le ravitaillement s'opérait au moyen de caissons venant de la place la plus voisine.

Au commandant d'artillerie à Vedette.

6 floréal (25 avril).

Quand le commandant d'artillerie n'aura plus de cartouches à délivrer, il fera changer de caissons aux bataillons qui en auront besoin, pour des caissons chargés actuellement sur la place. Il veillera à ce que le service n'opère aucun retard.

BARBIER.

Enfin, les caissons ne pouvaient être remplis que de munitions confectionnées à défaut de tout autre chargement.

Copie de l'ordre du quartier général de Réunion-sur-Oise du 14 au 15 floréal.

Au quartier général d'Avesnes, le 15 floréal (4 mai).

Le général est instruit qu'on se permet les jours de marche de surcharger les caissons d'artillerie des objets absolument étrangers au service militaire et même qui peuvent entraîner souvent les plus funestes effets.

Le général rend responsables les chefs de corps de ces abus, les autorisant à prendre et confisquer tous les effets qui ne doivent pas se trouver dans les caissons, n'y ayant que les munitions de guerre qui doivent y trouver place.

Ordre du 5 au 6 messidor (23 au 24 juin).

Le service de l'artillerie étant de la plus haute importance, les officiers généraux doivent prendre toutes les précautions possibles pour l'assurer et arrêter tous les abus capables de l'entraver. Rien ne peut y nuire comme la surcharge des caissons et affûts.

Il est expressément défendu à tous commandants de corps, officiers généraux et autres, de permettre que l'on mette sur les voitures d'artillerie aucun objet étranger à ce service. En conséquence, ils confisqueront tout ce qui se trouvera sur les voitures et arrêteront les personnes qui en useraient pour se faire transporter, ou des effets leur appartenant. Les canonniers mêmes ne pourront y déposer leur havresac, et les officiers d'artillerie qui le permettront seront arrêtés sur-le-champ comme insouciants, ennemis de l'ordre et de la chose publique.

En cas de nécessité, les ravitaillements s'opéraient au moyen de voitures et d'attelages de réquisition.

Aux Maires et Officiers municipaux de Réunion-sur-Oise.

Du 9 germinal (29 mars).

L'armée étant aux prises avec l'ennemi, je ne puis savoir les demandes qu'on pourrait faire en munitions. Il reste des caissons et munitions ici qui pourraient être demandés et nous manquons de chevaux pour les conduire. En conséquence, la municipalité est invitée à faire tenir la quantité de 22 chevaux prêts pour s'en servir au cas où le besoin l'exigerait.

Le général Éblé, à la Fère, au citoyen Magnenot, à Péronne.

9 floréal (28 avril 1794).

Le salut de la République exige, mon camarade, que tu fasses partir sur-le-champ 300,000 à 400,000 cartouches d'infanterie.

Tu t'adresseras aux corps constitués, pour qu'il te soit fourni le nombre de voitures nécessaires pour les transports. Tu les dirigeras sur la Fère, avec une escorte suffisante que tu demanderas au commandant temporaire.

Tu préviendras les corps constitués qu'il est possible que les voitures soient obligées d'aller jusqu'à Réunion-sur-Oise.

Mets à cet envoi la plus grande diligence.....

Au Commissaire-Ordonnateur en chef.

20 floréal (9 mai).

Il est nécessaire, Citoyen, que tu mettes à la disposition du directeur du parc d'artillerie 20 voitures pour le transport des munitions ; il nous reste à l'arsenal plusieurs caissons de différents calibres qu'il serait indispensable, dans les circonstances, d'atteler et de conduire au parc. Fais tous tes efforts pour nous procurer des chevaux. Marque-moi ce que tu peux faire.

THARREAU.

Au citoyen Thévenot, directeur du parc d'artillerie.

20 floréal.

Je te préviens, Citoyen, que j'ai donné ordre au commissaire-ordonnateur de mettre à ta disposition 20 voitures pour le transport des munitions de guerre dont tu peux avoir besoin. Je lui demande aussi des chevaux pour l'attelage des caissons qui sont à l'arsenal.

Tu me feras part de suite de tous les besoins que tu peux avoir pour l'approvisionnement du parc, pour que le général en chef puisse ordonner les versements nécessaires.

THARREAU.

24 floréal (13 mai).

Il est ordonné au citoyen Paillard, commandant d'artillerie à Vedette-Républicaine d'aller chez le commandant de la place, chez le commissaire des guerres ou chez le citoyen Henrion pour s'informer s'il vient à Thuin des voitures à vide. Dans ce cas, il les ferait charger de tonneaux ou barils de cartouches d'infanterie.

THARREAU.

En dehors des ravitaillements, les voitures de réquisition pouvaient aussi servir à faire de rapides évacuations ; ces dernières pouvaient encore s'effectuer au moyen de canaux. Tel fut le cas au moment où Éblé envisagea, après la chute de Landrecies, l'éventualité d'évacuer le dépôt d'artillerie de la Fère, siège central du grand parc de l'armée.

Éblé à Ferrand, 15 floréal (4 mai).

Tu laisses à ma prudence, mon cher camarade, les précautions à prendre pour la sûreté des munitions qui se trouvent en ce moment à la Fère. Il n'est guère possible que je puisse calculer les événements, ne connaissant pas plus la force et la position de nos troupes que celles de l'ennemi ; et, quand je les connaîtrais, d'un moment à l'autre, les circonstances peuvent changer l'une et l'autre. Je mets autant d'activité qu'il est possible à l'encaissement des munitions afin qu'il n'y ait qu'à les porter dans les bateaux requis et les faire filer sur Noyon d'où elles seraient transportées à Péronne ; c'est selon moi la seule mesure que je puisse prendre ; mais le manque de voitures me fait craindre de ne pouvoir l'exécuter.

J'écris au représentant Saint-Just pour lui faire part de mes inquiétudes et le prier de me donner des ordres en conséquence. Je l'engage même à venir ici un moment, afin qu'il puisse juger par lui-même de l'importance des mesures à prendre.....

Le général Éblé, à la Fère, au citoyen Saint-Just, représentant du peuple.

15 floréal (4 mai).

Il existe à la Fère, Citoyen Représentant, un dépôt assez considérable de munitions de guerre. On y a aussi rassemblé une grande quantité de farines. J'ai mis en réquisition les bateaux du canal de Chauny afin de servir à l'évacuation si elle devenait nécessaire.

S'il était possible que tu te transportasses pour un moment ici, tu jugerais par toi-même de l'importance de ces dépôts et tu pourrais donner les ordres que ta sagesse te dicterait.

L'arsenal renferme encore quelques armes, des bois en grande quantité et 200,000 à 300,000 livres de métal de cloches et autres objets servant dans les ateliers.

VII. — Artillerie.

e) EFFICACITÉ DU TIR (1).

I. — *Armes portatives.*

Il n'existe aucun renseignement sur le tir des fusils modèle 1763 dans les Archives du comité ou de la section technique de l'artillerie (1).

Pour le fusil modèle 1777, on a retrouvé des relevés de tir comparatifs exécutés en 1828, entre ces fusils et des fusils modèle 1822.

Ces tirs étaient exécutés *sur chevalet* avec des balles de 20 à la livre et une charge de 11 gr. 20.

---

(1) Cette note a été rédigée par la Section technique de l'artillerie pour la Section historique de l'état-major de l'armée.

D'après les résultats obtenus dans ces conditions :

A 150 mètres, l'écart probable en hauteur était de $0^m,75$ environ ;

A 150 mètres, l'écart probable en direction était de $0^m,60$ environ ;

A 200 mètres, l'écart probable en hauteur était de $1^m,10$ environ ;

A 200 mètres, l'écart probable en direction était de 1 mètre environ.

D'autre part, d'après divers auteurs consultés, les différents fusils lisses utilisés pendant la seconde moitié du XVIIIe siècle avaient à peu près les mêmes propriétés balistiques. Leur justesse était d'ailleurs assez faible ; la dispersion du tir était telle qu'à 300 pas le rayon du cercle contenant la meilleure moitié des coups était d'environ $1^m,60$. Avec une pareille dispersion, on ne pouvait attendre de résultats sérieux que dans le tir contre une troupe en ordre serré ; la probabilité d'atteindre un homme isolé était trop faible (1).

Pour le fusil modèle 1777, la portée du but en blanc était de 180 toises environ. La portée maxima, réalisée pour un angle de tir notablement inférieur à 45°, était de 700 à 800 toises (2).

Enfin, d'après Herrmann Weygand (3), avec les fusils qui ont servi dans les campagnes de Frédéric II et de Napoléon Ier, d'après les expériences faites avec des tireurs exercés :

A 75 mètres, 60 p. 100 des coups touchaient une cible de 25 mètres de largeur sur $1^m,75$ de hauteur ;

---

(1) Général Pototsky. *Les armes portatives actuelles.*
(2) D'Urtubie. *Manuel de l'artilleur.*
(3) *Die technische Entwickelung der Modern Proecisions waffen.*

A 150 mètres, 40 p. 100 des coups touchaient une cible de 25 mètres de largeur sur 1^m,75 de hauteur ;

A 225 mètres, 25 p. 100 des coups touchaient une cible de 25 mètres de largeur sur 1^m,75 de hauteur ;

A 300 mètres, 20 p. 100 des coups touchaient une cible de 25 mètres de largeur sur 1^m,75 de hauteur,

ce qui, d'après le calcul des probabilités, correspondrait :

A 75 mètres, à un écart probable en hauteur de 0^m,70 environ ;

A 150 mètres, à un écart probable en hauteur de 1^m,15 environ ;

A 225 mètres, à un écart probable en hauteur de 1^m,80 environ ;

A 300 mètres, à un écart probable en hauteur de 2^m,30,

pour des tirs exécutés *à l'épaule*.

II. — *Bouches à feu.*

En utilisant les données expérimentales fournies par les essais exécutés à Strasbourg en 1764 et à Douai en 1771 et en ne tenant compte que du premier point de chute de chaque boulet, il a été possible d'établir les tables de tir sommaires très approximatives suivantes pour :

Les canons de campagne de 4, de 8 et de 12, et

L'obusier de campagne de 6 pouces du système Gribeauval.

I. — Canon de 4 de campagne.

Charge de 1 livre 1/2 de poudre (0 kilog. 735)
Vitesse initiale (1) : 1293 pieds (469 mètres).

PORTÉES		ANGLES DE TIR.	ÉCARTS PROBABLES EN PORTÉE.	
EN TOISES.	EN MÈTRES.		Toises.	Mètres.
197	382	0°	10	19
256 5/10	500	0°30′	12	23
513	1,000	2°	20(1)	39
1,026	2,000	8°30′	51	100
1,282	2,500	14°30′	82	159

(1) Les tirs exécutés à Strasbourg en 1764 avec le canon de 4, sous l'angle de 3°, donnent un écart probable de 30 toises (pour 24 coups).

Ces nombres ont été obtenus par compensation des résultats figurant aux procès-verbaux des tirs exécutés à Douai en 1771 (2), sous les angles respectifs de 0°, 3°, 6°, 10° et 15° (5 coups sous chaque angle).

II. — Canon de 8 de campagne.

Charge de 2 livres 1/2 de poudre (1 kilog. 225).
Vitesse initiale : 1272 pieds (262 mètres).

PORTÉES		ANGLES DE TIR.	ÉCARTS PROBABLES EN PORTÉE.	
EN TOISES.	EN MÈTRES.		Toises.	Mètres.
256 5/10	500	1°	14	27
513	1,000	2°45′	31	60
769 5/10	1,500	5°45′	68	132

(1) *Aide-mémoire à l'usage des officiers d'artillerie de France*, t. II, 3ᵉ édition, 1801.
(2) Artillerie 1771. Épreuves de comparaison pour les portées des différentes pièces de canon du calibre de 4.

Ces nombres ont été obtenus par compensation des résultats figurant aux procès-verbaux des tirs exécutés à Strasbourg en 1764 (1), sous les angles de 3° et 6° (60 coups à 6°; 32 à 3°).

III. — Canon de 12 de campagne.

Charge de 4 livres de poudre (1 kilog. 960)
Vitesse initiale : 1290 pieds (482 mètres).

PORTÉES		ANGLES DE TIR.	ÉCARTS PROBABLES EN PORTÉE.	
EN TOISES.	EN MÈTRES.		Toises.	Mètres.
256 5/10	500	1°	18	35
513	1,000	2°45′	25	49
769 5/10	1,500	4°45′	48	93
1,026	2,000	7°30′	70	137

Ces nombres ont été obtenus par compensation des résultats figurant aux procès-verbaux des tirs exécutés en 1764 (1) à Strasbourg, sous les angles de 3° et 6° (36 coups à 6°; 34 à 3°).

---

(1) Journal des épreuves des canons longs, moyens et courts des différents calibres, commencées en juin 1764 dans la prairie de Honheim, près Strasbourg.

IV. — Obusier de 6 pouces.

Charge de 17 onces de poudre (0 kilog. 325).
Vitesse initiale : 525 pieds (171 mètres).

PORTÉES		ANGLES DE TIR.	ÉCARTS PROBABLES EN PORTÉE.	
EN TOISES.	EN MÈTRES.		Toises.	Mètres.
256 3/10	500	5° 30′	3	2,50
412 3/10	800	10°	10	19
513	1,000	13° 30′	17	33
769 5/10	1,500	33°	30	37
814 5/10	1,750	45°	»	»

Ces nombres ont été obtenus par compensation des résultats figurant aux procès-verbaux des tirs exécutés à Strasbourg en 1764, sous les angles de 6°, 10°, 15°, 30° et 45° (2 coups sous chacun des angles 6°, 10°, 30° et 45° ; 4 coups sous l'angle de 15°).

L'écart probable a été pris égal à un quart de la longueur du rectangle enveloppe.

Bien que les écarts en direction n'aient pas été relevés dans les tirs ci-dessus relatés, il semble possible néanmoins d'arriver à une évaluation approchée des écarts en direction qui pouvaient être donnés par les pièces de bataille système Gribeauval.

De très nombreux tirs à angles et à charges variables ont été exécutés et relevés en 1804, avec des canons de 6 de différentes longueurs.

Les procès-verbaux de ces tirs montrent que les rectangles enveloppes contenant les points de chute de 10 coups tirés ont eu, pour la distance moyenne de 560 toises (tir sous l'angle de 3°) des dimensions voisines de :

Longueur.................. 150 toises.
Largeur.. .... 15 —

Ces dimensions sont celles qui, pour 10 coups tirés, ont été obtenues avec le canon de 6 de 18 calibres à la charge de 3 livres de poudre (les canons Gribeauval avaient 18 calibres de longueur).

En généralisant ce résultat partiel, et pour exprimer par des nombres les valeurs des écarts probables en direction des bouches à feu ci-dessus étudiées, on peut dire que l'écart probable en direction est voisin d'un dixième de l'écart probable en portée, pour une distance de tir de 550 toises.

Les épreuves de l'an XI, exécutées avec des canons de 24 de différentes longueurs chargés de 8 livres de poudre, tendent à confirmer cette règle simple qui s'applique d'ailleurs assez bien à nombre de bouches à feu des systèmes actuels.

VIII. — Les aérostiers (1).

Mouvement des idées au début de la Révolution. — Création de la 1re compagnie d'aérostiers. — La compagnie en marche, en stationnement, au combat. — Construction d'aérostats cylindriques, ellipsoïdes et de petits ballons. — Création d'une nouvelle compagnie. — Le rôle des aérostats à Fleurus.

Mouvement des idées au début de la Révolution. — Les progrès accomplis par l'aéronautique au début de la Révolution ne peuvent être mieux mis en lumière que par le *Précis des travaux faits à l'Académie des sciences de Paris, pour la perfection des machines aérostatiques*, rédigé par le général Meusnier.

---

(1) Les documents cités dans ce chapitre sont tirés des dossiers spéciaux constitués sur les *aérostiers* aux Archives de la guerre et aux Archives nationales. Dans le cas où ils ne proviendraient pas de l'un ou l'autre de ces dossiers, ils sont l'objet d'une cote spéciale.

Ce document n'avait pas échappé à la vigilance du Comité de Salut public ; et, lorsque trop prématurément pour la gloire scientifique et militaire de la France, le général Meusnier mourut, le 13 juin 1793, à Cassel, des suites de ses blessures, le Comité arrêta le 10 frimaire (30 novembre 1793) (1) que « le juge de paix de la section du Luxembourg..... se transporterait à la maison habitée par le général Meusnier, place Saint-Sulpice, et y procéderait à la recherche du manuscrit susénoncé, même en levant le scellé, s'il a été apposé..... ».

Mais les recherches furent vaines, et le Comité de Salut public, instruit de ce résultat négatif, s'empressa d'y remédier par un deuxième arrêté du 22 frimaire (12 décembre 1793) (2). Considérant que ces papiers « auraient pu être transportés et laissés par le général à Cherbourg à la suite de la résidence qu'il y faisait précédemment pour son service » le Comité chargeait de la même mission « l'officier du génie commandant à Cherbourg, accompagné du juge de paix ».

Pour compléter cet arrêté, le Comité de Salut public décidait, du reste, le 3 vendémiaire an III que « Monge ferait à Cherbourg, dans la maison qu'y avait occupée le général Meusnier, et partout ailleurs où il en aurait pu faire le dépôt, la recherche de ses manuscrits, plans et dessins concernant les aérostats et autres objets relatifs aux arts militaires ».

Cette fois, l'opération paraît avoir enfin réussi, car l'arrêté du 4 pluviôse suivant donne la nomenclature des documents trouvés par Monge à Cherbourg et remis par lui, le 7 brumaire an III, au Comité.

Parmi ces papiers, il en est un, celui que nous avons déjà cité, qui expose avec une précision et une clarté

---

(1) Aulard, tome IX, page 61.
(2) Aulard, tome IX, pages 344 et 345.

merveilleuses l'état de la question au début de la Révolution (1).

L'Académie, dit le général Meusnier, ayant reçu les ordres que M. de Breteuil lui adressa au mois de janvier 1784, quelques-uns de ses membres s'occupèrent de la construction propre à rendre les machines aérostatiques utiles. Les premières recherches ont eu pour but d'obtenir des enveloppes imperméables à l'air. Aucune de celles que l'on connaissait ne remplissait cet objet ; le sieur Fortin, constructeur d'instruments de mathématiques, présenta la composition d'un vernis qui parut supérieur à tout ce que l'on avait vu. Des morceaux de taffetas enduits de ce vernis ont résisté pendant plus d'un mois à la pression entière de l'atmosphère, qu'on leur a fait supporter à l'aide d'un appareil où l'on faisait le vide ; tandis que toutes les autres enveloppes admettaient l'air très promptement et sous une pression beaucoup moindre. Ce succès engagea l'Académie à faire exécuter un ballon d'essai enduit de cette composition. Ce ballon est depuis novembre dernier dans la salle de l'Académie ; et quoiqu'il déplace dans l'air un poids de 32 livres, il n'a encore perdu que 3 livres de sa légèreté.

Ce point essentiel obtenu, on a examiné si d'autres causes tendaient à dissiper l'air inflammable. La théorie et l'expérience ont appris que l'air intérieur des machines aérostatiques s'échauffant quelquefois plus que l'air environnant, son élasticité pouvait augmenter au point de rompre les enveloppes ordinaires si on ne lui fournissait une issue. La transparence et la couleur sombre des enveloppes étant les principales causes de cette chaleur, il en a résulté qu'il fallait rendre les enveloppes opaques et leur donner une couleur blanche.

Malgré cette précaution, la température intérieure des machines aérostatiques peut encore s'élever de quelques degrés au-dessus de la température extérieure, et l'effort qui peut en résulter peut aller quelquefois jusqu'à égaler le poids d'une colonne d'un pouce de mercure.

---

(1) Il est intéressant de savoir ce que sont devenus ces documents. On peut dire que le *Précis des travaux faits à l'Académie* se trouve en manuscrit à la bibliothèque de l'Arsenal, aux Archives nationales et à celles du Génie, à Paris. A la fin du manuscrit de l'Arsenal on lit ce *Nota :* « D'après l'arrêté du Comité de Salut public en date du 4 pluviôse an III, les mémoires et les dessins originaux ont été remis à la Bibliothèque nationale. Les copies ont été remises à l'Établissement de Meudon. »

Les enveloppes ordinaires ne sont pas en état d'en soutenir deux lignes. Il a donc fallu s'occuper d'en construire de beaucoup plus fortes.

Cet objet exigeant des étoffes beaucoup plus lourdes, on a fait un très grand nombre d'expériences sur les différentes matières qu'il est possible d'employer, pour connaître quelle est leur force relativement à leur poids; on a également recherché quels sont les tiraillements que les enveloppes des différentes figures peuvent éprouver dans toutes leurs parties, et ce travail a appris que plus les machines aérostatiques sont allongées, moins il faut de matière et de pesanteur pour résister à l'effort de l'air intérieur.

Il fallait imaginer deux moyens de faire descendre et monter les machines aérostatiques sans évacuer l'air inflammable et sans jeter de lest. Cet objet a été rempli par la combinaison d'une capacité pleine d'air atmosphérique que l'on doit ménager dans l'intérieur de la machine. En faisant entrer de nouvel air dans cette capacité on augmente le poids de l'aérostat, ce qui l'oblige à descendre; quand au contraire il s'agit de le faire monter on donne issue à ce même air. Cette méthode est la seule par laquelle on obtienne un équilibre permanent à toute espèce de hauteur, tandis que celles qu'on a pratiquées jusqu'ici ne peuvent jamais faire naviguer un aérostat au-dessous d'un point où il s'est une fois élevé.

On a examiné quel pouvait être l'effet de beaucoup de machines proposées pour la direction des aérostats. Ces machines devant être mues par des hommes dont le poids est considérable relativement à leur force, il s'ensuit qu'elles auront toujours peu d'effet pour vaincre la résistance que l'air présente aux ballons en raison de leur grande surface. Le calcul des moyens de direction, de quelque espèce qu'ils puissent être, annonce en général qu'ils ne peuvent guère procurer aux machines aérostatiques une vitesse de plus d'une lieue à l'heure, indépendamment des vents. Néanmoins des moyens de direction seront très utiles. Ils serviront à choisir un lieu d'atterrage convenable. C'est à quoi il faut borner leur usage.

Le véritable esprit de la navigation aérienne consiste à faire un emploi éclairé des vents, à étudier leur succession d'après les tables d'observation que l'on a déjà aujourd'hui et qui se perfectionneront de plus en plus par la suite. Si, par exemple, il était question de passer de France en Angleterre, il ne faudrait pas chercher à faire ce trajet en ligne directe, parce que le vent de Sud-Est nécessaire pour cette route ne souffle que vingt-deux fois sur mille et par intervalles très courts. Mais des vents de Sud porteraient en Hollande d'où des vents de Nord-Est ramèneraient ensuite en Angleterre; et comme ces sortes de vents sont fréquents, cette marche, quoique plus longue en apparence, conduirait beaucoup plus promptement au but.

Les moyens de direction peuvent cependant être encore d'un avantage bien important pour les observations physiques que l'on aura à faire avec les machines aérostatiques, les nuages et les météores étant emportés par le même vent auquel la machine est livrée, ils se tiennent l'un par rapport à l'autre dans un calme véritable, et le plus léger moyen de direction suffit pour atteindre le point de l'atmosphère où un observateur aurait intérêt à se rendre.

Le désir de donner le plus d'avantage possible aux moyens de direction ayant suggéré l'idée d'allonger beaucoup la forme des machines aérostatiques, afin de diminuer la résistance que l'air leur oppose, l'on a examiné si à d'autres égards cette forme ne leur serait pas préjudiciable; il s'est trouvé en effet que la stabilité de ces machines souffrirait beaucoup d'un trop grand allongement; lorsque le vent souffle par secousses, le ballon prend une vitesse différente que celle des poids qui y sont suspendus, et il en résulte des balancements comparables au tangage et au roulis des vaisseaux; la machine s'inclinant, l'air inflammable, comme plus léger, se porte vers l'extrémité la plus haute. Ce mouvement est d'autant plus considérable que le ballon est plus allongé; et il culbuterait tout à fait l'aérostat si les poids qu'il porte ne le ramenaient à la situation naturelle.

Ces considérations ont fourni la connaissance du *métacentre* et la limite de l'allongement dont les machines aérostatiques sont susceptibles. Leur grand axe ne doit pas dépasser le double ou le triple du petit diamètre.

Les vents étant le principal guide des machines dont il s'agit, il faut qu'elles soient en état de prendre terre fréquemment et de s'y maintenir toutes les fois que ces vents ne leur seront pas favorables. L'on a en conséquence multiplié les atterrages et les relâches. Les principales consistent à détruire le mouvement de l'aérostat au moment de sa descente par le moyen d'un annexe de forme convenable pour qu'il touche d'une manière sûre, et à le fixer solidement soit par un nombre suffisant de cordages, soit en le couvrant d'une sorte de tente qu'il peut porter toujours avec lui.

On a enfin regardé comme très important de mettre une telle machine à l'abri des intempéries qui pourraient bientôt la mettre hors de service; l'on a imaginé pour cela de lui donner une couverture qui reçoive la pluie et les injures de l'air et qui serve, pour ainsi dire, de toit à l'aérostat.

On a dressé, d'après ce principe, deux projets de construction, l'un a pour objet de faire les plus longs voyages, même au-dessus des mers et dans les climats peu connus. Ce projet est l'image de ce que pourrait devenir un jour la navigation aérienne. Cette machine porterait trente hommes avec des vivres pour soixante jours, et son exécution coûterait plus de 3 millions.

Le second projet, destiné seulement pour six hommes et pour épreuve des moyens nouveaux auxquels les recherches ont conduit, pourrait servir, pendant une campagne, à faire sur le continent une sorte de croisière d'observations et d'expériences. Outre l'avantage de juger ce qu'on peut espérer de la navigation dont il s'agit, l'exécution d'un tel projet procurerait les observations les plus intéressantes aux sciences qui manquent absolument de données sur la constitution de l'atmosphère. Ce projet coûterait environ 400,000 francs.

Si l'exposé magistral qui précède donne une idée des plus nettes des résultats acquis par la science aérostatique à la fin du XVIIIe siècle, il laisse absolument dans l'ombre le rôle militaire qu'elle pourrait jouer.

Chose curieuse! alors que le savant ingénieur militaire a négligé cette question et ne paraît avoir eu l'idée d'en faire aucune application à l'art des sièges, l'initiative civile et privée adressait au gouvernement des mémoires sur les services que pourraient rendre les aérostats dans la lutte contre l'invasion étrangère.

Les désastres par lesquels débuta la campagne de Flandre en 1793, la prise de Condé, la perte de la forêt de Raismes, rendue plus pénible encore par la mort héroïque de Dampierre; la chute du camp de Famars suivie bientôt de celle de Valenciennes ne contribuèrent pas peu à surexciter les imaginations et à y faire éclore les projets d'aéronautique les plus variés.

Le 4 août 1793 le citoyen Paul Lamanon adressait cette pétition à la Convention nationale :

> Représentants du peuple, j'ai entendu crier dans les rues la prise de Valenciennes par les Autrichiens..... J'ai trouvé le moyen de porter sans danger des yeux observateurs sur les manœuvres de nos ennemis, voir leurs dispositions, combattre leurs projets, déjouer leurs complots et les renverser. Je pourrai me porter sur une armée entière, en examiner la disposition, voir la combinaison de sa marche, connaître les projets de nos ennemis, deviner la manière dont ils veulent les mettre en exécution, être instruit enfin jusqu'au moindre de leurs mouvements.

..... J'ai trouvé le moyen de diriger les aérostats !..... Je les dirige où il me plaît et je parcours 4 milles dans l'espace de 23 minutes.

Je demande que la Convention décrète qu'il me soit accordé la somme nécessaire pour l'achat des matériaux et le payement des ouvriers dont j'ai besoin pour exécuter mon expérience.....

Si mon expérience devait me coûter la vie, je n'hésiterais pas un seul instant d'en faire volontiers le sacrifice, et je m'estimerais le plus heureux des hommes si un vrai Français, aussi courageux que moi, en profitant de mes fautes, perfectionnait une machine qui, en occasionnant la destruction entière de nos ennemis, nous assurât pour toujours la liberté et le bonheur!

Malheureusement ces beaux projets ne résistèrent pas à l'examen du Comité d'instruction publique, auquel la Convention nationale les renvoya en lui adjoignant Guyton de Morveau. Le Comité, d'ailleurs, dans sa séance du 13 août 1793, nommait les citoyens Fourcroy, Arbogast et Ronne pour examiner la proposition conjointement avec Guyton et concluait ainsi le 3 septembre suivant à la suite de cet examen : « Les citoyens Ronne, Arbogast et Fourcroy, commissaires nommés par délibération du Comité du 13 du mois d'août, en exécution du décret du 4 qui lui renvoie la pétition du citoyen Paul Lamanon, qui offre de diriger les aérostats contre les ennemis, et Guyton, adjoint par le même décret, ont annoncé qu'après avoir entendu le citoyen Paul Lamanon sur le moyen dont il se proposait de faire usage, ils avaient unanimement pensé qu'il éprouverait dans son exécution beaucoup de difficultés et que sa réussite ne présentait pas le degré de probabilité pour le succès qui seule pourrait déterminer la Convention nationale à accorder les fonds nécessaires pour en faire l'expérience. »

Quelque temps auparavant, au mois de mai 1793, et peut-être sous l'émotion causée par le désastre de Neerwinden, les citoyens Marre, père et fils, et Desquinemare avaient aussi proposé au Comité de Salut public un projet de ballon dirigeable, par un temps calme, grâce à l'adjonction de grandes ailes auxquelles les aéronautes imprimaient un mouvement très rapide et qui déterminaient ainsi en avant de l'aérostat un appel de l'air par suite de la raréfaction de ce dernier. Ce projet a les honneurs d'un rapport favorable de Monge et de Guyton de Morveau, qui concluent le 29 août 1793 à ce que le Comité de Salut public alloue aux inventeurs 3,000 livres pour faire leur expérience. Cette allocation leur est d'ailleurs faite par arrêté du 7 septembre suivant (1), avec invitation à Guyton et à Monge de suivre ces expériences et d'en faire rapport au Comité de Salut public.

Monge et Guyton n'avaient examiné que le ballon dirigeable présenté par les sieurs Marre et Desquinemarre et avaient réservé, pour un rapport spécial, l'examen des cerfs-volants proposés par ces inventeurs pour suppléer *en cas de vent* à l'insuffisance de leur aérostat, uniquement utilisable *en temps calme*. Ils expliquent eux-mêmes leurs idées dans une nouvelle requête adressée le 3 floréal an II à Carnot pour réclamer contre le silence qui semblait s'être fait autour de leur invention, et précisent en même temps le but militaire qu'elle poursuit :

Nous avons parlé, en mai dernier (vieux style), de trois moyens à employer dans cette guerre à mort : le premier était des ailes pour diriger le ballon en temps calme ; le second des montgolfières (peu coûteuses et promptement prêtes), retenues par des cordes, pour incendier à l'aide d'un courant favorable une forêt, comme celle de Mormal par exemple, un camp retranché, un village, une ville occupée par l'ennemi ; et le troisième était le cerf-volant lorsqu'il fait du vent ; or il en fait les trois quarts de l'année.

Le cerf-volant est une voile inclinée capable de supporter sur sa corde un poids proportionné à sa surface et à la force du courant d'air atmosphérique..... De là est venue l'idée d'établir plusieurs points d'appui dans l'air à l'aide de plusieurs cerfs-volants qui aient pu tendre conve-

---

(1) Aulard, tome VI, page 325.

nablement une corde assez forte pour porter un homme à 200 ou 300 pieds de hauteur..... Elle n'est pas neuve, cette idée d'enlever un humain à l'aide de cerfs-volants; et pourquoi n'en pas faire l'application à la guerre? Ils seront fort utiles lorsqu'à défaut de clocher ou de calme propre au ballon on voudra examiner l'ennemi avec ce *belvédère ambulant.* Il n'y a pas de doute qu'un corps de troupe serait moins exposé en marchant à l'ennemi si on était aidé d'un ou plusieurs éclaireurs soutenus dans l'air, qui verraient de plus loin et par conséquent avec moins de danger.....

Il ne semble pas que le Comité ait donné suite à ces propositions, car un mois après, le 3 prairial (22 mai), Carnot signait un arrêté aux termes duquel « les citoyens Marre père et fils et Desquinemare cessaient d'être mis en réquisition par le Comité de Salut public et en conséquence étaient libres de vaquer à d'autres emplois (1) ».

Si les citoyens Marre et Desquinemare cherchent à utiliser les aérostats et les cerfs-volants pour éclairer les troupes, il faut reconnaître que les moyens proposés par eux ne sont pas, tout au moins immédiatement, réalisables. On trouve au contraire dans un mémoire adressé au Comité de Salut public par un sieur Démaillot, un exposé très net du problème militaire à résoudre et la solution réellement pratique qu'il comporte, eu égard aux seuls progrès accomplis alors par l'aérostatique (2). Nous n'en avons d'ailleurs de meilleure preuve que l'apostille suivante mise par le physicien Charles au bas de ce document : « Les projets contenus dans le mémoire ci-joint m'ont toujours paru les seuls moyens d'emploi utile qu'on puisse faire du globe aérostatique. »

---

(1) Aulard, tome XIII, page 664.
(2) Le *Mémoire* de Démaillot n'est pas daté; mais on peut, grâce aux allusions qu'il fait à la guerre de Flandre, dire qu'il est de juin à juillet 1793.

..... Le seul usage utile qu'on pourrait retirer des aérostats, dit Démaillot, ce serait de les employer en temps de guerre..... Pourquoi ne pas établir dans chaque armée et surtout dans celle de Flandre des ballons permanents aux quartiers généraux? Au moyen de ces machines retenues par un ou plusieurs câbles, il serait évidemment possible de découvrir tous les mouvements de l'ennemi, de déjouer toutes les friponneries des espions, de prendre les places et positions des armées des despotes, de reconnaître les endroits où serait placée leur cavalerie formidable, masquant pour l'ordinaire des batteries formidables, de fouiller de l'œil les taillis, redoutes et autres lieux où se blottissent leurs tirailleurs, enfin de dérouter tellement le savant et dangereux Cobourg que, ne sachant comment éviter nos attaques et nous cacher les siennes, il soit contraint d'abandonner le territoire des hommes libres.

Supposons, Citoyens, qu'un ballon construit à Paris, sous le prétexte d'un objet de fête civique, soit précédé à l'armée des matières nécessaires à son ascension; qu'il y arrive enfin (et la chose est possible dans quinze à dix-huit jours). Supposons encore que le général en chef soit prévenu d'avance, se détermine à faire usage de cette machine, un beau jour, deux heures avant le soleil couchant; qui pourra se figurer l'étonnement stupide des soldats germains à l'aspect majestueux de ce globe tricolore s'élevant dans les airs?.....

Représentez-vous ensuite un habile ingénieur français assis dans la nacelle suspendue au ballon, saisissant de l'œil et traçant au crayon les plans de l'armée ennemie, en calculant les positions, les distances et le nombre des soldats par approximation..... Voyez d'un autre côté Cobourg, embarrassé par l'effet de cette machine....., se creusant la tête pour parer aux observations d'une semblable vedette. Considérez-le..... fatiguant toute la nuit son armée par des marches et contremarches et ne recueillant pour fruit de tant de travaux nocturnes qu'une nouvelle ascension de notre aérostat le lendemain à la pointe du jour, et ainsi de suite pour toutes les opérations militaires diurnes ou nocturnes qui, par mon procédé, ne peuvent échapper à la surveillance du général français..... Ce procédé nous dévoilera les manœuvres des ennemis sans leur faire connaitre les nôtres.

A l'égard des mêmes moyens employés par l'ennemi, chacun sait le mépris qu'eurent toujours les puissances étrangères pour cette découverte depuis son origine, ce qui ne permettra point à leurs artistes, si savants qu'ils fussent, d'en espérer le moindre contre-avantage avant quatre ou cinq mois..... Nous aurons eu pour nous les avantages de la primauté.....

La seule objection..... est la difficulté de s'élever et de se soutenir dans un semblable aérostat lorsqu'il fait un grand vent. Je répondrai que dans les circonstances, peu fréquentes en été, ou l'on n'en ferait pas usage, ou bien, par le moyen des machines tournantes employées à la descente et à l'exhaussement des ballons, un quart d'heure d'observation par un œil exercé suffirait, à l'aide d'une longue-vue, pour connaître les manœuvres et positions de l'ennemi, et redescendre sans aucun risque de l'aérostat ramené vers la terre; quitte à recommencer ensuite et plus souvent les mêmes manœuvres.

..... Quel ne sera pas l'effet d'une vedette aérienne que tous les canons et carabines ennemis ne pourront jamais atteindre, et à la faveur de laquelle machine des observateurs exercés rendront compte de tout au général, par le moyen de billets attachés à de petits morceaux de bois servant de lest et qui tomberont au besoin?

..... Que serait-ce donc si un général se déterminait à monter lui-même un beau jour de bataille dans le majestueux aérostat? et qu'au moyen de signaux convenus, à l'instar de ceux de mer et gisant près de lui dans la nacelle, il pût faire promptement parvenir ses ordres aux généraux en second?..... (Il ne craindrait pas) d'être trompé par d'infidèles rapports des aides de camp, souvent tués eux ou leurs chevaux au détriment des ordres qu'ils portaient.....

Et l'auteur conclut en demandant à être chargé de la construction des aérostats dans le plus grand secret et avec les meilleurs artistes. Il propose d'envoyer un aérostat tout d'abord à l'armée de Custine.

Au moment où le problème était ainsi nettement posé par Démaillot, le Ministre de l'intérieur signalait au Comité de Salut public l'existence d'un aérostat, dont l'examen par Guyton de Morveau donna lieu au rapport ci-après :

Rapport au Comité de Salut public sur l'usage des aérostats, par L.-B. Guyton, ex-membre (1).

Paris, 14 juillet 1793.

Le Comité m'ayant chargé d'examiner l'aérostat que le Ministre de l'intérieur lui a annoncé, par sa lettre du 26 juin dernier, avoir à sa disposition, et de déterminer l'usage que l'on peut en faire, et n'ayant pu

---

(1) Archives du Comité du génie.

m'acquitter de cette commission avant le renouvellement du Comité, je crois entrer dans ses vues en lui rendant le compte par écrit.

État de l'aérostat.

L'aérostat est déposé au bureau du citoyen Champagneux ; l'étoffe en paroît très bonne ; c'est un taffetas verni très propre à contenir le gaz. Il n'y a pas d'apparence qu'il ait servi ; on n'en aperçoit aucune trace.

Le local ne m'a pas permis de le déplier pour l'examiner et pour en prendre les dimensions. Il faudroit pour cela un espace de 30 pieds de largeur. Ce n'est aussy que dans un lieu de cette grandeur que l'on pourra s'assurer si le filet qui y est joint est bien conditionné.

D'après les indications qui avoient été données au Comité par le citoyen Dumas et ce que dit le Ministre que c'est par les soins de l'administration du département de Paris qu'il est parvenu à se le procurer, on peut juger que c'est celui qui a été construit par Lallement de Sainte-Croix (1) et qui étoit sous les scellés à cause de son émigration. Si c'est en effet celui qui a été ainsy désigné, on connoît ses dimensions : il a 30 pieds de diamètre.

Un pareil ballon exigeant pour sa construction au moins 480 aunes de taffetas vernis coûteroit aujourd'huy, sans la façon, pour l'étoffe seule, à 12 livres l'aune : 5,760 livres.

Le diamètre étant de 30 pieds,

Le grand cercle est de 9,424 pieds ;

La capacité de 14,136 pieds cubes ;

La surface de 28,272 pieds quarrés.

Il faudra donc, pour remplir un pareil ballon, 14,136 pieds cubes de gaz hydrogène qui, au prix actuel des matières et surtout de l'acide sulfurique (huile de vitriol du commerce), ne reviendront guère à moins de 12 sols le pied cube, même en employant du fer en riblons ou rognures de côté, y compris le transport, les vaisseaux et la main-d'œuvre.

Il en coûtera donc pour le remplir 8,481^l,12^s ; on pourra par la suite, obtenir le gaz sans employer de l'acide qui en fait la chèreté, mais le procédé pour être rendu usuel demande des essais dont on ne fera la dépense que quand le résultat aura une valeur certaine.

On sçait que le gaz tiré par le fer ne pèse au plus, et tous accidens réduits à un terme moyen, que le 6e de l'air commun.

---

(1) Pour son ascension du 18 septembre 1791 aux Champs-Élysées. Le ballon, plein aux trois quarts, a enlevé Lallement et 220 livres de lest. (*Archives du Génie*, 6 brumaire an II.)

La force d'ascension d'un pareil ballon sera donc au moins de................................. 1025 livres.
Sur quoi, ôtant le poids de l'enveloppe, d'environ une once par pied quarré, ce qui donne..... 176^l,11$^{onces.}$
Poids d'une gondole................ 40   } 241^l,11$^{onces.}$
Filet et cordages.................. 25

Restera..... 783^l,05$^{onces.}$

c'est-à-dire une force capable de lever trois hommes, leurs machines et même une quantité assez considérable de lest.

De l'usage que l'on peut faire de cet aérostat.

S'il étoit arrêté de tenter quelque expédition avec un aérostat susceptible de direction, ce qui est très possible, au moins dans les tems de calme ou de vent faible, ce ballon seroit très avantageux, laissant par son aptitude et sa force ascensionnelle une assez grande latitude pour le poids des machines à diriger.

Il n'en est pas de même pour le faire servir à l'observation en le retenant par des cordes, application dont l'utilité générale est avouée, même désirée, par les militaires et également facile et sûre.

Pour remplir ce dernier objet on se garderoit bien, sans doute, de construire exprès un ballon de 30 pieds de diamètre puisque celui de 24 pieds auroit, d'après les données précédentes, une force d'ascension de plus de 400 livres, toute déduction faite du poids de l'enveloppe, du filet, de la gondole et des cordes, ce qui suffiroit au delà pour élever deux observateurs et que, cependant, en partant des mêmes estimations, le ballon de 24 pieds ne coûteroit pour sa construction que 3,720 livres, c'est-à-dire moins de moitié de celui de 30 pieds, qu'il ne faudroit pour le remplir que 7,238 pieds cubes de gaz, c'est-à-dire guère plus de moitié, enfin que celui de 24 pieds se mettroit bien plus à couvert sous toile.

Mais le ballon de 30 pieds est tout fait, il est dès ce moment à la disposition de la Nation et il faut ajouter que le physicien qui l'emploiera pourra se dispenser de le remplir entièrement, qu'il saura s'arrêter dès qu'il aura acquis la force suffisante, de sorte que l'augmentation de dépenses se trouvera réduite à 900 livres, prix des 1500 pieds cubes de gaz qu'il faudra introduire dans ce ballon, pour faire équilibre à l'excès de poids de son enveloppe sur celui qui seroit d'une moindre capacité.

Conclusion.

Il n'y a donc pas à hésiter, si l'on est décidé à faire usage de ce moyen d'observations, de payer cette légère augmentation de dépenses pour gagner tout le tems et éviter tous les embarras qu'entraineroit la construction d'un autre ballon.

Le Comité adoptant cet avis peut prendre les mesures suivantes pour en hâter l'employ :

1° Inviter le Ministre de l'intérieur à faire transporter ce ballon dans un local où il puisse être déployé même enflé d'air commun pour en mieux juger ;

2° Inviter le même Ministre de charger un physicien de cet examen ainsi que de faire construire une gondole pour deux observateurs et de l'appareiller de toutes ses cordes ;

3° Écrire de suite aux Représentants du peuple près les armées pour les prévenir de ces vues, les engager à conférer avec les généraux du parti que l'on peut en tirer, du lieu où l'on pourroit établir commodément le travail du gaz, du lieu où il faudroit partir et de la hauteur à laquelle il conviendroit s'élever pour observer utilement; et pour leur demander, s'il se trouve près d'eux des hommes en état de faire le service, tant pour mettre le ballon en état que pour le monter.

(J'observe que le citoyen Dumas, physicien de Paris, appelé à l'armée de la Vendée pour un autre objet, pourroit suivre cette expédition dont il m'a lui-même parlé et que c'est peut-être aussy le lieu où elle seroit le plus utile par la difficulté d'y trouver des espions sûrs);

4° Charger en même tems quelqu'un de la recherche des matières telles que l'acide et les riblons de fer, et de leur transport dans le lieu qui sera désigné. (Je présume que les entrepreneurs de la manufacture d'acide de Javelle pourroient donner un de leurs ouvriers déjà au fait de ce travail.)

Suite (1) *du rapport fait le 14 juillet au Comité de Salut public par L.-B. Guyton, sur l'emploi de l'aérostat.*

Les informations que j'ai prises sur les moyens de se procurer de l'acide pour faire le gaz m'ont appris qu'il n'étoit pas seulement monté à un prix très haut, mais encore qu'il y avoit disette ou rareté, les fabriques se trouvent dans l'impuissance de fournir à la consommation des chapeliers, teinturiers, etc., parce qu'ils emploient le salpêtre à l'entretien de cet acide et que la régie des Poudres ne peut en livrer sans priver la République de ce qui importe le plus à sa défense.

Cette considération doit déterminer à rechercher les moyens de tirer le gaz sans acide, et je le propose d'autant plus volontiers au Comité que cette recherche n'est pas difficile, qu'il ne s'agit, à vrai dire, que

---

(1) Cette suite est du 23 juillet 1793. Voir pages 487 et 488.

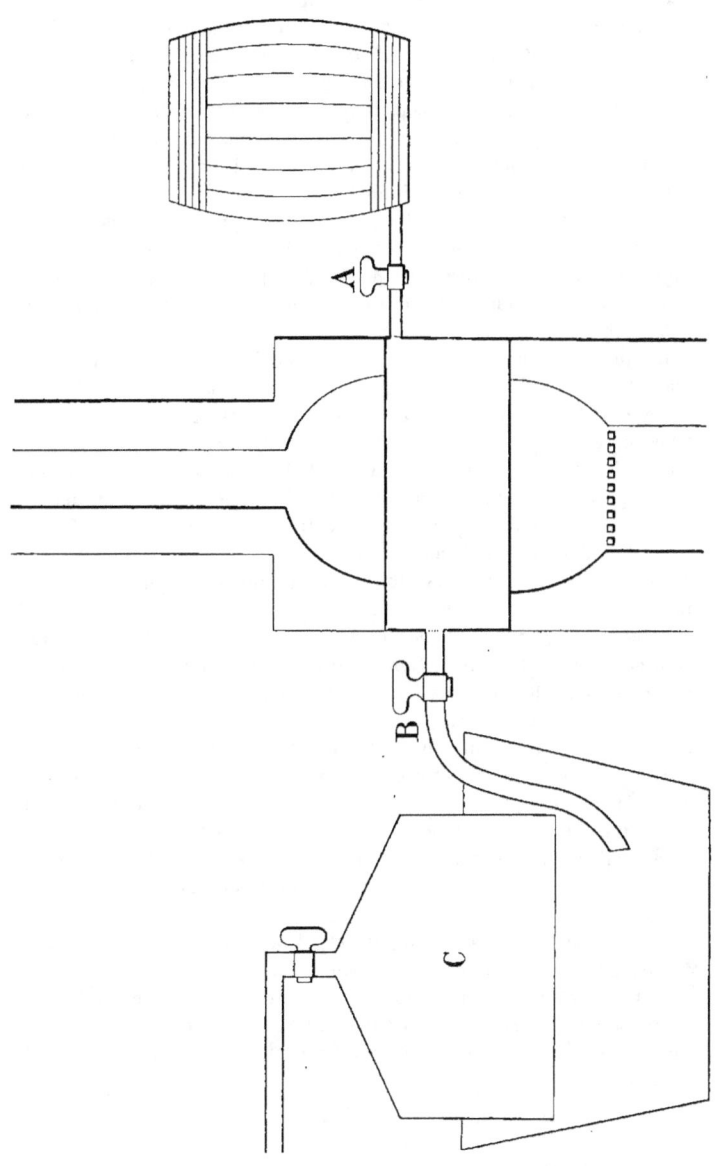

d'appliquer en grand ce qui a réussi complètement dans de petits essais et que le procédé, une fois arrêté, deviendra certainement économique et rendra les expériences des aérostats bien plus familières.

Mais on conçoit que ce n'est pas dans un camp et en face d'une armée ennemie que l'on peut faire ce travail de recherches ; on ne doit penser à y porter l'atelier que quand le choix des matières et des instruments sera définitivement arrêté et qu'il ne restera plus qu'à suivre exactement le procédé indiqué.

Il conviendroit de faire à Paris même ces premières expériences ; elles n'exigeront ni beaucoup de tems ni beaucoup de dépenses : on le jugera par l'aperçu suivant où je ne ferai qu'indiquer sommairement les opérations, les physiciens qui en seront chargés étant devenus au fait des détails.

Il faut se procurer un cylindre de fer fondu d'un pied au moins de diamètre et de 30 à 36 pouces de longueur ; il y a des tuyaux de conduite tout faits, à peu près dans ces dimensions. Ces tuyaux portent trois ou quatre oreillons à chaque extrémité ; on s'en servira pour fermer les deux bouts par des plaques de fer assujetties par des écrous et qui porteront : l'une, un tuyau de 18 à 20 lignes de diamètre auquel sera ajusté un robinet et un entonnoir ; l'autre, un tuyau de 2 à 3 pouces de diamètre en forme de siphon.

On construira en briques un fourneau dans lequel on puisse faire rougir le tuyau.

La coupe cy-jointe (1) donne l'idée de cet appareil et de la dépense que peut occasionner sa construction. Le tuyau de fer fondu, disposé comme on le voit dans le fourneau, de manière à être facilement poussé au rouge est rempli d'avance, à peu près aux deux tiers, de rognures de tôle, de clous ou de toute autre espèce de fer en petits lingots ; en tournant le robinet A, on y fait passer successivement de l'eau dont le tonneau est toujours plein ; cette eau se décompose, laisse son oxygène sur le fer qui se gonfle et augmente de poids et fournit le gaz hydrogène ou inflammable qui sort par le tuyau B et est reçu dans le récipient C.

De cette manière, il ne faudra que du fer et de l'eau pour obtenir le gaz.

On peut même, dès à présent, et d'après les expériences faites, donner un aperçu de la consommation et du produit.

Le tuyau supposé de 12 pouces de diamètre et de 36 pouces de longueur pourra contenir un pied cube de fer, même en laissant un pied cube et un tiers de vide, ce qui est nécessaire à cause du gonflement qu'il éprouve.

---

(1) Voir page 485.

Les 490 livres de fer décomposeront un peu plus de 200 livres d'eau.

Les 200 livres d'eau laisseront au fer une augmentation de poids de 170 livres et fourniront 3,200 pieds cubes de gaz qui, en le supposant très pur et sans mélange étranger, ne pèseroient que 30 livres.

Ainsy les 3200 pieds cubes ne coûteroient qu'un demi-millier de fer, le combustible nécessaire pour entretenir rouge le tuyau pendant neuf à dix heures et la main-d'œuvre, de sorte que le pied cube ne reviendroit qu'au 6° du prix de celui qu'on extrairoit par l'acide.

Je sais que l'on obtient du gaz inflammable en traitant à peu près de la même manière des substances dont le prix est encore au-dessous du fer. Il résulte, par exemple, des expériences publiées à Louvain, en 1784, par Minkelers, qu'un pied cube de houille ou charbon de terre produit environ 320 pieds cubes de gaz inflammable, mais il s'en faut bien qu'il soit aussy léger, son poids va jusqu'au quart de celui de l'air atmosphérique et il est toujours plus ou moins mêlé de gaz plus pesant que l'air commun, de sorte qu'il faudroit le purifier par le lait de chaux, et dans ce cas on auroit tout aussy tôt fait de décomposer l'eau par le moyen du charbon végétal.

D'après cela, il n'y a pas à balancer ; ou il faut renoncer à toute tentative sur l'employ des ballons, même d'observation, ou il faut ordonner sans délai l'expérience peu dispendieuse de l'extraction du gaz par le fer dont le succès est certain, puisqu'il ne s'agit que de fixer définitivement le procédé à suivre dans la pratique.

Création d'une première compagnie d'aérostiers. — A la suite de ces conclusions, le Comité de Salut public prit, le 29 juillet 1793, l'arrêté suivant :

Vu les lettres du Ministre de l'intérieur des 26 juin et 26 juillet, concernant le ballon dont il avait été invité à faire faire la recherche et les rapports remis au Comité, les 14 et 23 de ce mois, par le citoyen Guyton qui avait été chargé d'examiner le ballon et d'indiquer l'usage qu'on en pourrait faire et les moyens d'en tirer parti ;

Le Comité arrête que copie desdits deux rapports sera envoyée au Ministre de l'intérieur, lequel est autorisé à prendre les mesures qui y sont indiquées, soit pour reconnaître l'état du ballon déposé chez lui (1), le faire mettre en état de service et traiter avec ceux qui y ont droit, soit pour ordonner l'expérience préliminaire indiquée dans le rapport

---

(1) Le 30 juillet, le ministre Garat annonçait qu'il avait mis le ballon de Lallement à la disposition du citoyen Lhomond et lui avait fait ouvrir la salle du Vauxhall pour le travailler. (*Archives du Génie.*)

du 23 et commettre, à cet effet, les physiciens et artistes qu'il jugera à propos d'y appeler.

Arrête, en outre, qu'il sera écrit sans délai aux Représentants du peuple près des armées pour les informer de ces dispositions et les inviter à conférer avec les généraux sur l'utilité qu'on pourrait retirer de ces ballons pour observer les marches de l'ennemi, lors même qu'ils seraient simplement élevés sous corde, à déterminer en conséquence les lieux où l'on pourrait les établir, la hauteur à laquelle il conviendrait de les porter et le nombre des observateurs qui devraient les monter, à s'expliquer enfin s'il se trouve près d'eux des hommes en état de diriger ces opérations (1).

Les opérations que prescrit cet arrêté sont sans doute celles auxquelles fait allusion Coutelle (2), lorsqu'il s'exprime ainsi dans son récit *Sur les aérostats militaires*, publié pour la première fois en 1826 par le *Journal des Sciences militaires* :

« Le Comité de Salut public avait réuni auprès de lui une commission de savants, parmi lesquels on comptait Monge, Berthollet, Guyton de Morveau, Fourcroy, Carnot, etc. (3). Guyton proposa de faire servir l'aérostat aux armées comme moyen d'observation. Cette proposition fut acceptée par le gouvernement, sous la condition de ne pas employer l'acide sulfurique, le soufre étant nécessaire pour la fabrication de la poudre.

---

(1) Aulard, tome V, pages 414 et 415.

(2) « M. Coutelle était un petit homme de grand mérite sous plus d'un rapport, mais surtout comme physicien. Conservant à plus de 50 ans toute l'énergie de la jeunesse ; il avait porté le petit collet sans être jamais dans les ordres, mais seulement parce qu'il avait été, pour la physique, sous-précepteur de M. le comte d'Artois. Il avait pris, comme presque tout ce qui tenait à la cour, le parti de la Révolution, et ses talents l'ayant fait connaître de Fourcroy et de Guyton, ces messieurs, tout-puissants dans les comités, le placèrent à la tête d'une opération nouvelle qui avait besoin d'un tel homme pour réussir. » (*Mémoire d'un officier des aérostiers*. Baron de Selle de Beauchamp, p. 25.)

(3) Les Commissaires nommés le 18 septembre 1793 par le Ministre furent Périer, Fourcroy, Monge, Guyton, Faypoult, Marre, Berthollet, Lavoisier. (*Archives du Génie.*)

« La commission se proposa d'employer la décomposition de l'eau sur le fer (1); mais cette expérience, faite par le célèbre Lavoisier et répétée dans nos cabinets, n'avait pu donner que de faibles résultats. Une expérience en grand était nécessaire : il fallait pouvoir extraire 12,000 à 15,000 pieds cubes de gaz dans le temps le plus court, imaginer des appareils, etc..... »

Pour réaliser cette expérience, Coutelle fit passer la vapeur d'eau dans l'intérieur d'un tuyau en fonte de 3 pieds de long et de 15 pouces de diamètre intérieur, bourré de rognures de fer (2).

« L'expérience réussit; je retirai 500 pieds cubes de gaz. Les membres de la commission, qui avaient suivi cette opération (3), furent contents du résultat et, dès le lendemain, on me proposa de partir pour Maubeuge et d'aller proposer au général Jourdan l'emploi d'un aérostat à son armée. »

Ce fut là sans doute l'origine de l'arrêté suivant daté du 4 brumaire an II et par lequel le Comité de Salut public prescrit non seulement l'envoi de Coutelle à l'armée du Nord, mais encore la construction d'un ballon pouvant porter deux hommes et destiné à l'armée du Nord. Avec la rapidité d'exécution dont il avait coutume de faire suivre ses décisions, le Comité, en même temps qu'il ordonnait cette reconnaissance, préparait tous les moyens nécessaires pour agir dans le plus bref délai, si cette mission réussissait.

C'est dans ces conditions que, le 4 brumaire an II (25 octobre 1793), le Comité de Salut public arrêta :

---

(1) Ce n'était que la mise en pratique des idées émises par Guyton de Morveau dans son rapport du 14-23 juillet. (Voir page 481.)

(2) *Ibid.*

(3) Voir aux *Archives du Génie* le procès-verbal, du 17 octobre 1793, des expériences faites les 20 septembre, 2, 3, 4 et 5 octobre 1793.

Qu'il sera préparé le plus promptement possible un ballon capable de porter deux hommes pour faire sous corde des observations à l'armée du Nord ; que les préparatifs de cette machine seront faits de manière qu'elle puisse sous huitaine être employée au quartier général de l'armée ; que les citoyens Coutelle, Conté (1) et Lhomond (2) sont chargés de diriger et d'exécuter cette entreprise ;

Qu'il sera remis à cet effet une somme de 50,000 livres entre les mains du citoyen Coutelle pour subvenir à toutes les dépenses d'ouvriers, de matières, de transports et toutes autres nécessaires pour les opérations dont il s'agit ;

Que le citoyen Coutelle tiendra note de ces dépenses pour en rendre compte après l'expédition au Comité de Salut public ;

Qu'il sera alloué aux trois citoyens susdénommés un traitement de 20 livres par jour pendant la durée de ladite commission, indépendamment de leurs frais de voyage ;

Enfin, qu'il sera délivré à chacun un passeport et une commission ostensible afin que l'objet de leur commission demeure inconnu, excepté au général de l'armée du Nord et aux Représentants du peuple à qui ils seront tenus de les communiquer et dont ils prendront les ordres (3).

Comptant sans doute sur le succès de la mission de Coutelle, le Comité prend, dès le 6 brumaire (27 octobre 1793), toutes les mesures nécessaires pour qu'aussitôt après son retour et le compte rendu de son voyage, il puisse repartir suivi de son aérostat.

---

(1) « J'avais connu M. Conté dans les cours de physique de Charles, mon ami, dont j'avais été plusieurs fois le prévôt..... » (*Sur les aérostats militaires*, par le colonel Coutelle. *Journal des Sciences militaires*, 1826, p. 329.)

« Tour à tour peintre, chimiste, mécanicien, abordant toutes les questions et y excellant, Conté, dont Monge disait qu'*il avait toutes les sciences dans la tête et tous les arts dans la main*, était une précieuse acquisition pour l'aérostation militaire. » (*Les compagnies d'aérostiers militaires*, par G. de Gaucler. Paris, Corréard, 1857, p. 3.)

(2) « (Lhomond) était un très aimable jeune homme, fils d'un physicien distingué, fort instruit lui-même dans cette partie.... » (*Mémoires d'un officier des aérostiers*, par le baron de Selle de Beauchamp. Paris, Picault, 1853, p. 32.)

(3) Aulard, tome VIII, page 3.

Le Comité de Salut public, ayant par son arrêté du 3 (1) de ce mois, chargé le citoyen Coutelle d'une opération pour laquelle il sera nécessaire d'avoir dix grands tuyaux de fonte, et informé qu'il s'en trouve au-devant de la maison des Invalides, l'autorise à les faire enlever et à en disposer pour l'objet de sa commission, en donnant communication du présent arrêté à ceux qui les ont en garde, s'ils sont à la nation, et en indemnisant s'ils appartiennent à un citoyen (2).

Le 12 (1er novembre 1793), nouvel arrêté :

Sur le rapport fait au Comité par le citoyen Lhomond, qu'en exécution de son arrêté du 6 de ce mois, il a fait faire les ouvrages et rassembler les matières nécessaires pour un ballon d'observation ; que le citoyen Coutelle est parti le 8 (brumaire) pour faire les préparatifs sur les lieux et qu'il ne s'agit plus que d'y faire transporter les tuyaux pour le gaz et autres instruments et matières montant ensemble à quinze milliers pesant ;

Le Comité arrête que le Ministre de la guerre donnera les ordres à l'administration des charrois de tenir à la disposition du citoyen Lhomond, le 19 du courant, le nombre de chariots suffisant pour transporter de suite et sans retard lesdites machines et instruments au quartier général de l'armée combinée du Nord et des Ardennes ou tel autre lieu voisin qui sera indiqué par le général en chef.

Le présent arrêté sera envoyé dans le jour au Ministre de la guerre et il en sera remis extrait au citoyen Lhomond qui s'entendra avec l'administration pour le chargement des voitures, leur départ et les précautions à prendre afin que le tout arrive en bon état (3).

Mais le voyage de Coutelle ne donna pas les résultats immédiats qu'en attendait le Comité. « En arrivant, dit-il, à Beaumont, couvert de boue (j'avais été obligé d'aller de Maubeuge à Beaumont à franc étrier, par des chemins épouvantables), je trouvai le Représentant Duquesnoy à table : il ne reconnut point l'ordre du Comité de Salut public dont j'étais porteur, encore moins l'aérostat dont on lui parlait ; il me menaça de

---

(1) Du 4 et non du 3.
(2) Aulard, tome VIII, page 57.
(3) Aulard, tome VIII, page 161.

me faire fusiller, avant de m'entendre ; il se radoucit et finit par me faire des compliments sur mon dévouement.

« L'armée était à Beaumont, à six lieues au delà de Maubeuge ; l'ennemi, à moins d'une lieue, pouvait attaquer à chaque instant. Le général me fit cette observation qu'il m'engagea de reporter au Comité. J'arrivai à Paris après avoir employé deux jours et demi et deux nuits à cette expédition (1). »

Le récit qui précède détermina le Comité à surseoir à l'envoi immédiat d'un aérostat à l'armée du Nord et à prendre l'arrêté suivant en date du 4 frimaire an II (24 novembre 1793) :

Vu le compte rendu, par le citoyen Coutelle, du voyage qu'il a fait, en exécution de l'arrêté du Comité du 6 de ce mois (2), pour disposer les choses nécessaires à l'élévation d'un ballon d'observation à l'armée du Nord et des circonstances qui l'ont déterminé à venir demander de nouvelles instructions ;

Le Comité, considérant que la campagne est trop avancée pour qu'on puisse prévoir des mouvements qu'il serait utile d'éclairer ;

Que les obstacles que la saison apporterait à l'expédition pourraient en compromettre le succès et faire prendre des accidents pour des difficultés insurmontables ;

Arrêté qu'il sera sursis jusqu'à nouvel ordre à l'exécution de ses arrêtés pour le transport à cette armée, des matières et instruments et pour les préparatifs sur les lieux ;

Et néanmoins considérant que, si la pratique de ce nouvel état était aussi familière que les avantages que l'on en retirerait sont évidents, les aérostats deviendraient des machines de guerre et qu'il faudrait se hâter d'en placer un près de chacune des armées de la République ;

Que s'il y a des difficultés dont l'expérience seule puisse apprendre à se rendre maître, ce n'est pas dans le moment d'une action qu'elle peut être faite avec fruit, mais dans un temps, dans un lieu convenable, en présence des hommes les plus instruits et en y appelant ceux qui auront à opérer avec ces instruments ;

---

(1) *Sur les aérostats militaires.* (*Journal des Sciences militaires*, page 329.)

(2) Lire : 4 brumaire.

Que sans cette répétition préliminaire, les signaux ne pourraient être suffisamment assurés ;

Considérant, d'autre part, que tout est disposé de manière que la dépense de cet essai se réduise à la main-d'œuvre et à une consommation de fer et de combustible pareille à celle qui se renouvelle à chaque opération ;

Voulant enfin fixer les opinions et se mettre en mesure de décider en connaissance de cause s'il est utile d'ordonner la construction de semblables machines pour en disposer au moment du besoin ;

Arrête que l'aérostat préparé pour l'armée du Nord sera incessamment transporté avec tous ses agrès en la maison centrale appelée « Petit Meudon » mise à la disposition du Comité pour expériences (1) de machines de guerre ;

Que ce ballon y sera élevé sous corde, portant deux observateurs qui essayeront la correspondance des signaux, s'exerceront à faire la reconnaissance du pays et à dessiner la carte dans cette position ;

Que les citoyens Coutelle et Lhomond se rendront au Petit Meudon pour y faire les préparatifs et dispositions nécessaires ;

Que, lorsque tout sera prêt, ils informeront le Comité de Salut public et lui indiqueront le jour auquel l'élévation pourra avoir lieu pour qu'il en donne avis aux artistes qu'il croira devoir y appeler et qui seront chargés de dresser procès-verbal des opérations (2).

A la suite de cette décision de principe le Comité de Salut public prend une série de mesures de détail, nécessitant un même nombre d'arrêtés à la lecture desquels on ne peut s'empêcher de remarquer la centralisation excessive qu'ils accusent. Il semble que toutes ces dispositions, dont va suivre la nomenclature rapide, eussent dû découler naturellement de l'arrêté du 4 frimaire et être laissées à l'entière initiative des ministres ou commissions compétentes.

C'est ainsi que des arrêtés successifs (3) prescrivent : le

---

(1) En raison de ces expériences, cet aérostat, venant de Lallement-Sainte-Croix, fut appelé *L'Éprouveur*. (État du 1ᵉʳ vendémiaire an III.)
(2) Aulard, tome VIII, pages 672 et 673.
(3) Tous les arrêtés qui vont suivre se trouvent, aux dates indiquées, dans le Recueil Aulard.

4 frimaire, au Ministre de la marine, de donner aux citoyens Coutelle et Lhomond (1) « l'usage des bâtiments dont ils auront besoin pour déposer les matières et instruments, ainsi que des logements, qui ne seraient pas actuellement occupés, pour eux et les artistes qui y seront employés pendant le séjour qu'ils seront obligés d'y faire, à la charge de laisser les meubles et autres effets en l'état où ils leur auront été remis » ;

Le 27 frimaire, au Ministre de la guerre de donner « à l'administration des convois militaires l'ordre de tenir à la disposition des citoyens Coutelle et Lhomond, chargés des opérations, cinq ou six voitures pour le transport, dans les bâtiments et dépendances du Petit Meudon, des instruments et machines nécessaires » ;

Le 2 nivôse, de laisser réquisitionner par les citoyens Coutelle et Lhomond « jusqu'à dix voies de bois des chantiers qui se trouvent à Versailles, pour être employées à Meudon, à la suite des opérations ordonnées par le Comité » ;

Le 22 ventôse (12 mars 1794), de laisser prendre aux citoyens Coutelle et Lhomond « huit tuyaux de fonte de ceux disposés près de la maison des Invalides, de pareilles forme et dimensions que ceux déjà transportés à Meudon, lesquels seront payés à l'administration des eaux de Paris suivant le prix qui en sera réglé (2) » ;

Le 25 (15 mars 1794), à la Commission des armes et poudres de faire remettre « aux citoyens Coutelle et Lhomond, pour les expériences ordonnées à Meudon, la quantité de 30 livres de cuivre rosette en feuilles, lequel sera payé au prix du maximum (3) » ;

---

(1) Au parc du Petit Meudon, où le Comité de Salut public a décidé de faire expérimenter l'aérostat au point de vue de son application à la guerre.
(2) Cet arrêté n'est donné qu'en résumé dans le Recueil Aulard.
(3) *Ibid.*

Le 8 germinal (28 mars), d'adresser au Comité de Salut public « deux nacelles existant dans les salles de la ci-devant académie de Dijon et ayant été construites ou ayant servi pour des aérostats, qui pourraient servir à des épreuves ordonnées par ses précédents arrêtés ».

Est-ce aux expériences d'artillerie ou à celles d'aérostation du Petit Meudon qu'il faut attribuer l'arrêté du 13 germinal (2 avril 1794) chargeant la Commission des armes de faire exécuter d'urgence dans l'un des fourneaux du district d'Avesnes, travaillant en sablerie, trente tuyaux de fonte ?

Toujours est-il que pour fabriquer le gaz nécessaire à l'aérostat, un autre arrêté du même jour ordonnait que toutes les rognures de tôle, copeaux ou tournure et grosse limaille de fer seraient recueillies avant qu'elles eussent été altérées par la rouille et seraient mises en réquisition à Paris par les soins de la Commission des armes et poudres qui les mettrait à la disposition de Coutelle et Lhomond, chargés d'en faire l'épreuve. Du reste, en vue d'assurer le tri journalier et la conservation de ces matières, le Comité de Salut public chargeait, le 22 floréal (11 mai 1794), la Commission des domaines nationaux de mettre à la disposition de Conté, chargé de la direction des travaux et approvisionnements des aérostats, « une grande écurie, la remise à côté et un des entresols au-dessus, dans la maison nationale occupée cidevant par l'état-major de l'armée révolutionnaire, rue de Choiseul, n° 176, pour servir d'entrepôt auxdits approvisionnements ».

Le 18 germinal, le Comité, instruit que les baudruches précédemment employées par les batteurs d'or dont le commerce est alors presque totalement arrêté, peuvent servir à quelques-unes des épreuves des machines de guerre qui se font à Meudon, arrête qu'elles seront, par les soins des agents nationaux près des districts de la République, réservées pour être envoyées de suite à la

Commission des armes et poudres, lesdites fournitures étant payées aux bouchers par le receveur du district sur le mandat de l'agent national.

Enfin, le 22, le Comité charge la Commission des armes et poudres de faire délivrer 50 livres de cuivre rouge en feuilles et 50 livres de potasse pour les préparatifs des épreuves aérostatiques de Meudon, « sous la direction des citoyens Coutelle et Lhomond. »

L'organisation de ces dernières et le résultat qu'elles donnèrent sont ainsi mis en lumière par le récit de Coutelle :

« Le Ministre mit à ma disposition le jardin et le petit château de Meudon.

« Ce n'était pas trop de deux personnes pour la composition d'un fourneau dans lequel je crus nécessaire de placer sept tuyaux. Il fallait en outre imaginer des appareils, des cuves transportables aux armées. Je proposai à la Commission (d'expériences) de m'associer Conté, que je lui avais fait connaître lors de ma première expérience. Conté consentit à venir m'aider..... Il vint s'établir avec moi à Meudon..... Je restai seul comptable, chargé des détails et de la correspondance avec la Commission.

« Toutes les difficultés furent levées, le fourneau construit, les sept tuyaux placés ainsi que les appareils, et mon premier aérostat de 27 pieds rempli. J'envoyai avertir la Commission, qui vint faire la première expérience d'une ascension au moyen d'un ballon tenu par deux cordes.

« Pour la première fois, je montai dans la nacelle; les commissaires me donnèrent une suite de signaux à répéter et d'observations à faire. Je me fis successivement élever de toute la longeur des cordes, 270 toises; j'étais alors à 350 toises environ au-dessus du niveau de la Seine; je distinguais, avec une lunette, les sept coudes que forme la Seine jusqu'à Meulan.

La Commission fut satisfaite de ce premier essai, dans lequel je ne lui dissimulai pas les difficultés d'observer pendant une oscillation continuelle et un balancement plus ou moins grand, suivant la force du vent. Peu de jours après, le Comité du gouvernement m'adressa le brevet de capitaine commandant les aérostiers, attaché à l'état-major général dans l'arme de l'artillerie.

« Je reçus en même temps l'ordre d'organiser une compagnie..... »

L'épreuve eut en effet lieu le 9 germinal, et le Comité de Salut public créait le 13 la compagnie d'aérostiers; il nommait, le même jour, Coutelle commandant de cette unité, par les arrêtés suivants :

13 germinal (2 avril).

Vu le procès-verbal de l'épreuve faite à Meudon, le 9 de ce mois, d'un aérostat portant deux observateurs, le Comité de Salut public, désirant faire promptement servir à la défense de la République cette nouvelle machine qui présente des avantages sérieux, arrête ce qui suit :

ART. 1er. — Il sera incessamment formé pour le service d'un aérostat près de l'une des armées de la République une compagnie qui portera le nom d'aérostiers.

Art. 2. — Elle sera composée d'un capitaine ayant les appointements de ceux de 1re classe, d'un lieutenant aux appointements de lieutenant de 1re classe; d'un sergent-major qui fera en même temps les fonctions de quartier-maître; d'un sergent; de deux caporaux et de vingt hommes, dont la moitié au moins aura un commencement de pratique dans les arts nécessaires à ce service, tels que maçonnerie, charpente, serrurerie, peinture d'impression et chimie pneumatique.

Art. 3. — La compagnie sera, pour le surplus de son organisation et pour la solde, à l'instar d'une compagnie de canonniers (1); elle recevra

---

(1) Marchienne-au-Pont, 27 prairial an II de la République française.

Le Représentant du peuple près l'armée du Nord, de la Moselle et des Ardennes,

Vu l'arrêté du Comité de Salut public de la Convention nationale du 11 de ce mois, dont la teneur suit :

« D'après l'observation faite par L.-B. Guyton, représentant du peuple

à compter de sa formation le supplément de campagne comme les autres troupes de la République, conformément à la loi du 30 frimaire.

Art. 4. — Son uniforme sera habit, veste et culotte bleus, passepoil rouge au collet, parements noirs, boutons d'infanterie avec pantalon et veste de coutil bleu pour le travail.

---

près l'armée du Nord, qu'il s'est élevé des difficultés sur les appointements que doivent avoir les aérostiers; le Comité arrête que le représentant du peuple Guyton est autorisé à faire cesser ces difficultés et à prendre toutes les mesures propres à concilier la justice envers les individus avec ce que l'intérêt de la République exige »;

Considérant d'une part que la solde reçue à Paris par ladite compagnie ne peut servir de pied pour la fixer à l'armée;

Considérant d'autre part que le service que fait ladite compagnie à la suite de l'armée doit être assimilé à celui des canonniers employés comme ouvriers;

Arrête que ladite compagnie recevra la solde et sera rappelée pour le temps écoulé depuis son départ de Paris sur le pied des canonniers ouvriers, et portée en conséquence à 22 sols 9 deniers par jour, toute déduction et retenue faite pour chacun desdits aérostiers; que les sergent-major, sergent et caporaux recevront également les appointements du même grade dans les compagnies d'ouvriers.

L.-B. GUYTON.

État de la solde attribuée par jour à une compagnie, soit de canonniers, mineurs ou ouvriers.

Grades.	Canonniers.	Mineurs.	Ouvriers.
Capitaine de 1re cl.	11 l. 4 s. 0 d. 8/9	11 l. 4 s. 0 d. 8/9	11 l. 4 s. 0 d. 8/9
Lieutenant de 1re cl.	5 16 8	5 16 8	5 16 8
Sous-lieutenant....	5 0 0	5 0 0	5 0 0
Sergent-major.....	2 8 0	2 8 0	2 18 0
Sergent...........	1 16 9	1 16 9	1 16 9
Caporal fourrier...	1 8 6	1 8 6	1 13 9
Caporal...........	1 5 6	1 5 6	1 10 9
1re classe.........	0 14 6	0 16 0	1 2 9
2e classe..........	0 11 0	0 11 9	0 18 3
Tambour..........	0 19 6	0 19 6	0 19 6
Apprentis.........	»	»	0 15 3

Il est à observer que la solde, telle qu'elle est présentée, est nette et toute déduction faite des retenues à exercer d'après les lois.

Le présent état, certifié véritable par le payeur particulier de l'armée

Art. 5. — L'armement de ladite compagnie consistera en un sabre court et deux pistolets (1).

Art. 6. — Le citoyen Coutelle qui a dirigé jusqu'à ce jour les opérations ordonnées à ce sujet par le Comité, est nommé capitaine de ladite compagnie et chargé de lui remettre incessamment la liste de ceux qui se présenteront pour y être admis et qu'il jugera capables de remplir les différents grades.

Art. 7. — Aussitôt que ladite compagnie sera formée, et même avant qu'elle soit complète, ceux qui y seront reçus se rendront sur-le-champ à Meudon pour y être exercés aux ouvrages et manœuvres relatifs à cet art.

Art. 8. — La compagnie des aérostiers, lorsqu'elle sera à l'armée ou dans une place de guerre, sera entièrement soumise pour son service au régime militaire et prendra les ordres du général ou du commandant en chef.

Quant à la dépense résultant des dépenses relatives à l'aérostat ou des appointements de la compagnie, elle sera prise sur les fonds à la disposition de la Commission des armes et poudres, qui fera passer les sommes nécessaires au sergent-major et recevra ses comptes (2).

Neuf jours après, le 22 (11 avril), le Comité chargeait le Ministre de la guerre de fournir à la compagnie, comprenant : 1 capitaine (Coutelle), 1 lieutenant

---

des Ardennes, Marchienne-au-Pont, le 27 prairial an II de la République.

BAROY.

Pour copie conforme :

L.-B. GUYTON.

Cet arrêté et l'état qui l'accompagne furent transmis au Comité de Salut public par une lettre de Guyton, datée de Montigny-les-Tigneu, le 29 prairial (17 juin 1794).

(1) Cet armement a été complété ultérieurement par l'arrêté du 17 fructidor an II, aux termes duquel le Comité de Salut public, instruit que parmi les armes prises lors de la reddition de Landrecies, le Quesnoy et Valenciennes, il se trouve des carabines à vent qui peuvent servir à la compagnie des aérostiers, arrête qu'il sera remis deux de ces carabines à vent au capitaine des aérostiers par les commandants dépositaires de ces armes.

(2) Aulard, tome XII, pages 349 et 350.

(Delaunay), 1 sergent-major (Lhomond), 1 sergent (Varlet), 2 caporaux et 20 hommes, l'habillement et l'armement, tels que le définissaient les articles 4 et 5 de l'arrêté qui précède.

Le Comité de Salut public avait une telle hâte de voir opérer la compagnie d'aérostiers, que le 1er floréal, c'est-à-dire environ quinze jours après l'arrêté du 13 germinal, il prenait le suivant :

> Le Comité de Salut public arrête que le citoyen Coutelle, capitaine de la compagnie d'aérostiers formée en exécution de son arrêté du 13 germinal, se rendra sans délai avec ladite compagnie à Maubeuge et y fera transporter un aérostat et toutes les machines et instruments nécessaires pour le rendre utile au service de l'armée sous les ordres du général et la surveillance des Représentants du peuple près cette armée, charge les 4e, 7e, 9° et 11e Commissions exécutives de donner, chacune en ce qui la concerne, les ordres nécessaires pour l'exécution du présent arrêté (1).

Mais il fallait tout d'abord pourvoir au remplacement de Coutelle à la maison des Épreuves nationales de Meudon qui devait naturellement continuer à fournir aux aérostiers tout le matériel technique dont ils auraient besoin en campagne et même le perfectionner autant que possible.

Aussi, le jour-même où il prescrivait à Coutelle de partir par Maubeuge, le Comité de Salut public prenait-il l'arrêté suivant :

> Sur le compte rendu du zèle et de l'intelligence avec lesquels le citoyen Conté a coopéré depuis plusieurs mois aux épreuves aérostatiques ordonnées à Meudon, le Comité de Salut public, considérant la nécessité de remplacer, pour la suite de ces épreuves, le citoyen Coutelle nommé capitaine d'une compagnie d'aérostiers, et qui doit se rendre en cette qualité à l'armée du Nord ;
>
> Arrête que le citoyen Conté est chargé de la direction de ces travaux à l'Établissement des Épreuves nationales de Meudon, ainsi que des dispositions, exercices et préparatifs, tant pour le service et l'entretien de

---

(1) Aulard, tome XII, page 705.

l'aérostat envoyé à ladite armée que de ceux qu'il sera utile de tenir prêts pour d'autres destinations (1).

Il était évident d'ailleurs que le délai si court du 13 germinal au 1ᵉʳ floréal accordé à Coutelle pour organiser sa compagnie avant le départ pour Maubeuge la mettait dans la nécessité de partir incomplète. Pour y remédier, le Comité de Salut public décida, le 11 floréal (30 avril) de recourir à des prélèvements sur les bataillons de réquisition.

Le Comité de Salut public, ayant, par son arrêté du 13 du mois dernier, ordonné la formation d'une compagnie d'aérostiers au nombre de 28 hommes, y compris les officiers et sous-officiers, pour le service d'un aérostat près l'une des armées de la République, et indiqué, depuis, la destination de cet aérostat pour Maubeuge, arrête :

Que ladite compagnie sera complétée par des hommes tirés des bataillons de la dernière réquisition, servant actuellement dans l'armée du Nord, en y appelant de préférence ceux qui se trouveraient avoir un commencement de pratique dans les arts nécessaires à ce service (2)

---

(1) Pendant qu'il remplissait ces fonctions, Conté dressa les plans d'un ballon spécial qui semble avoir été adopté aujourd'hui en Allemagne, en Suisse et même en France.

« Le Comité de Salut public arrête que la Commission des armes et poudres mettra à la disposition du citoyen Conté la somme de 30 mille livres pour acheter tous les objets nécessaires à la confection d'un aérostat cylindrique terminé par deux hémisphères et à celle de la tente qui doit le contenir et de tous ses accessoires. » (*Arrêté du 4 messidor*. Aulard, tome XIV, page 449.)

(2)   *Arrêté du 14 floréal (3 mai 1794).*

« Le Comité de Salut public, ayant par son arrêté du 13 germinal, ordonné la formation d'une compagnie d'aérostiers, laquelle serait composée d'hommes ayant déjà un commencement de pratique dans les arts nécessaires à ce service, requiert le citoyen Mouchard, caporal de la 4ᵉ compagnie du 5ᵉ bataillon de la Somme, cantonné à Cerfontaine, près Maubeuge, de se rendre à Maubeuge pour servir dans ladite compagnie d'aérostation. Le conseil d'administration de ce bataillon est en conséquence chargé de lui donner un congé motivé sur la réquisition du Comité du Salut public et l'état de route nécessaire, avec les fortels que maçonnerie, charpente, serrurerie, peinture d'impression et chimie pneumatique;

Charge l'officier général commandant la division de Maubeuge de donner les ordres nécessaires pour l'exécution du présent arrêté, dont expédition lui sera adressée, ainsi que de celui du 13 germinal pour la formation de ladite compagnie d'aérostiers et de celui du premier de ce mois portant ordre de départ. Ordonne en outre qu'expédition du présent arrêté sera envoyée tant à la Commission de l'organisation et du mouvement des armées qu'au citoyen Coutelle, capitaine de ladite compagnie, pour qu'il ait à faire connaître à l'officier général commandant le nombre des hommes nécessaires à son complet et le jour où ils devront se rendre à Maubeuge pour commencer le service (1).

Par suite du même esprit d'excessive centralisation que nous avons déjà signalé, ce sera le Comité de Salut public lui-même qui, sur la proposition de Coutelle, requerra le candidat aérostier et chargera le conseil d'administration de son corps de le rayer de ses contrôles, de le mettre en route sur la compagnie d'aérostiers et d'en aviser les généraux intéressés afin que ceux-ci puissent à leur tour en donner avis à la Commis-

---

malités accoutumées, à la charge, par le conseil, d'en rendre compte sur-le-champ aux généraux sous les ordres duquel il sert, et à ceux-ci d'en informer la Commission de l'organisation et du mouvement des armées. » (Aulard, t. XIII, p. 242).

Arrêté du 16 floréal (5 mai).

« Le Comité de Salut public, d'après le compte qui lui a été rendu sur le citoyen Nicolas Cezeaux, âgé de 25 ans, demeurant rue Neuve de l'Égalité (section de Bonne-Nouvelle), canonnier dans la 4e compagnie du 2e bataillon de Paris; considérant que ce citoyen est plus utile à la République dans la compagnie des aérostiers, requiert le citoyen Cezeaux pour ce genre de service, charge les officiers de sa compagnie de lui donner un congé motivé sur la réquisition du Comité de Salut public, d'en informer le commandant général et d'en rendre compte à la Commission de l'organisation et du mouvement des armées. » (Aulard, t. XIII, p. 292).

(1) Aulard, tome XIII, pages 150 et 151.

sion de l'organisation et du mouvement des armées. On ne saurait imaginer une plus grande surabondance d'écritures et d'intermédiaires pour la mutation d'un homme! Il semblait d'autant plus facile de laisser le soin de cette opération aux généraux intéressés, que non seulement l'arrêté qui précède le permettait, mais que le Comité de Salut public avait eu soin d'adresser à ce sujet l'ordre spécial qui suit :

Le Comité de Salut public à l'Officier général commandant la division de l'armée du Nord, à Maubeuge.

Paris, 11 floréal (30 avril).

Citoyen Général, le Comité ayant résolu d'envoyer un aérostat à Maubeuge pour servir à la découverte des mouvements des ennemis et à donner des signaux sous les ordres du général commandant l'armée du Nord, nous t'envoyons les arrêtés des 13 germinal, 1er et 11 de ce mois concernant l'organisation de la compagnie formée pour ce service, le dernier desquels te charge des mesures à prendre pour la compléter et la mettre en activité de manière que peu de jours après l'arrivée à Maubeuge des machines et instruments elle puisse commencer ses opérations pour mettre cette nouvelle machine à la disposition du général.

Le Comité de Salut public en avait d'ailleurs aussi avisé le général commandant l'armée du Nord le même jour :

Citoyen Général, les épreuves que le Comité a fait faire des services que l'on peut tirer d'un aérostat pour découvrir et observer les mouvements de l'ennemi à la distance de plusieurs lieues et même pour donner des signaux, soit de jour, soit de nuit, par des feux, ont déterminé les arrêtés qu'il a pris les 13 germinal, 1er et 11 de ce mois dont nous t'adressons des expéditions, ayant jugé devoir mettre à ta disposition les premières machines de ce genre.

Enfin, à la même date (11 floréal, 30 avril), le Comité appelle tout spécialement l'attention des Représentants du peuple près l'armée du Nord sur cette aérostation qui est son œuvre, et, derrière lui, celle de Guyton de

Morveau, à laquelle il attache avec plus ou moins de raison la plus grande importance et qu'il leur recommande par ces paroles :

> Citoyens Collègues, vous verrez par les expéditions ci-jointes des arrêtés pris le 13 germinal, 1er et 11 de ce mois que le succès des épreuves faites par ses ordres l'a déterminé à envoyer un aérostat à l'armée, comme pouvant servir à découvrir les mouvements des ennemis à la distance de plusieurs lieues et à donner des signaux soit de jour, soit de nuit par des feux. Nous avons cru devoir fixer sa destination pour Maubeuge.
>
> Nous écrivons en conséquence au général commandant l'armée du Nord pour lui annoncer que nous le mettons à sa disposition, et à l'officier général commandant la division de cette armée à Maubeuge pour qu'il donne les ordres et prenne les mesures nécessaires pour compléter la compagnie et la mettre en activité.
>
> Nous connaissons trop votre zèle pour ne pas être assurés que vous étendrez votre surveillance sur cet objet et que vous ne négligerez rien pour assurer le succès d'une nouvelle machine de guerre qui peut seconder efficacement l'ardeur de nos braves bataillons contre les satellites du tyran (1).

Plus encore que le Comité de Salut public, Guyton est l'âme de cette institution. C'est lui qui, avec Monge, a examiné la plupart des expériences proposées ; c'est lui qui a fait au Comité les rapports des 13 et 24 juillet 1793 concluant à l'emploi de l'aérostation en campagne ; c'est encore lui qui signe la minute de la plupart des arrêtés intéressant cette création. Aussi, ne sera-t-on pas étonné de lire celui du 21 floréal (10 mai) qui complète les recommandations citées plus haut : « Le Comité de Salut public arrête que le représentant du peuple Guyton se rendra à Maubeuge ou dans tout autre point de l'armée du Nord qui serait convenu entre lui et ses collègues près cette armée, pour diriger et surveiller les opérations de l'aérostat et de la compagnie d'aéros-

---

(1) Aulard, tome XIII, pages 152 et 153.

tiers. Il donnera en conséquence tous les ordres nécessaires pour le plus grand succès de ces manœuvres (1). » Et, afin qu'il soit pourvu de tout le nécessaire pour remplir sa mission « avec le plus grand succès », un arrêté du 2 prairial décide que « le citoyen Charles remettra une lunette achromatique destinée à la mission du représentant du peuple Guyton (2) ». Un autre arrêté du même jour prescrit au citoyen Livernois, garde du dépôt de la maison de Nesle, de remettre « un télescope monté en cuivre et renfermé dans sa boîte, destiné à la mission du représentant du peuple Guyton ». Un troisième, de même date ordonnait enfin « à l'administration des postes de faire parvenir ces objets à Guyton avec la plus grande sûreté et la plus grande célérité (3) ».

Nous avons tenu à empiéter un peu sur la chronologie des faits pour grouper tous ces documents qui montrent le vif intérêt du Comité de Salut public, inspiré par Guyton, au succès de ces nouvelles « machines » et qui prouvent en même temps une fois de plus l'extrême centralisation qui régnait alors et la minutie des détails dont elle imposait la précision au Comité.

Mais revenons aux préparatifs de départ de la compagnie à laquelle l'arrêté du 1er floréal avait prescrit de se rendre sans délai à Maubeuge et dont les déficits d'effectif, dus à l'insuffisance du délai qui lui avait été laissé pour s'organiser, devaient être comblés au moyen des réquisitions autorisées par l'arrêté du 11 floréal.

Dès le 13, se conformant aux prescriptions du 1er floréal, la 9e Commission (de l'organisation et du mouvement des armées) engage le commissaire-ordonnateur de la 17e division à Paris à nommer un commissaire des

---

(1) Aulard, tome XIII, page 411.
(2) *Ibid.*, page 651.
(3) *Ibid.*

guerres pour aller à Meudon passer en revue la compagnie d'aérostiers qui y est en formation, et « à faire mention, sur la revue, des objets qu'il sera nécessaire de faire délivrer à cette compagnie ».

Le même jour, le commissaire-ordonnateur répond à la 9ᵉ Commission : « En vertu de votre lettre en date de ce jour que je reçois à l'instant, je me suis empressé, Citoyens, de charger le commissaire des guerres Cailly de se rendre à Meudon..... J'aurai soin de vous rendre compte de cette opération. »

Mais pendant que la Commission de l'organisation et du mouvement des armées prenait l'initiative de tirer de l'arrêté du 1ᵉʳ floréal les conséquences qu'il comportait, le Comité de Salut public, soit par suite de l'impatience qu'il éprouvait à expérimenter au plus tôt les aérostats à la guerre, soit par suite de cette excessive centralisation qui le forçait à tout prévoir, prenait le 14 floréal (3 mai) l'arrêté suivant :

> Le Comité de Salut public, considérant que les avantages qu'il s'est promis de l'envoi d'un aérostat à Maubeuge ne peuvent se réaliser que par sa prompte expédition ;
>
> Charge la Commission de l'organisation et du mouvement des armées de faire recevoir dans le jour la compagnie d'aérostiers dont il a ordonné la formation par son arrêté du 13 germinal dans l'état où elle se trouve sauf à la compléter et à lui faire fournir ce qui lui manque après son arrivée à Maubeuge ;
>
> D'expédier l'ordre au capitaine et au lieutenant de ladite compagnie de partir sextidi prochain, 16, et de se rendre en poste à Maubeuge pour s'occuper sans délai des premières dispositions ;
>
> Enfin de faire partir le 17 courant au plus tard pour la même destination le restant de ladite compagnie d'après l'état qui lui en sera remis par le capitaine, même sur des ordres de route individuels s'il est nécessaire (1).

La 9ᵉ commission se voit donc obligée de transmettre

---

(1) Aulard, tome XIII, pages 242 et 243.

de nouveau cet arrêté au commissaire-ordonnateur, puis à Coutelle et enfin aux commissaires chargés des transports militaires.

Le 16, la compagnie est passée en revue par le commissaire des guerres Cailly. Le procès-verbal qu'il dresse de cette opération nous permet de savoir :

1° Que la compagnie, comme c'était facile à prévoir, ne part pas à l'effectif indiqué par l'article 2 de l'arrêté du 13 germinal : « ladite compagnie s'est trouvée composée ainsi qu'il suit : le citoyen Coutelle, capitaine; le citoyen Launay (de Launay), lieutenant; le citoyen Lhomond (1), sergent-major; le citoyen Varlet, sergent, et onze soldats ».

Parmi eux comptait le baron de Selle de Beauchamp, qui nous donne les détails suivants sur ces hommes et la hâte avec laquelle ils avaient été recrutés (2) : « Pendant le temps que j'avais passé (en congé irrégulier) à la campagne (près Paris), j'avais appris que le bon curé de cette campagne, persécuté comme tous ses collègues, était menacé d'être enlevé d'un moment à l'autre, emprisonné, et qu'il cherchait à se soustraire à cette mesure....; je lui indiquai la ressource que je venais d'employer pour moi-même, car je venais d'être reçu, et je savais que, dans l'empressement de partir, on recevait tous ceux qui se présentaient. Je ne doutais pas qu'il ne réussît; et en effet, dès le lendemain il se présenta et fut accepté.... Enfin, me voilà parti de Paris en compagnie d'une vingtaine (exacte-

---

(1) Le 21 germinal (10 avril), le Comité de Salut public prenait un arrêté mettant en réquisition le citoyen Lhomond fils pour servir dans la compagnie d'aérostiers. (Aulard, t. XII, p. 500.)

Un rapport de Coutelle adressé à Guyton-Morveau le 24 messidor et daté de Maubeuge demande que Lhomond soit nommé sous-lieutenant.

(2) *Mémoires d'un officier des aérostiers* (*loc. cit.*), page 25.

ment quinze y compris les cadres) de camarades...;
ceux-ci étaient tous enfants de Paris, espèces de mirliflores, clercs de notaires, d'avoués, commis marchands... quelques Parisiens ayant une certaine éducation, entre autres un parent très proche du maréchal Lauriston, qui n'était alors que colonel d'artillerie... puis quelques ouvriers dont le capitaine avait besoin pour la construction des fourneaux nécessaires à la confection du gaz destiné à remplir l'aérostat. Je me trouvais avec notre nouvelle recrue le bon curé... » «...Le premier lieutenant était un ancien maître maçon que le capitaine Coutelle avait jugé nécessaire de s'adjoindre pour les travaux de maçonnerie, surtout pour les fourneaux où se confectionnait le gaz... Le deuxième lieutenant était un très aimable jeune homme, fils d'un physicien distingué, fort instruit lui-même dans cette partie... (1) » ;

2° Qu'on ajouta à cet effectif le tambour que ne prévoyait pas ledit article 2 : « Le citoyen Coutelle est autorisé, par arrêté du 11 floréal, à prendre dans les bataillons de l'armée les ouvriers nécessaires à ce service au nombre de dix, qui joints aux onze partants, feront un total de vingt et un, observant le citoyen Coutelle que dans une compagnie il faut un tambour. » Cette observation est d'ailleurs confirmée par une lettre que Coutelle adresse le 19 floréal de Maubeuge au citoyen Pille, commissaire de la Commission des approvisionnements des armées : « Dans l'organisation de notre compagnie, l'arrêté du Comité ne nous donne point de tambour. Cependant je le crois utile. Nous pourrions en prendre un dans nos vingt hommes, mais ils auront assez de travail et je désirerais que le tambour fut le vingt et unième. » La création de ce tambour ne fut

---

(1) C'était Lhomond, comme on l'a indiqué plus haut.

régularisée que par l'arrêté de Guyton de Morveau en date du 3 thermidor an II ;

3° Les habits de drap, prévus par l'article 4 de l'arrêté du 13 germinal an II ne purent, faute de temps, être délivrés aux aérostiers, dont chacun ne reçut que : « deux paires de souliers, un bonnet de police, deux paires de bas, trois chemises, deux cols, deux paires de guêtres, un pantalon et une veste de coutil pour le travail, un chapeau, un sac de peau, un sabre et son ceinturon, une paire de pistolets et les fontes ; les habits, vestes et culottes de chacun d'eux devant être livrés par l'administration de l'habillement qui a pris les mesures et doit les faire passer après leur confection ». A en juger par certaines réclamations, il ne semble pas que cet habillement ait été assuré aussi vite que le promet le procès-verbal. Par contre, le citoyen Coutelle recevait « onze fournitures complètes pour les citoyens qu'il devait choisir non compris deux désignés pour caporaux et qui sont à l'armée du Nord... Il était fourni en outre vingt-deux sacs de toile et dix couvertures à mettre dans la voiture qui servira à transporter les effets de ladite compagnie. » (Plus tard, jouant sur les mots, la Commission des approvisionnements aux armées dira que Coutelle a reçu vingt-quatre collections d'effets [drap ou autres] complètes.) Enfin la lettre déjà citée de Coutelle, datée de Maubeuge 19 floréal, fait connaître que, grâce à la précipitation du départ, ils n'ont pu, son lieutenant et lui, s'occuper de leurs brevets, et il s'adresse au citoyen Pille pour les lui faire expédier, « car on les leur a déjà demandés ».

La compagnie part enfin le 17 floréal (1), précédée la

---

(1) Lorsque la compagnie quitta Paris pour se rendre à Maubeuge, les hommes voyagèrent avec leur voiture à bagages, et les appareils formèrent un convoi séparé. C'est ce qui paraît du moins résulter des

veille par Coutelle, qui écrit de Maubeuge à Pille, le 19, en parlant de lui-même et de son lieutenant :

> Nous avons exécuté ponctuellement les ordres du Comité de Salut public. Nous sommes partis le 16. Le général Favereau (commandant les divisions de Maubeuge), accompagné de l'ingénieur en chef Marescot, nous ont conduits autour des remparts pour désigner le lieu qui conviendrait le mieux à notre établissement. Nous avons choisi le jardin du collège, et déjà les fondations sont creusées et la maçonnerie commencée. Nous ne perdons pas un instant. Le Représentant du peuple et les généraux seconderont les membres du Comité de tout leur pouvoir, et l'exécution de notre machine ne dépendra plus que de l'arrivée de nos appareils.

Pour effectuer les travaux dont il parle, Coutelle avait vu mettre divers ouvriers et matériaux à sa disposition par les soins de Favereau dès le 10 floréal au matin.

Le général Favereau à la municipalité de Maubeuge.

18 floréal (7 mai).

Vu les arrêtés du Comité de Salut public des 11 et 13 floréal, sa lettre du 11 dudit, qui constatent l'importance d'établir un aérostat à Maubeuge. Vu l'importance de confectionner cet ouvrage précieux aux intérêts de la République, je requiers, au nom du salut public, la municipalité de Maubeuge, et sous sa responsabilité, de mettre demain au matin à six heures, quatre maçons, deux manœuvriers, deux charpentiers et serruriers, tous munis de leurs outils, à la disposition du citoyen Coutelle, capitaine de la compagnie d'aérostiers. Toute lenteur mettrait la municipalité de Maubeuge dans le cas de contrarier les intentions du Comité de Salut public.

---

souvenirs du baron de Beauchamp : « ..... Dès la première journée de marche, en arrivant à Louvres par une pluie battante qui ne nous avait pas quittés....., je me trouvai si abattu que je ne croyais pas pouvoir poursuivre ma route le lendemain.... Cependant, comme nous avions à notre suite une charrette de réquisition pour les bagages, j'y montai jusqu'à Avesnes, et depuis j'ai soutenu toutes les marches..... Nous trouvâmes en rentrant à Maubeuge (après une sortie) tous nos attirails arrivés..... »

*Le général Favereau au citoyen Molet, entrepreneur
des fortifications.*

18 floréal (7 mai).

Il est ordonné au citoyen Molet, entrepreneur des fortifications de Maubeuge, de fournir au citoyen Coutelle, capitaine de la compagnie d'aérostiers, tous les matériaux qui lui seront nécessaires pour la confection des ouvrages qui lui sont confiés par le Comité de Salut public.

Le 21, le général rendait compte de ces mesures au Comité de Salut public :

Citoyens Représentants, je vous donne avis de l'arrivée du citoyen Coutelle, capitaine de la compagnie d'aérostiers et de son lieutenant, conformément à votre arrêté du 11 de ce mois. Douze heures après, les ouvriers qui étaient propres à préparer son établissement ont été mis à l'ouvrage.

Croyez que, dans toutes les occasions, les opérations que vous me confierez seront exécutées avec zèle et célérité.

La compagnie d'aérostiers en marche, en stationnement et au combat. — Il reste, pour compléter ce qui a trait à l'organisation de la compagnie d'aérostiers, à rechercher quels étaient les moyens dont elle disposait pour la marche, le stationnement et le combat.

a) En marche. — Le dispositif de marche est différent suivant que la compagnie se transporte à un point où elle doit faire l'établissement de son parc, ou qu'elle se rende, avec le ballon tout gonflé, de ce dernier emplacement à une autre localité où elle doit immédiatement se servir de l'appareil aérostatique.

Dans le premier cas, la compagnie pouvait être suivie d'un certain nombre de voitures dont le compte exact nous est donné par une pièce d'archives non datée mais semblant, par son classement, se rapporter aux ordres de départ du 17 floréal et ainsi conçue (1) :

---

(1) Voir page suivante : *Transport des aérostats.*

Transport des aérostats.

7 tuyaux de fonte à 1500 livres.	10,500 livres.	Environ 16 à 20 milliers pesant et 2 voitures d'outils.
Tonneaux de rognures de fer.............	4,000 à 5,000 —	
Tente de.................	1,500 —	
2 voitures d'outils.		

Pressé. Donner des ordres.

Si l'on admet que la réquisition pouvait procurer des voitures de transport à quatre chevaux susceptibles de porter chacune environ 3,000 livres, on peut admettre que le train de combat de la compagnie d'aérostiers se rendant de Paris à Maubeuge, était de huit voitures dont deux d'outils; à ce chiffre il faut enfin ajouter une voiture à bagages.

En ce qui concerne la marche du ballon gonflé, celle qu'exécuta l'aérostat de Coutelle de Maubeuge à Charleroi en fournit un exemple. Ce fut au moment où Jourdan allait tenter le cinquième passage de la Sambre, que Guyton eut l'idée d'utiliser l'aérostat, et il fit donner l'ordre à Favereau de l'expédier tout gonflé, afin de n'avoir pas à embarrasser la marche de tous les matériaux nécessaires à la construction, qu'on n'eût pas eu du reste le temps de faire à Charleroi.

Cet ordre avait été précédé du rapport suivant qu'avait fourni Guyton le 26 prairial (1) :

Mémoire sur les moyens d'étendre considérablement l'usage de l'aérostat comme machine de guerre.

Les observations faites par le capitaine des aérostiers et les officiers chargés des ordres du général commandant à Maubeuge les **14, 22, 23, 24, 25** et **26** prairial ont prouvé les avantages que l'on peut tirer d'un aérostat pour éclairer les marches, les mouvements, les forces, les ouvrages et les entreprises de l'ennemi.

---

(1) *Archives du Génie.*

Mais il est à désirer que l'aérostat puisse se transporter pour suivre une armée, s'approcher du champ de bataille ou du lieu de la retraite de l'ennemi et que ces mouvements s'exécutent promptement et facilement.

Jusqu'ici il s'est présenté deux grands obstacles : l'un est la résistance qu'éprouverait une sphère de 27 pieds de diamètre en traversant l'air avec une certaine rapidité.

Le second est la difficulté de faire suivre, pour abriter l'aérostat, une tente qui exige quatre arêtiers de 55 pieds, c'est-à-dire une véritable charpente dont la construction est nécessairement longue et pénible malgré tout l'art que l'on a mis à en simplifier la main-d'œuvre.....

Guyton avait discuté la solution de ces difficultés avec Coutelle, et l'on y reviendra au sujet des aérostats cylindriques. Pour le moment qu'il suffise de signaler que, dès le 26 prairial, Guyton avait pensé à transporter le ballon sans prendre une décision ferme, jusqu'au moment où l'imminence de la bataille de Fleurus le força à tenter l'aventure.

Guyton au capitaine Coutelle.

4 messidor an II (22 juin).

Il vient d'être arrêté que, pour remplir les vues du Comité, l'aérostat serait transporté à la suite de l'armée qui fait le siège de Charleroi. Il ne s'agit plus d'en calculer les difficultés mais de les vaincre. La fortune suit l'audace.

Le général commandant à Maubeuge est chargé de donner sur-le-champ les ordres nécessaires, d'abord à la compagnie de se tenir prête à partir pour le lieu qui lui sera indiqué avec l'aérostat tout équipé; puis au commissaire des guerres de fournir les chevaux, voitures nécessaires à ce transport, de requérir les ouvriers qui devront suivre ce convoi et de s'entendre pour cela avec toi; enfin le général commandera un piquet de cavalerie pour l'escorte.

Route à déterminer. — La première chose est de se concerter avec les généraux et ingénieurs qui connaissent la place et la position de l'ennemi, soit près de la place soit sur la gauche de la Sambre, la route qu'il faut prendre pour sortir l'aérostat et le conduire ici.

Sortie de la place. — Pour la sortie de la place, c'est ton affaire de le passer sur les murs, fossés, bastions, etc., comme nous avons fait sur les terrasses de Meudon, et pour cela de doubler les cordes des attaches, pour jeter l'une au delà de l'obstacle et lâcher l'autre quand la première est reçue. Mais il faut choisir avec soin le lieu du passage pour ne pas exposer l'aérostat à être détruit par le feu de l'ennemi, peut-être même prendre le temps de la nuit ou du brouillard pour cette sortie.

Précautions pour la remorque. — Pour remorquer commodément l'aérostat, il faut qu'il soit lesté de manière à ne pas trop tirer sur ses cordes et qu'il ait la légèreté suffisante pour le faire résister à l'action du vent qui tendrait à l'abattre, ce qui l'exposerait à être avarié en touchant les arbres, les maisons ou même la terre. Un des aérostiers doit y monter afin de prévenir ces accidents en jetant à propos du lest, sauf à en reprendre ensuite pour diminuer le tirage des cordes, lorsque le coup de vent est passé ; d'ailleurs les cordes des attaches restant doublées pendant toute la route, on peut laisser à l'aérostat une assez grande force ascensionnelle.

L'aérostat sorti de la place, il peut être aisément conduit par quatre aérostiers qui seront montés sur des chevaux sûrs et non rétifs. Les cordes seront disposées d'avance pour donner deux ou même trois élévations, une assez haute pour passer sur les plus grands arbres, deux autres inférieures.

Ces cordes pourront s'accrocher au pommeau de la selle, mais de manière qu'elles puissent s'accrocher et se décrocher facilement pour filer au besoin ; soit pour passer les obstacles, soit pour amortir un coup de vent.

Les officiers de la compagnie seront à cheval pour diriger cette marche.

Ascension sur la route. — Le général en chef désire qu'on fasse en passant une ou deux ascensions pour découvrir aux environs de Merbes ou plus près de Trazegnies ; tu en recevras l'ordre du général commandant à Maubeuge ; ces rapports peuvent être du plus grand intérêt, c'est à toi à prendre station dans un lieu sûr.

Lieu de station d'arrivée. — Le général en chef va faire reconnaître la position où l'aérostat sera mis sous tente, il est probable que ce sera sur les hauteurs de Montigny-les-Tigneu.

Envoi de l'ancienne tente. — Nous avons heureusement la première tente faite à Meudon, c'est celle qu'il faut faire suivre, ou pour mieux dire, partir d'avance, même à la réception de la présente avec trois ou quatre ouvriers charpentiers et les outils nécessaires (c'est-à-dire suffisants, point d'appareil inutile) ; tu en connais la forme et les dimensions ; on ne manque pas de bois ici, il ne faut qu'un faîte et deux arbalétriers en chevalets. J'imagine même qu'on pourrait se passer de l'un des chevalets, en posant un des bouts du faîte sur un arbre assez élevé, ce qui donnera à la fois plus de solidité et de facilité pour le levage.

J'aurais bien des choses à ajouter, mais tu y suppléeras ; il faut plutôt agir qu'écrire ; tu te concerteras avec le général qui donnera les ordres nécessaires au commissaire-ordonnateur, à un officier du génie pour reconnaître la route et y laisser des guides.

Il faut que l'aérostat soit stationné ici demain soir, je ferai en sorte d'aller aujourd'hui à Maubeuge, mais pour ne pas perdre un moment j'envoie un courrier pour que tout soit en mouvement quand j'arriverai.

GUYTON.

P.-S. — Tu ne pourras guère laisser que deux hommes à la garde du parc. J'écris au général d'en établir une.

L'arrêté que signalait Guyton à Coutelle et l'ordre qu'il adressait à Favereau étaient ainsi conçus :

Les Représentants du peuple près de l'armée du Nord, des Ardennes et de la Moselle, au général Favereau.

Devant Charleroi, 4 messidor (22 juin).

Nous t'envoyons, Général, l'arrêté que nous venons de prendre pour faire venir l'aérostat. Nous t'invitons à prendre toutes les mesures qui dépendent de toi pour seconder cette opération, de manière qu'il puisse être rendu demain ici. Le capitaine des aérostiers reçoit par le même courrier une instruction sur la marche à tenir et les précautions à prendre.

Le général en chef Jourdan, avec qui cette expédition est concertée, va donner des ordres pour faire reconnaître le lieu où il faudra arrêter et établir la station de l'aérostat ; ce sera probablement sur les hauteurs de Montigny-les-Tigneu (1).

Le général désire aussi que l'aérostat soit élevé à la hauteur de Merbes pour observer, ou sur tel autre point de la route qui serait jugé plus avantageux à la découverte. Tu voudras bien en donner l'ordre au capitaine.

---

(1) « .....L'aérostat..... fut sorti de Maubeuge la nuit du 4 au 5 messidor, conduit à Marchienne-au-Pont, mis aux ordres du général Jourdan, conduit à Jumet le 5, monté le 7 par le général Morlot à la bataille de Fleurus..... » (*Archives du Génie*. Note non datée ni signée.)

Tu jugeras sans doute convenable de prévenir de cette marche les officiers généraux qui commandent sur la route afin que tout concoure à favoriser le convoi, et que personne ne prenne une fausse idée de son objet.

La compagnie d'aérostiers n'étant pas plus nombreuse qu'il faut pour suivre l'aérostat, il restera à peine deux hommes pour veiller à la conservation des fourneaux, machines et matières. Tu voudras bien, jusqu'à son retour, faire placer une garde suffisante, et dont la consigne sera connue dans tous les parcs à la suite des armées.

GUYTON.

Arrêté du Représentant.

Charleroi, 4 messidor.

Le général commandant à Maubeuge ordonnera à la compagnie d'aérostiers de se tenir prête à partir avec l'aérostat tout équipé pour le lieu qui lui sera indiqué.

Il ordonnera au commissaire des guerres de fournir les chevaux, voitures et autres choses nécessaires pour le transport de l'aérostat et le service de la compagnie; de requérir s'il en est besoin les ouvriers en état de servir à cette expédition et de s'entendre à cet effet avec le capitaine de ladite compagnie. Il commandera un piquet de vingt hommes de cavalerie pour l'escorte de l'aérostat, dont il donnera la conduite à un officier intelligent. Il chargera un officier du génie de reconnaître la route qu'il peut tenir sans être arrêté par des ravins, marais ou épaisses forêts, et d'y laisser des guides.

GILLET, SAINT-JUST, L.-B. GUYTON.

Conformément à ces prescriptions, le départ fut ordonné le jour même par Favereau (1) qui prit toutes les précautions nécessaires pour assurer le passage sans accidents de l'aérostat à travers les divers obstacles du terrain. C'est ainsi qu'il le fit escorter, lui fit préparer la voie et lui ménagea en route tous les secours nécessaires.

---

(1) « Le citoyen Fontaine, commissaire des guerres, mettra à la disposition du citoyen Coutelle, capitaine des aérostiers, les chevaux et chariots qu'il lui demandera, nécessaires pour les objets qu'il doit transporter à l'armée sous Charleroi. »

Le général Favereau au général Coliny.

Le général Coliny donnera des ordres pour qu'un piquet de cavalerie de vingt hommes soit prêt à partir à l'heure que lui indiquera le citoyen Coutelle, capitaine des aérostiers. Pour cet effet, l'officier commandant le piquet se rendra auprès dudit capitaine Coutelle pour prendre ses ordres.

Le général Favereau au citoyen Montfort, ingénieur à Maubeuge.

Conformément à l'arrêté des Représentants du peuple près l'armée du Nord, des Ardennes et de la Moselle, tu donneras ordre à un officier du génie de se rendre auprès du citoyen Coutelle, capitaine des aérostiers, pour se concerter avec lui sur les moyens de faire voyager l'aérostat et reconnaître la route qu'il peut tenir sans être arrêté par des ravins, marais ou épaisses forêts, et d'y laisser des guides. L'ordre de route sera donné au capitaine des aérostiers.

Le général Favereau au général Schérer.

Je te préviens, mon brave camarade, que l'aérostat doit passer demain dans ta division pour se rendre à Marchienne-au-Pont. Tu voudras bien en faire prévenir les généraux de brigade pour qu'ils donnent des ordres à leur troupe et prêter des secours au capitaine des aérostiers, sur toutes les demandes qu'il pourrait leur faire pour accélérer la marche forcée qu'on lui ordonne de tenir (1).

C'était en effet une marche de 34 kilomètres, à vol d'oiseau, qu'il fallait exécuter avec un aérostat captif. Elle ne laissa pas que d'être fort pénible, et l'on ne

---

(1) Enfin Favereau écrivait le 4 à Coutelle : « Je te fais passer ci-inclus, mon camarade, copie d'un arrêté et d'une lettre des Représentants du peuple près des armées du Nord, des Ardennes et de la Moselle réunies, qui te serviront d'instructions, et que tu exécuteras dans tous les points.

« J'ai donné l'ordre pour qu'un officier du génie t'accompagne. Le commissaire des guerres Fontaine a celui de te fournir tout ce qui te sera nécessaire. Un piquet de cavalerie de vingt hommes est commandé et l'officier a ordre de prendre les tiens. Si tu as quelques besoins, fais-les moi connaître de suite. »

saurait en donner une description plus exacte que celle qu'en fournissent les récits de Coutelle (1) et de Beauchamp :

« Je voyageais avec le ballon à une élévation telle que la cavalerie et les équipages militaires pouvaient passer sous la nacelle ; les aérostiers qui tenaient les cordes, marchaient sur les deux bords de la route.

« La nacelle portait les deux cordes d'ascension, une grande toile qui servait aussi à contenir le ballon sur terre pendant la nuit, pour abattre le ballon lorsque le vent était trop fort ; des piquets, des masses et des pioches avec les sacs et les signaux. »

Cette narration de Coutelle est complétée par la suivante de Beauchamp : « Après avoir passé un jour et une nuit à faire nos préparatifs, on garnit l'hémisphère du filet de seize cordes (2), d'une longueur suffisante, un homme fut spécialement chargé d'une de ces cordes, et, vers 2 heures du matin, on s'achemina vers le premier rempart qui tenait au jardin du collège. Les échelles étaient prêtes à nous recevoir pour descendre dans le premier fossé ; une moitié des hommes descendit en allongeant les cordes, tandis que l'autre moitié attendait sur le revers ; puis celle-ci descendit à son tour pendant que l'autre moitié remontait, et tout cela de façon que l'aérostat ne dépassât pas ou du moins de très peu la crête des glacis ; les trois enceintes furent

---

(1) *Sur l'aérostat employé aux armées de Sambre-et-Meuse et du Rhin*, par Coutelle, note 14, page 7.

(2) Coutelle parle de *20* cordes au lieu de *16*. « J'employai la nuit à disposer vingt cordes autour de l'équateur du filet, que je rendis solidaires par des attaches très rapprochées et des coulants ; chaque aérostier devait porter sa corde et la détacher au premier signal ; la nacelle se suspendait et se détachait de la même manière. » (*Sur l'aérostat employé aux armées de Sambre-et-Meuse et du Rhin*, par Coutelle, page 7.)

franchies de cette manière et dans le plus grand silence. Le jour ne paraissait pas encore quand nous pûmes gagner la route de Namur... ; au lever du soleil le vent s'éleva brusquement, et, comme la route que nous suivions était garnie d'une rangée de grands pommiers, il était à craindre que le vent ne jetât l'aérostat sur les branches... ; nous fûmes donc obligés de prendre à travers champs... »

b) *En stationnement*, il y avait à distinguer les deux cas que nous avons déjà différenciés au point de vue de la marche. S'agissait-il de faire toute une première installation? Il fallait tout d'abord, comme le dit Coutelle, dans sa lettre du 19 floréal, choisir l'emplacement du fourneau, puis en creuser les fondations, enfin en exécuter la maçonnerie. Son récit de 1826 confirme d'ailleurs cette lettre : « Arrivé à Maubeuge, dit-il, mon premier soin fut de chercher un emplacement, de construire mon fourneau, et de faire toutes les dispositions en attendant l'arrivée de l'aérostat (1) et des appareils qui avaient servi à ma première expérience de Meudon..... Je pus mettre le feu au fourneau, et l'aérostat fut rempli en moins de cinquante heures. » L'aérostat et les appareils comprenaient, d'après un devis du 2 floréal an VII, une caisse à l'eau à décomposer, sept tuyaux de cuivre rouge de 4 mètres de long, sept coudes de cuivre jaune, une main d'ajutage, sept tuyaux en fonte d'environ 3 mètres de long sur 32 centimètres de diamètre, une cuve à l'eau de chaux, sept caisses épuratoires, sept tuyaux de cuivre rouge de

---

(1) L'aérostat *L'Entreprenant*, construit à Meudon en l'an II de la République, d'après le rapport des manœuvres exécutées avec l'aérostat *L'Éprouveur*, fut envoyé à Maubeuge..... Cet aérostat avait 27 pieds de diamètre et pouvait contenir 10,399 pieds cubes de gaz. (*Archives du Génie*. Note non datée ni signée.) (Voir aux mêmes *Archives* l'état du 1ᵉʳ vendémiaire an III.)

4 mètres de long, sept coudes en cuivre jaune et une main d'ajutage; puis l'enveloppe en taffetas verni, le filet, les manœuvres, les cordes d'attaches, de conduite, d'ascension, les sacs de peau ; enfin le manteau d'abritage... Dans un rapport qu'il adresse le 11 messidor an IV, au Directoire, pour lui indiquer les progrès réalisés par l'École nationale aérostatique, Conté donne sur ce manteau les détails suivants : « Le manteau en toile adapté sur l'aérostat le couvre jusqu'au dessous de l'équateur... on laisse toujours ce manteau lorsque l'aérostat est au parc. Le manteau sert aussi à mettre l'aérostat à l'abri des vents au moyen des cordes qui y sont fixées et qu'on attache à des piquets... L'aérostat de Meudon, fixé à terre par cinquante cordes environ tenant au filet et au manteau, a résisté (aux vents les plus violents) sans éprouver le moindre accident... L'aérostat abattu sur un lit de paille, recouvert d'une toile, peut ainsi braver la plus forte tempête. »

Une autre description de l'appareil en *station* nous est donnée par les *Mémoires* de Beauchamp « Le terrain du jardin (du collège, à Maubeuge), devait servir à l'établissement des fourneaux et de la tente destinée à abriter l'aérostat (1)... Nous construisîmes sur le lieu-même un grand fourneau à réverbère.... On y plaçait sept tubes de fonte... que l'on emplissait préalablement de limaille et de tournure de fer... ; d'un côté du fourneau se plaçait une cuve longue et élevée pour fournir l'eau à chaque tube

---

(1) « L'arsenal de construction de l'aérostat fut placé dans le jardin d'un couvent devant le collège de Maubeuge, et depuis un hospice militaire, pour qu'il fût couvert par le grand cavalier qui est de ce côté, qui ne le défendait néanmoins qu'en partie des batteries de la redoute du Tilleul, à droite en sortant de la levée de Mons. On y avait construit une tente en coutil pour mettre l'aérostat à l'abri. » (*Archives du Génie*. Note non datée ni signée.) Ces *Archives* contiennent un dossier très détaillé sur la construction des tentes.

par de petits tuyaux adaptés à la cuve ; de l'autre côté se trouvait une autre grande cuve remplie d'eau saturée de chaux dans laquelle le gaz devait s'échapper pour s'y purger de son carbone » et d'où il se rendait « dans un tuyau de caoutchouc qui l'introduisait dans le globe aérostatique, se gonflant à mesure qu'il se remplissait... Notre travail était fort rude ; il fallait faire tous les métiers..., tout ce dont nous n'avions jamais eu la moindre idée était entrepris et terminé par la seule force de volonté de réussir, et surtout par l'exemple de notre chef qui se mettait toujours le premier à la besogne et nous prouvait, en en venant à bout, qu'il n'y a rien d'impossible au zèle et à l'intelligence. Nous étions quelquefois honteux de voir un homme de plus de 50 ans plus actif et plus infatigable que des jeunes gens de notre âge... »

c) Enfin, dans sa position de *combat*, c'est-à-dire en observation dans les airs, le ballon était maintenu à des hauteurs pouvant aller jusqu'à 270 toises, comme l'indique le récit (1) de Coutelle : « C'est à tort, dit-il, qu'on a indiqué, dans plusieurs gravures, plus de deux cordes pour retenir le ballon : continuellement balancé, une troisième corde eût été tantôt trop longue, tantôt trop courte, suivant le mouvement imprimé au ballon, par conséquent inutile. Une corde pour faire passer des avis n'eût été qu'embarrassante. »

En ce qui concerne les signaux (2), il y avait à distinguer ceux de jour et ceux de nuit. Les premiers semblent avoir été ainsi décrits par ledit récit : « J'avais dans ma nacelle

---

(1) *Sur l'aérostat employé aux armées de Sambre-et-Meuse et du Rhin* (*loc. cit.*). Note 7 de la page 5.

(2) Déjà, dans un rapport du 6 brumaire an II (*Archives du Génie*) relatif à la *conduite de l'aérostat* et donnant des renseignements sur le ballon de Lallement-Sainte-Croix, on lit : « Les observateurs auront à faire deux sortes de signaux : les uns pour le service de l'armée ; les

de petits sacs remplis de sable et portant une flamme. J'y plaçais la note ou lettre que je voulais faire passer et je jetais le sac après avoir averti par un signal convenu. Il tombait au-dessous de la nacelle (1)... » « Les communications, dit de Selle de Beauchamp, avaient lieu au moyen de sacs de lest dont on annonçait l'envoi par des signaux; car nous en étions pourvus pour les différentes manœuvres; lorsqu'il s'agissait de communications plus détaillées, les sacs contenaient un écrit et n'étaient confiés qu'à l'officier des aérostiers, chargé lui-même de le remettre entre les mains de qui de droit, ordinairement du général. »

Les signaux de nuit firent l'objet de toute une étude spéciale du représentant Guyton de Morveau, envoyé près l'armée du Nord par l'arrêté précité du 21 floréal. Dans sa lettre datée de Maubeuge, le 9 prairial, et adressée au Comité de Salut public, Guyton s'exprime ainsi : « Citoyens Collègues, je me suis rendu hier à Thuin pour conférer avec mes collègues Saint-Just et Le Vasseur. Je suis revenu aujourd'hui avec le premier à Maubeuge pour donner quelques ordres relatifs aux opérations de l'aérostat. Je crois devoir mettre sous vos yeux une instruction pour les signaux en cas de siège avec un projet de convention pour donner des avis au dehors, lequel pourrait servir si le général n'en avait pas donné un autre. »

Voici le texte complet de cette Instruction (1) qui semble assez curieuse pour être reproduite en entier :

---

autres pour la manœuvre de l'aérostat. Il importe donc qu'ils soient très distincts, ce qu'on obtiendra plutôt de la position que des différences de couleur. »

(1) On remarquera que les signaux de nuit devaient, d'après l'Instruction, être faits au moyen d'aérostats de neuf pieds de diamètre.

Mémoire instructif sur les signaux aérostatiques. — *De la manière d'employer les signaux de nuit, d'en déterminer la signification et d'en préparer l'intelligence.*

Les signaux ont pour objet, comme on l'a vu, d'établir un concert d'opérations qui en décide le succès, d'appeler les forces et les secours où ils sont nécessaires et de prévenir les surprises.

Deux cas principaux se présentent assez fréquemment.

1° On voudrait donner le même jour à la même heure des ordres d'attaque ou de marche, sur une ligne trop étendue pour qu'on puisse les faire parvenir assez promptement;

2° Il devient souvent d'un très grand intérêt de donner des avis d'une place bloquée ou assiégée, ou dans un lieu dont la communication est interceptée par l'ennemi.

Les moyens ordinaires sont insuffisants, on en trouve de sûrs dans les signaux de nuit aérostatiques, leur application aux deux cas va en faire connaître le système et servir de règle pour tous ceux qui pourront se rencontrer.

Premier cas. — Supposons que le général en chef qui a à sa disposition ces aérostats, projette une percée dans un point, une fausse attaque dans un autre point, plus loin une surprise, en un mot divers mouvements combinés pour opérer des diversions et diviser les forces de l'ennemi. Le général ayant sous sa main des feuilles imprimées contenant l'indication de trente signaux différents, en fera porter une à chacun des généraux sous ses ordres, après avoir fait noter dans la case correspondante la valeur du signal qu'il aura choisi, en lui écrivant tout simplement :

A l'apparition de tel signal sous tel numéro, ou tant d'heures après son apparition, tu prendras telle position, tu feras tel mouvement, etc...

Ces généraux sauront à l'inspection de la feuille, le nombre et la disposition des feux qui correspondent à chaque numéro des signaux : ils seront prévenus d'avance que l'élévation d'un seul feu n'est qu'un signal préliminaire qui a un double objet, l'un de prendre le vent pour placer ensuite plus sûrement les lignes des feux en regard des observateurs, l'autre de donner à ceux-ci *avis d'observer*. Ils attendront le signal qui doit suivre, qui doit rester au moins un quart d'heure au degré d'élévation jugé nécessaire d'après la disposition du pays, et lisant la signification de ce signal dans l'ordre écrit du commandant en chef, ils connaîtront parfaitement son intention.

La fréquence de ces signaux pouvant, par la suite, devenir un renseignement pour l'ennemi, ou du moins lui donner l'éveil, il y en aura de réservés pour être de faux signaux, c'est-à-dire pour faire une montre inutile, uniquement pour l'inquiéter, le dépayser et le tenir dans l'incertitude s'ils indiquent ou non quelque entreprise. Nos généraux également prévenus de l'apparition de ces signaux et de leur valeur, ne pourront les confondre avec ceux qui auront un objet plus réel.

Si les plans des opérations militaires pouvaient toujours être arrêtés irrévocablement, on aurait souvent autant de facilités et d'avantages à faire passer sur les différents points les ordres écrits, que l'explication des signaux qui donnent ces ordres, mais l'exécution de ces plans est subordonnée à une infinité de circonstances imprévues, qu'il est même impossible de prévoir, et qui obligent de les changer ; c'est alors qu'on gagne tout en portant instantanément de nouveaux ordres à de grandes distances, et il est bien facile d'avoir dans ces cas imprévus des signaux convenus pour indiquer les mesures qu'ils nécessitent, il n'y aura plus besoin d'expédier des ordres sur tous les points, l'ordre aux aérostiers d'élever tel signal, y suppléera avec une célérité capable de maîtriser les événements.

Quoique le service des aérostiers exige un atelier à poste fixe, rien n'empêche que le général ne fasse approcher de lui un aérostat pour signaux de nuit, qui n'ayant que 9 pieds de diamètre peut être transporté facilement, avec la tente pour l'abriter.

Second cas. — Supposons pour le second exemple une place assiégée, dans laquelle se trouve une compagnie d'aérostiers : on a vu précédemment le parti qu'elle en pourra tirer par l'élévation d'un grand aérostat ; il n'est ici question que des signaux de nuit.

Rien de plus important pour la défense d'une place que de pouvoir donner des avis à ceux qui doivent la secourir, rien de si difficile par les moyens connus, rien de si simple par les signaux de nuit aérostatiques.

Les feuilles imprimées pour ces signaux sont les mêmes, mais l'usage en est différent ; on conçoit que, la place étant cernée, il n'est plus temps de déterminer des valeurs de signaux qu'on ne pourrait faire passer et qui ne seraient pas entendus ; il est absolument nécessaire de prévoir, autant que possible, tous les avis que les événements mettront dans le cas de donner, d'attacher à chacun d'eux un signal, d'en arrêter la feuille pour rester sous cachet entre les mains du commandant de la place, et en même temps, d'en déposer une ou plusieurs copies entre les mains du général commandant les forces du dehors qui, le moment arrivé, placerait des observateurs sur les points les plus favorables. Ces observateurs auront une feuille de signaux, sans explications, uniquement pour reconnaître le numéro par le nombre et la disposition des feux, et en faire leur rapport, de sorte qu'ils n'auront l'intelligence de l'avis donné qu'autant que l'on voudra les mettre dans le secret.

La nécessité d'établir ce langage de convention avant tout événement, jointe à la considération qu'il peut être utile d'en présenter un exemple, détermine à proposer une rédaction de la feuille de ces signaux appliqués au cas de siège, dans laquelle on s'est attaché à leur donner une expression claire et précise, et à y renfermer tous les avis dont on a pu prévoir l'utilité, après en avoir conféré avec les officiers militaires et du génie ; cette feuille sera jointe au mémoire, par forme d'exemple, et néanmoins pourra remplir provisoirement l'objet de la convention, jusqu'à ce que le général en chef ait jugé à propos d'en arrêter une autre, soit pour substituer d'autres avis, qui lui paraîtront plus utiles, soit pour se réserver et à ceux à qui il donnera sa confiance, le secret de la valeur de chacun des signaux.

On ne peut envisager les avantages que promet l'exécution de ce moyen de communication, sans désirer qu'elle devienne réciproque, et que l'armée de secours s'en serve aussi pour informer la place de ses projets et de ses mouvements : il n'y aura point de difficulté, dès que les premiers essais auront justifié les espérances que l'on en a conçues, mais les progrès d'un nouvel art ne peuvent être rapides qu'autant que la pratique se forme, et que la confiance s'établit.

Fait en commission à Maubeuge le 9 prairial, l'an II de la République.

L.-B. GUYTON.

Maubeuge, 9 prairial.

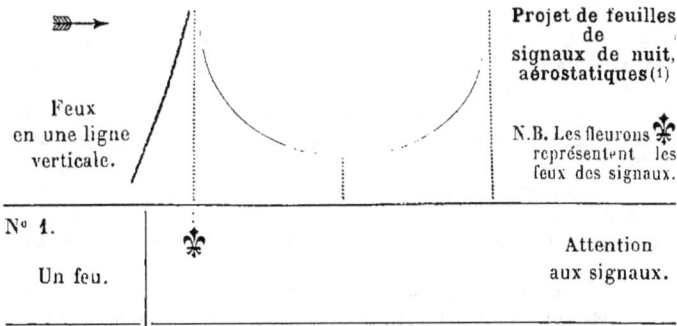

(1) *Éclaircissements généraux sur la feuille des signaux de nuit aérostatiques, auxquels les aérostiers doivent se conformer, et dont les observateurs doivent être prévenus, pour ne pas commettre d'erreur dans le jugement des signaux.*

Le demi-cercle figuré au haut de la première page représente le ballon qui

N° 2. Deux feux.	⚜ ⚜		Grande détresse.
N° 3. Trois feux.	⚜ ⚜ ⚜	Nota. Le nombre de feux élevés en une seule file après ce signal, indique le nombre de jours que la place peut encore tenir. (Voyez n° 7.)	La place ne peut tenir que N... jours.
N° 4. Quatre feux.	⚜ ⚜ ⚜ ⚜	Nota. 1° Le nombre de feux élevés en une seule file après ce signal, indique le nombre d'heures, après lesquelles elle s'effectuera, chaque feu valant trois heures (N° 7). 2° Le nombre de feux élevés en une seule file après ce signal de compte, annonce la direction de la sortie, un feu indiquant le nord, deux le levant, trois le midi, quatre le couchant de la place. (Voyez n° 7.)	La garnison fera une sortie.

porte les feux afin de faire juger de leur position respective sur une, deux ou trois files perpendiculaires ou verticales.

La flèche indique la direction du vent, quelle qu'elle soit, qui fait tirer le ballon sur la corde par laquelle il est retenu, et dont le bout est représenté par la ligne oblique à gauche.

Tout signal commence par l'élévation d'un seul feu, qui sert d'abord à appeler l'attention des observateurs, en restant pour cet effet un quart d'heure élevé; ensuite, pour que les aérostiers jugent la direction du vent, et établissent en conséquence les lignes de feux en regard du lieu d'où ils doivent être observés.

Le premier feu descendu, on élève le plus promptement possible le signal ordonné qui reste élevé une demi-heure, au plus, s'il ne doit pas être suivi d'un second.

Les aérostiers doivent toujours avoir l'œil sur les feux, afin que si par accident, il s'en éteignait un, ils ramenassent sur-le-champ à terre pour le rallumer et l'élever de nouveau.

Il en serait de même, si le vent changeant subitement, donnait aux files de feux une position qui pût occasionner quelque confusion; alors on abaisserait pour replacer les files de feux, ou tout simplement le point d'attache, d'après la nouvelle direction du vent.

Fait en commission à Maubeuge, le 9 prairial an II de la République.

L.-B. GUYTON.

N° 5. Cinq feux.	⚜ ⚜ ⚜ ⚜ ⚜	La sortie a eu peu de succès.
N° 6. Six feux.	⚜ ⚜ ⚜ ⚜ ⚜ ⚜	La sortie a été heureuse.
N° 7. Sept feux.	⚜ ⚜ ⚜ ⚜ ⚜ ⚜ ⚜	Nota. Ce signal est destiné à indiquer des nombres dont la valeur est indiquée par l'instruction séparée; il ne se fait par conséquent qu'après un autre signal.

Feux à 2 lignes verticales.

N° 8. Un, un.	⚜	⚜	Il règne des maladies.

528 LA CAMPAGNE DE 1794 A L'ARMÉE DU NORD.

Nº 9. Deux, un.	⚜⚜⚜	⚜	Les munitions de guerre manquent.
Nº 10. Trois, un.	⚜⚜⚜⚜	⚜	Faux signal.
Nº 11. Quatre, un.	⚜⚜⚜⚜	⚜	Les approvisionnements de bouche manquent.
Nº 12. Cinq, un.	⚜⚜⚜⚜⚜	⚜	L'ennemi a tenté l'assaut sans succès.
Nº 13. Six, un.	⚜⚜⚜⚜⚜⚜	⚜	L'esprit des habitants est mauvais.

N° 14. Deux, deux.	⚜⚜	⚜⚜	L'ennemi a fait sommation de se rendre.
N° 15. Trois, deux.	⚜⚜⚜	⚜⚜	L'ennemi se prépare à tenter l'assaut.
N° 16. Quatre, deux.	⚜⚜⚜⚜	⚜⚜	L'ennemi dirige à la fois ses batteries sur les ouvrages extérieurs et sur le corps de place.
N° 17. Cinq, deux.	⚜⚜⚜⚜⚜	⚜⚜	L'esprit de la garnison est mauvais.
N° 18. Trois, trois.	⚜⚜⚜	⚜⚜⚜	L'ennemi bat en brèche le corps de place.
N° 19. Quatre, trois.	⚜⚜⚜⚜	⚜⚜⚜	L'esprit des habitants est bon.

	Feux à 3 lignes verticales.			
N° 20. Un, un, un.	✤	✤	✤	L'ennemi bat en brèche les ouvrages extérieurs.
N° 21. Deux, un, un.	✤ ✤	✤	✤	Faux signal.
N° 22. Trois, un, un.	✤ ✤ ✤	✤	✤	L'ennemi emploie des batteries incendiaires.
N° 23. Quatre, un, un.	✤ ✤ ✤ ✤	✤	✤	L'ennemi fait usage de batteries ordinaires.
N° 24. Cinq, un, un.	✤ ✤ ✤ ✤ ✤	✤	✤	L'esprit de la garnison est bon.
N° 25. Deux, un, deux.	✤ ✤	✤	✤ ✤	L'ennemi ouvre la 3ᵉ parallèle.

Nº	Signaux			Signification
Nº 26. Trois, un, deux.	⚜⚜⚜⚜	⚜	⚜⚜	L'ennemi ouvre la 2ᵉ parallèle.
Nº 27. Quatre, un, deux.	⚜⚜⚜⚜	⚜	⚜⚜	L'ennemi pousse ses ouvrages.
Nº 28. Deux, deux, deux.	⚜⚜	⚜⚜	⚜⚜	L'ennemi ouvre la 1ʳᵉ parallèle.
Nº 29. Trois, deux, deux.	⚜⚜⚜	⚜⚜	⚜⚜	Ouvre la tranchée.
Nº 30. Trois, un, trois.	⚜⚜⚜	⚜	⚜⚜⚜	Établit les 1ʳᵉˢ batteries.

Fait en commission, à Maubeuge, pour être joint au mémoire instructif sur les signaux de nuit en cas de siège.

Le 9 prairial.   L'an II de la République.

L. B. GUYTON.

C'est en faisant des observations de jour sur l'aérostat l'*Entreprenant* que la compagnie des aérostiers put remettre au général Favereau les rapports suivants sur le corps de Kaunitz, en position d'attente devant Maubeuge.

Rapport de la découverte faite au moyen du globe aérostatique établi à Maubeuge par les soins du représentant du peuple Guyton, le 14 prairial an II de la République une et indivisible.

En vertu des ordres du général Ferrand, nous, Étienne Radet, adjudant général, attaché au général de la cavalerie, Alexis Dubois, et Jean-Marie Coutelle, capitaine de la compagnie des aérostiers en station à Maubeuge, sommes partis à 6 h. 1/2 du soir (heure à laquelle nous eûmes le vent calme); nous nous sommes fait élever à environ 60 toises, mais le vent du Nord-Ouest étant d'une force à nous faire trop condanser pour faire une découverte utile et approfondie, nous nous sommes fait redescendre; et, après une demi-heure d'attente que le vent nous a paru en partie tombé, nous sommes remontés et nous nous sommes fait élever à environ 166 toises. Le vent, toujours Nord-Ouest, étant encore grand, nous a conduits du collège d'où nous sommes partis, perpendiculairement à 20 toises environ hors des murs de Maubeuge et au-dessus de la Sambre, où nous nous sommes maintenus dans un équilibre assez tranquille; le vaisseau, aussi superbe que majestueux, nous permit de faire des découvertes utiles au salut de la patrie au milieu de l'enthousiasme d'un peuple nombreux et de l'armée entière, qui ne cessèrent pendant près d'une heure de faire entendre leur allégresse; tandis que cette heureuse invention qui (nous pouvons le garantir à la République entière) sera de la plus grande importance et d'une utilité au-dessus de ce que l'on a pu se le promettre, nous laissa stationnaires dans les airs.

Nous avons remarqué ce qui suit, savoir :

En avant de Feignies, il y a vis-à-vis le bois un petit camp d'environ 60 tentes, ayant devant lui un fossé très long avec une pièce de canon; nous n'y soupçonnons que la valeur d'un bataillon d'Hollandais et un piquet de cavalerie qui bivouaque dans le bois sur la droite du camp.

Au coin du grand bois de Maubeuge il y a une redoute en triangle rectangle, garnie de deux pièces de canon, gardée seulement par un peu d'infanterie qui est baraquée dans le bois derrière la redoute et qui a avec elle les chevaux d'artillerie, et fournit un petit poste en avant et à gauche de cette redoute.

A la lisière du même bois et vis-à-vis l'ouvrage il y a une forte redoute quarrée longue garnie d'un mortier ou obusier et de deux pièces de canon; quelques feux que nous avons remarqués dedans le bois entre ces deux redoutes nous ont fait soupçonner qu'il y a de la troupe, environ 400 à 500 hommes, les vedettes sont en chapeau rond retroussé par devant et une veste verte, ce qui nous les fait croire Hollandaises.

Au centre du même bois, toujours à la lisière en deçà et vis-à-vis de le Vaut, il y a une redoute cylindrique garnie de deux pièces de canon.

Dans le même bois, vis-à-vis la ferme de Héron-Fontaine, il y a une redoute non achevée dans laquelle il n'y a pas de canon, et une semblable derrière le bois et vis-à-vis la ferme.

Au-dessus de la Glisoelle, il y a un petit camp en poterne, composé de 125 tentes, marquises et baraques; ce camp est d'infanterie mais en petit nombre, nous soupçonnons qu'il est d'avant-garde et qu'il fournit les postes des redoutes et des avancées dans les haies et les bois au delà des glacis où nous avons vu quelques feux.

Il y a une grande redoute sur la hauteur dans le milieu d'une vaste plaine, qui est construite sur le chemin de Maubeuge à Bettignies et située à la hauteur de Roteleu nous n'avons pu que soupçonner qu'il y a du canon.

A partir de cette redoute, il y a un camp très prolongé mais d'un étroit de trois ou quatre tentes, qui a un régiment ou environ de cavalerie à sa droite et une espèce d'arrière-garde d'environ 100 tentes sur la droite de cette cavalerie, non loin, mais au delà d'un moulin à vent qui est dans la direction de Monbanson; ce camp est de deux tiers plus fort que le précédent, mais nous n'avons pu à cause du vent remarquer ce qui pouvait nous faire juger de la quantité de monde qu'il contient.

En avant et très près de Merieu il y a quelques tentes et des baraques propres à contenir de 200 à 300 hommes d'infanterie.

A droite du village, au bout des jardins qui sont un peu en avant, il y a une espèce de parc d'artillerie où il n'y a que trois ou quatre bouches à feu et une centaine de chevaux, quelques caissons, mais peu de monde, malgré qu'il y ait plusieurs tentes et baraques; ce parc est dans la direction de Bersilly et sur notre droite en avant du village de Merieu.

De ce parc il y a un grand chemin creux qui vient longer une partie du petit bois et qui conduit au Grand Camp Perdu où l'ennemi a une forte redoute, à doubles pans, fossoyée, palissadée, à plusieurs coupures et ayant beaucoup d'embrasures. Le chemin creux de cette redoute est palissadé jusqu'auprès du petit bois, où il y a un grand fossé qui tourne tout autour de ce petit bois et conduit à plusieurs redoutes dont nous avons précédemment parlé; elle contient du canon.

Il y a une redoute quarrée à gauche du chemin qui conduit de Bersilly à Villers, située presque dans le milieu de l'intervalle qui est entre ces deux villages, mais cependant plus près du premier que du dernier; il y a en avant de cette redoute un peu de cavalerie qui fournit une grand'garde en avant du bois de Ourdain.

Des feux et surtout des fumées dans ces villages nous font soupçonner qu'ils contiennent des troupes en cantonnement.

Il y a une grande redoute entre Grandreng et Rouveroy, un peu au-dessus du moulin à vent; près de cette redoute est un poste d'environ 100 hommes d'infanterie et un autre d'environ 30 hommes à cheval, avec des manteaux blancs.

Nous avons aperçu à environ 5 lieues de Maubeuge, dans la direction de Bettignies, sur la route de Mons, une fumée assez vaste et basse qui nous a paru être occasionnée par des bouches à feu dont nous n'avons cependant pu entendre le bruit, quoique ayant le vent au Nord de cette fumée, au milieu de laquelle nous avons cru apercevoir une tour ou un édifice très élevé.

Et comme le vent augmentait, nous sommes redescendus avec toute l'aisance possible et avec la satisfaction d'être convaincus que, dans un temps calme, l'aérostat est l'espion le plus sûr, le plus adroit et le plus clairvoyant que l'on puisse employer, et nous disons qu'il faut être républicain français, et protégé du maître des cieux pour être parvenu à une découverte aussi utile. Nos frères d'armes, nos concitoyens et un peuple immense nous ont vus descendre et sont accourus, la joie peinte sur leurs visages, nous ont reçus au lieu d'où nous étions partis au milieu des acclamations et des cris de : « Vive la République! Vive la liberté! »

De quoi nous avons fait le présent que nous certifions sincère et véritable, à Maubeuge, le 14 prairial an II de la République française une et indivisible et impérissable.

Le capitaine de la compagnie des aérostiers,
COUTELLE.

L'adjudant général chef de brigade,
RADET.

Vu par nous, généraux de division soussignés, pour le procès-verbal ci-dessus être porté au représentant du peuple Guyton, après une expédition prise par nous pour l'utilité du service. Maubeuge, le 14 prairial an II de la République française une et indivisible.

FERRAND, Alexis DUBOIS.

Pour copie conforme :
L.-B. GUYTON.

Ascension du 22 prairial.

Le 22 priairial an II de la République, etc.

En vertu de l'ordre du général Favereau, commandant la division de Maubeuge; nous, Pierre Donnot, observateur de la tour de Maubeuge, et Jean-Marie Coutelle, capitaine, commandant la compagnie des aérostiers, le vent soufflant Nord-Nord-Est, le temps calme, nous sommes élevés à la hauteur de 120 toises, d'où nous avons fait les observations suivantes depuis 9 h. 30 jusqu'à midi et demi, en restant stationnaires.

Au Nord-Ouest, à portée de canon de la redoute avancée, dite de gauche, à l'entrée du bois du Tilleul, une redoute sans canon, avec une simple petite garde; à droite de celle-ci à deux portées de fusil, un petit ouvrage nouveau dans lequel beaucoup de paysans travaillent.

Derrière le bois, plaine de Neuf-Maisnil, entre Neuf-Maisnil et Douzies, un camp d'environ 60 tentes.

Sur la route de Bavay, au-dessus de Douzies, à la même hauteur et à 400 toises de celle ci-dessus, une redoute à barbette avec une pièce de 13, qui bat sur la route de Douzies; elle est gardée par un piquet de 7 à 8 hommes de cavalerie.

A la droite de celle-ci, un petit camp, qui tient aux haies de Feignies, composé d'environ 60 tentes.

Sur la droite de Feignies, auprès du moulin, environ 400 hommes de cavalerie.

Un peu au-dessous, sur la gauche de l'ouvrage, à l'entrée du bois, une redoute renfermant trois pièces.

En face de l'ouvrage, une redoute à barbette renfermant trois pièces.

Ces deux dernières redoutes battent la sortie du faubourg, sur la route de Bavay.

Sur la droite de l'ouvrage, à l'entrée du bois, une redoute avec une pièce.

En face de Gognie, au-dessus et à 400 toises de l'Ouvrage, un camp pouvant contenir au plus deux bataillons et un demi-escadron à droite.

En face et au-dessus, un peu à droite de la ferme de Héron, en s'allongeant sur la hauteur du côté de Bettignies, au milieu de la plaine, un camp renfermant environ un bataillon.

Un peu au-dessus, à droite, un petit parc d'artillerie de quatre pièces et cinq à six caissons, et six tentes à côté, à une petite distance, et 20 ou 30 chevaux au bivouac.

Des deux côtés de la route de Mons, sur la hauteur de Bettignies, un camp d'un bataillon environ, de chaque côté, avec quatre pièces de bataillon et leurs caissons.

A l'entrée de la Glisoelle, une redoute qui bat la sortie du faubourg de Mons avec trois pièces.

Sur la droite du camp, sur la hauteur de Bettignies, un régiment de cavalerie.

Au-dessous de ce camp, à gauche de la route, une redoute à barbette avec deux pièces.

A droite de la route, tenant aux haies de la Glisoelle, un camp d'environ un bataillon, un peloton de 10 hommes de front, uniformes blancs et casquettes, faisant l'exercice.

En face de Mérieu, un escadron de cavalerie.

Un peu au-dessus, à droite, auprès de Bersilly, environ deux escadrons de cavalerie.

Dans la redoute au-dessus du Petit-Luxembourg, au quart du bois brûlé, trois pièces.

En avant et à côté de la redoute ci-dessus, dans le petit bois, un épaulement pour l'infanterie fait depuis la dernière sortie.

Le Petit-Luxembourg est gardé seulement par un piquet d'infanterie, sans pièces.

Au-dessus de Bersilly, une redoute sans pièces gardée par un piquet d'infanterie.

A midi et demi, nous nous sommes fait descendre.

Le général Favereau voulant vérifier par lui-même les observations que nous lui avons remises, a pris la place du citoyen Donnot, observateur, s'est fait élever avec le citoyen Coutelle à la même hauteur, d'où, après avoir parfaitement observé, il s'est fait descendre.

Le même jour, à 5 h. 30, les citoyens Donnot et Coutelle sont remontés et se sont fait élever d'abord à 150 toises et ont continué leurs observations.

Sur la gauche de Rouveroy, un camp de trois régiments de cavalerie et un petit camp tenant à celui-ci, au-dessus et un peu à droite, contenant environ trois bataillons d'infanterie.

Plus à droite et près la route de Beaumont à Mons, un bataillon campé auprès d'un ouvrage qui tient à cette route.

De l'autre côté de la route tenant à Rouveroy, un régiment de cavalerie, le reste du camp, sur la même ligne, s'étend du côté du Grand-reng et contient environ cinq bataillons.

Derrière Rouveroy, un camp contenant deux bataillons; entre les deux, le grand parc d'artillerie.

Des deux côtés du village de Givry, à droite et sur le devant, un camp d'environ quatre bataillons.

A gauche et sur le derrière du village, un camp de cavalerie plus fort que le premier; nous y avons vu du mouvement, mais sans armes, ce qui nous a fait croire que la cavalerie, menait boire ses chevaux dans un ruisseau sur la gauche.

A la pointe du bois de Bonne-Espérance, sur la droite de Grand-reng, en face de Merbelette, un petit camp d'un bataillon au plus.

Un peu au-dessous, auprès de la route, un camp de deux escadrons de cavalerie.

Sur la gauche de la ferme de Feignies, un camp pouvant renfermer deux bataillons au plus.

Au-dessous de celui-ci, une redoute battant le bois de Salieremont et la plaine de Merbes, gardée par un peloton d'infanterie.

Nous nous sommes élevés successivement, pendant les différentes observations, à la hauteur de 250 toises; il était 8 heures; pas un point de l'horizon que nous observions n'était éclairé par le soleil; nous avons attendu plus d'un quart d'heure qu'il fut couché pour nous, et nous nous sommes fait descendre.

Pendant les six heures d'observations que nous avons faites dans les deux séances, nous avons constamment resté stationnaires, pouvant écrire, dessiner et observer avec la lunette aussi facilement que sur un terrain solide.

A Maubeuge, le jour, mois et an que dessus.

Le général commandant en chef Maubeuge
et les trois divisions adjacentes,
FAVEREAU;

Pierre DONNOT, observateur;
COUTELLE, capitaine.

Ascension du 23 prairial.

Le 23e jour de prairial an II de la République, etc.

Nous, Pierre Donnot, observateur de la tour de Maubeuge, et Etienne-René Delaunoy, lieutenant de la compagnie des aérostiers, le vent soufflant Nord-Nord-Est, le temps assez calme, nous sommes élevés à 100 toises, d'où nous avons fait les observations suivantes, depuis 5 h. 30 jusqu'à 6 h. 45, en restant stationnaires.

Du côté de Tournay, nous avons vu beaucoup de fumée annonçant des coups de canon.

A la pointe du bois du Tilleul les ouvriers continuent à travailler.

Au petit parc d'artillerie proche de la ferme d'Heron, il y a cinq pièces de canon de gros calibre de plus qu'hier.

Au-dessus de la Maison-Rouge et en face de l'entrée du bois, sur la droite de la route, beaucoup de paysans qui travaillent.

Sur la gauche de Rouveroy, le camp de cavalerie est diminué de moitié.

Le camp qui est sur la droite de Rouveroy s'allongeant du côté de Grandreng est tout en mouvement.

Maubeuge, le jour, mois et an que dessus.

DELAUNOY, lieutenant;
Pierre DONNOT, observateur.

Ascension du 24 prairial.

Nous, Pierre Donnot, observateur de la tour de Maubeuge et Amable-Nicolas Lhomond, sergent-major des aérostiers, le vent soufflant Nord-Nord-Est, le temps assez calme, nous sommes élevés à la hauteur de 110 toises à 7 heures du matin d'où nous avons fait les observations suivantes :

A côté de la redoute de l'entrée du bois du Tilleul sur la droite, l'ennemi établit un chemin couvert, qui conduit au hameau du Corbeau ; dans ladite redoute du Tilleul, nous y avons aperçu une forte avant-garde.

En avant de Feignies, entre Feignies et la route, une grand'garde de cavalerie.

Dans la redoute, en face de l'ouvrage, nous y avons remarqué une nouvelle embrasure sans pièce.

Dans le nouvel ouvrage, au-dessus de la Maison-Rouge, nous avons remarqué quatre embrasures, dont deux battent la sortie du faubourg, l'une sur la route et le bois vers la redoute du Petit-Luxembourg.

A l'entrée de la Glisoelle, une redoute qui coupe la route, sans pièce.

A la première grosse maison, sur la droite de la route de Mons, où l'ennemi a ses avant-postes, il a commencé à couper la route. En avant de la redoute qui est au-dessus du Petit-Luxembourg, les ouvriers continuent à travailler.

Le camp à droite et à gauche de Rouveroy est dégarni, celui de chaque côté de Givry est toujours le même.

Maubeuge, le jour, mois et an que dessus.

LHOMOND, sergent-major ;
Pierre DONNOT, observateur.

Ascension du 25 prairial.

Nous, Pierre Donnot, observateur à la tour de Maubeuge, et Jean-Marie Coutelle, capitaine commandant les aérostiers, le vent soufflant Nord et assez fort, nous sommes élevés à 8 heures du matin.

Nous étions à peine à la hauteur de 10 toises qu'un boulet venant du côté de l'ouvrage a passé à une assez grande distance au-dessus de l'aérostat, 20 ou 30 toises plus haut ; un 2° venant du même côté a passé plus près ; à 50 toises environ un 3° a passé très près de nous, sur notre gauche.

La pièce que nous avons très bien remarquée, nous a paru de 13, elle était avancée à 100 toises environ de la redoute qui est en face de l'Ouvrage un peu sur leur droite, derrière un petit épaulement, au travers d'un chemin qui conduit à l'Ouvrage.

Un piquet de cavalerie d'environ 20 hommes, escortait la pièce, le piquet s'est caché dans un chemin creux, derrière un blé après le 3e coup.

Nous avons continué de nous élever à la hauteur de 100 toises, le brouillard étant épais ; le vent très fort nous avait forcés de jeter tout notre lest.

Nous avons observé que les ouvrages du bois du Tilleul se continuaient et nous paraissaient être un chemin couvert, qui conduit au hameau du Corbeau.

Ceux de la route de Mons, au-dessus de la Maison-Rouge, occupent beaucoup d'ouvriers.

On pouvait à peine voir distinctement le clocher de Grandreng, de sorte que nous n'avons pu faire aucune découverte dans cette partie-là.

Aux environs d'Erqueline on tire assez fréquemment, sur les bords de la Sambre, nous n'avons pu distinguer de quel côté.

Tous les petits camps dans la plaine de Neuf-Maisnil auprès de Feignies et ceux des environs de la ville sont les mêmes qu'hier.

Le vent augmentant et ne pouvant faire d'observations plus étendues, nous nous sommes fait descendre.

Nous étions au plus à la hauteur de 20 toises, lorsqu'un boulet dirigé sur le même point a passé au-dessus de l'aérostat et un 2e lorsque nous étions presque à terre.

Maubeuge, le jour, mois et an que dessus.

Pierre DONNOT, observateur,
COUTELLE, capitaine.

Ascension du 26 prairial.

Nous, Pierre Donnot, observateur à la tour de Maubeuge, et Jean-Marie Coutelle, commandant les aérostiers, le vent soufflant Nord-Nord-Est, le temps calme, nous sommes élevés à 8 heures du matin, à la hauteur de 102 toises, d'où nous avons fait les observations suivantes.

Il n'y a plus d'ouvriers à l'entrée du bois du Tilleul.

A l'entrée du Corbeau, sur la gauche du bois du Tilleul, l'ennemi fait une petite redoute.

Le petit camp entre Maisnil et Douzies et celui entre Feignies et la route de Bavay sont les mêmes.

Le camp de cavalerie auprès du moulin à vent, sur la gauche de Feignies, paraît être le même, ainsi que celui derrière l'ouvrage ; des cavaliers menaient leurs chevaux à l'eau, qui étaient au nombre d'environ 50.

Le petit parc d'artillerie, sur la droite de la ferme de Heron, en tirant du côté de Bettignies, n'a plus que trois ou quatre pièces de petit calibre.

Le petit camp de cavalerie, près Mérieu, qui avait été levé hier au soir est rétabli.

Tous les camps du côté de Grandreng et Rouveroy sont levés, il ne reste que quelques tentes pour garder un petit ouvrage à la rencontre de la route de Binche, sur la route de Givry.

La redoute au-dessus de la Maison-Rouge est presque finie, elle n'a que deux embrasures qui battent la sortie du faubourg.

Le thermomètre était à 34 degrés au soleil, les vapeurs fort épaisses ne nous ont pas permis de faire des observations plus étendues ; cependant, nous découvrions, quoique imparfaitement, Mons et Valenciennes.

Nous sommes descendus à 11 heures.

Maubeuge, le jour, mois et an que dessus.

Coutelle, capitaine ;
Pierre Donnot, observateur.

Ascension du 1er messidor an II.

Nous, Pierre Donnot, observateur à la tour de Maubeuge, et Jean-Marie Coutelle, capitaine, commandant les aérostiers, le vent soufflant Nord-Est et un peu fort, nous sommes élevés, à 5 heures du soir, à la hauteur de 102 toises, d'où nous avons fait les observations suivantes :

A la redoute du bois du Tilleul, un obusier et un fort détachement d'infanterie.

A l'entrée du Corbeau, à la droite de la route de Bavay, deux pièces de canon derrière un épaulement.

A la troisième coupure de la route, au-dessus du faubourg de Mons, à l'entrée, de la Glisoelle, trois caissons et un détachement d'infanterie.

Derrière les redoutes et les épaulements, nous avons remarqué qu'il y avait plus de monde que nous n'en avions vu dans les dernières observations.

Les petits camps aux environs de la ville sont les mêmes.

Le camp formé d'aujourd'hui entre Grandreng et Rouveroy paraît composé de trois régiments de cavalerie.

Celui d'infanterie, à la gauche de la route, environ quatre bataillons ; dans ces deux camps, il n'y a que quelques marquises de posées.

Nous sommes descendus à 7 h. 30, le brouillard ne nous permettant pas de faire des observations plus étendues.

Maubeuge, les jour, mois et an que dessus.

Pierre Donnot, observateur ;
Coutelle, capitaine.

Ascension du 2 messidor.

Nous, Pierre Donnot, observateur à la tour de Maubeuge, et Jean-Marie Coutelle, capitaine commandant les aérostiers, le vent soufflant Sud, nous sommes élevés à la hauteur de 120 toises d'où nous avons fait les observations suivantes :

Un petit camp d'environ 60 tentes est depuis hier placé derrière Boussière. Un détachement de deux compagnies venant du camp entre le Neuf-Maisnil et Douzies se porte dans le bois du Tilleul.

Les chevaux sont sellés dans le petit camp derrière l'Ouvrage ; ce camp peut contenir environ un escadron.

Sur la droite de la route, en avant de la redoute de l'entrée du Corbeau, on fait un ouvrage qui paraît être un épaulement pour placer l'avant-poste de la redoute.

Une forte colonne qui paraît venir du côté de Mons et qui en était à plus de 2 lieues à 6 heures se porte sur la direction de Charleroi.

Une autre plus près de Mons, à une lieue environ de celle-ci prend la même route.

Une troupe qu'on ne peut pas bien distinguer bivouaque à côté de la route de Mons à Beaumont, auprès de Givry.

Le canon tire sans interruption et nous paraît être sur la direction de Fontaine-l'Évêque.

Maubeuge, le jour, mois et an que dessus.

COUTELLE, capitaine ;
Pierre DONNOT, observateur.

Ascension du 3 messidor, an II.

Nous, Pierre Donnot, observateur à la tour de Maubeuge, et François Varlet, sergent des aérostiers, le vent soufflant Nord-Est et un peu frais, nous sommes élevés, à 8 heures du matin, à la hauteur de 102 toises, d'où nous avons fait les observations suivantes :

Les ouvriers continuent de travailler à la droite de la route de Bavay, presque à l'entrée du Corbeau.

Ils continuent également à travailler au-dessus du faubourg, à l'entrée du bois, en face de la ferme d'Héron.

Près de Rouveroy, un escadron de cavalerie gardant des équipages dans l'emplacement du camp qu'ils ont levé hier.

Aucun changement dans les camps environnant la ville.

Dans la redoute au-dessus du Petit-Luxembourg, il n'y a plus qu'une pièce.

Dans la redoute, en face de l'Ouvrage, on n'y découvre qu'une pièce.

Les troupes qui bivouaquaient hier auprès de Givry y sont encore.

Maubeuge, les jour, mois et an que dessus.

Varlet, sergent ;
Donnot, observateur.

Ascension du 4 messidor.

Nous, Pierre Donnot, observateur à la tour de Maubeuge, et Étienne-René Delaunoy, lieutenant des aérostiers, le vent soufflant Nord-Est très fort, nous sommes élevés, à 5 heures du soir, à la hauteur de 100 toises, d'où nous avons fait les observations suivantes :

Derrière Givry, un camp d'environ deux bataillons, établi depuis hier.

Entre Grandreng et Rouveroy, il y a un camp de deux bataillons, établi également depuis hier, dans lequel nous avons remarqué beaucoup de voitures d'équipages.

Tous les petits camps aux environs de la ville sont les mêmes.

Sur la gauche de la route de Bavay s'établit un épaulement en cotoyant Feignies.

Nous avons remarqué dans le camp, derrière l'ouvrage, environ deux compagnies qui étaient sans armes.

Le vent continuant à souffler très fort, nous n'avons pu faire d'autres observations et sommes descendus à 5 h. 45.

Maubeuge, les jours, mois et an que dessus.

Delaunoy, lieutenant ;
Pierre Donnot, observateur.

Certifié par le général de division conforme aux originaux restés entre ses mains.

Favereau.

Création d'aérostats cylindriques. — On a vu, en parlant du transport des aérostats, que deux obstacles s'opposaient à cette opération : la résistance de l'air et le poids de la tente (1).

---

(1) Voir pages 42 et 43.

Pour remédier à cette situation, Guyton proposait le 26 prairial (1) les moyens suivants :

..... Je considère d'abord, disait-il, qu'il est inutile d'élever à la fois deux observateurs dans un aérostat tenu par des cordes : un seul suffit soit pour découvrir et tenir les notes, soit pour faire les signaux ordonnés ; les premiers essais ont déjà assez familiarisé avec cette navigation pour que personne craigne de s'y confier seul. Dans tous les cas ceux qui le dirigent d'en bas sauront bien prendre d'eux-mêmes l'ordre de manœuvrer pour la sûreté de celui qui le monte.

En réduisant la force ascensionnelle à ce qui est nécessaire pour un seul homme et ses instruments, tout se simplifie, et si l'on adopte de plus la forme cylindrique terminée par deux calottes au lieu d'une sphère tous les embarras sont levés.

Il ne s'agit donc que de construire un ballon cylindrique de 10 pieds de long sur 17 pieds de diamètre, terminé par deux hémisphères de même diamètre.

La note jointe à ce mémoire prouve qu'il jouira d'une force ascensionnelle de 287 livres, enveloppe déduite. Ces calculs sont fondés sur les opérations de Maubeuge, d'où il résulte qu'on peut évaluer le poids du gaz obtenu par le nouveau procédé un huitième en plus de celui de l'air déplacé et que le ballon de 27 pieds de diamètre avait un excès de légèreté de 570 livres :

1° La résistance de l'air sera bien diminuée puisqu'elle sera à celle du ballon de 27 pieds comme le carré de 17 est au carré de 27, c'est-à-dire :: 289 : 729. Le trajet se fera par conséquent avec beaucoup moins de force ou beaucoup plus de vitesse;

2° La tente deviendra facile à transporter et à monter, puisqu'au lieu de 55 pieds, la charpente sera réduite à un faîte de 26 pieds et deux arbalétriers en chevalet de 26 à 27 pieds, c'est-à-dire en tout cinq perches que l'on peut trouver partout et qui n'ont pas besoin de ferrement ni d'assemblage.....

Le ballon cylindrique fut donc imaginé pour assurer plus rapidement le transport d'un aérostat d'un point à un autre.

Mais aux raisons invoquées par Guyton, Coutelle en ajouta d'autres.

---

(1) Mémoire sur les moyens d'étendre considérablement l'usage de l'aérostat comme machine de guerre. (*Archives du Génie.*)

Le citoyen Coutelle, écrit Guyton le 3 messidor (1), observe avec beaucoup de fondement que, plus le vent est fort, plus il faut d'excès de légèreté pour s'approcher de la perpendiculaire et obtenir l'état d'équilibre nécessaire à l'observateur pour se servir de lunettes; mais si l'on considère que l'excès du vent est en proportion du diamètre de l'aérostat, on concevra facilement qu'il doit être considérablement diminué par la réduction du diamètre de plus d'un tiers. Cette action diminuant, les cordes éprouvent d'autant moins d'efforts.

Enfin l'agitation devient aussi beaucoup moindre et même nulle dans le mouvement giratoire, puisque la forme cylindrique ne peut rester en travers du vent, de sorte que son effort se fera toujours sur l'une des demi-sphères, presque comme sur le canon d'une girouette, ce qui est un des grands avantages de la nouvelle forme et qui va directement au but que l'on se propose; les aérostiers qui dirigent les cordes ayant l'attention d'en placer les attaches dans la ligne transversale du vent, l'aérostat restera comme stationnaire, et l'on jouira de bien plus de tranquillité pour fixer les objets.

La considération que la force ascensionnelle doit être suffisante pour résister aux mouvements irréguliers de l'air, que par conséquent l'aérostat doit porter une certaine quantité de lest à la disposition de l'observateur, que d'autre part il peut se faire une évacuation insensible de gaz, ce qui serait un inconvénient d'autant plus grand que l'aérostat se trouve être plus éloigné de l'atelier, doit déterminer, ainsi que le propose le citoyen Coutelle, à augmenter le volume de l'aérostat.

On peut lui donner en conséquence 19 pieds de diamètre au lieu de 17, ce qui produira, d'après le même calcul, 392 livres de force ascensionnelle au lieu de 287, c'est-à-dire une augmentation de 105 livres.

On gagnerait encore quelque chose en augmentant de deux ou trois pieds la longueur de la partie cylindrique, mais il faut se renfermer dans ces dimensions, si on veut obtenir la facilité du transport, c'est-à-dire l'établissement de la tente destinée à l'aérostat.

L.-B. GUYTON.

En résumé, le succès des observations faites à Maubeuge, du 14 au 26 prairial, faisait rechercher le meilleur moyen de transporter le ballon pour que ces observations pussent se faire, non plus dans une place

---

(1) Addition au Mémoire sur les moyens d'étendre l'usage de l'aérostat près des armées. (*Archives du Génie.*)

assiégée, mais à la suite des armées en marche. La solution s'obtenait au moyen d'un ballon cylindrique de 19 pieds de diamètre et de 10 pieds de long, terminé par un hémisphère à chaque bout.

Ce ne sont pas cependant les dimensions que l'on retrouve dans l'arrêté du Comité de Salut public pn 5 messidor, qui prescrivait la construction la plus rapide, à Meudon et par les soins de Conté, « inspecteur du magasin des aérostats », de « six aérostats de forme cylindrique terminés par deux hémisphères de même diamètre. Ce dernier devait être de 17 pieds, et la partie cylindrique avoir 16 pieds de longueur (1) », conformément au modèle que le Comité de Salut public avait autorisé, le 4 messidor, Conté à expérimenter (2). Ces six aérostats étaient destinés à « procurer à toutes les armées les avantages » qu'avait retirés celle du Nord des observations aéronautiques de Maubeuge.

Il semble résulter toutefois d'un état du 1er vendémiaire an III (3) qu'à cette date l'établissement de Meudon n'avait construit que les aérostats cylindriques suivants :

Le Martial : axe = 29 pieds, diamètre = 19 pieds ; cubant 6,423 pieds cubes. Arrivé le 27 fructidor an II à l'armée de Sambre-et-Meuse ;

L'Émule, de mêmes dimensions que le précédent. Pourra appareiller dans le courant de la décade ;

Le Céleste, de mêmes dimensions que le précédent. Prêt à être enflé pour être verni.

Petits ballons destinés à répandre au loin des imprimés. — En dehors des aérostats sphériques de 27 pieds et des cylindriques de 19 pieds de diamètre, Guyton en ima-

---

(1) Aulard, tome XIX, page 466.
(2) *Ibid.*, page 449.
(3) *Archives du Génie*. État des grands et petits aérostats construits depuis le 1er arrêté du Comité de Salut public du 14 juillet 1793.

gina aussi d'autres destinés à « porter des livres ou imprimés dans les pays dont la communication est interrompue (1) ».

On construit, dit Guyton, un ballon de 9 pieds de diamètre, en taffetas verni mince ou encore mieux en baudruche, deux ou trois baudruches d'épaisseur suffisent ; et l'on gagne par là une plus grande force ascensionnelle. Avec ce ballon garni d'un léger filet de simple fil tors, on peut élever et distribuer facilement 700 à 800 feuillets d'impression en 24 paquets et à douze intervalles d'une distance assez considérable.

Cette distribution se fait au moyen d'une mèche qui est attachée au-dessous du ballon, sur laquelle sont fixées en échelons de petites baguettes, et au bout des baguettes sont ficelés les paquets.

On conçoit que si on lâche le ballon dans un moment où l'on s'est bien assuré que le vent porte à l'endroit pour lequel les écrits sont destinés, et que l'on allume le bout de la mèche au moment du départ, le feu arrivant au point de suspension de la première baguette, elle tombera sur-le-champ. Ce ballon se relèvera en proportion du poids qu'il aura perdu, continuera de cheminer dans la direction du vent, et le feu de la mèche arrivant à la deuxième baguette, deux autres paquets seront abandonnés à leur poids et ainsi successivement des autres.....

Le même état du 1er vendémiaire an III signale comme ayant été construits à cette date :

Le Précurseur, de 9 pieds de diamètre et de 381 pieds cubes, actuellement employé à l'armée de Sambre-et-Meuse, a servi aux expériences de la ci-devant Académie.

Le Svelte, de 9 pieds de diamètre et de 381 pieds cubes, actuellement de service à l'armée de Sambre-et-Meuse.

Le Vétéran, de 9 pieds de diamètre et de 381 pieds cubes, fait du restant des débris du ballon de Javelle. Prêt à être verni.

L'Agile, ellipsoïde, grand axe : 14 pieds ; petit axe : 8 p. 5 ; 530 pieds cubes. Commencé le 18 vendémiaire, 3 à 5 baudruches.

Ballons ellipsoïdes. — *L'Agile* n'était pas, du reste, le

---

(1) *Archives du Génie*. Note de Guyton du 21 floréal intitulée : « De l'usage des ballons pour porter des livres ou imprimés dans les pays dont la communication est interrompue. »

seul ellipsoïde construit à Meudon. Il y en eut un autre de grande dimension, *L'Intrépide*, ayant 33 pieds de grand axe, 22 de petit axe ; mais il n'était pas même en chantier le 1er vendémiaire an III.

Le service d'une compagnie d'aérostiers. — Les explications qui précèdent étaient nécessaires pour faire comprendre l'instruction qui va suivre, et pour résumer tous les services que le commandement était en droit d'attendre de sa compagnie d'aérostiers.

Extrait de l'instruction sur le service d'une compagnie d'aérostiers, formée par ordre du Comité de Salut public.

De l'objet de ce service.

L'objet du service de la compagnie d'aérostiers est de tenir à la disposition du général tous les moyens que peut fournir l'art de l'aérostation :

1° Pour éclairer les marches, mouvements et projets des ennemis ;

2° Pour porter rapidement des signaux convenus d'avance avec les généraux de division et commandants de place ;

3° Enfin, pour répandre, suivant les circonstances, des avis dans le pays occupé par les satellites des despotes.

I.

Le premier de ces moyens, et celui dont l'usage doit devenir le plus familier, exige un aérostat capable d'élever deux hommes, de les tenir, sous corde, le temps nécessaire pour découvrir et reconnaître le terrain, rapporter les renseignements d'après lesquels il faudra agir, et même signaler sur-le-champ ce qu'il serait intéressant d'annoncer sans perte de temps.

L'un de ces hommes doit être un des officiers de la compagnie, instruit de tout ce qui regarde l'art.

Le second doit avoir la confiance entière du général, être dépositaire de ses instructions secrètes, et tenir la feuille des signaux convenus, soit pour lui donner des avis de ce qu'il découvre, soit pour communiquer ses ordres à des parties éloignées. Il convient que cet observateur puisse dessiner la carte.

Les épreuves faites à Meudon ont prouvé que, quand l'air n'est pas agité par un grand vent, l'aérostat peut être lancé à 250 toises d'élévation ; qu'il peut y être retenu une demi-heure et plus ; que dans cette position les observateurs peuvent étendre leur vue jusqu'à 4 ou 5 lieues, à l'aide de bonnes lunettes, et plonger derrière les rideaux et les hauteurs qui masquent les mouvements ; que de cette élévation ils donnent et reçoivent facilement les signaux relatifs tant à la manœuvre de l'aérostat qu'aux opérations militaires.

Ce sera donc à l'officier chargé de ce service à faire connaître au général les circonstances dans lesquelles on peut tenter cette expédition, les conditions qui en assurent le succès ; à recevoir ses ordres pour le choix du lieu où il établira l'atelier pour en faire le travail, et le jour où il pourra être à sa disposition, sauf les intempéries de pluie ou de vent qui forceraient de rentrer ou de différer l'élévation ; enfin, pour la valeur des signaux et la manière de les transmettre, soit de haut en terre, soit de terre en haut.

II.

Le second moyen que présente la facilité d'élever à volonté des aérostats, de les remplir de gaz en quelques heures, quand une fois le fourneau et les appareils sont établis, est de donner en tous temps des signaux qui, une fois convenus et pouvant être aperçus de très loin, serviront à établir un concert, une simultanéité d'opérations capables de prévenir les surprises, ou de décider les succès.

Ces signaux peuvent être donnés, comme il a été dit, par les observateurs même élevés par l'aérostat.

Mais il ne sera pas toujours nécessaire de mettre dehors un grand aérostat, lorsqu'on n'aura que cette vue. La compagnie devant avoir en réserve de petits ballons, les tenir enflés à l'heure donnée, elle y attachera le signal indiqué par l'ordre ; on filera les cordes, et l'objet sera rempli.

Ces mêmes petits aérostats serviront également à donner des signaux de nuit, par le nombre et la disposition qu'on leur fera porter à la hauteur que l'on jugera nécessaire. La compagnie aura pour cet effet, à sa suite, tout ce qu'il faudra pour les placer et les entretenir.

III.

Le troisième usage que l'on peut faire des aérostats n'exige encore que de petits ballons, que l'on ne retient plus alors par des cordes, mais que l'on abandonne, pour porter et distribuer au loin des imprimés.

Une seule condition est nécessaire pour cela : c'est de choisir le moment où le vent porte dans le pays pour lequel ils sont destinés. Tout est disposé d'avance pour que les paquets se détachent d'intervalle en intervalle; ces intervalles sont réglés par la longueur d'une mèche qui consomme la ligature, et cette mèche allumant à la fin le gaz, le ballon est lui-même consumé.

Un ballon de 9 pieds seulement de diamètre, peut être chargé de 300 feuilles d'impression; il en portera 600, s'il est fait de baudruche.

Telles sont les applications que l'on peut faire, et les avantages que l'on peut tirer des aérostats dans l'état de progrès auquel on vient de porter l'art de les construire.

Création d'une nouvelle compagnie d'aérostiers. — La construction de diverses sortes d'aérostats entraînait naturellement une augmentation de personnel, qui était du reste encouragée par le succès des observations faites par Coutelle à Maubeuge.

Citoyen Représentant, écrivait Coutelle, après avoir passé sept heures à observer dans l'aérostat depuis 120 toises d'élévation jusqu'à 250, par un calme tel que nous n'avons pas été une minute sans pouvoir lire, dessiner, écrire et nous servir de lunette, je n'ai que le temps de t'envoyer le procès-verbal que nous avons fait. J'espère que cette observation fera voir à ceux qui croyaient cette machine inutile et dangereuse, les services qu'elle peut rendre, et aux esclaves qui nous entourent que la République ne perdra rien pour les terrasser.

Cette lettre, adressée sans doute à Guyton, était du 23 prairial.

Si l'on rapproche cette date de celle du 5 messidor, à laquelle fut pris l'arrêté portant création d'une 2e compagnie d'aérostiers, il semble possible de conclure que les résultats obtenus par les observations faites devant Maubeuge, surtout le 22 prairial par temps calme, ne furent pas sans influence sur la décision prise moins de quinze jours après par le Comité de Salut public. Elle était en outre motivée par l'extension donnée aux travaux de Meudon par la création des six aérostats cylindriques dont il a été parlé plus haut.

Aussi à la compagnie des aérostiers en campagne correspondit à partir du 5 messidor une compagnie de dépôt stationnée à Meudon.

Arrêté du 5 messidor an II (23 juin 1794).

Le Comité de Salut public arrête qu'il sera formé une seconde compagnie d'aérostiers, composée de la même manière que celle qui est actuellement au service de l'aérostat à l'armée du Nord ; que cette compagnie sera établie à Meudon, sous les ordres du citoyen Conté, elle sera occupée d'abord aux travaux de la construction des aérostats, et ensuite à toutes les opérations relatives au service des machines. Le citoyen Conté est chargé de prendre toutes les mesures nécessaires à l'exécution du présent arrêté.

Les dispositions du 5 messidor avaient le double avantage de former à Meudon une compagnie de dépôt destinée à combler les vides de la compagnie envoyée à Maubeuge, et, en même temps, de donner avant leur départ éventuel aux hommes qui composeraient ce dépôt une instruction technique complète sous la direction du directeur des Épreuves nationales aérostatiques, Conté lui-même, plus qualifié que quiconque pour former ces hommes de remplacement et les mettre à même d'être parfaitement aptes à jouer leur rôle aussitôt qu'on leur ferait appel.

La 2e compagnie devait du reste être identique à la 1re ; mais celle-ci ne garda pas la composition qu'elle avait antérieurement à la formation de la 2e. Le lendemain même du jour où cette dernière était créée, le représentant du peuple Guyton de Morveau, qui avait suivi les expériences de Maubeuge et avait trouvé le nombre des aérostiers insuffisant, l'augmentait de sa propre initiative.

Au quartier général des armées réunies sur la Sambre, le 6 messidor an II de la République française une, indivisible et démocratique (24 juin 1794).

Le Représentant du peuple près l'armée du Nord, de la Moselle et des Ardennes ;

Considérant l'impossibilité où est la compagnie des aérostiers de suffire au service pour lequel elle a été établie près des armées, et les inconvénients qui résultent de l'inexpérience des aides que l'on est obligé de leur donner ;

Arrête que ladite compagnie sera augmentée de dix aérostiers et d'un caporal, afin qu'il y en ait un par dizaine, et qu'il en reste toujours un au parc de l'aérostat, tandis que les deux autres seront en marche.

Lesdits aérostiers et le troisième caporal recevront la même solde que ceux précédemment reçus dans ladite compagnie, et ce à compter du jour où ils auront été présentés au commissaire des guerres.

Le capitaine est expressément chargé de n'admettre que des hommes déjà exercés dans l'un des arts nécessaires au service, conformément à l'arrêté du Comité de Salut public pour la formation de la compagnie. Il lui est surtout recommandé d'y comprendre deux dessinateurs en état de tracer ou du moins de copier la carte du pays, dont la reconnaissance sera jugée nécessaire.

L.-B. GUYTON.

Pour copie conforme :

L.-B. GUYTON.

Le rôle de l'aérostat à Fleurus. — Cet arrêté était adressé au Comité de Salut public par la lettre suivante :

Le Représentant du peuple près l'armée du Nord, de la Moselle et des Ardennes, au Comité de Salut public.

9 messidor an II (27 juin 1794).

Je vous envoie, Citoyens Collègues, l'arrêté que j'ai pris pour augmenter la compagnie d'aérostiers, après avoir reconnu l'impossibilité où elle était de suffire à son service ; j'espère que vous approuverez d'autant plus cette mesure qu'elle prépare des sujets pour former le noyau d'une nouvelle compagnie, lorsque vous jugerez devoir la former, ce qui ne peut être éloigné, vu l'opinion que l'on commence à prendre dans les armées de l'utilité de cette nouvelle machine, surtout depuis que je l'ai mise en campagne.

J'ai eu la satisfaction de voir les généraux en apprécier l'usage, au point d'y monter eux-mêmes pour observer. Le général Morlot y est resté deux heures, la lunette à la main, hier matin ; il a jeté de là deux avis qui ont été passés sur-le-champ au général en chef, et il est persuadé qu'ils ont contribué à décider des dispositions utiles.

Je joins ici copie de la lettre que m'a écrite l'adjudant général de la partie secrète pour m'informer de la déclaration des déserteurs sur l'impression qu'a faite sur les esclaves l'élévation de l'aérostat et ses longues stations à 150 et 200 toises pendant la durée d'une des plus grandes batailles qui se soit donnée et où les républicains ont fait triompher la cause de la liberté.

Salut et fraternité.

J.-B. GUYTON.

P.-S. — Au moment de fermer ma lettre, le général Jourdan me fait communiquer un nouveau rapport de déserteurs, et l'adjudant général Rochefort m'en fait remettre copie que je joins ici pour vous faire connaître le courroux de Cobourg à l'aspect de l'aérostat.

S'il était exact de dire, d'après la lettre de Rochefort (1), que l'aspect de l'aérostat avait exercé un effet moral sur les troupes ennemies, Guyton prenait ses désirs pour la réalité lorsqu'il affirmait que les avis du général Morlot avaient eu une heureuse influence sur le sort de la bataille de Fleurus.

Voici au contraire ce qu'écrivait Jourdan en 1799 au Ministre de la guerre, lorsqu'il fut consulté sur l'opportunité du maintien ou de la suppression des compagnies d'aérostiers :

Armée de Mayence.

Jourdan, général en chef, au Ministre de la guerre.

Au quartier général de Strasbourg, le 3 pluviôse an VII de la République française une et indivisible.

Vous désirez, Citoyen Ministre, que je vous fasse part de mon opinion sur l'établissement des compagnies d'aérostiers.

Je vous dirai d'abord que les aérostats n'ont jamais rendu à l'armée

---

LIBERTÉ. — ÉGALITÉ.

(1) *Rochefort, adjudant général employé à l'armée de la Moselle, chargé de la partie secrète, au citoyen Guyton, Représentant du peuple près des armées du Nord et de la Moselle réunies.*

Au quartier général de Marchienne-au-Pont, le 9 messidor an II de la République une, indivisible et démocratique (27 juin 1794).

Citoyen Représentant,

Je te dois compte de l'effet qu'a produit, sur l'esprit des soldats de l'esclavage, l'aérostat.

Dans la journée du 6, lorsqu'il a paru dans les environs de Charleroi, la garnison saisie, et ne sachant ce que cela pouvait être, manifesta

de services essentiels que celui d'étonner les soldats ennemis lors de leur première apparition. Je vous laisse à juger si cette surprise peut encore se renouveler et jusqu'à quel degré elle peut ébranler l'ennemi.

Il n'est jamais possible d'approcher les aérostats assez près des corps ennemis pour découvrir leurs mouvements. On pourrait tout au plus observer ceux qui se passent à leurs avant-postes. Cet avantage, qui peut devenir précieux le jour d'une bataille, est encore sujet à bien des erreurs; et ces erreurs peuvent mener à des conséquences bien funestes. L'expérience m'a prouvé ce que j'avance; et je garde soigneusement un billet écrit au crayon par le général Morlot le jour de la bataille de Fleurus, et qui m'annonçait que mon aile droite avait des succès tandis qu'elle venait d'être culbutée derrière la Sambre.

En définitif, j'estime, Citoyen Ministre, que les aérostats ne sont pas nécessaires à l'armée, à moins qu'on ne trouve d'autre moyen de les utiliser.

Ces moyens ont été trouvés aujourd'hui, grâce aux câbles qui permettent au ballon de s'élever jusqu'à 1000 mètres; grâce aux perfectionnements des instruments d'optique; grâce aussi aux communications téléphoniques qui permettent au commandement d'avoir le renseignement fourni par l'aérostat au moment même où

---

quelques craintes; mais les chefs, habiles à les tromper comme à les tyranniser, tournèrent notre expérience à leur avantage, en disant aux soldats, que c'était un signal qui leur était donné, et qui leur annonçait que, pour le lendemain, une forte armée arriverait pour faire lever le siège.

Dans la journée d'hier, où l'aérostat nous a été d'une si grande utilité, les chefs de l'armée autrichienne, ne pouvant pour cette fois en faire leur profit, tournèrent la chose en dérision, en disant à leurs soldats effrayés que cette machine qu'on voyait en l'air n'avait rien de commun avec les mouvements de l'armée, mais que c'était sans doute quelques Français qui s'amusaient.

Ces deux anecdotes m'ont été transmises par des déserteurs sortis de la place de Charleroi, avant sa reddition, et par d'autres arrivés ce matin.

Salut et fraternité.

ROCHEFORT.

le fait signalé se produit, et non postérieurement comme celui qu'indiquait Morlot à Jourdan ; grâce enfin à l'extension des zones de manœuvre qui dessinent les mouvements de plus loin et donnent plus de temps pour apprécier et deviner les projets de l'adversaire.

IX. — Le génie.

Discussion sur la fusion ou la séparation de l'artillerie et du génie. — L'état-major particulier. — Les troupes du génie. — Organisation des bataillons de sapeurs aux armées du Nord, des Ardennes et de la Moselle. — Les outils des bataillons de sapeurs. — Les travaux du génie. — Les places fortes.

Discussions sur la fusion ou la séparation de l'artillerie et du génie. — Le 9 septembre 1790, l'éternelle question de la réunion de l'artillerie et du génie, question qui avait déjà été tranchée une fois par l'affirmative en 1755, et qui avait fait l'objet de nombreux mémoires depuis cette date (1), fut de nouveau discutée en ces termes par l'Assemblée nationale :

« Lorsque », dit le général Bouthillier, « le Comité militaire a eu l'honneur de vous faire le rapport du plan d'organisation de l'armée, il vous a rendu compte des

---

(1) Nous ne pouvons énumérer ici, car la liste en serait trop longue, tous les mémoires existant sur cette question tant aux Archives de la guerre qu'à celles des Comités techniques de l'artillerie et du génie, ainsi qu'à celles de Masséna.

En nous bornant aux principaux documents, nous pouvons citer :

(*Archives du génie*, art. III, sect. 14). — *Copies de lettres adressées par M. le comte d'Argenson à MM. Ramsanet et Filley sur la réunion* (de l'artillerie et du génie) 29 et 31 décembre 1755.

Ibid. — Ordonnance royale du 5 mai 1758 séparant le corps de l'artillerie de celui du génie.

Ibid. — Mémoire sur la réunion du génie à l'artillerie, par Chasseloup de Laubat, 17 octobre 1789.

Archives de la guerre. — Mémoire dans lequel, en établissant les

difficultés qui s'étaient élevées relativement aux deux corps de l'artillerie et du génie.....

« Réunira-t-on le corps des mineurs au corps du génie

---

mesures distinctives du service de l'artillerie et de celui du génie, on prouve leur grande divergence d'après le système militaire actuel.

Archives du génie. — Plan général d'une constitution disposée dans l'objet de faire mouvoir ensemble et avec l'armée le corps de l'artillerie, du génie et de l'état-major, sans altérer et sans confondre leurs fonctions, sans blesser les considérations particulières, suivant de grandes vues d'économie et en ajoutant aux moyens dont ces corps disposent à la guerre et sur les frontières toute l'énergie qu'ils doivent acquérir en se renforçant les uns par les autres et en suivant une impulsion dirigée par un seul dessein, par Le Michaud d'Arçon, 1789.

Ibid. — Mémoire de M. de Carnot aîné et délibération des officiers du génie de Lille sur ce mémoire, 2 août 1789.

Ibid. — Projet de réunion du corps des mineurs, des ingénieurs-géographes, de ceux des ponts et chaussées et des officiers de l'état-major de l'armée au corps royal du génie, par Chabaud de Latour, 15 octobre 1789.

Ibid. — Mémoire pour servir de plan à une nouvelle constitution du corps royal du génie afin de le mettre à même de remplir toutes les fonctions utiles et économiques, dont il est susceptible, par de Rosières, 15 décembre 1789.

Ibid. — Limite des fonctions inhérentes aux fonctions de l'artillerie et du génie, par d'Arçon, 1790.

Ibid. — Mémoire pour servir à déterminer l'organisation et la formation du corps royal du génie et toutes les parties du service public qui doivent lui être conférées, tant à la guerre que sur les frontières, avec le projet des articles à décréter, par d'Arçon, septembre 1790.

Archives du génie et archives de Masséna (vol. 78). — Exposé sommaire du Travail de la Commission nommée le 22 nivôse an IV par le Ministre de la guerre pour donner son avis sur les avantages et les inconvénients de la réunion projetée de l'artillerie et du génie, rédigé par Lapisse, rapporteur, 4 mars 1796.

Ibid. — Observations sur la réunion projetée de l'artillerie avec le génie, par le général Dejean, commandant le génie de l'armée du Nord, 19 ventôse an IV (mars 1796).

Ibid. — Un mot sur le projet de réunion de l'artillerie et du génie, par Milet-Mureau. Paris, 1er messidor an V.

Archives de Masséna et Archives de la guerre. — Quelques observa-

en les enlevant à celui de l'artillerie, dont ils font partie en ce moment, conformément au plan du Ministre de la guerre ? Réunira-t-on les deux corps de l'artillerie et du génie totalement séparés aujourd'hui pour n'en faire plus qu'un seul à l'avenir ainsi qu'il a été proposé par plusieurs officiers de ces deux corps ? Telles sont les deux questions importantes qu'il est indispensable de soumettre préalablement à votre discussion.

Le génie, affligé de l'espèce d'oisiveté à laquelle ses talents se trouvent condamnés, avait réclamé une troupe directement attachée à sa suite et dont les bras, secondant son zèle, pussent le mettre à portée d'entreprendre davantage et avec plus de certitude de succès en réunissant plus de moyens inhérents à lui pour exécuter. Le Ministre, en conséquence, dans son plan avait proposé de lui réunir le corps des mineurs faisant aujourd'hui partie de l'artillerie. Le corps de l'artillerie, de son côté, avait réclamé contre cette disposition. Pour appuyer ses réclamations, il invoque la nature du service des mineurs qui a pour but les mêmes effets destructeurs que l'on tire des bouches à feu, les rapports nécessaires qu'ils ont ensemble par leurs moyens de détruire.....

---

tions sur la réunion de l'artillerie et du génie, par Théodore d'Urtubie, général inspecteur d'artillerie. Paris, 5 messidor an V.

Archives de la guerre. — Commentaire du 25 messidor sur le mémoire qui précède, 25 messidor an V, par un officier du génie.

Archives du génie. — Mémoire sur l'impossibilité de réunir le corps du génie à celui de l'artillerie et sur l'organisation particulière du corps du génie, par le général Marescot, août 1797.

Ibid. — Idées sur le corps du génie et sur la réunion avec l'artillerie, par Bizot-Charmois, 15 février 1798.

Ibid. — Opinion du général Marescot sur la réunion projetée des corps de l'artillerie et du génie, 1800-1801.

Ibid. — Projet adressé au gouvernement pour réunir l'arme du génie à l'artillerie, par le capitaine Renard, 1802.

... L'embarras de les accorder (l'artillerie et le génie) a fait croire que la réunion de deux corps également distingués, dont l'éducation première doit être à peu près pareille, et dont les services mêmes se trouvent en rapport à la guerre, pourrait parer à toutes ces difficultés. Sans être retenus par le peu de succès qu'avait eu cette opération déjà tentée en 1755 et à laquelle on avait été forcé de renoncer en 1758,..... plusieurs officiers, également distingués dans chacun de ces corps, ont pensé..... qu'en ne faisant (la réunion) qu'éventuellement et sur deux lignes différentes qui sépareraient leurs fonctions respectives, il en résulterait un avantage réel pour le service sans aucun des inconvénients qui avaient été en 1755 la suite d'une réunion trop rapide..... Quatre questions doivent être soumises à votre discussion.

La réunion des deux corps du génie et de l'artillerie peut-elle être utile ?

Est-il nécessaire pour le génie d'avoir une troupe directement attachée à sa suite ?

Les mineurs tiennent-ils essentiellement à l'artillerie ?

Leur réunion au corps du génie serait-elle nuisible à leur service ou à leur instruction ?

La réunion des deux corps produirait deux résultats très précieux pour l'État. L'économie des finances et le bien du service. *L'économie des finances*, parce qu'il ne faudrait plus, à l'avenir, pour l'exécution du service de l'artillerie et celui des fortifications dans les places que moitié du nombre des officiers qui y sont employés dans l'état de séparation. *Le bien du service*, parce que le but des principaux travaux de ces deux corps étant presque toujours commun à la guerre, ils ont besoin de les concerter ensemble, et que, quelque parfait que puisse être ce concert, il ne peut jamais équivaloir à l'unité d'intention d'un seul chef. Cette réunion empêcherait entre les deux corps toute espèce de rivalité nuisible au service, et qui ne se manifeste que trop souvent entre eux, lorsque les fonctions rapprochées à la guerre obligent les uns à diriger des travaux et les autres à préparer les moyens de les défendre ou de les protéger. N'existât-elle que de nom et d'uniforme, le but serait en partie rempli.

Du moment que l'opinion publique ne pourrait plus séparer les officiers du génie de ceux de l'artillerie, le succès des travaux confiés aux uns, intéresserait aussi les autres, et des deux côtés chacun concourrait avec le même empressement au succès des opérations dont la gloire ou la honte seraient dans le cas de rejaillir sur le corps. Tous les hommes ne sont pas tous également propres aux mêmes occupations; les uns, plus actifs par caractère, se plaisent dans le mouvement; les autres, plus réfléchis par inclination, préfèrent les études du cabinet. Le corps de l'artillerie présente dans son ensemble ces deux genres d'occupation et donne ainsi des facilités, en distinguant..... le caractère des individus qui le composent, d'employer chacun d'eux à la partie qui peut lui convenir davantage ; le génie, au contraire, dans sa constitution actuelle, se trouve borné, pour ainsi dire, aux études et aux travaux modestes et paisibles du cabinet. Tous les sujets qui se destinent à ce service n'ont point à choisir le genre d'occupation qui leur serait propre. Leur activité, s'ils en ont, se trouve perdue pour eux et ne sert souvent qu'à les détourner de l'étude réfléchie à laquelle ils sont forcés de se livrer par état. Si les deux corps étaient réunis, tous ceux qui se destinent aujourd'hui à servir dans l'un ou dans l'autre, ayant acquis par leur éducation première les connaissances préliminaires nécessaires aux différentes parties de ces deux services pourraient être employés dans celles qui conviendraient le mieux à leur caractère ; le service y gagnerait puisque son véritable intérêt, surtout dans les corps qui demandent la réunion des connaissances et des talents, exige que chacun soit employé suivant la nature de son génie et conformément à ses moyens.

En adoptant le mode de réunion, sans confusion des services des deux corps (le seul praticable dans le moment d'un bouleversement général, pendant lequel il serait peut-être imprudent d'accroître le chaos en rapprochant de force des éléments dont l'affinité n'est pas encore suffisamment démontrée), on n'exigerait d'aucun des deux corps de nouvelles études puisque chacun resterait toujours chargé des mêmes détails dans la ligne sur laquelle il serait placé. Cette réunion, en ne présentant pas les mêmes inconvénients et les mêmes causes de désordre que la réunion trop subite essayée en 1755, donnerait pour le présent la facilité de pouvoir placer, soit sur une ligne, soit sur l'autre, suivant leur aptitude, les nombreux sujets en sortant des écoles; et pour l'avenir, la possibilité des réductions que cette réunion pourrait occasionner en simplifiant ou en réunissant plusieurs fonctions aujourd'hui séparées, dont les détails sont les mêmes; un conseil composé d'officiers des deux corps et chargé de leur administration sous les ordres du Ministre pourrait en préparer les détails, l'exécuter successivement sans secousses et sans commotion, suivant le plan dont on pourrait convenir dans un comité composé d'officiers instruits et expérimentés, comité que vous pourriez demander au Roi d'assembler à cet effet. Tels sont les avantages que produirait cette réunion; tels pourraient être les moyens employés pour y parvenir.

Les deux questions de savoir s'il est nécessaire pour le génie d'avoir une troupe à ses ordres, et si les mineurs peuvent, sans inconvénient, être démembrés de l'artillerie pour être attachés à la suite du génie, subsistent encore en leur entier. Le corps du génie, par la nature de son service, est destiné à fortifier nos places..... à veiller à leur entretien..... il est chargé de toutes les constructions de bâtiments militaires; enfin, c'est à lui pendant la guerre à diriger les travaux d'attaque ou de défense dans les sièges..... Uniquement composé d'officiers faits pour commander, il manque de bras pour exécuter. Pour ses constructions, pour ses plus petites réparations pendant la paix, il est obligé de recourir à des entrepreneurs, dont le bénéfice nécessaire augmente toujours les dépenses; et, lorsque ces officiers, par l'importance des travaux qui leur sont confiés, ne peuvent pas en surveiller eux-mêmes la totalité, ils sont forcés d'employer des piqueurs, des conducteurs d'ateliers, soldés et fournis par les entrepreneurs mêmes, par conséquent peu propres à assurer l'économie ou la solidité des ouvrages contre la négligence ou la cupidité des hommes qui les ont désignés et qui les payent. S'ils sont chargés à l'armée de conduire les sapes ou de diriger les travaux des tranchées, ils se voient contraints d'emprunter des sapeurs à l'artillerie et de demander à l'infanterie les travailleurs nécessaires à cet effet : dirigeant ainsi des hommes qui ne sont pas habitués à leur commandement, et qui n'y sont soumis que momentanément, ils ne peuvent avoir sur eux la même prépondérance.

Les hommes les plus sûrs et les plus intelligents pour conduire ces travaux, ne leur sont pas toujours envoyés par l'infanterie, qui, s'en voyant privée avec peine, ne met pas une grande exactitude dans le choix de ceux qu'elle a à fournir. Enfin, quelque bons qu'ils puissent être, ils ne sont que passagèrement avec eux; ils arrivent neufs à ces fonctions, et les abandonnent souvent à d'autres qu'il faut encore former, dans le moment où ils pourraient, instruits par l'expérience, s'en acquitter avec le plus d'utilité. L'économie des travaux, pendant la paix, demanderait donc que les ingénieurs eussent à leur suite une troupe capable de leur fournir des bras, pour exécuter et surveiller leurs travaux. Le bien du service, à la guerre, exigerait qu'ils eussent une troupe directement à leurs ordres, avec laquelle ils puissent, non seulement diriger d'une manière plus certaine les sapes, les tranchées, et autres travaux de ce genre confiés à leur exécution, mais encore fortifier les camps, les postes dans les positions accessoires, fouiller des localités compliquées, pour en découvrir les accès, ouvrir des communications, intercepter des passages, former des abatis, rompre des chemins, procurer des inondations et les gouverner à volonté, ouvrages utiles et intéressants pour l'exécution desquels ils n'ont jamais que des ressources d'emprunt, toujours fatigantes pour ceux qui les fournissent, et pour lesquels ils sont souvent réduits à l'inutile faculté de les concevoir sans pouvoir les entreprendre faute de moyens.

M. Vauban, ce général célèbre, et dont l'opinion doit être si prépondérante sur tout ce qui peut intéresser le service du génie, avait si bien senti tous les inconvénients résultant de ce défaut de moyens inhérents à ce corps, qu'il écrivait à M. Louvois, le 2 novembre 1688, après le siège de Philippsbourg : « J'ai encore plus de peine à trouver des sapeurs dans les fusiliers, dont je puisse m'accommoder. Il serait à propos, ajoute-t-il, de former une compagnie de sapeurs de 200 hommes, dans lesquels j'introduirais tous ceux qui me sont nécessaires pour servir à la tranchée, soit pour la sape. soit pour poser à découvert, et faire les passages des fossés, régler les gabions, fascines et mille autres minuties qui sont absolument nécessaires à la conduite des sièges que je ne saurais réduire à la perfection, faute d'un corps dépendant de moi, dont je puisse disposer, etc..... Pour conclusion : si vous voyez de grandes apparences de paix, ne formez pas cette compagnie, parce que ce ne serait qu'un surcroît de peines pour moi, dont je me passerais bien : mais si vous croyez que la guerre puisse continuer, ne perdez pas un moment de temps à prendre les résolutions nécessaires à la mettre sur pied, du moins si vous voulez que je puisse continuer à servir dans des sièges de la nature de celui de Philippsbourg, qui m'a donné tant de peines, que je renoncerais plutôt à toutes les fortunes du monde, que de me commettre dans un semblable, sans secours, n'étant pas possible d'y pouvoir tenir autrement ; et dès à présent, je m'excuse par avance de tous ceux qui pourraient lui ressembler, si vous ne mettez pas cette compagnie sur pied (1) ».

Une autorité si respectable doit sans doute être d'un grand poids pour appuyer la demande que fait le corps du génie d'une troupe directement à ses ordres. Pour l'avoir bonne à la guerre, peut-il dire encore, il faut pouvoir la former pendant la paix ; en créer une nouvelle à cet effet, serait une augmentation de dépense inutile, lorsqu'il existe un corps de mineurs qui, par la nature de son service même, semble appartenir plus particulièrement au service du génie qu'à celui de l'artillerie. Examiner cette assertion et les moyens employés pour la combattre, c'est l'objet de la troisième question.

Si les mineurs tiennent à l'artillerie pour les résultats destructeurs de leurs travaux, disent les défenseurs du génie, ils tiennent pareillement aux fonctions des ingénieurs par les effets conservateurs des contre-mines. S'agit-il de préparer ce moyen de défense, si nécessaire dans la majeure partie de nos places, c'est aux ingénieurs chargés de leurs fortifications de le proposer. Comment pourraient-ils le faire, tant que la volonté de ces deux corps pourra se rencontrer en opposition? Les

---

(1) Le maréchal de Vauban avait aussi proposé la création de compagnies franches du génie établies dans les villes frontières et recrutées parmi les habitants de ces villes et les paysans dans un rayon de 8 à 10 lieues. Le service aurait consisté, en temps de paix, « à faire la garde avec les troupes réglées », en temps de guerre à servir de guides aux troupes de passage et aux armées, à établir et étendre la contribution, à faire les escortes ordinaires, à donner la chasse aux partis ennemis et contenir leurs coureurs. « Se donnant la main sur la frontière, elles auraient pu concerter de bonnes opérations sur le pays ennemi et molester les armées qui auraient tenté de pénétrer dans le royaume ». Extrait d'un mémoire anonyme de 1789.

mineurs, sans cette réunion, se trouveront donc toujours bornés aux instructions stériles d'un polygone, sans pouvoir jamais les mettre en pratique, pour augmenter les moyens de défense de nos places, en les contre-minant. S'agit-il d'attaquer ou de détruire des remparts ennemis, c'est aux ingénieurs à pousser les sapes, à ouvrir les tranchées, à diriger l'attaque. Comment, d'après l'avis même du fameux Vauban, pourraient-ils le faire avec succès tant que les moyens d'exécution ne seront pas réellement entre leurs mains?

Les mineurs et les sapeurs doivent coopérer à leurs travaux, sous ce double point de vue de la paix et de la guerre; ils doivent donc appartenir essentiellement au génie. Les mineurs pourraient être en même temps sapeurs; et le génie, en les réunissant à lui, après en avoir profité pendant la paix, pour la conduite, direction et exécution des travaux qui lui sont confiés, après s'être servi d'eux pendant ce temps pour contre-miner les places auxquelles ce moyen de défense sera jugé nécessaire, pourrait à la guerre jouir par eux de cet avantage, que M. Vauban regardait comme si indispensable pour le succès de ses opérations. Les mineurs sont liés essentiellement à l'artillerie, répondent les défenseurs de ces corps; leurs fonctions sont les mêmes; l'emploi de la poudre pour les destructions leur appartient pareillement; ils doivent également en connaître les propriétés, en calculer les forces. Les études préliminaires de l'artillerie les conduisent à cette connaissance, que celle du génie ne serait pas autant dans le cas de leur donner, puisque l'emploi de la poudre n'est pas de sa compétence : et si les mineurs en font usage médiatement, tandis que les canonniers ne s'en servent qu'immédiatement, et avec le secours des corps, et par leurs armes de jet, il n'en résulte aucune différence qui puisse faire préjuger contre l'analogie de leurs fonctions. Les mineurs ont toujours fait partie de l'artillerie.

Ce n'est enfin que dans les parcs qu'ils peuvent trouver tous les ustensiles nécessaires à leur service. Il leur faut des poudres, qui y sont uniquement en dépôt; il leur faut des outils particuliers, selon les circonstances, des trépans, becs-de-cane, aiguilles, pistolets, qui ne peuvent être forgés et réparés que dans les forges ambulantes du parc de l'artillerie; il leur faut des paniers, des chandelles, des lanternes, des toiles et mille autres choses que l'artillerie seule peut comprendre dans ses approvisionnements; il leur faut des planches, du bois d'équarrissage, pour le coffrage de leurs conduits souterrains; il leur faut le secours des ouvriers en bois, comme de ceux en fer, des compagnies des ouvriers de l'artillerie pour leurs châssis, leurs augets, leurs planchettes, etc.; enfin tous leurs besoins indispensables tiendraient les mineurs attachés à l'artillerie, quand bien même ils n'en feraient pas aussi essentiellement une partie intégrante.

Tels sont les moyens employés respectivement par les deux corps, ou qu'ils pourraient mettre en usage pour appuyer leurs prétentions rivales. Examinons à présent si la réunion des mineurs au corps du génie pourrait être nuisible à leur service et à leur instruction : c'est la quatrième et dernière question qui me reste à soumettre à votre discussion. L'art des mineurs demande une instruction longue et suivie, un exercice constant du travail, une étude approfondie de toutes les parties dépendantes de leurs opérations. L'habitude seule peut les former, leur réunion seule peut leur donner l'ensemble de théorie et de pratique nécessaire pour porter cet art au point de perfection dont il est susceptible, et dont il commence à approcher si fort. Si, par la réunion de ce corps à celui du génie, les compagnies de mineurs doivent être toujours séparées dans les différentes villes où leurs travaux pourraient être nécessaires aux contremines à entreprendre; si elles ne doivent plus avoir de point de réunion, pour des écoles de théories communes à toutes, il est certain que l'art du mineur ne se perfectionnera plus, n'aura plus d'unité de principes, et que ce corps sera trop heureux s'il ne fait que cesser d'acquérir du côté de son instruction.

Si les mineurs, destinés à exécuter par leurs mains et par économie, sous les ordres des officiers du génie, toutes les parties des réparations à faire aux fortifications des villes, qui seraient susceptibles d'être ainsi entreprises, ou à diriger et à conduire, sous leurs inspections, en qualité de piqueurs, conducteurs ou chefs d'atelier, tous les travaux dont ils sont chargés, doivent, en raison de ces fonctions, que le corps du génie paraît leur destiner, être répartis et divisés dans toutes les villes où il y aurait des travaux à faire ou à conduire ; il est certain, encore, que l'art du mineur serait bientôt perdu pour eux ; s'ils ne font que le service de conducteurs d'atelier par détachement, ils cesseront bientôt tout à fait d'être mineurs.

Enfin, si sans changer leur méthode habituelle de travail, leur réunion consistait uniquement à faire partie du génie comme ils le font aujourd'hui de l'artillerie, c'est-à-dire seulement pour leur avancement dans ces corps, il est certain que leur réunion au génie ne serait pas nuisible à leur instruction. Mais dans ce cas, de quelle utilité les mineurs seraient-ils aux ingénieurs pendant la paix? Le but de leur réunion serait manqué pour leurs travaux ordinaires, s'ils ne peuvent les y employer comme conducteurs d'atelier, et ils n'en retireraient, pour leurs autres fonctions, que le frivole avantage de commander directement pendant la paix, pour l'exécution des contre-mines des places, et pendant la guerre, pour la conduite des sapes et des tranchées. Une troupe, quoique n'étant pas essentiellement attachée à eux, n'en doit pas être au moins sous leurs ordres et à leur disposition, lorsqu'ils en auraient besoin pour l'exécution des ouvrages dont ils pourraient être chargés. Voilà ce que pourraient objecter avec raison ceux qui voudraient s'opposer à la réunion du corps des mineurs au corps du génie. Telles sont toutes les raisons principales à alléguer pour et contre dans la discussion des quatre questions que j'ai cru devoir vous soumettre. En les comparant et en les résumant toutes, votre Comité militaire a pensé :

1° Que la réunion des deux corps de l'artillerie et du génie peut-être désirable, peut-être même facile à exécuter, suivant le mode proposé, dans le commencement d'une paix, pendant laquelle elle pourrait se consolider sans inconvénients, pourrait en avoir dans ce moment, où les circonstances relatives à la position de l'Europe semblent faire impérieusement la loi de n'apporter aucune confusion dans deux corps qui, dans leur état actuel, ont si bien servi jusqu'ici, et dont les services pourraient devenir nécessaires d'un instant à l'autre; et qu'en conséquence il faut d'autant moins y songer aujourd'hui, que cette réunion des deux corps, exécutée comme on le propose, et, comme elle est seule praticable, n'occasionnerait aucune économie réelle pour le moment, et ne terminerait pas même la difficulté subsistant entre eux, relativement aux mineurs;

2° Que si les besoins du service, appuyés de l'autorité respectable du maréchal Vauban, semblent demander, d'une part, que le génie ait une troupe directement à ses ordres, pendant la guerre, pour la conduite des sièges, rien ne paraît motiver cette nécessité pendant la paix, pas même l'opinion de ce général célèbre, puisque dans sa lettre à M. Louvois, il ne demande cette troupe que dans le cas où la guerre se prolongerait, et qu'il le prie de ne la pas former, s'il voit de grandes apparences de paix; et qu'en conséquence il est inutile d'attacher une troupe directement au génie, pendant la paix, puisque pendant la guerre, moment seul pendant lequel il est intéressant qu'il ait des bras à ses ordres, il pourrait avoir à sa disposition tous les travailleurs ;

3° Que pour remédier aux inconvénients de l'oisiveté, à laquelle le génie se trouve trop souvent condamné, il serait possible et même très avantageux de lui restituer différentes fonctions qui lui ont été enlevées ou qui lui conviendraient parfaitement, telles que celles des ingénieurs-géographes, des travaux maritimes, etc., que de lui adjoindre le corps des mineurs qui, quoique ne devenant pas inutile entre les mains des ingénieurs, ne pourrait qu'être au moins détourné par eux du principal but d'instruction qu'il doit se proposer ;

4° Que si les mineurs, réunis au génie, doivent être employés à ses travaux ordinaires et être en conséquence séparés, leur instruction, comme mineurs, serait bientôt anéantie ; que si, au contraire, ils doivent continuer à se livrer au même genre de travail, leur réunion au génie deviendrait sans effet pour ce corps, et qu'ainsi pour le léger avantage de remédier à quelques difficultés sur le commandement dans les travaux communs, inconvénients qu'une ordonnance, sagement faite, peut lever aisément, il est inutile d'apporter aucun changement, dont le succès pourrait être très problématique, dans l'organisation du corps des mineurs, lorsque le degré d'instruction auquel il est parvenu par les moyens actuels, doit être un sûr garant de la bonté de sa formation.

Tel est l'avis de votre Comité militaire sur le fond de cette question importante..... Nous avons l'honneur de vous proposer le projet de décret suivant :

« L'Assemblée nationale, ayant entendu le rapport de son Comité militaire sur l'organisation de l'artillerie et du génie, décrète :

« 1° Que les deux corps de l'artillerie et du génie continueront, comme par le passé, à rester distincts et séparés ;

« 2° Que le corps des mineurs ainsi que les sapeurs continueront, de même, comme par le passé, à faire partie de celui de l'artillerie ;

« 3° Qu'il lui sera fait incessamment le rapport des plans du Ministre sur la formation intérieure de chacun de ces deux corps, afin qu'elle puisse prononcer sur le nombre et le traitement des individus de chaque grade, dont chacun d'eux devra être composé (1). »

La séparation. L'état-major particulier du génie. — Conformément à ces indications et sur un rapport fait par Bureaux de Puzy au nom du Comité militaire, le corps du génie ne comprit, d'après le décret du 24-31 octobre 1790, que des officiers sans troupe, savoir : 4 inspecteurs généraux des fortifications, dont 2 lieutenants généraux et 2 maréchaux de camp tirés de l'arme ; 20 colonels directeurs des fortifications ; 40 lieutenants-colonels ; 180 capitaines ; 60 lieutenants ; 10 élèves-sous-lieutenants. Ces derniers furent eux-mêmes l'objet d'un décret du 7 décembre. « Les examens rigoureux, dit Alexandre Beauharnais, que subissent les jeunes gens qui aspirent aux places d'élèves leur prennent une partie de leur jeunesse..... et ce temps précieux pour eux est perdu pour les récompenses militaires puisque, d'après les relevés exacts, l'âge moyen des élèves admis à l'Ecole est de 20 à 21 ans. Votre Comité militaire..... a donc pensé que les trois années d'études préliminaires à l'admission dans les corps du génie devaient être comptées aux officiers de ce corps pour l'obtention des récompenses fixées pour l'ancienneté de service. » Ce privilège fut l'objet de l'article 14 du décret du 7 décembre qui spécifiait en outre que nul ne pouvait être nommé sous-lieutenant du génie sans avoir satisfait aux

---

(1) Décret du 9-12 septembre 1790.

examens d'entrée à l'École du génie et obtenir le grade de lieutenant sans avoir subi avec honneur les épreuves de sortie.

Les deux décrets qui précèdent servirent de base au règlement du 1ᵉʳ janvier 1791 sur « la formation et les appointements du corps royal du génie ». Il devait comprendre 310 officiers, dont 20 colonels, 40 lieutenants-colonels, 180 capitaines, 60 lieutenants et 10 élèves sous-lieutenants : l'inspection générale des fortifications du royaume était confiée aux 2 lieutenants généraux et 2 maréchaux de camp mentionnés plus haut. Un budget annuel de 20,000 livres était « affecté à l'École du génie pour appointements de professeurs et autres employés, entretien des laboratoires, machines »......

« L'importance des travaux des fortifications et la nécessité d'employer les fonds qui leur sont destinés de manière à concilier l'économie des deniers de l'État avec l'intérêt de sa défense », engendrèrent, le 10 juillet, la création d'un comité des fortifications, lequel s'assemblerait tous les ans près du Ministre de la guerre dans l'intervalle du 1ᵉʳ janvier au 1ᵉʳ avril, et serait toujours composé de 2 inspecteurs généraux et 3 directeurs des fortifications auxquels pourraient être adjoints tels officiers du génie que le Ministre jugerait nécessaires.

« Lorsque le Comité du génie discuterait des questions qui embrassent le système général de la défense d'une ou de plusieurs parties des frontières, le Ministre pourrait, s'il le croyait utile, lui adjoindre des officiers généraux, supérieurs ou particuliers de la ligne, en tel nombre qu'il le croirait convenable ». Enfin, il était formé un dépôt de tous les mémoires, plans et cartes du génie, sous le nom d'archives des fortifications.

L'École du génie de Mézières. — Sous la menace de la guerre et la nécessité d'assurer la défense des frontières, on se préoccupa du recrutement du génie et des moyens à employer pour le maintenir au complet prévu par le règlement du 1ᵉʳ janvier 1791. De là la loi du 23 septembre 1791 qui porta à 20 les admissions à l'École de Mézières et prescrivit que « d'année en année, il en serait reçu le nombre nécessaire pour que les 310 officiers qui composent le corps du génie soient toujours portés au complet » et qu'il serait « attaché au corps du génie un troisième maréchal de camp inspecteur des fortifications ».

Malgré ces prescriptions, l'École ne comptait, vers la fin de 1792, que 3 élèves suivant les cours ; 9 donnaient leur démission ou étaient rayés d'office des contrôles ; 8 étaient détachés dans les places de la Direction de Mézières (1).

Pour remédier à cette situation, le décret du 1ᵉʳ février 1793, rendu « sur la proposition de Carnot, rapporteur du Comité militaire, autorisait le Ministre de la guerre à augmenter le nombre des élèves de l'École du génie de la ville de Mézières, et à employer dans les armées ceux des élèves qui en seraient jugés capables par les examinateurs (2) ». Ce chiffre fut fixé à 30 par le décret du 1ᵉʳ mars (3) ; et l'École recevait en 1793 trois promotions successives : l'une, le 1ᵉʳ mars, de 16 élèves;

---

(1) D'après la Notice du général de Boblaye, citée par une note de la Section technique du génie en date du 3 août 1904.

(2) *Moniteur universel de France*, du vendredi 1ᵉʳ février 1793.

(3) « Comme dispositions transitoires et exceptionnelles prises en vue de combler immédiatement les vides existant alors dans le corps du génie et parer aux nécessités de la guerre, à la suite d'un décret en date du 25 février 1793, on complétait le corps du génie d'abord par voie de concours, puis directement, en prenant un grand nombre d'officiers soit parmi les adjoints du génie, soit parmi les ingénieurs des ponts et chaussées, les architectes, les ingénieurs civils et autres citoyens exerçant des fonctions analogues à celles du génie. » (Note de la Section technique du génie en date du 3 août 1904.)

l'autre, le 1ᵉʳ avril, de 9; la troisième, le 8 octobre, de 27 (1).

Pour faciliter ce recrutement, la loi du 1ᵉʳ juin 1793 déclarait que les élèves du génie, étant en activité de service, seraient exemptés de la première réquisition; ils le furent encore de celle du 23 août 1793 (levée en masse) par le décret du 6 brumaire an II. Enfin, dans le même esprit et comme conséquence de la loi du 2, réunissant les compagnies de mineurs aux corps du génie, l'article 4 de celle du 14, réunissait l'École des mineurs à celle du génie et la fixait à Mézières.

Ces mesures, destinées à faciliter le recrutement du génie, surtout au moyen des écoles, étaient bien dues, sans doute, à l'influence de Carnot qui écrivait le 19 vendémiaire : « Nous ne pouvons vous dissimuler qu'un de nos malheurs est de manquer d'officiers d'artillerie et du génie. On nous donne pour adjoints dans ce dernier corps des jeunes gens qui savent à peine lire (2) (3). »

Aussi, malgré les critiques acerbes de certains représentants contre elle (4), l'École de Mézières, comme

---

(1) D'après la Notice du général de Boblaye, citée par une note de la Section technique du génie en date du 3 août 1904.

(2) Carnot, Duquesnoy et Roux, Représentants du peuple à l'armée du Nord, au Comité de Salut public. Réunion-sur-Oise, 19 vendémiaire (10 octobre).

(3) L'arrêté du 10 prairial nommait encore un garde-fortifications de Saint-Omer aux fonctions d'adjoint aux officiers du génie.

(4) *Les Représentants du peuple à l'armée des Ardennes au Comité de Salut public.*

Mézières, 13 brumaire (3 novembre 1793).

. . . .

« L'École du génie est ici une école d'aristocratie. Le chef est un feuillant, ami des riches et des contre-révolutionnaires; les élèves sont de puants muscadins qui dérisionnent les patriotes.

« Nous voulions tout chasser, et nous en viendrons là. Nous avions

celle de Châlons, échappa aux conséquences du décret du 9 septembre 1793 qui supprimait les écoles militaires à l'exception de celle d'Auxerre.

Malgré toutes ces mesures, la pénurie des élèves se faisait toujours sentir : aussi le Comité de Salut public arrêtait-il le 6 pluviôse (25 janvier 1794) que « pour cette année seulement il serait reçu un nombre indéfini d'élèves surnuméraires. A la suite d'examens passés à Paris, ces élèves seraient envoyés à Mézières où ils recevraient immédiatement une instruction pratique très rapide sur les levers et cartes. Ils assisteraient ensuite à deux simulacres de siège dont le premier commencerait le 21 pluviôse (1), et le second le 1er germinal (2). Après examen des mémoires rédigés par eux le Ministre donnait une destination à ces officiers improvisés, sous réserve toutefois qu'à la fin de la campagne ils reviendraient à Mézières pour y prendre l'instruction ordinaire de l'École (3).

Enfin le 24 pluviôse (12 février) la Convention décida, sur la proposition de Barère, qu'à compter du 1er ventôse prochain l'École serait transférée à Metz. Elle y fut

---

jeté les yeux, pour remplacer le chef, sur le commandant de Rocroy, ingénieur très éclairé, très patriote et qui a fait une étude particulière de l'instruction.

« Il accepte les fonctions, mais il nous dit que l'École est mal à Mézières....., que tous les officiers sont de petits sots impertinents desquels il n'y a aucun parti à tirer. Il pense qu'il n'y a qu'un moyen de rendre l'École utile à la République, c'est de la transférer à Paris avec tous les plans précieux de Vauban; que dans le centre des arts il trouvera abondamment des élèves patriotes et que l'instruction sera là nationalisée; tandis qu'elle est encore à Mézières encroûtée des formes de l'ancien régime.

« HENTZ, Bô. »

(1) Il fut fait à Mézières.
(2) Il fut fait à Metz.
(3) D'après une note rédigée par la Section technique du génie, le 3 août 1904.

installée au pavillon de la Haute-Seille (1), et l'École pratique des mineurs se fit au fort Bellecroix (1).

Les seize élèves qui y avaient été envoyés de Mézières y étaient bientôt rejoints par d'autres, et leur effectif au 11 germinal an II s'élevait à soixante-deux (1).

Les troupes du génie. — Cependant, le 18 mars 1793 avait eu lieu le désastre de Neerwinden ; en mai, les échecs de Raismes et de Famars ; Condé et Valenciennes allaient succomber ; l'insurrection grondait à l'intérieur. « On parle, disait Barère le 21 juillet, du Calvados, de Marseille, de Lyon. » Enfin la Vendée était en pleine guerre contre la République : « Le 17, écrivaient le 21 de Tours les administrateurs d'Indre-et-Loire, l'armée a voulu continuer la poursuite des rebelles battus le 15 à Fline ; mais, après l'explosion de plusieurs caissons et une attaque subite et vigoureuse des rebelles, l'avant-garde se replia en désordre sur le corps d'armée, et la fuite précipitée de plusieurs bataillons, frappés d'une espèce de terreur panique, entraîna la déroute du reste de nos troupes..... » En instruisant la Convention de ce revers, Barère déclama contre les aristocrates et contre cette armée, semblable « à celle d'un roi de Perse », et qui « a 160 voitures de bagages, tandis que les brigands marchent avec leurs armes et un morceau de pain noir dans leur sac ». « Il est, continua-t-il, une vérité qui est actuellement bien reconnue, c'est que jamais vous ne ferez la guerre avec avantage aux rebelles tant que vous ne vous rapprocherez pas de leur manière de la faire :

---

(1) L'arrêté du Comité de Salut public, daté du 26 prairial (14 juin 1794) et pris sur le rapport de la Commission des travaux publics, en date du 21 prairial, décide que les élèves du génie seront logés à Metz dans les bâtiments dépendant du quartier de la Haute-Seille et auront des locaux d'instruction communs avec ceux de l'artillerie, quoique à des heures différentes. (Aulard, t. XIV, p. 317.)

ils se cachent dans les bois, dans les haies, dans les ravins. Faites la récolte des brigands ; portez dans leurs repaires le feu *et des travailleurs qui aplanissent le terrain.....* » Ces paroles se traduisirent par le décret du 26 juillet 1793, aux termes duquel « il serait formé dans l'armée des Côtes de la Rochelle, sur-le-champ, vingt-quatre compagnies de pionniers et d'ouvriers pour les opérations extraordinaires de la guerre qui va être faite contre les rebelles ».

Cette organisation montre que, dans le Comité de Salut public tout au moins, les esprits étaient déjà préparés (1) à l'idée d'avoir des travailleurs militaires

---

(1) En effet, les officiers du génie qui se trouvaient au sein du Comité, les Carnot, les d'Arçon, les de Rosières, les de La Fitte-Clavé n'étaient pas sans connaître les mémoires qui en 1789 et 1790 avaient recommandé la création de troupes du génie. Les *Archives du Comité technique du génie* en contiennent un de 1789 préconisant l'adoption « d'une troupe destinée à seconder le corps royal du génie à la guerre et à contribuer à son instruction pendant la paix ». Ce devait être un régiment à deux bataillons analogue à celui d'infanterie, qui devait, tous les ans, pendant la belle saison faire des travaux *réels* tels qu'amélioration de nos frontières et, simulacres de siège, expériences, etc.

Les mêmes *Archives* contiennent un projet d'ordonnance concernant le service du génie en campagne et dans les sièges (1790) par d'Arçon, d'Oyré, de Lerse, Benezech de Saint-Honoré. Ce projet proposait d'adjoindre aux brigades d'officiers du génie, en cas de guerre, « une troupe de travailleurs, tirés de l'infanterie, qui seraient désignés sous le nom de « volontaires du génie ». L'effectif en eût été de 180 hommes par brigade, répartis en neuf escouades. « Les volontaires des escouades, répartis dans les travailleurs de l'armée, y serviraient de chefs d'ateliers, les sergents de piqueurs. Lorsque les volontaires du génie ne suffiraient pas à l'importance des travaux, les mineurs seraient mis sous les ordres des officiers du génie. » ..... « Dans les marches, les travailleurs du génie précéderaient les colonnes et exécuteraient les travaux susceptibles de faciliter le passage des troupes. » Enfin la question des troupes du génie avait été rappelée à la tribune de l'Assemblée nationale le 9 septembre 1790. (Voir page 561.)

destinés à assurer la marche en avant des colonnes en brisant les obstacles qui pouvaient s'y opposer. De là à organiser les troupes du génie, il n'y avait qu'un pas, qui fut franchi lorsque, sous la nécessité de pourvoir à tous les travaux de défense du territoire partiellement envahi, la Convention nationale, comme plus tard le gouvernement de la Défense nationale en 1870, eut l'idée de renforcer le service du génie par celui des ponts et chaussées. Lorsque cette proposition fut faite en brumaire an II par le conventionnel Lecomte-Puyravaux, Letourneur, de la Manche, y proposa une addition. « Combien, dit-il, n'importe-t-il pas, surtout à la guerre, d'avoir des bras constamment exercés et façonnés au travail par ceux qui doivent en diriger et surveiller l'exécution. N'est-il pas singulièrement nuisible au bien du service que des officiers chargés des constructions les plus importantes ne puissent jamais être certains d'avance de l'intelligence de ceux qui exécutent sous leurs ordres? Comment l'officier du génie peut-il calculer avec précision le temps nécessaire pour l'acheminement des attaques dans les guerres de siège, pour l'établissement des redoutes et autres ouvrages de campagne dont dépend souvent le salut d'une armée, si l'on ne met à sa disposition que des moyens incertains, des ouvriers le plus souvent pris au hasard et absolument inexpérimentés.

. . . .

« Je demande donc qu'en décrétant ce principe d'amalgame du corps du génie et des ingénieurs des ponts et chaussées (1), vous y compreniez les corps des mineurs..... »

---

(1) Le décret du 2 brumaire an II réglait implicitement l'emploi des ponts et chaussées et du service du génie à la défense des places, car il disait, dans ses considérants, que « le Conseil exécutif provisoire était autorisé à employer tous les artistes qui pourraient avoir les connaissances et les talents nécessaires pour la défense des places ».

Plus de cent ans après, l'auteur arrivait aux mêmes conclusions que Vauban en 1688, après le siège de Philippsbourg; et le seul motif qui avait fait ajourner en 1790 cette disposition, l'état de paix, n'existait plus.

Aussi, la Convention décrétait-elle le 2 brumaire an II (23 octobre 1793) (1), que les compagnies de mineurs seraient réunies au corps du génie militaire, et le 14 du même mois elle en réglait l'organisation et les attributions : ces unités devaient être « à l'avenir employées à tous les travaux des mines, des sapes et autres constructions qui seront exécutés sous la direction et le commandement immédiat des officiers du génie. Chacune de ces compagnies devait être portée au grand complet de 100 hommes, y compris les officiers. » L'École de mineurs de Verdun était réunie à celle de Mézières; et, comme le génie avait maintenant des troupes, ces dernières devaient naturellement concourir à l'avancement de l'arme : aussi le décret spécifiait-il que les officiers actuels des mineurs prendraient dans le génie le rang que leur donnerait leur ancienneté, tout en restant attachés aux compagnies de mineurs jusqu'à leur promotion au grade supérieur; et la Convention chargeait-elle « son Comité de la guerre de déterminer, dans le plus court délai, le mode et les degrés d'examens qui seront exigés des mineurs pour passer au grade de caporal, de sergent et enfin d'officier du génie ».

Il est à remarquer que, dans la discussion de 1790, comme dans la loi qui précède, les mineurs devaient être également sapeurs. Mais à ce titre le nombre des compagnies était très restreint, eu égard aux nombreux travaux qu'exigeaient alors les nombreuses places fortes à mettre en état, à défendre, et les sièges qu'on leur faisait subir.

---

(1) Voir la note de la page 575.

Dès le 27 vendémiaire on trouve, en effet, dans la correspondance des Représentants du peuple l'indice de cette insuffisance, à laquelle ils s'empressent de suppléer par des ouvriers requis : Lacoste et Peyssard, représentants du peuple à l'armée du Nord, mettaient 400 pionniers à la disposition du commandant du génie Lamy; le 23 frimaire (13 décembre 1793), Bar, représentant à la même armée, mande au Comité de Salut public qu'il a réquisitionné 1200 ouvriers pour exécuter les ouvrages ordonnés par le général Jourdan sur la rive droite de la Sambre. La nécessité d'avoir, en dehors des mineurs, un corps de travailleurs militaires était donc bien constatée.

Aussi le 25 frimaire, Delmas, au nom du Comité de la guerre, faisait-il adopter le décret portant création de douze bataillons de sapeurs « destinés à travailler aux fortifications et à tous autres travaux militaires, soit en campagne soit dans les places ». Chacun d'eux comptait huit compagnies de 200 hommes, y compris les officiers (1), divisées chacune en trois sections. Le bataillon était pourvu d'un état-major (2) et d'un conseil d'admi-

---

(1) 1 capitaine, 1 lieutenant, 1 sous-lieutenant, 1 sergent-major, 4 sergents, 1 caporal fourrier, 8 caporaux, 1 ouvrier en fer, 1 ouvrier en bois, 180 sapeurs, 1 tambour.

(2) 1 chef de bataillon, 1 adjudant-major, 1 quartier-maître trésorier, 1 chirurgien-major, 1 aide-chirurgien, 1 caporal tambour qui fera les fonctions de tambour-major, 1 maître tailleur, 1 maître cordonnier.

Par arrêté du 22 floréal (11 mai), « le Comité de Salut public voulant fixer le mode de nomination aux emplois des ingénieurs militaires, sapeurs et mineurs, lesquels, d'après la loi du 12 germinal, doivent se trouver, suivant les circonstances, tantôt aux ordres de la Commission de l'organisation et du mouvement des armées, tantôt à ceux de la Commission des travaux publics, arrête : 1º Les brevets des ingénieurs militaires et officiers de sapeurs et mineurs seront dans tous les cas expédiés et délivrés par la Commission de l'organisation et du mouvement des armées de terre ; 2º La Commission de l'organisation des

nistration. Cette création englobait les compagnies et bataillons de pionniers existants, et pouvait se recruter volontairement parmi les hommes de la première réquisition. Les haches, pioches, pelles et tous autres outils nécessaires étaient fournis aux bataillons par le Ministre, à qui incombait encore le soin de répartir ces unités dans les diverses armées.

On remarquera tout d'abord que le chiffre de celles-ci était le même que celui des bataillons ; aussi le Ministre affecta-t-il chacun d'eux à une armée différente.

Le 1er, formé à la Rochelle, à l'armée des côtes de l'Ouest ;
Le 2e, formé à Bayonne, à l'armée des Pyrénées-Occidentales ;
Le 3e, formé à Grenoble, à l'armée des Alpes ;
Le 4e, formé à Strasbourg, à l'armée du Rhin ;
Le 5e, formé à Perpignan, à l'armée des Pyrénées-Orientales ;
La 6e, formé à Port-la-Montagne (Toulon), à l'armée d'Italie ;
Le 7e, formé à Mouzon, le 12 ventôse an II, à l'armée des Ardennes ;
Le 8e, formé à Metz, le 15 ventôse an II, à l'armée de la Moselle ;
Le 9e, formé à Cherbourg, à l'armée des côtes de Cherbourg ;
Le 10e, formé à Saint-Omer, du 1er au 22 ventôse an II, à l'armée du Nord ;
Le 11e, formé à Cambrai, du 4 au 9 ventôse an II, à l'armée du Nord ;
Le 12e, formé à Brest, à l'armée des côtes de Brest.

On voit que, bien que la loi fût du 25 frimaire, ce ne fut qu'en ventôse an II que les armées du Nord, des Ardennes et de la Moselle furent pourvues de leur bataillon de sapeurs.

Par un retard semblable, ce ne fut que le 18 germinal que le Comité de Salut public adopta un règlement pro-

---

armées et celle des travaux publics sont l'une et l'autre autorisées à faire leurs propositions, pour l'avancement desdits ingénieurs, sapeurs et mineurs, au Comité de Salut public qui statuera définitivement sur ces propositions ».

visoire fixant le mode de travail, de discipline et de salaire pour ces douze bataillons (1).

Certaines de ces unités, comme le 4ᵉ, le 5ᵉ, le 6ᵉ, le 7ᵉ, le 8ᵉ, avaient déjà un noyau formé par des bataillons de pionniers à effectif variable ; d'autres, comme le 9ᵉ, se constituèrent de toutes pièces.

Dans l'un et l'autre cas, les recrues nécessaires au complétement ou à la formation totale des bataillons de sapeurs furent fournies par les hommes de la réquisition qui, tout en étant robustes, ne présentaient pas cependant toutes les qualités propres à en faire de bons fantassins. — En annonçant le 14 nivôse que le général en chef de l'armée du Nord va avoir les pionniers dont il a la plus grande pénurie, Prieur ajoute qu'il « emploiera les ouvriers de tout genre qui sont nécessaires (2) ».

De même Charbonnié mande le 19 pluviôse au Ministre de la guerre qu' « un bataillon d'ouvriers qui est à l'avant-garde de l'armée des Ardennes forme le noyau de celui de sapeurs qui doit être à l'armée des Ardennes, et qu'il va être porté au complet par des hommes de réquisition... »

« Tout homme sans être aguerri doit être sapeur, dira Gillet, pourvu qu'il soit robuste ; il n'est donc pas nécessaire de choisir des militaires déjà exercés et formés à la guerre : des recrues peuvent faire le même service (3). »

C'est encore dans le même esprit que le 28 ventôse

---

(1) Il l'appliquait du reste le 26 floréal aux ateliers de troupes requises et à requérir pour les travaux du Havre et de Dunkerque. On a vu en effet, en traitant de la réquisition, que quatre bataillons de réquisitionnaires avaient été affectés aux travaux de cette dernière place par un arrêté du Comité de Salut public. (Voir t. I, p. 329.)

(2) Aulard, tome X, page 52.

(3) Gillet au général Grigny, chef de l'état-major de la Moselle, quartier général de Metzerwisse, 24 ventôse.

Bouchotte écrira à Pichegru : « Donne l'ordre d'envoyer à Maubeuge le bataillon de sapeurs qui est organisé. Il sera très nécessaire... Si cela ne suffit pas, employes-y un des derniers bataillons de réquisition à encadrer... »

On peut encore citer à l'appui de cette assertion les deux documents suivants :

20 floréal (9 mai).

Il est ordonné au citoyen Pierre-Alexis Nardeau, homme de réquisition du district de Rozoy, département de Seine-et-Marne, incorporé au 19ᵉ régiment de cavalerie, de se rendre à Dune-Libre pour être incorporé dans le bataillon de sapeurs qui se trouve employé aux ouvrages de cette place, attendu que, d'après les certificats dont il est porteur, il lui est impossible de faire le service à l'armée pour cause de surdité.

LIÉBERT.

Le Représentant du peuple Gillet au citoyen Potot, agent secondaire à Longwy.

Morfontaine, 22 floréal (11 mai).

Puisque la compagnie de sapeurs de Longwy est complétée, tu enverras les recrues qui ne sont pas propres au service de l'infanterie et qui peuvent néanmoins faire celui de sapeurs, à Villers-la-Montagne ; tu les adresseras au citoyen Brocard, chef de bataillon, qui en fera la répartition dans les différentes compagnies de son bataillon qui ne sont pas encore au complet.

Je te prie de donner avis de cette disposition à l'agent secondaire près l'avant-garde, afin qu'il s'y conforme.

Mais si l'on considère qu'il y avait onze armées aux divisions mobiles desquelles venaient encore s'ajouter nombre de places fortes ; si l'on songe que la seule armée du Nord comptait au début des hostilités les divisions Michaud, Moreau, Souham, Chapuis, Drut, Balland, Goguet, les trois divisions sous Maubeuge et les places de Dunkerque, Cassel, Lille, Cambrai, Douai, Landrecies, le camp retranché de Guise, le camp retranché et la place de Maubeuge, on doit penser que douze bataillons de sapeurs étaient peut-être insuffisants pour satisfaire à tout ce service. Il semble que cette insuffisance ait amené Pichegru à réserver, en principe, les bataillons de sapeurs pour les travaux des places et à créer le génie de campagne au moyen de spécialistes prélevés sur l'effectif des bataillons de volontaires (1).

Ordre du 16 germinal (5 avril).

Les bataillons de sapeurs ne pouvant être répartis sur toute l'armée, le général en chef regarde comme indispensable d'établir dans chaque bataillon un certain nombre d'hommes pour en faire le service. En conséquence, il ordonne qu'il en soit choisi deux par compagnie, lesquels seront chargés, dans les marches et en campagne, de rétablir les chemins, détruire les ouvrages de l'ennemi, etc.... On prendra à cet égard des hommes forts, accoutumés au travail de la terre ou au service de la hache et peu adroits dans les exercices. L'un sera porteur d'une pioche et d'une pelle, l'autre d'une hache, lesquelles seront délivrées des magasins de la République; ils jouiront d'un sol de haute paye qui leur sera acquitté chaque mois sur les fonds à la disposition du général, d'après l'état nominatif qui en sera dressé par le conseil d'administration et visé par un commissaire des guerres.

Lorsque ces hommes ne seront pas employés comme sapeurs, ils feront le service journalier dans les compagnies comme leurs camarades.

En résumé, les douze bataillons de sapeurs, créés en vertu de la loi du 25 frimaire et recrutés au moyen des

---

(1) Le général Desjardin avait aussi employé la même solution dès le 6 brumaire.

« Sentant la nécessité d'avoir à son avant-garde des ouvriers pour la construction des ponts, la confection des abatis, l'ouverture des chemins et communications, il lui attacha une compagnie de 84 hommes que commandaient deux officiers intelligents.

« Cette compagnie fut formée de six hommes tirés de chaque bataillon. On avait choisi les plus robustes, les plus vigoureux et pris de préférence ceux de l'état de bûcheron, charpentier, terrassier et batelier. Cette compagnie fut d'un grand secours dans mainte occasion; elle servit avec honneur et a rendu les plus grands services pendant cette guerre, surtout et au siège de Maëstricht. » (Extrait du *Mémoire des campagnes du général de division Desjardin*, 6 brumaire.)

détachements de travailleurs ou de pionniers déjà existants que complétèrent des hommes de réquisition robustes, mais peu aptes au service de l'infanterie, furent surtout affectés aux travaux de fortification permanente ; ceux de campagne furent assurés par des sapeurs prélevés sur les bataillons d'infanterie à raison de deux par compagnie.

Cette organisation fut assez lente à se parfaire : elle ne commença guère que vers le mois de pluviôse. Elle paraît avoir été plus rapide dans l'armée des Ardennes que dans celle du Nord : c'est ce que démontrera un rapide examen des documents qui la concernent dans l'une ou l'autre de ces armées.

L'organisation des bataillons de sapeurs. — a) *Armée des Ardennes.*

Arrêté du représentant Massieu à l'égard de la formation d'un bataillon de sapeurs.

Au nom du peuple français,

Le Représentant du peuple près l'armée des Ardennes, sur la demande qui lui a été faite par le citoyen Poulet, agent supérieur du Conseil exécutif près ladite armée, pour l'exécution de la loi du 2 frimaire, s'il devait faire exécuter celle du 25 relative à la formation des bataillons de sapeurs; conformément aux articles 9, 10 et 11 dudit décret, qui ne lui est pas encore parvenu officiellement, ordonne audit citoyen Poulet de faire procéder dans le plus court délai possible à la formation et organisation d'un bataillon de sapeurs avec les noyaux qui se trouvent attachés à cette armée et de le porter au complet déterminé par la loi qui devra suivre à l'égard de la composition, formation du corps et nomination aux emplois ; en conséquence, il invitera le général en chef Sistrières, à faire réunir en un seul lieu les différents noyaux qui se trouvent divisés, pour opérer avec plus de succès leur formation en bataillon avec des citoyens de la réquisition que ledit citoyen Poulet a à sa disposition.

Arrêté à Sedan, 20 nivôse, 2ᵉ année républicaine.

Le Représentant du peuple près l'armée des Ardennes,
MASSIEU.

Le lieu de formation choisi par Sistrières fut Mouzon (1) au lieu de Mézières (2) qu'avait prescrit l'instruction du Conseil exécutif provisoire. Quant aux exemplaires de la loi et de cette instruction que Massieu n'attendit même pas, ils ne parvinrent à Charbonnié que le 19 pluviôse.

« Je viens, écrit-il à cette date au Ministre, de recevoir... plusieurs exemplaires de la loi du 25 frimaire portant création de douze bataillons de sapeurs avec l'instruction y relative. J'en ai de suite fait passer plusieurs exemplaires aux différents agents chargés de l'organisation des bataillons. » Et le jour même, en effet, il en fait la notification à l'agent supérieur Poulet.

---

(1) *Charbonnié au Commissaire ordonnateur de la 2ᵉ division militaire, à Mézières.*

Quartier général de Sedan, 12 ventôse.

Le bataillon de sapeurs attaché à l'armée des Ardennes a été organisé à Mouzon par l'agent supérieur Poulet ; c'est par ordre de mon prédécesseur que cette opération a été faite..... Déjà, comme on te l'a rapporté, ce corps est réparti sur les différents points de la frontière, où son travail était nécessaire ; il est muni d'outils tirés des magasins, et il ne lui manque plus que d'être habillé et armé conformément à la loi.....

(2) *Le Commissaire ordonnateur de la 2ᵉ division militaire, Michel, à Bouchotte.*

Mézières, 13 ventôse.

« Tu vois que le bataillon de sapeurs, destiné pour l'armée des Ardennes, a été formé à Mouzon au lieu de l'être à Mézières..... »

Le Ministre au Commissaire ordonnateur de la 2ᵉ division militaire, Michel.

Paris, 6 germinal (26 mars).

« Il résulte des renseignements que tu as adressés..... que ce bataillon, au lieu d'avoir été formé à Mézières, ainsi que le prescrivait l'instruction rédigée par le Conseil exécutif provisoire, l'a été à Mouzon..... »

584   LA CAMPAGNE DE 1794 A L'ARMÉE DU NORD.

Le général Charbonnié au Chef du corps des ouvriers (1)
et au citoyen Poulet.

19 pluviôse (7 février).

Je te fais passer dès leur arrivée un décret de la Convention nationale portant organisation de bataillons de sapeurs ainsi que l'instruction du Pouvoir exécutif provisoire y relative. Tu voudras bien en donner connaissance à ceux qui pourraient en avoir besoin pour remplir ponctuellement le vœu de la loi.

Quant au règlement du 18 germinal (2), Tharreau ne l'envoya que le 2 floréal au « Commandant des sapeurs » à Givet (3).

De ce qui précède, on peut conclure qu'à l'armée des Ardennes était affecté un bataillon dont le centre de mobilisation était Mouzon. Le 19 pluviôse, Charbonnié promettait au Ministre d'en « poser l'organisation définitive ».

Le même jour en effet, sur la demande de l'agent secondaire Barthe (4), il prescrit au commandant amovible de

---

(1) Ce corps des ouvriers était celui dont Charbonnié disait le 19 pluviôse : « Un bataillon d'ouvriers qui est à l'avant-garde de cette armée, forme le noyau de celui de sapeurs qui doit être formé à l'armée des Ardennes. Il va être porté au complet par des hommes de réquisition. »
(2) Voir page 378.

(3)   *Au Commandant des sapeurs à Givet.*

2 floréal (21 avril).

Je t'adresse ci-joint trois exemplaires d'un règlement du Comité de Salut public relatif au corps que tu commandes. Accuse m'en réception et fais-le connaître à tous les détachements.

(4)   *Charbonnié au citoyen Poulet, agent supérieur.*

21 pluviôse.

« D'après la demande de l'agent secondaire Barthe, j'ai donné ordre à 180 hommes du bataillon de Vitry de se rendre à Mouzon pour y être incorporés dans le bataillon de sapeurs..... »

Sedan, Garet, de faire « partir demain pour Mouzon 180 hommes du bataillon de Vitry pour être incorporés dans le bataillon de sapeurs » et lui recommande du reste de « choisir à cet effet les hommes les plus robustes et les mieux construits qui déposeront leurs armes entre ses mains avant de partir ».

« Les sapeurs sont-ils organisés ? » demande-t-il encore le 21 à l'adjudant général Rostollan (1).

Il semble que ce complément fourni par le nivellement des contingents de la réquisition ait suffi à assurer l'effectif du bataillon, car dès le 24, Charbonnié ne s'occupe plus que du matériel à fournir à cette unité.

La lettre qu'il écrit à ce sujet affirme une fois de plus l'affectation, en principe, des sapeurs aux travaux de fortification permanente.

Au citoyen Barthe, agent secondaire.

24 pluviôse (12 février).

Tu voudras bien me faire passer, Citoyen, l'état de ce qui manque au bataillon de sapeurs en habillement, outils et armement pour que je puisse, en consultant nos ressources, y pourvoir le plus tôt possible (2).

---

(1) Charbonnié à Rostollan. Sedan, 21 pluviôse.
(2) L'exécution de ces mesures donna lieu aux ordres suivants :

Tharreau au chef de bataillon de sapeurs Collignon
à Pouru-Saint-Remy.

5 ventôse (23 février).

J'ai donné des ordres au garde-magasin d'artillerie de Mézières pour qu'il m'envoie de suite le nombre d'outils nécessaires pour les quatre compagnies de sapeurs qui sont attachées à la division disponible de l'armée des Ardennes. Aussitôt que je les aurai reçus, je te les adresserai

Je prendrai toutes les précautions possibles pour éviter la désertion ; mais je ne puis éloigner des places que tu me désignes ce bataillon, étant nécessaire pour la confection des ouvrages du Camp des Sans-Culottes.

Quant aux hommes désertés d'abord du bataillon de sapeurs, après

---

pour les distribuer d'après la répartition dont je t'enverrai la note pour les espèces différentes d'outils dont ton bataillon doit être pourvu.

Tharreau au général de brigade Lorge.

9 ventôse (27 février).

Je te préviens, Général, que je viens de donner des ordres pour qu'il soit conduit à Douzy la quantité de 191 outils tant pelles, pioches, haches et serpes pour les quatre compagnies de sapeurs qui sont sous tes ordres.

Tu ordonneras au chef du corps de les prendre à Douzy et d'y déposer tous ceux qui peuvent ne rien valoir et qu'il a dans ses compagnies. Tu les renverras au magasin à Sedan.

Au Commissaire ordonnateur de la 2ᵉ division militaire à Mézières.

12 ventôse (2 mars).

Le bataillon de sapeurs attaché à l'armée des Ardennes a été organisé à Mouzon par l'agent supérieur Poulet. C'est par ordre de mon prédécesseur que cette opération a été faite. Il me paraît que cette organisation a été bien suivie et qu'elle est conforme à la loi et au bien du service. Déjà, comme on te l'a rapporté, ce corps est réparti sur les différents points de cette frontière où son travail est nécessaire. Il est muni d'outils tirés des magasins ; et il ne lui manque plus que d'être habillé et armé conformément à la loi. Aussitôt que tu auras reçu les fournitures que le Ministre t'annonce, je te prie de m'en informer pour que nous puissions prendre de concert les mesures les plus expéditives à cet égard.

CHARBONNIÉ.

Comme conséquence de la lettre qui précède, le commissaire ordonnateur de la 2ᵉ division militaire écrivait le 13 ventôse au Ministre : « Le bataillon de sapeurs destiné pour l'armée des Ardennes..... formé à Mouzon au lieu de l'être ; à Mézières..... est déjà réparti dans les différentes places frontières. »

avoir été incorporés, on les fera arrêter à mesure qu'ils arriveront. Le commandant les fera conduire à Sedan, et de là ils seront envoyés pour être encadrés dans des corps existants derrière la ligne.

. . . .

Le 12 ventôse, le bataillon est constitué et les mesures prises afin de pourvoir à son matériel. Le commandement va dès lors donner les ordres nécessaires pour l'emploi des huit compagnies dont il se compose et pour leur départ de Mouzon vers les divers camps ou places fortes auxquelles elles sont affectées. La moitié du bataillon sera attachée aux travaux du Camp des Sans-Culottes et les autres compagnies respectivement à ceux de Mézières, Rocroi, Givet.

1er ventôse (19 février).

Il est ordonné aux quatre premières compagnies du bataillon des sapeurs de partir de Mouzon le 3 ventôse, avec armes et bagages, pour être rendues le même jour à Pouru-aux-Bois et Pouru Saint-Remy. Ces quatre compagnies seront aux ordres de l'officier du génie chargé de fortifier le camp retranché des Sans-Culottes. L'état-major suivra ces quatre compagnies (1).

Le commandant préviendra l'officier du génie et ira prendre ses ordres.

THARREAU.

1er ventôse.

Il est ordonné à la 5e compagnie du bataillon de sapeurs de partir de Mouzon le 3 ventôse pour se rendre à Mézières avec armes et bagages. Cette compagnie sera aux ordres de l'officier du génie chargé des fortifications de cette place. L'officier commandant cette compagnie ira prendre ses ordres le 3 à Sedan, et le 4 à Mézières.

L'étape et le logement lui seront fournis conformément à la loi.

THARREAU.

---

(1) 3 ventôse. — L'état-major du bataillon des sapeurs sera fixé jusqu'à nouvel ordre à Pouru-Saint-Remy.

1er ventôse.

Il est ordonné à la 6e compagnie du bataillon de sapeurs de partir de Mouzon le 3 ventôse pour se rendre à Roc-Libre avec armes et bagages. Cette compagnie sera aux ordres de l'officier du génie chargé des fortifications de cette place. L'officier commandant cette compagnie le préviendra de son arrivée et ira prendre ses ordres le 3 à Sedan, le 4 à Mézières, le 5 à Roc-Libre.

L'étape et le logement lui seront fournis conformément à la loi.

THARREAU.

1er ventôse.

Il est ordonné aux 7e et 8e compagnies du bataillon de sapeurs de partir de Mouzon le 3 ventôse, avec armes et bagages pour se rendre à Givet (1). Ces deux compagnies seront aux ordres de l'officier du génie chargé des fortifications de cette place. L'officier commandant ces compagnies le préviendra de son arrivée et ira prendre ses ordres le 3 à Sedan, le 4 à Mézières, le 5 à Roc-Libre et le 6 à Givet.

L'étape et le logement leur seront fournis conformément à la loi.

---

(1) *Au général de brigade Nalèche, commandant à Givet.*

1er ventôse.

Je te préviens, Général, que les 7e et 8e compagnies du bataillon des sapeurs arriveront le 6 ventôse à Givet avec les outils nécessaires pour travailler aux fortifications de cette place, ces compagnies seront aux ordres de l'officier du génie chargé des fortifications.

THARREAU.

Au Commissaire ordonnateur en chef.

1er ventôse.

Je te préviens, Citoyen, que je viens d'expédier l'ordre aux 5e, 6e, 7e et 8e compagnies du bataillon des sapeurs de partir de Mouzon le 3 ventôse, pour se rendre l'une à Mézières, une autre à Roc-Libre et les deux autres à Givet; tu donneras des ordres pour que l'étape leur soit fournie dans leur route.

Je t'observe que ces compagnies sont de 200 hommes chacune. Il y aura à Sedan, le 3 ventôse, 800 hommes du bataillon; le 4, pareil nombre à Mézières; le 5, 600 à Roc-Libre et le 6, 400 à Givet.

THARREAU.

Au Commandant du bataillon de sapeurs à Mouzon.

1er ventôse (19 février).

Tu trouveras ci-joint, Citoyen, les ordres de départ pour les huit compagnies du bataillon de sapeurs que tu commandes. Tu donneras ordre aux commandants des 5e, 6e, 7e et 8e compagnies qui ont ordre de se rendre à Mézières, Roc-Libre et Givet de s'adresser à Libreville au général de brigade Michaud (1) qui leur fera délivrer et échanger les haches, pelles, pioches, etc., dont ils ont besoin.

THARREAU.

Comme conséquence de tous ces ordres, la situation du bataillon, au 15 ventôse, était la suivante :

Noms des cantonnements.	Nombre d'officiers.	Nombre de sous-officiers et sapeurs.
Pouru-aux-Bois et Pouru-Saint-Remy.	14	790
Mézières	3	200
Roc-Libre	3	197
Givet et Charlemont	6	400
TOTAL	26	1,587

---

(1) *Au général de brigade Michaud.*

1er ventôse (19 février).

Je te préviens, Général, que je viens d'expédier l'ordre aux 5e, 6e, 7e et 8e compagnies du bataillon de sapeurs, de partir le 3 de Mouzon pour se rendre, une compagnie à Mézières, une à Roc-Libre et les deux autres à Givet. Comme les outils qu'ils ont eus jusqu'à présent ne valent rien, et que la majeure partie n'est point pourvue de ceux absolument nécessaires, tu voudras bien, à leur passage, leur en faire délivrer du magasin la quantité suffisante et dans la proportion que tu jugeras convenable.

Je te prie, Général, de donner ordre au garde-magasin d'artillerie d'envoyer sans retard à Sedan 700 outils pour les quatre premières compagnies, un tiers en haches, un autre en pelles longues et rondes et le troisième en pioches et serpes.

THARREAU.

Des quatre premières compagnies, l'une partit le lendemain pour Bouillon (1).

Le 9 germinal, l'état du bataillon était le suivant :

Le Général de brigade, chef de l'état-major de l'armée des Ardennes au citoyen Blin, commissaire ordonnateur.

Au quartier général à Sedan, 9 germinal (29 mars).

Le bataillon de sapeurs, Citoyen, ainsi que tu me le demandes, est stationné ainsi qu'il suit, savoir :
Une compagnie à Givet ;
Une compagnie à Vedette-Républicaine ;
Une compagnie à Roc-Libre ;
Une compagnie à Mézières ;
Trois compagnies à Pouru-Saint-Remy et Pouru-aux-Bois ;
Une compagnie à Bouillon.

Le lendemain, deux compagnies furent détachées à Bouillon (2).

Mais elles revenaient ensuite à Givet où se trouvait le quartier général de l'armée des Ardennes, en sorte

---

(1) *Tharreau au Commissaire ordonnateur en chef, à Mézières.*

16 ventôse (6 mars).

Il est ordonné au commandant des sapeurs de faire partir sur-le-champ une compagnie de son bataillon pour se rendre à Bouillon sous les ordres du général de brigade Michaud. Il recommandera la plus grande diligence dans ce mouvement important.

THARREAU.

Tharreau au général Michaud, à Bouillon.

16 ventôse.

« J'ai donné l'ordre au commandant du bataillon de sapeurs de faire partir sur-le-champ une compagnie pour se rendre à Bouillon. »

(2) 10 germinal (30 mars). — Il est ordonné à deux compagnies du bataillon de sapeurs de partir demain, 11 germinal, pour se rendre le même jour à Bouillon aux ordres du général de division Michaud, et où elles resteront jusqu'à nouvel ordre.

THARREAU.

qu'au 15 germinal, il y avait : une compagnie à Bouillon, une compagnie près de Sedan, trois à Givet, une à Mézières, une à Rocroi, une à Philippeville (1).

Au fur et à mesure des progrès de l'armée des Ardennes, les compagnies de sapeurs étaient retirées des places de l'arrière pour être portées sur celles de l'avant. C'est ainsi qu'au lendemain de la jonction de Charbonnié et de Desjardin à Beaumont, le commandement retira une compagnie de Givet et une de Rocroi pour les porter sur Philippeville.

Au général de brigade Nalèche, commandant à Givet.

8 floréal (27 avril).

Je te fais passer, Citoyen Général, deux ordres (2) de départ pour deux compagnies du bataillon de sapeurs stationnées à Roc-Libre et à Givet. Je te prie de les faire mettre à exécution.

BARBIER.

Au commissaire de Boncourt.

8 floréal (27 avril).

Je te préviens que deux compagnies de sapeurs ont eu l'ordre de partir, l'une de Givet et l'autre de Roc-Libre pour se rendre à Vedette.

---

(1) 15 germinal (4 avril). — Il est ordonné aux deux compagnies de sapeurs qui sont à Bouillon d'en partir le 17 courant, pour se rendre le 17 germinal à Sedan, le 18 à Mézières, le 19 à Roc-Libre, le 20 à Givet.

THARREAU.

P.-S. — Elles prendront avec elles les vivres de campagne pour deux jours et à Mézières pour deux autres.

(2) 8 floréal. — Il est ordonné à une compagnie de sapeurs stationnée à Givet, d'en partir le 9 floréal pour se rendre à Vedette-Républicaine où elle recevra de nouveaux ordres. Elle emportera avec elle ses vivres de campagne.

8 floréal. — Il est ordonné à une compagnie de sapeurs de partir de Roc-Libre pour se rendre à Vedette-Républicaine, où elle recevra de nouveaux ordres. Elle emportera avec elle ses vivres de campagne.

Ce départ aura lieu le 9 floréal. Comme j'ignore l'ordre de distribution dans ces deux places, tu voudras bien donner des ordres pour assurer la subsistance de ces deux compagnies, fortes chacune de 200 hommes.

BARBIER.

Au Général commandant à Vedette.

8 floréal.

Je te préviens, Citoyen Général, que deux compagnies de sapeurs, l'une venant de Givet, l'autre de Roc-Libre, ont reçu l'ordre de se rendre demain, 9 floréal, à Vedette, où elles recevront de nouveaux ordres.

BARBIER.

Enfin les deux compagnies de Philippeville furent elles-mêmes portées à Bossus pour y rejoindre le parc d'artillerie.

Au Capitaine commandant les deux compagnies de sapeurs à Vedette.

13 floréal (2 mai).

Il est ordonné aux deux compagnies de sapeurs non occupées actuellement à Vedette-Républicaine d'en partir sur-le-champ avec leurs équipages et outils pour se rendre au parc d'artillerie près le camp de Bossus, et de prendre au magasin des effets militaires les effets de campement qui leur sont nécessaires.

b) *A l'extrême droite de l'armée du Nord, à Maubeuge*, la loi du 25 frimaire ne prévoyait la formation d'aucun bataillon de sapeurs; aussi ne doit-on pas s'étonner si les sapeurs ne sont pas encore constitués le 15 ventôse : « Je pense, écrit Laurent, qu'on va nous organiser des pionniers. Nos retranchements, dégradés par les éboulements, et même nos remparts, iront à la pioche. » Aussi, dès qu'il est nommé au commandement de cette place, de son camp retranché et des trois divisions qui s'y appuient, Favereau s'empressera-t-il de réclamer les sapeurs qui lui sont indispensables pour la mise en état de défense de la place et de son camp retranché.

Au Général en chef de l'armée du Nord.

27 ventôse (17 mars).

J'ai visité les fortifications de cette place; elles sont dans une position qui doit affecter tout bon républicain; le camp retranché est dans un état de désordre qui n'est pas convenable. Il est bien tard, Général, pour commencer des travaux dans une ville en état de siège. Néanmoins, il faut s'en occuper, et sérieusement. J'emploierai tous les bras que j'ai dans la garnison et au camp; mais ce sera très peu de chose, vu l'immensité du service. Je t'ai demandé de me faire passer 800 hommes du bataillon de sapeurs, qui sont à Cambrai; tu me l'as promis, et je t'invite d'en donner l'ordre sur-le-champ.....

Au Général en chef de l'armée du Nord.

3 germinal (23 mars).

J'attends avec impatience les sapeurs que je t'ai demandés. Le citoyen Marescot, ingénieur en chef, arrivant de Réunion, m'a assuré que tu en avais donné l'ordre.

FAVEREAU.

Les ordres, en effet, furent donnés et exécutés avant la fin de germinal, car, le 26, Favereau constate lui-même qu'il dispose journellement de 600 sapeurs.

Le capitaine du génie Mulet au général Favereau.

Maubeuge, 26 germinal (15 avril).

Je te prie de vouloir bien donner l'ordre au commandant des sapeurs de commander journellement tout son monde, à l'exception de ceux indispensables pour la cuisine et pour chercher les approvisionnements nécessaires aux ouvriers.

Le nombre effectif de sapeurs est de plus de 600 tous les jours.....

Je te donne avis, Citoyen Général, que, d'après la lettre que m'a adressée le citoyen La Barrère, directeur des fortifications, relativement aux sapeurs dont je puis avoir besoin pour accélérer des travaux de la place, je lui ai fait la demande de 400 sapeurs de plus. Ce surcroît de forces nous mettrait à même d'entreprendre des travaux qui protégeraient efficacement les redoutes avancées et de terminer dans la campagne les ouvrages du front vis-à-vis les hauteurs de Falise.

L. MULET.

Le général Favereau au Commandant des sapeurs.

27 germinal (16 avril).

Il est ordonné au commandant des sapeurs en garnison en cette place d'apporter à l'avenir plus d'exactitude dans les ordres qu'il donne pour faire rendre aux ateliers sa troupe. Tous les jours je reçois des plaintes multipliées des officiers du génie. Je te préviens que, si à compter de demain, j'en reçois encore, ce sera à lui à qui je m'en prendrai. Il y aura au moins tous les jours 500 hommes aux travaux; la République les a levés pour ce travail, et tes officiers n'ont été créés que pour les surveiller.....

Enfin, au 1er floréal, la garnison de la place et du camp retranché de Maubeuge comprend la 4e compagnie de mineurs à l'effectif de 2 officiers et 24 hommes, et les sapeurs de Cambrai à celui de 8 officiers et 642 hommes. Tandis qu'il y a la valeur d'au moins trois compagnies affectées à la fortification permanente, la division mobile de Desjardin ne dispose que de 100 sapeurs venant s'ajouter à un nombre à peu près égal de pionniers (1).

c) *A l'extrême gauche de l'armée du Nord à Dunkerque.* — Si, à Maubeuge, il n'y eut que 642 sapeurs alors que la campagne était en pleine activité et que la situation ne fut jamais plus critique pour la place, les travaux qui furent entrepris à Dunkerque et auxquels le Comité de Salut public avait tout d'abord affecté quatre bataillons de réquisition (2), y nécessitèrent la création d'un nouveau bataillon de sapeurs pour remédier au départ de ceux-là,

---

(1) 21 floréal. — D'après les demandes du général de division Desjardin, des 20 et 21 de ce mois, j'ai fait partir de Maubeuge, pour se rendre à Beaumont, 100 sapeurs et 80 pionniers, munis de leurs outils, pour ouvrir des passages et former des communications à notre armée.

FAVEREAU.

(2) Voir tome I, page 329.

et pour utiliser l'excédent de 2,000 réquisitionnaires non incorporés à l'armée du Nord.

Comme l'instruction du Conseil exécutif provisoire, faite en application de la loi du 25 frimaire, avait affecté *deux* bataillons à l'armée du Nord, le 10° à Saint-Omer et le 11° à Cambrai, cette création nouvelle y affectait un « *troisième* » bataillon, et c'est dans ce sens qu'il faut entendre l'arrêté qui va suivre.

Arrêté pris par les Représentants du peuple près l'armée du Nord le 5 floréal.

Lille, 5 floréal (24 avril).

Les Représentants du peuple, instruits qu'il reste dans la ville de Lille un excédent d'environ 2,000 hommes de citoyens de la nouvelle réquisition au delà du complet des différents bataillons de l'armée du Nord;

Instruits également que les bataillons qui travaillaient aux fortifications de Dune-Libre ont reçu l'ordre de rejoindre l'armée;

Considérant qu'il serait dangereux d'interrompre les travaux déjà commencés tant dans le port et la place de Dune-Libre que dans les autres places frontières; et que le nombre des bataillons destinés à cet objet est insuffisant :

Arrêtent qu'il sera formé un 3° bataillon de sapeurs, lequel sera organisé dans le plus bref délai, conformément à la loi.

Ce bataillon recevra, aussitôt sa formation, des ordres pour se rendre à Dune-Libre ou dans tout autre endroit où il sera utile au bien du service, soit en partie, soit en totalité.

Le présent arrêté sera adressé au Comité de Salut public pour être approuvé par lui.

P. Choudieu et Florent Guiot.

Le général Liébert, chef de l'état-major de l'armée du Nord, à Félix, commissaire des guerres à Lille.

6 floréal (25 avril).

Le Général en chef, Citoyen, me charge de te mander qu'il a fait choix de toi pour l'organisation d'un 3° bataillon de sapeurs, qui doit se former à Dune-Libre. Ce travail te convient d'autant mieux que tu as déjà travaillé à la formation de celui qui a été créé à Saint-Omer. Je préviens les agents secondaires de ta nomination.

Florent Guiot au Comité de Salut public.

7 floréal (26 avril).

.....Nous avons pensé que le meilleur moyen de faire cesser (l'insuffisance des ouvriers et les mutations des travailleurs militaires) était d'arrêter l'organisation du 3ᵉ bataillon de sapeurs ou pionniers, qui serait employé aux deux espèces de travaux qui ont lieu à Dune-Libre (travaux du port et fortifications). Et je vous envoie la copie de notre arrêté.

Je prendrai le parti de faire filer successivement vers la même place l'excédent des volontaires de première réquisition qui nous arrivent chaque jour, et il leur sera donné provisoirement une organisation analogue à leur position active. Ce parti est d'autant plus instant que les généraux viennent de retirer de Dune-Libre tous les bataillons qui étaient employés aux travaux.....

Le général Gougelot, commandant la place de Dunkerque, au général de division Michaud, commandant la division de Dunkerque.

12 floréal (1ᵉʳ mai).

..... Il m'arrive continuellement des détachements (de travailleurs) en cette ville; il paraît qu'ils sont destinés à former un bataillon de sapeurs. Déjà le commissaire Bounard a reçu l'ordre de l'organiser; mais ce travail sera un peu retardé, car il a besoin de renseignements.

Le 18, Gougelot prescrivit au citoyen Bocquillon, chef du bataillon des Bretons, destiné au port de Dunkerque, d'y incorporer 400 réquisitionnaires venus de Lille et d'y former sur-le-champ deux nouvelles compagnies, qui porteraient le bataillon à huit.

Ce nouveau bataillon de sapeurs fut formé le 19 floréal (1).

Cependant cette nouvelle unité ne fut pas sous le commandement de Bocquillon, qui reçut celui d'un autre dont il sera question plus loin.

---

(1) Voir *Archives de la guerre.* Cartons des *bataillons de sapeurs* de l'an II à l'an VI.

Le général Gougelot au général Michaud.

20 floréal (9 mai).

Je te rends compte que le bataillon de sapeurs a été totalement organisé hier. Le chef et les officiers sont nommés et reçus ; le choix du premier est tombé sur le citoyen Jolly, capitaine du bataillon du Finistère, qui a accepté ce grade. Déjà un certain nombre du bataillon a reçu l'ordre de moi de se rendre aux travaux, tant des fortifications que du port, et, dorénavant, qui ne souffriront plus aucune interruption.

Le général Gougelot au citoyen Duclos, ingénieur en chef des ponts et chaussées pour le département du Nord.

20 floréal (9 mai).

Je te préviens que le bataillon de sapeurs est organisé. Si tu as besoin d'une augmentation d'hommes pour tes travaux, tu n'auras qu'à m'en faire la demande.....

Le général Gougelot au citoyen Jolly, chef du bataillon de sapeurs.

20 floréal (9 mai).

Tu voudras bien, Citoyen, mettre à la disposition du citoyen Lesage, ingénieur chargé des travaux de ladite place, la quantité de 460 hommes de ton bataillon, lesquels se rendront demain primidi, à 5 heures du matin sur les ateliers et la fortification, où on leur distribuera leurs travaux. Je te recommande la plus grande propreté dans les quartiers qu'occupent les volontaires. Il est essentiel, surtout lors de la formation d'un nouveau corps, d'y établir et d'y maintenir la discipline....

Le général Gougelot au citoyen Lesage, ingénieur.

20 floréal (9 mai).

Je te préviens, Citoyen, que demain, à 5 heures du matin, se rendront sur tes ateliers 460 hommes du bataillon de sapeurs. J'ai excédé la quantité que tu m'avais demandée de 160 travailleurs, qui remplaceront pareil nombre du 8ᵉ bataillon de Soissons, que tu as occupés jusqu'à présent et qu'il est indispensable d'envoyer à leurs corps.....

On ne sait, toutefois, pourquoi le général Gougelot donna par erreur le n° 9 à ce bataillon qui se trouvait en surnombre de ceux qu'avait prévus l'instruction annexe de la loi du 25 frimaire (1).

Le général Gougelot au citoyen Duclos.

21 floréal (10 mai).

..... J'ai donné l'ordre au 9ᵉ bataillon de sapeurs de mettre à la disposition du citoyen Lesage, ingénieur des fortifications, la quantité de 460 hommes......

Le général Gougelot au citoyen Jolly, chef du bataillon des sapeurs.

22 floréal (11 mai).

D'après la demande du citoyen Lesage, ingénieur, tu voudras bien faire commander pour demain, 5 heures du matin, 200 hommes qui seront mis à sa disposition. En conséquence, tu les feras conduire par des officiers et sous-officiers qui resteront pour les contenir aux travaux sur la place de la citadelle, d'où ils seront distribués sur différents ateliers.

Je te préviens que tous ces travailleurs doivent rester deux décades sans être relevés, et tu auras soin de faire prendre le nom de ces hommes chaque fois qu'ils iront aux travaux, afin de constater leur payement.

Salut et fraternité.

Tu voudras bien m'envoyer l'état des hommes que tu as fournis tant au citoyen Duclos qu'au citoyen Lesage.

Le général Gougelot au citoyen Lesage.

27 floréal (16 mai).

..... Je te préviens que le 9ᵉ bataillon de sapeurs, commandé par le citoyen Jolly, est entièrement à la disposition des travaux du port.

---

(1) « .... Quant au n° 9, que nous avons adopté provisoirement, nous l'avons fait par une sorte de présomption dont il est inutile de vous parler, et principalement par la nécessité d'un signe distinctif dans un lieu où il existait deux bataillons de même formation..... » (Le conseil d'administration du 9ᵉ (*bis*) bataillon de sapeurs à la Commission de l'organisation et du mouvement des armées. Dunkerque, 2 thermidor an II.) (Réponse à une demande d'explications de cette Commission en date du 26 messidor.)

En conséquence, et à compter du 1er prairial prochain, le bataillon sera distribué en entier sur les ateliers du port, sans réserve pour tout autre travail. Pour te dédommager (et tu le seras bien au delà) de la perte des hommes que j'avais mis à ta disposition, tu auras aussi en entier le 10e bataillon de sapeurs, commandé par le citoyen Bocquillon, et fort de 1100 à 1200 hommes.....

Salut et fraternité.

On voit, d'après ce qui précède, que non content d'avoir donné le n° 9 au bataillon Jolly, Gougelot en avait organisé un autre à qui il avait attribué aussi arbitrairement le n° 10, bien que ce numéro appartînt déjà à celui de Saint-Omer.

Le 29 germinal, ce bataillon comptait déjà 28 officiers et 1390 sous-officiers et soldats, effectif qu'il conserva jusqu'au 8 fructidor tout au moins. Bocquillon en eut le commandement; il fut tout d'abord formé d'un détachement de 614 hommes du 5e tirailleurs; puis, le 15 prairial, il reçut un renfort de « 400 hommes avec injonction du général de brigade Gougelot de former huit compagnies en procédant aux emplois des deux dernières qui n'étaient pas remplis (1) ».

d) *A l'aile gauche de l'armée du Nord*, l'application de la loi du 25 frimaire ne fut guère plus rapide qu'à celle des Ardennes. Ce ne fut en effet qu'à la fin de pluviôse, c'est-à-dire deux mois après, que le commandement songea à se faire remettre l'état des pionniers existants qui devaient servir de noyau aux unités de sapeurs à créer.

---

(1) Le conseil d'administration du 10e (*bis*) bataillon de sapeurs à la Commission de l'organisation et du mouvement des armées, le 26 messidor. (Réponse à une demande d'explications de ladite Commission, en date du 25 prairial.)

Ordre du 1ᵉʳ au 2 ventôse. — *Copie de l'ordre de l'armée
du 30 pluviôse au 1ᵉʳ ventôse.*

Quartier général d'Avesnes.

Il est ordonné aux généraux de division et commandants de places, sous leur responsabilité, de faire passer dans le plus bref délai, à l'état-major général de l'armée, l'état de la force et l'effectif des compagnies de pionniers qui sont dans leurs divisions ou leurs arrondissements. Ils feront aussi passer quelques renseignements sur la date de la formation de ces compagnies et sur leur organisation actuelle.

Malgré cette demande, l'organisation n'avait guère progressé plus d'un mois après; car Souham, dont la division stationnée à Lille, occupant les passages de la Deule et de la Marque, et sans cesse aux prises avec l'ennemi, sentait plus qu'aucune autre la nécessité de fortifier ses positions, réclamait avec instance la venue d'un bataillon du génie. « Si tous les bataillons de sapeurs que l'on vient de former », écrivait-il le 7 germinal à Pichegru, « ne sont pas employés, il serait bien nécessaire d'en avoir dans cette division. » Plus d'un mois après, il insistait encore pour avoir des sapeurs. « On éprouve les plus grandes difficultés à se procurer des pionniers. Il n'y a pas d'habitants, et je suis obligé (d'employer) des ouvriers tirés des bataillons. Le bataillon des sapeurs qui est à Saint-Omer nous serait très utile (1). » Il se préoccupait en même temps d'avoir en

---

(1) *Le général Souham au général en chef Pichegru.* Marquette, 15 floréal (4 mai)

Le bataillon formé à Saint-Omer avait reçu le n° 10. « Le 12 ventôse an II de la République française ont été formées six compagnies destinées à former ledit bataillon, en présence des citoyens Carnot, chef du génie à Saint-Omer, et Félix, commissaire des guerres, chargé de l'organisation de ce corps par le général en chef Pichegru. » (*Extrait du Registre d'organisation du 10ᵉ bataillon de sapeurs, formé à Saint-Omer, en vertu du décret de la Convention nationale du 25 frimaire an II de la République.*)

Le 29 ventôse an II, le conseil d'administration de ce bataillon et le

magasin de solides outils pour en doter ses travailleurs (1). Avant de soutenir l'attaque de Courtrai par Clerfayt, il avait prescrit à Dejean, de construire des batteries aux portes de Tournai, d'Oudenarde et d'Haerlebeke (2). Enfin, après que cette attaque eut montré la nécessité de renforcer les défenses de cette place, on s'empressa d'y envoyer des sapeurs.

Liébert au Commandant de la place de Lille.

22 floréal (11 mai).

Ci-joint je t'adresse, Citoyen Commandant, l'ordre du départ pour les deux compagnies du 1ᵉʳ bataillon de sapeurs qui sont arrivées hier à Lille ; tu voudras bien remettre cet ordre au commandant et t'assurer de l'exécution, de laquelle tu me rendras compte.

---

commissaire des guerres Félix annonçaient que le bataillon était « entièrement organisé et qu'aujourd'hui il est fort de 1649 hommes, ce qui donne un excédent au complet de 49 hommes..... Ce corps est un des plus beaux de l'armée..... Sa formation monte au 1ᵉʳ ventôse, jour où les deux premières compagnies ont été organisées..... »

(1) *Le général Souham au général d'artillerie Songis, à Lille.*

4 floréal (23 avril).

« Je viens d'écrire au citoyen Vigneur, garde principal de l'artillerie, qu'on manquait d'outils à pionniers, et de prendre des mesures pour s'en procurer s'il n'en a pas. Tu voudras bien lui en fournir de solides. »

(2) *Le général Souham au citoyen Dejean, chef de bataillon du génie.*

8 floréal (27 avril).

« Il est ordonné au citoyen Dejean, chef de bataillon du génie, de se pourvoir des moyens de retrancher Courtrai, principalement les portes de Tournai, Oudenarde et Haerlebeke en établissant des batteries. Il requerra dans Courtrai et environs tous les pionniers qui lui seront nécessaires. »

Liébert au général de division Souham, à Courtrai.

22 floréal (11 mai).

Je te préviens, Général, qu'il arrivera aujourd'hui à Courtrai deux compagnies du 1ᵉʳ bataillon de sapeurs ; tu leur donneras la destination que tu croiras convenable pour le bien du service.

Liébert à Dehay, chef de brigade commandant la place de Courtrai.

22 floréal (11 mai).

Je te préviens, Citoyen Commandant, que je viens de donner ordre à deux compagnies du 1ᵉʳ bataillon de sapeurs de se rendre à Courtrai, où elles prendront tes ordres ; tu en disposeras comme tu le croiras convenable pour le bien du service.

e) Enfin, *à l'armée de la Moselle,* comme *à celle des Ardennes,* comme *à l'aile droite de l'armée du Nord,* il fut également affecté un bataillon de sapeurs qui prit le n° 8 et fut formé le 15 ventôse à Metz (1). La correspondance de Gillet, qui se rapporte à cette création, fait encore une fois ressortir le principe admis de n'affecter au service des sapeurs que des réquisitionnaires vigoureux sans doute mais peu aptes au service de l'infanterie.

---

(1) Le chiffre 8 est bien celui de ce bataillon, ainsi qu'il résulte d'une lettre de Gillet, datée du 23 floréal, et publiée plus loin. C'est donc par erreur que le directeur du génie à Metz écrivait le 7 germinal à Mazurier : « Je m'empresse de répondre à ta lettre du 4 de ce mois, concernant le 12ᵉ (*sic*) bataillon de sapeurs..... »

La même lettre, toutefois, signale bien Metz comme lieu de rassemblement du bataillon et ajoute : « Ce n'a été que le 15 ventôse que les officiers des sapeurs ayant à leur tête le citoyen Brocard, chef de bataillon, m'ont appris qu'il était organisé en me demandant les outils qui lui étaient nécessaires, et j'ai fait droit à cette demande en passant le lendemain une adjudication pour la fourniture de ces outils, que la commune a cru devoir fixer au 1ᵉʳ floréal prochain..... »

Metz, 20 ventôse (10 mars).

Le Représentant du peuple envoyé aux armées de la Moselle et des Ardennes pour l'embrigadement de l'infanterie ;

Sur la demande du général en chef de l'armée de la Moselle ;

Arrête que le citoyen Barthe, agent supérieur du Conseil exécutif, fera compléter incessamment le bataillon de sapeurs qui doit être formé en exécution de la loi du 25 frimaire dernier.

Ce bataillon ne sera porté provisoirement qu'à 1200 hommes, sauf à le compléter immédiatement après la revue de tous les corps d'infanterie de l'armée.

Au général Grigny, chef d'état-major de l'armée de la Moselle.

Au quartier général de Metzerwisse, 24 ventôse (14 mars).

Je suis informé, Citoyen Général, qu'on a tiré des anciens bataillons de l'armée de la Moselle un certain nombre d'hommes pour compléter le bataillon des sapeurs qui doit être organisé en exécution de la loi du 25 frimaire dernier.

Cette mesure m'a paru absolument contraire au bien du service. Tout homme sans être aguerri peut être sapeur pourvu qu'il soit robuste. Il n'est donc pas nécessaire de choisir des militaires déjà exercés et formés à la guerre ; des recrues peuvent faire le même service. Aussi la loi du 25 frimaire, article 10, n'appelle-t-elle à la formation des bataillons de sapeurs que « les citoyens mis à la réquisition d'après la loi du 23 août dernier, ou d'après les arrêtés des représentants du peuple ».

Je te charge en conséquence, Citoyen Général, de faire rentrer sur-le-champ à leurs corps respectifs les militaires qui en auraient été tirés pour former le bataillon de sapeurs et de me rendre compte de l'exécution de cette disposition.

Au commissaire des guerres Micoud.

Longwy, 10 germinal (30 mars).

Pour répondre à ta lettre du 19 ventôse, Citoyen, que je n'ai reçue que le 8 germinal, je t'adresse copie de celle que j'écrivis sur le même objet au chef de l'état-major de l'armée de la Moselle le 24 du mois dernier, dont je suis surpris qu'il ne t'ait pas donné connaissance.

A mon passage à Metz, je chargeai l'agent supérieur du Conseil exécutif de compléter le bataillon de pionniers avec des hommes de la première réquisition, en ne le portant néanmoins provisoirement qu'à 1200 hommes, sauf à la compléter définitivement lorsque j'aurai terminé les revues de l'armée. Le motif de cette disposition était de pouvoir y faire entrer les hommes qui ne se seraient pas trouvés propres au service de l'infanterie et qui sont néanmoins assez forts pour faire le service de sapeurs.

Au surplus, je suis informé qu'il s'est glissé un abus même dans le choix des hommes de réquisition. On a pris, par exemple, tout le premier rang d'un bataillon et, de cette façon, des hommes de 5 pieds 9 pouces qui auraient fait de superbes grenadiers ont été employés comme sapeurs, au lieu de choisir des hommes forts qui, quoique d'une taille peu avantageuse, auraient été également propres au service.

C'est d'après ces différentes vues que tu voudras bien diriger l'opération dont tu es chargé concernant l'organisation de ce bataillon.

Au Comité de la guerre.

Longuyon, 18 germinal (7 avril).

Citoyens Collègues,

Lors de mon arrivée à Metz, le général de l'armée de la Moselle me pria de faire organiser le bataillon de sapeurs. On s'en occupait déjà, mais je m'aperçus qu'on s'écartait de l'esprit de la loi; au lieu de prendre des citoyens de bonne volonté dans la première réquisition, on avait pris 25 hommes par bataillon; on privait ainsi un corps déjà peu nombreux de 25 soldats aguerris pour les employer à un genre de service auquel ils n'étaient nullement propres. Je prescrivis de rendre ces soldats à leurs corps; cet ordre n'a encore été exécuté qu'en partie.

J'avais arrêté que le bataillon ne serait porté provisoirement qu'à 1200 hommes; j'avais prévu qu'en faisant les revues je trouverais beaucoup d'hommes qui, quoique peu propres au service de l'infanterie, pourraient néanmoins faire celui de sapeurs, et qu'il serait possible de le compléter, au moins en partie, avec cette ressource. C'est ce qui s'est vérifié.

Mais on a mal rempli l'objet, même en prenant dans les bataillons de réquisition; sur quatre que j'avais fait venir de Verdun, on a pris tout le premier rang, sans consulter leur volonté, qui était de servir dans l'infanterie, et on a, de cette manière, pris des hommes de 5 pieds 9 pouces, jeunes et alertes, qui auraient fait les plus beaux grenadiers.

Sur les réclamations qui m'ont été portées, j'en ai fait rentrer quelques-uns dans les bataillons d'infanterie. Je vous prie, Citoyens Collègues, de me mander si, dans ces diverses dispositions, j'ai rempli les intentions du Comité.

Au général Péduchelle, commandant à Thionville.

Morfontaine, 23 floréal (12 avril).

Tu voudras bien, Citoyen Général, assembler sur-le-champ la compagnie de sapeurs employés à Thionville; tu en feras la revue et tu marqueras tous les hommes qui ont la taille, bien constitués et qui sont propres au service de l'infanterie, à l'exception des officiers et sous-officiers, et tu les enverras à Longwy, sous la conduite d'un officier, pour être employés dans l'infanterie.

Morfontaine, 23 floréal (12 avril).

Le Représentant du peuple, etc.....
Arrête que le commandant du 8ᵉ bataillon de sapeurs renverra sur-le-champ à leur bataillon 30 hommes qui ont été tirés du 7ᵉ bataillon du Rhône-et-Loire pour être incorporés dans la compagnie de sapeurs actuellement employés à Thionville.

Le 8ᵉ bataillon avait donc une compagnie à Thionville. D'autre part, il avait quitté Metz le 3 germinal, ce qui avait empêché de l'habiller et de le munir d'outils dont l'adjudication n'était prévue que pour le 1ᵉʳ floréal (1). Ce départ avait été nécessité par les ordres de Jourdan, prescrivant de le répartir entre les places frontières de son armée (2). Toutefois, le directeur du génie de Metz, mis au courant de cette situation qui avait interrompu les travaux des fortifications à Metz, avait invité Jourdan, le 4 germinal, à lui en « rendre au moins deux compagnies aussitôt que les circonstances le lui permettraient (3) ».

Le 8ᵉ bataillon avait donc au printemps de 1794 une compagnie à Thionville, deux à Metz et le reste sur les autres places frontières de l'armée de la Moselle.

Outils des bataillons de sapeurs. — Les outils dont disposa chaque bataillon de sapeurs étaient au nombre de 1400, dont « un tiers en haches, un autre en pelles

---

(1) Le directeur des fortifications de la Moselle, etc... au citoyen Mazurier, adjoint du ministre de la guerre. Metz, 7 germinal.
(2) Le même au même, 4 germinal.
(3) Le même au même, 4 germinal.

longues et rondes, et le troisième en pioches et serpes (1) (2) ». Ces outils étaient portés dans des voitures de réquisition (3), qui suivaient le parc d'artillerie

---

(1) Tharreau au général de brigade Michaud. 1ᵉʳ ventôse. (Voir page 589.)

(2) *Tharreau au général de brigade Lorge.*

9 ventôse (27 février).

Je te préviens, Général, que je viens de donner des ordres pour qu'il soit conduit à Douzy la quantité de 691 outils, tant pelles, pioches, haches et serpes, pour les quatre compagnies de sapeurs qui sont sous tes ordres.

Tu ordonneras au chef de corps de les prendre à Douzy et d'y déposer tous ceux qui peuvent ne rien valoir et qu'il a dans ses compagnies ; tu les renverras au magasin, à Sedan.

Le Général de brigade chef de l'état-major de l'armée des Ardennes, au citoyen Blin, commissaire ordonnateur.

Au quartier général de Sedan, 9 germinal (29 mars).

(Le 7ᵉ bataillon) a reçu, dans le courant de ventôse, les outils qui lui manquaient et, en remplacement de ceux qui y étaient usés, les quantités suivantes : 233 pelles, tant rondes que carrées ; 117 pioches ; 114 serpes ; 227 haches. Ces outils avaient été tirés de l'arsenal de Mézières, qui les avait versés dans celui de Sedan, d'où ce bataillon les a reçus.

Maubeuge, 21 floréal (10 mai).

Il est ordonné au garde-magasin des effets militaires de délivrer la quantité de 300 pelles, 300 pioches, 200 serpes et 200 haches, pour servir à l'armée commandée par le général Desjardin.

FAVEREAU.

Maubeuge, 21 floréal (10 mai).

(3) Il est ordonné au commissaire des guerres Fontaine de faire fournir sur-le-champ deux voitures pour le transport de 1000 outils qui doivent se rendre à Beaumont, à la disposition du général de division Desjardin.

FAVEREAU.

pendant les marches (1), lorsqu'ils étaient employés par les avant-gardes divisionnaires en campagne et non par les bataillons de sapeurs affectés aux places fortes.

Travaux divers du service du génie. — Les travaux de fortification, qui formaient la base des occupations des officiers du génie, étaient exécutés par eux au moyen de sapeurs ou de travailleurs requis.

Le représentant du peuple Laurent au général Duhesme.

Maubeuge, 26 germinal (15 avril).
Citoyen Général,

Il faut que les choses se fassent en règle. J'attends ces jours-ci des officiers du génie qui présideront aux travaux que tu médites et qui t'instruiront de leur indispensable nécessité.

Cependant, si tu crois que les mesures que tu as prises sont indispensables au salut des troupes que tu commandes, tu feras délivrer le nécessaire pour la subsistance et, sur le reste, nous prendrons les mesures nécessaires.

Salut et fraternité. **LAURENT.**

Le représentant du peuple Laurent au général Duhesme.

Maubeuge, 27 germinal (16 avril).
Citoyen Général,

Je ne sais point quelle doit être la marche des généraux pour les travaux de défense. Il me semble que les officiers du génie doivent être consultés et qu'au moins il doit y avoir un conseil de guerre de tenu.

---

(1) *Le général Desjardin au général Favereau.*

Avesnes, 30 floréal (19 mai).

Il est nécessaire, mon Général, que deux voitures d'outils suivent notre parc, afin que, dans les mouvements de repos, on détruise les ouvrages de l'ennemi dont nous pourrions nous rendre maîtres. Je te prie de donner des ordres pour qu'elles soient rendues demain matin au parc d'artillerie près Thirimont.

C'est d'après son arrêté qu'on exécute les travaux ; et point de doute qu'alors la République ne dût payer les travailleurs sur le pied des pionniers. Mettez-vous en règle.

Salut et fraternité.   LAURENT.

Afin de permettre à Desjardin de se fortifier dans Beaumont aussitôt après l'avoir occupé (1), Favereau lui envoya comme ingénieurs le chef de bataillon Marescot et le citoyen Flayelle (2).

A défaut de sapeurs, on fournit du reste à Marescot des citoyens requis spécialement pour ces travaux.

Maubeuge, 15 floréal (4 mai).

Nous, Représentant du peuple, etc.

Ordonnons à l'administration du district d'Avesnes de faire sur-le-champ à tel nombre de municipalités de son arrondissement qu'elle jugera le plus convenable, les réquisitions nécessaires pour procurer dès demain au citoyen Marescot et autres officiers du génie, 600 travailleurs, lesquels se rendront ce même jour à la redoute du Pot-de-Vin près la cense de l'Hôpital, munis savoir : moitié de pelles et moitié de louchets pour y être occupés, ou sur tout autre point qui leur sera indiqué jusqu'à nouvel ordre.

Les officiers du génie pourvoiront à leur logement et les feront payer à raison de 10 livres la toise cube, au moyen de quoi ils se muniront également du nécessaire pour leurs subsistances.

Les municipalités qui n'obéiront pas aux réquisitions du district seront punies comme réfractaires aux lois et le maire sera mis provisoirement en état d'arrestation.

---

(1)   *Favereau à Desjardin.*

7 floréal (26 avril).

« Je t'envoie deux ingénieurs pour que, dans le cas que tu sois dans Beaumont, ils travaillent à le fortifier. »

(2)   *Du même.*

8 floréal (28 avril).

« Le citoyen Marescot, ingénieur, chef de bataillon, voudra bien se rendre, avec le citoyen Flayelle, à l'armée sous Beaumont pour y recevoir les ordres du général Desjardin. »

Ordonnons en outre qu'à la diligence de l'administration du district les maires des communes de Moncheaux, Saint-Vaast, Saint-Aubain, le Val, Aymeries, Dourlers, Semousies, Noyelle, Baschamp et Beugnies seront arrêtés et conduits dès demain dans les prisons de Maubeuge pour s'être refusés obstinément aux réquisitions qui leur ont été précédemment faites par le citoyen Marescot.

L'administration du district demeure responsable sous la même peine de l'exécution du présent arrêté.

LAURENT.

Les lettres suivantes de Colaud et de Montalembert donnent encore un nouvel exemple de réquisition d'ouvriers et de paysans pour les travaux du génie.

Au citoyen Mazurier, adjoint au Ministre de la guerre.

17 ventôse (7 mars).

J'ai reçu ta lettre du 15 ventôse, dans laquelle était joint l'arrêté du Comité de Salut public pour tirer des bataillons de première réquisition 100 ouvriers scieurs de long et de les faire mettre ensuite à la disposition du directeur des fortifications de Saint-Omer ; j'ai écrit sur-le-champ au général de division qui commande dans cette partie pour les faire mettre à exécution.

Salut et fraternité. COLAUD.

Au Général de division, commandant à Saint-Omer.

17 ventôse (7 mars).

Je t'envoie ci-joint, Citoyen Général, un arrêté du Comité de Salut public pour faire tirer parmi les bataillons de première réquisition 100 ouvriers scieurs de long et les faire mettre de suite à la disposition du directeur des fortifications de Saint-Omer ; tu voudras bien faire mettre sur-le-champ à exécution cet arrêté.

COLAUD.

Le général de brigade Montalembert au Citoyen Ministre de la guerre.

5 germinal (25 mars).

Citoyen Ministre,

Les nouvelles du Cambrésis annoncent que les paysans y ont été mis en réquisition pour travailler à un camp retranché entre Bouchain et Cambrai dans l'emplacement appelé Camp de César. C'est une position des plus avantageuses, et la connaissant, je n'ai pas manqué de l'indiquer dès l'année passée lorsque les ennemis attaquèrent Valenciennes.

Je dois donc remettre ici sous tes yeux la lettre que je t'écrivis le 11 août dernier, avec le mémoire qui y était joint auquel tu n'eus point d'égard. Mais aujourd'hui l'exécution de ce projet devant avoir lieu, il est de mon devoir de te dire que, si l'on se borne, suivant l'usage, à y élever de mauvaises lignes à redans soutenues par des redoutes carrées aussi mauvaises que les redans, ce sera ne rien faire. Ce camp sera forcé en peu de moments, dès que les attaquants seront supérieurs aux attaqués. Il est fâcheux qu'on n'ait pas commencé ce travail il y a six mois. Mais du moins serait-il à désirer qu'on y fît des ouvrages de bonne défense. Je suis tout prêt à indiquer les méthodes que j'emploierais dans une pareille position. Si tu jugeais à propos d'avoir mon avis à cet égard, il suffirait de me communiquer les projets qu'on se propose d'exécuter dans cet emplacement. Je désire beaucoup qu'ils soient tels que je n'aie qu'à y applaudir. Je m'acquitte de ce que je dois à la nation en faisant de telles offres.

Salut et fraternité.

MONTALEMBERT.

A cet exemple on peut joindre le suivant qui ne vise plus des travaux de fortification permanente mais bien des retranchements de circonstance.

13 floréal (2 mai).

Le citoyen Lorette, brigadier au 10e régiment de hussards, partira avec 7 hussards pour faire faire le rassemblement des habitants des communes de Samar, Neufville, Sauzelle, Soumoy, Cerffontaine, Vergnies, Renlies, Erpion.

Chacun des hussards qu'il enverra dans les communes ci-dessus conduira les habitants au village de Bossus. Il restera avec eux et aura soin d'en connaître le nombre. Ces habitants sont destinés à élever des retranchements; pendant le travail, le citoyen Lorette sera aux ordres de l'officier ingénieur ou des sapeurs, et il restera avec lui jusqu'à nouvel ordre.

L'Adjudant général,

SIONVILLE.

Si le service du génie était en principe affecté aux travaux de fortification (1) permanente, on peut cepen-

---

(1) 4 messidor. — Je vous adresse ci-joint, Citoyens, l'état des ingénieurs employés à l'armée active du Nord. On ne m'a pas encore envoyé

dant en indiquer d'autres emplois tels que des reconnaissances, levers de terrain et dessins, effectués par les officiers ; des constructions de chemins de colonnes, des travaux de campagne pour la protection de l'artillerie de position, des réparations des voies de communication, des aménagements de cantonnements et bivouacs.

a) *Reconnaissances.*

22 ventôse (12 mars).

Il est ordonné au citoyen Bailly, sous-lieutenant au bataillon des sapeurs, d'accompagner le citoyen Barbier, adjudant général, dans les reconnaissances qu'il est chargé de faire pour destiner (*sic*) les lieux et positions et les emplacements qu'il jugera convenables pour le bien du service de la République. Il demeurera attaché à cet officier aux ordres duquel il sera jusqu'à ce que cette mission soit remplie.

Tharreau.

Tharreau au citoyen Barbier, adjudant général chef de brigade.

22 ventôse (12 mars).

Tu voudras bien, Citoyen, te transporter demain, 23 ventôse, à Bouillon où tu trouveras le citoyen Bailly, officier au bataillon de sapeurs, attaché à l'armée des Ardennes, qui a ordre de suivre tes instructions.

Tharreau.

b) *Dessins et levers.*

5 messidor.

D'après la demande du citoyen Bidet des Fours, commandant le génie dans la place d'Arras, pour que le citoyen Joseph Ledrut, de la commune de Bancourt district de Bapaume, dragon au détachement que tu commandes, soit employé dans les bureaux de dessin de la place d'Arras, sous les ordres immédiats des officiers de génie, tu voudras bien lui remettre l'ordre ci-joint que je t'adresse et le faire partir de suite pour le rendre à sa nouvelle destination.

Liébert.

---

l'état des mineurs, sapeurs et autres employés des fortifications en activité de service à l'armée. Je vous l'enverrai aussitôt qu'il me sera parvenu.

c) *Chemins de colonnes.*

Copie de l'ordre du 1ᵉʳ prairial.

Au quartier général de la cense de Lobbes, 1ᵉʳ prairial (20 mai).

. . . .
Chaque général de division exécutera les mouvements ou attaques prescrites par les instructions du général commandant en chef.
Il veillera à ce que sa colonne marche dans le plus grand ordre.....
Chaque colonne sera précédée d'un bataillon d'infanterie légère ; à sa suite marcheront immédiatement les travailleurs qui faciliteront le passage de l'artillerie et ouvriront les communications.....

C'est suivant le même principe que fut organisée la sortie suivante de la garnison de Maubeuge.

Plan d'attaque du bois du Tilleul et du faubourg de Mons.

Maubeuge, 10 prairial (29 mai).

L'attaque du bois du Tilleul sera commandée par le général Daurier. Il aura sous ses ordres : le 2ᵉ bataillon du 18ᵉ régiment, les deux bataillons de gendarmerie nationale, le 3ᵉ bataillon de la 21ᵉ demi-brigade d'infanterie légère, un escadron de dragons, un obusier et une pièce de 8 (artillerie légère).

Le général Gilly, commandant le camp de Falise mettra aux ordres du général Daurier le 6ᵉ bataillon de l'Yonne qu'il enverra à Hautmont et sur les hauteurs adjacentes pour y observer les mouvements de l'ennemi. Ce bataillon mènera ses deux pièces de canon dont l'une sera mise en batterie vis-à-vis le pont d'Hautmont pour empêcher toute entreprise de la part de l'ennemi, et l'autre sera placée dans le verger de l'abbaye et dirigé de manière à empêcher les ennemis qui sortiraient du bois du Tilleul de se sauver le long de la Sambre en gagnant Hautmont.

Cette attaque commencera à la pointe du jour, demain 11 prairial, et sera dirigée de manière à ce que les troupes aient la route de Bavay derrière elles et la Sambre en avant, afin de pousser l'ennemi sur la rivière et sur Maubeuge et n'en laisser passer aucun du côté d'Hautmont.

A la suite de ces corps marcheront les travailleurs conduits par un officier du génie. Leur occupation sera de détruire tous les ouvrages que les ennemis ont dans le bois du Tilleul.

Ce corps d'attaque et ces travailleurs seront soutenus par le général Fuzier qui, pour remplir cet objet, aura sous ses ordres la 72ᵉ demi-brigade, le 1ᵉʳ bataillon de la 85ᵉ demi-brigade, le 1ᵉʳ escadron de dragons, 1 obusier et une pièce de 8 (artillerie légère).

Il détachera en tirailleurs le 1ᵉʳ bataillon de la 85ᵉ demi-brigade qui harcèlera l'ennemi qui pourrait paraître dans la plaine et se portera sur leurs épaulements et petits ouvrages, et il portera sa demi-brigade vers la chaussée de Bavay qu'il laissera sur sa gauche, observera tous les mouvements de l'ennemi et soutiendra l'expédition du général Daurier ; et lorsqu'il aura porté sa demi-brigade en avant et qu'il aura dépassé la redoute qui est sur la route de Bavay, il rabattra sur elle, l'enlèvera et gardera la position de cette redoute, ou suivra les mouvements du général Daurier.

L'attaque du faubourg de Mons sera commandée par le général Coliny, et il aura pour cette expédition sous ses ordres les trois bataillons de la garnison dont il disposera de la manière la plus convenable, des travailleurs conduits par un officier du génie. Le général Gilly mettra à ses ordres un des bataillons du camp, auquel il donnera l'ordre de se porter à la droite de l'inondation dans le chemin creux. Il protégera la droite de l'attaque du général Coliny, observera l'ennemi, sera tranquille et n'attaquera pas sans ordre.

Le général Gilly fera tenir sous les armes et aux palissades le reste des troupes du camp. Il recommandera que le 11ᵉ bataillon des Vosges, cantonné à Rousies, soit également sous les armes et qu'il double ses postes.

Le général de division,
FERRAND.

d) *Travaux de fortification passagère pour l'artillerie.*

Tharreau au général de brigade Prestat.

3 prairial (22 mai).

Je t'envoie ci-joint, les ordres au commandant du génie et à la compagnie de sapeurs de partir sur-le-champ de Vedette pour se rendre dans les lieux qui leur seront indiqués. Tu feras escorter les deux mortiers de 10 pouces par une compagnie de fusiliers, et tu donneras l'ordre à la compagnie de sapeurs de suivre la marche de ces bouches à feu, leur destination étant la même. Tu prendras les mesures qui sont en ton pouvoir pour que l'exécution de ces ordres n'éprouve pas le moindre retard.

THARREAU.

e) *Réparation des voies de communication.*

Nalinnes, 20 prairial (9 juin).

Les Représentants du peuple près les armées du Nord, de la Moselle et des Ardennes :

Considérant la nécessité de faire réparer les routes de Givet à Vedette-Républicaine et à Nalinnes, chargent le capitaine du génie Geoffroy d'y faire travailler sans délai, de manière que les transports de munitions et subsistances pour le service des armées de la République ne soient empêchés ni retardés.

Il est autorisé en conséquence à requérir dans les communes les plus voisines le nombre de travailleurs qui sera nécessaire.

Il sera mis à sa disposition, par le général en chef, la force armée suffisante pour appuyer lesdites réquisitions auxquelles lesdites communes seront obligées de déférer, à peine d'exécution militaire.

L.-B. GUYTON, GILLET.

f) *Aménagement des camps et cantonnements.*

Le général Macdonald au général de division Souham.

28 ventôse (18 mars).

On m'apporte souvent à signer des états de travaux faits dans les différents cantonnements que je commande tels que réparations de redoutes, épaulements, corps de garde, cheminées, etc. Je ne crois pas que les chefs qui y commandent soient autorisés à ordonner ces sortes d'ouvrages. Aussi n'en signerai-je aucun. Il serait utile, pour le bien de la chose et pour l'économie, que tu ordonnes au chef du génie qu'il visite les différents cantonnements. Il jugera pour lors la légitimité des ouvrages et des réparations nécessaires. Ce moyen évitera les dilapidations, les escroqueries, et il ne sera fait que ce qui sera indispensable, et il y aura moins de fripons.

Les fonds nécessaires à l'exécution des travaux étaient du reste réclamés par les officiers du génie au commandement qui en référait aux Représentants du peuple, ou directement à ces derniers qui prescrivaient au payeur de l'armée de faire les fonds nécessaires. L'allocation des crédits était alors notifiée par le chef de l'état-major de l'armée au chef du service du génie.

Nalinnes, 20 prairial (8 juin).

Les Représentants du peuple près les armées du Nord, de la Moselle et des Ardennes :

Ordonnent au payeur général de l'armée de la Moselle de payer sur l'état qui sera fourni par l'un des officiers du génie et visé par le commandant du génie, vingt sous par jour à chacun des habitants du pays employés à la confection des gabions et fascines.

Il lui est expressément recommandé, ainsi qu'aux officiers du génie chargés de diriger ces ouvrages, d'avertir que, conformément à nos précédents arrêtés, tous ceux qui refuseraient de prendre en payement de leur travail ou des subistances le papier monnaie de la République seraient regardés comme ses ennemis et traités comme tels.

L.-B. GUYTON, GILLET.

Le général Liébert au chef de bataillon Dejean, commandant du génie à Ypres.

4 messidor (22 juin).

En réponse, mon cher camarade, à ta lettre du 3 messidor, j'ai fait la demande des fonds qui te sont nécessaires pour les travaux de campagne, et j'espère qu'ils ne tarderont pas à être à ta disposition.

4 messidor.

Je m'empresse, Citoyens Représentants, de vous faire part de la demande du citoyen Dejean, chef de bataillon, commandant le génie, à l'armée, portant qu'il soit mis à sa disposition les sommes ci-après :

1° Pour la continuation des ouvrages de Menin et Courtrai, trente mille livres, ci.........	30,000 livres.
2° Pour achever le payement des travaux de tranchées devant Ypres et pour le comblement de ces mêmes ouvrages, quinze mille livres, ci.........................	15,000 —
3° Pour commencer à réparer les dégâts causés aux fortifications, et travailler à mettre la place d'Ypres en état de défense respectable, cinquante mille livres, ci................	50,000 —
Lesquelles susdites sommes forment un total de quatre-vingt-quinze mille livres, ci........	95,000 livres.

Il se plaint de la mobilité des payeurs, ce qui l'embarrasse souvent pour effectuer les payements pressés. Le général en chef pense que cette somme pourrait m'être remise et que je ferais passer des fonds à ceux qui sont chargés des payements. Je l'avoue que je n'aime pas le maniement des finances, mais si le besoin du service l'exige, je m'en chargerai avec plaisir. Tu feras là-dessus ce que tu jugeras convenable. A Ypres, on s'occupe des objets les plus pressés, tels que le comblement des tranchées, les écluses, les batards d'eau (*sic*), les manœuvres d'eau, le plan du siège, etc. Vous voudrez bien me répondre au sujet de la demande du citoyen Dejean.

Liébert à Dejean.

6 messidor (24 juin).

Les Représentants du peuple, conformément à ta demande, Citoyen, viennent de mettre à ma disposition une somme de 95,000 livres; lorsque tu auras besoin de ces fonds, tu t'adresseras directement à moi.

Des places fortes. — A plusieurs reprises, l'étude qui précède a montré que le service principal des douze bataillons de sapeurs, créés par la loi du 25 frimaire, était constitué par les travaux de fortification permanente.

Le moment semble donc venu de traiter des places fortes et de rechercher quel en était le régime.

Ce dernier était déterminé par la loi du 10 juillet 1791 « concernant la conservation et classement des places de guerre et postes militaires, la police des fortifications et autres objets y relatifs ».

Les places fortes étaient réparties par cette loi en trois classes dont la première était sans cesse maintenue à hauteur des derniers progrès de l'art des fortifications; la deuxième était seulement entretenue; la troisième simplement « conservée en masse pour valoir au besoin, sans démolition et sans autre entretien que celui des bâtiments qui seront conservés pour le service militaire, et des ouvrages relatifs aux manœuvres d'eau ».

L'*état de paix*, l'*état de guerre* (1) et l'*état de siège*

---

(1) *Loi relative aux places et postes militaires à mettre en état de guerre, donnée à Paris le 31 mai 1792, an IV de la liberté.*

Décret de l'Assemblée nationale du 26 mai 1792, an IV de la liberté :
L'Assemblée nationale, délibérant sur la proposition du Roi, contre-

étaient, comme aujourd'hui, les trois situations progressives par lesquelles pouvait passer la forteresse suivant l'approche de l'ennemi.

Les « employés des fortifications, connus ci-devant sous les noms d'inspecteurs des casernes, de caserniers,

---

signée par le Ministre de la guerre, relative aux places et postes militaires à mettre en état de guerre, considérant que les hostilités déjà commencées sur quelques-unes de nos frontières, et dont quelques autres sont encore menacées, exigent, pour qu'elles soient efficaces, les mesures les plus fermes et les plus promptes, décrète qu'il y a urgence.

L'Assemblée nationale, après avoir entendu le rapport de son Comité militaire et décrété l'urgence, décrète définitivement ce qui suit :

Art. 1er. — Les places de guerre et postes militaires dont l'état est ci-après seront, jusqu'à ce qu'il ait été autrement statué, comme étant en état de guerre, sauf les cas où ils seraient déclarés par les généraux d'armée être en état de siège, conformément aux articles 10, 11 et 12 du titre Ier de la loi du 10 juillet 1791.

Art. 2. — Indépendamment des places et postes militaires portés au tableau annexé à la loi du 10 juillet 1791, le Roi proposera au Corps législatif les postes que, par leur position, il croira devoir être considérés comme étant en état de guerre.

Art. 3. — Les généraux d'armée sont autorisés à déclarer et à faire proclamer que tels ou tels postes qu'ils occuperont sont en état de guerre toutes les fois qu'ils le jugeront nécessaire à la sûreté et à la police de l'armée; ils feront également proclamer lorsque cet état devra cesser. Le Pouvoir exécutif demeure chargé d'en rendre compte sur-le-champ au Corps législatif.

État des places de guerre et des postes militaires qui paraissent dans le cas d'être mis en état de guerre.

16e division : Saint-Omer, Aire, Saint-Venant, Béthune.

1re division : Gravelines, Dunkerque, Bergues, Lille, Douai, Bouchain, Valenciennes, Condé, le Quesnoy, Bavay, Maubeuge, Landrecies, Avesnes.

2e division : Philippeville, Marienbourg, Rocroy, Charlemont et les Givet, Mézières, Sedan, Bouillon, Carignan.

3e division : Montmédy, Stenay, Verdun, Longwy, Metz, Thionville, Rodemack, Sierk, Sarrelouis, Bitche.

4e division : Marsal, Phalsbourg.

de fontainiers, de citerniers, d'éclusiers, de gardes des fortifications, de digues, lignes, épis, jetées, etc., » étaient supprimés et remplacés par des « gardes des fortifications » et « éclusiers des fortifications », divisés en quatre classes, nommés et pourvus d'un brevet du Roi. Ils étaient au nombre de 300, dont 20 de la 1re classe, 80 de 2e, 120 de 3e et 80 de 4e.

La loi supprimait de même « tous les emplois d'officiers d'état-major des places de guerre, citadelles, châteaux et autres postes militaires ou villes de l'intérieur, de quelque grade qu'ils soient et sous quelque dénomination (1) qu'ils existent » ainsi que les « lieutenants-de-roi militaires des bailliages ».

Ces officiers étaient remplacés dans leur service par des officiers de la ligne.

Quant aux places fortes, elles devaient, comme aujourd'hui, être groupées par « divisions ou arrondissements, comprenant un certain nombre de places fortes ou garnisons. Dans l'un de ces points, pris pour chef-lieu, devait résider un officier général chargé de surveiller et de maintenir l'ordre et l'uniformité du service dans toutes les places, postes et garnisons de son arrondissement ».

Encore, comme aujourd'hui, il y avait dans chaque place un « commandant militaire » ou commandant d'armes ayant « le commandement des troupes, sous les ordres de l'officier général, chef de l'arrondissement » et étant « celui des officiers employés en activité dans la garnison, qui se trouvera le plus ancien dans le grade le plus élevé, sans distinction d'armes ». — C'était à ce commandant qu'était réservé la garde des « clefs de toutes

---

(1) Les officiers d'état-major de place étaient désignés, dans l'ordonnance du 18 mars 1776, sous les dénominations de gouverneurs à charge de résidence, commandants, lieutenants du roi, majors commandants, aides-majors, sous-aides-majors.

les portes, poternes, vannages, aqueducs et autres ouvertures donnant entrée dans les places (1) ».

Pour faciliter le service dans les grandes places, il était nommé 50 « adjudants de place », dont 30 du grade de capitaine et 20 de lieutenant.

Enfin, en sus du commandant d'armes et de l'adjudant de place, la loi prévoyait le « secrétaire-écrivain », dont les fonctions étaient les mêmes que celles de l'archiviste ou officier d'administration actuel. Leur chiffre était de 120, dont 20 de 1re classe, 40 de 2e, 60 de 3e.

A la loi du 10 juillet 1791 était annexé un « État des places de guerre et postes militaires, classés suivant leur degré d'importance ».

---

(1)   *Aux Représentants du peuple près des armées.*

19 floréal (8 mai).

Citoyens,

Une réclamation vient d'être faite au général en chef, de la part du citoyen Legris, commandant amovible dans la place d'Arras, et je vous la soumets : Ce commandant se plaint que les clefs de la ville dont il a le commandement ne lui sont pas confiées et qu'elles sont entre les mains du Comité révolutionnaire de cette ville.

Je ne veux pas mander à cet officier la loi qui l'autorise à avoir sur lui les clefs d'une place confiée à sa surveillance, avant de vous en avoir prévenus, parce qu'il faut qu'une autorité supérieure prononce là-dessus, ou sans quoi le bien du service en souffrira.

Il est dit, dans le *Journal militaire* du dimanche 11 septembre 1791 (style esclave), titre Ier, article 48 : « Les clefs de toutes les portes, poternes, vannages, aqueducs et autres ouvertures qui donnent entrée dans les places militaires seront confiées au commandant militaire. »

D'après cet article, il est évident que les clefs doivent être confiées au commandant amovible ; mais, pour les ôter au Comité révolutionnaire et les remettre au commandant, il faut un ordre supérieur, et alors l'un et l'autre s'en tiendront à l'arrêté qui aura été pris à ce sujet. J'attends la réponse pour la communiquer au réclamant.

Salut et fraternité.

Le général de division chef de l'état-major général,
LIÉBERT.

En ce qui concerne les armées du Nord, des Ardennes et de la Moselle, les places de 1re classe étaient :

Calais, Gravelines, Dunkerque, Bergues, Saint-Omer, Lille, Douai (1), Maubeuge, Philippeville, Charlemont et les Givet, Mézières, Sedan, Montmédy, Longwy, Thionville, Metz, Sarrelouis.

La 2e classe comprenait :

Boulogne, Ardres, Aire et dépendances, Béthune, Arras, Bouchain, Cambrai, le Quesnoy, Landrecies, Guise, Avesnes, Rocroi, Verdun.

En 3e classe se trouvaient : Abbeville, Montreuil, Hesdin, Doullens, Bapaume, Amiens, Péronne, Ham, Saint-Quentin, la Fère, Toul et Nancy.

Dans chacune de ces places devait, aux termes de la loi du 10 juillet 1791, se trouver un commandant militaire, officier le plus ancien de la garnison. Mais, le 12 mai 1792, l'Assemblée, dérogeant à ce principe, décréta, sur le rapport de M. Crublier-Opterre, que « les commandants en chef des armées seraient autorisés provisoirement à nommer dans les places et postes de guerre situés dans l'étendue de leur commandement, et qu'ils croiraient menacés, des commandants amovibles, choisis parmi les officiers de toutes les armes, du grade de capitaine et au-dessus, se trouvant en activité de service ». Les motifs invoqués à l'appui de ce décret étaient que cette mesure était indispensable pour permettre aux généraux d'armée de « répondre à la nation de la sûreté des places qui couvrent les frontières du royaume ».

Mais en 1794, au moment où le Comité de Salut public sembla recodifier toutes les lois militaires de la France au début de la campagne décisive qu'il allait

---

(1) On ne cite pas Valenciennes et Condé qui, au début de 1794, étaient aux mains de l'ennemi.

entreprendre, il voulut fixer d'avance tous les commandements amovibles à pourvoir et substitua ainsi son autorité à celle des généraux en chef par le décret du 15 nivôse.

Aux termes de ce dernier, il devait être établi des commandants amovibles dans les places de guerre dont il donnait un tableau spécial (1), sans préjudice de tous ceux que le Comité de Salut public ou les Représentants du peuple pouvaient établir suivant la marche des ennemis. Ces officiers, « choisis parmi ceux de toutes armes du grade de capitaine (2) et au-dessus, soit en activité de service, ou retirés avec pension », étaient présentés au choix du Comité de Salut public dans les conditions déterminées par le règlement. Chacun de ces commandants avait, du reste, à ses ordres, un secrétaire recevant de la République un traitement annuel de 1500, 1000 ou 600 livres, et était logé aux frais de l'État dans les bâtiments militaires. « Leur logement consistait en trois chambres, et deux pièces en plus pour le travail. Ils ne pouvaient, en aucun cas, exiger des frais de logement des communes. » Les émoluments des commandants amovibles, fixés par le tableau spécial, leur étaient comptés à partir du 1er vendémiaire, et une indemnité proportionnelle devait être donnée à ceux qui étaient en

---

(1) Voir le tableau ci-contre.

(2) 12 floréal. — Le Représentant du peuple, considérant que le citoyen Privat, commandant amovible de Longwy, n'ayant que le grade de lieutenant au 102e régiment d'infanterie, n'a pas les qualités requises par la loi du 15 nivôse, qui exige pour les commandants de places le grade de capitaine au moins, arrête que le citoyen Privat cessera toutes fonctions de commandant de place à Longwy. Il rentrera sur-le-champ au bataillon auquel il est attaché, pour y faire le service de son grade.

GILLET.

Places de guerre et postes militaires
(Conservés par la loi du 10 juillet 1791. Vieux style).

DÉSIGNATION			APPOINTEMENTS des COMMANDANTS AMOVIBLES proportionnés à la force des garnisons pied de guerre.		
des ARMÉES.	des DÉPARTE-MENTS.	des PLACES DE GUERRE.	1re classe.	2e classe.	3e classe.
			fr.	fr.	fr.
Nord....	Nord....	Dunkerque............	4,800	»	»
		Lille................			
		Douai...............			
		Valenciennes........			
		Cambrai.............			
		Maubeuge............	»	4,000	»
		Bergues.............			
		Condé...............			
		Le Quesnoy..........			
		Landrecies..........			
		Avesnes.............			
		Gravelines..........	»	»	3,300
		Bouchain............			
	Pas-de-Calais.	Arras...............	4,800	»	»
		Aire................			
		Boulogne............	»	4,000	»
		Calais...............			
		Saint-Omer..........			
		Béthune.............			
		Montreuil...........			
		Bapaume.............	»	»	3,300
		Hesdin..............			
		Ardres..............			
	Somme...	Abbeville...........	»	4,000	»
		Amiens..............			
		Doulens.............			
		Péronne.............	»	»	3,300
		Ham.................			
	Aisne....	Saint-Quentin.......			
		La Fère.............	»	»	3,300
		Guise ou Réunion-sur-Oise..			
Ar-dennes.	Ar-dennes.	Sedan...............	4,800	»	»
		Mézières............			
		Philippeville.......	»	4,000	»
		Givet...............			
		Charlemont..........			
	Meuse...	Rocroi..............	»	»	3,300
		Verdun..............	»	4,000	»
		Montmédy............	»	»	3,300
Moselle..	Moselle..	Metz................	»	»	»
		Thionville..........	»	»	»
		Sarre-Libre.........	»	»	»
	Meurthe..	Toul................	»	»	»
		Marsal..............	»	»	»
		Phalsbourg..........	»	»	»

fonctions avant cette date (1). Enfin, l'arrêté du 3 messidor (21 juin 1794) ne leur reconnaissait aucune indemnité pour frais de bureaux.

Au tableau du 15 nivôse, indiquant le nombre des commandants amovibles et les postes auxquels ils étaient affectés, le Comité de Salut public ajouta celui du 23 floréal (2), et décida que tout commandement amovible qui ne serait prévu par aucun de ces deux états, serait par cela même supprimé à partir du 1er prairial (2).

Aux « commandants militaires » étaient adjoints des « adjudants de place », dont le nombre avait été primitivement fixé à 50 par la loi du 10 juillet 1791.

---

(1) *Ordre du 21-22 floréal. — Décret de la Convention nationale du 3 floréal.*

La Convention nationale, après avoir entendu son Comité de la guerre, décrète :

Il sera payé, à titre d'indemnité, aux militaires qui ont rempli, avant le 1er vendémiaire, les fonctions de commandants amovibles dans les places de guerre et forteresses de la République, et ce, en raison du temps de leur service, une somme équivalente au traitement attribué par la loi du 15 nivôse à ceux qui sont actuellement en exercice de ces places de commandants, et déduction faite des pensions ou traitements dont ils jouissaient.

(2) *État des villes et postes militaires non compris sur le tableau annexé au décret du 15 nivôse dernier et dont les commandants amovibles seront provisoirement conservés.*

23 floréal an II (12 mai).

1re division, 1re subdivision :
 Citadelle de Lille ;
 Fort de Scarpe près Douai ;
 Fort Libre ci-devant fort Louis de Dunkerque ;
 Fort français de Bergues ;
 Fort français d'Aire.

. . . .

« Le Comité de Salut public arrête que les commandants amovibles établis dans des lieux ou postes militaires autres que ceux compris dans le tableau annexé à la loi du 15 nivôse dernier et dans l'état d'autre part, sont supprimés à compter du 1er prairial prochain. »

Au mois de mai 1793, la Convention paraît avoir réduit ce nombre à ceux dont la présence était nécessaire dans les seules villes où la guerre la rendait nécessaire.

Décret de la Convention nationale du 22 mai qui établit pendant la guerre seulement, les adjudants de place dans les villes y désignées.

La Convention nationale, après avoir entendu le rapport de son Comité de la guerre, décrète que pendant la guerre seulement, il sera établi des adjudants de place dans les villes ci-après désignées, savoir :

1re division : Bergues, Gravelines, Landrecies, Bouchain, Lille, le Quesnoy.
2e division : Philippeville, Montmédy.
3e division : Metz, Longwy, Sarrelouis, Bitche.
4e division : Marsal.
5e division : Weissembourg, Schelestadt, Huningue, Phalsbourg.
16e division : Béthune, Hesdin, Montreuil-sur-Mer, Boulogne.

Toute autre nomination faite ultérieurement par les Représentants du peuple sous la pression des événements ne pouvait être que provisoire.

Décret de la Convention nationale relatif aux nominations d'adjudants faites par les Représentants du peuple dans les places et forteresses.

3 floréal an II (22 avril).

La Convention nationale, après avoir entendu le rapport de son Comité de la guerre, décrète que les nominations faites par les Représentants du peuple près les armées aux fonctions d'adjudants, dans les places et forteresses où la nécessité des circonstances exige qu'il y en ait d'établis, et qui ne sont pas comprises dans l'état annexé à la loi du 10 juillet 1791, ni à celui du 22 mai (vieux style), ne sont que provisoires et momentanées ; les militaires chargés de les remplir conserveront leur rang dans la ligne.

Le gouvernement et l'état-major de l'armée se tenaient d'ailleurs très soigneusement au courant des mutations qui pouvaient se produire dans le personnel du commandement des places fortes ou postes militaires.

19 nivôse (8 janvier).

Le Comité de Salut public arrête :

1° A partir du 10 pluviôse, aucun ingénieur belge ou batave ne pourra être employé dans les armées du Nord, des Ardennes, de la Moselle ou du Rhin ;

2° Le tableau de répartition des officiers du génie et de leurs adjoints sera mis à la même époque sous les yeux du Comité de Salut public;

3° Le Ministre de la guerre donnera l'état des services et de la capacité de chacun des adjoints.

L'état du personnel des places était du reste fourni tous les cinq jours à l'état-major de l'armée.

Ordre du 13-14 ventôse (3-4 mars).

Les commandants de place enverront à l'avenir, sur le tableau qu'ils font passer à l'état-major tous les cinq jours, le nom du commandant temporaire, celui du commandant de l'artillerie et des officiers du génie.

Ordre du 3-4 germinal (23-24 mars).

Les commandants de place enverront, sous le plus court délai, au chef de l'état-major général de l'armée, leur nom et celui des adjudants-majors de place, leur âge et les corps auxquels ils sont attachés. Ils auront attention de noter s'ils sont commandants temporaires ou amovibles.

Afin de s'assurer de la mise en état du personnel et du matériel, le Comité de Salut public pourvut à leur inspection générale.

Le 14 germinal, le Comité de Salut public arrête que Favart, ci-devant général de division commandant à Lille, est chargé de faire en cette même qualité de général de division, et sous les ordres de Jourdan, général en chef de l'armée de la Moselle, l'inspection des frontières et places fortes du département de ce nom à l'effet de rendre compte au Comité de Salut public :

1° De la situation défensive de chaque place ;

2° De la situation des magasins et arsenaux ;

3° Du service des hôpitaux ;

4° De tout ce qui peut contribuer au succès des opérations de la campagne.

En conséquence, le général Favart pourra requérir de tous officiers et agents civils ou militaires, les renseignements dont il aura besoin.

Il enverra au Comité de Salut public un mémoire contenant le résultat de ses observations.

Sa mission finira au 1er prairial, et il est autorisé à se faire accompagner par un officier du corps du génie de son choix sous l'approbation du général en chef de l'armée de la Moselle (1).

Aux mesures prises pour assurer le fonctionnement du service, venaient s'ajouter celles qui devaient mettre les places dans le meilleur état de défense en stimulant le patriotisme des commandants, des corps administratifs et des habitants.

Sous la menace de l'invasion prussienne, l'Assemblée décréta le 25 juillet 1792 que « tout commandant de place qui la rendrait à l'ennemi avant qu'il y ait brèche accessible et praticable au corps de ladite place, et avant que le corps de place ait soutenu au moins un assaut, si toutefois il y a un retranchement intérieur derrière la brèche, serait puni de mort, à moins qu'il ne manquât de munitions ou de vivres ». En outre « les places de guerre étant la propriété de tout l'empire, dans aucun cas les habitants ni corps administratifs ne pourront requérir un commandant de place de la rendre, sous peine d'être traités comme des révoltés et des traîtres à la patrie ». Enfin, même dans le cas où la brèche faite à la place et l'assaut soutenu par elle rendraient la capitulation admissible, elle ne pourrait être consentie que d'accord avec le conseil général de la commune et les corps administratifs réunis.

---

(1) De Metz, le 4 prairial, Favart envoya un mémoire succinct sur Metz (fortifications, magasins et arsenaux, hôpitaux et tout ce qui peut contribuer au succès); il rappelle en outre qu'il a déjà envoyé au Comité des mémoires sur Longwy, Thionville, Sarrelibre, Bitche, Phalsbourg, Marsal et Toul.

Non contente de ces prescriptions comminatoires qui visaient plus spécialement les commandants de place, l'Assemblée ne voulut pas que leur moral pût être énervé par les réclamations intempestives de la population civile. Aussi « considérant qu'il importe que les commandants ne soient point troublés dans leurs moyens de défense, ni le courage des corps administratifs ébranlé par les manœuvres des mauvais citoyens », l'assemblée décida le 26 août 1792, que « tout citoyen qui, dans une ville assiégée, parlerait de se rendre serait puni de mort ».

Toutes ces mesures, si justement sévères qu'elles fussent, n'empêchèrent pas la capitulation de Longwy ; « le 26 août, cette nouvelle se répandit avec rapidité, et causa dans Paris une agitation générale. On disputa pendant toute la journée sur sa vraisemblance ; enfin elle ne put être contestée, et on sut que la place avait ouvert ses portes après un bombardement de quelques heures (1) ». Dans son indignation, l'Assemblée aggrava (2) encore les peines qu'elle avait édictées non seulement en décrétant d'accusation le commandant, la garnison et les corps administratifs de Longwy, mais encore en autorisant à raser les immeubles de tout citoyen qui « parlerait de rendre la place pour éviter le bombardement » et « toutes les maisons de la ville, à l'exception des maisons nationales », et en déclarant « infâmes et indignes d'exercer jamais les droits de citoyens français tous les habitants de la ville de Longwy à l'époque où cette ville a été livrée ».

A chaque échec se traduisant par la chute d'une place forte, à chaque soubresaut d'émotion qu'elle provoquait, correspondait aussitôt le décret qui traduisait en expres-

---

(1) Thiers, tome III, page 53.
(2) Décret du 31 août 1792.

sions vengeresses le cri de douleur qu'elle arrachait aux patriotes. C'est ainsi que la chute de Valenciennes, de Condé et du Quesnoy fit affirmer plus que jamais à la Convention sa ferme volonté d'imposer à la fortune et de ramener la victoire sous nos drapeaux. « Considérant, dit-elle le 1er brumaire, que l'impunité de Longwy et de Verdun a atténué le grand exemple qu'avaient donné Lille et Thionville dans la campagne dernière aux villes de Condé, de Valenciennes et du Quesnoy, dont la reddition est un monument de lâcheté ou de perfidie, l'Assemblée décrète qu'elle ne dérogera jamais à la loi qui ordonne la démolition de toute ville qui se rendra sans avoir soutenu l'assaut. »

Aux défaillances contre l'ennemi extérieur venait se joindre la complicité à la rébellion intérieure. « Contre les villes révoltées, » la Convention décidait (1) qu'elles ne contiendraient plus « ni établissements publics, ni arsenal, ni manufacture d'armes, ni fonderie de canons, ni magasin de subsistances ».

Enfin il y avait encore à lutter contre les complots de trahison que l'ennemi tentait d'ourdir chez nous. Aux tentatives de Landrecies et de Maubeuge, le Comité de Salut public répondait par son arrêté du 17 ventôse prescrivant des « mutations très fréquentes dans l'emplacement des commandants temporaires..... ».

Pénétrés du reste de l'importance des places fortes et du rôle considérable qu'elles devaient jouer sur la frontière du Nord, le Comité et les Représentants du peuple multipliaient les arrêtés relatifs à l'amélioration de ces forteresses.

Le 9 avril 1793, Laporte et Hentz, commissaires de la Convention nationale, envoyés pour visiter les places depuis Givet jusqu'à Bitche, rendaient compte des

---

(1) Décret du 1er brumaire contre les villes qui se sont révoltées.

dispositions qu'ils avaient prises pour la sûreté de cette partie des frontières.

Le même jour, Cochon, Bellegarde et Lequinio, commissaires aux places fortes du Nord, annonçaient qu'ils allaient visiter Bouchain et Cambrai, places de seconde et troisième ligne. Bouchotte rendait compte le lendemain de l'état de Valenciennes et prenait le 11 des mesures pour la sûreté de la place de Bergues et pour la défense de Lille. Comme le chef de brigade du 27e régiment de cavalerie signalait l'état de dénuement de la place de Péronne, le Ministre était invité le 12 à indiquer les mesures qu'il devait prendre pour la sûreté de cette forteresse. Le 13, Gasparin, Duhem, Duquesnoy et Carnot mandaient qu'ils avaient visité le camp de la Magdelaine sous Lille; que l'état en était bon et que Carnot et Duquesnoy allaient partir pour Cassel, Dunkerque, Bergues, etc. « Nous venons, écrivent-ils le 16, de parcourir la frontière depuis Lille jusqu'à Dunkerque, où nous sommes en ce moment. Cet espace, comme vous le savez, est sans places fortes sur la première ligne, si l'on excepte celle de Bergues que l'on doit regarder comme ne faisant qu'une avec Dunkerque, car la perte de l'une entraîne nécessairement celle de l'autre.

« Pour garder cet intervalle, on a établi un camp sur la montagne de Cassel. Ce camp est dans une position très forte, mais ses communications sont assez mal assurées et ne sont guère susceptibles de l'être mieux. Il faudrait beaucoup de monde pour couvrir cette frontière, et nous en avons très peu. Dunkerque devrait avoir au moins 12,000 hommes et il n'en a pas 1600..... » Comme le 14, Saboureux, commandant de Calais (1), signalait l'éventualité d'une prochaine attaque du duc d'York d'Ostende

---

(1) Voir arrêté du Comité de Salut public du 17 avril 1793. (Aulard, t. III, p. 296.)

sur Dunkerque, le Comité de Salut public invitait les commissaires dans le département du Pas-de-Calais et à l'armée du Nord, à « porter partout un œil vigilant » pour éviter une surprise. Pour mieux se rendre compte de l'état de la place, le Conseil exécutif provisoire y envoyait, le 18, le commissaire Gadolle avec mission de prendre la connaissance la plus exacte des approvisionnements de la place et des fourneaux à rougir les boulets qu'on a dû installer le long des côtes. Le lendemain Carnot et Duquesnoy donnaient sur cette place des détails rassurants : « Nous venons, disaient-ils, de parcourir les forteresses, camps et cantonnements de la frontière du Nord depuis Lille jusqu'à la mer. Cette frontière offre un résultat satisfaisant, et l'on travaille activement sur tous les points à rendre sa défense de plus en plus respectable..... Quoique sans murailles, Dunkerque est, par sa position, susceptible d'une très grande défense..... Nous avons ordonné un retranchement dans l'intérieur de la ville, au moyen duquel on peut, sans compromettre la sûreté des habitants, soutenir l'assaut sur les remparts de terre qui forment son enceinte. Nous avons aussi commandé qu'on armât sur-le-champ des espèces de chaloupes-canonnières, qui battront l'estuaire et rendront les approches presque impraticables..... Tous ces moyens, soutenus par 18,000 hommes qui, dans les vingt-quatre heures, peuvent arriver, en cas d'attaque, des cantonnements et places environnants (1), nous donnent la certitude morale que les ennemis n'auront pas même le faible avantage de s'emparer d'une ville qui ne compte point

---

(1) Le 17 avril, le Comité de sûreté générale ayant averti que Dunkerque devait être incessamment attaqué par les Anglais, le Ministre de la guerre prévenait le même jour le général en chef Dampierre et le général de division O'Moran, qui commandait à Cassel, en les invitant à se concerter pour secourir ladite ville en cas de besoin.

parmi les places fortes, et derrière laquelle se trouve la véritable barrière, la ligne cette fois inexpugnable formée par Gravelines, Calais, Saint-Omer, Aire, Saint-Venant et Béthune. Nous allons parcourir successivement et plusieurs fois ces différentes villes..... »

Le 17 avril, le Ministre de la guerre faisait passer à Calais les fonds nécessaires pour réparer les fortifications, et Roux-Fazillac et Delbrel faisaient connaître l'état de la place de Péronne.

Quatre jours plus tard, le Comité de Salut public arrêtait que Bellegarde, Cochon, Courtois et Lequinio se rendraient à Valenciennes. Deux d'entre eux devaient parcourir les places d'Avesnes, de Landrecies et de Maubeuge; ils étaient invités le 22 avril à rendre compte de leur mission le 23. Ce jour-là elle était d'ailleurs accrue, par décret spécial, de la place du Quesnoy, et Duhem rendait compte de l'état des travaux construits à Armentières. Le 25, le Conseil exécutif provisoire faisait effectuer des travaux de démolition dans les zones de servitude de la place de Lille « pour éclairer certains endroits de cette place ».

Comme on avait discuté la nécessité de conserver Verdun, le Comité de Salut public décida le 1er juin que la place resterait classée et qu'il y serait fait « le plus promptement possible » les travaux de défense nécessaires.

Le même jour, il faisait évacuer de Douai et de Maubeuge tout l'armement et les munitions, qui s'y trouvaient trop exposés. De Maubeuge, du Bois du Bais rendait compte que, « les travaux du camp et tous les genres de retranchements pour la défense de la place se faisaient avec activité ». « On travaille avec activité, ajoutait-il le 15, aux ouvrages destinés à renforcer le camp; quand ils seront terminés, je ne crois pas que nos ennemis s'exposent à en tenter la conquête. » Le 22, du Bois du Bais revenait encore sur ces travaux au sujet de certaines accusations portées contre lui. A la même date, le Comité approuvait les travaux proposés par Custine pour Arras et ouvrait à cet effet un crédit de 40,000 livres.

Carnot, le 18 juillet, expédiait de Bergues quelques arrêtés de dépenses relatives à la fortification; de son côté le Ministre était invité le 30 à prendre toutes les mesures pour mettre les places de « Lille, Cambrai et autres de la frontière du Nord dans l'état de défense le plus complet, tant pour les subsistances que pour les munitions ». Le 15 août le Comité envoyait, du reste, les citoyens Deschamps et Bécard à l'armée du Nord, « pour s'y procurer des renseignements sur l'état des places, sur l'état de l'armée et sur celui des ennemis ».

Pour « soustraire le département de l'Aisne aux incursions de la cavalerie ennemie », le Ministre recevait le 22 l'ordre de mettre la place de Laon en état de défense; instruit des besoins urgents de Cambrai, le Comité ordonnait le même jour de mettre « 300,000 livres à la disposition des officiers municipaux de la ville pour son approvisionnement en grains ». Le 28, « considérant que Gravelines « est imminemment menacée », le Comité réservait la somme de 60,000 livres pour satisfaire aux « besoins urgents » de la ville. 60,000 livres étaient de même allouées à la place d'Aire le 1er septembre (1). Le 31 août, Collombel, Duquesnoy et Hentz adressaient copie au Comité de Salut public de la lettre qu'ils avaient envoyée au général Houchard, « relative aux mesures à prendre pour la défense de Dunkerque et de Bergues ». Le 3 septembre, le Comité de Salut public allouait 400,000 livres à Bergues, « tant pour subvenir aux

---

(1) Cette mesure sera elle-même généralisée par les décrets du 12 septembre 1793 et du 17 pluviôse mettant à la disposition du Ministre de la guerre, l'un 8 millions de plus que les 20 déjà alloués, l'autre 32 millions pour les travaux de fortification à exécuter « dans le cours de la campagne prochaine ».

approvisionnements et aux travaux particuliers que pourra requérir le service de la place pendant le siège, que pour le soulagement des citoyens patriotes chassés de leur asile et que l'invasion des ennemis prive de subsister (1) ». Le 5, Gossuin recevait mission de se rendre à Maubeuge, Avesnes, Landrecies et communes voisines « pour y vérifier l'état de nos forces ». Le 19, Laurent mandait de Péronne que Belair était arrivé et avait donné des ordres pour renforcer la garnison de Cambrai, en attendant les renforts que devait y jeter Houchard. Le 20, le même Représentant annonçait son départ avec Belair pour Cambrai, afin de mettre cette place en état de défense.

Bentabole écrivait le 22 à la Convention que « nos récents revers provenaient du peu de résistance que font les places assiégées, et qu'il faudrait faire sortir les habitants des villes menacées d'un siège, afin que ces villes pussent tenir plus longtemps, n'étant occupées que par la seule garnison ».

Le 23, les Représentants du peuple à l'armée des Ardennes envoyaient le devis d'une redoute destinée à couvrir Mézières et Charleville.

Le 5 octobre, Laurent demandait, de Péronne, l'envoi du représentant Ferry pour tracer la ligne de défense, de Péronne à Guise et plus loin. Le lendemain, Trullard et Berlier annoncent que leur séjour à Dunkerque est fini, et que les dispositions sont prises pour mettre cette place en état; l'exécution est déjà fort avancée. Les mêmes Représentants, après avoir visité les places de Saint-Omer et de Gravelines, annonçaient que la dernière seule était en parfait état; qu'ils prenaient des

---

(1) Bergues souffrit alors « des pertes considérables occasionnées dans les campagnes par les inondations » et par « les dévastations commises par les satellites des despotes sur le territoire de son district ».

mesures et que de grands travaux avaient été exécutés au camp de Rosendael et à Dunkerque.

Le 22 pluviôse (10 février 1794), le Comité de Salut public arrêtait que « le Ministre de la guerre donnerait des ordres pour que les ouvrages proposés par le général Favart (1) fussent exécutés sans délai et avec la plus grande célérité possible ».

La situation de Lille était ainsi définie le 15 (3 février) par F. Guiot : « La situation militaire de Lille ne doit pas davantage vous alarmer que sa situation politique. Elle a dans ce moment une garnison de six mille et quelques cents hommes...... Les fortifications en sont en bon état, excepté quelques-unes de ces petites dégradations qui s'opèrent d'un instant à l'autre. On s'occupe de les réparer. Nous avons de la poudre. Je vous invite cependant à nous en procurer d'autre parce que nous en fournissons à nos avant-postes. Notre artillerie est sur un pied respectable, et nous avons plus de douze cents canonniers qu'on exerce chaque jour à la manœuvre. Nos avant-postes s'élèvent à 22,000 hommes, et s'augmentent chaque jour par le moyen de l'incorporation. Laissez donc les gazetiers de Bruxelles et les intrigants de Lille et de Paris débiter que cette première place est en contre-révolution et qu'il sera facile à l'ennemi de l'enlever..... »

Choudieu et Richard rendaient compte le 27 ventôse

---

(1) Le 29 janvier 1794, le Comité de Salut public, sur la proposition du Ministre de la guerre, l'autorisait à nommer le général de brigade Michel pour remplacer, en qualité de chef division à Lille, le général Favart. Le 14 germinal (3 avril 1794) Favart était chargé, sous les ordres de Jourdan, commandant en chef de l'armée de la Moselle, de l'inspection des frontières et *places fortes* du département de la Moselle. Sa mission devait finir au 1ᵉʳ prairial (20 mai) et il était autorisé à se faire accompagner par un officier du génie de son choix, sauf approbation de Jourdan.

(17 mars) qu'ils avaient visité tous les points de la droite de l'armée du Nord depuis Réunion-sur-Oise jusqu'à Maubeuge. Cependant en rendant compte, le 15 ventôse (5 mars), de leurs observations sur la première ligne de l'armée du Nord, ils signalaient que « la partie des fortifications est mal tenue ».

Le 24 (14 mars), Massieu faisait part des mesures qu'il prenait, de concert avec les généraux, pour approvisionner Vedette-Républicaine et en renforcer la garnison.

Deux jours après le désastre de Troisville (9 floréal), F. Guiot recevait l'ordre de se rendre de Lille à Cambrai pour veiller sévèrement à la défense de cette place. Il y arrivait le 18 (7 mai 1794) en « visitait et tenait doigt à doigt toutes les fortifications ». Il recommandait par écrit au général Proteau de « surveiller sévèrement toutes les parties qui tiennent à la défense de la place et d'en rendre compte fréquemment..... » au Directoire. De Lille, il mandait ces détails au Comité le 22, et ajoutait : « Le conseil de défense a décidé de faire inonder du côté de la place..... Je ne pense pas que l'ennemi ose s'attaquer à Cambrai, et même il dégarnit chaque jour son centre pour se renforcer sur sa droite et sa gauche..... » « A mon retour, disait-il encore, j'ai passé par Bouchain et j'en ai visité les fortifications, ainsi que les magasins. C'est peut-être par sa position, ses ouvrages et le petit nombre de ses habitants une des places les plus susceptibles d'une longue défense ; mais..... on a laissé subsister sur la droite de la place un petit bois qui n'en est pas à 300 toises, que l'ennemi occupe en ce moment et qui, dans le cas d'un siège, favoriserait on ne peut davantage ses approches. Au premier mouvement qu'il fera pour s'en éloigner, le bois sera abattu, et Bouchain en sera deux fois plus fort..... » Il annonçait enfin qu'il allait « parcourir toutes nos places frontières depuis Cambrai jusqu'à Dunkerque en inspectant tous les magasins et tous les autres moyens de défense ».

De son côté, le Comité de Salut public prescrivait le 2 prairial (21 mai) à « Dufour, chef de bataillon du génie, et Jussancourt, directeur des fortifications, à Bapaume, de veiller à la solide et prompte exécution des travaux desdites fortifications ; le 3, il mettait le général Favart en réquisition « pour rester à Metz à l'effet de procurer au Comité et aux généraux des renseignements sur cette place qui lui était parfaitement connue » ; le 4, il autorisait Montalembert à construire un modèle d'embrasure en bois « pour le joindre au modèle d'affût à aiguille de son invention ». Enfin, le Comité montrait encore tout l'intérêt qu'il portait à l'art des sièges en requérant le 1er prairial (20 mai) Foissac-Latour à Paris « pour continuer la nouvelle édition des œuvres de Vauban ».

TABLE DES MATIÈRES

	Pages.
Préface	V
La cavalerie	1
L'artillerie — Le personnel	116
Le matériel	221
L'armement	329
Les poudres et munitions	412
L'efficacité du tir	465
Les aérostiers	471
Le génie	554

PARIS. — IMPRIMERIE R. CHAPELOT ET Cⁱᵉ, RUE CHRISTINE, 2.

www.ingramcontent.com/pod-product-compliance
Lightning Source LLC
Chambersburg PA
CBHW050314240426
43673CB00042B/1406